新版 下山事件全研究

佐藤一 著

インパクト出版会

新版まえがき

本書は基本的に一九七〇年代前半までに得られた資料・情報を基礎にした研究で、関連する事項として労働関係にも言及したかったが、資料不足と当方の能力不足でそこには触れられていない。中心は捜査過程と報道、法医学論争と裁判化学関係の衣服付着物問題、それから下山総裁の当時の精神状態などである（基本的問題はこれにつきている）。そこでここでは、法医学関係での新しい理論を簡単に紹介し、労働問題関係はやや詳しく解説しておくことにしたい。

法医学関係――一九六四年末、下山事件研究会の事務局長として事件の調査と研究に取り組んだころは、謀殺説花盛りでそこに瑕疵があるなどとは思い及ばず、事実の推論も理論構成も鉄壁の固さを誇っているように考えたものだった。だが、しばらくして目を見開かされたことは、一番基礎となる法医学の判断について古畑種基（東大法医学教室教授）の話を聞いたときであった。人々の間でよく語られていた血を抜いて殺されたは、疑うべくもなく証明されていたと考えていたのだ。だが古畑種基の話を聞くと証明はないという。単なる仮定だという話。驚きました。

次の機会に解剖執刀者の桑島直樹（当時講師）の話を聞くと、古畑の出血死説に強烈な異義。古畑が血を抜かれたと想定する部分（右肩のつけ根付近）の映像を示し、そんな傷は全く存在しなかったと強調。他の法医学者に聞いても、血液はそう簡単には抜けないので相当大きな傷になるし生活反応としての出血も広がるから、傷痕を見落とすことはあるまい、といわれる。でも、桑島が主張する局所蹴り上げによるショック死説（これが鑑定の正式結論になっている）にも疑問を示す。人体構造上、睾丸、陰茎出血は轢死に際し生起することが容易に考えられるので、その出血痕をもってショック死というのも飛躍があるといわれる。

この論争はなかなか面白かった。興味に引かれて北海道から九州まで多くの研究者に会って話を聞いたのを本書の「法医学論争」にまとめた。結論としては「生体轢断」自殺となったが、現在の医学では別なアプローチの道が開けている。

七〇年代になると自動車の時代となり交通事故も増加。その事故をめぐる争いも多い。そのほとんどが生体轢断で、問題は死因ではなく、責任の所在を究明することが求められる。そのため、残された傷痕から接触時の車の速度、接触位置、接触角度などを算定することが必要となり、その研究と技術が整ったのである。そういう法医学的知識をフルに活用し、北大教授錫谷徹は下山事件に挑み、次のような結論に至った。

「轢断したD51型蒸気機関車に付着した血痕・組織片の付着状況と、D51型機関車の形態構造とをあわせて判断に加えると、下山総裁は立位で列車に遭遇し、立位で機関車の前端に衝突し、その後に線路上に倒れて轢断されたものと、ほとんど断定に近い確からしさをもって推定される。立位で機関車の前端に衝突したということは、いうまでもなく（そのときは）生きていたということで、いわゆる生体轢断を意味する」。（錫谷徹『死の法医学――下山事件再考』）

このような法医学者による最新法医学を駆使した綿密な研究書が一九八三年三月に出版されているのに、謀略論者は誰一人として触れていない。是非、錫谷の説くところに目を通していただきたい。

秋谷七郎鑑定――謀略論者のほとんどは、自殺を偽装させた他殺だという。そして、他殺の証拠として秋谷鑑定を援用する。同鑑定によると、下山衣服はグリーンや赤やその他色とりどりの色素で飾られ、さらに機関車油とは別な糠油が多量に付着し、轢断点とは別の殺害場所で付着したものとする以外なく、他殺としか考えられないような状態と強調する。そんなに他殺証拠でギンギラギンに飾り立てていたなら、自殺偽装なんて台無しですね、なんていったって通じない。そんなことはどうでもいい。委細構わず、メディア好みに他殺、血抜き、自殺偽装と怒鳴っていれば、必ず通人は寄ってくる。郵政省ぶっ倒し、自民党をぶっ潰すと喚いていれば、自民党が大勝するのと同じなんだよ。なにしろみんな訳のわからんことが好きなのだから。

でもやっぱりいっておこう。秋谷鑑定なるものをよくよく目を凝らして眺めてみると、次のようにいっているのだ。

「下山氏の家庭では、夫人のほか女中を含む女性がおり、またこの服を着て外出中料亭その他に出入りしている関係で、夫人の布地に多い赤、緑、青などの繊維の片を下山氏が服につける場合もあり得ることで、参考までに記録することにした。」

油だってそうだ。下山衣服付着の油をエーテルで抽出したとき、鉄粉や土砂、塵埃が必ず出てきたはず。それは鑑定書のうえでも確認できる。そしてそれこそその出所を指示、決定する重大証拠なのに鑑定書のうえの何処にも影も形もない。恐らく捨てられてしまったのだろう。要するに証拠隠滅。謀殺論者もそこに目を塞いでいる限り、同罪となるのではないだろうか。御注意ありたい。

下山国鉄総裁の精神状態について——謀殺、謀略論者が少しも触れようとしない問題だが、総裁も人間である以上、精神状態にも注目さるべきではないか。そこでそこに眼を向けていただくため、本書では九州大学から米子大学に転じ学長職をつとめた下田光造の「初老期うつ憂症」に関する論文を紹介している。また、鑑識課技官（心理担当）町田欣一が早稲田大学の研究者戸川行男教授とともに、下山家より提出の約一〇年分の日記と、遺留品として現場で発見された手帳（この手帳の六月二八日以降は全く空白であったことは顕著な事実）を検討、「初老期うつ憂症」の前段階といわれる執着的性格を確認している。また、知人、友人、仕事上の関係者らの証言も紹介しておいたので、これらの資料にも目を通していただきたいと切に願う。新しい時代に生きるわれわれの問

題でもあるのだ。

国鉄労働組合の行政機関職員定員法反対闘争について

――謀殺・謀略論のほとんどは、右定員法に基づき国鉄では約一〇万の馘首が断行されたのに、労働組合は少しも動かなかったことを根拠とする。闘争方針を討議した熱海における中央委員会では、中央の団体交渉が決裂したら即刻ストライキ突入と決定していた。だが彼らは団交決裂はもとより、七月四日の第一次三万七〇〇名の解雇通告に対しても何もせず見送っている。解雇の総責任者下山総裁を権力側が謀殺、これを国鉄労組の共産党員や戦闘的分子の仕業と見せかけ、それで闘いを封じてしまったためと説かれる。

ここには考察すべき問題が三つある。第一は、官公庁職員の大整理がなぜ生じたかで、これは社会党と関連する。第二は、共産党のこの年の方針と動き方。国鉄労働組合の闘争方針と態度決定に大きく作用していた。第三は、政府と占領軍との関係。以下、問題点を圧縮して要点を述べておくことにする。

まず第一、戦時中、官公庁も民間企業も人員を増し、過剰人員が国家財政を圧迫、民間では生産復興の阻害要因となっていた。そこで一九四七年六月成立の社会党首班片山哲内閣は、公務員と民間企業の人員縮小を訴え、翌四八年一月末に公務員の一律二割五分削減を閣議決定。その実施準備をはじめたところで左派鈴木茂三郎の反乱で退陣に追い込まれる。

その後芦田内閣を経て四八年一〇月組閣をした第二次吉田茂内閣は、独自に整理案を検討、一二月七日岩本国務相が行政簡素化試案として発表、アメリカより経済安定九原則を指令される一一日前である。赤字を許さぬ超均衡予算の提唱者ドッジ来日は翌四九年二月一日。だから、公務員整理は日本独自のものといえる。いずれにしても常に非難の的とされ悪の権化と見倣されていた官公庁職員を大量に整理するとなれば、素朴な国民の眼には正義の士と映る。吉田の与党民主自由党は一月選挙で大勝し、単独で過半数を制しなお三〇議席ほどの余裕をえた。吉田長期政権の基礎である。逆に社会党は「正義の士」となり損ない、議席を約三分の一に減らしてしまった。

以上のような経過で、社会党は協力関係を密にした公務員組合に整理の必要性を説けず、吉田の行政整理に反対も出来ず、ただ「社・共合同」などと分裂を仕掛けてきた共産党との非難合戦に憂き身をやつしていた。だから彼らも、下山、三鷹、松川事件では共産党攻撃の立場を取った。不幸なことである。

では、共産党はどうか――。まず、この党の一九四九年の政策、態度、言動は不可解極まりなし。政治的言語は、ダブル・バインドを思わせるほど二重化し、幹部たちに思考能力があったのかどうか、疑われるほどである。

一月選挙で社会党とは逆に三五議席と大躍進をし（社・共合わせた左翼票は前回より減っている）、これで天下を取ったような気持になると、六月一八、九日の第一五回中央委員会で野坂参三が政権構想を訴える。

「吉田内閣を倒したのちどうするかという疑問も、大衆のなかにある。これには大胆にはっきり答えることが必要である。すなわち、吉田内閣を倒せばわれわれが政権をとるのだ。それは共産党、労農党、社会党その他民主勢力、さらに労働組合、農民組合、その他の大衆団体の代表によってつくられる人民政府である、ということを答えなければならない。この確信をわれわれはもたなければならない」。いわゆる「九月革命説」の宣言である。

これに勢いづけられ、六月二三日からの国労中央委員会は共産党グループと革同派が革命近しの勇ましい言説で大奮闘をしている。社会党系民同派の反対を抑え、延長二五日には連続一昼夜二四時間の討議をやり抜き、「最悪の場合はストをも含む実力行使を行う」、「最悪の場合とは本部団体交渉が決裂したとき」と決定。中心となるこの闘争方針討議は一五時間に及び、議長を除く発言者延べ一四〇人という記録的なもの。共産党グループの喜びは頂点に達していた。

だが、それから二日後、二八日付『アカハタ』解説記事は、「ストライキ反対……」。これで党員グループは錯乱状態。「ストをやらせろ！」と本部に押しかけたが、冷く追い返される。

だから、七月二日夕刻、交渉場から下山総裁が「これ以上話し合いはしない」と席を立ち、交渉決裂が明瞭となっても、国労本部に指令も指示も発出せず、四日に第一次整理三万七〇〇〇名の個人通告となった。その翌五日の『アカハタ』主張要旨。「吉田首相は国鉄労組をストに追い込んで一網打尽にひっとらえようとしている。社会党や民同派がストを挑発しているのはその吉田の政策だ。その手に乗るな、ストライキ反対！」。

その、見出しを、「ストを挑発する狂犬吉田と如何にたたかうか」としたこの主張のなかで、次のようにも書いている。「一発や二発のばら弾丸におどろき、革命の陣地をきずく基本的任務を断じて忘れてはならない。大宣伝戦と遵法闘争、従って民族防衛の地域人民闘争こそ、敵の最もおそれるところである」。ここにいう地域人民闘争とは、地方の市・町・村議会に「首切り反対」の決議をお願いすること。一、二のところで応じたところがあるらしいが、その地方の決議の力で中央政府を浮きあがらせてしまう。それが革命だ！　というのだからなんとも頼りない。

これでは整理を通告されたものは続々と退職金を懐に職場を離れてしまう。これらの人びとをしっかりした組織に繋ぎとめ、それこそ革命とまではいかなくても、吉田内閣に打撃を与える闘争陣地を築くなどということは夢のまた夢となる。国鉄労働組合の党員グループは、組合決定に忠実であれば革命に相応しいスト断行、共産党の二枚舌的お辞儀方針に従うとすれば地方議会への陳情闘争。これで首を切られた仲間は見殺しになる。ダブル・バインド二重言説は混乱を深めるばかり。これでは定員法反対闘争は成立しようがない。この状況に下山事件謀略論者はほとんど目を塞いでいる。彼らは、国労会館地下二階の資料庫に整理され、保管されていた中央委員会や大会記録を一瞥さえしていない。だから、定員法の首切り期間、中闘から指令も指示も一本も出ていないことを知らない。民同派の欠席戦術で中央闘争委員会は機能麻痺、脳死状態にあったのだ。国鉄総裁まで殺して、闘争を抑える必要は全くなかったのが実情。

なお、この共産党の惨状に海外の共産主義者は我慢ならず、翌五〇年一月早々、コミュンホルムと中国共産党が爆弾二発。平和革命論への激しい批判論文で日本共産党は大分裂、挙句の果てに、武装解放闘争でアメリカ占領軍を追いだすという過激な方針に走った。この海外共産党からの日共批判も謀略論者たちは見逃している。彼らにとっては、共産党は下山謀殺を招くほど激しい闘争を展開した集団であって欲しいのだ。

なお付け加えておくと、警視庁捜査本部が下山自殺の捜査結果を発表し捜査を打ち切ろうとしたとき、吉田政府はアメリカ占領軍総司令部G2と共謀し、この動きを抑え捜査の継続をさせている。共産党や民主勢力を静かにさせておくには、謀殺説が好ましいとされたわけだ。そのことは本書の「捜査の経過と報道」の最後のところにも記してあるが、詳しくは、『一九四九年「謀略」の夏』か『松本清張の陰謀』を参照されたい。

最後に厳しい出版界の事情のなかで、本書再刊を決断されたインパクト出版会深田卓代表に心から感謝を申し上げたい。

新版　下山事件全研究　もくじ

各説批判・他

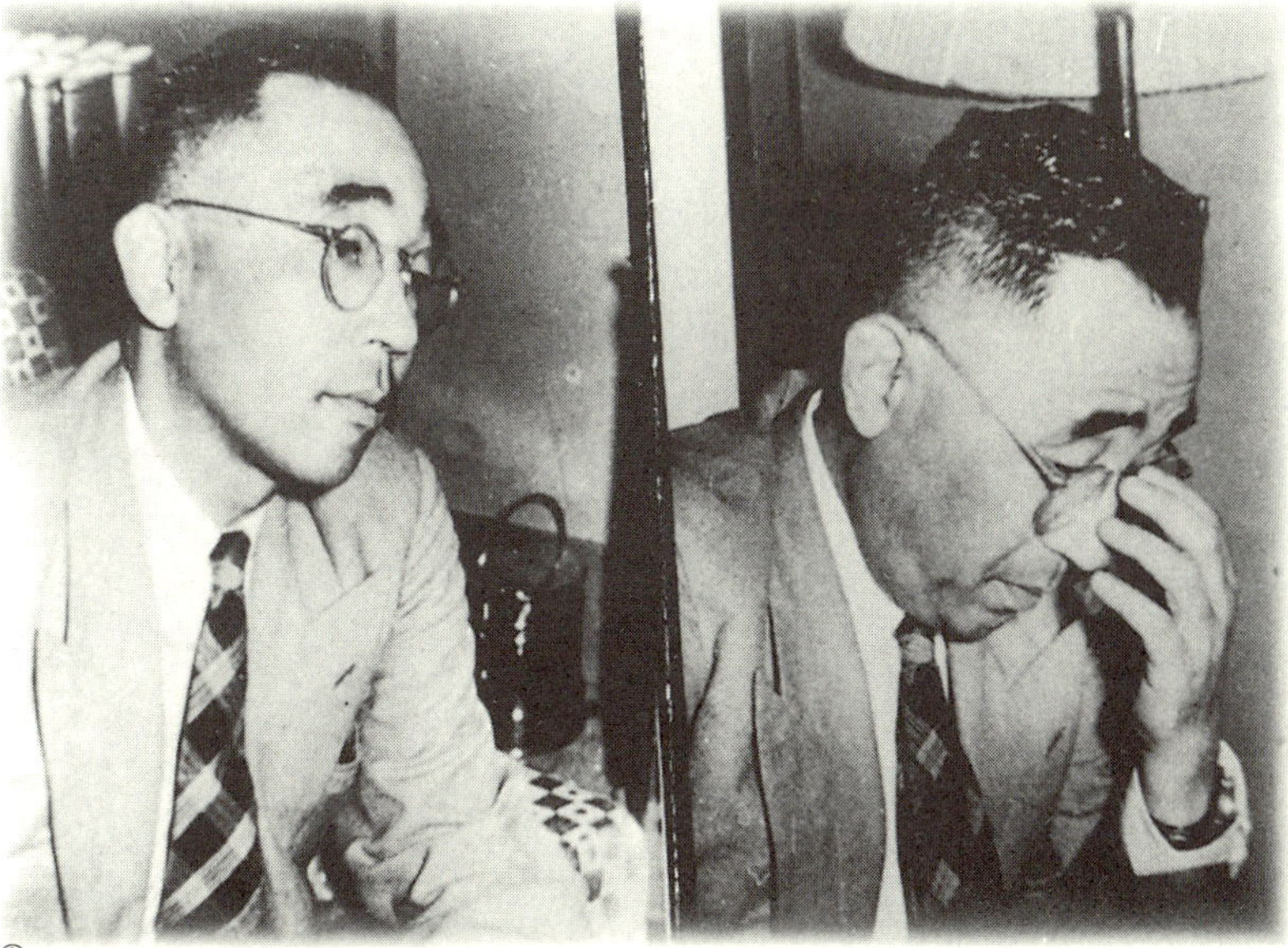

①

③

下山國鉄総裁 消息を絶つ
登廳の途中三越から

②

① 死亡数日前の下山総裁の面影．話しながら突然顔を伏せて考えこむことがあった． ② 行方不明をつたえる新聞（朝日新聞， 7月6日付）． ③ 三越南口前の総裁専用自動車（ビュイック 41年型）．下山さんはここから，昭和 24年7月5日午前 9時半すぎ店内に入っていった．

①

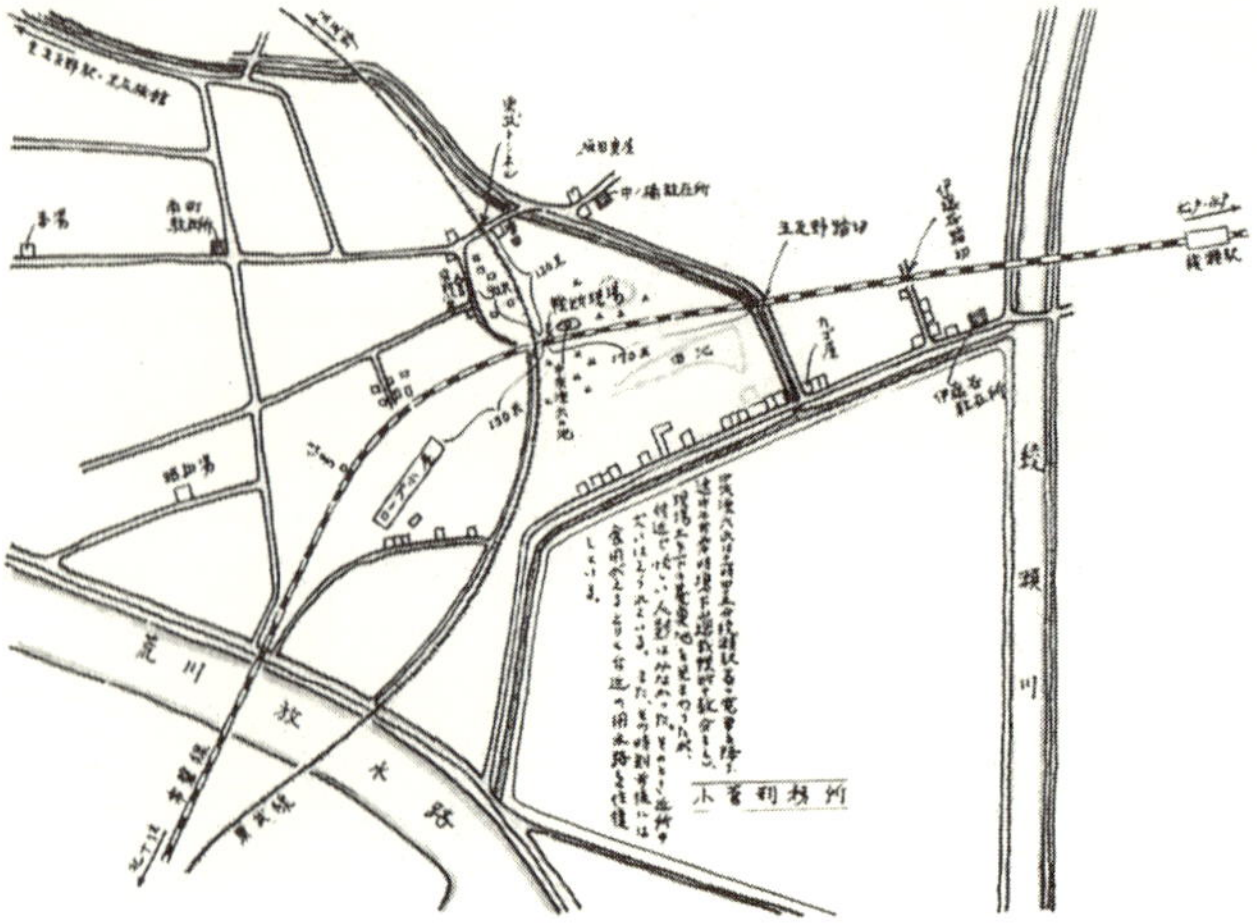

②

① 轢断現場（足立区五反野南町 964 番地先・国鉄常磐線）．轢断点の上を東武線が走っている．下山総裁はここで 869 貨物列車（現場通過 7 月 6 日午前 0 時 19 分頃）に轢断され，死体は約85メートルにわたって散乱した．写真手前の方が綾瀬方面．② 轢断現場見取図（著者作成）．

③

④

③ 869 貨物列車の牽引機関車 D 51651 の先頭部．排障器（×印）が下山総裁を轢断したショックで曲っている．点線内は温器排水管に付着した血痕と毛髪の位置をしめす．④ 機関庫で轢断機関車 D 51651 を点検する関係者．

①

③

②

⑤

④

① 轢断点を荒川放水路方面からみたところ．右側にあとで問題となったロープ小屋がある．矢印は東武線のガード． ② 五反野踏切を越して轢断点をみたところ． ③ 轢断点上を越える東武線のようす．線路上の砂利に人の歩いたような乱れがあったという． ④ 捜検器による遺留品捜査． ⑤ 7月6日朝の現場検証の状況．捜査1課員と鑑識課員が線路上を綿密に点検し，血痕の有無を確認して，轢断開始点を決定した．

⑥

⑧

⑦

⑥鑑識課は機関車や貨車を田端に回送し，検査をし，多数の血痕を発見した．⑦トラ 2153 貨車の血痕付着部分を拡大撮影したもの（白線内は血痕をしめす）．⑧ D 51651 機関車のテンダー第 2 右側ボギーおよび制動筒を拡大撮影したもの．点線内は肉片および血痕．

①

②

① 機関車にまきこまれ，衣服は大きく破損し，特にズボンなどは原形をとどめない．右側の靴も大きく破れている．これらはいずれも機関車底部の突起物，あるいは車輪によってできたものと考えられる．その際機関車油の付着は当然のこととおもわれる． ② 靴底には緑色の色素が付着していた．鑑識課で検査の結果，葉緑素と判明した．

③

⑤

④

③下山総裁のポケットから出た，名刺や乗車券．一部は現場に散乱していた． ④総裁愛用の時計．午前0時20分で止まっており，これが轢断時刻とおもわれる． ⑤遺体と遺留品の収容作業．

①

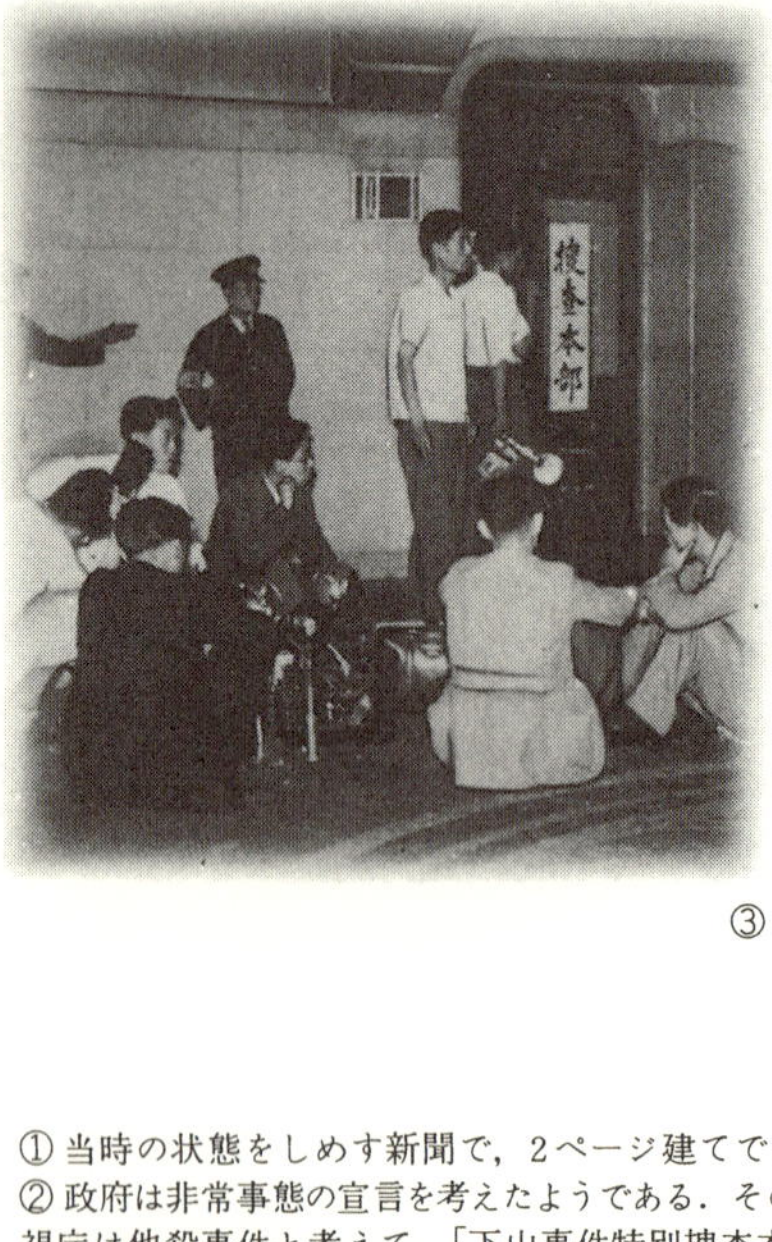

③

②

① 当時の状態をしめす新聞で，2ページ建てであったが，かなりの部分を総裁の死に割いている．
② 政府は非常事態の宣言を考えたようである．その情勢をつたえる読売新聞（７月７日付）．③ 警視庁は他殺事件と考えて，「下山事件特別捜査本部」を設置した．

『生活反応』に新学説
下山総裁"死後れき断"根拠なし
近く発表
赤石英教授

④

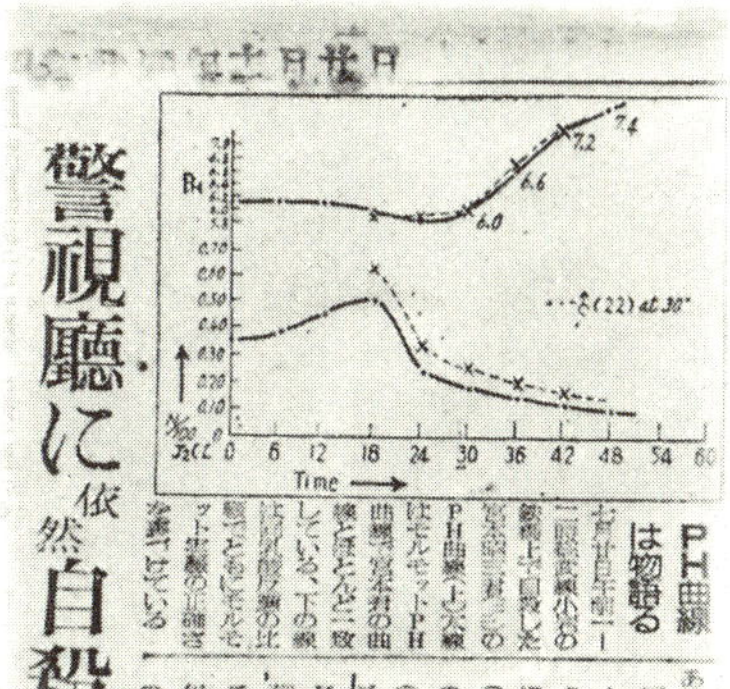
警視庁に依然自殺
PH曲線は物語る

⑤

東大裁判化学教室・解明にメス
他殺確信
カギ「着衣の油」
"死後轢断"と認む
秋谷教授語る　近く研究成果発表

⑥

疑問残す証拠物件
解決つけず捜査は放棄
断定出来ぬ死因
当局はなぜ

⑦

④他殺の根拠は，東大の解剖所見で，轢断創に生活反応が無いから死後轢断である，という結論であった．ところがこれに反対する法医学者もあり，自・他殺論争が激しくなったが，その後東大の結論を否定する研究が発表された．⑤死亡時刻を決定するため，人体応用第1号の pH 測定も行われた．⑥下山総裁の衣服についていた油も問題になった．⑦いろいろと疑問は出たが，いずれもはっきりした結論を出すまでにはいたらず，これらの問題点は忘れ去られた．

①

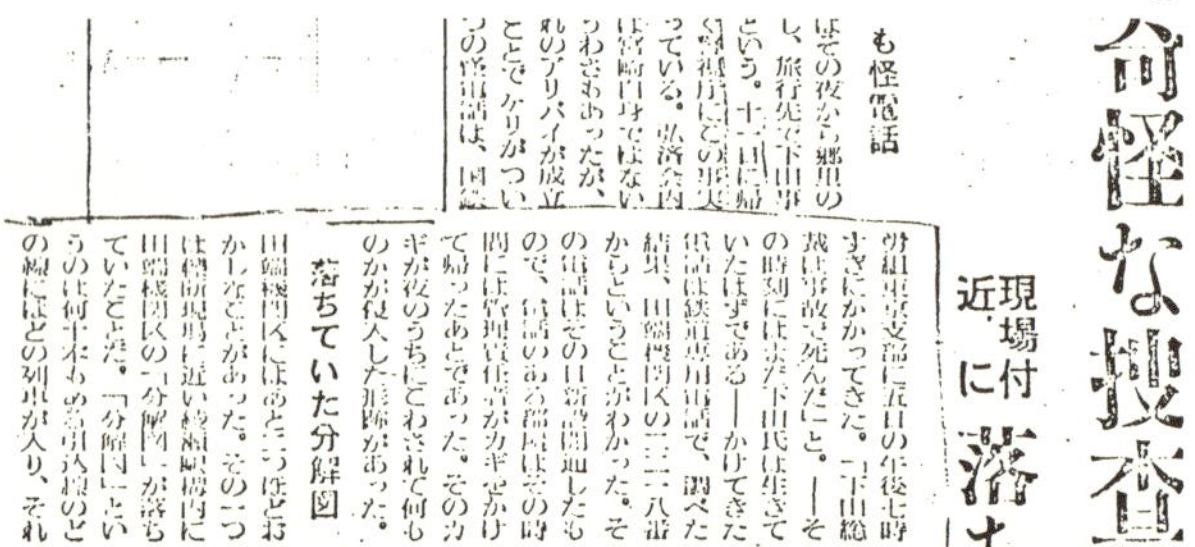

②

①② 事件直後，田端機関区ではいろいろな噂がとりざたされて，国鉄労働組合員が被害をうけた．噂のなかには，轢断現場付近に分解図が落ちていたというものや，轢断列車の蒸気圧が作為によって低下させられていたとか，乗務員を起こし忘れ延発をはかったというようなものがあった．その一部をつたえる新聞と，実際の状況を訴える久保木愛四郎氏（元田端機関区員）．

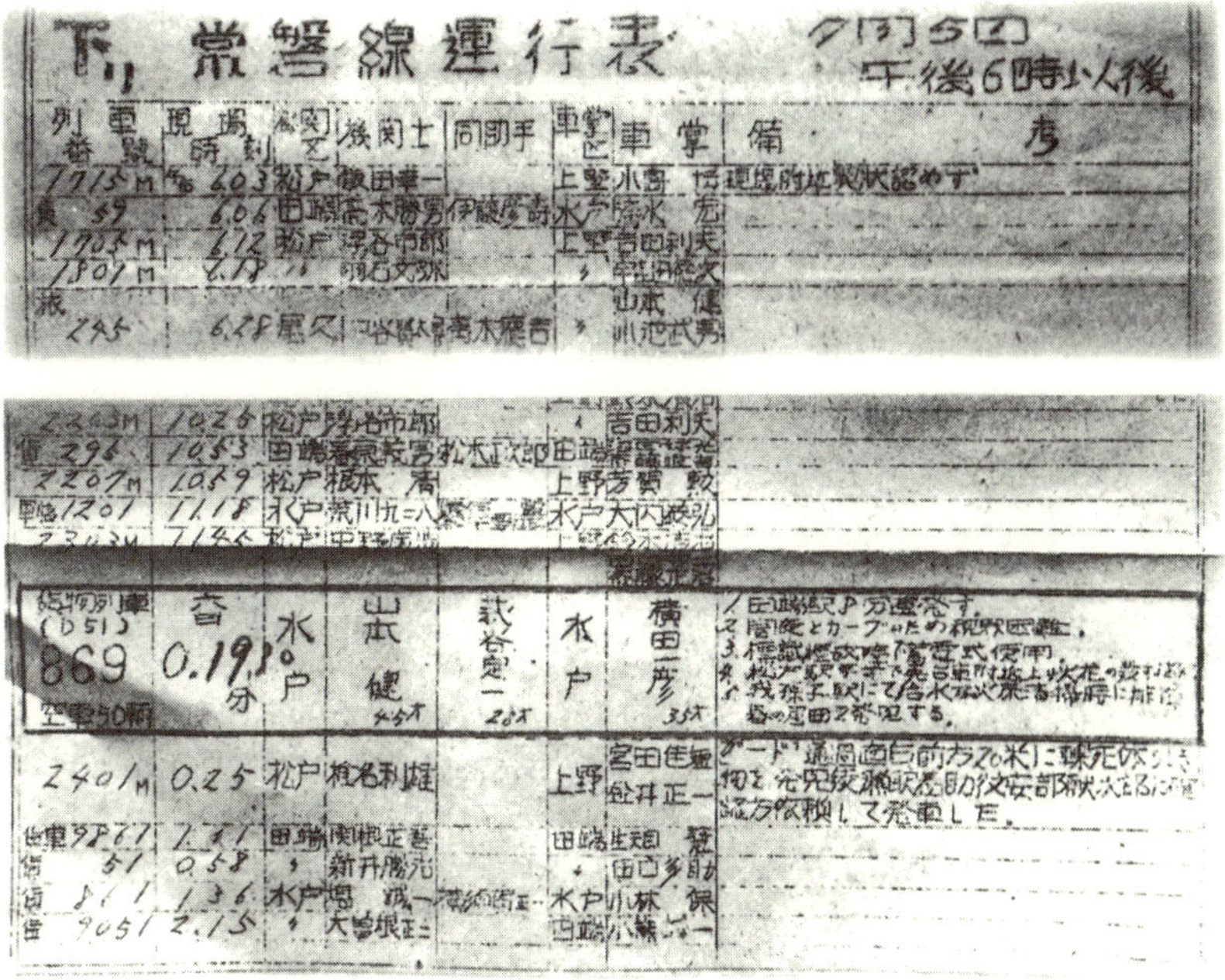

下り 常磐線運行表

③

⑤

④

③国鉄調査による，轢断時刻前後の下り列車運行状況．④現在の田端操駅の南ハンプ付近．この付近に赤レンガの機関庫や乗務員休養室があった．⑤北ハンプ方向．この北ハンプで列車を分解し，新しく各方面別に組み替えるが，その際分解表が使われる．分解表は一本の列車を分解すると役目が終わり，なんの役にもたたず，反故として捨てられた．

①

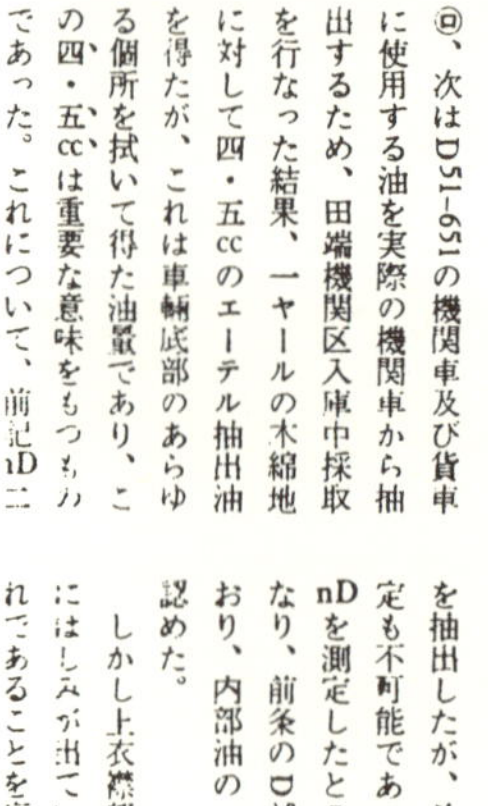
㊁、次はD51-651の機関車及び貨車に使用する油を実際の機関車から抽出するため、田端機関区入庫中採取を行なった結果、一ヤールの木綿地に対して四・五ccのエーテル抽出油を得たが、これは車輌底部のあらゆる個所を拭いて得た油量であり、この四・五ccは重要な意味をもつものであった。これについて、前記nDニ

を抽出したが、その油は
定も不可能であったが、
nDを測定したところ一五
なり、前条のD51-651油
おり、内部油の一・五一
認めた。
　しかし上衣襟部の油は
にはしみが出ていない部
れであることを忘れては

③

②

下山総裁の衣服に付着していた油は，機関車のものか，別なものかは自・他殺論争の一つの問題点である．この油を検査した「秋谷鑑定」は機関車の底部を全部拭き取って，4.5ccしか採油できなかった，というが筆者の実験によると数百倍の油が採れることがわかった．①山口県長門機関区でD51型蒸気機関車の底部にもぐり採油する著者．②同じ機関車の油の付着状況を前面からみたところ．③『文藝春秋』(昭和48年8月号)に掲載された「秋谷鑑定」．4.5ccという表記に注意．

④

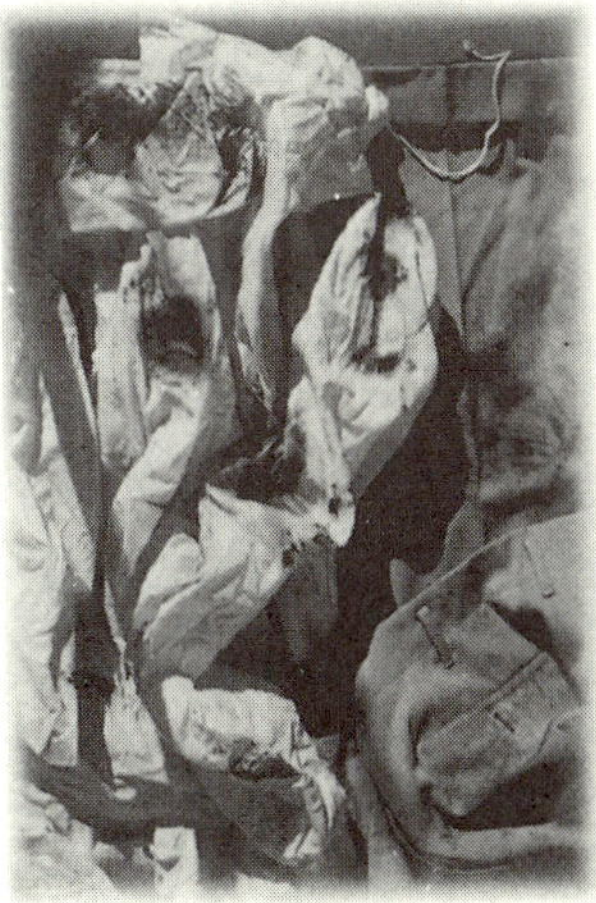

⑥

⑤

④ D51蒸気機関車軸箱には，砂と鉄粉，その他のゴミが油といっしょになり油泥のような状態で，厚い層をなして付着している．その表面には多量の油が浮いている． ⑤作業のため使用したヘルメットの上にも，機関車からの油が付着した． ⑥作業に使用したウインドブレーカーとズボンにも機関車より多量の油が付着した．

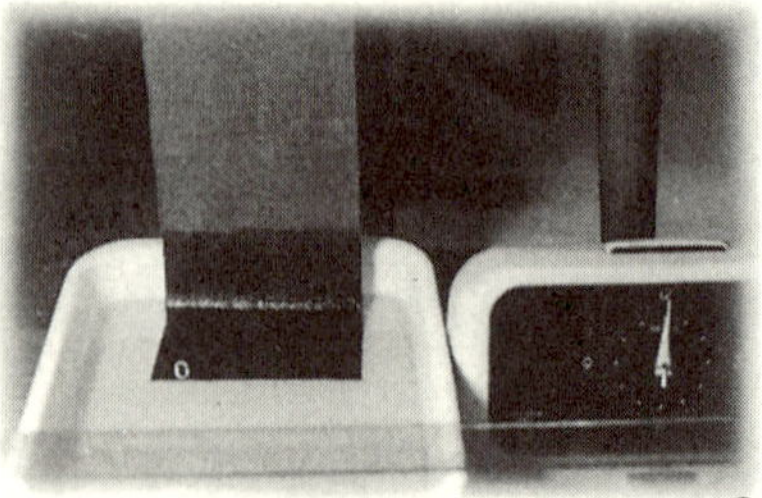
③

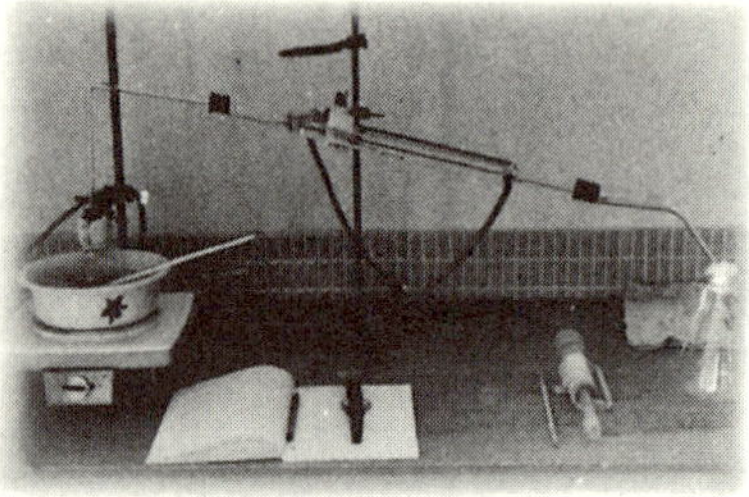
①

④

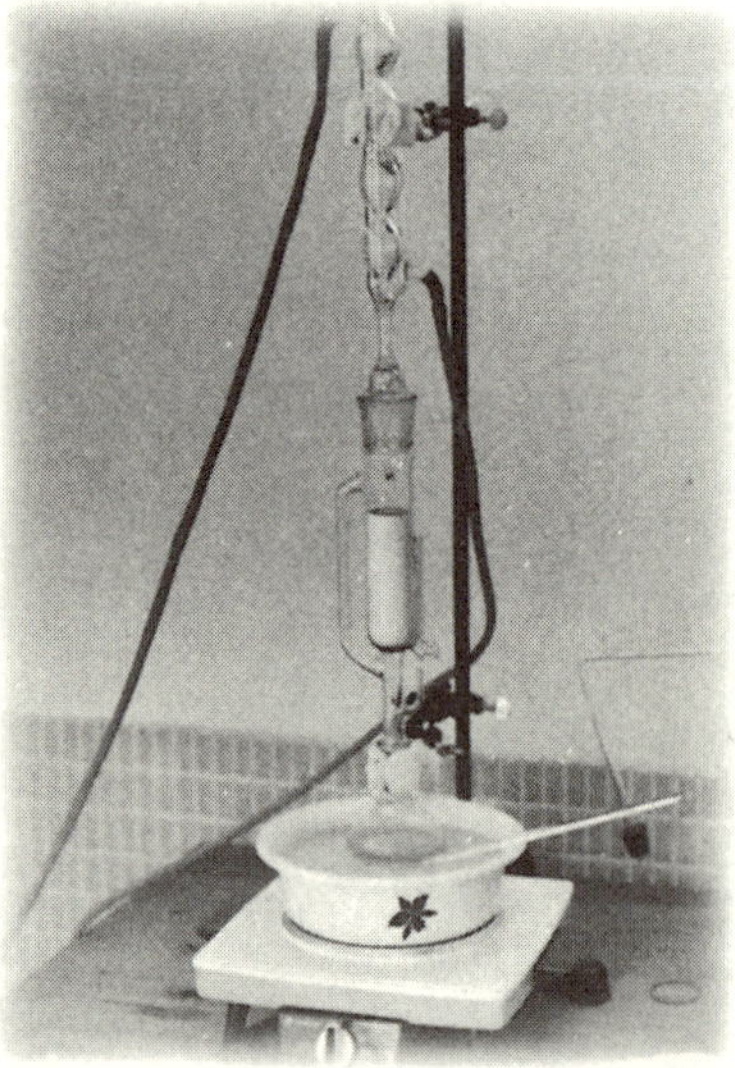
②

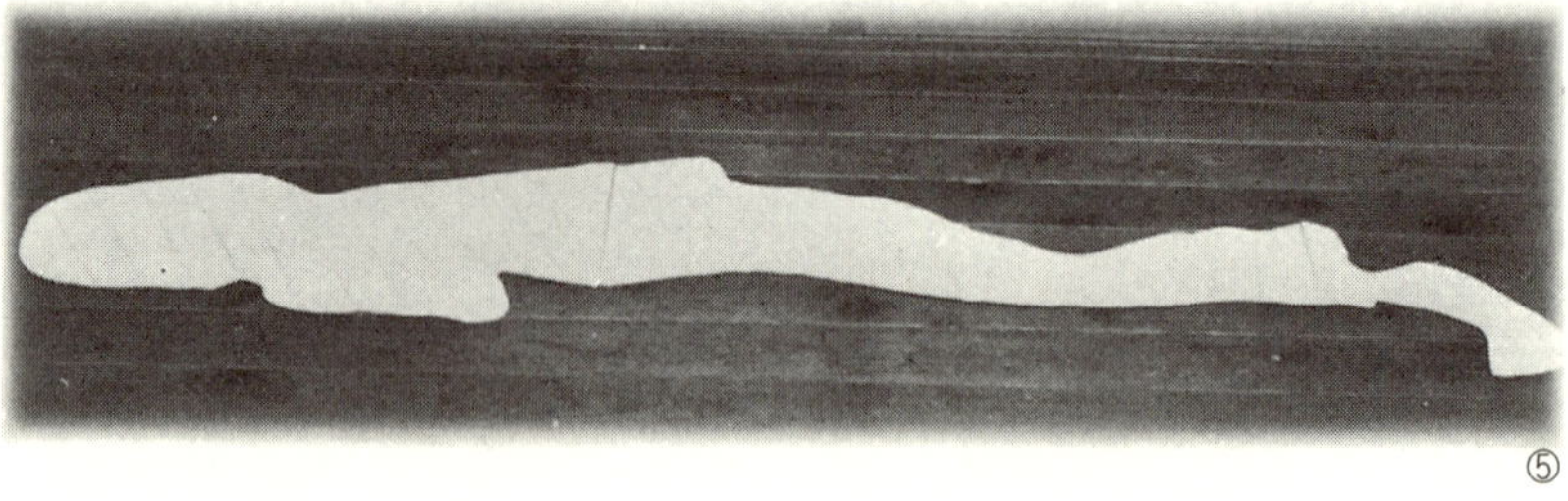
⑤

①② 長門機関区で採った油を，使用したさらし木綿と，油泥から分離抽出する実験の状況．③④フラノ地を使って，油の吸い上げと落下の状況を測定する実験．⑤「秋谷鑑定」では，下山総裁についた油は右を横にして寝かされた際，そこに流れていた糠油が付着したというのだが，その場合どのくらい油が付着するかを判定するための実験の一つ．高校２年生を横に寝かせ，衣服が床面と接する面積と周縁部の長さを測った．

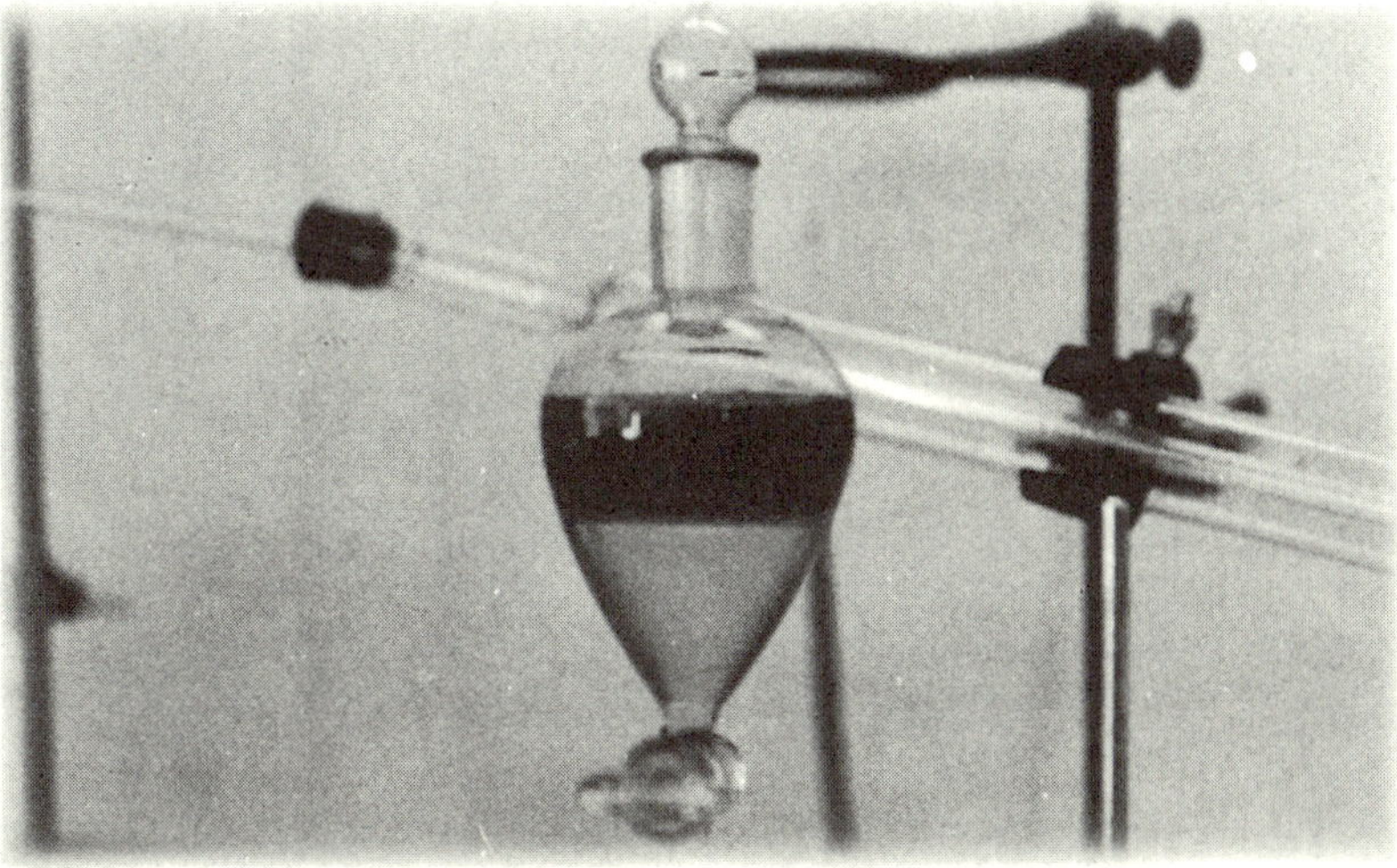

⑥

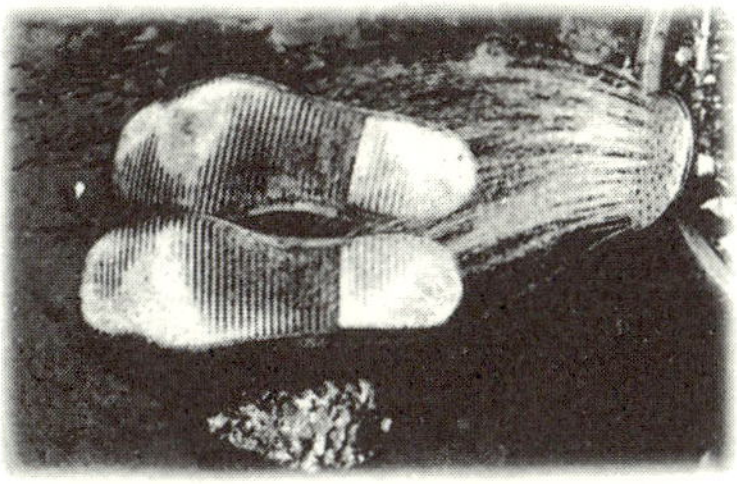

⑧

⑦

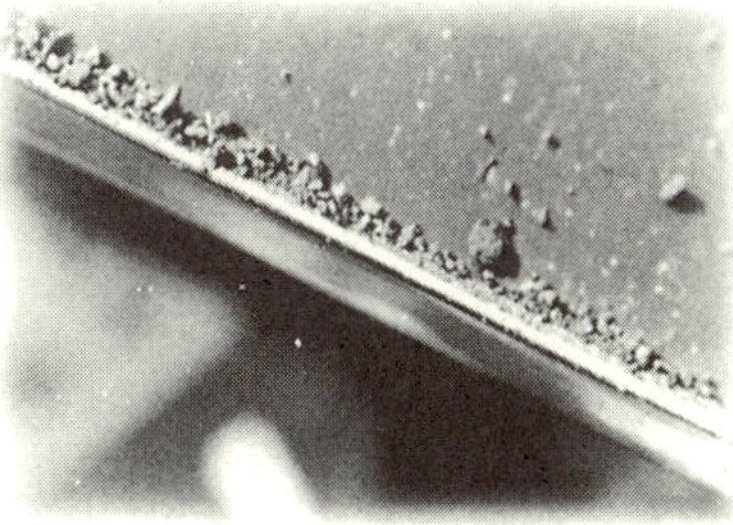

⑩

⑨

⑥⑦⑧ 靴底に葉緑素が付着するか否かも問題の一つ．そのため運動靴をはき，草原の上を歩き，緑色物質の付着を確かめ，それを抽出精製する実験． ⑨⑩下山総裁の靴底からは鉄分もケイ素も検出されなかったという「話」がある．しかし，2，3日掃除をしない机の上のゴミを拡大してみると，確かに鉄分を含むものが検出される．靴底についていったいどんな検査をしたのだろうか．

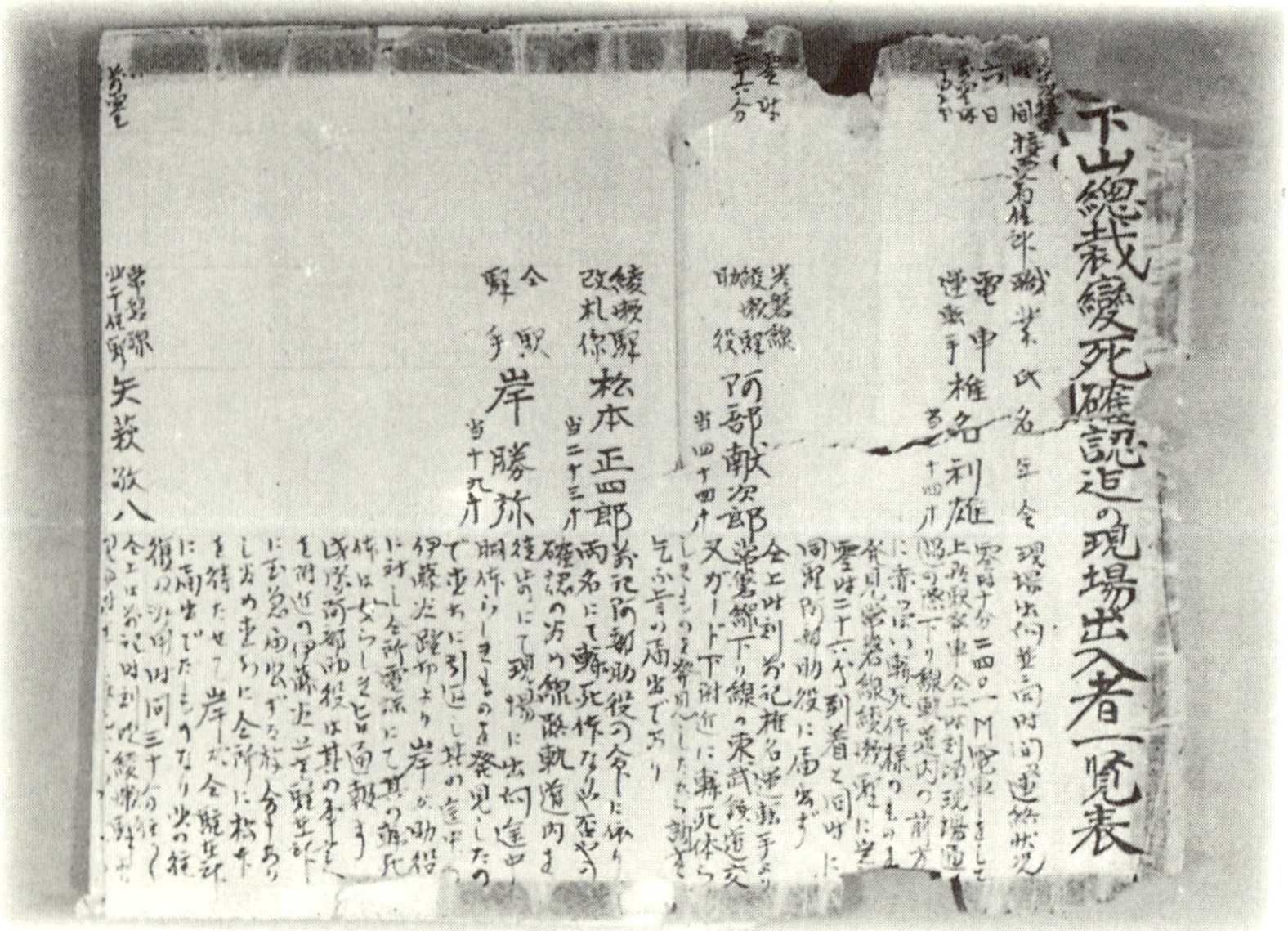

①

④

③

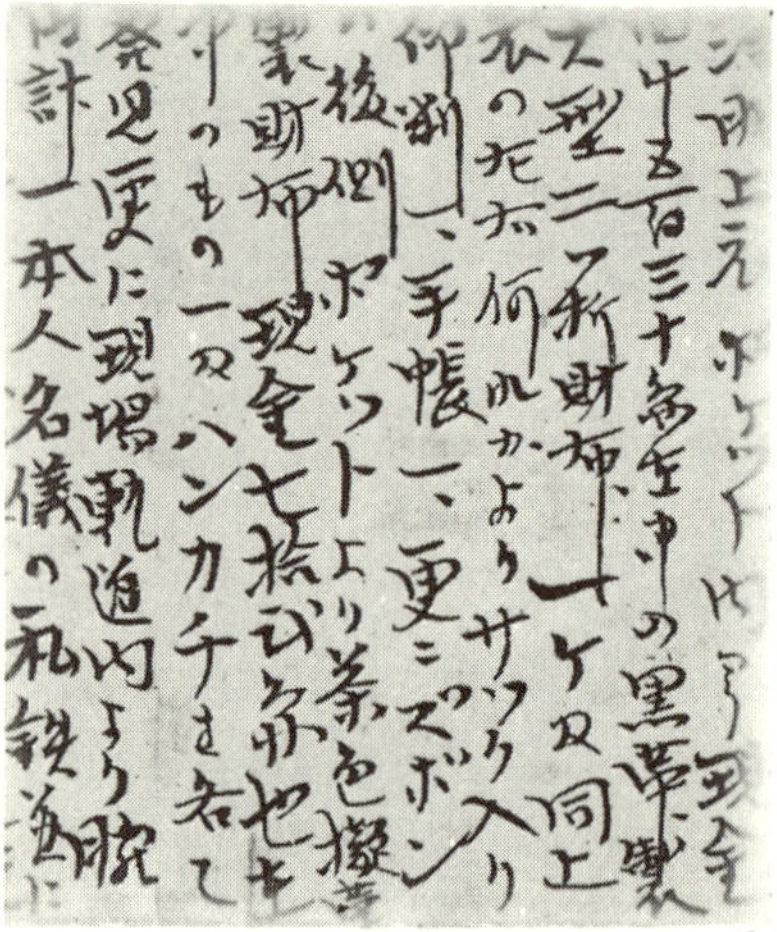

②

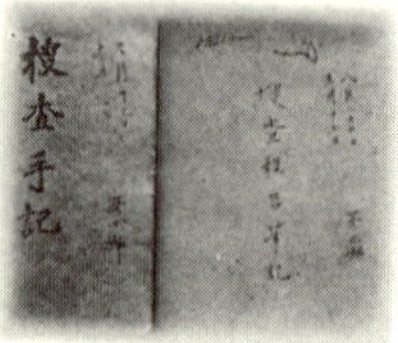

⑤

①② ハンカチはズボンのポケットから発見されているが，油の付着は認められていない．「秋谷鑑定」によると，油はズボンの表面から滲み込み，フンドシまで濡れていたというのだから，ハンカチに油が認められないのは不思議におもわれる．③「下山事件捜査報告」を掲載した『文藝春秋』(昭和48年8月号)．④「外傷と睾丸出血との関係についての研究」が掲載された『科学警察研究所報告』．⑤ 当時の捜査官の捜査状態を記録したもの．

捜査と報道

事件の概要

戦後の状況

占領下の日本

これから、初代の日本国有鉄道総裁下山定則氏の謎の死をめぐる、いわゆる下山事件の捜査と報道について、できるだけ客観的な紹介を試みようとおもうが、それにはまず当時の政治情勢などについて若干の解説をしておく必要があろう。

この事件のおきた昭和二四年は、一つの大きな転換の年であった。戦後四年の歳月が経過してはいたが、日本経済の復興は遅々として進まず、国民生活はいぜん敗戦直後の窮乏のどん底から、いくばくもはい上がってはいなかった。衣は、着のみ着のまま、文字どおり戦災の街を逃げまどった着たきり雀の姿か、復員服の敗残兵姿が大部分という状態であった。食糧の不足は、流行語の「栄養失調」にみられるように、生きていくのがやっと、とうてい力いっぱい働けるほどの配給はなかった。配給の食糧だけの生活で生命を断った裁判官が、大きな話題になっていた。この裁判官とおなじ運命をたどらぬためには、食糧管理法という法律を犯し、ヤミの食糧品を手に入れなければならない。「買いだし休暇をよこせ！」というのが労働組合の要求となりえていた時代である。だが、せっかくその休暇を獲得して、なけなしの金をポケットに地方に買いだしに出て、首尾よくわずかの米麦を得たとしても、帰りの交通機関のなかで一斉取り締まりにあい、没収されてしまうこともしばしばであった。住については、触れるまでもないかもしれない。焼けあとから拾い集めたトタン板囲いの、いわゆる〝壕舎生活〟から抜けきれていなかったのだから。

この時期、こういう状態のなかで、一〇〇万を超える労働者を、官公庁や民間企業から整理するという政策が、ときの吉田内閣の方針としてとられたのである。労働者が激しい闘争に取り組むことは当然であった。もちろん、政府はその対策をたてていた。人員整理をしぶる企業には銀行融資をしめたり、官公庁労働者にたいしては公務員法を改正して、争議権を奪い（現在の国鉄ストなどにみられるストライキ権回復の闘争はここに起因する）、またアメリカ占領軍の威光を最大限に利用した。

ここでアメリカ占領軍についていえば、もちろんアメリカ本国の政策に忠実で、吉田政府の経済政策はもともと、このアメリカ本国の強制によるものであった。戦後の初期、日本民主化の方針で、古い反動的な勢力を排除するためとられた、左翼政党や労働組合にたいする自由な活動の保障が、アメリカの願望の線を越えて広がるとみると、彼らは規制にのりだした。くわえて、中国大陸で中国共産党の勢力が急速に拡大し、米ソ関係も戦後の蜜月時代をすぎて冷却し、さらにはアメリカ国内の経済にもポスト・ウォー・ブーム後の翳りの色が濃くなってきたこともあって、利用にたえるパートナーとして自立させるため、アメリカは日本にたいして厳しい要求を突きつけてきていた。当時、「経済九原則」の名でよばれていたものがそれであった。

インフレ（前年の物価上昇は六〇％という高率であった）をおさえ、経済の急速な復興をはかり、輸出の増加を目指すなどとうたった、この九原則は、マッカーサーの吉田首相宛書簡でも、「この要求がいかに過酷なものであり、これに伴う個人的犠牲がいかに大きいものであろうとも（日本民族はそれに耐えねばならず）……しかし、その負担が全国民に平等に課せられるならば、個人生活に対する衝撃は最小限度にとどめることができよう」と書き、その実施が極度に苦難にみちたものであることを認めていた。賃金を徹底的におさえ徴税を厳しくし、企業の合理化と官公庁職員の定員縮小を求めていたからである。

人員整理と労働組合

昭和二四年を特徴づける指標の一つは、戦前にも、また戦後の現在まで、この年を除くと、まったく類例をみない大量の人員整理であった。完全とはいわれない労働省の統計でも、この年、職場を追われた民間労働者は約四四万名、それに官公庁から現業二〇％、非現業三〇％（合計約二六万）の人員整理が行われたのだ。実数はさきにもふれたが、合わせて一〇〇万を超えたろうといわれている。

この嵐のような首切り旋風をまえにして、国鉄の労働組合もしだいに闘争態勢を強化していた。四月の第六回定期大会では、その闘争を「国鉄防衛闘争」と規定し、荒廃した施設の復興に要する現人員は削減できないという立場から、定員縮小の根拠となる定員法の成立阻止を、まず当面の目標とした。国会への陳情とともに、地方議会にたいする協力要請や、所属の職場長には馘首《かくしゅ》をしない確約を求める交渉など、争議行為を禁じられたもとで精力的な活動がつづけられた。

しかし、五月三〇日には定員法が成立し、その二日後の六月一日、公社組織による日本国有鉄道が新しく発足、初代総裁に運輸次官であった下山定則氏が就任した。初代総裁の初仕事が、九万五〇〇〇名の人員整理、すなわち首切りということであったわけである。

六月一〇日には、新交番制（乗務員の削減を目標とした新しい乗務時間割り）に反対してスト中の国労東神奈川の組合員が、神奈川県労働組合の労働者とともに、国鉄の人民管理を決議して、「人民電車」を走らせ気勢をあげた。すると、翌一一日朝、連合軍総司令部の労働課長代理エーミスは、下山総裁をよんで、「ストを中止しないかぎり交渉に応じてはならない」と命令した。国鉄総裁の仕事にもイニシアチブを発揮する自由はなく、アメリカ軍からの制約や、指令があったのである。

このあと、国鉄労働組合は、「最悪の場合はストをも含む実力行使を行う」という方針を決定し、政府はこれにたいして治安関係閣僚会議を開き、「ストをも含む実力行使を行う」という決議は、公労法違反であるという声明を出し、三〇日には国鉄当局も組合側にこの決議の善処方を要望して警告書を出した。

この六月三〇日には、福島県平市で労働者と多数の市民が警察署を占拠し、その建物に赤旗を掲げるという事件が起き、その応援に向かう警官をのせた列車が、仙台などで発車を妨害されるという騒ぎに発展した。

日本全体があわただしく、騒然とした空気のなかで、七月一日、国鉄当局は組合側に会見を申し入れ、午後両者の会談が開かれた。組合側は副委員長の鈴木市蔵〈註―1〉以下中央闘争委員のほぼ全員、当局は下山総裁、加賀山副総裁その他、運輸省から大屋運輸大臣、秋山次官など数名が出席して、人員整理の通告をし、その基準の説明をした。翌二日も、両者は会見し話し合ったが、組合側が話し合いを正式の団体交渉とし、協定を結んで解決すべきだと主張したのにたいして、当局側は、団体交渉はできない、整理の時期・人員・退職手当などに変更の余地はないとして、見解は対立したままだった。ここで下山総裁は、これ以上の話し合いは意味がないと宣言、当局側の総退場となった。

そこで組合側は、交渉再開の方針を決め、当局に申し入れたが、翌七月三日、国鉄当局はこの申し入れを拒否した。組合は四日にもまた、交渉を求める申し入れをした。

しかし、この四日に、国鉄当局は三万七〇〇名の第一次整理の通告をした。戦争中は、わが家の燃えるのもかまわず、命がけで国鉄の施設を守ってきた労働者が、その職場を追われることになったのである。憤激した被整理者たちが各地で職場長を問いつめ、馘首通告を突き返し、騒然とした状態となった。だが、それでも労組中央は話し合いをもとめ、当局側も翌五日に総裁出席のうえで、その交渉申し入れにたいする返答をする、という回答をしめしてきた。

明けて翌七月五日、といってもまだ四日のつづきの午前零時三〇分ごろ、下山総裁は自宅で国鉄本社の宿直員から電話を受けた。被整理者と応援の市民や外部団体員が、福島管理部を包囲し、管理部長を軟禁して危険な状態にある、というものである。人情家といわれる下山氏の胸中をよぎったものは、いかなるものであったろうか――。

だが、それはともかく、下山総裁が、公務としての仕事はこの電話が最後となった。朝がきて、いつものとおり大西運転手の運転する車で出勤の途中、三越本店から姿を消したまま、下山氏はついに国鉄本社の玄関をくぐることはなかったのである。

下山国鉄総裁の死

失踪前の言動

この七月五日、下山総裁は、労働組合との会見のほかに、本社幹部との会議や総司令部関係訪問などの予定があった。だが、下山氏が、それらの予定をどの程度に意識していたかについては、推測しがたいものがある。というのは、毎日の行動や予定を書きこんだ手帳は、六月二八日でピタリと切れて、その最後にやや斜めの走り書きで、「エーミスに叱られる。決裂のチャンスをつかめと言われた」という文字が、恨みをこめたように残されていただけであったからである。それから数日の、空白の白いページは、ふだんの下山氏ならば、かならず几帳面な文字で、綿密な書きこみをしておいたはずのものなのだ。

空白のページの謎に引きつづくように、五日の朝の、総裁専用車での言動が異常であった。大田区上池上町の自宅出発はいつもとかわりなく、午前八時二〇分ごろであったが、五反田から品川に出て、車が御成門前まできたとき下山氏は、「佐藤さんのところに寄るんだった」といった。

佐藤さんとは後の首相、佐藤栄作氏で、国鉄の先輩であった。下山氏が東京鉄道局長時代は運輸次官をしていた。そこで大西運転手は「引き返しましょうか」と聞いた。

「いや、よろしい」と、下山氏は短くいった。「寄るんだった」といいながらも、その予定もなく、別に緊急の用件が浮かんだわけでもなかったのだろう。車はまっすぐ進み、日比谷をすぎて和田倉門前にさしかかったとき、また下山氏がひとこといった。

「買物をしたいから、三越にいってくれ」

こんどは指示である。いつもならこの和田倉門前を右にまがって国鉄本社に出るはずである。だが、大西運転手はつぎの大手町停留所にきてからハンドルを右にきった。そのとき下山氏は、「今日は、一〇時までに役所にいけばいいから……」と、ひとりつぶやくようにいい、車が東京駅北側のガードをぬけるときに、「白木屋でもいい、まっすぐにいってくれ」と、こんどははっきりといった。

車は白木屋のかどまできたが、開店はまだだった。そこで大西運転手は三越のほうにハンドルをきった。が、その三越も扉が閉まっていて「午前九時半開店」の標示が出ていた。

「開店は九時半ですね」と、大西運転手はつぎの指示をもとめる調子でいった。しかし、下山氏は「うん」と短く答えただけである。そこでこんどは、はっきりと、「役所にまいりますか」と、指示をもとめた。

「うん」と、下山氏の答えは、また短かった。それで大西運転手は国鉄本社に出勤するものと考え、車をそのほうに向けた。すると下山氏は、「神田駅にまわってくれ」と、別の指示をした。大西運転手は、常磐橋を右折して、神田駅の西口に出た。

「お降りになりますか」

「いや」と、下山氏は動かない。大西運転手は、こんどこそ、本社にいくのだろうと考え、神田駅の北側をまわり、本石町に出て右折、新常磐橋をわたって、さきほどの東京駅北側のガードをくぐった。そこを左折すれば国鉄本社は目の前である。

ところが、そこで下山氏は、「三菱本店にいってくれ」と、命じた。さらに車が国鉄本社前にさしかかると、「もっと早く走れ」と、怒ったように強い調子でいった。

三菱銀行（当時は千代田銀行と称していた）で下山氏は車を降り、店内に入って二〇分ほどして出てきたが、どんな用事があったのか、大西運転手にはわからない。

下山氏は、座席に腰をおろすと、「これからいけばちょうどいいだろう」と、いった。ちょうどいいというのは、三越の開店時間のようにおもわれた。大西運転手は、車を三越本店にまわして南口に停車した。そこで下山氏は四、五分間、なにごとかを考えているふうであったが、まもなく立ち上がると、「五分間ばかり待ってくれ」といい残して、店内に消えていった。車内には弁当と、書類を入れた手提げのカバンが残されていた。一方、大西運転手は、帰らぬ下山氏を、夕刻まで車のなかで待つことになる。

国鉄本社のほうでは、総裁が出勤時刻になっても姿をあらわさないので、しだいにさわぎになってきた。自宅をふくめて、下山氏が立ち寄ると考えられそうなところには、電話で全部問いあわせたが、行方はさっぱりつかめなかった。

7月5日朝　下山総裁の三越までの足どり

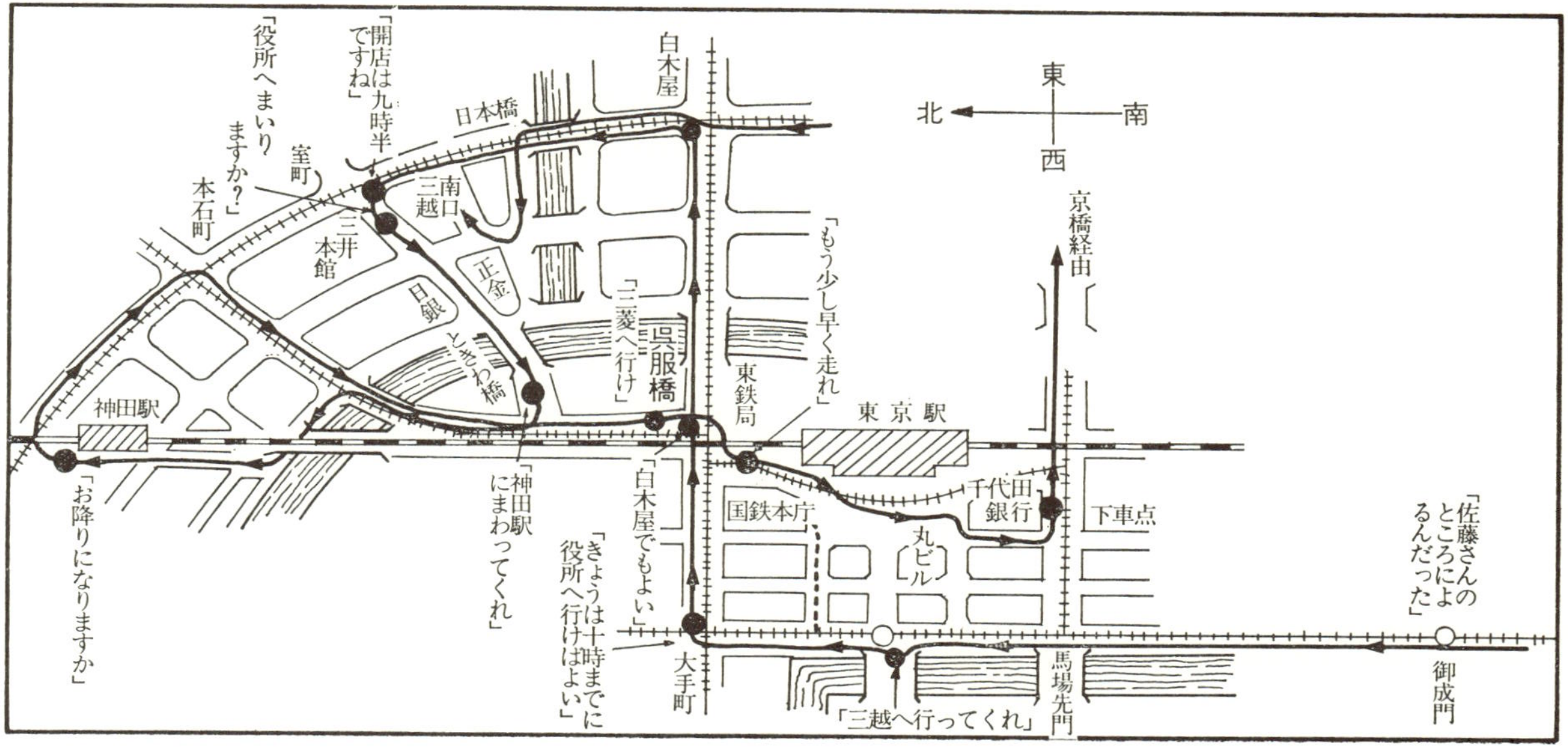

午後になって、二時ごろだったが、鉄道公安局の芥川局長が、警視総監室を訪れ、状況を説明して極秘の捜査を依頼した。極秘ということのなかには、このあとで総裁が出てきても困ることのないように、という配慮がふくまれていた。依頼をうけた田中総監はただちに坂本刑事部長と原交通警備部長をよんで協議し、堀崎捜査第一課長に捜査の開始を指示した。同時に、警視庁管下の各警察署には、総裁専用車四一一七三（四一年型ビュイック）の発見検索に全力をつくすよう電令が発せられた。

捜査開始を指示された堀崎課長は、一課二号室の関口由三主任をよんで、下山家の事情聴取を命じた。関口主任といえば捜査一課でも、殺人事件担当の腕利き刑事であった。たまたまそのとき事件をかかえていなかったという事情があったとはいえ、この関口主任に特命が出たというところに、警視庁幹部の最悪のばあいにたいする予感のようなものが、浮かんでいたようである。

さて、下山家にも、総裁の行方をさぐるなんの手がかりも見出せなかった。関口主任は、連れの大島刑事とともに、捜査に必要な下山氏の外貌や服装などを芳子夫人から聞き、さらに最近の下山氏のようすなどについてたずねたが、特別かわったことというものはないようであった。ただ、夫人の話によると、下山氏は眠れなくて困って、よく睡眠薬を使っていたようではあった。「それで、どこか静かなところで休んでいるような気もするんですが」と、夫人は何度かいった。

もちろん、それくらいのことなら、別にとりたてるほどのことではない。しかし、「高木子爵のようにならないかと、心配で」と、ぽつりといった芳子夫人のおもいつめたような調子には、関口主任も一瞬のとまどいを感じさせられた。高木子爵〈註—2〉といえば、奥多摩山中で自殺して大きな話題となり、その記憶も色さめぬころであったのである。

夕刻五時、国鉄当局は、総裁行方不明の発表にふみきった。報道陣が動きだし、しかも人員整理発表直後であってみれば、主役不在ということではどうにもならなかったのだ。

このニュースを、総裁専用車のなかできいた大西運転手は驚いた。さっそく三越店内で呼び出しをかけてもらったり、三越劇場をさがしたりしてみたが、下山氏の姿は見当らない。ようやく事の重大さに気づくと、あわてて国鉄本社に電話で連絡をした。

この大西情報が、警視庁につたえられたのは五時半ごろであったという。警視庁ではただちに厳重な現場保存を指示するとともに、捜査三課野田係長、一課鈴木、関口両主任ほか数名の刑事を急派した。捜査員は大西運転手の申し立てにもとづき三越周辺の調査にあたり、とくに店内は所轄の日本橋署の応援を得て、深夜に及ぶ捜査が行われた。しかし、大西運転手の申し立てからも、三越内の捜査からもなんの手がかりも得られないまま、下山総裁は常磐線上で轢断死体となって発見されたのである。

轢断死体の発見

通称「乗越下」とよばれる、東武線が国鉄常磐線をまたぐガード付近(足立区五反野南町九六四番地先)に、轢死体らしきものがあるのを発見したのは、その現場を零時二五分ころ(七月六日)通過した、上野発松戸行きの最終電車運転手であった。この運転手の知らせで、綾瀬駅から二名の若い駅員が現場にでかけたが、暗夜に雨も降り出していたというような事情もあって、女性の轢死体と誤認、さらに通報で轢死体処理に出動した北千住の保線関係者も、「下山定則」の名刺を発見しながら総裁とは信じられず、たぶん下山総裁の名刺をすりとったか、かっぱらったかした、その犯人が列車にひかれたものと想像をめぐらしてしまったりで、確認までにはだいぶ時間を費やしている。

しかし、保線関係者の届け出で、実況検分にでかけた南町駐在の山中巡査が、金歯を発見して相当の身分の人と判断したことと、上野管理部運転当直が「もしかしたら」と考えて、綾瀬駅長に再確認をもとめたことなどから、ようやく下山総裁らしいということになって、三時すぎ下山家に確認をもとめる電話連絡がいれられた。おなじく警視庁にも、三時半ごろ国鉄側から連絡がとられ、その連絡をうけて堀崎一課長が現場所轄の西新井署を呼び出すと、担当者が検証にいっているという。そしてまもなく、「名刺や、総裁名義の一等パスなどもあって、下山総裁にまちがいない」という報告がされてきた。警視庁はただちに検察庁に連絡して、午前六時より現場検証を行うことを決定、西新井署には厳重な現場保存を命じた。

現場検証は、七月六日午前六時、おりからの土砂降りのなかで始められた。東京地検からの立ち会いは布施、金沢両検事、警視庁刑事部の捜査官は堀崎一課長、金原係長、鈴木、関口両主任、部長刑事七名、検証では主役ともいえる鑑識課はこれまた塚本課長以下、光藤係長、岩田現場主任、北豊技官（医師）他五名、国警本部からは小倉捜査課長、東京都監察医務院の監察医は八十島信之助医師、所轄の西新井署は松田署長、下田捜査主任など数名、このほか鉄道公安官や保線関係者、赤塚上野管理部長など、総数五〇名という、ものものしい大検証であった。

さて、その現場であるが、常磐線が北千住側より荒川放水路の鉄橋をわたり約三〇〇メートルほどいくと、右にゆるやかにカーブしながら東武線と交差するガードをくぐるその付近で、カーブと東武線の高い土手にさえぎられて見通しが悪く、飛びこみ自殺の多い場所であったという。その下り線の、東武線ガードから約三メートル綾瀬駅寄りのところから血痕付着が始まり、それより上手には鮮血がないことを確認して、そこを轢断始点と決定。死体は、その轢断始点から八十数メートルにわたって散乱していた。その散乱状況は、轢断現場見取図を見ればおおよそ想像はつくと思われるので、関口由三氏の『真実を追う』より引用させていただくことにする（次ページ）。

ただ、この図で一、二の注釈が必要であろう。第一に、東武線ガードより三・三三メートルの下り線左側（北千住側より綾瀬のほうに向かって）に〝脂肪油〟という書きこみがあるが、これは鑑識課の検証写真をみると、実際は右側レールにあって、しかも〝鼻汁ようのものと思われる〟となっている。いずれこの点については、他のところで詳しく論ずることになろう。

第二に、胴体の位置は線路内に書きこまれているが、これは西新井署の捜査主任以下が最初の検証にきたとき確認した状態で、そのさい保線関係者より列車運行にさしつかえがあるという申し立てがあって、その状況を検分したうえ位置をマークし、胴体は線路左側の犬走りに移されてあった。この犬走りは、おりからの大雨で小川のように雨水が流れ、下山氏の死体はその流水に洗われて、これを見た刑事たちのあいだからおもわず、「これでは轢死体じゃなくって、まるで溺死体だ」と、嘆声が出たという。

ところで、この現場検証でいちばん問題になるのは、監察医務院の八十島医師の判断であろう。もちろん現場でのことでメスなどは使用せず、外表面から損傷部や皮膚状態を観察、触手による死後硬直の判定などの、いわゆる検案というものであった。経験をつんだ医師の検案であれば、その判断には、まずほとんど狂いがないといわれている。このばあい、八十島医師が轢死体をどのくらい見ていたかだが、その

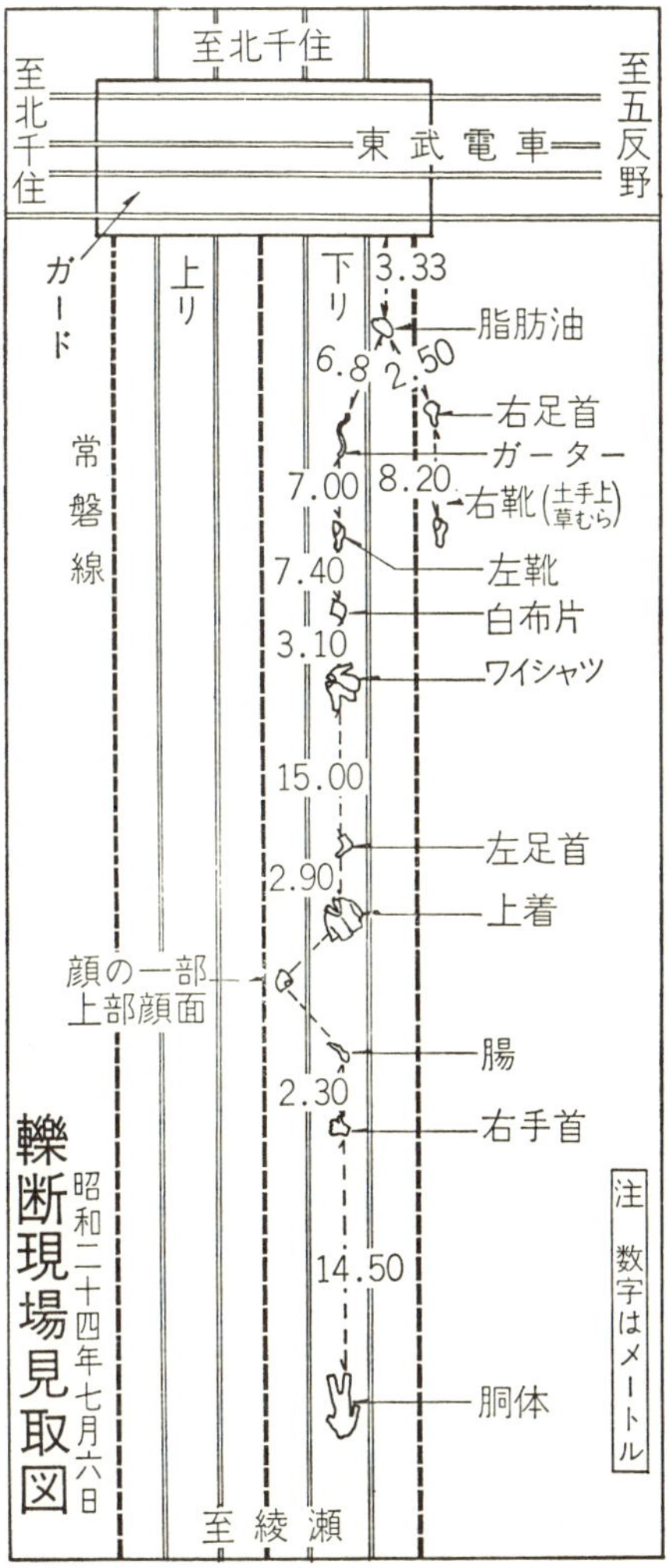

轢断現場見取図（関口由三著『真実を追う』より）

検案を一〇〇体以上体験していたというから、経験不足とはいえないだろう。

八十島医師は、その一〇〇体以上の轢死体の検案経験から考えて、「轢死」という判断をくだした。「轢死」というのは医学的な用語だが、一般的にいうと自殺とか過失死の場合である。しかし、そのあとに、八十島医師はつぎのようにつけ加えた。

「だが、時が時ですしね、国鉄総裁の死亡ということは大問題でしょう。司法解剖をしてみるのも一つの方法ですね」

この発言をみると、いかにも八十島監察医に自信がなかったようにおもわれるかもしれない。しかし、じっさいは自信がなかったのではなくて、八十島医師としては自分の判断に十分な自信をもっていたから、解剖によってさらにその結論が裏づけられるにちがいない、と考えたようである。また、そうしておいたほうが、いずれ大きな関心事となるだろう国鉄総裁の死について疑問を残さず、すべての人びとの納得が得られるはずである——。八十島医師にはそういう考慮も働いていたということである。

現場検証が終わると、検察官や捜査一課を中心とする首脳陣は西新井署に引き上げ、下山総裁死亡事件についての処理方針が検討された。問題となるのはやはり、関係者をはじめ社会一般にどう納得してもらうかであった。というより、じっさいは捜査陣自体、総裁自殺ということではなにか釈然とせず、にわかに納得しがたい気持にうごかされていた、というのが本当のところであったろう。結局、結論として八十島監察医の意見に従い、下山総裁の遺体は、解剖のため東大法医学教室に運ばれることになった。

捜査二課の性格

現場検証が終わり、捜査首脳部が引き上げたあとでも、轢断現場には鑑識課員や西新井署員が残って、関係証拠品の収集、写真撮影、見取図の作成や現場保存につとめていた。またさらに、現場周辺には捜査二課二係の吉武係長が、三〇名近い部下を動員して、聞きこみ捜査を開始していた。

ところで、ここで二課の性格についてふれておいたほうがよいだろう。下山事件を他殺とする論者は好んで、この二課の上に「科学捜査の」とか、「知能犯を扱う」といった形容詞をもちいる。まるでこうした形容詞が、決まり文句となっている感じさえあるのである。

だが、当時の二課の担当は、瀆職や選挙関係などをのぞくと、ほとんどがいわゆる公安関係であった。とくに二係は、瀆職に関する以外の職務分掌はつぎのとおりで、その実体は明瞭である。

「団体を背景とする殺人、傷害、暴行、脅迫、放火およびいわゆる暴力団に関する犯罪の捜査、検挙。政治問題、社会問題に関する犯罪の捜査、検挙ならびに恐喝に関する犯罪の捜査、検挙」

また、三係は、選挙をのぞくと、団体等規正令関係や、「集団犯罪の事前捜査に関すること」、すなわち情報収集がその仕事であった。

昭和二四年の、下山事件当時は、まだ民主勢力の声も強く、警視庁内にも「公安」とか、労働組合や民主団体対策を表看板とした部局の置けない時代であった。したがってそれらの仕事は、警備交通部の警備課と、刑事部の捜査二課によって分担されていたのである。こうしたことは、広中俊雄氏の『警備公安警察の研究』(昭和四八年一一月、岩波書店)などによっても明らかだし、また当時の二課長、松本畺氏も認めていることである。とすると、「科学捜査の二課」などという発想は、どこから出てきたのであろうか——。

ともあれ、捜査二課二係の吉武係長は部下三〇名ほどをひきいて、現場に出動したという。それは二課長や、刑事部長などの指示によるものではなく、吉武係長独自の判断によってであったという。吉武氏は筆者につぎのように語っている。

「当時は、国鉄の人員整理が発表された直後でね、労働攻勢の激しいときでしたよ。だから、下山さんの死の背景にはそういうことがある。それらの関係者のなんらかの動きがあったのではないか、というのが私の考えたことで、大衆犯罪とかなんとかそういうものをあつかっている私のところでは、すぐ捜査員を出さなければならないと判断して、出動したんです。もちろん、課長にも、部長にも報告はしました。とにかく、二係を出すということで……。行方不明、という段階では、私のところは動いていません。動いたのは情報を担当した三係です。しかし、三係は、現場検証が終わったところで、事件から手をひいてしまいました」

以後、秋ごろまで、この二係が他殺情報と労働組合や共産党の動きを追って、下山事件中心の活動をしたようである。そのことは、八月一日、アカハタがヤミ用紙を使用しているという容疑で、松本二課長総指揮の私服警官約一〇〇名と武装警官数百名が、日本共産党本部を包囲して捜索をしたが、そのなかに上田第一係長と細田第三係長の名前があるのに、第二係長だった吉武氏がみえないことからも、うかがい知れることだろう。

政府の動き

この事件をめぐっての、政府の動きはどうであったか。七月七日付の新聞をのぞいてみよう。まず、読売の『『国家非常事態の宣言』、首相布告準備を完了」と題するもの。

「吉田首相はマ元帥声明〈註―3〉は労働不安除去のための新たな指針を示唆したものとして五日まず声明を発表して、暴力に対する断固たる決意を表明するとともに各関係閣僚に対して法的措置その他の具体的な方途の研究を命じた。折柄発生した下山事件について、首相は行政整理にいどみ、これを阻害しようとする何らかの政治的意図によって引起されたものとの観測に立って事態を重大視し、六日朝九時半、予定の旅行を取りやめた林副総理をはじめ増田、郡正副官房長官、広川、橋本民自党正副幹事長を外相官邸に招いて重要協議を行った。

さらに同日午前午後にわたり首相官邸に、治安閣僚会議を開き、下山事件に関する情報交換を行うとともに、とくに安井東京都知事はじめ上京中の福島、茨城、愛媛、福岡、山梨各県知事および斎藤国警本部長官、田中警視総監の出席を求めて各地の治安状況を聴取した。この結果政府は福島事件(平事件)から各地の引揚者事件へ発展し、さらに下山事件をみるに及んで事態はすこぶる悪化したものと認定。警察力の一元化による取締の強化および社会秩序維持のため『国家非常事態の宣言』の布告もやむなしとの結論に達した。(以下略)」

つぎは、「参院で事情聴取」という朝日の記事。

「参議院地方行政、法務両委員会は六日午前十時連合委員会を開き、増田内閣官房長官、殖田法務総裁、樋貝国務相、斎藤国警本部長官から国鉄問題の事情を聞いたが、殖田法務総裁は下山国鉄総裁事件について次のようにのべている。

共産党がこの種の暴力行為を行うとは信じない、しかし万一このようなことがあれば、国民がこれに対抗するであろう。現在わが国にイタリア、バルカンのような深刻な問題が起きるとは思わない。もし暴力行為が行われる時があれば十分の対策を講ずる。この立法措置については、マ元帥の声明が明示しているものと考える」

おなじ朝日の記事で、六日正午の記者会見で語ったという、増田官房長官の談話内容。

「下山国鉄総裁の死体は東大で解剖しているが、両足、胸が切断されている点から、鉄道の専門家たちは自殺ではないと見ている。ひかれる前に死んでいたのではないかとの見方が強い。しかし政府としては慎重な態度で臨み、徹底的に調査する」

午前一〇時というと、現場検証終了が八時前後であったというから、それから二時間ほどあとのことである。その時点における科学的判断は、轢断現場における八十島監察医の、「轢死」という判定ただ一つであったのだが、その判定は二時間後にはもう、法務総裁によって無視されていたことになる。さらに、そのまた二時間後の正午には、官房長官が鉄道の専門家たちという曖昧な人格をひきあいに、他殺をほのめかし、監察医の「轢死」（自殺か事故死）という判定は完全に抹殺されてしまっている。しかも、新聞も、八十島監察医の判定を伝えたものが、一紙もないという状態なのである。

いずれにせよこれらの記事を見るとき、政府当局者が、下山総裁の死が他殺であることをのぞみ、他殺を前提として治安、労働対策に利用していた姿が明瞭である。また紙面から判断するかぎり、大部分の新聞が、そうした政府の期待にそうものになっていたことは否めない。とくに六日早朝、各社から出された下山総裁発見を告げる号外のなかには、「死体に弾痕」などというものまであって、市民の不安と恐怖心をあおりたてていた。そこに政府筋の談話や声明が、ラジオなども通じて強力に流されれば、国民の感情と憎悪の目の向くところは、自然とある枠組みにはめこまれたものとならざるを得なかった。

さて、増田官房長官は正午の記者会見で、「総裁の死体は東大で解剖している」と、発言しているようだが、じっさいにはその時間に解剖はまだ始まっていなかったのである。下山氏の遺体は、たしかに東大法医学教室の解剖室に運びこまれていたようだが、執刀者がいなかったのである。というのは、この日の司法解剖当番は中野繁助手であったのだが、中野助手が、「こんなときに、このような偉い人を解剖するのは荷がおもすぎます」と、断わったので、つぎの担当者として筆頭助手の野田金次郎氏にまわった。ところが、この日、野田助手は金沢のほうへの出張予定があった。その出発予定時刻までに、解剖は終わりそうもない。そこでまったく予定していなかった、桑島直樹講師に執刀してもらおうということになって、桑島講師の出勤がまたれていたのである。

桑島講師は古畑種基教授の金沢大学時代からの愛弟子で、どちらかというと血液や麻薬、それに指紋といったようなものが専門で、そういう関係でアメリカ軍CIDの犯罪捜査研究所に週二回（木・金曜日）通い、嘱託として血液検査などにたずさわっていた。そういうことで、解剖とはさほど深い縁がなく、轢死体の解剖はこの下山氏のばあいがはじめての経験であったといわれる。またそれだけに、かえってながい時間をかけ、慎重な解剖が行われたともいえよう。したがって、その解剖からの結論はともかく、解剖所見そのものは、法医学の歴史に残るほどの詳細なものとなったようである。

解剖は、午後一時すぎに始まり、六時ごろに終了となった。結論は、あたかも政府関係者が示唆していたところに一致したように、「死後轢断」となった。ただし、「死後轢断」となると、なにが原因で死にいたったかという、いわゆる「死因」が問題になるのだが、その「死因」は不明という、いささか奇妙な判定であった。法医学界では、司法解剖の結果、「死因不明」というのはまったく希有のことに属するという。

さて、この「死後轢断」という解剖結果の報告をうけた警視庁は、六日午後七時一〇分、堀崎捜査一課長が談話を発表した。その談話を、七日付毎日新聞から引用しておく。

「一、死因はまだ判明しない。二、出血が、少ないので死後ひかれたものと認められる。三、胃には全然内容物はなく、食後四、五時間を経過している。四、飲酒していたかは不明。五、毒物の有無は判明しない。六、他殺の疑いはあるが断定はできない」

他殺の疑いはあるが断定はできない、というのは、解剖をしても「死因不明」という点と、現場における八十島監察医の判断を考慮にいれてのことであろう。政府関係者より、捜査当局のほうが冷静であったようである。

ところで、このおなじ七日付毎日新聞の片隅には、ほとんど見落とされてしまいそうな格好の、数行の小さな記事がある。とくに引用しておく価値があるようである。

「また下山総裁らしい人品のいい人を見かけたという足立区五反野南町一〇八七石油輸送株式会社隅田営業所庶務係成島正男氏(38)の話によると、同日（七月五日、筆者註）午後六時ごろ同町一一二一農業松田定次郎さん宅横の東武線ガードで左土堤下の小路から付近で見かけぬ人品のいい人が現われた。突然だったが何か注意を引くものを感じチョコレート色の短ぐつのきれいなのが印象的だった」

なおこの当時は、朝日、毎日、読売などという大新聞も夕刊を欠き、朝刊だけで、それも週一度か二度の四ページだてを除くと、あとは毎日二ページだけという貧しい紙面であった。しかし、その紙面のほとんど全部を費やして、下山事件関連の記事が、細大もらさぬ格好でつながっていた。ただ、いま引用したばかりの記事――下山総裁らしい人が現場近くを歩いていた、という毎日のものは、毎日新聞だけの独自なものであったが、他の記事に関しては三紙三様、他殺という立場の紙面である。

捜査の経過と報道

七月七日

合同捜査会議開かれる

七月七日、この日は朝九時すぎから警視庁内ではじめての合同捜査会議が開かれた。出席者はまず坂本刑事部長、それに捜査一課から堀崎課長、金原第二係長、寺本第三係長、外川、鈴木、関口、小島、溝口の各主任、ほか刑事二一名。捜査二課は吉武第二係長。捜査三課、浦島課長、野田第一係長、西井第二係長、中野主任。鑑識課は塚本課長。

また東京地検からは馬場次席、山内刑事部長、布施、佐久間、金沢の三検事、それに東大から古畑（法医）教授が出席している。

会議ではまず、事件概要の説明が、一課の金原係長からなされた。つづいて、古畑教授の解剖結果の説明で、結論的には「死後轢断」、すなわち死体が轢かれたのだ、ということなのだが、自殺か他殺かという点になると、それはわからないという、なんともはっきりしない、不透明なものだった。「死因」を明確にできなかったのだから、やむをえないことだったろう。

ここで少し脇道にそれるが、法医学者のあいだで自・他殺についての論争が激しくなったあとで、衆議院法務委員会はその当事者である古畑、中館、小宮の三氏らをよんで意見をきいている。その席で古畑氏は、「法医学の結論をまたずして捜査にあたることが従来は許されておったのでありますが、今後は許されないのではないか、こう私は存じております。鑑識とかあるいは法医学で明らかになった事実に基いて捜査していくのがあたり前で、捜査のほうで聞きこんできたことをもとにいたしまして、法医学の結論をかえるというようなことは本末を顚倒したことで……」と、大いに法医学のために論じている。

しかし、法医学にもとづいて捜査をしろ、といわれても、「死因」を明らかにしてくれなければ、当然それにつながる凶器の線なども追うことができず、まして自・他殺不明ということであってみれば、捜査陣としては困惑するばかりであったろう。そこでこの合同捜査会議では主任以上を除き、出席二一刑事の意見をもとめることになった。こういうばあい、主任以上は意見発表をひかえ、部下刑事の自発的な意見を引き出し、それにもとづいて捜査方針をきめていくのが、捜査の上のしきたりなのだそうである。

さて、そこでどういう意見が発表されたのか。それらのものを、主として関口氏の『真実を追う』から引用させてもらい、若干を他の資料でおぎなった。

○佐藤部長刑事　他殺。地どり、三越・大西取り調べ。

○斎藤部長刑事　他殺。足、地。

足、とは足どりの略で、下山氏や犯人の目撃者などをさがすこと、地、とは地どりで、現場中心の聞きこみ捜査、またあとで出てくる感（鑑と書くときもある）というのは被害者に関係があることで、ここでは下山総裁の家庭、身辺などを意味するのだそうである。

○島部長刑事　他殺。足、国鉄本庁関係、現場地どり。

○小田部長刑事　自殺。カルモチン所持、現場地どり、技術屋で政治的配慮がない。

現場の地どり捜査で自殺を裏づけようというのだろう。あとは自殺と考える理由をのべているのだと思われる。

○小倉部長刑事　他殺。毒殺か、現場に行って自殺する材料がない。脅迫状関係。

○松原部長刑事　他殺。首きりで恨まれた、現場捜査。

○影山部長刑事　他殺。死体の現場に土地感がない、神経衰弱が昂進していない、労働攻勢、共産党の情報入手のスパイ関係。

下山総裁と轢断現場は、生前あまり結びつきがなかったということだろう。

○新木部長刑事　他殺。自殺特有の現象がない、原因がない。本人の身辺、地どり。
○白滝部長刑事　自殺六、他殺四。殺されたとすれば時間が早い、連れ出されたとすると尾行が認められない、首きりに悩み発作的の精神異常。
○大島刑事　他殺六、自殺四。他殺のばあいは思想関係の捜査、自殺とすれば精神異常。足どり。
○新井部長刑事　自・他殺不明。三越へいくのが不自然。足どり、感の捜査。
○堀部長刑事　他殺八、自殺二。解剖結果、遺書がない、自殺とすれば重要会談に出ないことが不自然。首きりに職務上の信念との食違い。
　五日は、朝九時から局長会議が予定されていた。それに出席しないで自殺するのは不自然だろう、ということらしい。といっても信念と職務との矛盾で自殺も考えられる、というのだから、なかなか一刀両断とはいかないむずかしさがにじんでいる。
○小薬部長刑事　自・他殺不明。解剖所見だけでは考えられない。総裁に秘めたる悩みがあったのではないか、捜査はそこまで進んでいない。
○金井刑事　他殺。自殺の現場としてはおかしい、自殺の裏づけがない。足どり捜査。
○平塚刑事　他殺八、自殺二。他殺とすれば皮下出血がない（暴行などを受ければそのあとに傷痕や皮下出血がのこる、それがないということは自殺につながるという意味だろう）。胃に内容物がない（食事をする自由がなかった？）、反対派に単独で会ったか、遺書もない（これらは他殺につながるのだろう）。現場は不便で他に方法がある（殺人としてはおかしい？）、自殺とすればカルモチン（睡眠薬）を持っていた点から神経衰弱。
　カッコ内は筆者の補足と註である。
○杣部長刑事　自殺。時間的に三越から拉致されることは考えられない、首きりによる神経衰弱。
○鈴木部長刑事　他殺。三越から現場への足どりと職場関係の捜査。
○栗原部長刑事　自殺六、他殺四。自殺とすれば人員整理に悩み発作的、自殺者の心理は、わからないものが多い。線路に寝ることは性格が強い。他殺とすれば解剖所見、感、地どり捜査。
○留目部長刑事　自・他殺五分五分。自殺とすれば首きり問題。他殺とすれば解剖所見、三越と銀行にいったことが不自然

上：「下山事件特別捜査本部」でこの事件の捜査にあたった本部長坂本刑事部長(中央)と堀崎一課長（左）.　　下：合同捜査会議の模様（日時不明）. 当時としては未聞の大型捜査陣となった.

（したがってこの点の解明にあたれという意味か、筆者註）。
○坂和部長刑事　自・他殺五分五分。他殺とすれば他の車に乗せられた。自殺とすれば前日からソワソワしていた、神経衰弱。
○須藤部長刑事　自・他殺五分五分。解剖に研究の余地あり。他殺とすれば個人的犯罪ではない。自殺とすれば首きり問題に煩悶の結果。

「解剖に研究の余地あり」とか、「解剖所見だけでは考えられない」などと、目の前で刑事連中にいわれたのでは、古畑氏の心中おだやかならざるものがあったのではなかろうか。東大法医学教室の名誉にかけても、この事件は、はっきりさせたいという思いにかられた、と考えるのは筆者の想像過多というものであろうか。

しかしそれは別としてやはり他殺説が多数をしめていた。これらの結果、そこに出された意見をもとに、つぎのような捜査方針がたてられたという。

㈠下山総裁の身辺関係。㈡日本橋三越本店を中心とする捜査。㈢死体発見現場の足立区五反野南町周辺を中心とするもの。㈣別働班をして情報収集、ならびに汽車・電車乗務員などについての捜査。㈤思想団体に関する捜査は捜査二課において担当する。

この捜査方針の実施担当区域はつぎのとおり。

㈠三越周辺を第一現場として、鈴木主任が担当する。

㈡死体発見現場を第二現場として、その周辺中心の捜査は関口主任が担当する。

㈢下山総裁の身辺等に関する捜査は鈴木、関口両主任で担当。

㈣別働班は中野主任（三課）が専従する。

㈤思想団体等関係の捜査は、捜査二課吉武二係長が部下係員を指揮して特別捜査をする。

こうして「下山事件特別捜査本部」が設けられ、本部長坂本刑事部長、直接指揮堀崎一課長、金原、野田両係長が総合的な指導監督ということが決定され、指揮系統とそれぞれの捜査分担が明確にされた。人員は、第一現場が一課員一六名と日本橋署からの二一名が参加して三七名。第二現場、一課が小島、溝口両警部補班も加わって二四名、それに西新井署からの二一名があわさって計四五名。別働班、五名。労働組合、思想団体等吉武係長以下二四名。以上で一〇〇名を越えるが、それに必要に応じて鑑識課員が出動しているのだから、当時としては超大型の捜査陣であったといえよう。

第二現場での聞きこみ

人間誰しも、多少の功名心はある。下山氏の死が他殺だとしたら、見事その犯人をとらえて、功績賞や功労賞にあずかりたいとおもうのは、捜査一筋に生きてきた刑事たちにとって、当然のことでもあったろう。時は、日本にとって重大な時局、その重大な時局をになう立役者の一人、国鉄総裁殺害の犯人なら、だれがとらえようと刑事としては最高栄誉の功績賞は、まずまちがいなかったろう。七月七日の午後、そのチャンスのいちばん多い轢断現場の捜査を割り当てられた、関口由三主任以下の一行が、武者震いにふるいたつ気持をおさえて、その現場にのりこんだとしても不思議ではない。

一方、現場検証からその時点まで、轢断現場周辺の聞きこみに当っていた、二課二係の刑事たちの気持は複雑だったとおもわれる。とくに係長の吉武氏は、関口氏と任官同期の、ある意味でのライバル同士――。そのへんに水を向けると、吉武氏は「いいや、そんなことは……」と、苦笑いにまぎらわす余裕をみせているが、しかし、その吉武二係長のもとで活躍した浅野警部補などは、それから二十数年たっても、怒りをおさえきれないといった面持であった。

「とにかく、交替だ、というんだから仕方がない。あとに入ってきたのは、一課の殺しの連中だ。だいたいあの事件は、思想問題がからんでいる。首切りの、いちばん大事なときに起きているんだからな。単なる殺しじゃないんだよ。労働組合というものが、問題なのだ。おれはね、右翼も、左翼も、とにかく昭和のはじめから、思想問題一筋にやってきた男だ。彼らを調べるには、経験がものをいう。彼らの考え方や、動きにたいする、鑑だな。一課の連中には、それがないんだよ。だからあのとき交替なんかしないで、おれたちが調べていたら、事件は解決していたはずなんだ」

もちろん、浅野氏の考えは他殺である。その根拠などについては、またあとで触れることにして、先を急ごう。

関口班は二課と交替すると、轢断現場に近い中之橋駐在所を出先本部として、特別捜査本部と結ぶ直通電話を架設し、捜査に乗り出した。その轢断現場（ここを第二現場とし、三越本店のほうを第一現場と呼んでいた）における捜査方針は、つぎのところにあったという。

㈠総裁の足どり。㈡現場付近にきた自動車の解明。㈢事件当夜の現場周辺通行者の発見と、聞きこみ。㈣綾瀬駅乗降者の調査。㈤付近居住者の思想関係聞きこみ。㈥素行不良者の捜査。

現在では、びっしり人家がたてこんでしまっている第二現場周辺は、当時は田圃や沼地、それに畑などにとり囲まれた、人気の少ない田舎街で、もし下山総裁のような大柄の人物がちゃんとした背広姿で現れたとすると、土地柄には不似合な格好となって、かなりめだつ存在になるはずだった。だがもし、殺されて運ばれてきたものとすると、話は別で、極力ひとめは避けてのことだろうから、目撃者をみつけることはかなりむずかしいことになるはずである。現場に散った、四十余名の刑事たちは、だれしもこのあとのほうの、困難な捜査を考えていた。

しかし、事態は、大部分の刑事たちがいだいていた予想とは、いささか反対の方向に進んでいたようである。すでにその日（七月七日）の朝、五反野南町に住む、袋物商山崎麟之助さんの妻たけさん（四二歳）が、南町駐在所の山中巡査に、「五日夕刻、下山さんらしい人が、線路のわきで立ったり、しゃがんだりして草などをむしっているのをみた」と、自発的に届け出ていたのである。また、所轄の西新井署には、昼近くに、末広町の旅館経営者長島フクさん（四六歳）が、「五日の午後二時ごろから五時半ごろまで、下山さんによく似た人が、私のところで休んでいった」と、届けてきたのであった。このほかに、すでに紹介した七日付毎日新聞に、現場近くで「下山総裁らしい人品のいい人を見かけた」という、捜査本部も知らなかった成島さんの話がのっていた。

山崎、成島両人の家は、現場に近いので四十余名の刑事に割りふった、捜査担当区域にふくまれていた。しかし、末広旅館は一キロあまりはなれていて、その日の予定捜査区域をはずれている。それに、旅館業者というのは職業柄客にたいする観察も鋭いはずである。したがって、証言にたいする信憑性も一般に高いのである。そこで関口主任は慎重に、捜査の神様と異名のあった、ベテラン刑事の小島警部補を伴い、それにたまたま居合わせた寺本第三係長をあわせて三人で、その末広旅館にでかけることにした。

末広旅館は、東武線五反野駅の近くにあって、表からみると二階まで生垣や植えこみにかくれてしまい、小さな看板がなければふつうの人家と見分けがつかないほどの建物であった。その前面は道路だが、道路に沿って掘割があって、その掘割は轢断現場近くの五反野踏切脇を通って、小菅刑務所をめぐる排水路に達している。したがって、末広旅館からこの掘割に沿って歩くと、自然と現場周辺に出てくる位置関係にあった。

さて、その下山総裁らしい人がこの旅館で休んだときのようすだが、五日の午後二時ごろ、三男の正彦君が「お母さん、お客さんですよ」というので、フクさんが玄関に出てみると、いままでみたこともない上品な、五〇歳ぐらいの紳士が立っていた。背丈は五尺七寸くらい、一七、八貫はあると思われる立派な体格、色白面長でふくらみのある顔、眉毛のあいだは普通よりあいている感じで眼鏡をかけ、頭髪は七、三にきれいにわけられ、やさしい顔つきであった。服装は、ネズミ色背広上下に白ワイシャツ、ネクタイをちゃんとしめて、チョコレート色のヒダのある靴をはいていた。靴下は、二階に上がって南側の窓に腰をかけたそのとき、足もとがみえてわかったのだが、紺無地の木綿のようなものをはいていた。〈註―4〉

詳細は、またあとでふれることになろうが、フクさんのこの話は、関口主任たちにとっては青天の霹靂のようであった。犯人、犯人と張りきって現場に乗りこんだ矢先に、頭からいきなり冷水をかけられたような感じだったと、関口氏はあとで語っている。

だが、このほかに、下山さんらしい人をみかけたという、目撃者はもう一組あった。「私は、六日朝新聞もみないで、(ラジオ)ニュースで下山さんがガード付近で死んだことを知り、午前六時四〇分ごろ、踏切のところからガード下の死んだという現場を見て、工場に出勤しました。その日の夕方、五時四〇分ごろ家に帰って、朝日新聞を見ると下山さんの写真が出ていて、昨日(五日)見た人にあまりよく似ていて、伸子(義妹)も間違いないというので、すぐその晩警察にお届けしました」(千住新橋派出所五松康雄巡査受付)という、渡辺盛さん(三六歳)である。

そうすると、本格的な捜査開始の第一日目で、早くも、現場周辺で下山総裁らしい人を見たという、いわゆる目撃証人は、長島フク、山崎たけ、渡辺盛、その義妹の藤田伸子、それから成島正男の五名が出たことになった。

もちろん、情報はそういうものばかりではなく、五反野南町の杉田と名乗る男からの電話などもあった。「署長さんから、捜査本部に伝えて下さい。そのときの目撃者として、状況は書信にて御通知申し上げます。表面に出れば赤色テロの刃を受けるので、私は仮名で実況をお知らせいたします」

というのだ。新聞や、ラジオによる報道の影響が、こんなところにもうかがえるようである。このほか、捜査員の報告のなかには、五日の夜、自動車の音をきいたというものが二、三あったが、これらの自動車の解明は、これからの課題となる。

なお、関口主任は、この日警視庁に呼び出してあった轢断列車（八六九貨物列車、轢断現場通過六日午前零時一九分三〇秒）の山本機関士と萩谷助手の二人を、須藤刑事に調べさせたが、定刻を八分おくれて田端駅を出発した事情や、轢断点での運転状況、水戸到着後の処置など、一部に判断しかねるところもあったが、そこに深い疑惑があるとはおもわれなかった。

第一現場での聞きこみ

鈴木清主任が担当した第一現場、三越本店周辺では、まず、全店員からの聞きこみにあたることにした。店員自身の行動はもちろんであったが、その店員の目と耳から、客や出入商人その他の関係者の動きをつかむのが狙いであった。依託販売品の受付や、衣料切符の動きなども、重要なチェックポイントだった。当時は衣料品は配給制で、その配給切符が下山総裁のポケットから出ていたからであった。それに守衛や案内人から、自動車の出入、待合・休憩所の利用状態の調査であった。また、当時三越は、四階以上を貸事務室にしていたが、これらの貸事務室を使っていた四〇近い会社、団体、それに三越劇場の捜査も、重要項目であった。

鈴木主任は、白滝刑事などの、総裁邸に派遣した一部刑事をのぞいて、三十余名の捜査員の分担を空白点のできないように定めて、聞きとりを始めさせた。なかでも重要だったのは、大西運転手の申し立てにたいする、裏づけをとることだった。五日の朝、九時半まえに三越南口にきていて、下山総裁が黒のビュイックから降りるところを、一部始終じっと見ていたという、日本鉱業株式会社の二見運転手（二七歳）からも、五日の夜についで再度事情を聞き、再検討をした。しかし、日本鉱業は三越四階に事務所をもち、二見運転手の上司はこの運転手の人物を保証するし、その申し立てはその五日の朝の状況とよく一致して、真実性があった。そうすると、この二見運転手の話から判断して、総裁に尾行のようなものがあったということも、考えられないことだった。

一方、店員からの聞きこみでは、三人の証言が得られた。まず、一階化粧品売場の長島シズ子さん（一九歳）である。

五日の朝、開店まもなく、化粧品売場のケースのうしろに立っていると、九時三五分ごろ、男の人が一人で南口のほうから入ってきて、長島さんのケースの前で迷っている様子で一、二歩北口のほうに歩いて、また一、二歩もどり、ケースの中を覗きこんだりしていたので、なにか買うのかなと、しばらく注目していたが、そのまま行ってしまったという。開店直後でほかに客もなく、よく記憶に残っていて、服装はネズミ色の背広上・下で、所持品はなく、社長ふうの偉い人のようにおもわれた。その晩自宅で、下山さんが三越に入ったまま行方不明、というラジオニュースを聞き、朝見た人がそうかしらと母に話し、六日出勤すると入口で、防護係に下山総裁の写真を見せられ、やっぱりそうだった、とおもったという。

新井キミ子さん（二一歳）の証言は、ちょうどこのシズさんの話を引き継ぐ格好になっている。

もちろん同じ朝、一〇時すこしまえ、一階履物売場で腰をかけていたとき、右斜めまえ二間ぐらいのケースのところに、一人の男が立っていて、売り子はだれもそこにいなかった。品のよい人なので、重役でもあるのかしらと思いながら、じーっと見ていたという。中肉中背、顔は白いほうで、背広は小豆色、無帽、眼鏡をかけて、つれはなかった。六日朝、シズさん同様、防護係から下山総裁の写真を見せられ、その瞬間、まえの日の人に似ていると感じた、という。

高田喜美子さん（三五歳）のばあいは、聞きこみではなくて、届け出のほうである。

地下鉄入口のほうの案内所が職場の高田さんが、五日朝、九時三〇分の開店のとき見ていると、三〇人くらいの客がドアから入ってきて、そのうち、相勤の者が席をはずした一〇時一五分ころ、四メートルくらい離れた地下鉄に降りる階段を、下山さんに似た人が地下道へ降りていくのが見えた。品のよい人なので、とくに注意して見ていたという。そのうしろからは、一見して会社員ふうの男が二、三人降りていったが、つれかどうかはわからない。

ここで高田さんが、下山さんらしい人をとくに注意して見ていたというのは、職務に関係があったからである。というのは、その仕事が、来客数の記録と、とくに身分の高い人や、知名の客の案内を専門にしていて、人の顔をよくおぼえておかなければならない立場にあったのである。

さて、その注意して見た下山さんらしい人の人相は、五〇歳ぐらい、体格は大きく五尺六寸くらいで、一七、八貫の体重とみたという。顔色は普通で、横顔がふっくらと肥り、額が広くはげあがっていて、髪はきれいに分けて無帽、眼鏡をかけていた。

帰宅してからラジオニュースを聞き、その瞬間、今朝の人がそうではないかとおもい、すぐ二、三日前の東京新聞をひっぱり出して、下山さんが加賀山副総裁と会議に出ている写真を見ると、やっぱりそうだった。このことは、夫の昇平さんにも話したという。

吉武二課二係長のひきいる特捜班のほうは、国鉄本社の幹部や鉄道公安官関係などから、国鉄労働組合内の積極的な活動家と被整理者の動きを調査し始めたが、この日は手がつけられたばかりで、まだ具体的な話は出てきていなかった。ただ、五日夕刻の、総裁行方不明発表直後に、組合事務所に「下山総裁が自動車で死んだ」という情報があった、といわれたり、また、六日早朝、国鉄本社玄関に、「総裁の死は、自殺である」といった、組合の壁新聞がはられていたなどということは、いずれもその時期がきわめて早いということで、特別の注意をひき、疑惑の対象となっていた。

これらのことは、後の捜査でいずれもその疑惑を解消させられたのだが、ここで壁新聞のばあいについてのべておくと、これは当時国労本社支部の書記長をしていた、村木啓介氏の手によるものであったという。村木副委員長は、たまたま五日深夜から六日早朝にかけて、本社局長会議室の混雑に紛れこみ、本社幹部が総裁失踪について地方各局と連絡にあたる雰囲気と会話の流れから、下山総裁は自殺と判断して、壁新聞にしたのだという。したがってこの時期の、国鉄本社幹部の人たちの考えは、総裁自殺、という判断に傾いていたとみることができよう。

他殺を示唆する紙面

本格的捜査にはいった第一日目の、この七月七日の動きを、八日付新聞の紙面の上からながめてみよう。まず、朝日新聞である。一面トップから、「下山事件の捜査進展、背後関係をつかむ、発見した手帳から判明」といった調子の記事が、つづいている。

「下山国鉄総裁怪死事件につき警視庁は六日夕刻東大の死体解剖結果のあとを受けて捜査材料を総合した結果、他殺と断定、七日は引きつづき基本捜査、特別捜査を行ったが、同日午後特別捜査本部員は現場付近の捜査のさい下山氏の手帳が道路上に落ちているのを発見、それに書かれていたメモから同氏変死事件の背後関係が一部明らかにされたもようで、それに基いて捜査員が某団体にきき込み捜査を行った結果、犯罪関係者に該当するとみられる有力な情報を得、直ちに活発な捜査に入った。なお同夜十一時特別捜査本部は発表を行ったがその内容は事件の進展になんらつけ加えるものはなかった』(傍点筆者)

この記事では、下山総裁の手帳が、七日午後に、現場付近で発見されたとしているが、実際は六日早朝、西新井署員によって総裁の上衣から取り出されているので、事実とは違っている。念のため、死体発見直後の、右署員による仮検証記録を引用しておこう。

「下田警部補以下署員六名は保線係員四名(小島副分区長、岡田、大塚、小宮)立会の上胴体を移動すると共に附近にあった洋服上衣ポケット内より現金四千五百三十円在中の黒革製大型二つ折財布一、及同上衣の左右何れかよりサック入り印判一、手帳一、更にズボンの後側ポケットより茶色擬革製財布現金七拾弐円也在中のもの一、及ハンカチを各々発見、更に現場軌道内より腕時計一、本人名儀の私鉄並に鉄道乗車証数葉其他雑品並に名刺等を発見、以上の状況より想定し下山総裁なる事が確認されたものなり」(傍点筆者)

さて朝日新聞にもどって、さきに引用した記事の途中を省略して、「特別捜査」という部分を見ておこう。

『一、捜査二課は智能犯的角度から三越本店、千代田銀行、運輸省、国鉄、総裁自宅などを調べたが、背後関係の追及が目的で、情報網の活躍を期待している。

一、五日朝下山氏が自宅を出て自動車に乗るとき、いつものように左スミに腰かけて右側の見送りに顔を向けることをせず、この朝だけ右スミに顔をそむけていたという事実が明らかとなった。

一、大西運転手の証言にもとづく裏付け捜査状況、解剖結果については新事実はない』(傍点筆者)

捜査二課と、「智能犯」を結びつけるパターンが、はやくもここに顔をだしている。朝日の記者が、二課の性格と任務を知らなかったはずはないとおもわれるのに、不思議なことである。あるいは、「某団体」なる表現を、共産党や労働組合の代名詞としていた苦心のほどが、あわせて二課にも、「智能犯」なる敬揚詞を冠する結果となって、表れたのだろうか。

それはともかく、もう少し朝日の記事をみよう。「金庫を開けて去る、千代田銀行で新事実」というのがある。

『下山総裁はなぜ日本橋の三越から丸の内千代田（三菱の旧名）銀行本店に立寄ったか――五日朝の足どりはナゾに包まれたままだが、七日朝になって私金庫を開けて立去ったという新事実があらわれた。

同日九時ちょっと過ぎ柏渕金庫係長から NO. 1261 の合カギを受取り、地下室の貸金庫室に下りて行った。七、八分ぐらいで出て来て合カギを返し、反対側にある調査課の方にまわり、顔見知りの大河内課長代理をさがしていたが、席にいなかったのでそのまま正面玄関から出ていった。

と、柏渕金庫係長はいっている。六日午後警視庁捜査係員が下山氏実弟の立会いで下山氏の私金庫を開けてみたが、遺書その他手がかりになる書類は発見されなかった。

柏渕氏談　下山氏が金庫を開けるとき立会っていないので、何を出し入れしたかわからないが、下山氏が金庫を開けに来られるのもめずらしいことだが、別に変った様子は見受けられなかった』

以上引用したのは、朝日新聞の、下山事件関連記事の一部である。このほかに、解説的なものや、さらに後年、「これぞノンフィクション、すべて事実ばかりのドキュメント」などと銘うって、江湖の大喝采をはくした巨匠の著作の、原型とおもわれそうな『〝特殊な関係の知人〟公務で？　単身秘密の会見』といった、まったくの推測記事をふくめて、ほとんどが他殺前提で紙面は埋められている。

さて、下山氏が貸金庫のなかでなにをしたかは、立会人もなく、またその当人が死亡している以上、ナゾのままである。ところが、読売新聞になるとそれがつぎのように見事に解明されているのだからおもしろい。「轢断現場で一万円発見。謎ひめる結婚祝の相手〝旧部下〟」と題するものである。

『捜査本部では七日午後から轢断現場、三越本店、千代田銀行本店、国鉄本庁等に係刑事を派遣し地取り捜査、聞込みを行った結果、つぎの新事実が判明した。

一、轢断現場で黒革シース在中の四千五十円が六日発見されたがその後さらに一万円の札タバが出てきた。
一、下山氏は五日朝、二度目の三越行きの途中、千代田銀行本店に立寄り私金庫から一万円を持ち出していた。轢断現場の一万円はこの金とみられる」

さらにこの金は、総裁が周辺のものに結婚祝いの相談をしていたことなどから、それに当てられるもので、三越に行ったのはその買物のためと推論し、つぎのようにつづけている。

「一、下山夫人が結婚祝いについて知っていないといっているのでその贈物は公人としての下山氏の交際であり予定された重要会見前に二度まで買物に百貨店を訪れた点から祝いを受け同時に一万円を受けるとおぼしいその人物は下山氏の信頼を受け公人生活に相当重大なる役割を占めており、三越または地下街で待合せる約束がしてあった。
一、ところが祝品を買う前にその人物か、それ以外の何人かに連れ出されてしまった。連れ出した者は少くとも数人で下山氏を何処かのアジトへ連行し、そこで兇行が行われた。
以上の推理から下山氏と関係深く近く結婚するという〝旧部下〟こそ事件解決のカギを提供するものとして当局ではこの方面に活発な捜査を開始した」

しかし、現場から一万円の札タバが出てきた、という事実はないようである。また、細かいことのようだが黒革製財布に入っていたのは四五三〇円で、四〇五〇円ではなかった。ほかに七二円在中の小銭入れがあったことはすでに紹介した記録のとおりである。とにかく、一万円の札タバとは、架空のものである。

もちろん、読売新聞の記事は、こういうおもしろいものばかりではない。つぎには、朝日にも、毎日にも見られない、「議事堂横で見た、事件の朝車内に総裁と数名の男、佐藤元次官の秘書証言」と題するものを引用しておこう。

「下山総裁が三越で姿を消してから、約一時間半経過した五日午前一一時ごろ、疾走する自動車の中で数名の男に囲まれている総裁を見かけたという有力な目撃者が現われ、警視庁を緊張させている。目撃者は運輸省関係で下山氏とは熟知の間にある民自党政調会長（元運輸次官）佐藤栄作氏秘書大津正氏で、同氏の証言によれば、ちょうどその時間、所用で平河町の民自党本部から日比谷方面へ自動車を走らせている途中、議事堂横に差しかかった際、逆に都電議事堂前から平河町に向って疾走、すれ違った自動車の中に二、三人の男に左、右、前と囲まれた下山総裁そっくりの人をみかけた、というのである。

大津氏の話『一瞬間のことであり、何気なく見ただけのことなので確かかといわれると困るが、夕刻下山氏失踪のラジオニュースを聞き、これはと思い佐藤氏の家で氏の家族と一緒に夕飯を食べながら話したわけです。その車がどこへ行ったかはもちろんわからぬが、あの方向なのだから新宿か渋谷方面でしょう』

当時の副総裁(下山氏の死亡で、第二代の総裁となった)加賀山之雄氏が、後年、この情報をもとに、「下山総裁が、自動車の中で数人の男にかこまれて、国会の横のところを平河町から狸穴《まみあな》の方へ行ったのを見た人はある」と、書いた(「下山事件! その盲点と背景」『日本』昭和三四年七月号)。新宿や渋谷の方向と、狸穴ではまるで反対なのだが、それを知らぬはずもない加賀山氏が、あえて車を逆に走らせた理由は、狸穴といえばソ連大使館、と連想されるのを意識してのことだろう。そういえば、事件の翌年の春、「下山氏はソ連大使館で血を抜かれて殺された」という情報を、さる筋にもちこんだ男があったそうだ。情報というものは、恐ろしいほど変化をしていくものである。

末広旅館のスクープ

さて、毎日新聞にうつろう。他紙と同様、毎日新聞も七日までは、他殺を前提とする傾向の紙面であったが、この日、八日付の紙面からは、がらりとかわったものになっている。適切な順序とはいえないかもしれないが、まず最初に、社説を引用しよう。

『下山総裁の怪死は他殺説が有力であるという。ところがこれに付随して、重大な一事実が発生した。それは他殺を政治的なテロに結びつけて考える臆説、うわさである。はっきりいえば、国鉄の整理に直接結びつけて考える臆説、さらに共産主義者の政治的テロに結びつける臆説だ。

うわさや個人の無責任な臆説は、もちろんとりとめもないものだ。だがそれにしても、うわさや臆説もやはり一つの事実である。下山事件については左翼の凶暴なテロの臆測が大衆の心を支配しているように思われる。

国鉄労組や共産党に対しては、こういう臆説が生まれたことを気の毒に思う。かれらにとっては実に迷惑なぬれ衣であろう。なるほど歴史的事実としては、共産主義と政治的テロは、僧侶とけさのように縁が深い。帝制ロシア時代の多数のテロはもちろん、各国に無数の例が残されている。しかし大局的にみれば、個別的なテロは共産主義運動が幼稚な時代の愚かな戦術だった。日本の共産主義運動も、いまごろ半世紀前の愚かな個別的分散的テロの戦術をとるほど愚かではあるまい。

この意味でわれわれは大衆に警告する。大事なことはただ事実だけである。現在では他殺が有力であるというだけである。すき勝手な臆説、特に政治的テロの臆説はつつしむがよい。臆説は単なる興味だけに止らない。無意識のうちに、臆説の対象者に理由のない憎悪の感情を発生させる。ぬれ衣の場合には、相手は不必要に大きな実際的損害をうける。右翼政治家などの言葉のうちには、この大衆感情を利用するのではないか、と疑われるようなものもほの見える。これは厳戒を要する。(以下略)」


この社説を、おなじこの八日の、読売の社説「暴力の世相と下山総裁の死」が、左翼攻撃に終始しているのに較べると、やはり大きな隔りを感じないわけにはいかないのである。

では大事なのは事実だという社説の意見にもとづき、その毎日の記事を拝見することにしよう。まず「総裁に似た人が私の処で休んだ、現場近くの旅館主が証言」というもの。

『警視庁捜査本部は下山総裁の足どり捜査に全力をあげているが、七日正午ごろに至り死体発見の現場付近をしらみつぶしに捜査中の関口主任が現場から西北方一キロの足立区千住末広町七五末広旅館に下山総裁に間違いないとみられる紳士が五日午後二時ごろ現われた事実をつきとめ同旅館主長島フクさん(46)、夫勝三郎さん等の聴取書を作成して引揚げた。

勝三郎夫妻の話によると、五日午後二時ごろ無帽でネズミ色背広の上下に白ワイシャツ、紺色木綿くつ下にチョコレート色のくつをはき黒ぶち眼鏡をかけた五尺七寸くらいの体格のいい紳士が突然現われ『しばらく休ませてくれ』といい、フクさんが二階四畳半の部屋に案内すると『水を一杯下さい』と求め、洋服を脱いで寝込み六時十分ごろ代金二百円のほかに百円のチップをおいて立ち去ったという。これによってさきに六時ごろ現場付近で下山氏らしい紳士を認めたという成島正男さん（38）、山崎タケさん（44）の証言と符合し、単身で現場付近に向ったことがほぼ確実視されるに至った。

長島さん夫妻談　今日警視庁の人が下山さんの写真を持って来ましたが全く同一人と思いますのでその通り申上げました。またくつや札入れの現物も見せてもらいましたが、私達が五日に見たものと寸分違いません。

なお下山家では下山氏が五日にはいて出たくつ下は紺色のガス木綿であるといっている」

このあと、この問題についての、堀崎一課長の談話がつづいている。

「事実については関口主任から報告があり、下山氏の遺品を長島さんに見てもらったが、大変よく似ているという話であった。殊に下山氏のはいていたくつ下が紺木綿であったという旅館主の証言は未だどこにも発表していない事実だけに相当の真実性はあると思う。しかし当局はこれだけで下山氏だと確認するわけにはいかない。従ってこれを捜査の本筋だと考えているわけではなく、捜査の一環として今後も捜査してゆくつもりでいる」

たしかに、五日の深夜、総裁行方不明の段階で、堀崎一課長の発表した服装は、「べッコウの眼鏡、無帽、ウスネズミ色格子ジマ背広上下、チョコレート色短グツ、緑色手編みのネクタイ、身長五尺七寸ぐらい、まゆも濃く、顔の色は浅黒い方だ」（朝日新聞、七月六日付）となっていて、靴下にまではふれていない。これは別にかくしていたわけではなく、実際は捜査陣もまだ知らなかったようである。「靴下は木綿紺無地」という確認は、七日下山邸に派遣された白滝刑事によってなされたもので、その結果が同日夜の捜査会議に報告されている。また、靴の現物が長島フクさんにしめされたのは、関口主任がフクさんの話におどろいて、捜査本部からその靴を取り寄せ、こんどは須藤刑事をともなって末広旅館に行き、似かよった他の靴一足とともに見せて、そのなかからフクさんが見たというほうを、選ばせたものであった。

ところで、この「末広旅館」は毎日新聞の特ダネであった。この毎日のスクープがあったため、朝日、読売などが意識的に毎日とは逆の特ダネをねらってしのぎを削り、その結

上：末広旅館主長島フクさん（左）の証言によって，その時の模様を再現したもの.「靴下は木綿紺無地だった」.　下：当時の末広旅館.この事件によって，世評とは逆に，多大の損害を受けたと，後に主人は筆者に語った.

果が自殺、他殺という激しい対立に発展してしまった、という説がある。その説もうなずけないではないが、ともかくここでは、参考のためこのスクープが生まれた経過をみておこう。

関口主任たちが、最初に末広旅館をおとずれ、フクさんから五日の客の話をきいて、想像もできなかった事態に驚き、緊張した顔つきで旅館を出てきたときであった。その日、五反野駅周辺の取材を担当していた、毎日の記者にみつかってしまったのである。関口主任は、まずいことになったとおもったそうだが、そのときはまだ記者のほうでは、関口主任たちの三人が誰だかわからなかったようである。しかし、そのうちの一人をどこかで見たことがあるような気がする。ようすも緊張したようで、あわただしい。そこで、よく考えてみると、入社後まもないころ、警視庁で紹介されたことのある刑事だ、とおもいあたった。

そこまで思いだすと、これはナニかあるな――と考えた。それで末広旅館に飛びこんだのだが、勢いこんでいるわりにはうまく話がはこばず、関口主任たちの固い口止めを破ることはできなかった。しかし、フクさんの口ぶりやようすから、どうやら下山総裁が休んでいったらしい、ということだけはつかめた。そこで、社のデスクに緊急の連絡をとったのである。

本社から、カメラマンをつれて応援にかけつけたのは、デカ長とよばれていたベテラン事件記者であった。状況の説明を聞くと作戦がたてられ、さっそく旅館にのりこんだ。そこで、玄関に出てきたフクさんに向かって、大声でこういったものである。

「おかみさん、よかったですね。警視庁総監賞ですよ!」

この一言で、フクさんの顔が笑ってしまった。記者たちを、警視庁の人間と早合点してしまったのであろう。あとはもう、景気よくたかれるフラッシュのなかで、すべてがしゃべらされてしまったのである。

ところで、毎日新聞には、もう一つ引用しておかなければならない記事がある。「『只事ではなかった』総裁前日の焦慮」、というものである。

『下山総裁は姿を消す前日の四日、国鉄職員の第一次整理発表の後、同日午後四時すぎ東京駅二階の鉄道公安事務局に芥川局長を訪ねているが、その時の模様も普通でなく極めて焦慮した姿だったといわれる。

当日総裁は自動車を丸ビル正門で捨て、徒歩で芥川局長を訪ねており局長室に現われた時は落着きを失い『お茶を入れましょう』と準備すると『お茶は要らない』と無下に断ったが、総裁の手はいきなりすぐ前のテーブルにのびて芥川局長の飲み残しの茶わんをグッとつかんで一息に飲みほし局長をびっくりさせた。それのみか運ばれたアイスクリームを忙しく口に運びズボンの上にボタボタと落ちるしずくにも気づかなかったという。

さらに局長と別れた総裁は東京駅から徒歩で丸ビル方面に姿を消している」

七月八日

増える目撃証人

七月八日、本格的捜査の第二日目。轢断現場担当の関口班は、昨日までに判明した目撃証人の確認のほかに、この日は、死体運搬の疑いをもたれる自動車と、その夜現場付近を通った通行人の発見に中心をおいた。まず坂和部長刑事と平塚刑事が、七日の毎日新聞に出ていた成島正男さんを勤務先から本庁に呼んで、詳しい話を聞き、図面なども書かせたうえで、総裁遺留の靴、洋服と同柄のチョッキ、それから写真などをしめして、証言の信憑性についての鑑別を、行った。

その成島さんの話というのは、つぎのようなものである。

「五日夕刻、五時四十分ごろに帰宅し、長女の和子（九歳）をつれて昭和湯にでかけたが、途中、中之橋駐在所まえを通って増田定次郎さんのところまでくると、東武線トンネルの手前土手下の畔道から、立派な紳士がでてきた。へんな所から出てくるとおもいながら、トンネルをくぐってあとをついて行くと、その人はトンネルを抜けると足踏み状態になって、なにか考えているようであった。私が近づくと、ふりむいて、ちょっとにらむような目付きをしたが、すれちがって少し行き、ふりかえってみると、その人はまた、トンネルのほうに引きかえしていった。六日の朝起きると、近所の人が、下山さんが轢かれたと騒いでいた。私は、夕方会った人だとおもい、新聞の写真や人相を見るとまったくよく似ているので、妻にも話をした。どこで聞いたのか、毎日新聞の人が勤務先にきて、そのときのことを聞かれ、図面も書かされた」

ところで、この成島証言の端緒をつかんだのは、毎日のY記者であった。入社一年目の同記者は、新人慣例のサツまわりをやらされていたが、その担当区域のなかに西新井署がはいっていた。そういうことで、下山事件の現場取材班に加えられていたのだという。それだけにまた張りきっていたのだろう。一軒、また一軒とたずね歩くうちに、付近のおかみさん連中から成島さんの話を聞きこみ、その成島さんの奥さんにあたって確認、情報をすぐ本社のデスクにあげたのだという。

もちろん、デスクは別の記者に、会社に出ている成島さんにあたらせ、本人の詳しい話を聞いたが、しかし、その話をどうあつかってよいのか価値判断には、いささか迷いがあったらしい。そのことはさきに引用した、七日付記事のさりげない、見落とされそうに小さいところにも、よく表れていたといえよう。

さて、坂和、平塚両刑事は、成島さんの証言を聞きおえると現場にかえり、山崎たけさんからも事情を聞いた。そしてそのあとで、増田定次郎さん(四五歳)にもあたっている。増田さんの話は、成島さんの証言とも符合するのだが、その内容はつぎのようなものであった。

「五日午後六時ごろ、家の前の畑(轢断現場から約百メートルほどはなれている)で下肥をやっていると、東武トンネルのほうから紳士がきて、家のわきの畔道(東武線の土手下)を通って事件現場のほうへトボトボと歩いていった。その人は、柳の木の二本あるところで立ちどまり、東のほうを見ていた。年齢は四、五〇歳で、五尺六、七寸、額が広くふとった顔だち、髪は七、三に分けていたが、眼鏡は記憶がない、帽子はなく、うすいネズミ色の背広をきていたが、靴はよく見ていないのでわからない」

この増田さんと、いちばん最初に接触した捜査員は、二課三係の刑事であったようである。前にも登場してもらった浅野氏は、つぎのように語ってくれた。

「一課では、増田を下山さんの目撃証人にしている。だがね、われわれが最初に増田にあたったときは、下山さんだなんて、いっちゃいないんだよ。近くの、郵便局長のような人といっているんだ。だから、その郵便局に行って、局長のその日の行動をそれとなくさぐった。ところが、局長は、郵便局にいたんだな。その日は外出していない。そうすると、現場のすぐ近くで増田が見たというのは、郵便局長ではないことになるが、郵便局長に似た人ということになる。下山さん、じゃないんだよ。それが、一課にいわせると、下山さんなんだ。おかしいだろう」

浅野氏は、こう語ってくれたが、その郵便局長の名をなかなかあかしてくれなかった。そこで筆者は、U氏の名をあげた。すると、浅野氏はちょっと驚いたようだが、「よく知ってたなァ」と、笑った。実はこのUという郵便局長氏、下山氏によく似ているということで、当時ある方面からかえ玉ではないかと疑われ、だいぶ身辺調査をされたという人なのである。写真を見ると、なるほど眉のあたりなどそっくりといった感じで、かえ玉と考えるには格好の人物であったのかもしれない。したがって、増田さんが、二課三係の刑事に、郵便局長さんのような人、といったからといって、その目撃した人が下山氏ではない、という理由にはならないようである。

さて、関口班の捜査にもどろう。この日は、以上のほかに、加藤谷蔵（三〇歳）、古川ふみ（五一歳）の二人の目撃者が捜し出されている。加藤さんの話は、五日、夜もだいぶ遅くなってからのことである。一一時半ごろ、家（五反野南町一二五九で魚屋）の近くで四七、八歳の男を見たという。帽子はなく、髪は七・三に分けて、街灯の下でよくわからないが面長のようであった。一七、八貫はありそうで、ネクタイは記憶ないが、眼鏡はかけていたと思う。靴にはまったく気がつかなかったので、わからない——と、だいたいこういったものであった。

一方、古川さんは、おなじ五日、午後六時半ごろ、犬をつれて散歩に出たとき、常磐線と東武線の交差する地点の西側で、五尺八寸くらいの体格のいい男が、北千住方向から下り線のなかをフラフラと歩いてくるのを見たという。あぶないなァ、とおもっていると下りの貨物列車がきたが、その人はガードから二本目の電柱によりかかって、避難していた——。

ところで、こうして目撃証言は増えるのだが、しかしそれはまだ連続せず、時間的にみると空白のときが目だっていた。それに、目撃された人物が、下山総裁と断定されるまでにはいたっていない。そこでこの八日の夜から、現場付近の道路上に三ヵ所、刑事と制服各一名の検問員を配置して、毎晩定時にそれらの道路を通行する人たちを探すことにした。それらの通行者から、事件の夜の動きや、不審とおもわれる人影をさぐりだそうというねらいであった。

三越周辺の第一現場を担当した鈴木班は、この日の現場聞きこみではあまり収穫はなかった。ただ、第一現場とあわせて担当していた総裁身辺調査（関口班と合同で分担）のほうから、下山氏が学生時代ボートの選手として荒川放水路を上下し、轢断現場付近の地理には明るいということや、また、この現場からあまり離れていない柴又の料理屋に出入りがあった、などということが判明してきた。そうすると、下山氏は現場にたいする、いわゆる土地鑑というものがあったということになる。

一方、二課には、いろいろと情報がはいってきていたが、この日、目をひいたのは、日暮里駅西口の便所内に、「五一九下山缶」と読める落書きが発見されたことである。五日一九時に下山総裁を缶に詰めた、という暗号ではないかと、推測がたてられたからである。この落書きをめぐって、二課員が日暮里駅関係者の聞きこみを開始し、鑑識課が写真撮影を担当した。なお、鑑識課は、この日、塚本課長を先頭に、光藤現場係長以下数名で、轢断現場周辺の再検証を行い、残留血液調査のための資料などを採取した。

九日付の新聞、まず朝日からながめていこう。最初に「〃姿を見た〃近所の人」と題する、目撃証人をあつかったもの。「〃他殺〃が確定された八日、死体発見現場の足立区五反野南町では〃下山氏〃と〃犯人〃の目撃者がぞくぞく名乗りを上げる一方、『それはウソだ』と否定するものも現われ、証人が入り乱れている」というのが、この記事のリード部分だが、「〃犯人〃の目撃者」とか、「『それはウソだ』と否定するもの」などが、いったい誰なのか、リード以下の記事を全部読んでもさっぱりわからない。が、とにかく、その記事を紹介しておこう。

『◇足立区五反野南町一〇八七会社員成島正男さん（38）＝五日夕六時十五分ごろ、東武線のガード近くで無帽の眼鏡をかけた見なれぬ人を見た。クツは警視庁で見たのと似ている。

◇同町一一九一袋物商山崎麟之助妻たけさん（43）＝夕方六時半ごろ東武線ガード下に無帽、かいきんシャツ、薄ネズミ背広の品のいい紳士がしゃがんでいた。

◇同町一五三五会社員古川吉英妻ふみさん（60）＝夕六時二十分ごろ、ガード付近で千住方面から常磐線伝いにフラフラ歩いてくる下山氏らしい人を見たが、眼鏡はかけていなか

上：夜，街灯の下で下山さんらしき人を見た加藤谷蔵さん．「17貫から18貫ありそうで，ネクタイは記憶ないが，眼鏡はかけていたと思う」． 下：東武線ガード下で，無帽の眼鏡をかけた人を見た，成島正男さん．

った。千住方面から貨物列車が来ると線路わきの電柱に身をよせてぼんやり見送っていた。

◇同町一二二農増田貞次郎さん（45）＝夕方東武線ガード近くに、かいきんシャツのひたいのはげ上った男がいるのを見たが、下山氏らしい人は見なかった」

これで全部だが、最後の増田さんに関するところが、二課三係の浅野氏の考え方と似ているのがおもしろい。が、それはともかく、「〝犯人〟の目撃者」というのは、ここには見当らぬので、別の「〝よく似た紳士〟喫茶店『香港』へ二人連れ」というほうでもさすのかもしれない。それで、その記事を引用しておこう。

「五日朝十時半ごろ、下山総裁によく似た男が、もう一人の男と日本橋三越本店から神田方面への地下道の喫茶店『香港』に現われたとの有力な聞込みにより、特捜本部天海警部補（二課二係、筆者註）は八日同店員三名から事情を聞いた。同店コック五味益太郎（31）バーテン小島一郎（26）サービス・ガール川田和子（20）さんの三名がこの目撃者でその話によると、入口のすぐ右側の席に向い合って座った。下山氏らしい方はほとんどを口きかず、元気のない様子で、相手の話にフンフンとうなずいていたという」

川田さんの談話もついているが、それは割愛しよう。

だが、これにしても「犯人の目撃者」というにはキメ手がない。それでは、「現場近くの旅館で休む」という末広旅館をあつかった記事のあとにある、「地図を書く男」というのが、それであろうか。それも引用しておこう。

「末広旅館と真向いの足立区伊藤谷西町九七四銀風荘アパート内高橋夫佐子さん（31）の話では、事件当日の五日朝九時ごろ、同旅館前の普賢寺橋上に四十すぎのコゲ茶背広を着た男が一時間以上もしゃがみこんでいたのち付近をぶらついて立ち去った。また事件前日の四日朝十時ごろから夕方五時半ごろまで同旅館付近一帯の地図を書いていた五十歳前後、白ワイシャツ、さげカバンの別の男を見かけたという」

この日の朝日の全紙面に目をとおしてみても、ともかく「犯人の目撃者」というものに関連ありそうなのは、以上の二つだけである。これではいささかあげ底記事の感じで、お

上：「5尺8寸くらいの体格のいい男が，北千住方向から下り線のなかを歩いてくるのを見た」古川ふみさんの証言． 下：さらに古川さんは「下りの貨物列車がきたが，その人はガードから2本目の電柱によりかかって，避難していた」と証言．

粗末としかいいようがない。

秋谷、古畑東大鑑定の発表

では、「〝他殺〟が確定された八日」、というほうに関連すると思われる記事を見てみよう。白抜き、横組みの見出しで「下山氏自殺説は消滅」とうたったなかの、「死亡は夜九時―十時、解剖結果ひかれたのは死体」という記事。

『東大法医学、薬学両教室からの捜査本部への報告は『列車にひかれたのは死体である。下山氏が死んだ時刻は五日夜九時から十時の間、つまり貨物列車にひかれた六日午前零時二十分より二、三時間も前で、この点に関し解剖ならびに薬学検査（死体の乳酸度測定）上の判定は一致する』と断定したものである。

東大薬学教室秋谷博士の乳酸定量反応＝死体は時間とともに腐敗をはじめ、発生する乳酸の量が死後の時間を物語る。下山氏の場合、八日正午に検出を終った時間からさかのぼると、五日の午後九時ごろから同十一時の間になった。解剖上の所見も、五日午後九時ごろと推定されており、この見解の一致から『五日午後九時から十時の間』が決定されている。

（以下略）』

この記事のあとのほうに、「解剖所見上予想される死因は次のようなものである」として、㈠蹴殺し、㈡撲殺、㈢刃物による殺傷、㈣毒殺、㈤絞殺の五つをあげているところから、東大法医学教室はまだ下山氏の死因を確定できない状態であったようである。

次は、読売新聞であるが、まず朝日同様、東大報告関係の記事がトップであるが、そのはじめの部分を紹介しておこう。

『下山総裁の死因については他殺であると捜査当局は断定して、犯人捜査に全力をあげているが一方これが科学的裏付をするものとして、東大法医学教室古畑、同薬学教室秋谷両教授が六日の解剖以来、鋭意綿密な法医学的判定に当っていたところ、八日午後に至って捜査当局の断定と合致する『殴打によるショック死』との結論を下し、死亡時刻は五日午後九時ごろと判定、両教授は午後二時すぎ捜査本部を訪れてこの旨を報告した。この時刻の確定により凶行現場およびその状況がほぼ推定されるに至り、捜査範囲は俄然縮小され、犯人逮捕への道は急激の進展を示すに至った』

朝日が「予想される死因」として五つの場合をあげているのに、この読売の記事は「殴打によるショック死」と一本に絞り、このあとにつづくところで「『下山総裁は……家屋内で格闘の上殴殺され、線路上に横たえられたものであろう』という科学的結論が下された」（傍点筆者）としている点が、注目される。

この「科学的結論」を前提として、以下につぎのような観測的推測記事がつづいている。「凶行は現場付近か、自動車で死体を運ぶ」というもの。

『下山総裁の絶命の時刻が五日午後九時ごろと別項のように推定されたことから、凶行の演じられた場所は轢断現場からさほど遠くなくしかも数人の手によって屋内で殺害されたうえ、死体は自動車で運ばれたものと推定されるに至った。まず凶行現場の範囲と自動車による輸送を根拠づけるものとして、つぎの諸点が挙げられる。

一、人通りの稀な午後九時過ぎに東京方面から千住新橋または西新井橋を渡って、荒川方面に向うことは両大橋とも派出所があり、夜は厳重な検問（食管法違反の食糧品運搬取締のため、筆者註）が行われているので、死体を都内から運ぶことは犯罪者心理からみてもほとんど不可能である。また両派出所でもなんらの異常を同夜認めていない。

一、五尺七寸の大男である下山氏の死体をかついだり、になったりして運ぶことは物理的に困難であると同時に人に発見される恐れがあり、当然自動車で運んだものとみられる。

一、九時に殺害しても直ぐ運び出すことは事実上不可能であり、余り遅くなれば列車、電車の運転間隔が長引き轢断前に線路上で発見される恐れがある。しかも現場付近は網の目の様に駐在所が配置されて、その寝静まる午後十一時以前は危険とみなければならない。そこで十一時から十二時までの一時間が運送決行の最良の時間となり、輸送可能距離は極めて縮小されるほか自動車で十分以上走れば、不寝番のいる交番に必ず引っかかる現場の地形からみて、凶行現場から十分以内の地点と推断される。

また解剖の結果、いまだ毒薬、麻酔薬等が使用された形跡は発見されていないので、スポーツマンである下山氏を一名の犯人が殺害、これを運び出すことは常識上不可能なので、当然犯人複数説が考えられ、さらに屋内の殺害を物語る皮下出血のほか、手首が線路上の土質と異ったドロにまみれ、しかも爪の中に油がにじみこんでいるところから、工場か空倉庫様の場所に監禁されていたという想定も成立。捜査陣は俄然色めきたち、八日午後は現場付近に数十名の刑事が出動シラミつぶしの捜査が開始された」

どこからの情報かはわからないが、「手首が線路上の土質と異ったドロにまみれ」などというのは、どうにも理解がつかない。おなじ紙面の記事のなかには、事件当日の雨をつぎのように書いている。

「豪雨はまるで水道の蛇口の開いたようなすごいものであった。現場検証の監察医も『これはマグロ(轢死)じゃない、溺死体だ』と舌をまいたほど肉片の切口は白くフヤケ、血液はことごとく洗い流されていた」

この豪雨でも、手首だけはドロまみれであったのだろうか。室内で殴殺という推定からも納得いかないし、もう一つ、線路上の土質と異った「ドロ」などというのも、どこで検査して判断したのか、不思議である。

さて、こうした推測記事のほかに、証言ものとして「五人乗の怪自動車」というのがある。

「下山総裁が三越本店から姿を消してから、三十分後に都電浅草橋停留所付近で同総裁の自動車に酷似した怪自動車の目撃者が現れ、捜査本部では他殺説を裏づける有力な手がかりとして、怪自動車の行方捜査を開始した。

目撃者は江戸川区東小松川五の九九八貴内製帽所責任者貴内繁三(四七)氏妻富子(四九)さんで、『五日午前十時ごろ都電浅草橋停留所の安全地帯で電車を待っていたところ、日本橋方面から走って来た黒色箱型自動車が十字路を真直ぐ南千住方面へ疾走していった。運転台は左側で後の席に三人乗っていた。まん中の男は四十五、六歳位、鼠色縞の背広を着た肥った紳士でまゆげはこく、腕組みして眼をとじ何か考えこんでいた。左横の男は三十五、六歳位白開襟シャツに黒背広、やせ形の青白い顔をしていた。また、助手台の鼠色服の男は疾走中、後の座席にのり出すようにしており、直感的に人を誘かいするときはこんな感じではないかと思いました』といってる」(おもしろい直感のはたらく人もいるもの

である、傍点筆者）

もちろん、読売にはこういう記事ばかりでなく、「五人の目撃者、現場付近、似た人が旅館で休息」という、他紙とおなじ記事もあるが（もっとも非常に簡単ではある）、これは割愛しよう。

つぎは、毎日新聞である。まず、「現場一帯を再調査・三越、浅草駅も」というものから。

「下山氏の死因について解剖の結果、他殺の疑い濃厚とする見解が強かったが、一方自殺説についても両面捜査をつづけていたところ、七日夕刻死体発見の現地から西北方一キロの足立区千住末広町末広旅館に下山氏そっくりの人物が立ち寄ったという同旅館主長島フクさん（四六）の有力な証言に捜査陣には自殺説が濃くなり、八日午後二時から東京地検山内部長検事、金沢検事らが死体発見現場を再検証、末広旅館におもむいて聴取を行い、この人物は下山総裁であったとほぼ確定するにいたった。一方警視庁特捜本部では下山氏が三越から地下鉄で浅草へ出、ここから東武線で死体発見現場へおもむいたものとみて同日朝から鈴木警部班は三越を中心に、外川警部班は浅草駅、関口、小島両警部補班は現場一帯にわたり日本橋、西新井両署の応援を得て必死の地取り聞き込みを展開し、その結果新に下山氏らしい人が単独で現場付近をうろついていたのを見たという者が相次いで現われ、死体発見現場を捜査した係官の間には自殺説が次第にひろまってきたが、死因の確定するまで自殺、他殺両面にわたって捜査をつづける方針である」

このあとに「現場近く次々目撃者」という記事で、七人の目撃談を紹介しているが、末広旅館、成島、山崎、古川、加藤五氏のものは他紙もあつかっているので省略し、この日の毎日に新しく紹介された二人のところを引用しておこう。

「その一、「五日午後一時から二時ごろまでの間、足立区末広町七四靴商田中武治さん（29）が店で仕事をしていると新聞の写真で見たような顔つきの背の高いねずみ色の背広を着た人が店の前を千住方面から五反野方面に通りすぎたと証言。ただし眼鏡をかけていたかどうかは不明だといっている」

その二、「（五反野南町）一〇九七タバコ商田中時蔵さん

（64）のところに七日朝寄った五尺一、二寸五十位の男の話では五日午後十一時半から十二時ごろの間にその男が綾瀬から帰って来る途中、無帽、背広姿の背の高い男と同番地中之橋付近ですれちがったといっていたという。捜査本部ではこの人の名乗り出ることを望んでいる」

七人の話の紹介のあと、記事はつぎのようにつづいている。

「以上の七つの証言がもし正しければ下山氏らしい人が現場付近をたった一人で長い時間うろついていたことになり、現場付近は地付きの人が多く、夜でも知人はすぐ見分けられるので、捜査官らは自殺の可能性に強い関心を寄せるにいたったものである。なお八日午前十時から午後四時まで西新井署員二十名と捜査本部員十名が現場の線路の西側斜面を文字通り草の根をわけて三回目の遺留品捜査を行った」

特別捜査本部の見解発表

ところで、八日は、特別捜査本部発表が午後五時二〇分と、同一〇時の二回あったようであるが、その発表を毎日新聞から引用しておこう。

「〔第一回発表〕一、本日東大医学部薬学教授秋谷七郎博士と同大学法医学教室主任古畑教授が特捜本部を訪れたのは死後の経過時間を研究している関係上捜査の参考になることを話しに来てくれたもので自殺か他殺かを決定する本質的影響はなかった。

一、特捜本部からの指示に基き管下各署からの情報が刻々集って来ている。その中には総裁らしい人が乗った自動車を見たとか、地下鉄で二、三人の者と一緒にいたうちの一人が下山氏に似ていたとかいうものがあり、今後掘り下げて行く。

一、末広旅館の件はなお調査を続けているが、これは捨てるべきものではない。

一、下山氏のネクタイとメガネは現場の綿密な調査にも拘らずまだ発見されない。

一、現在捜査の重点は三越と死体発見の現場である。

〔第二回発表〕一、徐々にではあるが捜査は進展している。

一、三越に下山氏が到着したすぐ後をプリムスの怪自動車が尾行し、その車に下山氏が乗り込んだという点はその後調査の結果、その自動車も運転手もわかり何等この事件に関係のないことになった。

一、西新井の現場付近で午後十一時すぎごろ黒塗りの上等な乗用車があったと証言するものがあったが、これは重視するに足りない、しかし調査はつづける。
一、八日夜のラジオ放送で下山氏の眼鏡が現場で発見されたというが、眼鏡もネクタイも未だ発見されない。なお現場付近に発見された大型スパナは赤サビで事件とは関連はない。
一、西新井の末広旅館は慎重に捜査をつづけている。
一、撲殺説は全然採るに足りない。」

なお、下山事件では自殺説をとった、といわれる毎日新聞であるが、この時点ではその態度をはっきり決めかねていたようすで、東大報告関係も、大きなかこみの記事としてあつかっている。タイトルは、「死亡五日午後九時ごろ、内出血は生前、乳酸反応の測定結果」とあり、秋谷氏の談話もながく紹介し、「死後経過時間の測定」なる解説もつき、他紙のものより詳しく、しっかりした内容となっている。

七月九日

土地鑑あった下山氏

七月九日、この日、第二現場では前日に引きつづき刑事四名、西新井署応援の制服五名、それに金属探知器を操作する鑑識課技官二名などを轢断点周辺に投入して、未発見の遺留品発見につとめたが、その成果はなかった。また、現場付近に出入した自動車については刑事二名を専従として聞きこみにあたらせているが、これらについてはいずれ一括してまとめることにしよう。さらにまた、昨日の捜査で浮かんできた下山氏の土地鑑について正確をきすため、刑事二名を柴又の料亭〝川甚〟に派遣したが、この年の春（昭和二四年四月三日）、知人の森田のぶさんと連れだって立ち寄り、休憩中に森田さんが胃痙攣《けいれん》を起こすという騒ぎがあったことなどがはっきりした。ここで関連してのべておくと、第一現場担当の鈴木班のほうでも、国鉄関係者などからの聞きこみで、下山氏が戦後、刑務委員として小菅刑務所（ここの屋上から轢断現場が見おろせる）での会合に出席したり、水害視察で北千住駅よりモーターカーで、轢断現場を往復したなどと、この現場周辺は、下山氏にわりとなじみのあった場所であることがわかってきた。

さて、現場中心の聞きこみ、いわゆる〝地どり〟捜査のほうである。まず、五反野南町一四九六に住む渡辺周五郎さん

（五〇歳）から、西新井署の丹野巡査が聞きこんできた。五日夜、というよりはもう六日になった零時二〇分ごろ、渡辺さんは終電車で帰る内妻の鎌田ちよさん（四三歳）を迎えるため、自宅を傘をもって出発、南町駐在前より東武トンネルをくぐって、五反野踏切をわたり、小菅刑務所わきを通って綾瀬駅に出て、帰りも同じ道を引き返したが、その往復の途中で、自転車に乗った酔っぱらい、黒い服を着た二人づれの男（のちに綾瀬駅員とわかる）、それからもう一組の女二人づれに会ったという。酔っぱらいは、中之橋駐在と五反野踏切の中間で、「政府の馬鹿野郎にだまされるな」などと、わめいていたということだ。

栗原、横山の二刑事は、前夜来の夜間通行者調査のなかで、食用蛙とりの一組を探しあてた。日ノ出町三の五九七で運送屋を営む、高橋石太郎さん（四四歳）と仲間の嵯峨寅吉さん（鍛冶職・四三歳）である。二人は、五日夜九時ごろ自宅を出発し、荒川放水路のほうから轢断現場を通って、綾瀬川に出て引き返し、再び五反野踏切で獲物を探して（六日の）午前一時ごろ、家に帰ったという。戦後の食糧事情などもあって、このころは食用蛙とりがたいへん多く、とくに轢断現場周辺は田圃や沼地、それに用水路などに囲まれていて食用蛙の繁殖地であったため、毎晩何組かの蛙とりが入っていたようである。事実、高橋さんたちの組も、その夜、もう一組に現場付近で出会っていたという。しかし、それ以外に、不審とおもわれるような人影はみなかったというのだ。

この他に、留目、中村の二刑事が、旭電化の警備員谷田貝さんが当夜一一時半ごろ、五反野南町を歩いたことを聞きこんだが、しかし当の谷田貝さんは、下山総裁のような人にも気づかなかったし、途中出会った人の記憶もないということだった。以上が、この日の主だった捜査結果ということになる。

あいつぐ自殺への疑問記事

前日の動きを伝える七月一〇日の新聞報道。例によって、朝日新聞から追ってみよう。この日は日曜日で、たまたま四ページ建の紙面であったためか、二面、三面、四面と、下山事件関係の記事が大きなスペースを占めている。

まず、その二面。「ナゾ秘める常磐線」という大見出しの下に、「下山氏危険を予想？　他殺と断定する四因」、「買物か会見か・三越内外での怪行動」、「自殺説の不合理」などという、解説的推理記事が紙面の約半分を占めている。そのうちの、「会見説」と、「自殺説の不合理」というのを紹介しておこう。

『三越のような場所で会見の約束をしたとすれば、それはなんらかの理由で、その要件と相手とを運転手にも知られたくなかった場合が考えられている。そしてこの場合もいろいろ想定されるが大別して、

①現在下山氏が直面している重大問題についてだれかと極秘の話合いの端緒をつけるため、わざとこんな場所を選んだ。このことは三越の地下道が思い合わされ、さらに地下鉄で白木屋にも通じている点も注意される。この場合もどこで会談が行われその後どうしてああいう結果になったかはまだ不明である②右と同じような場合で、下山氏にある種の情報を提供すべき人物に会う約束をした。ところがその人物が下山氏を裏切ってそのため同氏は悲運にあった③女とあう約束がしてあった。そのあいびきの前後に前記のように敵に出あった。この会見説の弱点についてはつぎのことがあげられている。

下山氏は謹直型の紳士であり、正義感も強かった。現場の職員を愛し、よく駅や機関区などに出て行って視察、激励して温情を示す人だったから、職員でも話がしたいといえば『よし、いこう』とどこへでも出かける方の人ではあったが、現在のように人員整理問題が国内最大の政治問題となっている時に、好んで役所以外でヤミ取引き的な会談をするほど軽はずみな人ではない、というのが氏を知る人々の一致した意見だ。最近の女関係は家族、親友、同氏の秘書をつとめた人々によるとあまり重要視できないようだ。また情報を貰う話の方はあまり小説的で現実性にとぼしいとも思われるが、事実は小説よりも奇なりともいう通り疑点は氷解していない』(傍点筆者)

つぎは、「自殺説の不合理」なるもの。

『自殺説は死の発見直後からしきりにウワサされ、宣伝もされ、まだ世評からは消え去っていないようだが、さきにのべた解剖結果からすれば、今や冷静な科学の眼からしてはほとんど影のうすいものとなっている。しかしこの自殺説は五日午後二時から同四時まで死体発見の現場から一キロはなれた足立区千住末広町七五、末広旅館に下山氏らしいという人物があらわれたことから、一部素人すじが『自殺は確定的』

とさわいだが、しかしこれとても解剖の結果をくつがえし得るものではない。つまり人間の思考や感覚はごまかせても、近代科学をごまかすことは絶対にできない。従ってこの自殺説はもはや圏外においてもいいものであるが、自殺論者が自殺の動機とするところをあげておくと、

▽汚職の弱点があって、下山氏が国民注目の〝時の人〟となったこの際に、偶然か、約束によってだれかに会って脅迫され、現在の地位と環境とから自ら死をえらんだ▽いま行われつつある人員整理を苦にした神経衰弱または発作的な自殺▽同様な理由で疲労の極、突然自殺した▽女関係があってその醜聞が表面に出かかるか、それを悪用したものに脅迫され相手の条件を満たすことが出来ないので体面を考えて自殺。

しかし、これらの諸説は、運輸省家族などの関係者から得られる意見や情況だけから判断してもうなずけない。下山氏は決して図太い神経の持主ではなかったが、同時に決して小心でもなく、体格はよく大体壮健であり、人員整理の問題も同氏にとって現在のところそれ程深刻なものとは思えない。また当日弁当を持って出たこと（自動車の中に残っていた）や、遺書もなければ身辺の整理もしていない事実からも自殺説は考えられない。一方鉄道自殺という見方はすでに死体となってから列車にひかれたものであるという科学的判定がある以上問題でなくなる。また事故による死亡も以上の理由によりありえない』（傍点筆者）

自殺説は、「一部素人すじ」のさわぎだそうだが、玄人すじの朝日新聞が、他殺まちがいなしと声高にさけぶ根拠は、要するに〝東大の結論〟を唯一無二のものと考えるからで、それだからこそこの日も学芸欄（四面）に、古畑種基東大教授の執筆を乞うたのだろう。題して、「解剖による判定」というこの文章は、その後法医学上の論争がまきおこってからはみられないほど冷静なもので、一読の価値はあるかもしれない。ここでは、その一部を引用させていただこう。

『自他殺の判定は、①解剖の所見、②死亡現場の調査、③死者を含む環境の調査の結果を総合してはじめて可能なので、解剖所見だけで自他殺の判断がつけられる場合もないことはないが、一般には単に解剖所見のみに基いて自他殺の判定をすることは非常にむずかしいものである』

これならば常識的で、あたりまえのことなのだが、それが

間もなく、どうして、「法医学の結論をまたずして捜査にあたることが従来は許されておったのでありますが、今後は許されないのではないか、こう私は存じております」(昭和二四年八月三〇日衆議院法務委員会に於ける陳述)、などという法医学万能論者になったのか、理解しがたいことなのである。

さて、三面にうつろう。ここもまた大半が下山事件である。まず、「『地下鉄街』へ焦点・〝手帳〟に微妙な手掛り」というのがある。つづいて、「運転手をまいて、極秘の用件？捜査、新段階へ進む」、「常磐線に明るい・捜査当局の見る犯人」、「『総裁変死』の怪電話、五日夕刻東鉄庁舎へ」、「無抵抗の状態で〝一撃〟・死因わかる」、「監視線を布いたか・その夜見た〝怪しい一団〟」などという見出しが、躍っている。

では、「〝手帳〟に微妙な手掛り」から。

『捜査本部の一部で期待をかけている遺留手帳の『下山メモ』をたぐる捜査は、微妙な事実から困難を極めているが、九日には『怪電話』事件もからんで当局は依然この線に食い下り、その範囲をせばめるべく努めている。同夜七時半堀崎捜査一課長は次のごとく語った。

一、三越、地下鉄各駅、上野方面、常磐、東武各駅および沿線デパートまで足をのばし、下山氏の足どりを捜査中である。

一、他殺の疑いはとけず、自殺を肯定するなにものもない。

一、末広旅館付近の捜査を続行しているが、新事実は出てない。

一、五日夕刻七時ごろ上野駅で下山氏らしい人物をみたという人が出て来たが、あまり問題にならない。

一、五日夜十二時から翌六日午前一時の間に足立現場付近に五、六台の自動車が通ったと報告されているが、これは今後の捜査にまつ」

つづいて、「運転手をまいて、極秘の用件？……」なるもの。

『下山総裁怪死事件解決のカギを三越本店に求めた捜査本部では、事件発生以来この付近一帯をシラミつぶしに捜査した結果、ついに『同氏を目撃した』という証人数名をつかんだ―この証言内容を慎重に照合した本部は、事件のあさ九時半すぎごろ下山氏が三越本店地下室から地下鉄入口に向った事実を確信するにいたり、九日からの本部捜査の重点は『三越本店』から『地下道─地下鉄』の線に切り換えられた。この線にはすでに下山氏らしい人物が地下道の喫茶店『香港』へその時刻に現われているとの証言もあり、この角度から下山氏の足どりに期待をかけている。

『三越本店』の重点が『地下道─地下鉄』に移った別の根拠には次の重要な一点があげられている。すなわち事件のあさ、登庁の下山氏は東京駅前まで来たとき大西運転手に、

『三越でも白木屋でもよいからやってくれ』(三越へ行きたいんだが、いや、白木屋でもよいというふくみあり)と命じたという同運転手の証言である。その証言は三越本店が今度の事件で計画された『必然の場所』かそれとも『偶然の場所』かの分れ道として重視されたものだが、結局下山氏が二度まで訪れた事実から手がかりの発端を『三越本店』に求めたものであった。

ところでその後の捜査の結果は下山氏の真の目的が『地下道─地下鉄』にからんでいたことを語っており、氏が『三越でも白木屋でもよい』と命じたというのは、買物を装うためのカモフラージュにすぎなかったと解されるに至った。つまり目指す場所が『地下道─地下鉄』の関係において三越の方が好都合だったわけで、氏は以前にもこのコースを利用したと想像出来るというにある。

こう解釈すれば問題となっていた大西運転手の証言のヤマが理解されるわけで、下山氏がこうしたどっちつかずな態度をとった理由は『運転手にも知られたくない』ためだと捜査はみる。

一方大西運転手の妻初子さん(三六)の証言によれば、大西運転手がこのように〝待ちぼけ〟をくったのはしばしばの事で、よく「ちょっと待てというのでその気でいたら、今日もひるめしを食いそびれた」と妻にもらしていたという。

これによって下山氏は何らかの目的で相識の犯人、もしくはその使者(いずれも複数)と、この地下道の一点で会見、地下鉄を利用(?)して連行され、あるいは同行し、疑問の空白地点をはさんでついに同夜九時ごろ惨殺されたという推理が捜査線上に大きな可能性をもって描き出されている。

そしてこの疑問の空白地点は恐らく軟禁もしくは拘禁状態にあったことは、この間のはっきりした目撃証人の現われない事実から充分に推察される。かくてこのナゾの会見の目的をつくことが犯人割り出しのポイントと見て捜査は下

山氏の動きをめぐる背後をにらんでいる』

まるで推理小説のお手本みたいな記事で、読むものにはおもしろく、魅力的であったにちがいない。しかし、こういう記事のなかに、『総裁変死』の怪電話」が、国労東京支部事務所にかかった、などという話が組みこまれていると、やはり事件の影には労働組合があったのかと、早合点をする読者もいたことだろう。国鉄労働組合にとっては、はなはだ迷惑なことだったとおもわれるのである。

では最後に、「監視線を布いたか・その夜見た〝怪しい一団〟」というもの。

『下山事件発生の当夜、現場を中心にして、付近一帯にあたかも〝監視線〟が張りめぐらされているような一連の奇怪な動きがあったことが九日夜になって明かになった。すなわち魔の貨物列車が現場を通ったころ、線路づたいに現場を歩こうとした二人の女性をさえぎった怪しい男、怪自動車の目撃者、現場付近をうろついていたトラック、ナゾの三人男…この付近にはめずらしいこうした出来事が深夜の鉄路をはさんで次々と発生していたのである。

下山氏の他殺体をひいていった貨物列車が現場を通過したその時刻……つい目の先、数十メートルの東武線ガードの出口近くにいた女性は、省線綾瀬駅前の屋台でヤキソバ屋をやっている飯野すえさん（二七）＝足立区千住旭町八五＝と直井芳子さん（二五）＝同町七七＝の二人、その夜は北千住へ帰る十一時三十八分の上り終電に乗り遅れ、近道をとって線路伝いに歩いていると、前方のクラガリから突然三十五、六歳自転車に乗った男が現われた。飯野さんが機先を制して『この道はどこへ行くのですか』『四ッ木へ行くよ』『じょうだんでしょう、五反野南町から千住の方へ行ける道だわ』すると男は急に酔っぱらっているふりをしてからみ出した、恐ろしくなったので『線路伝いに帰るわ』と来た道を帰りかけると、ひどくあわて、『いけないいけない線路づたいに行ったらひどい目にあうぞ』と二人の行手をさえぎるようにした。このとき問題の貨物列車が警笛をならしつつ現場を通過したという。やっと行きすぎて振り返るとすでに男の姿は消えていた。それからガードを抜け急ぎ足で五分ほど歩いたとき下り終電（死体を発見した電車）の警笛を聞いた。

貝塚松吉さん（二五）＝足立区五反野南町一二九一会社員＝が語る怪しい三人男

当夜十一時すこしすぎ常磐線綾瀬駅で下車、綾瀬橋を渡りきったところで三人の男が民家の軒下にへばりつくようにして立っているのを認めた。そのうちの一人が私の方へ寄ってきて何か話しかけようとしたが、気味が悪いのでかけ出して家に帰った』

読売新聞にうつろう。朝日の記事と対照のため、「轢断直後、現場を通る・自転車乗りに会った両女」というものから。

『五日夜半、下山総裁轢断と同時刻ごろ折柄の豪雨の中を死体発見現場を歩いていた二人の女性が現われ当局を色めき立たせている。足立区千住旭町六八焼鳥屋飯野すい（二七）同町七一同店雇人直井芳子（二五）さんの二人に聞いた下山総裁轢断時前後の現場付近の実況はこうだ――

飯野さんの屋台店は常磐線綾瀬駅前にあった。十一時ちょっとすぎ、なまりの強い男が六人来て焼酎十四杯をのみ同駅上り最終電車（十一時三九分発）の発車間際に帰った。飯野さんたちは屋台を片づけ電車がないので、綾瀬橋を渡り、小菅拘置所のわきを通って、現場に最も近い通称〝魔の踏切〟を渡って東武線土手下のトンネルへ入ろうとしたとたん下山総裁を轢断した貨物列車が常磐線と東武線の交叉地点のガード下を通った。この間、同女らは自動車には一度も会わなかった。この魔の踏切りからは中之橋付近まで（徒歩で七分位）見通しが利くので轢断十分前（零時十分ごろ）までには問題になっている怪自動車は現場からすでに姿を消していたことが証明される。

同女らはトンネルを通り抜けた所で同区千住高砂町方面から来た自転車に会った。その男に千住方面に行く道を聞くと〝これを行くと四ッ木（でたらめ）へ行く〟と答えた。酔っているらしいので、歩き始めると男は後をつけてきた。驚き早足で高砂町の荒川放水路の土手下に出たとき下り電車が鉄橋を通過（死体発見電車、零時二五分）した音をハッキリ聞いたといっている。西新井署では同女らにトンネル付近であった不思議な男が同所付近をうろついていたものなら、貴重な手掛りが得られるのではないかと見て重視している』

関口班も、この自転車にのった男をだいぶ探したがなかなか発見できず、最初のうちは、痴漢かひったくりと考えていたようである。というのは、事件前日の七月四日にも、似たような男が近くの荒川放水路土手で、高砂町に住む永谷さん（四三歳）の手提籠をひったくろうとした事件があったからである。しかし、さらに捜査をすすめた結果（といっても炎天下、二カ月間の悪戦苦闘の末）、この酔っぱらいは、葛飾区本田若宮町に住む寺岡さんとわかった。寺岡さんはその日、尾久の佐野松吉さんをたずねて、焼酎をごちそうになり、午後一一時ごろ尾久を出て帰宅途中、酔っぱらっていたため道にまよい、うろうろしているうちに飯野さんたち二人づれの女に会ったのであった。寺岡さんは、そのうち自転車のチェーンを切り、そのうえ雨も降りだしたので、結局その夜は、五反野南町の知り合い、鈴木イトさん方に一泊している。

ところで、この記事を見るかぎり、朝日の調子よりは読売のほうがいくぶん控えめである。しかし、〝編集手帳〟などを読んでみると、読売の姿勢というものもはっきりするようである。その、はじまりの部分を引用しておこう。

「下山事件はいまのところ暗殺を考えざるを得ない条件の方が強く、それだけに一層社会不安の念が強まっている。他殺とわかっていて犯人がいつまでもあがらなかったら、この不安はさらにはげしくなるだろう。◆こういう時に頼みになるのは警察であるが、この警察がいつまでたっても過渡期試験期を脱けきれず、捜査も手ぬるいように思えてならない」

要するに、早く〝犯人〟をつかまえろ、ということなのだろう。その意味では、二課的な行方に期待をよせるということになるのかもしれない。別の記事のなかには、その二課の活動について触れたところがある。「松本捜査二課長指揮の一隊は思想関係、特殊団体などの観点から現場付近の捜査を開始」というのが、それである。ここで、二課に、〝知能犯の〟とか、〝科学的な〟といった形容詞をかぶせていないのは、はっきりしていていい。しかし、思想関係というのは、とりもなおさず共産党だし、特殊団体とは、在日朝鮮人の団体を意味することを付記することは、現在の読者にとって必要なことかもしれない。

つぎは、「労組支部へ怪電話・総裁は自動車事故で死んだ」という記事を紹介しよう。

「下山総裁は五日夜九時頃絶命したと断定されたがその一―二時間前国鉄労組東京支部へ『総裁は自動車事故で死ん

だ』との怪電話がかかってきたとの聞き込みを得たので捜査本部では事件に関連あるものとして捜査を開始した。

五日夜七時すぎ東鉄渉外部の某氏（とくに名を秘す）が東鉄局第三棟一階の労組東京支部の前の廊下を通ったところ『下山総裁が自動車事故で死んだという電話があった』との話声とそれに続いて大声のあがるのを聞いた。気になって風間総務課長に報告、同氏はおりがおりなので、直ちに田端交換所管内の各所へ電話で問合せたがわからぬので警視庁に捜査を依頼したもの。

国鉄労組東京支部大沢書記長談『同日そのような電話はなかった。ただ六時半すぎどこからともなく〝下山総裁が自動車事故で死亡した〟という話が支部内であったのは事実だ。しかし七時のラジオニュースが総裁の車の発見されたことを報じたので自動車による総裁の事故死はデマと思った。なお同時刻ごろ隣室の国鉄労組東京地評に上野支部から〝公安官が集結、東京駅方面に向った〟という鉄道専用電話があったから、それが間違われたのではないかと思う』

東大の動きについては、「蹴上られたショック死」と題する、つぎのような記事がある。

『下山総裁の死体解剖を行なった東大法医学教室古畑教授、桑島講師は九日正午、死因に関して『局部を蹴あげられたためショック死』と前日よりも一歩前進した判定を下し、死亡時刻については重ねて『五日午後九時ごろ』と発表した』（以下略）

これでやっと死因がはっきりしたようだが、しかし、「ショック死」ということではいかにも苦しい判断のようである。だが、これらの判定が妥当なものであったか、否かについては、「法医学論争」で詳論することにして、ここでは事実の紹介だけに限ろう。

ところで、朝日では、下山氏の手帳に多くの手がかりが秘められている、という考えのようだが、読売の立場は逆のようである。「手帳に手懸りなし」という記事。

『発見された下山総裁の手帳について、捜査本部で検討を続けてきたが、九日夜に至るも何ら手懸りをつかめなかった。各官庁の電話番号や人員整理の数字とその状況、会見した人の氏名などが記入されていただけだった』

さて、昨日までの紙面では、現場周辺の目撃者の話などを、わりあいすなおな調子の記事にしていたのだが、この日の末広旅館関係の記事から、なにか含むところのあるものにかわっている。「旅館関係の証言もあいまい」というもの。

「事件当日午後二時から同六時すぎまで、下山総裁らしい人物が立寄ったといわれる足立区千住末広町七五末広旅館次男駿台高等学校四年生長島正彦（一八）君が付近の同区伊藤谷西町九七四銀風荘アパート経営者高橋鉄男（五〇）氏に八日朝語ったところでは『下山さんらしい人が自分の家に来たとき〝付近の二幸旅館でことわられたから御宅へ来た〟と語った』といったが、当の同区伊藤谷西町八一三、二幸旅館の経営者三原信吉（五八）氏は『そんな人は全然立寄らなかった』と否定しているので、自殺説のよりどころがぐらついて来た」

もっとも、こうした目撃証言にたいする非難といおうか、反発というか、いずれにせよクレームは、新聞だけではなくて、そういう証言をする人たちの近隣のなかにもあったようである。たとえば、七月九日の関口班の聞きこみのなかにも、五反野駅前の中華そば屋が、店にくる古谷という客の話として、五日、同人は末広旅館にいっていたが、旅館には誰もこなかったといっている、というのがあった。また、その前日の聞きこみでは、A新聞の記者が、末広旅館のおやじは共産党員で、党の指令で下山さんらしい人が泊ったと届出たのだ、といっていた、というのもあった。

それでは最後に、下山氏の葬儀関係記事。

「下山総裁の葬儀は参議院議員村上義一氏が葬儀委員長となり、九日午後一時から芝青松寺で執行された。祭壇は吉田首相をはじめ各方面から贈られた大小の花輪でうずまり、総司令部民間運輸局長ミュラー大佐、ジャクソン中佐、ウッズ技術顧問、大屋運輸大臣、小沢郵政大臣、幣原衆議院議長らが参列、導師喜美候部師の読経についで吉田首相（増田官房長官代読）をはじめ多数の弔辞と弔電が朗読され、遺族や参列者の焼香ののち喪主定彦、故人実弟常夫両氏のあいさつがあった」

法医学論争の端緒、中舘氏の疑問

一〇日の毎日新聞も、朝日同様四ページ建だが、第二面には、紙面の大部分を使って「下山事件を追って」という、記者座談会が組まれ、三面では、まず「下山事件捜査第二段階へ」として捜査状況が簡単に紹介されたうえで、『法医学の占める位置』ということで、古畑種基氏と、慶応大学法医学教室の中舘久平教授の談話がのせてある。ここにのべられた中舘氏の考えは、いわば法医学の常識といった程度のこととおもわれるのだが、しかし、この談話が発端で激しい論争がまきおこったのだから、その意味では引用に価するだろう。前のほうは略して途中から。

『この測定（死後経過時間の）は法医学の中でも最も難しい課題で、今まで出血の程度、傷口のあき方、傷の回りの出血、死後硬直の状態を勘で判断する方法以外になかったことに比べれば、（秋谷氏の『乳酸反応』検査は）科学的になったといえるが、実情はまだまだである。出血量の多少も自殺説、他殺説の論拠となっているようだが、自分の経験上の見解では必ずしも飛込自殺なら出血が多いとはいえない。（中略）法医学の立場としては死因の徹底的究明が行われるべきだと思う（以下略）』

ここから起きた法医学論争は、別に詳しく検討することにするが、ここで一言つけくわえておいたほうがよいとおもわれることがある。それは、世上、この論争を東大対慶応の学閥の争いという見方が強いようであるが、それは必ずしも当を得ていないということである。たしかに中舘氏は慶応出身である。しかし、生理学を勉強のうえ法医学に志を転じて、東大法医学教室の三田定則教授の門をたたいている。そこで三田教授は、中舘氏を教室員としてむかえ、直接の指導をそのときの筆頭助手であった、世良完介氏（のちに熊本大学教授）にゆだねたのだという。だから、古畑氏も中舘氏も、三田門下の兄弟弟子ということになる。したがって、古畑・中舘論争は、同門のあいだの争いであるといえるのである。

ついでに、もう一つつけ加えると、世良氏も下山事件は自殺説だというのである。筆者は、下山事件とは別の、ある事件を調べるため熊本に二度ほど世良氏をたずねて話をきいたが、その話のなかで世良氏が、「下山事件、あれも自殺だよ」と、こともなげにいわれたので驚いたものであった。そこから始まって、実は中舘氏と世良氏の関係がわかったのだが、中舘氏は下山事件後、くわしい手紙で世良氏の意見をもとめてきたという。その中舘氏の手紙や、その後の法医学会で座談的に話された、東大法医学教室の解剖所見などを総合して、世良氏は「初老期うつ憂症による自殺」という結論に達したのだ、ということなのである。

さて、毎日の記事のほうにもどろう。「下山事件を追って」という座談会は、「自殺か他殺か結論未し」、「それ号外」、「三越へ横ッ飛び」、「一晩中亡骸に傘」、「凄惨な現場」などという順序で語られているが、ここでは、そのあとの「両論の裏づけ」という部分を引用しておこう。まず、「他殺説の根拠」から。

『司会　ではこの辺で最初の日(六日)他殺説が有力だったその裏づけになった具体的事実を話してもらおう。

T　現場には足首がそろったままれき断され、顔面は半分とんでいた。これから見ると線路の上に斜めに寝て綾瀬の方に頭、北千住の方に足という推定が生じて来る。そうするとと覚悟の自殺か、あるいは殺されてそこに置いたものか、その二つの結論が出る。しかし雨で洗い流されていたのでこれ以上自殺、他殺の決定が現場検証では出て来ない。そこに某方面から奇妙な情報が当局に入ったものらしい。五日に某団体の会合があり、その席で首切りをやるようなヤツ(下山氏を指す)はまぐろ(れき死体)になって出て来るよということをいったという情報なのだ。こんなことも他殺という線へピタリと来たわけで、ここへ解剖の中間発表が他殺をより強いものにした。ネクタイと眼鏡、ライターが発見されぬこともどこかで殺されてから運んだのだということになった。

I　それに国鉄総裁ともあろうものが、あんなところで死ぬわけはないという話も出た。

T　次はあの土地が総裁に全然関係がないこと、これも他殺説へつながるものとされる。

I　そこへ怪自動車の爆音を聞いたとか、夜の十二時ごろトラックの通る音を聞いたというのが六、七人出て来たのでネ……

G　家庭に遺書が全然ない。挙動もおかしな点がなかったというのもその一つだろう。

S　下山氏自身直接生命の危険というものを考えていたことも事実であり、これについては国鉄当局も総裁防護の意味から柔道六段の人を五日からつける予定だったのを役所仕事で発令が遅れていた事実も判ったわけだ。同氏身辺の人はもう一日早く護衛をつけていたらと口惜しがっていたということだが、五日は運命の日だったわけだ。』

つぎは、「自殺説の根拠」というところ。

『司会　それではこんどは自殺説にいこう。

T　自殺の場合、六日に成島という人が現場近くで下山氏らしい人物を見たという聞き込みがあってから強くなった。とにかくあの人はクツの非常に特徴のある点を実によく覚えているというか、下山氏のそれと似ている如く語るというか。また末広旅館のおかみさんもこれは特徴のあるくつ下をピタリと当てており、この点同氏が一人であったというのかからこの説へ結ばれて行く。

S　芥川鉄道公安局長は事件前日の四日総裁がとり乱していたという話をしていたが、外相官邸でも同様とり乱したことも後で知られている。総裁は今度の行政整理についてはひどく悩んでたようだ。当日の午前九時から本省で会議があるというのに電話もせずに三越に入って行ったというのはちょっと日ごろの同氏にしては変だったということだ。

O　いま捜査をやっている某最高責任者が現場を見た時直観的に長年の経験から自殺じゃないかと思ったという。その理由としては名刺入れとか、パスなど身元の知れるものが何一つなくなっていないことだ。

I　自殺を裏づける証拠として直接証拠ではないが、現場付近を総裁が一人で歩いていたということはほぼ確実になった。これは末広旅館の外六人の証人が出ている。

G　もう一つ、怪自動車が通った時間関係を確めた結果、十二時何分に通ったということは全部否定されている。またこれが殺人事件であるとすればああいう自動車のめったに通らない現場になぜ来たかということだ。人を殺しておいてすぐ発見される線路の上に運んできて捨てるということは常識では考えられない。

Y　捜査の方からいえば三越から現場までの線と、逆に現場から三越までの線があるわけだが、合流点が見つかったとき、すなわち足どりがわかったときと解剖の結果に最終決定を下されたとき他殺、自殺がきまるわけだ。

司会　ではこの辺で、一体事件はどっちが強いということになるのかネ。

T　いままで話し合ったように両説とも積極的なものがない限りやはり捜査当局としては一がいに他の一をすて切ることは出来ないわけだ。もしここに遺書が発見されたとか現場付近で被害者以外のものの持ちものが発見され、それから所持者の目星がつき、といった風なことがあれば歩一歩結論へ近づくことになるだろうが、目下両説につきその積極的条件はない。

Y　従って捜査はやはり両面を並行して進んでいるということになるのだが……

司会　それにしても見透しとか、判定とかの軽重はあるだろうがネ……

T　事件も一週間をすぎて来るともうソロソロ積極的で具体的なものの発見があるころだ。この一両日他殺を裏づけるものが余り捜査線上に浮んで来ず、むしろ疑の点が白くなって行くのに自殺の線が少しずつ現われているというのも軽視は出来ないが、何れにせよ捜査当局の断定決定まではぼくたち記者は公正に両説の事実をつかんで行くべきだと思う。」

七月一〇日

進む地どり捜査

七月一〇日、第二現場では、前日に引き続きこの日もまた現場周辺の検索を続行した。本庁から鑑識課技師と制服を含めて二四名、西新井署一六名、それに中ノ橋駐在所巡査が加わって、轢断現場付近はもとより、北千住駅から松戸駅までの常磐線沿いの一帯を、下山総裁の遺留品はもちろん、他殺のばあいに犯人側が残した手がかり品と、その痕跡をもとめての捜索であった。その結果は、総裁服地の一部とおもわれる布地小片や、鍵一個、定期券、名刺一枚などが発見された。しかし、鍵はだいぶ前に落とされたようで、使用不能とおもわれるほど錆びていて、犯行とは結びつきそうもなく、また、定期券と名刺は、ともに素性がはっきりしていて、これもまた犯罪とは無関係のようであった。

一方、地どり捜査のほうからは、当夜の人の動きがしだいに明らかになってきていた。まず、日ノ出町三ノ六三三に住む田中喜三郎さんと、妻の初江さんは、ラジオが「私は誰でしょう」を放送していた午後一〇時三〇分ごろ、常磐線の土手のほうをみると、ピカピカと明かりの点滅するのがみえた、と話した。もちろん、明かりのところに人がいたのだろうが、その人数や風体などはわからなかったという。もう一人、五反野南町一三七一の岩上政男さんは、当夜午後一一時半ごろ、自宅からやはり常磐線のほうをみると、土手のところに二人づれの男がいたという。ほとんど同じような年格好で、四五、六歳、帽子はかぶらず白い開襟シャツを着て、ズボンから下は黒っぽくみえたというのだ。

そこで、栗原、横山の両刑事が、昨日聞きこんだ食用蛙取りの高橋石太郎さんに、もう一度確認にいくと、たしかに懐中電灯をピカピカさせたということもわかったし、服装も一致するようであった。しかし、この高橋さんの話では、当夜は少なくとももう一組の食用蛙とりが、現場周辺に入っているらしいので、田中夫妻と岩上さんの目撃したピカピカにこの高橋さんたちの二人づれが一致するものかどうか、その断定にはさらに調査が必要のようであった。

この日はまた、問題となっていた現場付近通行の自動車一台が、はっきりした。五反野南町に住む会社社長飯尾金弥さん（三六歳）が、当夜銀座の喫茶店ニューヨークで一〇時半ごろ閉店だと閉めだされ、原田運転手の運転する小型乗用車で帰途につき、千住新橋を渡り、五反野南町駐在所横を通って昭和湯前に出て、一一時半すぎに自宅に帰っている。「下山白書」をみると、この飯尾、原田の二人は、共産党に関係ありとされて、その後もいろいろと身辺調査が重ねられたようである。

さて、このほかに、この日も目撃証人が現れている。もっとも、そのうちの渡辺盛さん（三六歳・五反野南町一三〇四）は、七月六日の夕刻、千住新橋派出所の五松巡査に届け出たのが、七日付注意報として西新井署にまわり、それから前線本部に連絡されてきたものであって、地どり捜査によるものではなかったが、ともかくその渡辺さんの話を紹介しよう。

「その日は会社が休みであったので、夕方五時すぎから長男をつれてエビガニ取りに出かけた。六時ごろ東武線の西側の沼でエビガニを探していると、一人の紳士が常磐線の土手をおりてきて、私の一間ばかり前をとおり、線路に沿って行きましたが、五〇メートルあまり行くと引き返して、消防小屋のほうに歩いていった。そのうちに、義妹の藤田伸子が長女をつれてきたので、こんどはガードをくぐって、あとで下山さんがひかれた常磐線の土手下に行ってカニを探した。すると、さきほどの紳士がまたトンネルのほうから歩いて来て、鉄柱のところで立ちどまって、両手をポケットに入れて、常磐線の線路のほうをみていた。しばらくすると、たばこを出して掌で風をよけるようにして火をつけた。マッチだったかライターだったか、気づかなかった。そこに、いったん網を取に帰った伸子が「夕飯」といってきたので、その紳士の前をとおって帰った。家に着いたら、ラジオは七時のニュースとなっていた。私が、その紳士をみたのは東武線の西側で往復の二回と、東側で一回、つごう三度みたことになる。その人は五〇歳くらい。五尺六、七寸で、ネズミ色に立縞のある服を着ていた。無帽で、靴はチョコレート色の赤みがかったもので、先のほうにみみずのようなヒダがあった。眼鏡はアメ色のふちだったと思う。髪はあまり長くなく七、三にわけていた。体格はがっちりした感じで、ネクタイには金か銀糸のようなものがはいっていた。九時のニュースのとき、下山総裁が行方不明と放送しているのを伸子がきいて、『夕方ぼんやり立っていた人かもしれないね』というので、私もそうかもしれないとおもった。六日朝は新聞をみなかったが、ニュースで下山さんがガード付近で死んだことを知り、その現場をみて出勤した。夕方は五時四〇分ごろ家に帰り、朝日新聞をみると、下山さんの写真が出ていて、昨日みた人によく似ていて、伸子もまちがいなくそうだというので、その晩届け出ました」

ついでに、伸子さん（一五歳、五反野南町一三五一）の話。

「私の姉が渡辺盛さんの嫁さんで、家も近所ですから毎日いっています。七月五日、エビガニをとりにいって、鉄柱のところで子供たちとバケツのエビガニを見ていて、ひょいとうしろをみると、一メートルくらい離れたところに立派な服装をした男の人が立っていました。その人は、ぼんやりと考えごとをしている様子で、悲しそうな顔をして線路の方をみていました。顔は夏蜜柑のような感じでした。背が高く、社長さんのような人で、眼鏡をかけていました。帽子はかぶらず、髪はわけていました。洋服は立縞のあるネズミ色です。靴やネクタイには気がつきませんでした。翌日の朝、千代子（八歳、盛さんの長女）が新聞をみて、『きのうのおじさんがいるよ』というので、私もみましたが、よく似ていました。夜、義兄さんが帰ってから、義兄さんも千代子もまちがいないというので、その夜義兄さんが警察に届けにいったのでした」

では、もう一人の目撃者、萩原詮秋さん（二〇歳）の話。なお、萩原さんは、東武線五反野駅の駅員であった。

「五日は日勤で、精算係をしていた。午後一時四三分着の下り電車がきたとき、改札係が昼食をとっていたので、かわりに改札口で集札をしていた。そのとき二〇人くらいの客がおりたが、そのなかの背の高い客が、切符を渡して外に出てから、『このあたりに旅館はありませんか』ときいた。それで、ちょっと待ってもらって、全部の集札が終わってから『駅を出て、左の方に五、六間いくと川があります。そのたもとに末広旅館とかいてあります』と教えてやった。その人は、『どうも有難う』といって、教えた方に歩いていった。四、五十歳くらいの人であったが、顔の形や、眼鏡をかけていたかどうかなどよく覚えていない。帽子はかぶっていなかったとおもう。靴に見覚えはなく、荷物はもっていなかったとおもう。連れはなかった。八日になって毎日新聞をみると、末広旅館に下山総裁に似た人が休んでいったと書いてあったので、これは私が宿を教えた人で、下山総裁だったにちがいないと考え、藤野助役に話しておいた」

ところで、第一現場、三越周辺担当の鈴木班のほうだが、こちらにも下山さんらしい人をみたという情報がはいった。ただし、こちらのほうは、人相や服装などがはっきりしないところに難点があった。目撃者は、隅田区隅田町三の五三〇に住む小川さんの妻、幸子さん。五日午前一一時ちょっと過ぎ、三越地下道のウインドの前で、下山総裁とおもわれる人が他の男と話をしていたというのである。

また、鈴木班の、総裁身辺調査にあたっていた刑事は、下山氏の実妹、平野恵美子さん（四二歳）から、つぎのような話をきいてきた。

「五月二九日に会ったとき、兄は、『こんどの首切りは政府の方針でやるのだが、自分も覚悟はしている。総裁はいやであったのに、押しつけられて、やむなく引き受けた』、といっていた。その前、三月ごろ訪ねたときは、『人の首を切って自分がやってるわけにはいかないから、六月には自分もやめる』という話をしていたのに、意外であった。当時、兄の子供たちも、『こんどはお父さんもヒマになっていいね』といっていたし、義姉もそう考えていた」

七月一一日の新聞、例によって朝日から。まず、「〃手帳の

上:「6時ごろ東武線の西側の沼でエビガニを探していると，1人の紳士が常磐線の上手をおりてきて，私の1間ばかり前をとおり……」と証言する渡辺盛さん．　下:東武線五反野駅の駅員であった萩原詮秋さんの証言•「改札口で集札をしていたとき，20人くらいの客がおりたが，そのなかの背の高い客が，“このあたりに旅館はありませんか”ときいた」．

線〟捜査進む、怪電話も追及」という見出しが眼にはいるが、あまり材料もないようで、内容は昨日までのむしかえしのような感がある。つづいて、「最近三度も銀行へ、ナゾ残す〝下山私金庫〟」というのがあるが、そもそもデータからあやふや（たとえば、三度も銀行へなどというのは事実に反する）で、これもまた昨日までのものとかわりばえのしない推理記事である。

しかし、そうはいってみても、実際に記事をみなければ信用できない、という人もいるかとおもわれるので、その一部、「怪電話『発信局』判明か」というところを引用しておこう。

『五日夕刻早くも下山総裁の『変死』を知らせる奇怪な電話が東鉄庁舎内国鉄労組東京支部事務所にかかってきたという報告を重視した特捜班（捜査二課、筆者註）は、九日夜にいたってこの怪電話の発信局番をつきとめた模様で、十日朝来上野―足立現場に通ずる某所を中心に聞込み捜査を開始した。また下山氏の手帳を調べた結果、不審な百余の電話番号のメモを発見、十日からこの調査を開始している』（朝日の記者にとっては、手帳記載の電話番号は、全部不審なものとうつったのだろう、傍点筆者）

つぎのようなユーモアのある記事もある。

『（現場に）落ちていた定期券の主、落海為治は、去る五月末神戸から引越して来たばかりの英語の先生で、この日長男和広君（三）をつれて好奇心から殺人現場を見物に行き、上着のポケットから落したらしい、十日夜は学校の宿直で留守、夫人ミノリさん（三二）の話、『主人はよくモノをなくすたちで、きのうはクシを無くし、きょうは定期を無くして青くなって夕方四時ごろ帰ってきました』』（轢断現場で下山氏はだれかに殺されたということらしい、傍点筆者）

最後に、「〝下山氏にそっくり〟、また目撃者二人現わる」というもの。

『十日午後になって、下山氏にそっくりな男を現場付近で見たという人がまた二人現われた。その一人は渡辺盛君（三六）＝足立区五反野南町一三〇四工員＝同君は語る。『五日午後六時三十分ごろ問題の東武線ガード下から約百米離れたドブ池でザリガニとりをしているとき、付近をウロウロしている一人の紳士を三度も見た。その紳士はあっちに行ったり、こっちに行ったりしていたが、カチンカチンとライターもつけていた。紳士は間もなく歩き出し、どちらへ行ったかわからぬ。その人の特徴は、無帽、濃い下りマユ毛、アメ色のフチのロイド眼鏡、白に近いネズミ色の背広、ネクタイは濃いグリーン、結び目に金色に光った筋が目立ち、クツは濃いチョコレート色だった』

も一人は、同日午後二時ごろ、五反野駅計算係萩原詮秋君（二〇）が改札係として勤務中、背の高い上品な人が西新井行の下り電車から下車、『近くに旅館はありませんか』とていねいに尋ねたので末広を教えた。警視庁では十一日下山氏の洋服を同君に見せてたしかめる。萩原君は語る。『その紳士は身長五尺三寸の私よりはるかに大きな人で、眼鏡をかけていたかどうかおぼえていないが、上品な、いかにも重役タイプの人だった。洋服はネズミ色ではなく、ウス茶の縦ジマだったと思う』

成田屋アジト説

次は、読売新聞である。昨日あたりの紙面が、朝日にくらべると割合にさめた感じの読売であったが、まるでそれを反省したように、この日の読売の紙面はにぎやかである。まず、「待合を〝情報アジト〟下山総裁と知り合いの女将召喚」というもの。

『下山事件について警視庁特捜本部では十日の日曜日も全員出動、三越と西新井両現場の捜査を続行した。とくに総裁が足取りを絶った三越地下街一帯を重視、下山氏と二十年来の知合いで三越現場付近で待合を営む女将森田信（四五）さんを大西運転手につぐ第二の重要参考人として、早朝から本部に出頭を求め事情聴取を行った。この結果、同待合が下山総裁の情報連絡の〝アジト〟として使用され、同氏はあらゆる階層の人々とひそかに同所で会談していた事実も明かとなったので、下山氏失踪のナゾはここにひそむものと緊張、出入した人物の内偵に着手した。なお鑑識課から国警科学研究所へ鑑定依頼中だった西新井現場の土砂の出血について〝死後のもの〟とこの日回答があり、さらに他殺説を裏づけるものとなった』

筆者は、ずいぶん法医学書などに眼をとおし、血液検査法などを調べてみたが、土中の血液（もっとも土中でなくても同じだが）が、死体から流れ出たものか、それとも生きた人間の体からの出血か、そのいずれかを判定する方法に触れたものには、まだお目にかかっていない。この判定のできる、うまい方法があったなら、おそらく、あれほど激しい「自・他殺論争」は起こらなかったろうし、現在の法医学書に、その方法が明記されているとおもわれるのだが、いかがであろうか。

では、国警科学研究所で鑑定したのはなんであったのか、というと、これは現場から採取してきた土砂のなかに、血液がふくまれているか、どうか、ということであった。東大法医学教室が、轢断現場の血痕が少ないといって大問題としていたので、こんな検査までやったようである。

さて、それはともかく、この記事は「三越から徒歩十分、しばしば訪客と要談」という中見出しを入れて、つぎのようにつづいている。

『森田さんの経営する待合〝成田家〟は三越から自動車で二分、歩いてもものの十分とはかからない中央区新川一の六で十二坪平家建三間のほか六畳の離れ一間の小じんまりした家だが小さい待合には似合わず電話が二本もあり、下山氏が仕事の連絡をするに便利な条件をもっている。信さんならびに彦吉（五一）さん夫妻は『下山さんは一ヵ月に一、二回息抜きに一人で来られるがほんの五、六分ばかり、お茶とお菓子ぐらいで時計を気にしながら帰ります。最後に見えたのは先月二十九日でいよいよ整理が始まるから忙がしいよといってました。また下山さんはここに来て誰かとあい仕事の話をするような事は全然ありませんでした』と語っているが、これに対して付近の人の話によれば、

▽下山さんはとくに次官当時はほとんど連日のように正午すぎ自動車でやって来て、夕方六時ごろまでいたが来るのはいつも一人だった。

▽下山さんの自動車が待っているのをいつも見て、大西運転手の顔も自動車の番号（四一一七三）もよく覚えてしまったくらいです。

▽日曜日には歩いて来ることもありました。最近は近所の目をさけるためか自動車を遠くに待たせたり、待たせる場所を変えてみたり、一たん帰して一時間ぐらい経ってから呼んでみたり、いろいろ気を使っている風にも見受けられま

した。
▽下山さんがみえている日に限って、目立たないようにはしていたが人の出入があった。
と下山氏が相当ひんぱんに森田さん方を訪れ、客と要談していた事実を裏書している。これだけ下山氏のなじみ深い待合でありながら、同氏と最も親しい間柄の加賀山国鉄副総裁、次官時代の秘書折居正雄氏（現上野管理部旅客係長）は一度も訪れたことがなく、この点〝アジト〟説をいよいよ濃くしている。

五日の事件当日の朝、下山氏が『三越でも白木屋でもよいから車をつけろ』といった事実もこの〝アジト〟と結びつけると重要な意味を生じてくるが五日に関しては森田さんはじめ付近の人も下山氏の姿は見なかったという点では一致しているので、いまのところこの家と事件とが具体的に結びつく決定的なものは発見されず、このナゾを解くことによって事件解決の糸口は見出されると三越捜査班の主力を挙げて捜査に当っている」

〝成田家アジト説〟は、この後もだいぶ尾をひいて、とくに検察庁が執心をしめし森田のぶさんの身辺捜査を重ねたようだが、結局事件とつながったものはなにも出なかったようである。また、下山氏も、この成田家をときに休憩所として利用はしていたが、ここで客とか、他の人物と会ったということもまったくなかったというのが、事実であったようだ。森田さんもとんだ災難にまきこまれたものである。

関連して、つぎの記事も引用しておこう。題して、「三越行は重要会見、事件以来六日、捜査二課で結論」というもの。

「下山事件につき他殺説中心に特別捜査を進めている警視庁捜査二課では死体発見以来、六日間の捜査成果を総合した結果、第一の扉である〝三越への用件〟は単なる買物や直接単独で地下道に入るためのものではなく、特定の人物との会合か、または他の重要用務にあるとみられるに至ったので下山総裁の手帳の記帳内容について徹底的再調査を開始したが、近日中に大西運転手についても再喚問を行うこととなった。

事件解決の前提と見られている三越立寄り理由の究明のため、松本捜査二課長は極秘裏に九日午後下山総裁ととくに業務上密接な関係ある国鉄幹部数名と運輸省で個別的に会見し、当日の下山総裁の用務その他につき長時間にわたりつぶさに事情を聴取した結果、当局は買物説を捨てて、三越行は特別会合または他の緊急用務のためと再確認するに至ったものであるが、同課のこの極めて注目すべき結論の理由は次のような事実にもとづくものとみられている。

一、下山総裁は五日朝九時から各局長との通例会議（四日の第一次首切り示達後の第一回重要打合せ）が運輸省内で行われることを前日電話で（捜査では未確認）知らされている。

一、同日午前十一時（会議開始後二時間）には下山氏が申込んだ総司令部との会見がある。

一、九時十五分（会議十五分後）三越が閉っていたのに会議にも出ず、時間つぶしをしてから一たん千代田銀行の貸し金庫に立寄って何物か（既報の一万円の札束とみられる）を出している。

一、三越は朝九時半からの開店だが、その地下道へ入るには正面電車通路に出れば地下道入口があいている。

一、結婚祝いを贈る相手がこれだけの騒ぎに名乗り出ないのは買物は口実であろう。

一、また三越で午前中、ぜいたく品などの売場で買物をすれば、特徴のある同氏の顔だけに店員が記憶しているはずだが全然出ていない。

などから買物説は根底からゆらぎ、また直接地下道へ入ったとの説も薄らいで、ここに会議よりも重要な用務（または会合）があったものと断定されるに至ったものである。この同課の新たなる結論は事件解決へ一歩前進したものとして、極めて注目されるに至った」

この二課の結論が、新しいものなのかどうかは別として、「事件解決へ一歩前進」というのはどういう意味だろうか。本当に、一歩前進になるのかどうか、こういう記事をかく記者の考えが、よくわからないのである。もっとも、つぎのような記事になると、それがわかりすぎるほどよくわかってくる。「死体を包んだ？ 天幕の布・西新井現場付近のドブ川から」というもの。

「下山総裁の死体を包んで運んだと思われる天幕とネルの白布が十日、下山総裁らしい人が休んだ末広町の末広旅館前のドブ川にあがり、捜査陣は俄然色めきたった。

同日午前十時ごろ綾瀬川にそそぐドブ川にかかっている五反野駅傍ら普賢寺橋の橋下に六尺四方ゴム引の天幕と腰巻よ

うのネル白布がひっかかっているのを付近の者が発見、西新井署に届出ようとしているうち何者かによって持ち去られてしまったが、その天幕はところどころゴム引がはがれているが相当新しいもので、ネル白布はヒモの部分がつけ根二、三寸を残して引きちぎられており中央に大きな汚点があった。いずれも真新しいもので捨てたものとは認められず、当局では五日深夜怪自動車が引き返した音を聞いたといわれている中之橋付近のドブ川に何者かが投げ込んだものが上げ潮にのって流れついたものと見て、持ち去った男の捜査を開始した」

轢断現場近くのドブ川から出たというならともかく、一キロちかくも離れた末広旅館前というのでは、話があまりにうますぎるうえに飛躍しすぎてはいないだろうか。これらの川にあげ潮などが入りこまないよう、下流には水門があったのである。

最後に、目撃証言を一つ。

「東武線五反野駅改札掛荻原詮秋（二〇）さんは十日西新井署に出頭、事件当日の五日午後一時四十五分浅草発大師前行電車から下車した五十年配の紳士に付近の旅館を尋ねられ、例の下山総裁らしい人物が立寄ったという末広旅館を教えたと証言した。同君はその紳士は優待パスではなく普通乗車券を使い、着ていた背広は確実にネズミ色ではないと述べた。（下山氏の服装はネズミ色コウシジマ模様の背広上下）これにより、当局では末広旅館に現われた人物はこの紳士とみて同氏の行方を調べている」

下山総裁ならば、東武の優待パスをもっていたのだから、そのパスを使うはず、それを使わずに普通乗車券であったということは、下山氏ではない、という論理のようである。

毎日新聞にうつろう。まず、「現場と繋りつく？　足どり調査なお継続」というもの。

「下山事件の警視庁特捜本部では十日の日曜日も坂本刑事部長、堀崎捜査一課長以下全員登庁、前日に引続き捜査一課鈴木警部班は午前九時から午後四時まで三越から現場までの地下鉄、東武線、デパートおよび道路など下山氏の足どりを調査、関口、小島両警部補班は新に十日から捜査陣に加った溝口警部補班を加えて現場を中心にしらみつぶしの足どり、聞き込みを行い、鑑識班も前日同様鉄道線路および付近一帯の身体捜検器による下山氏のメガネ、ライターなどの捜査に当った。また小島班の一部は下山氏のネクタイが列車にひっかかっていたのではないかと線路伝いに近県まで足をのばしたが、これについて当局では一般の協力も求めている。十日までの調査をみると①現場付近でみたという怪自動車の行方②下山氏失そう日の夕刻〝総裁は交通事故で死んだ〟という怪電話にさわいだ一団があったといううわさ③他殺を前提としたその他の背後団体などについて調査を進めていたが、何らの手がかりは得られず、一方十日に至り現場と下山氏とのつながり（土地カン）に有力な事実を握るにいたった模様である。また鑑識の面から現場の土を検出したところ〝陽性〟という結果が浮び上がる（血液検査のこととおもわれるが、こういう書きかたではそれがどういう意味をもつのか読者にはわからないだろう、筆者註）など、これまで判明した三越から地下鉄まで一人で行ったこと、また現場付近末広旅館主その他数名の目撃者の証言とにらみ合せて漸く重要視されてきた。

下山事件特捜本部で十日午前十一時半堀崎一課長は記者団の質問に対し次のように答えた。

㈠、下山氏をひいた八六九貨物列車の機関士が我孫子駅で同駅池田助役からランプを借りて点検したとき排障器が曲っているのに気がついたらしい。㈡、下山氏をのせたと思われる自動車の有無について探しているが、今のところ何ら新しい報告は来ていない。㈢、銀行関係の書類その他からもまだ手がかりは出ていない。㈣、末広旅館の女将が見たという下山氏らしい人の財布とれき死体発見の現場にあった財布とが同一物であるかどうかの確認はまだない。㈤、下山氏の身辺、交遊関係等からも何故下山氏が三越へ行ったかという結論は出ていない。㈥、自殺、他殺どっちだといわれても、まだわからないというのが正直なところだ。㈦、日本橋地下街の喫茶店についてはまだ確実なものは聞いていない。㈧、女性関係はまだ聞いていない。

十日午後九時半堀崎捜査一課長は捜査経過を次のように語った。

㈠、十日から本部に溝口班九名を増強した。これは進展する捜査、情報の整理と捜査範囲の拡大のためである。㈡、西新井の現場付近に自動車が五日午後十一時四十分ごろ末広旅館の方から来たというのは付近に住む某重役が銀座の方から帰って来たことがわかった。㈢、同夜十一時五十分ごろ現場付近から千住新橋の方へ三七年型ビュイックの自動車が走って行ったが尾燈、ルームライトを消していたため番号や誰が乗っていたかは不明。(四)、メガネ、ネクタイなどの捜査は十一日も続行する。(以下略)」

つづいて「東鉄時代に視察」という見出しのもの。

「下山氏の現場に対する土地カンについては各方面の捜査がつづけられているが、現在までに判ったものでは、

①昭和五年四月から同年十月十五日まで水戸機関庫主任、昭和七年三月から九年七月まで新橋運輸事務所運転主任、同十年五月から十一年二月まで東鉄運転課列車係長を歴任して現場路線と深いつながりをもっているほか②同二十二年九月カサリン台風の際東鉄局長であったとき現場付近を約一時間にわたって視察した事実等がある。

またこのほか同氏は柴又方面にもよく足をはこんでいたという次の如き事実も判った。

去る四月二日(土曜)午後二時ごろ葛飾区柴又町一の一八〇二料亭川甚天宮清さん(二四)方に四十三、四歳の婦人を連れた人品のいい紳士が現われ、中庭にある〃湖畔の松の舎〃にあがってビール二、三本にうなぎ料理をとったが、同四時ごろ、連れの婦人が胃ケイレンを起し、付近の同町一の一四六三海老原医院=海老原勝氏(三二)=にかつぎ込み一時間半ばかり手当をうけてからまた同料亭に帰り、午後九時ごろ電話で車を呼びよせ帰っていったというのである。

これについて主人清さん妻美恵子さん(二四)支配人海老原甚四郎さん(六二)(海老原医師の実父)らが語るところによればかけた電話の先は不明であり、呼んだ車のナンバーも判らないが、車は四十一年型、ビュイックであったという、紳士は〃下山〃と名乗り、東大生時代ボートの選手をしていたころよくこの連れの婦人と一緒に同亭にもよく来たという。

これについて捜査本部でも十日小薬部長刑事らが同亭で事情をきいたうえ、下山氏の写真を示したところ、本人に間違いないと確認され、現場付近に対する下山氏の土地カンが確認された。なお海老原医師方で手当をうけた女性は当時の診療簿から中央区新川町一の八待合〃成田〃女将森田信さん(四五)であったことが判明した」

また、この日の毎日には、目撃者三人の話が出ているが、

他紙にもある渡辺盛さんのを省略して、ほかの二人の話を紹介しておこう。

「①末広旅館に下山氏らしい人物が現れた少し前の五日午後一時から二時ごろまでの間に足立区千住高砂町七四クリーニング業右代四郎治さん(55)は店先の道路を下山氏らしい無帽、薄ねずみ色、格子じま背広上下、チョコレートのくつをはいた背の高い紳士が同家から約二百米の荒川堤に向って歩いて行くのを見たといっている。

②渡辺盛さんの話・略。

③五日午後十一時ごろ五反野南町一〇八七無職須沢清次郎さん(53)妻吉乃さん(43)は成島正男氏が下山氏らしい男に出会ったという現場のガードから北方五十メートル、東武線土手のトンネルを抜けて西側の銭湯へ行っての帰り、同トンネルの入口にさしかかった際、何気なく土手の上を見ると、線路上に黒い大きな人影を認めた。ギョッとして急ぎトンネルをくぐり抜けて約五十メートルきてから振り返って見たときはその人影は立去っていた」

この時点で、毎日新聞の取材陣が、自・他殺についていかなる判断をしていたのかはわからないが、少なくとも紙面からうける感じでは、つとめて客観的にと心がけていたらしい気持が、つたわってくるようである。

七月一一日

七月四日の総裁の行動

七月一一日、この日の第二現場は、引きつづく検索を増強、東武線と常磐線の土手に草刈隊を加えて、遺留品の発見にあたった。が、成果はまったくゼロ、下山総裁が身につけていたとおもわれる喫煙具やネクタイ、それから犯罪の痕跡とおもわれるものは、なに一つとして発見されなかった。これに反して、事件当夜の人の動きに関する情報のほうは、前日に引きつづき確実に増加していった。まず、八日にわかった目撃証人、古川フミさんが、犬をつれて現場付近を歩いているのを、五反野南町一一三三に住む三田コマさん(四二歳)がみていたという、聞きこみがあった。七時半ごろ、自宅で瓜の手入をしながら見ていたのだという。また、五反野南町一五〇六の永井直さん（四三歳）は、五日午後一一時四、五〇分ころ、家の外に出て涼んでいると、トンネルのほうから一人の男が自転車に乗ってきて、永井さんの前で片足をおろして止まり、不審尋問をしたうえで民生委員のダンガイをし、それからいったんキャンデー屋のほうに行ったがまた引き返して、トンネルのほうに消えていったという。

さらにまた、五反野南町九六三、川魚商の中浜源六さん（五二歳）は、午後一一時四〇分ごろ綾瀬駅着の電車で都内から帰ってきて、伊藤谷駐在の前を通り、そのまま自宅に行くところを自分の養魚池が気になって（当時の食糧事情で、ときどきこの養魚池が荒らされたようである）カゴ屋のところを右折、五反野踏切のところから線路ぞいに東武線ガードのすぐ手前まで出て自分の池を見廻り、おなじ道順でカゴ屋のところに引き返して、帰宅している。そうすると、この中浜さんは下山氏の轢断された時刻にきわめて接近したときに、その轢断現場のすぐ近くを通ったことになる。しかし、そのとき福田さんの犬にほえられはしたが、別に怪しい人影は見かけなかったという。

ところで、この轢断現場を目の前にするところに増田定次郎さんの家があり、定次郎さんが下山氏に似た人を見ていたことは八日のところで紹介したが、その奥さん（清枝、四〇歳）も夕刻六時ごろ、現場近くの畑で草とりをしていると き、下山総裁に似た同じ人物を目撃していたことがわかった。定次郎さんは同じ畑に下肥をやっているときに見ていて、夫妻で接近した時刻に目撃していたことになる。

しかし、現場からだいぶ離れた小右衛門町のほうで下山総裁に似た人を見たという人もいる。時刻は正午すぎ、村木恒雄さん（三七歳）は、勤め先から昼食のため自転車で家に帰る途中、森永製菓のところで五人づれに会ったが、そのうちの一人が下山総裁に似ていたという。五〇歳ぐらいで、五尺五、六寸、眼鏡はかけていなかった。つれの男は、四〇歳ぐらいに見たということだ。

それから、自動車。この日、二台の正体がわかった。一台は、五反野南町一二五七の小林弘さん（三〇歳）が、真夜中、高砂町の飲食店で酒を飲み、酔っぱらったうえで自転車タイヤ商業組合の車をのりまわしたもの。もう一台はジープで、京橋の明治屋ビル食堂勤務の村越まささん（高砂町一一一五）が、同僚の今井信子さんとともに、アメリカ兵におくられて一一時四〇分ごろ帰ったもの。さらに自動車はもう一台、高砂町一一一九の今田川さんが、午後七時ごろ会社から帰るとき使ったものが判明したが、これは時間が明るいうちなので「ナゾの自動車」などと騒がれていたものとは別である。

鈴木清主任の班は、三越周辺にくわえて、三菱銀行関係、下山総裁四日の行動、三越から末広旅館までの交通機関、バス、地下鉄、都電などによる三本の経路を想定しての調査を行った。ここでは、その調査のうち、総裁の四日の行動をまとめたものを紹介し、他は省略しよう。

さて、四日といえば、第一次三万余の整理を通告した日であり、また行方不明となった前日でもある。この日も、いつものとおり大西運転手の運転する専用車で出勤、国鉄本社へは午前八時四五分ごろに到着している。午前中は会議であったが、予定していた整理通告が労働組合側にもれて問題となっていた。最初の予定では、夕刻の退庁まぎわに発表して、幹部はそのまま待避する予定だったが、組合側が騒ぎだしたので三時半発表にくりあげることにした。そこで局長たちから、総裁が本社内にいてはことが面倒になる危険性があるということで、社外に出ていてほしいという要請があった。ところが、下山氏はこの要請に憤り、テーブルをたたいてどんなことがあっても総裁室にがんばると、抵抗したという。しかし、局長たちは、下山総裁がいたのではどうしてもやりにくい、と考えたのだろう。総裁として、政府関係機関への報告ということもあるだろう、そういう名目でも出るようにと説得し、下山氏もそれをうけいれて午後の外出となったようだ。

まず、零時ごろ首相官邸に現れたが、吉田総理は不在。そこで増田官房長官に会って報告、長官は下山氏を激励して、なお総理に会って報告したほうがよいというと、「いや、総理には増田さんからお伝え下さい。一時から会議がありますので、ここで失礼します」ということだったが、それでも零時四五分ごろに増田長官と同乗して、白金台に向かった。そのころ吉田首相は首相官邸を嫌い、白金台にあった外相官邸を使用していたのである。ところが、首相のところには先客があり、待つことになると、会議があるということを理由に増田長官の止めるのをふりきるように、一時すぎに外相官邸を出た。

もちろん、下山総裁に会議の予定はなかった。国鉄幹部は、総裁が国鉄本社外にいることを願っていたのである。二時近く、下山氏は人事院ビルに姿を現した。しかし、目的はまったく不明である。ただ、人事院総裁の浅井清氏が、一階廊下ですれちがっただけである。そのさい、「たいへんですね、忙しいでしょう」と声をかけると、「うん」と、いつもとはちがった力ない返事をしただけで、うつむきかげんに正面入口のほうに歩いていったという。

人事院ビルで、このほかの面識者となると、国警長官の斎藤昇氏であった。しかし、調査の結果によると、下山氏は斎藤長官も訪問していない。また、溝渕国警次長のところにもたずねていない。結局、人事院ビルでは、誰のところにも寄らず、そこから車を日本橋にまわして呉服橋の橋詰薬局に立ち寄り、それからあたかも局長たちの要請に抗議するような格好で、整理発表のま近くなった三時前、国鉄本社に帰っている。

だが、すぐまた、大西運転手の運転する専用車で警視庁に向かう。そこでは総監室に入っているが、たまたま田中警視総監は来訪者と用談中であったので、あるいは用件が話せないのではないかと考え、奥の部屋に誘うように、「どうぞこちらへ」と二度ほど声をかけたが、「いやいや」と、応じるようすがみえなかった。ただ、下山総裁は、しょんぼりした格好で、「あのときはありがとう」と礼をいったが、総監のほうでは、その「あのとき」がいつのことなのだかよくわからなかったという。結局、ここでも訪問目的があまりはっきりしないまま、五、六分で帰っている。

次には、三時半ごろ、法務府に姿を見せている。二階の受付で、「長官に会いたい」と面会の申しこみをした。受付では、その「長官」が官房長をさしているようすでもあって、はっきりしないので、「長官はどなたのほうですか」とたしかめると、「佐藤さんではないですか」というので、かわっていることを告げると、変だなといった顔で黙って立っている。それで受付が、「お会いになりますか」ときくと、しばらく考えてから、「会っていこう」というので、名刺をもらい柳川官房長のところへ案内をした。ところが、下山氏は柳川官房長の顔を見ると変な顔をして、一瞬おかしな空気になったが、ともかく官房長のほうで挨拶をすると、下山氏はいきなり電話を貸してくれと申しこんだ。その電話はどこへかけたのかわからなかったが、話は「木内さんですか、情勢はどうですか」などときいて「うんうん」とこたえながら、二、三分で終わっている。そのあとで椅子にかけて雑談になり、下山氏は、自分の父も長いあいだ裁判官をしていたので、裁判所のようすや待遇もよく知っている、といったような話をして、五、六分で出ていったという。

もともと、柳川官房長と下山総裁は、治安関係閣僚懇談会などの場所で顔をあわせる程度で、そのほかの交渉はまったくなく、いわばこの日が初対面といった格好であった。しかし、それにしてもこの時期に、仕事上のなんの話もなく、雑談と電話だけで帰るのはおかしい。柳川官房長は納得のいかない気持で佐藤刑政長官（前の官房長）に問いあわせてみた。佐藤氏と下山氏は懇意の間柄だと聞いていたからである。が、佐藤刑政長官のところに、下山総裁は姿を見せていないという。それで、ますますおかしいと思い、電話のなかの「木内さん」を思いだし、最高検の木内次長にも問いあわせてみたが、そこにも連絡も訪問もなかったという。あとでわかったが、この木内さんは総裁秘書の一人であったようである。

四時ごろ、下山総裁は、ふたたび首相官邸の門をくぐっている。だが、ここでも下山氏と面談した相手がわからない。あるいは、誰にも会うあてがなかったのかもしれない。いずれにせよ、ここを出ると、車を新橋駅に向かわせている。が、新橋駅では下車しなかった。そうして五時すぎ、有楽町の日本交通協会内にあるレールウェイ・クラブに入った。

ここは、幹部の一つの退避場所になっていて、五時には主だった幹部が集まることになっていた。そこで下山氏は秘書室長の田坂泰迪氏に「本社のようすはどうか」とたずねている。しかし、田坂氏にもそれがわからないので、下山氏は心配顔をしていたが二〇分ほどして、本社にようすを見に出かけるという。田坂氏は驚いて、「いま行くのは危険だから、公安局長室（東京駅内にあった）にいけば、本社内のことはわかるでしょう」と意見をのべている。

公安局長室では、局長の芥川治氏、公安一課長の橋本練太郎氏、同二課長の赤木渉氏などのほかに、本社文書課長の吾孫子豊氏、同秘書課長中村章氏がいて、整理発表後の状況やその対策などを話しあっていたが、そこに突如として総裁が現れたことになる。そこで芥川局長が、公安員などの配置状況を図面で説明を始めると、下山総裁は、芥川局長の飲みかけのお茶をぐっとのみほしたので、芥川局長はあわてて、給仕にお茶を命じたが、総裁は、「いらん」とそれをおさえた。しかし、そのあとで給仕が運んできたアイスクリーム一個を食べ、さらに、赤木課長が新聞を買いに席を立っていったあとに残された、赤木課長の分のアイスクリームも食べてしまった。しかも、その食べかたが、ふだんの総裁に似合わず、洋服の上にダラダラとこぼしながらであったので、居合せた人たちはいちように不審におもい、あとで「今日の総裁はおかしかったじゃないか」と話しあったという。が、おかしいといえば、もっと変なのは、赤木氏が買ってきた東京新聞（これは夕刊のみを発行していた）の「国鉄整理三万七〇〇〇人」という記事を見て、「三万七〇〇〇、そんなにやったのか」と、驚いたようにいった、ということである。それからまもなく、帰るというので、赤木課長が見送りにいっしょに公安局長室を出た。

ところが、廊下で加藤源蔵東京駅長に会っている。そこで赤木課長は加藤駅長に見送りを頼むと引き返し、加藤駅長がいっしょに玄関口に向かって歩き出すとすぐ、総裁は、「見送りはいらない」と断った。しかし見送りは慣例でもあるし、整理発表の日ということもあって心配だったので、加藤駅長がなおもついていくと、ふたたび「もういい」と断り、三度目には肩をおさえて押しとどめるようにして、「もういいんだ」というので、これ以上はと駅長室に引き返したという。これが、あと十分もすると六時になるころのことである。

それから、下山総裁は、まっすぐにレールウェイ・クラブにもどったようである。そして、六時半ごろまた「本社に帰る」と出たが、すぐ引き返し、その後二、三度電話をかけていたが、七時すぎに夕食をとり、八時ごろになって本社に引きあげ、九時四、五〇分ごろ国鉄本社を出て帰宅したという。これが、調査の結果判明した、七月四日の下山総裁の動きであった。

三越地下の不審な同行者？

七月一二日、まず朝日新聞から。「下山事件に新事実、同行者が三人いた、三越の女店員が確認」というもの。

「下山事件で、三越本店地下道で下山氏のあとからついて行ったというナゾの三人の男について捜査当局は鋭意追及しているが、当局の調べによれば、目撃者の一人である受付専門の三越某女店員の言葉により、その三人は下山氏の同行者であったことが十一日確認されるにいたった。同女店員は事件当日の五日朝十時すぎ同店地下鉄入口の案内所で、地下鉄を下車して店へ入って来る客の数を計数器ではかっていると、反対に三越から地下道へ流れ出るマバラの人の中に、薄ねずみ色の背広の背の高い紳士が三人の男に左右と後を囲まれて目の前を歩いていった。この朝は客足が少く、開店してから約二〇〇名の客だったので特に印象が強く、事件を知ってから、下山氏に間違いないと思って届出た。三人はいずれも四十歳ぐらいで、ハッキリ記憶しているのは右側の古ぼけた黒ソフト、黒背広の男だった。四人とも変った表情はなかったが、同行者と認められたという」

つづいて、「ナゾつつむ時計・ゼンマイは緩んでいない」という記事があるが、内容は、「ゼンマイを、列車にひかれる直前に何者が巻いたか」などと、いかにも「犯罪」をにおわせたものである。しかし、総裁の腕時計は、現場で発見されたとき、停止の時刻を確認したうえで、ゼンマイが巻きあげられている、のが事実のようである。自然に止まったものか、それとも轢断のショックで停止したのかをたしかめるためだったといわれているが、この措置が正しかったか否かについて、その当時問題となったこともあった。したがって、ゼンマイがゆるんでいなくとも、不思議ではなかったのである。どうもこうした人騒がせな記事が多いようである。

つぎは、「緊張する特捜班・『下山メモ』から有力な聞込み」というもの。ここにいう特捜班とは捜査二課、公安関係である。

「下山事件捜査は十一日で一週間を経過したが、主として特殊な情報による重点捜査を行っている特捜班は、遺留手帳にあった『下山メモ』の内容から十一日さらに有力な聞込を加えたらしく、捜査範囲は一段とせばめられ『事件急転の手掛りは特別捜査の面から』と松本特捜班長以下係官は緊張の度を加えている。一方基本捜査の筋からも、三越地下道、足立現場を結ぶ線内に〝ナゾの凶行場所〟を求めて、地味ではあるが必至の捜査が続けられている。この面の捜査は基本的なだけに、勝負の早い特捜的な動きに引ずられる恐れもあるが、帝銀事件初期の一部捜査の前例にかんがみて、あくまでねばり強い正攻捜査を続ける方針で、このため〝自殺捜査〟の担当班にもとくに専門の腕利き刑事を配して慎重な態度に出ている。

この本筋捜査では、事件当日三越地下道で下山氏のまわりにいたという『数人の男』調査が、その後の目撃者の言葉によって相当はっきりし、当局は問題の一団が下山氏の来るのを待って同行したと認定、ここに新たに三人の〝下山氏をめぐる人物〟が登場、本部の動きを活気づけている」(傍点筆者)

この記事はおもしろい。「〃自殺捜査〃の担当班」などという命名に、朝日取材陣の心理状態を垣間みさせてくれる。また、「勝負の早い特捜的な動き」といった表現には、公安関係の特別の動きをとらえて、ある意味では本質にせまる眼光ももちあわせているところがしめされている。しかし、心情的には特捜班との一体感があり、その動きに、期待をかけすぎてはいなかったろうか。

最後に、「死体発見現場へ・教授乗出す、総合判定は十六日」というもの。

『下山氏の死因、死亡時刻などの科学的裏づけをしている東大法医学教室では、捜査本部から今週中に総合判定の資料提出を求められているが、十一日午後二時から古畑主任教授、桑島博士、秋谷教授などが五反野南町の現場へ出かけて実地検証を約一時間行った。

この日問題となった主な点は、㈠、れき断された時の状態を解剖学的見地からたしかめること。㈡、死亡時刻はほぼわかったが、果して自殺か、殺されて運ばれたか、などであった。このため教授たちは、身長が大体下山氏ぐらいの人を使って、傷跡から考えられる線路上の姿勢再現などもテストした』

読売新聞に移ろう。この日はあまり材料がないようで、朝日と大同小異であるが、比較してみると読売のほうがややひかえめである。両紙が、なんとなく交互に、ハッスルしたりひかえめになったりしている感じがするのがおもしろい。まず最初が「三越店内に目撃者、下山事件・その夜現場に怪光」というもの。

『下山総裁の初七日を迎えた十一日警視庁特捜本部では引続き三越、西新井両現場を捜査、三越班は近辺に〃総裁がよく通った待合〃成田家が登場したこと、三越店内にも目撃者が発見されたことで緊張、西新井班も事件当夜現場に怪光があったことや新しい怪自動車の目撃者を発見するなど二つの現場を結ぶ総裁の足どり捜査は一進展を見た模様である。一方轢断現場では引続き捜検器によるメガネ、ライターの捜査が行われたほか、この日東大古畑教授らが轢断状況の実地検証を行い、また鑑識課ではクツの裏に付着していたドロを鑑定するため現場付近から二ポンドの土を集めて持ち帰った。さらに国警科学捜査研究所で鑑定中の轢断個所の砂の中に含まれた血の量は他殺説を裏付ける結論が出るなど科学捜査陣の活躍も目覚しかった』

このあと、堀崎一課長の発表や、鑑定関係の話がつづいているが、それらは省略して、「拾い屋持去る・天幕と白ネル」というものだけを引用しておこう。

『五日朝末広旅館前ドブ川にあがったゴム引天幕とネル白布について第二現場捜査班は、①末広旅館前普賢寺橋と現場付近綾瀬橋にはそれぞれセキがあるので投げ込んだ場所はこの区間内に限られる。②この中間にある中之橋は怪自動車が引き返す音を聞いたという現場近くである。③天幕、白布ともに新しく付近の家から紛失したものとすれば警察に届出があるはずである、の三点を重要視し付近の古物商、民家などを徹底調査しているが、十一日には同品を持ち去った男は月に二、三回そのところに来る五十歳ぐらい、出歯で緑色セルロイド製日よけ帽をかぶった夜投げや（ドブ川をさらい金属、ガラス類を拾うバタや）であることが明かとなったので足立区本木町、葛飾区小菅町一帯に住むバタや六百数十名につき内偵を開始した』

自殺・他殺あがらぬ確証

毎日新聞は、まず、「末広旅館手離さず・背後関係追究の事実なし」として、捜査本部発表ものをもとにした記事であるが、そのうちの第二回と三回目の発表を紹介しておくことにする。

十一日午後五時半発表。

『一、本部が背後関係を追究して具体的捜査を開始したと報道しているが、その事実はない。また本部では十一日坂本刑事部長名で全国各県警察隊長あて特殊の指令を出したこともない。

二、他殺説を前進させる新事実は出ていない。一面自殺説を肯定する何ものもない』

具体的捜査は開始していなかったかも知れないが、しかし、捜査二課が公安的立場から国鉄労働組合や共産党員の動きを探っていたことは事実のようである。

つぎは、十一日午後九時発表。

「一、五日午前九時三十五分から同十時少しすぎまでの間に三越の店内外と地下鉄改札口までの地下道とで下山氏に似た人を見た人物を三人ほど発見することが出来た。この三人はいずれも下山氏は一人でいたように認めている。これはかなり希望をもってよいと思う。

二、五日午後十時半ごろラジオの『私はだれでしょう』が終った時刻に現場付近の線路上で何かピカピカ光るのを見たという証言があったが、この光は保線夫のカンテラではない。

三、当日鉄道の現場付近に鉄道のトラック三台が停車していたという話はその後捜査の結果、時日は前日の四日午後二時から四時の間のことで、隅田川駅の野球チームが付近の球場へ試合に来たものと判った。

四、一部に伝えられた河の中に棄てられたテント布とネルは重視するに及ばぬと思っている」

つづいて、田中警視総監が、一一日午前一一時四五分、総理官邸に増田官房長官を訪ねて、下山事件について報告をしたという記事や、古畑氏が現場調査をしたというものなどがならんでいるが、それらを省略して、「事件を追う一週間……自殺、他殺まだ確証はあがらぬ」という、解説的記事を引用しておこう。この時点における自・他殺論の根拠を整理しているので参考になろう。

「下山事件が発生してからすでに一週間、世上の自殺、他殺論議のやかましいなかに、捜査当局は冷静に自殺、他殺を決定する基礎資料を着実に集めながら第一期捜査を終え、きょうから本格第二期捜査に入ることになった。この間に集めた当局の資料はいまだ自殺、他殺の決定的物証はなく、今までの捜査の結果からいうと他殺説を前進させる新事実も発見されず、一方自殺説についてはクツのどろが現場のものに酷似しており、初めはないと考えられていた土地カンもどうやらあることが認められ、一連の線が現れてきた。以下捜査一週間に当局が種々の現象を取捨選択していった過程をふりかえろう。

他殺説を追う捜査

①法医解剖の結果は死因はいまだ判明せず、生体反応の点から死後二、三時間たってから列車にれき断されたと推定された。従ってこれは他殺説の大きな根拠であるが、死因が分

らぬ以上ショック死、撲殺、毒殺、蹴殺など世上に流布された説はいまのところ単なる推測にしか過ぎない。しかしこの鑑定結果を否定する物証はいまだ全くない。

②他殺であるとすれば、現場の地理や、下山氏が五尺七寸、体重が二十貫もあったことから、死体は自動車で運ばれた公算が一番多いとして、当局では現場付近の自動車捜査に重点をおいているが

（イ）三越の現場では総裁が入ったあとから四人が乗ってきたというプリムスは捜査当局で発見され、事件には全然関係のないことがわかった。また五日三越南口に停車していた車は全部判明したが、これも事件に関係のないことがわかった。（ロ）西新井現場付近では同夜五台の自動車が通ったことが確認されたが、うち四台は全く無関係とわかりただ十一時半ごろ五分間ばかり停車していた高級車のみがまだ判明していない。しかし現場との往復には少くとも二十分以上停車していなければ死体の運搬はできないとされているので、これも事件に関係は少いと当局は見ている。

③三越に入ってから『室町茶房』『香港』等の喫茶店で総裁らしい人が数名と会ったという一部の情報に対して、当局は捜査の結果は単なる浮説としか認められなかったといっている。

④三越で秘密に会う必要があったのではないかという説に対してはその後大西運転手の証言で、下山氏は『白木屋でもよい』といったことが明かになり、三越を特定の場所と考えることは否定され、会見説は薄くなった。

⑤総裁の死体現場に落ちていた氏の手帳は、さまざまの会見予定や簡単なメモ等が記されているが死の四日前から完全に空白になっていて五日の予定は何もなく、またそこに書かれたメモから団体関係の線は目下出て来ていない。

⑥総裁の失そうの日組合関係者に「総裁が事故にあった」という怪電話があったという事実は捜査二課小林警部補が捜査中であるが、聞いたという人の証言が非常にあいまいであり、その出所はいまだ判明していない。

⑦死体を包んだらしい布が発見されたと一部報道されたが、捜査本部は目下その事実の報告を受取っていない。

自殺説を追う捜査

①鑑定の結果は下山氏のくつのどろと現場の土が酷似しているところから、現場に歩いて来たのではないかとみられる

にいたった。

②西新井の末広旅館をはじめ現場付近で下山氏によく似た人を見たという証人はすでに十余名にのぼっているがその証言のいずれも下山氏らしい人は単独で現場付近を長時間うろついていたことを明らかにしている。しかしこの人物が下山氏であるとの決定的証拠はまだない。

森田信さんと下山氏が柴又の〝川甚〟にいっており同料亭の証言により氏が学生時代からこの方面をよく知り、その後鉄道に入ってからも四回も現場線路に関係のある仕事をしており、また二十二年には現場を一時間あまり視察している事実や、現場を一望に見わたす小菅刑務所の屋上に上ったことも判明し、捜査当局はこれだけで土地カンは十分だといっている。

③三越の地下鉄に通ずる地下道に下山氏がひとりで入っていったことが確認されている』

七月一二日

新たな証人二人現れる

七月一二日。この日もまた、轢断現場周辺の検索が、二〇名近い防犯協会員の応援をくわえて、大々的に行われた。しかし、キセルとシャープペンシル各一本が発見されただけで、事件を解決する手がかりとなる収穫は皆無という状態であった。

地取り捜査のほうでは、周辺の医師と産婆あわせて一六軒を聞きあるいたが、五日夜はこのうちのどの家にも往診の依頼がなく、この面からの夜間外出者を探す参考にはならなかった。また、念のため足立区役所梅島支所を調べると、当日の死亡受付は一人だったが、ここからも夜間往来者を見出す手がかりは得られなかった。なお、自動車関係を追っていた小倉、桑島の二人の刑事の聞きこみによると、前日判明の、永井さんを深夜不審尋問をした男は、朝鮮人の竹内に似ているということだった。五反野南町一二六五に住む民生委員の話である。しかし、この不審尋問者は、ながい間の捜査の末九月になってわかったのだが、実際は梅田町一六七二の李さん（四六歳、日本名木村正一）であったということだ。李さんは、酒を飲むと自転車にのって出かけ、やたらと人を不審尋問する妙な癖があって、当時はカーキ色上衣に乗馬ズボン、それに登山帽をかぶって歩いていたという。

昨日の新聞で問題になっていた、末広旅館前のドブ川から出たという天幕などの一件については、バタ屋さんを探したところ、千住東町六九の立川文蔵さん（四八歳）が浮かんできた。さっそく調べてみると、たしかに立川さんで、拾ったものは、ゴム引きシートに白ネルの腰巻がつつんであったという。そのほかにも、キナ鉄ぶどう酒ビンや割れ目のはいった象牙のパイプなどがあり、またロイド眼鏡はこわれていてドブ川に流れていったという。現場を見ても事件との関係は考えられず、これで捜査は打ち切りとなった。

鈴木主任の班は、もちろん三越周辺の聞こみに中心があったが、この日も大西運転手の供述に従って七月一日、二日、三日の下山総裁の行動調査を行った。

さて、地下鉄沿線各駅の聞きこみにあたっていた刑事の一組が、上野駅地下商店街の洗濯屋さんからの情報で、西村豊三郎さん(四三歳)の話がわかった。西村さんもおなじ地下街に飲食店を出していたが、住居が目黒のほうなので、毎日渋谷駅から地下鉄を利用してかよっている。五日は、いつものように渋谷発午前一一時二三分ごろの電車にのったが、一一時半ごろ、末広町を発車したとき、前に立っていた背の高い紳士がよろめいて、いやというほど強く西村さんの足先をふみつけた。しかし、相手は詫びるでもなく、なにかものおもいに沈んでいるようで、すこし腹がたってジロジロと見ていたので、印象にのこっていた。年齢は五〇歳ぐらい、髪は七、三に分け、面長で眼鏡をかけ、背はだいぶ高いようだった。洋服はネズミ色、白ワイシャツ、靴はチョコレート色であったが、ネクタイはおぼえていない、という。西村さんはもちろん上野で下車したが、その紳士はそのまま浅草のほうにのっていったようである。六日の朝、読売新聞をみて、足先をふんだその人が下山氏に似ていることに気づき、同じ場所に店を出している平沢栄太郎さんに話したものであったという。

もう一人の目撃者は、新聞社のほうからの情報である。学生アルバイトとして、三越本店の東北角の道路で、ライターの修理と油入れをしている学生が、下山総裁らしい人にライターの油を入れてやった、というのである。学生は、梅村正治君（一八歳）で、話はこうである。

七月五日午前一〇時二、三〇分ごろ、どっちのほうからきたかはわからなかったが、梅村君の斜め横に四、五分立っている紳士があった。人通りが少ないので、その紳士をじっとみていると、ズボンの両ポケットに手をいれ、ぼんやりと考え事をしているようであった。紳士はやがて梅村君のところにきて、油をいれてくれ、とズボンのポケットからライターをとりだした。それで、油をいれて、掃除をしてわたすと、二円をおいて立ちさった。ライターはジッポーか、シルバーだったという。年齢は四七、八歳で、五尺七、八寸はあり、体格がよく上品な人であった。顔色はどちらかというと黒っぽく、額の広い、眉毛は濃いほうで、眼鏡をかけていたという。

梅村君は家に帰ると、一日の仕事のようすを両親に話すのが習慣で、この日もこの紳士のことを話していた。ところが、ラジオニュースで下山総裁のことをいうので、あの人がそうであったのではないかと考え、翌朝神田駅へ行って新聞を幾種類も買って、下山総裁の写真を見て、やっぱりあの人だとおもい、母親や近所の戸張君にも話して、届け出ようかと考えていたのだという。しかし、日本橋署に行こうといったら、母親に警視庁のほうがよいといわれたり、届け出ると新聞種にされたりすると考えたりで、嫌気がさしてきた。

七日の朝にはいっしょに商売をしている横尾さんにも話している。その横尾さんから、交番に申し出たほうがよいといわれたが、そのままになっているうち、新聞記者に聞かれ、まもなく刑事がきたので詳しく話すことにした、ということなのだ。

他殺に重点の紙面

七月一三日、朝日新聞。これは三紙共通だが、まず、情報提供者に政府から懸賞金を出そう、という話が一二日午前の定例閣議で吉田首相から提案され、関係閣僚のあいだで研究されることになったという記事が目につく。つづく記事として、捜査本部の堀崎一課長発表（一二日夜九時半）を引用しておこう。

「一、三越から浅草、上野一帯にわたって、地下鉄はじめ都電、バスなどの足取りを追及したが、これという材料を得なかった。

一、西新井現場付近の検索でエンピツ一本、シンチュウのキセル一本を発見した。昨日（十一日）からこの付近でコモ包みとか毛布に包んだものを三人で運んでいたといううわさがあるので、真疑を調べている。

一、まじめな情報提供者がふえている」

つづいて、「他殺に重点・検察当局要望」というものを紹介してみよう。

「下山事件について警視庁坂本刑事部長は十二日午前十時半東京地検に堀検事正を訪れ、馬場次席立会のうえ約三十分にわたって捜査状況を報告したがこれに対して堀検事正は『他殺第一主義で捜査を進めてもらいたい』と要望した。これによって警視庁の捜査はいよいよ他殺の線に結集されるものとみられる。これについて堀検事正、馬場次席検事は次のように語った。

どんな事件でも、他殺、自殺の両面から捜査しつつ、真相を究明しなければならない。しかし下山事件は、死体現場の検証や解剖の結果などからみて、いまや他殺を重点に積極的捜査を行なうべきである。下山夫人や大西運転手など捜査の起点となる人物についても、証拠保全その他のために検察当局が直接調べをしなければならない段階にきたと思う。現場における散乱死体の各部分と着衣、所持品などがどんな関係位置に発見されたかについて再調査を要望した』

この他に、「〃似た人を乗せた車〃・千住寿町で目撃者」とか、「地中に血液なし、捜査研究所・土砂検出に結論」といった記事があるが割愛し、「旅館の紳士の正体・当局なおも慎重に追及」というのを引用しておこう。

『下山捜査の二拠点、下山氏が姿を消した三越の起点と、死体発見現場の終点の二つのうち、現場捜査の重点はもっぱら後者におかれている。起点の〃下山氏らしい紳士〃の目撃者にくらべて、終点の目撃者たちが身近に、しかもくわしくその姿を述べていることは事実で、なかでも末広旅館の長島フクさんと現場近くに住む渡辺盛氏の証言が最も細かい点にまで及んでいる。しかし同女の証言のなかにも、そのままに受入れられぬ数々の疑問があげられる。いずれにしてもナゾの紳士の正体をつきとめることは、現地における事件解明の大きなカギであろう。

▽下山氏は煙草を一日十五本から二十本吸うというが、同旅館にいた約四時間一本も吸わなかったことが、吸ガラのないことで立証されている。下山氏ほどの愛煙家であればこれはちょっと考えられぬ場合ではないかとみられている。
▽宿料と心付けとして旅館が受取った三百円（百円札三枚）は、手の切れるような真新しいものだったと旅館ではいっているが、死体のポケットに残された札は、そんなに新しくないと下田西新井捜査主任はいっている。なお下山家の家人は、あの朝は約二千円もって出たはずだといっているのに、死体に残った総額は四千五百九十六円だった。
▽その人の顔は白くてすべすべしたハダのようだったと旅館ではいっているが、下山氏はぶつぶつした荒れたハダだった』

「三百円は、手の切れるような真新しいものだった」というのは、朝日の記者だけがきいたことだろうか。

他の記録にもずいぶん眼をとおしたし、長島勝三郎さんやその他の関係者にもきいてみたが、そうした話ではなかったようである。最後に、「驚くほど計画的？〝死体〟は全く視野の死角に」という、貨物列車同乗記があるが、轢断地点が機関車乗務員席からまったくの死角にあったとしても、そこから「犯人が犯罪の現場にこの場所をえらんだとすれば、その計画はおそろしいくらい綿密なものだ」という感想の出るあたりが、少しばかり気になるのである。当時の蒸気機関車の照明力では、たとえ一直線の線路であっても、その照明で照らしだされた物体を見てブレーキをかけたのでは、もう手おくれなのである。

轢死体の姿勢について、古畑発言

読売で目につくのは、まず「うつ伏せで轢かれた、自殺説消滅に有力な証拠・古畑教授発表」というものである。

『東大法医学教室古畑教授、桑島講師らは十一日五反野南町の現場で実地検査の結果、うつ伏せか右向きに寝ていたと判定したが、更に検討の結果十二日下山総裁がひかれた時の姿勢は頸部と足首をレールの上にして、うつ伏せになっていたと次のように発表した。

このような姿勢で線路に横たわっていることは呼吸ができず、自殺説を消滅せしめる有力な証拠である。下山総裁の死体は発見されたとき足から下はうつ伏せ、胴体はひどく右にねじれていた。これは右向きになって寝ていたのではなく、うつ伏せに横たえられたのが向って右から進行した列車との衝突によってねじれたものとみられる。理由は㈠、右の肩から轢断されている。㈡、右足が先に轢断されている。（右足が先に落ちていることからわかる）㈢、後頭骨がつぶされ顔がそのまま残っているのは機関車の排障器によって後頭部が砕かれたものと見られる。㈣、背中に皮下出血を伴わない多くの擦過傷や裂傷がある』（傍点筆者）

ここで法医学について論ずるつもりはないが、轢死者（すなわち自殺者）はだいたい線路に横たわることが多い、といわれている。線路に直角に寝て、首を一方の線路にのせ、足を他方の線路上にのばすのだそうである。この姿勢は上向きではなく、うつぶせになって、線路にしがみつく格好になるのだという。場合によっては、首だけをレールにのせて、両手で線路をにぎっていることもあるらしい。

これは、国鉄の関係者がいうだけでなく、法医学者も認めるところで、たとえば上野正吉氏（東大法医学教室での古畑氏の後継者）の『新法医学』では、つぎのようにのべられている。「轢死の場合、自殺者はレールの上に横になったり、頭だけをレールにのせていたりする」。なお、同書には第四八図として轢死体（四七歳、男）の写真がかかげられているが、その轢死体は首と、両手の手首のところで切断されているので、首をレール上にのせ、両手でしがみついていた、という格好で轢断されたものとおもわれる。こうしたことから考えると、古畑教授らの判断は当をえたものとはいい難く、もし、このようなことが本当に語られていたとするならば、ベテラン刑事の失笑をかったり、法医学にたいする不信感を醸成する原因となっていたのではないか、とさえおもわれるのである。

つぎは、「三越三階にも目撃者・下山氏？　と対照的な三人の男」と題するもの。

『特捜本部〝三越捜査班〟は三越本店内外の足取り究明を特に重要なカギとして十二日も引続き聞き込み捜査に当っているが、七日本捜査開始以来十二日までの証言による下山氏の足どりは地下鉄乗場に向ってはいるが、いずれの証言も未確認の域を出ていない。

一、九時半南側入口から三越に入った（目撃せず下山氏の言だけを信じた大西運転手の証言）。

二、同時刻から約五分ないし十分後一階中央北側入口寄りの化粧品売場で下山総裁らしい人が単身陳列棚をみていた（化粧品部長島静子《一九》さん証言——メガネをかけていたかいないかは全然記憶にないが、五十五歳ぐらいだったと思う）。

三、同時刻前後、三階東寄り家具売場を総裁らしい人とその人より背の低い人と並んで歩いていた（調達部飯田英一《五三》氏証言——八の字のまゆが印象的だったという）。

四、（以下地下室案内所高田きみ《五五》さん証言）——十時ごろ地下室地下鉄口案内所の前を総裁らしい人が三人の男と相前後して地下鉄のり場方面に出て行った。しかしその三人が果して下山さんらしい人と一緒だったのか、別々の人たちだったかはハッキリしていなかった。私の記憶では総裁らしい人は無帽で頭髪がはげ上り、メガネをかけていたことはたしかだが、どんな色、型かおぼえていません。ただうすネズミ色の背広をきて五十歳ぐらいの紳士でした。すぐその後にいた人は日焼けした顔、黒背広ときたないソフト帽を被った三十五、六歳から四十歳ぐらいの人たち三人がいたので対照的な感じをうけた——

以上四つの証言に浮び上った人を総裁とすれば確かに総裁は車から下りるとすぐ南側入口から三越に入り店内の一階以上でナゾの数人と会見、連れ立ってか、あるいは誘われて地下道に向ったことになり、もっとも重要な第一現場である三越店内の足どりはここまで判明、あとが依然ナゾとなっている。ここで地下鉄に乗ったか、さらに別の出口から再度地上に出たか、これが今後解明されなければならぬ重要なカギとなっている」

この記事につづいて、一二日午前一一時半発表の堀崎課長談があるので、引用しておこう。

「一、末広旅館前ドブ川で発見されたという天幕とネルの腰巻は十二日あさ拾い主から届出があった。事件との関係はうすい。

二、三越の店内での目撃者は三人いたが、下山氏は単独であった」

それから、この日の読売には、「大臣、長官の恐怖症時代」というながい記事がある。「下山国鉄総裁惨死事件を契機に世はまさに大臣、長官クラスの恐怖症時代……」という書き出しからもわかるとおり、下山事件を反政府的テロとみたての話である。たとえば、吉田首相は、大磯の自邸を出るさいには、「警官に付近の森かげ、草むらを捜索させ、不審がないと確かめたうえ、自動車に乗るという慎重ぶりである」というし、小沢郵政大臣は、「みんながこんどは俺の番だといっている……」と大笑いしているが、「さすがに首すじがお寒いような表情」といった書き方で、その他の省庁、責任者などの警戒ぶりをつたえて、なんとなく世情の不安をあおりたてている感じである。

なお、この日の読売には、「国鉄問題の展望」と題する、組合の動きなどをあつかった解説的記事があるので、参考までに関連部分を引用しておこう。

『国鉄の第二次整理通告はすでに開始された。既定方針の実施を早めたこの第二次旋風に組合側がどう対処するか、第一次整理通告直後突発した下山事件で組合側の出ばなは一応くじかれた形であったがいつまでも受身の態勢でもあるまい。十二日の中闘では果然攻勢戦術が論議となった。しかし組合内部の対立はしかし簡単なものでもない。すでに一部脱走者まで出て、複雑な動きをみせているが、ここに第一戦記者の情報をもとに〝国鉄問題展望〟をつづってみよう。

下山事件の影響

第一に考えられるのは心理的影響である。下山総裁の失踪事件が起ったのが五日、組合がこれを知ったのは同日午後の当局発表である。それまでの中闘の動きを要約してみると両者の折衝が物別れの形となったあと中闘では闘争指令と辞令返上指令(三日)を出し、さらに五日被整理者の救援指令を出し、惨死体の発見された六日朝には、

「下山氏の遭難には深く哀悼の意をささげるが、闘争に対してはあくまで戦備を蓄積せよ」と指示八号を出した。すなわち下山事件は本筋の反対闘争とは別物であるとの見解をとり、左派の優勢な中闘は既定方針の強行策をとったが、結果からみて下部はそれに応じなかった。

闘争指令に従って十日までに表面化した実効は青森県八戸自動車区の三割減車だけで、辞令返上もわずか一割にみたない。

第二の影響は民同派の左派戦術阻止に拍車をかける結果となったことである。それは早くも七日の中闘で現われた。左派では

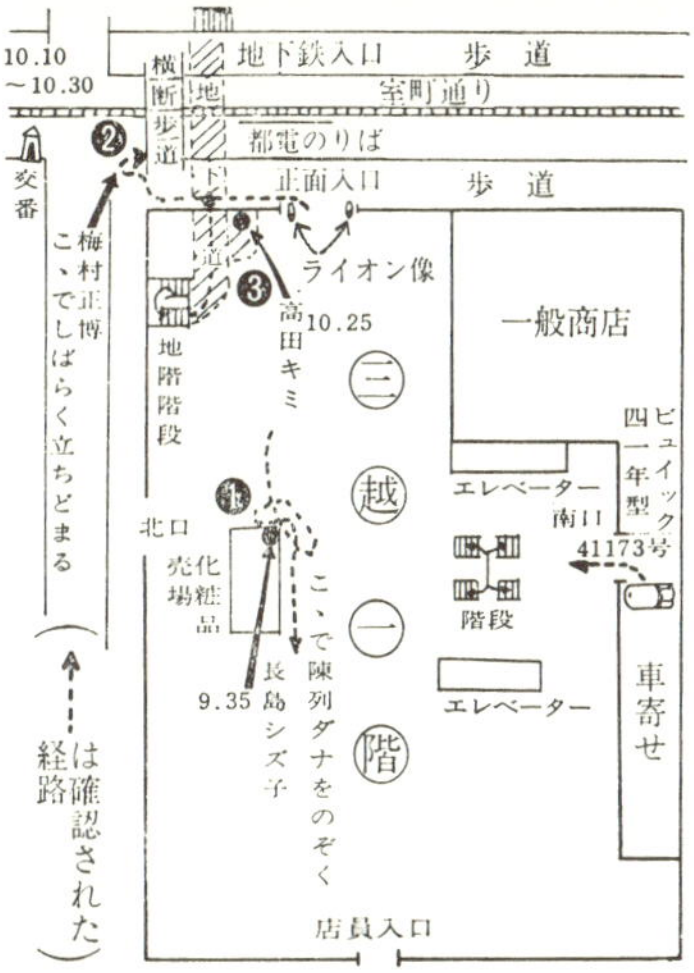

上：三越内１階履物売場でも下山さんとおぼしき人が，見られている．「10時すこしまえ，１階履物売場で腰をかけていたとき，右斜めまえ２間ぐらいのケースのところに，１人の男が立っていた……中肉中背，顔は白いほう，背広は小豆色，無帽，眼鏡をかけて，つれはなかった」新井キミ子さんの証言．（捜査本部証言聴取の際の写真）
下：新井さんのほか１階化粧品売場の長島シズ子さん，案内所の高田喜美子さんらの証言にもとづいて，三越内の行動がだいたいわかった．（７月13日付毎日新聞より）

「政府筋はこの事件を暴力の結果であるとして弾圧を強行する意図があるから、これを粉砕するため抗議を発するとともに真相調査委員会を設置せよ」

と主張した。これに対し民同派は、

「事件の黒白がハッキリしないうちにそのような態度をとることはかえって疑惑を招く」と反論した。左派としては事件が組合員におよぼす影響を考え、むしろこれを黙殺して反対闘争に駆りたてようとした模様であるが、民同派の反対にあって既存の「調査部で真相を調査する」ことでケリとなった。しかもこの対立は国鉄再建共闘会議、国鉄民同青年同盟などの動きに活発な拍車をかける結果ともなった。現在下部組合の脱退騒ぎや反共第二組合の結成などこの結果とみることができよう』

三越付近の行動

毎日新聞の大きな記事は、「判った下山氏三越の一時間」というものであるが、三越角のライター屋さん（梅村正博君）の話を別にすると、これまで紹介されてきた人たちの目撃証言を集成したものであるので、そこにつけられている解説図を見るとだいたいのところがわかると思われるから、その図（前ページ）のみを引用しておこう。また、捜査本部発表や「旅館の人と一致・五反野駅員が見た紳士」などという記事は省略して、他紙にもあるが、「〃死後轢断〃」の再確認・堀検事正他殺捜査も要望」という、検察・警察首脳会談を紹介するものを引用しておこう。他紙のあつかいと、若干ニュアンスが異なるかもしれない。

『東京地検堀検事正は十二日午前十時四十分警視庁坂本刑事部長を招致『死んでからひかれた』という解剖結果の再確認を求めた。これは他殺説を有力に支持する検察側の意思表示とも考えられ、極めて注目される。

検事正室での会談は堀検事正と馬場次席、警視庁の坂本刑事部長の三首脳が集って行われたが、堀氏から坂本部長に対し『他、自殺両面の捜査は今まで通り慎重に進めなければならないが〃死後れき断〃の解剖鑑定結果を再確認し、他殺面の捜査は捜査一、二課が協力して一層積極的に連携努力されたい』と極めて示唆に富む発言を行ったもので坂本部長の見解と完全に一致した模様である。

堀検事正談　捜査はなお他殺、自殺いずれとも決定するに至っていない。地検としては解剖結果による〃死後れき断〃

はこれを覆えす有力な事実が出てこない限り最も信頼のおけるものである。捜査の一般的な態度としては他殺か自殺か判定のつかない場合一応他殺としてこの方面の捜査に重点をおくのが常則であり、この点について警視庁坂本刑事部長と懇談した』

七月一三日

〝不審な一団〟について

七月一三日。現場周辺の草刈検索(三七名投入)、地どり、自動車捜査などを前日に引きつづき続行し、あわせてこの日は、自動車で死体を運搬したと想定し、その自動車がはいれるぎりぎりの地点六ヵ所から、轢断現場までの歩数と、所要時間の測定が行われている。それによると、荷物などを持たずに普通の速度で歩くだけで、近いところで一八五歩・二分間、遠いところで三〇〇歩・約四分という数字が出ている。

また、この日には、これまでの捜査情報を整理、分類し、重複や脱落を防ぎ、さらに万全を期すため、一一項目を設定して捜査もれのないよう、新たな指示を出している。参考のため、その一一項目を引用しておくが、これらの関係者に聞きこみを行い、事件当夜の通行者、不審な動きなどをさぐって、事件解決への糸口をつかもうという考えのようであった。㈠入浴者の往復。㈡商用者と勤人の帰宅者、これは高砂町方面からと、綾瀬駅や東武五反野駅から五反野南町周辺へ歩くものである。㈢闇の女。㈣医者、産婆。㈤御通夜。㈥諸会合の参加者。㈦露天商。㈧夜釣り、四ツ手網、かに取り、食用蛙取りなど。㈨遊興者。㈩バクチ場。(十一)千住新橋、五反野南町、仲ノ橋、伊藤谷の各駐在、派出所のチェック。

さて、この線に沿って、坂和、石田の両刑事が、一〇日の朝日新聞で「監視線を布いたか・その夜見た怪しい一団」などと、センセイショナルな報道をされた、飯野すえさんと直井芳子さんの再調査をしている。この二人は、綾瀬駅前に屋台店を出していたが、当夜一一時ごろ朝鮮人が五人きて焼酎をのみ、一二時近く立ち去った。飯野さんたち二人はそれから店をしまい、一二時一二、三分に出発して綾瀬川をわたり、伊藤谷駐在前から伊藤谷踏切に出たとき下りの貨物列車が通った（これが下山総裁轢断の八六九列車であろう）。

その列車をよけて、線路づたいに五反野踏切に至り右折、東武線トンネルをくぐって出たところで、自転車にのった男がきて、「女がいまごろなんだ」というので、二人はこわさ半分で「四ッ木へ行くのは、どっちの方向ですか」と、わざわざ知ってる道をきくと、「こっちだ」と反対のほうをさして立ちはだかるので、大声を出して逃げ出したという。それから二人は千住新橋に出て、千住旭町六八の自宅に帰ったが、新橋派出所では不審尋問をうけている。

この自転車にのった男が、それから二ヵ月近い捜査の末、寺岡謹之助さんと判明したのだが、もう一方の、屋台店で焼酎をのんだ五人の朝鮮人のほうも、いろいろな噂となり、だいぶ問題とされたようだ。そこで捜査の結果、これは近くの五兵衛町の丸越旅館に宿泊した人たちとわかった。宿泊人名簿から茨城と群馬の両県に刑事がとび、それらの人たちから事情聴取をしたところ、この五人共通の友人が東京拘置所に収容されたので、差し入れにきたものであると判明した。もちろんこれは、東京拘置所の面会人名簿などでも証明されている。

栗原、藤原両刑事の組は、当夜現場周辺に食用蛙とりにはいった高橋石太郎さんのつれ、嵯峨寅吉さんから詳しい事情を聞いている。もう一組の蛙とりを探す手がかりをつかむためでもある。しかし、この詳細は省略しよう。また、この二人の刑事は、地どり捜査にもどって、五反野南町九六〇の福田栄蔵さん（四〇歳）が、五日夜荒川放水路に涼みに出て、一一時半ごろ帰宅したことをつきとめた。しかし、その福田さんは、怪しいような人影には気づいていないという。

第一現場の鈴木主任のほうには、この日あまり収穫はなかったようである。ただ、下山総裁の身辺調査で、下山氏が東鉄局長時代の春、永年無事故の表彰で、金牌授与のため北千住駅へきていることなどや、また、くせとして前かがみに歩くこと、立っているときにはよくポケットに手をいれ、靴をはくときにヒモをといて結びなおす、といったことがわかってきた。

左翼謀殺説の進行

一四日の朝日新聞、トップは「当局、岐路に立つ・自殺説切りすてか」という解説的な記事であるが、それをあとまわしにして、轢断現場周辺などの模様をつたえる、「草の根分けても捜査・推理の眼を光らせる素人探てい」というものから引用しよう。

『事件発生十日目、ややグロッキーになりかけて来た現場風景――

▽捜査陣　文字通り草の根を分けてもと現場土手の草刈りとドブ捜査を連日つづけているが、警視庁自慢の捜査器も功を奏さず、一度安全カミソリの刃がとび出し「ソレッ」と緊張したが、現場新聞記者がエンピツを削ったものと判って一同長嘆息。一二日にはこのレーダー捜査は打切ってしまった。もっとも人夫を使っての草刈り隊の方は綾瀬の駅まで（一キロ余）を刈りつくすという、ドブ捜査がまた大変でこの炎天下汗ダクで付近のミゾを竹ザオでさぐっている。

▽報道陣　各社がくり出した記者、カメラマンはざっと百余名、それぞれ付近の民家に前線本部を設けて歩き回り、その足跡の至らない家は付近にないくらい。これに三十余名の刑事の聞き込み隊も合せて『自動車の音はほんとうに聞いたか』とか『かくさずに教えてくれ』とかの質問攻めに聞かれる方もそろそろ疲れ気味だ。さるタバコ屋など地図までつくってそれに箇条書をつけ、記者や刑事が来るたびに『ハイッ、この通り、蓄音機みたいにもうしゃべるのはかんべんして下さい』と要領のいい人物もある。

▽懸賞金　はじめから物見高いヤジウマがひきも切らず石川島あたりから弁当持ちで来る人もあった盛況さのところへ政府懸賞発表があって以来は単なるヤジウマならぬシロウトタンテイ連も現れ、ジッと推理の目を輝かせる風景なども加わった。

この雑多の群衆がうろつく現場付近を通る電車、汽車の窓からはどれも例外なく目白押しに一せいに首をつき出しての見物である。首をつき出しすぎて帽子をフッ飛ばすものもあり、この帽子を拾って『また新しい遺留品か』などのさわぎであった』

三越周辺に関する記事では、「三越の二階を捜査」、「『車の話をした』・細野氏談〃大西氏のアリバイ〃」、「運輸相官邸にいた・カン詰の大西運転手」などというものがあるが、それらは省略する。また、「旅館にナゾの葉書」として、末広旅館にやや脅迫めいた手紙が大阪のほうから舞いこんだ、というのも省略し、この関係では「〃似ている映写の顔〃・末広旅館女将の話」というのを紹介しておこう。

『下山氏に似た紳士を休ませた末広旅館の女主人長島フクさん（四六）は十三日中央区銀座伊東屋ビルの理研『文化ニュース』本社でニュース映画による下山氏の近影を見たが次のように語った。『映画は下山さんが組合の人と話している場面で、約一分ぐらいのものでした。顔を見てマユの間のあたりが特に似ていると思いました、身体つきはそっくりでした』〈註―5〉

つづいて、「替玉説はデマ」という記事があるが、これを見ると当時、轢断されたのは下山総裁ではなく別人である、したがって轢断死体は下山氏の替玉だ、という「説」があったようである。ずいぶん妙な説をとなえる人がいたものだと、感心させられるばかりである。

では、最初にもどって、「当局、岐路に立つ……」というもの。

『下山事件につき『他殺第一主義で捜査を進めてもらいたい』という東京地検の意向をうけて警視庁の捜査本部は、十二日深夜と、十三日午前中の二回にわたり首脳部が協議、一応これまでどおり他殺容疑による捜査の太い線を行くが、この捜査は真実発見の一点で、当然自殺捜査の面もふくんでいることを認め、同日からの捜査に基本方針を変更する決定はなかった。ただこれを機会に本部内の意見を整理すべき時期に至ったとする説が強く現れ、本部は自殺説から行く消極面の捜査を切りすて他殺一本の強い積極捜査で行くべきか否かの重大な決意をせまられている。

本部には解剖結果によって一応他殺の科学的根拠が与えられているが、実際の基本捜査に当っている刑事の一人一人についてみると、いずれも過去の捜査経験で『科学に裏切られた実例』を持っているほか、独自なカンの捜査に頼る向もあり、いまなお本部内に自殺説が尾を引いている事実もこのためとみられる。これに対して『手帳のメモ』など主として特殊な情報によって基本捜査とは別に動きの早い重点捜査を行う特捜班の一部では、本部内に消極意見がくすぶっていてはこの特殊な捜査は効果をあげられぬとなげいている。本部の基本捜査がなお消極面を残しているのは、特捜班の動きをケン制する慎重な一面ともみられるが、いずれにしても警視庁首脳部は、ここ一両日が本部捜査を積極面一本に転換すべき重要な時期として、基本捜査の材料整理に努めている』

この一両日の動きをみると、警視庁捜査本部の捜査が手ぬるいという批判が、政府筋から出ていたようにおもわれる。毎日新聞のつたえるところによると、一一日には田中警視総監が首相官邸に増田官房長官をたずねて、下山事件に関する報告をしたという。増田官房長官といえば、六日正午の記者会見をみてもわかるとおり、左翼謀殺説の強力な主張者であった。警視総監は、おそらくこの増田長官に呼ばれて首相官邸の門をくぐったのだろう。つづいて翌一二日、堀検事正が、捜査本部長の坂本刑事部長を検察庁によび、「他殺第一主義で捜査を進めてもらいたい」と、警視庁本部に要望したとつたえられている。

こうした事実を頭において、この記事を読むとなかなかおもしろい。とくに、「特殊な情報によって基本捜査とは別に動きの早い重点捜査を行う特捜班の一部では、本部内に消極意見がくすぶっていてはこの特殊な捜査は効果はあげられぬとなげいている」、というあたりは意味深長のようである。いうまでもなく、ここにいう特捜班というのは二課二係の公安関係担当班である。この二課二係が、後年、下山事件他殺説をとなえる人たちによって、「科学捜査の」とか、「知能犯捜査の」とか、たいへんな敬意をこめた称号をかぶせられてよばれることになったが、しかし、この〝特捜班〟の捜査記録を読むと、それはやはり過分な賞詞のようにおもわれてならないのである。例を引こう。この特捜班が捜査の全過程を通じて調べた人数は九四〇名にのぼるそうであるが、その内訳はつぎのとおりである。

下山氏の家族関係者五名、下山邸付近二名、森田信関係一四名、三越周辺二五名、交友知人関係三六名、現場付近三三名、日本中華料理店関係五名、国鉄労働組合関係二五四名（共産党員関係をふくむ）、朝鮮人関係一二〇名、油関係三〇七名（このなかに関係会社、事業場の組合員、活動家、共産党員をふくむ）、日本皮革七八名（油関係のなかで一番問題ありとして、この企業内の組合員と共産党員が調べられた）、色素関係二二名、地検指揮二八名、投書二八名。

また、轢断死体発見直後、現場付近の捜査にあたったさいの記録は、つぎのようなものである。

「轢断現場付近、思想・背後関係」という見出しで、

「五反野南町九六四福田英太郎、同町九六四中浜源六、同町九〇七堀川清作、日の出町三の六三三横山隆一、五反野南町一一〇二坂田守吉他二〇名、当夜の自動車の出入、通行

人、総裁の足取の捜査し、五反野南町一二五四㊥足立民報記者四条秀美は五反野㊥リーダーで、同家には㊥徳田球一、聴濤等毎月一、二回出入し、下山事件があった直後五反野一帯に、下山は自殺で㊥がやったのではない、のポスターを貼布したことを聞込んだので捜査を続行したが、捜査本部より現場捜査の打切を命ぜられた」

この打ち切りで、捜査一課が轢断現場を担当することになったのだが、それが事件の解決をまちがえたもとであったと説く、浅野淳一氏の話はさきに紹介した。ついでにいうと、そのときの話では、事件の夜、福田方の犬が吠えたという聞きこみを得た、ということでもあった。しかも、その吠え方が日ごろとかわって激しかったというので、たしかに不審な一団の動きがあったはずである、というのが浅野氏の「勘」であったそうだ。「犬が相手では、聞きこみができなくて残念でしたね」といった筆者に、「馬鹿をいえ、犬のほうが正直だ」という一喝があびせられた。浅野氏によれば、犬は正直だから、不審な者に向かってはげしく吠えたのだというわけである。

それはさておき、この一二、三日ごろの〝特捜班〟の追っていたものは、田端機関区関係の動きが中心であった。一つには、国労東京支部への〝怪電話〟なるものの発信元が田端機関区構内とみられたことと、この田端機関区の労働組合は比較的共産党員の勢力が大きかったことが重なっていたためである。また、田端の隣の日暮里駅には「五・一九下山缶」とも読める、なにやら怪しげな落書きがあったり、そのうえ、轢断列車の八六九貨物列車が、牽引機関車の蒸気圧の低下、乗務員の起こし忘れなどのため、田端出発がだいぶおくれていたことなども、田端の動きが注目される原因となったようである。もっとも、八六九貨物列車延発は、捜査開始直後にも問題になり、関口班が乗務員など関係者の事情聴取を行っている。しかし、そこに特別に不審な点はないという判断で、そのままになっていたのだが、〝特捜班〟は公安的考えから、事件の背後関係として問題をむし返していたようである。

こうみてくると、朝日の記事のいう「動きの早い重点捜査を行う特捜班の」『特殊な捜査」というものが、なにを意味するかがはっきりしてこよう。地どり、足どり、鑑の捜査などと、まだるっこいことはいっていないで、怪しいと睨んだらどんどんつかまえてみることだ、ということになるようである。事実、こういう捜査のやり方の被害者が、田端機関区にいたのであるが、それらのことについては列車問題を検討するさいに論ずることにしよう。

読売新聞。

この日の編集手帳は、政府が検討中という懸賞金問題をあつかい、政府だけではなく民間でも出してはどうか、とつぎのように書いている。

「よろず金詰りの世の中だから無理はいわぬ。酒会社は特級酒を出し給え、サイダー会社はサイダーでもよろしい、製薬会社はいま流行の避妊薬を、その他洋服地よろし、帽子よろし、なんでも懸賞になる◆こういう際だからお膝元の国鉄も故総裁の霊を一日も早く安んぜしめるために自殺、他殺のいかんにかかわらず、死因についての重大ヒントを提供した人には一年間の全線パスを懸賞にだしてもいいだろう」

自殺、他殺のいかんにかかわらず、などとはいっているが、他殺と決めてしまったような筆さばきで、こうしたひやかし半分のような書きかたは、なんとも不愉快なものである。

また、〝読者の欄〟では、弁護士を名のる後藤信夫氏が、ほぼ他殺という前提でつぎのような提案をしているので引用しておく。

「これらの者（犯罪発覚の手懸りになるような有力な事実を知っている者）がもし当局の聞込みに答え、進んで情報をもたらして名乗って出た結果はどうなるであろうか。凶悪なる彼等の一味によって報復されることは必至であるから義憤に燃えながらも、一身一家の後難を恐れ、秘密を固守するであろうことは当然である。◆そこで筆者は一案を呈する。犯人検挙の有力な手懸りになる情報を提供した者（その者がやむなく犯行を幇助した場合でもよい）に対しては相当の懸賞金を与えると共に、情報をもたらしたことを絶対に秘密にし、犯行は他方面から発覚したように作為してやる」

幇助者にまで賞金を与え、身の安全を考えてやれなどと、まことに法律家らしからぬ考えではなかろうか。

問題は、こうした発想の根源にあるようにおもわれるのである。

とにかく、以上のような〝編集手帳〟や投書をよし《ヽヽ》と考える思考線上に、つぎのような記事があったようである。題して、「謎の末広旅館……奇怪な女将の言葉」。

「さる五日午後二時から約四時間五反野駅前末広旅館で下山氏によく似た紳士が休憩したという同旅館女将長島フク(四六)さんの証言は現在のところ自殺説を裏づける最大の根拠となっているが捜査当局もこの証言を重視、九日鑑識課が指紋採取に向い指紋は採れなかったが紳士の使用した枕カバー、敷布から毛髪四本を採取、同課理化学研究所で毛髪の太さ、色調、形状につき綿密な分析を行った結果、十三日にこのうち二本が同一系統のものと鑑定された。これは自殺説に一歩近づいたかの印象をうけるが、他方同日長島フクさんが当局に届出る前に同家女中に〝これはいい宣伝になる〟ともらした事実のほか、申立ての大部分をくつがえさせるような証言が現われ、結局一つのナゾがやや解明に近くなったとたんまた新たなナゾが増えたことになり、同旅館を包むナゾはさらに深まってきた。捜査本部は十三日に至り女将フクさんが当局に届出る一時間ほど前の七日午前九時半ごろ同業者の足立区千住高砂町一二〇牧野屋旅館牧野ひで(四八)さんに、

①最初応対に出たのは次男の正彦(一八)君であった②下山氏らしい人はお茶を望んだがちょうど湯がわいていなかったので水を出した③フトンを敷く時変に笑いながら〝女の子はいないかネ〟といったと、当局に届出た事実とは全く正反対(一、二項)なまたは全然報告していないこと(三項)をもらした事実をつきとめ、さらに末広旅館女中遠藤きく枝(三〇)さんにつき事情を聴取したところ右三点のほかフクさんはきく枝さんに①四時間も寝て行ったのではなく三十分ぐらいで帰って行った②チャック付のボストンバッグようのものを持っていた③末広旅館のいい宣伝になると話したという意想外な事実も判明するに至ったので、もしひでさんときく枝さんの証言が事実とすれば同旅館に現われたナゾの人物は下山氏とは別人と断定され、従って自殺説は根底からくつがえることになるので特捜本部ではこの食違いをきわめて重視し三女性に真偽を厳重に追及している」

この情報がどこから出たのかはわからない。この時点で、末広旅館関係者がここに述べられているようなことをいっているとは、捜査員の誰一人として知らぬところであった。第

一に、遠藤きく枝さんは末広旅館ではなく、実際は牧野旅館の女中さんであった、という事実からも、この記事の素姓が知れよう。筆者も、元末広旅館に長島勝三郎さんを二、三度たずね（フクさんは死亡されていた）、当時の話をきいたが、こうした中傷記事やデマでフクさんはじめ家族はノイローゼ気味、「宣伝」どころか客足はぱたりと止まって、商売上がったりの状態に追いこまれてしまったと、今でも怒りをおさえきれぬといった表情で、当時を語ってくれた。〝報道の自由〟などと声高にいわれはするが、事実にもとづかぬ報道が関係者の〝自由〟をうばい、不幸を招くことにたいする、配慮が欠けていることが多いのもまた、困ったことである。

他殺を主張する秋谷教授

さて、この日の記事の圧巻は、紙面を大きく割いた「法医・鑑識両権威の対談」なるものであろう。対談者は東大医学部薬学科教授の秋谷七郎氏と、丸の内署長（元警視庁鑑識課長）野老山幸風氏で、司会は原社会部長である。秋谷氏は、詳しくいうと、衛生・裁判化学教室の教授で、専門はどちらかというと衛生化学、裁判化学のほうは助教授の塚元久雄氏がながいあいだ担当してきている。それで、このときまでほとんど無関心の状態であった裁判化学のほうに、この下山事件ではじめて口をいれてきたといわれているのだが、それはともかく、法医学者でないことは事実である。とすると、この対談、看板からして偽りありということになりそうである。

看板から偽りがあるような対談を全文引用では、筆者の見識（残念ながらそんなものまったく持ち合わせがないが）を問われることになりかねない。したがって興味ある部分だけを紹介することにしよう。

『本社　秋谷さん、解剖の結果は死後轢断と出ているのに捜査当局では一部自殺という向もあり、なにか対立といったものを感じられるんですが。

秋谷　いや対立などありません。われわれが学者としていえることは他殺ということです。

本社　すると他殺ということは自信をもっていえるんですね。

秋谷　学者は推測はしない、われわれは科学的立場に立って黒を黒といい白を白というだけだ、下山氏ははっきり他殺だと自信をもっていえます。法医学上の厳然たる事実です。

細かいキメ手ももっとあるのだが検察庁が犯人を調べるとき予備知識を与えることを考慮しいうなと注意されてるからいわないだけなんです』

「これは恐れいりました」と、頭をさげたいところなのだが、よく考えてみると、この時点で秋谷氏が、「学者としていえることは他殺ということです」などと、なぜ断言できるのかよくわからない。法医学教室の主任古畑教授さえ、たびたび引用するようだが、八月末の衆議院法務委員会で、他殺といったことはない、いえることは「死後轢断」までだ、と述べているくらいなのである。あるいは、みずから行った水素イオン濃度測定による〝死後経過時間の判定〟を根拠にしていたのだろうか。

しかし、この方法は後に「法医学論争」でとりあげ詳しく検討するように、まったくの実験的試みで、まだ海のものとも山のものともわからぬ状態のものであったのだ。学者としては、さらに研究をつんでみなければならない方法であった、のである。

そのうえ、「細かいキメ手ももっとある」などというに至っては、まったくのデマであろう。そんなものがなに一つなかったことは、その後の経過がよく物語っている。この当時、東大のキャンパスでは、秋谷氏が通ると、学生たちは、「探偵がきた、探偵がきた」とささやきあったということだが、この対談を読むとなるほどとうなずかされるのである。

さて、その探偵ぶりがうかがわれるのは、下山総裁の腕時計がいっぱいに巻かれていたことについての、おしゃべりのところである。

『秋谷　……結論からいうと下山氏の左腕につけていた時計が零時二十分で止まりゼンマイが一ぱい巻かれていたということは解剖上の他殺説という断定を裏づける有力な事実だろうということです。

本社　それはどういう意味ですか。

秋谷　下山氏は技術家出身の細心さで一日一回、一定時に巻いていた。時計愛好家は大てい朝巻くものだ。普通ゼンマイは三十六時間もつから五日朝七時に巻いたとすれば轢かれた六日午前零時二十分ごろまで十六、七時間経っているとすればゼンマイは半分ぐらいもどってなければならない。それが一ぱい巻かれてるのが不思議だ』

これでは、どうにもならないと考えたのか、司会者が、「検視のとき何気なく壊れてるかどうかを調べるために巻くことも考えられますね」と、発言している。これにたいする秋谷氏の答えは、「その点よく調べる必要がありますね」ということなのだから、「解剖上の他殺説という断定を裏づける有力な事実」などというものには、ほど遠いことになる。

秋谷氏が、「探偵」としてもこの程度のものであるということは、後に問題となる「秋谷鑑定」を考えるうえで、非常に参考になろう。

現時点の自・他殺説

この日の毎日新聞には、「ポケットに財布・旅館の人物・癖も総裁と同じ」というのや、「靴底にコールタール」といった割合に短い記事がならんでいるが、それらは省略して、「ナゾの十六分間・現場捜査の重点」という解説記事を引用しておこう。自殺説にせよ、他殺説にせよ、最後のところで考えなければならない点にふれているので、参考になると思う。

「下山事件捜査は自殺、他殺の決定もできぬままにきょうで十日目を迎えた。警視庁では十三日現場付近の遺留品捜査を一応打切ったが、新たに捜査一課峰岸警部補を長とする足どり捜査班を捜査本部に加え陣容を強化、西新井の死体発見現場付近に最後のカギが残されているものとみて懸命の地取り聞込みにつとめている。この現場を担当する捜査班が十三日までに捜査した事実を基にして、当局が考えている自殺、他殺の線を追ってみる。

上下列車の間隙

(下り列車の場合は、轢断点より六十五米手前で機関車の前照灯が一瞬現場をてらして、カーブのためすぐそれ、また二十米まえで轢断点をてらし、上り列車の場合は、轢断点の手前百二十米から三十米の間、前照灯が現場周辺をてらしだす、ということを解説したうえで）ところがひかれた六日午前零時二十分の貨物（上り、筆者註）が現場を通過しておりその際には現場付近に何ら怪しいものを認めなかったといっている。また現場の上を通る東武線はその夜十一時五十五分、六日午前零時三分に上り下りの最終が通ったが、これもガードの上に怪しいものはみとめなかった。

従って自殺、他殺にかかわらず零時四分から零時二十分までの十六分間の間に下山氏は鉄路に横たわったことになる。このナゾをひめた十六分間の目撃者が現われれば事件は即座に解決すると捜査本部では見て、ここに重点を置くことになった。

他殺説と現場の状況

この現場の状況からみると、他殺の場合両列車が接近する三十秒以内は危険で近づけないものとして、その間の十五分以内に死体を現場に置いて立去らねばならぬ。ところが下山氏は五尺七寸、十九貫もあり、犯人は数名としても無灯火で現場に行かねばならない。また下山氏を現場までおびき出すことは到底不可能であろうから、どこかで殺して自動車で運んでくることが考えられ、従って捜査本部は現場に近い自動車の入る道を中心に捜査している。この場合考えられる地点は別図（次ページ）のように足立区五反野南町一二二二中ノ橋付近(A)と同町九〇二付近（B）及び同町一一三一（C）三つの地点である。

ここから現場までの距離はAから二百米、Bから二百二十米、Cから百六十米程ある（©からの距離は地図には一二〇メートルとある、筆者註）。この間のあぜ道を死体をかついで灯りもなく往復するならばすくなくともいずれも十分はかかるはずであり、また各地点は車をもとに返すためには数回バックしなければならない迷路のような道であり、付近の人は最小限の時間的関係からいっても十一時五十分すぎから零時二十分までの三十分間にいずれか三つの地点を中心とする範囲内で車が現われることを気付かなければならない。このうちA、Cの地点では同時刻ごろ自動車の音をきいたものはなく、Bの地点に近い同区千住日出町三の六七七橋本きみさん（47）が十一時すぎこれに該当するような自動車の音をきいたというが、付近の人は全然きかないといっており、信ぴょう性は薄い。従ってもし他殺であるとすれば犯人は実にちみつ、巧妙、迅速、怖るべき知能をもちかつ土地の事情に精通したものでなければならぬ。

自殺説と現場の状況

自殺説については五日午後二時ごろ五反野駅に現われ（⑥当局はほぼ確認）同二時から五時五十分まで末広旅館で休み(⑦当局はほぼ確認）その後下山氏によく似た人が現場付近で六時すぎから七時ちかくまで成島正男さん①、山崎たけさん②、古川ふみさん③、渡辺盛さん④に五回にわたって見られ、十一時には須沢吉乃さん⑤が人の通らぬ東武線ガードの上にぼんやり立つ人影を、十二時には加藤谷蔵さん⑧が下山さんらしい人をみるなど、少くとも下山氏らしい人が単独で、ものうげな姿で歩いていたといい、その足どりは自殺者

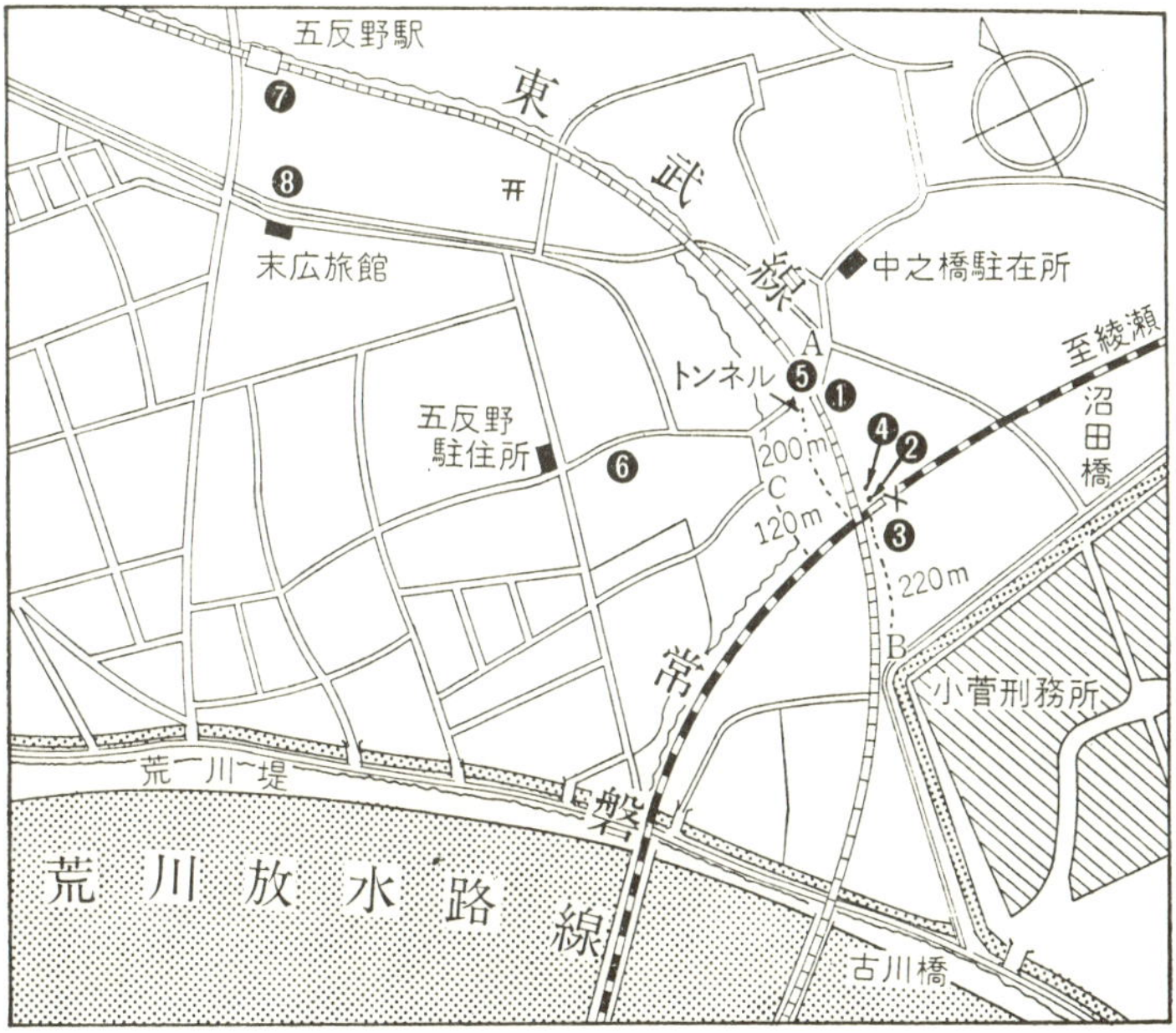

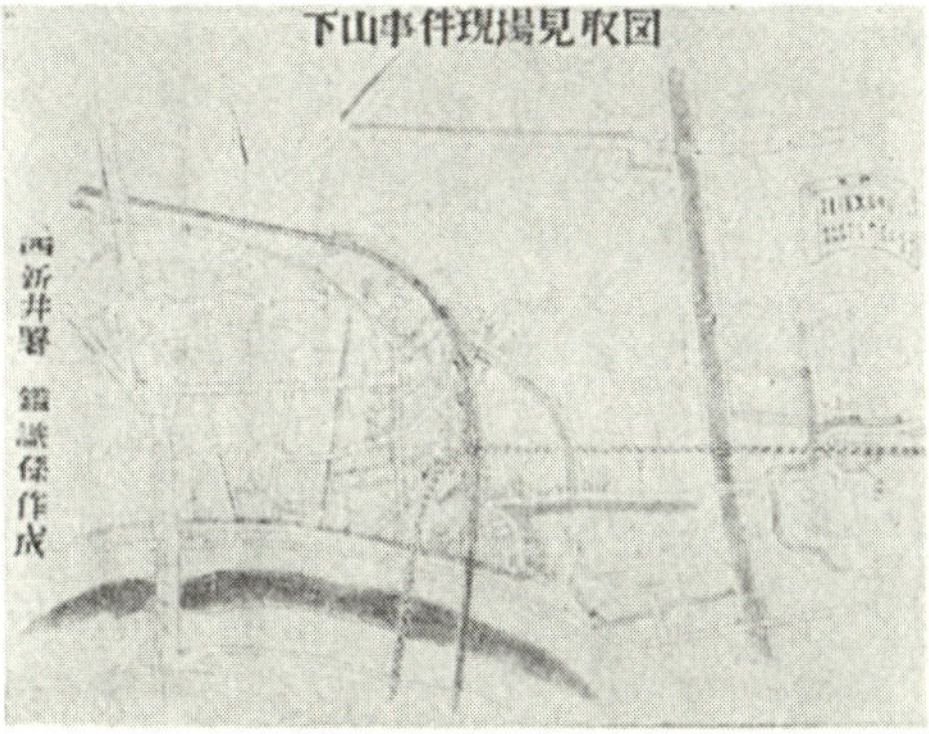

上：毎日新聞（7月13日付）解説記事「ナゾの16分間・現場捜査の重点」に挿入された図．　下：事件発生当時，西新井署鑑識係が作成した下山事件現場見取図．

の典型的な足どりだと捜査当局ではいっている。しかし、この場合自殺説には依然ネクタイと喫煙具が見えないという弱点が根強く残っている」

七月一四日

打ち切った現場検索

七月一四日。毎日新聞によると、現場における検索は一三日に打ち切られたということだが、しかし、実際はこの一四日も一六名の私服、制服による草刈隊を投入して、遺留品捜索が行われている。だが、結果としては、犯罪につながるとおもわれる痕跡も、下山氏のネクタイや喫煙具などの未発見品も、ともに発見することができずに、この日で現場検索はいちおう打ち切りとなったようである。

地どり捜査のほうでは、産婆さんが一人動いているのがわかった。五反野南町一五五一の慶野孝太郎さん（二八歳）の奥さんが五日の夜産気づき、一〇時半ごろ自宅を出て同町一三五一の近田キミさんをよびにいった。近田さんのほうは一一時一〇分ごろ家を出て慶野さんのところに向かい途中誰にも会わなかったが、よびにいった慶野さんが、五反野南町一三四〇の溝口さん宅付近で若い男の二人づれに会っている。そのうちの一人は、慶野さんも顔見知りの直島政信さんのようであった、ということなのだ。

また、五反野南町一一六八の平井正男さん（三二歳）は勤務先から綾瀬駅着午後九時四五分の電車で帰り、五反野踏切から轢断現場を通って自宅に向かったが、付近で誰にも会わなかったという。さらに、この日は、前日調べた飯野さんと直井さんが会ったという自転車の男についての情報をもとめて、九日に聞きこんだ渡辺国五郎さんからふたたび当夜の模様を聞いている。その結果、飯野さんたちが会った男と、渡辺さんが家を出て五反野踏切をわたるまでに会った自転車にのった酔っぱらいは、ほぼ同一人と考えてよいという結果となった。この人物は、さきにも述べたように九月にはいってから寺岡謹之助さんとわかるのだが、朝日新聞が「監視線を布いたか……その夜見た怪しい一団」などと、煽情的な話にしたてて報道していたことなどもあって、この当時は関口班が必死に追及していた〝謎の男〟であったわけである。

ところでこの二、三日、現場周辺で、事件当夜、こもか毛布のようなものに包んだものを、三人の男が運んでいた、という噂がながれ、現場捜査本部の神経をとがらせていたが、その噂の出所がやっとつきとめられた。五反野南町一三八七に住むある婦人を駐在によんで事情を聞いたところ、ドブ川から出た天幕の話をヒントにした、作り話ということがはっきりした。

自動車関係でも、この日また一台の正体がはっきりした。事件の夜、現場周辺でB29の爆音のような自動車のエンジン音を聞いたという人がいて、これも怪自動車として騒がれていたのだが、聞きこみ捜査の結果、梅田町の城北運送会社所属の大型トラックと判明した。このトラックは、東武線竹之塚駅から燃料用のオガクズを満載して、高砂町の「寿湯」に配達にきたのだが、荷降しに時間をくい、降し終わったのが一一時すぎとなってしまった。しかも「寿湯」前の道路がせまくて方向転換ができないため、東武トンネル近くの四辻まできて向きをかえている。このため営業所に帰ったのが一一時三一分、これは篠田健蔵さんの夜警日誌と作業日報で確認されたものである。もちろん「寿湯」と、運転手の鈴木正之助さんたちからも事情を聞いている。

田端機関区への疑惑

七月一五日の新聞に眼をうつして、まず、朝日だが、この日は田端機関区関係の話を問題として、大きな記事にしたてている。轢断列車の田端発車がおくれたことと、その機関車の前照灯が暗かったことをとりあげ、「ひいた列車に疑点二つ」と題しているのだが、その詳細は列車問題のところで検討するので、記事の引用は省略しよう。しかし、この朝、朝日新聞をひらいた人は、おそらく、ああやっぱり国鉄従業員が関係していたのか、といった感じでこの記事を読んだにちがいない、とおもわれることはつけくわえておいたほうがいいだろう。

さて、朝日新聞は、三越内外の〝目撃者〟に特別の関心をよせ、ここの取材に優秀な記者を配置していたらしく、連日のように関係記事が紙面を飾っているが、この日も「三越で〝四人づれ〟下山氏ら見た二婦人」というのがある。ただし、記事中の「ナゾの三人男」というのは、捜査本部では確認していず、これまでの堀崎課長発表をみても、下山総裁とは無関係と判断していたようである。

『下山事件捜査本部で確認した三越本店内の『下山氏をかこむナゾの三人男』についでさらに十四日、同店地下道入口から地下鉄入口の間で二名の目撃者が現われたため捜査は一歩前進するとともに、さらにこれとは別に下山氏らしい怪紳士が出現していることも判り、いよいよ事件の複雑さを物語っている。新しい目撃者は二人の婦人＝特に名を秘す＝で同女らの訴え出によると事件当日朝十時すぎ、三越地下入口の案内係女店員が見た下山氏および同行の三名と同じ人相、服装の男が地下鉄入口へ向かって下山氏の左右と後に位置して歩いているのを見た。

この四人連は地下道と地下鉄入口の中間ごろに立止って何事かを相談するかのように小声で話していたという。下山氏らしい人物は真剣な表情でこれに応答、その後どの方向へ行ったか見失ってしまった。当局ではこの三人を事件関係者とみて洗っている。それから一時間ほどたった午前十一時半ごろ貸室になっている三越五階厚生省優生結婚相談所わきで人待顔でいる薄ネズミ色背広、ロイドメガネ、背の高い紳士がいたので、貸室管理人熊本武三郎さん（五八）が、『あなたはどこをお尋ねですか』といったところ『ちょっと待つ人があるので』と答えたという。さらに一時間半後の午後一時ごろ三越二階休息所で昼食を食べている男が下山氏そっくりであったとの訴えも某女店員から出ているが、時間的な関連や、五階上の目撃者が『その人物はチョッキを着ていた』といっている点など別人と思われるフシもあり、当局は慎重に捜査を進めている』

つづいて、「特定人を捜査・特捜班、数氏を参考取調べ」というもの。

『『下山事件』発生して十日目の十四日、まだ警視庁捜査本部では、他殺自殺の断定を下すキメ手がつかめないが、この行詰りを打開するため特別捜査班の活躍は急に活発な動きを見せて来た。事件以来飯塚警部ら五主任が担当して慎重な内ていを進めて来たが十三日には思想団体関係の参考人を十四日には資金関係の参考人の取調べを進めるとともに特定人物の身辺捜査背後関係の摘発、さらに総裁運転手大西政雄(四八)に対する特捜独自の再取調べなど広く、深く急速調に進められている』

特定人物が誰なのかは、具体的に「特定」してくれないのでわからない。「特に名を秘す」というのが多いのと、話が抽象的なのが、朝日の記事の特徴の一つである。ただし、この記事に「飯塚警部」の名が出ているところをみると、一課が峯岸警部補班を投入したように二課関係も人員を強化していたようである。

読売新聞社説

この日の読売新聞には、「今晩現場を再検討……問題の機関車運転」とか、「自転車に乗った男〝あの晩〟さらに二人の目撃者」などという記事がならんでいるが、それらは省略して、まず「線路にパナマ帽の男・現場付近を荒した窃盗団が話す」というものを紹介しよう。

ただし、この記事では実名が使われているが、以下の引用では部分的に「特に」ローマ字のイニシャルを使用することにする。

【柏発】下山氏轢断直前の六日午前零時過ぎ現場にたたずむパナマ帽の不審な男を見たものがいると墨田区寺島町四ノ一八八、三共レザー株式会社技師関口五郎（四〇）氏＝千葉県柏町柏＝が十四日夜柏町署に届出た。同氏の証言によると同氏の部下で同会社ボイラー係助手M（二六）が友人窃盗前科一犯ら三名に集団窃盗を誘われてそれを断った際、下山氏怪事件の直前Iらは現場付近で窃盗を働いて轢断現場に来かかると白いパナマ帽をかぶった男がたたずんでいたのでてっきり刑事と思い一味は真上の東武線ガード上に這いあがりしばらくひそんでいたが間もなく下山氏を轢断した八六九下り貨物列車が通過、その音にまぎれてそのまま逃亡したと洩らした。この話を聞いて関口氏は届出たというIら三名は逮捕されていないが、柏町署では事態を重視国警本部に連絡した」

しかし、この話も若干時間がずれているようである。Iという青年はこの夜相棒と二人で上野駅前から北千住行きの都電にのり、終点で降りてから常磐線の鉄橋をわたって葛飾区下千葉町に出て、池田太市さん方に忍びこみ衣類八点を盗んでいる。帰りには雨も降っていたので、池田さん宅の玄関から傘も失敬し、その傘をさしながら徒歩で伊藤谷踏切まできて、それから線路づたいにさきにわたった常磐線の鉄橋に出ようとしていた。ところが五反野踏切まできてみると、二〇メートルほど先に三人が立っていた。一瞬、刑事が張りこんでいるのかと考えて、Ｉたちはあわててその五反野踏切から小菅刑務所のほうに、左に曲って逃げたというのである。

このときの時刻が、二時ごろだったという。池田さん宅に盗みにはいった時刻、そこから五反野踏切までの徒歩所要時間、雨との関係などを考えあわせてみると、やはりこのくらいの時刻にはなる。すると、Ｉたちの見たのは、轢死体処理に出動してきていた保線関係の人たちということになる。もっとも、こうした事実関係の相違は、関口氏がこの話を聞いたときすでに出ていたのかもしれない。事実を正確に認識し、その事実をまちがいなくつたえるということはむずかしいものである。

つぎは、「首相に経過報告」という短い記事。

『下山事件に関し、十四日正午の記者会見で増田官房長官は同日朝殖田法務総裁が外相官邸に吉田首相を訪問、『下山事件は法医学的には犯罪行為即ち他殺と断定される。しかし五反野駅前末広旅館事件にからみ、捜査面では一応自殺説も織りこんで捜査に当っている。あらゆる困難をおかして今後事件の核心究明に捜査陣が努力している』旨報告したと語った』（傍点筆者）

「五反野駅前末広旅館事件」とは、いささか驚きである。一瞬のとまどいを感じさせられるのは、筆者だけなのだろうか。

しかし、とまどいを感じさせられるのは、こうした記事だけではない。「速かに捜査方針を樹立せよ」と叫ぶ、この日の社説である。

さきに引用した七月八日の毎日新聞社説とともに、新聞史上に残るものとおもわれるので、一部を略しただけでそのまま引用しておくことにする。

『どうやら下山事件も迷宮に入ったようだ。去る六日治安閣僚会議後、樋貝国務相は『他殺の場合、犯人は日をもって数える期間内に判明すると思う』といっているがこれはきわめて無責任なおしゃべりにすぎなかったことが明かになってきた。事実、事件後十日以上経過しているに拘らず、自殺か他殺かすらも決定するに至っていない始末である。もちろん捜査当局内に自殺説と他殺論が対立している以上、おのおの所信を主張して譲らないのは当り前だし、また無理に権威をもってこの二つの議論を統一すべきものでないかも知れぬ。だが、このような部内の対立は別問題として、いまだに当局が自殺であるか、他殺であるかにつきハッキリした認識をもたず、従って捜査方針のたてようがないということは、国民にはなはだしい不安を与え、やがては警察に対して不信の念を抱くようになるだろう。まず第一に捜査当局は、この問題を当初ごく簡単にみていたのではないかと思われる。樋貝国務相の以上の楽観論も、恐らく捜査当局の意見を反映したものと思うほかないからである。このような安直な楽観的見地から捜査を開始したところ、事件が意外に複雑で、今更ながらあわてふためいているというのが、実情ではないかと思う。だが、よく考えて見るがよい。もし、他殺の場合、国鉄整理の当の責任者である国鉄総裁が暗殺されたのであるから、きわめて巧妙で組織的な計画によって、実行されたものと一応考えるのが当然だろう。して見ると、この犯罪の検挙は実に容易ならぬ困難を伴っているのであって、いやしくも治安の重責を担う樋貝国務相および当局が、犯人は数日中に検挙されるだろうなどという甘い認識では、今後が思いやられるというものだ。第二に、自殺論と、他殺論が、十日あまりも小田原会議をつづけていることも、てんでお話にならぬことである。自殺論の根拠は、いわゆる目撃者と出先き刑事のカンが主たるものだが、ゆらい目撃者の記憶がいかにアイマイなものであるかということは、心理実験によって実証されていることだし、またいわゆる刑事のカンも決して全面的に信頼すべきものでないからだ。ところが、一方他殺説は法医学的に立派に死後れき断が証明されているのである。アイマイな目撃者の談や刑事のカンと、科学的な根拠に基く法医学の結論と、どちらを信用し、採用するかといえば、われらは当然近代科学を信用せざるを得ないのである。出先き多数の刑事は、法医学の結論を否定し、かたくなにカンによる自殺説を主張しているという。多年の経験によるカンはもちろん尊重すべきものだろう。だがそのカンは近代科学を承認し、その上に立ってこそ、みがかれるのである。近代科学を否定し、そのかたくななカンを固守することは、あまりにも暴慢かつ独善的であるといわざるを得ない。下山事件は、ほとんど証拠を残さず、いわゆる完全犯罪にちかく、捜査当局の労苦は深く推察するものであるが、だからといってわれらは当局の怠慢も見逃すことが出来ない。(中略)

いうまでもなく国家の第一の目的は、治安の維持である。治安が確保されないでは法治国家といえないからである。しかるに、国鉄総裁が白昼突然消息を絶ち、翌朝には悲惨目をそむけしむるようなバラバラのれき死体となって現われたことは、大きな社会不安を招来している。ことに証拠のないことだから、一般国民はだれが犯人であるかは断言しない。だが、一般国民はだれが犯人であるかということを直感しているようである。それなればこそ、下山総裁の死が社会に大きな衝動を与えているのだ。犯人の検挙は非常に困難であろう。しかし、あらゆる困難を排して真犯人を検挙しなければ、この社会不安は断じて除去されない。そのためには、まず捜査当局がいつまでも同じ所をうろつかず速かに確固たる捜査方針を打ち建つべきである』

　この社説で、まず問題にしている樋貝国務相の発言なるものは、七月七日付読売新聞によると、六日午後六時に語られたもので、その前半はつぎのようになっている。「下山総裁の死亡は少くとも自殺でないと判定されるが」。そして、このあとに「他殺の場合……」と社説に引用された部分がつづいている。

　たしかに、樋貝国務相の発言なるものは、「きわめて無責任なおしゃべり」であったようである。その点では筆者もこの社説に同感なのだが、しかし、それが「捜査当局の意見を反映したものと思う」という点になると、認識は必ずしも一致しないのである。というのは、七月六日午後六時という時点では、捜査当局は「他殺」とも断定はしていなかったし、また「他殺」につながるなんらの情報も握っていなかったからである。これはさきにも紹介したとおり、現場で検証に立ち会い、下山氏の死体を検視し、検案書を書いた、東京都監察医務院の八十島医師は、むしろ「自殺」という判断ですらあったのだから、当然のことであったろう。したがって、捜査当局は他殺のばあいを想定して、犯人云々などといえる立場にはなかったのである。

　捜査当局が、「死後轢断」という東大法医学教室の解剖結論をうけとったのは、午後七時に近い時刻であった。それから七時一〇分に、堀崎捜査一課長の発表が行われている。それは、つぎのようなものであった。

『一、死因はまだ判明しない。二、出血が少いので死後ひかれたものと認められる。三、四、五、略。六、他殺の疑いはあるが断定はできない』（傍点筆者）

　ここで他殺という断定ができなかった理由は二つあったと

おもわれる。それは、現場における八十島医師の「轢死（自殺または事故死）」という判定があったということが一つで、二つには東大法医学教室の解剖結論も、肝腎要《かなめ》の「死因」を明らかにしていず、八十島判定を積極的に否定するものがなかった、ということであろう。もちろん、だからといって、捜査当局が捜査を放棄していたわけではない。そのことはすでに述べたので省略しよう。

さて、こうした事態を念頭において七月七日の新聞をながめてみると、樋貝国務相の発言は、下山総裁の死を、公安・労働対策に利用しようという、政府の願望をこめてのものということがよくわかるのである。そして、新聞もまたその願望にこたえるように、報道を展開した。いや、政府のその願望のさきを、さきをと走った感じさえあるのである。政府関係者の満足はいかばかりであったろうか。

だが、捜査のほうは、その願望や報道どおりにはいかなかった。地どり、足どりに鑑の捜査と、あくまで基本的に正攻法でおしている。新聞報道でつたえられた〝怪しい〟ものや〝ナゾ〟などというものは、つぎつぎにその正体が明かされていく。社説を書くものとして焦らざるを得ないところにきていたのだろう。その気持はわからないでもないが、それならば静かに、事の経過をふりかえってみることこそ、必要であったのではないだろうか。

まして、「一般国民はだれが犯人であるかということを直感しているようである」などというにいたっては、みずからの責任を国民に転嫁し、報道者としての責任のがれもいいところであろう。

毎日新聞からは、「深夜の沼にピカピカ・人騒がせな食用蛙獲り」というものを引用しておく。轢断現場の状況を知る、参考になろう。

『足立区の沼沢地帯には食用ガエルが多くすみ、これを獲って生業とする人もまた沢山いる。この人たちは日が暮れてから大ヤスとカンテラまたはカーバイドを持ってあぜからあぜを歩く。カエルを見つけると、いきなりパッとあかりを照らす。そしてカエルが眼を回してすくんだところを、すかさずヤスで刺す。この付近には、夏の夜の怪談のようにパッパッとあかりが点滅するのは珍しい風景ではない。下山さんの死体が発見された日、トラックのライトと間違えて〝他殺説〟にはくをつけたのもこいつの仕業だった。あの夜獲られ

上：昭和24年頃の現場付近の沼沢地には食用蛙が多くおり，日が暮れてから蛙とりの人びとが出た．意外と多くの人が出没していたと考えられる．　下：「枕木のうえを歩いてくる紳士にであった」と証言した辻一郎さんと，犬をつれて散歩に出かけ，下山さんらしい人を見た，と証言した古川ふみさん二人の動きをみていたと証言する人（小海修治さん）もあらわれた．

たカエルにものをきいたとすれば『私が死んだのは、たしかに他殺だが、下山さんはサアどっちかね』と答えるかどうか——

十四日の夜も現場付近を通って見ると、この〝怪光〟が二つ、三つなるほどピカピカと明滅していた」

七月一五日

ポケットから発見されたカラス麦

七月一五日。この日第二現場担当の刑事二人が赤坂区役所に向かった。一二日の地どり捜査で聞きこんだ、辻一郎さん(三七歳)の話を聞くためである。辻さんは家具職であったが、この年の四月から港区役所赤坂支所の清掃部員として勤めに出ていた。その辻さんの話である。

「七月五日は給料日なので午後五時ごろ赤坂をでて、都電千住四丁目で降り、斧とカンナを買ってからバスで千住新橋車庫前まできた。それから第五小学校のところを抜け東武トンネルの脇にでて、消防小屋のまえをとおり、午後六時五十分ごろ常磐線の土手にのぼったが、そのとき荒川鉄橋のほうから下り線の枕木のうえをぶらぶら歩いてくる紳士にであった。危いところなのに、しかも電車のくる方向に背中をむけて歩くなどとは、ずいぶん命しらずの人だと思ったものである。私はその人のとおったあとを急いで線路を横切って、むこう側におりて家(日の出町三の六二三)にかえった。その紳士は四十五、六歳ぐらい、背丈は五尺六寸はあると思った。顔色はすこし黒いほうでおでこのような感じがし、はっきり記憶はないが眼鏡はかけていなかったように思う。帽子はかぶっていず、つれの人もなかった」

一方、昨日の聞きこみでわかった、慶野さんの話を確かめるため、留目、藤原の両刑事が真島政信君(二〇歳、五反野南町一三四〇)たちに会っている。真島君はその夜、近くの杉山郁郎君(一九歳)、新井利一君(一九歳)の三人で、千住新橋のほうに中華料理を食べにいって、帰りは途中で杉山君とわかれ、一〇時半ごろ二人は真島君の家の前で話をしていた、という。そうすると、慶野さんは、産婆さんを迎えに行ってこのとき真島君たちと出会っていることになる。溝口さんも真島君の家も同番地なので、話は合うわけであった。

自動車の話では、千住署のほうから本村和子さん(二三歳、五反野南町一二一四)の届け出が報告されてきていて、二人の刑事がこの本村さんの話を聞きにいっている。本村さんは、梅田町のほうのある飲食店に勤めているが、一二時近く店を出て千住新橋横から寿湯前を通り、五反野南町駐在のところを右にまがって家に帰ったが、その駐在前で乗用車と出会ったという。番号は一七五八〇か、三、または八であったとおもう、というのである。

車は室内灯が消してあったが、なかに四人がのっていて、運転台のほうに、二人、三七、八歳で白ワイシャツの人と、四一、二歳で白服の男。後部座席には、四五、六歳、白の開襟シャツに紺背広、肥っていて人格者のような人、もう一人は、同じく四五、六歳で白背広、無帽の男であったということ。

なお、鑑識課からの連絡で、この日常磐線土手の両側をよく見ると、カラス麦がたくさんあることが確認された。鑑識課では、下山総裁の上着外側右ポケットから二個、同じく左ポケット中に二個と破片一個の、植物の種子を発見し、これを東大の植物学者などに見てもらって検査をつづけていたが、カラス麦の種子であるという結論に達し、捜査本部に報告してきたのである。すると、目撃証言者の山崎たけさんが、下山総裁に似た人が、現場付近で草をむしっていた、といっていることにたいする、裏づけともなるようであった。

そこで、前の七日のところでは、山崎さんの話はほんの一、二行でかたづけてあるので、改めてそのときの状況を紹介しておくことにしよう。以下は、山崎さんの話である。

「――妹の家を出たのは六時半でした。近道をしようとおもって線路づたいに帰りましたから、ガード下近くにきたのは六時四〇分ごろとおもいます。下り電車がきたら危ないとおもいながら、線路わきを歩いていますと、東武線と常磐線の交差点のガケ下に洋服を着た人がボンヤリ立っていました。そこは小豆と、とうもろこしを作ってある小さな畑ですが、洋服を着て百姓仕事をするのはおかしいと思って、立ちどまって見ました。その人も私に気がついたらしく、ジッと見ていましたが、気まずくなったのか、しゃがみこんで草の葉をちぎっていじっていました。私は少し気味悪くも感じましたので、立ちどまったままじっとしていました。すると、その人はやっと立ち上がって常磐線の土手を上り、私のほうとは反対に東武線のガードをくぐって行きました。私は三間ばかりはなれてあとをついて行きましたが、何か考え事でもしているような様子で、両手をズボンのポケットに入れて、ブラブラと右のほうに土手を降りて、火の見やぐらのほうに行きました。年は四五〜六歳ぐらいで、上品な人でした。色はどちらかといえば白いほうではないでしょうか。背は高く、鼻の高い方でした。うすいネズミ色の洋服に、チョコレート色の上等の靴をはいておられました。眼鏡はかけておられなかったような気がします」

妹の家というのは、綾瀬駅付近で、山崎さんはこの日その妹さんの家をたずねて、帰り道にこの紳士に会ったということなのである。

さて、列車関係の調査をつづけていた中野主任班のほうでも、この日一人の目撃証言者が出た。中島義雄さん(三二歳)、田端機関区所属の機関助手である。

「私が五日に乗務した二六三貨物列車は、午後十時九分ごろ荒川鉄橋を渡るのだが、その荒川土手より三十米ほど手前で、土手の踏切の警標のかげに人が立っているのがみえました。列車妨害などをされては困ると思って、そこを通過するまで目を離しませんでしたが、その人は四十五、六歳、背丈五尺六寸くらいで、体格よく、洋服はライトのせいか少し白っぽいように感じたがよくわからない。上衣のボタンをはずしていたので、ワイシャツが白くみえ、携帯品はなく、立派な人のように感じられました」

七月一六日、朝日新聞。

まず、「〝顔は似ていない〟線路を歩いた紳士」という記事から。

「下山事件現場付近で四十五、六歳の紳士と二人の青年を見たという人が新たに登場、捜査本部では十四日赤坂署でその人の証言を得た、足立区日之出町三ノ六二二都衛生局清掃部員辻一郎氏(三七)でその話によれば……五日午後六時半ごろ東武線五反野駅からの帰途、北千住寄り東武線ガードわきで常磐線を横切ろうとすると四十五、六歳ネズミ色背広服、白ワイシャツにネクタイ(色、柄は不明)眼鏡をかけない紳士が、北千住の方から線路づたいに歩いて来るのに出会った、二、三歩行過ぎると、こんどは紳士とは別に東武線陸橋の土手から、いずれも白ワイシャツ、ネクタイなし、背広服で一人は二十二、三歳、も一人は二十五、六歳の二青年が降りて来た、辻氏は土手を降りたので、三人とも見えなくなったという。

辻氏談　その紳士はほお骨が高く新聞でみた下山氏の顔の印象とは違う。一見西尾氏に似ていた』

辻さんは、五日が給料日で、その金で大工道具を買うため都電で千住四丁目におりている。ところが、この朝日の記事だと、東武線利用で五反野駅下車となる。

帰ってくる方向までが、まるで逆なのはどういうわけなのだろうか。つぎは「下山総裁を殺せ・沼津行客車に落書」というもの。

『十四日午後七時十分東京発沼津行八四三列車の後から二台目の客車の窓下内側の板に『下山総裁を殺せ』と鉛筆で書いてあるのが発見され新橋管理部では一応捜査本部に通報、捜査本部では十五日あさ検証した』

最後に、これは各紙ともとりあげている、轢断現場における見透し実験関係のもの。

『下山事件のカギを常磐線現場に求めて、十五日未明問題の機関車『D五一六五一号』が東鉄の計画で運行された。乗込んだ捜査陣は四五キロの速度でレールの上の支障物がどれくらい発見できるかの試験でレールの上に炭俵人形を置き照射、発見距離など九項目について調べた結果『レール前方の見通しは悪く、ヘッド・ライトの照射がきかないため発見不可能である』との結論が出た』

読売新聞は、「再建四年・日本の様相」と題して、外人記者三名による座談会が一面を大きく占めている。

そのなかでニューヨーク・タイムス東京支局長、リンゼー・パロット氏が下山事件などに関連して、つぎのように述べている。

『本社　最近の平事件に見られる暴力ザタや下山事件についてどう思いますか。

パロット　平事件は私がさきほど話したように政治的動機

から発した暴力の典型的なものだ。政治的武器として非合法に実力を行使するような行動に対しては如何なる政府もこれを抑圧しなければならない。下山氏が伝えられるようにもし他殺だとするならば、理由は恐らく同氏が総司令部によって指示された政策の代行者であったからだ。これが事実とするならば、下山氏の死は、戦前少数軍閥が権力獲得に使用した常用手段の政治的暗殺を再現するものだろう。それは〝暗殺政治〟といわれているものだ』

毎日新聞では、まず、一五日午前の堀崎一課長発表を引用しておこう。

『一、十五日の某紙に三越五階の新目撃者貸室管理人熊本武三郎さん（五八）が『下山氏らしい人と問答した』と報道している事実、また同様某紙が報道している『下山氏をかこむ三、四人連れの男』を見たという目撃者の話も聞いていない。当局としてはハッキリ確認できないものは取上げられない。しかし現場付近で『下山氏らしい人を見た』という目撃者数名について今なお慎重に検討中である。

二、背後関係の捜査は具体的に取上げる材料が出ていない。

三、下山総裁をれき断した問題の『D五一―六五一号』の田端発車が八分遅れたという某紙報道は事実が確認された後でなければ何とも申上げられない。機関車のヘッドライトが当夜平常の百ワットから三ワットに減じていたことは事実で、これについて山本機関士（四五）は『ヘッドライトの故障で予備の蓄電池と豆電球を使用していた』と答えている』

つぎは、「交友関係も調査―捜査二課―」と題するもの。

『下山総裁の死体発見以来『他殺』との仮定のもとに捜査を続けている警視庁捜査二課で今までに明らかになった点は次の諸点である。

①交友関係、特に女性との関係については中央区新川町一の八料亭「成田家」の女将森田信さん（四五）との個人的交際を確認したが、ここを情報アジトに使用したことはない。

②東鉄労組にかかった怪電話や怪電信も問題にならない。

などで今のところ自殺、他殺を決定する何ものもない模様である』

七月一六日

馘首通告、三鷹事件との関係

七月一六日。第二現場では、七日の聞きこみのなかにあった、進駐軍用高級車に決着をつけるため、平塚（八兵衛）、桑島両刑事組のほかに数組を専従として、伊藤谷橋から小菅刑務所沿いに走る道路一帯の、再度の徹底聞きこみを行った。

この自動車は、綾瀬駅近くの中華料理店（伊藤谷本町三一五）、鈴木せつさん（三四歳）が、五日夜一一時ごろ綾瀬駅のほうからきて綾瀬川にかかる伊藤谷橋をわたり、五反野踏切のほうに走っていった、と語っていたものだが、以来一つの主要捜査目標になっていたものの、鈴木さん以外の目撃者が現れていなかった。そこでこの日、もう何度もあたってすっかり顔なじみになった人びとをたずねあるいて、最後の聞きこみとなったものである。

だが、やはり目撃者は現れなかった。また、自動車の走った気配も、エンジン音も、誰も気づいた人はいなかった。もちろん、この道筋は伊藤谷駐在前を通っているのだが、その駐在も一一時ごろには起きていたのに、自動車に気づいていない。そうしてみると、鈴木さんがたとえ自動車を見ていたとしても、その自動車は現場付近に進入したものでなく、伊藤谷橋あたりで方向をかえていたのかもしれなかった。とすると、事件にはいちおう無関係と考えていいようであった。

自動車といえば、昨日の本村さんの話に出てきた乗用車である。時刻や場所などの関係では、小林弘さんが乗りまわしていたシボレー三六年型、一七八九番に合うようであったが、しかし、番号と車中人物が問題であった。そこでこの日、留目・島の両刑事が登録番号から割り出し、その所有者の話をきいたが、五日の夜千住新橋を越えて現場付近にきた事実がないことが確認された。もっとも一七五八〇は明け番となっていた。

ところで、自動車が問題になり、また問題にするのは、下山総裁を運ぶ手段と考えてのことである。しかし、運搬手段としてもう一つ考えられるのは舟である。荒川放水路から綾瀬川をさかのぼり、伊藤谷橋のところから現場付近に達する水路が一本ある。そこでこの日、この関係調査にも一組の刑事がふりむけられたが、綾瀬川から現場近くにいたる水路には水門があり、その水門が上潮のときに閉鎖されることがはっきりした。責任者の下田政男さんの話によると、五日夜は一一時半にこの水門が閉められているが、しかし、それ以前の時刻でも、水門付近にはうなぎ止めが仕かけてあり、舟の通行は実際的に不可能であるということも判明した。

七月一七日付朝日新聞。声欄で、横浜の伊藤武男という人が、つぎのように提案している。

「◇昨年帝銀事件捜査のため北海道に行ったある刑事は、留守中の家族の生活不安がある上に費用不足のため三級の旅館にも泊ることができず、駅の構内で数日夜を明かしたという◇ところが下山事件もようやく迷宮入りのうわさが街にとぶこのごろ政府は捜査の情報提供者に懸賞金を出すといい出したが、私は帝銀事件の捜査に当った刑事諸氏の苦労を思い出し、数十万円の懸賞金を出すよりも捜査に当っている人人に生活の不安感を与えないよう、また駅の構内で夜を明かさせるようなことが再びないようにすることが本当だと思う」

記事のほうでは、「毒物や麻薬ではない……東大薬学教室が報告」と題して、毒物検出試験が一六日で終わり、その結果が検察庁に報告されたが、「下山氏の死因は絶対に毒物や麻薬によるものでないことが確認された」というのである。そうすると、「死因」のほうが、ますますはっきりしなくなってきたわけである。

『青鉛筆』では、「運賃値上げ（五月一日から一・六倍値上げした、筆者註）後の東鉄の皮算用では、旅客収入は管内全部で一日平均七千四百万円になるはずだったが」、実績は二〇〇〇万円ほど下まわっているのは、「相つぐ列車妨害と下山総裁不慮の死が響いているのは明白」としている。筆者などの貧乏人は、値上げ倍率のほうが気にかかったものだが、いかがなものであろうか。

読売新聞は、社説で、「三鷹事件を徹底的に究明せよ」とうたっている。その下山事件にふれた部分を引用しておこう。

「今般の事件といい下山事件といい、あるいは別個の事件かも知れぬ。しかし一般国民は決して別個の事件とは思っていないのである。一般国民はこのような事件が続発すると、国鉄員に対して激しい敵対心と不信を抱くようになるだろう。自ら墓穴を掘るものは国鉄員だ。われわれは一部国鉄員の猛省を促すとともに、当局の徹底的究明を切望するものである」

ついでにここで、国鉄の人員整理の進行状態にふれておこう。七月一二日には、その第二次とし六万三〇〇〇人にたいする馘首通告が始められている。その三日後の一五日、中央線三鷹駅構内で無人の電車が暴走して、六名の犠牲者があった。そして一八日に、現職の組合幹部の整理を行うことは、法律的に疑義があるとして国鉄内部にも異論のあった、その組合幹部、鈴木副委員長以下一四名の免職に踏み切っている。〈註―6〉

もう一つ、こんどは三鷹事件に関係して。この事件で六人の犠牲者が出たことはさきにも述べたが、その六人の遺体が慶応大学法医学教室に運ばれ、中舘教授らによって解剖が行われている。その結果、下山氏の遺体にあったものと同じ所見があきらかにされ、法医学論争に一石を投ずることになるのだが、その詳細は別に紹介することにしよう。ただ、ここでぜひ紹介しておいたほうがよいとおもわれるのは、事件の翌日、七月一六日に発表された、吉田首相の声明である。しかし、これは長文でもあるので、朝日新聞のほうの、この声明をつたえる前文を引用しておくことにする。

「行政整理の進行とともに一方に各種の社会的事件が続発している最近の情勢に対し、吉田首相は十六日午後五時二十分声明を発表。

一、いわゆる社会不安は共産党の宣伝に源を発しており、虚偽とテロがその運動方針である。しかし共産党は少数で、これを監視することは困難でない。

一、過剰人員の整理こそ均衡予算の第一要件だが、失業対策として退職手当、失業保険制度のほかに大がかりな公共事業、新規企業を計画している。

など、政府の所信を明らかにしたが、これによって政府は初めて共産党を社会不安の扇動者と断定したわけで、今後の反共対策、治安対策、失業対策の具体化が注目される」

そして、あたかもこの吉田声明に符節を合わせたように、この一七日の各紙は大きな紙面をさいて、三鷹事件の容疑者として、二人の共産党員に逮捕状が出されたことをつたえている。なんとも素早い動きだが、こうした動きこそ、朝日や読売などが願っていた〃特捜的〃なものであったのかもしれない。

ただし、この二人のうち一人は逮捕後まもなく釈放され、他の一人は裁判の結果、事件とは無関係として「無罪」の判決をうけている。このこともまた、念のためつけくわえておく必要があろう。

さて、毎日新聞だが、記事中には紹介すべきものがない。ただし、署名もので「下山事件と解剖」と題する囲みのものがある。

筆者は東邦医大教授の森於菟氏。最初のころの事件の報道を見ていて、下山氏の五日の動きを考えると、どうも自殺のように思えてならなかったのだが、東大の解剖結果が出てからはわからなくなった、自殺か他殺か判断しにくい事件である、といった趣旨のものである。

七月一七日

停滞する捜査

七月一七日。この日午前、久しぶりに大西運転手が総裁専用車のハンドルをにぎっている。佐久間検事、金原係長、鈴木主任らをのせ、七月四日と五日下山総裁が走った同じコースを運転した。この車には、もう一台の随伴車がつき、そのほうには布施検事と、捜査二課二係の浅野警部補が同乗し、コースを視察、大西運転手の説明をうけた。

午後からは、布施、金沢両検事と、下山事件特別捜査本部長の坂本刑事部長、堀崎一課長、松本二課長、金原、野田両係長らの検察、警察両首脳が、そろって轢断現場周辺と末広旅館を綿密に視察、関口主任の状況説明をうけている。

さて、その第二現場の捜査では、いぜんとして地どり捜査の継続であるが、この日は柏署に二人の刑事が出むいている。下千葉町の池田さん宅にはいった窃盗犯の話をはっきりさせるためである。また、他の一組は、貸舟屋を三軒調べ、当日貸し出したのも、また盗まれた舟もなかったことを確認した。自動車関係では、昨日に引きつづき留目、島両刑事が本村和子さんの話を確かめるため、付近の聞きこみをつづけ、当の本村さんにも会っているが、その本村さんも、あるいは勘ちがいであったかもしれない、といいだしている。また、平塚、桑島組は、本村さんの身近な人から、そのときいっしょに帰ってきたのだが本村さんのいうような自動車は見ていなかった、という話を聞いている。

七月一八日、まず朝日新聞だが、「長びくか『下山事件』〝足どり〟つかめず、出発点で堂堂めぐり」という、解説記事を紹介しよう。

『下山事件は発生以来二週間を経過、検察庁側が一貫した他殺の方針をもっているに対し、警視庁捜査本部内には依然として自殺、他殺の主張の対立があり、事件の見通しについて両当局とも『長引く気配だ』というにいたった。

警視庁捜査本部は三越と五反野の両現場を中心に捜査をつづけてきたが、三越では下山氏が地下道にいたらしいことがやや確実となっただけで例の「三人連れ」の男については確信はつかめず、殺害現場につながる下山氏の足どりは何一つ得られなかった。

一方五反野の現場では、末広旅館主の証言、それから深夜までの間に『それらしい人物』を見たという数名の目撃者が現われたり鉄道線路まで死体を運んだという形跡が見当らないことなどから、足立現場の捜査班は捜査開始後わずか二、三日で『自殺』の心証を濃くした。死体解剖の結果は『死亡はれき断された時からほぼ三時間前』と法医学上の結論が出たが、その後の捜査はこの〝科学の結論〟を裏づける材料が出ないままに本部内も第一線捜査官の経験と『カン』に信頼する傾きをみせ、さらに十六日になって末広旅館の『似た紳士』の頭毛が『下山氏の毛髪と類似するもの』と判って、この心証をさらに濃くしている。しかし本部内にも『たとえ末広旅館の紳士が下山氏であったとしても、法医学上の結論がある以上改めて他殺第一主義で行くべきだ』と強調する組もあり、一方本部捜査とは別に背後関係を洗っている特別捜査班の足並もそろわず、一週間たってもなおスタート・ラインで堂堂めぐりしているというのが実情だ』(傍点筆者)

「特別捜査班」とはいうまでもなく二課二係の公安担当である。その「特別捜査班」まで、足なみがそろわなくなったのでは、万事休す、といったところだろうか。朝日の紙面にもかつての熱っぽさはみられなくなってしまっている。

つづいて、「行詰ってはいない・坂本刑事部長語る」というもの。

『十七日正午すぎ西新井現場のレキ殺現場、末広旅館等を綿密に視察した坂本刑事部長は現場で次のように語った。『三鷹事件とこの事件とが直ちに結びつくような関連性はないと思う。捜査は一部で取りざたされているような行詰りを来していると思えない』』（レキ殺現場とはまた妙な表現である、傍点筆者）

つぎの、『ポケットに麦の穂』というのも引用しておこう。

『下山事件捜査本部は十七日判明した次の二つの材料を重視している。

一、末広旅館で『似た紳士』がつかったというマクラからとってきた一本の毛髪と、死体の毛髪との比較検査を行っていたところ『下山氏の頭髪に類似したもの』との結論が出た。

一、下山氏の上衣のポケットから麦の穂が発見された、これはその日下山氏が付近の畑などをひとりでさまよい歩いた時ムシリとってポケットに入れたものかあるいは格闘などで飛んだものかわからない。

警視庁鑑識課理化学検査所の話『毛髪の形状は似ているが、総裁の毛髪には特長なく、普通人との共通性が多いため、決定的断定は色素の定量検査による以外方法がない』』

朝日とは逆に、読売のほうはまだまだ意気軒昂といった趣がある。「有力な資料握る。成田家の女将も再び召喚・捜査陣、俄然活発な動き」と、なにやらおもわせ気味なのだが、しかし、その内容となるとやはり首をひねりたくなる。成田家関連部分を引用すると、次のとおり。

『捜査本部では大西運転手につぐ重要人物とみられる待合〝成田屋〟の女将森田信（四三）さん＝中央区新川一の六＝を十七日午前十一時再び参考人として召喚取調べるなど捜査はにわかに活発となった。今回の召喚はさる十日の喚問の際供述した下山氏との交友関係、待合へ出入する人物などについてその後の捜査により食違う点が多いので再召喚されたものので、事件解明の有力な手がかりが見出せるものとみられている」

これが果たして「有力な資料握る」に該当するものかどうか、いささか判断に苦しむのだが、いずれにせよ、朝日が三越関係にこだわったのにたいして、読売はこの成田家筋に希望をもっていた節がある。

自殺説に傾く毎日新聞

毎日新聞は、この日あたりから決定的に「自殺説」の線に踏みきったような紙面である。「失踪後単独の下山氏・自殺説濃く捜査大詰へ」というものを引用しておこう。

「下山事件につき警視庁の捜査陣は十六日深更まで捜査開始以来始めての捜査主任会議を開き、各課十一名の主任が担当した捜査資料を持ち寄って詳細な検討を行った結果『現在までに集められた捜査資料によっては自殺以外は考えられない』という重大な結論に達した模様で、堀崎捜査一課長も十七日朝の記者会見で『目下のところ解剖結果を除いて他殺を裏づけるものは何物もない』と注目すべき発言を行った。一方別項の東京地検布施、金沢両検事らの現場視察によって従来解剖結果の一線を持していた検察庁担当検事も捜査陣の集めた自殺説の根拠となる資料を確認したようである。かくて捜査本部は自殺、他殺の最後の決定的な線を決める三越と西新井を結ぶ足どり捜査に全力を集中することになり、捜査はいよいよ大詰めに近づいたものと見られるにいたった。捜査当局が十七日までに調べあげた自殺の索線は次の通りである。

◇その後の足どり　三越と西新井を結ぶ線を捜査中の捜査一課松原部長刑事らは十四日地下鉄内で下山氏らしい人に足をふまれたという証人を発見した。その証人は渋谷に住む上野の飲食店主であるが、捜査本部では目撃した時刻が十一時半という点で、三越からの直接の結びつきがまだ薄いとはしているが、重要な証言として慎重に取調べている。もしこれが事実とすれば下山氏の足どりは上野または浅草と西新井を結ぶ線に短縮されたわけであり、しかもそれ以外の場所で確認された下山氏は常に単独で目撃されているので、もし他殺であるとすれば十数時間もあちこちをうろつき歩いた挙句、ひかれる直前に殺されたというほとんどありえないようなことを肯定せねばならず、自殺とするほうがはるかに論理的であると捜査陣は見ている。なお当局では厳秘に付しているが、三越・浅草間のデパートに二、三の足どりを発見している模様である』

このあとこの記事は、七月四日の不可解な行動、手帳が「失そう五日前の一日以後は完全に空白であった」、不眠症気味で睡眠薬を常用していた、などという点から、「捜査当局は下山氏の失そう直前の行動はいささか常軌を逸しており、常人の行動ではなく、心的平衡は完全に破れていたと強く主張している」とつづいている。

七月一八日

きめ手欠く自・他殺説

七月一八日。この日、轢断現場付近には、アメリカ軍関係者が姿をみせているようであるが、そのことはあとで「血痕問題」を検討するさいに、詳しくのべることにしよう。

ところで、この日の地どり捜査でまた一人の目撃者がわかった。五反野南町一一七三の小海修治さん（二〇歳）、家が常磐線の線路脇なので、辻一郎さんが線路を横切っていったのと、下山総裁に似た紳士が貨物列車を危くさけて電柱に寄りかかったところを、縁側から見ていたという。また、古川ふみさんが犬をつれて散歩していたのも目撃している。六日の朝、ラジオニュースで下山総裁の死を知り、あの人が下山さんだったろう、と兄さんに話していたという。

一〇日以上もたって、こうした目撃者が発見されるところに、地どり捜査の困難さがあるのだろう。なんど訪ねても、その相手がいなければ話はきけず、しかしそのムダ足のつみ重ねが、最後にはものをいうようである。目撃者だけではなく、現場付近通行者もまたおなじで、この日は高島貞三郎さん（四一歳、日ノ出町三の六三六）がつかめている。高島さんは新橋の床屋さんに勤めていて、五日は午後一一時四〇分ごろ綾瀬駅着の電車で帰り、小菅刑務所の裏側道路を通っているが、不審な者や自動車には会っていないという。

さらにまた、自動車関係では、五反野南町一一三五に住む会計検査院の児玉末吉さん（三四歳）が、八時四五分ごろ小型黒塗自動車で帰っているが、これは時間的にも事件とは結びつかないだろう。

もう一台、ながいあいだ問題となっていたビュイック三七年型、平塚、石田両刑事組は、関係者の話を再三聴取したうえ、一日ちがいの七月四日のものを、五日に見たと勘ちがいしていた、という結論に到達。

七月一九日の新聞。朝日新聞からはまず、堀検事正談を引用しておこう。

『最近一部に自殺説が強まっているようだが、いままでのところやはり自殺と断定できる確実な証拠はない。一方他殺についてもその後解剖の結果を裏付ける新しい事実は依然として報告されてきていない。したがって、当局の捜査方針は事件当初と何ら変りなく、あくまで真相を究明するようあらゆる努力をつくしているのが現状である』(傍点筆者)

検察庁も、やや冷静さをとりもどした、といったところかもしれない。つづいて、一八日午後七時三〇分発表の堀崎一課長談。

『一、事件前夜十一時五分ごろ、西新井現場トンネル付近で三十一年型ヴュィックがアカリを消して走っていたのをみたというのは目撃者の日時の記憶違いとわかった。

一、西新井現場付近の怪自動車というのをこれまでに七台まで調べたが、いずれも無関係とわかりあと一台が調査中である(これはたぶん本村和子さんの話だろう、筆者註)。

一、千葉県柏付近の情報で現場付近に白いパナマ帽の怪しい男がいたというのは根拠がない(これは池田さん方に忍びこんだ、例の窃盗犯Iの話のなかに出てくるもの、筆者註)。

一、捜査は西新井現場から千住方面にまで足をのばしている。

一、三越付近の地下鉄、都電、バス及び乗務員の調査はいぜん進めている』

読売新聞。「検察側独自の捜査」と題して、朝日とほとんど同趣旨の堀検事正の談話をあつかい、そのあとをつぎのようにつづけている。

『なお、この日午後大西政雄運転手を品川の法務研修所に招き、佐久間検事係りで極秘裏に取調べを行ったが、堀声明を契機に同庁独自の捜査が開始されたものとして注目されている」

この堀検事正談が、毎日新聞になると「他殺の裏づけ困難・解剖結果も再検討」となるのだから、妙である。お互いに、我が田に水を引く解釈をとるのだろうが、ともかくその毎日の水の引き方も見ておこう。

「下山事件捜査はすでに十三日を経過、この間捜査当局が管下の全捜査網を動員して集めた一連の具体的事実は解剖結果の他殺を裏書する事実をつかみえず本部の大勢はようやく自殺一本に固ってきた。一方検察庁も十八日堀検事正が『場合によっては解剖結果の再検討も考慮する』と語り、捜査本部に同調の空気を示して来た。

下山事件に対する検察当局の態度につき十八日東京地検堀検事正は『検察庁が他殺と〝断定〟したことは一度もない。捜査は自、他殺の両面から並行すべきものであり〝科学〟の結論である解剖の結果は捜査の一環として重視しなければならないというのが検察庁の態度である。検察庁としては事件が事件だけにあくまでも慎重に死因を究明し、国民全部が納得のいく結論を出したい。解剖結果についてはさらに再検討の場合も考慮している』と語った。なお解剖の正式な鑑定書は目下東大桑島博士の下で作成を急いでいるが、提出までにはなお数日を要する見込みで、検察庁ではこの正式鑑定書をしらべた上再検討が行われるものとみられている」

つぎは、「靴底に草の汁・鑑識課の実験・〝現場を歩いた？〟」というもの。

「下山事件の科学捜査面を担当する警視庁鑑識課では十八日までに下山氏の頭髪とクツから三つの注目すべき実験結果を得て自殺説に科学捜査面からの裏付けを期待されるにいたった。

㈠下山氏のクツを分析中の理化学室では、十八日下山氏のクツ底に微量ながら草のしるがクツ底全体にわたって付着していることをつきとめた。しるは微量のため色素反応によっていかなる種類の草であるかの判定はまだ出来ないが下山氏が草の上をあるきまわった事実が確認され、草の多い鉄道線路の土手その他付近の道路など現場付近を歩きまわっていた〝下山氏らしい人物〟が下山氏と認定される強い材料となるものである。㈡下山氏のクツのどろはクツが雨にうたれたため採取が非常に困難であるが、予備試験では類似点が多いとされ、ここ一両日中に最後的な決定がなされると理化学室ではいっている。㈢れき断車両から二本、末広旅館から二本、東大法医学教室から二グラムの下山氏の頭髪をとって試験した結果は、車両のものも末広旅館のものも下山氏のものに類似することがたしかめられた。しかし東大法医学教室から来た頭髪ははさみで切ってしまったため毛根がなく、このため毛根の比較ができず、最後的な決定は困難な模様である』

七月一九日

鑑識課、血痕を採取

七月一九日。この日の地どり、足どり、自動車関係の捜査では、記すべきほどの成果はなかった。ただ、夕刻六時から二〇日午前一時まで、轢断現場付近三ヵ所に制服・私服を配置して再度の通行者調査を行ったが、午後九時以降では五反野踏切をこえて東武トンネルに向かったもの三一名、線路沿いに現場を通った者一名、荒川鉄橋をわたった者三名というのが、この日の結果であった。

鑑識課では、午後五時から塚本課長、光藤係長、岩田警部など九名が出動して、轢断点付近の枕木などから、血痕らしきものを採取している。検査は、北、平島技官の手で行われ、結果は「資料㈠㈡共人血反応を認め其の血液型はA型と認める」となっている。㈠は「線路上の石拾個」、㈡は「枕木木片拾片」である。詳しくは血痕問題のところでふれることにしよう。

七月二〇日付朝日新聞。「三鷹・下山事件をめぐって」という記者座談会に大きな紙面をさいているが、そのなかの「むりやり三仮説・自殺会議まとまらず」というところを引用しておこう。

『司会　下山事件くらい割り切れないものはないね。現在のところでのしめくくりはどうなんだ。

E　この間、合同捜査会議を開いたね。その時に捜査本部のいうのは学者が本部のいうことを了解してくれれば自殺と断定して発表したいという気持だったんだ。それで法医学上の死後れき断とつじつまを合わせるため三つの仮説を持ち出

した。それは、

(イ)あのガードからとび降りて衝撃をうけて線路の上に転がったところを貨車がひいた。(ロ)上り線に飛び込んではね飛ばされて死んでその死体が下り線に横たわってひかれた。(ハ)下り線に飛込んで前方にはねとばされ、死んだところをひかれた。

ところがこの三つの仮説とも東大では納得しないんだ。

司会　警視庁はどうして自殺の断定を焦るのかね。冷静にみたところ現段階では自、他殺決定できずというところじゃないかね。

E　心証によるというわけだな。いろいろ調べたが、どうも他殺の心証は得られないというのだ。

司会　迷宮入りにすると警視庁の威信に関係するということはないかね。

E　それはないな。今までもいくらもそういう例はあったしそれよりやっぱり自殺だという強い信念を彼らは持っているわけだ。だから捜査はもう本当のところ気乗りはせず書類の整理か何かしているだけだ。

司会　自殺とするといろいろな疑問が出て来るんだ、例えば下山を一番よく知っている夫人、加賀山副総裁、大西運転手この三人は口をそろえてどうしても自殺とは思えないといっている。

E　しかし、そこにも疑問もあるらしい。家庭内のことをいろいろ暴きたくない、そういう辛い立場もあるにはあるんだ。

B　その警視庁の心証の中で目撃者なんだがね、一番問題になっているのは末広旅館の長島フク、もう一人はザリガニを獲っていた渡辺盛、この二人なんだが、長島も渡辺も当局へ報告する前に新聞を読んでいる。

渡辺は最初メガネは掛けていたといっていたが、どういうメガネかということはハッキリしなかった。それが調書を取る場合にはアメ色のメガネだとハッキリいっている。

また五反野南町の現場の住民は今までイヤというほどれきし死体をみているが、あのコマ切れは飛びこんだ人間ではないといっている。

E　当局ではこれに対してこんなことをいっている。ザリガニ獲りの子供はね、ネクタイに金糸銀糸の模様があったといってるんだ、家人に聞いても知らないという。後で家の中を探したところそのネクタイだけがなかった。末広旅館でも下山がクツをはく時にクツベラを使わないというクセをはっきりといっていた。そういう心証をあげているんだ。

司会　旅館にいったのは替玉だという説もあるね。

Z　今のところではどうも危いもんだということになっている。

司会　いずれにしても一躍有名になった末広旅館は商売繁盛かな。

A　あれはもともと戦後場末に激増した旅館の一つで、繁盛というわけでもないがあそこのオカミは抜け目がない。取材に行った若い記者に『お安くまけますからどうぞよろしく』とのがさず宣伝していた。

怪紳士の証言にシドロモドロな点もあったね。はじめはオカミが休んだのは下山さんに間違いないとガンバっていたが、テイ主も乗り出し下山説を強調していた。ところがこのテイ主はその紳士には会っていなかった。夫婦で仲良く下山説だ。手のつけようがないね」

関連して、朝日の記者が三鷹事件「捜査本部の某首脳（とくに名を秘す）」と行った、一問一答の一部を紹介しておこう。

「問　下山事件との関連性は、

答　両事件の現場が、ともに東京でも有名な共産党細胞の発達した地区である点について、今のところ関連性があるとの印象が強い。下山事件をやっている堀崎第一課長とも会いたい。

問　捜査陣の心構えは。

答　相つぐ下山・三鷹両事件の発生について、国民は思想的背後関係があるのではないかとの疑問を持っているに相違ない。この疑問と批判に応えるため、身命をとして事件解明に当り捜査の結果がどう出ようとも、内幕を国民にぶちまけるつもりだ」

読売新聞からは、「記者脅迫の共産党員逮捕・イ少佐、総司令部上司へ要求」というのを引用する。

「〔INS特約＝東京・堀口記者〕総司令部新聞課長インボデン少佐は総司令部上司に対し日本の各新聞社および在日外人記者を脅迫しつつある日本人共産主義者らの逮捕許可を求めることになったと言明するとともに十九日次のように語った。

『共産党中央委員会書記野本正治氏はニューヨーク・タイ

ムス東京支局長リンゼー・パロット氏に対し先に同氏が東京およびニューヨークの新聞に執筆した記事の取消を書面をもって要求した。共産党はパロット氏が同記事中下山総裁の怪死事件は明かに絶えざる暴力をふるう共産主義者によるものと書いたことに対し抗議したものだが日本人個人または団体が連合国新聞記者にこのような取消要求をおこなったことは占領以来最初である』

なお当のパロット氏はこの折衝の間、野本氏によって脅迫された事実はないと語っている』

事件とデマ

毎日新聞には、「三越までの一時間、あてなき〝疾走行路〟」といった、五日朝の下山氏の行動をつたえるものや、「自分がぼんやりしていなければああいうことにはならなかったと思うと、身を切られる思いがする」と大西運転手が、国鉄本社守衛長の木村氏に語った話などがあるが、ここでは、「デマを解剖する、異常な心理が温床」という解説的な記事を引用しておこう。

『下山事件や三鷹事件と相次ぐ事件にあたかも真実そうなデマが横行、一般の気持ちを不安に導いている。ではデマとはどういう状態から生まれて来るか、デマに対してどういう心構えが大切か、社会心理学的な立場から慶応大学教室佐原六郎教授の説明を聞いた。

日本人は長い間の戦争の経験から全般的にアブノーマルな心理状態に陥っている。加えて戦後の経済、政治事情から来る生活不安や実証的なものを軽視して観念的なものを尊重ししかも刺激に対する反応が早すぎるという国民性の弱点があるため一層異常さを加えており、現在はデマを信ずるに絶好な条件に置かれているといい得よう。それにもかかわらずある社会不安が報道されるとデマが多くて困ると口々にいって自分がデマの運搬者になっているのにきがつかないでいる時も往々にある。デマの起る源は極端にいうと右か左か何れかだ。そして最近では殊更にデマを作る人たちがあるようだ。その人たちはよくこの国民の心理状態を知っていてすべて突発的センセイショナルなことを起して刺激を与えるという老かいな手段をとっている。

下山事件の発表直後慶応大学社会心理学教室で学生百名に対して心理調査を行ったが、圧倒的多数を占めたものは他殺説の主張であった。そして首切りと関係がある、背景は左翼であると答えていたが、これらは社会不安のアブノーマルな心理状態に陥っている証拠であり、こうした心理状態を脱しデマにまどわされないようにするには常に無批判な人には直接に見たり聞いたりしたようにいわないことが大切で、学問的には社会調査がもっと発達することが望ましい。一般も数字にもとづく社会調査、世論調査の結果によって議論し、刺激に対する反応が早いのが時代のセンスだというような非科学的な習慣は捨てるべきだ」

このあと「デマの実例」としてつぎのようなことが書かれている。

「最近警視庁に入ったデマのうち大衆をまどわしたものをひろうと、①三鷹事件直後運輸大臣大屋晋三氏の暗殺計画が伝えられた。どういう背後関係があるのか不明だが、警視庁として調査している。②十七日午前十時ごろ警視庁警備課に八王子管理部から電話で『三鷹駅付近で労組員が今日上野駅と品川駅の間で大きな事故が起るぞと話していた』との通報があった。③十七日午後十時半ごろ中央線小仏トンネル付近で列車妨害があるとの情報が伝わって十数名が徹夜の警戒に当った。この流言は日野駅と駅前交番の巡査が『事件はだんだん山の方に寄って来る』と語ったことが流布されたもの」

なお、慶応大学社会心理学教室で行ったような調査は、法政大学心理学研究会でも実施されたようで、「下山事件に関して、『どれが下手人と関係があると思ったか』、『どれが下手人と関係があると思うか』という一対の質問を出し、新聞社、政府、労組、第三国人、一般国民、警察関係者、天皇、首切られた人、社会党、民自党、共産党、元軍人、連合軍、わからない、該当なし——の一六項目を選ばせた」という。調査対象は、共同印刷の労働組合員一〇三名、精工舎の組合員一六四名、法大学生一〇一名で、結果は「共産党」が一番多く、これにつづいて「首切られた人」、「労組」、「政府」の順であったという(乾孝編著『戦後史・日本人の意識』より)。

また、日本輿論調査研究会が、推理作家協会の会合(七月三〇日)で出席会員二三名にたいして行った調査では、つぎのような結果であったといわれる。自殺説九・一%、他殺説九〇・九%。犯行の動機と目的については、国鉄整理に関する公的動機二〇％、同じく私的動機一〇％、社会不安・人心擾乱二〇％、左翼団体の使そう一〇％、右翼団体の使そう一〇％、会談中の突発的殺人一〇％、テロリズム五％、動機なし五％、無記入五％。

これらの調査結果をみると、下山事件を労働組合をふくめて、左翼陣営の仕業と考えるのが、支配的であったことがわかる。こうした傾向については、当時の状況から考えると、新聞報道が大きな影響を及ぼしていたことも、また事実である。

七月二〇日

靴に付着していた葉緑素

七月二〇日。昨夜の通行人調べなどの関係から、また、現場周辺によく食用蛙とりに入る人たちがわかった。そのうちの久保田長一さん（四一歳・葛飾区小谷町一八四）は、五日夜は東武竹之塚駅周辺を歩いて五反野のほうにはきていなかったが、滝川利一さん親子（隅田区隅田町二の三七八）のほうは、小菅刑務所面会所付近の池に五日の夜一〇時ごろきて、それから同刑務所裏側水路より五反野踏切わきに一一時半ごろ出ていたが、そこで綾瀬駅下車で帰ったとおもわれる人を二、三名見ただけで、自動車や不審な人影には気づかなかったという。

一方、この日の地どり捜査では、五日の午後八時二〇分ごろ、亀有駅に下山総裁らしい人が四人の男といっしょにいたという情報もあった。この男たちを見たのはおばあさんで、男たちが、「向島に行くのにはどう行ったらよいか」と聞くので、おばあさんが、「北千住で乗りかえなさい」と教えると、おばあさんといっしょに電車にのりこんだという。

自動車関係では、留目、小須田両刑事の組が、一七五八〇〜九番の乗用車を追っているが、西新井署からの連絡では、事件から四日目に同署の鈴木刑事が本村和子さんにあたったときは、自動車などは見なかったといい、ただ犬がないたという証言があっただけだった、ということである。

七月二一日付新聞。朝日からは、「現場のと別・下山氏のクツの土」というのを引用しておこう。

「下山事件捜査本部では、下山氏のクツについた土と現場の土を二ヵ所で鑑定、比較検査していたが、二十日にいたり『一致しない、両者は別の土である』との結論が期せずして得られた。この判定は『列車にひかれる前の死亡』という解剖所見と符合し、下山氏は歩いて行ったものでなく、運ばれていった公算が大きくなったと見て科学捜査陣はいよいよ活気づいてきた。なおクツの付着物から微量の葉緑素が検出されたが、この程度のものは道端の雑草をふんでもつくもので、今度の鑑定の対象にはならないとみられている』(傍点筆者)

「道端の雑草をふんでもつく」程度の葉緑素であっても、ついていたということが事実であれば、雑草のある所を歩いたということになって、その点ではやはり問題になるはずである。科学的であることを標榜する朝日新聞としては、いささかうなずき難い論理ではなかろうか。「鑑定の対象にはならない」などというものがいたなら、その考えこそ追及さるべきだろう。だが、それはさておき、この日の青鉛筆子の筆さばきも拝見しておくことにしよう。

「▼『ヒトノクビヲキルト、ジブンノクビガアブナイゾ』という電報が先日『琴平共闘組』の名前で池田蔵相のもとへ舞込んだ。▼四千人の税務署員の整理を考えていた蔵相、下山事件のあとでもあり、早速警視庁に連絡、武装警官が私宅に泊りこんで警戒することに決定。▼一方高橋国税庁長官の方は『税はとってもムゴイ首切りはしないのだから』とマクラを高うしているそうだ」

読売新聞は、社説で「警察力の強化を急げ」と訴えているが、「……この種の政治的事件は捜査の局に当る者があらかじめこの種の運動の実情をつかんでいて、ある程度の予備知識を持っていなければ、事件が発生してからあらためて捜査を始めるのでは、とうてい間に合うはずもなく……法務府の特審局に一課があり、これに類する機能を営みつつあるといわれるが、量質共に最近のような騒動類似ないし地下組織的犯罪に対応し得る能力を持ち得ないことは明らかである」などというところからも推察できるように、要するに公安警察の増強を求めているようである。

さて、記事のほうに目を移そう。まず、「他殺説またもり返す」という、二面トップの見出しが目につく。かくいう以上は、読売の人びとの目にもこのところ、「他殺説」は一向にふるわず、それを裏づける材料も見あたらなかったということでもあるのだろう。

まず、その前文。

『下山総裁の死因をめぐり一部には精神異常神経衰弱などによる自殺説が流布され、また捜査本部の一部でも他自殺両面捜査の一面としての自殺面捜査が依然続けられているが特捜班の捜査により二十日に至り事件前日の四日の下山氏の行動が明かにされ自殺説を裏付ける精神異常や神経衰弱などの気配は全く認められなかったことが判明した。一方東大法医学教室桑島博士による〝死後轢断〟の鑑定書も一両日中に正式提出の運びとなり他殺説は再び盛りかえし特捜班の動きはにわかに活発化してきた』

「一両日中に正式提出の運び」となっていた鑑定書だったようだが、どういう理由であったのか実際の提出は、これから約五ヵ月後の一二月三〇日であった、という事実をつけ加えておくのもムダではあるまい。なお、その一二月三〇日の夕刻、桑島直樹氏は毎日新聞社に下山事件担当デスクであった平正一氏をおとずれて鑑定書を示し、「これから提出しますよ」と挨拶をしたということである。平氏は内容には目も通さず、「じゃ、お送りしましょう」と車の手配を命じ、増田滋記者が同乗して検察庁に向かった、というのである。さらにもう一点つけ加えておくと、この鑑定書の結論部分といわれるものが昭和三九年六月、衆議院法務委員に配布され、〝他殺の資料公表〟などと大騒ぎをされたことがあったが、それよりもっと詳しい内容のものが、このときより一五年も前の昭和二四年一二月二八日付読売新聞紙上に〝公表〟されているということである。

七月二一日の記事にもどろう。前文に引きつづき、「精神異常認めず、前日の足どり警視総監ら証言」という大きな見出しで、つぎのようにつづく。

『捜査本部では事件以前の下山氏の足取りにつき全力をあげて捜査した結果、二十日に至り事件前日の四日の下山氏の行動には精神的異常は全く認められなかったことが判明するとともに国際鉄道クラブが下山氏の情報連絡場所に使われていた極めて注目すべき新事実が判明した。四日の下山氏の行動および精神状態は、

一、午前中は首相官邸、検察庁、斎藤国警長官、田中警視総監を訪れ人員整理に関して事前打合せを行ったが態度は平

常とかわらずむしろ意気軒高たるものがあったと会見者が口をそろえていっている。

二、午後四時半から下山氏は芥川鉄道公安局長、橋本同第一課長らと会合したがこのときも伝えられているような精神動揺のかげや異常動作は全然なかった。

三、次いで午後五時十分には人員整理後の対策を各局長と協議するため千代田区丸の内三の二交通協力会を訪れ二階のインターナショナル・レイルウエイ・クラブに入った。八時ごろ運輸省に帰った。その際居合せた磯崎職員課長も『精神的動揺などは感ぜられなかった』といっている。

このように自殺の原因になるような精神的異常は全く認められないとの結論に達した。

一方レイルウエイ・クラブを調査したところ下山氏が人目をさけて去る一、二両日にも秘密会合のため訪れている事実が判明したので捜査本部では下山事件解決のカギとして再び情報収集関係を重視し捜査を開始した。

田中警視総監談『四日朝、警視庁の廊下で国鉄の人員整理問題について立話をしたが、精神異常など全く認められずもちろん自殺するような気配などはみられなかった。また下山氏が神経衰弱だったなどとは私には考えられない』

田中警視総監は、四日午後下山総裁の来訪をうけて、なにか大事な用件があるものと思い、別室に誘ったが応じなかった、総裁来訪の目的がよくわからなかった、と捜査員には語っているようだが、相手によって話をかえる警視総監をもったことを悲しむべきだろう。

ところでもう一つ「他殺説またもり返す」の他の一本の柱のほうである。見出しは、「〃科学を信ぜぬ者を恐れる〃・法医学教室の鑑定書正式に提出」となっている。

『当局に提出される鑑定書の内容は、一、下山氏は死後に轢断された。二、死亡時は轢断時間に割合近い。三、死因はショックによるもの。という三点を中心にいままでの解剖所見を確認したものである。捜査当局の一部は自殺説に比重を傾けてきたような折柄、東大法医学教室の解剖所見は『死後轢断』と純正法医学による見解を発表しているためややもすれば科学といわゆる捜査上のカンが対立しているかのように伝えられている。この際あらためて同教室古畑、桑島博士の意見を打診してみた。

◇死後轢断ということは厳然たる科学的事実でありこの点

についてははじめから一貫しており疑う余地がない、これを信じないとすればわれわれが科学を信じないため戦争前無残にも敗戦という事実に向ってたどったと同様の運命におとしこまれるだろう、検察庁でちかくこちらから出す鑑定書を再検討するかも知れないというが、これは検察側がぐらついてきたことではなくよくあることだ、こちらから出した資料でほかの人が再鑑定する場合、黒が白になることだってあるかも知れないが、しかしこんどだけはその余地がないと信じている。

◇捜査に当っている人がどうしても自殺だと云うのならその根拠を誰でも納得できるよう合理的に示すべきだろう。他殺の裏づけが解剖の結果以外に出て来ないから自殺だというのでは非科学的もはなはだしい。これでは〝犯人〟はまくらを高くして眠るだろうし科学を信ぜざる者の末路は、さきほども言ったようにあわれをとどめる。これは右翼よりも左翼よりも恐ろしいことだ。ここの病院の医者たちは、はじめ自殺か他殺かでカケようとしたがみんなが『他殺』でカケにならず、結局犯人が検挙されるかされないかのカケになったそうだ。〝科学者〟ならみなそんなものだ。

◇とにかくあまり無茶な意見や考えが強くなるようだったら検察側の了解を得て、こちらの正式な談話でも発表したいとさえ思っているくらいだ』

「自殺か他殺か」にせよ、「検挙されるかされないか」にせよ、こんなことにカケをしようなどという人たちは、〝科学を信ぜぬ者〟とおなじ類とおもわれるが、これは見解の相違か。

毎日新聞から「余録」を引用しておこう。ここにもまた、相異なる見解がある。

『三鷹事件は飯田、山本両容疑者が送検され、集団計画犯行の捜査に手掛りはついたようなものの、捜査本部でもまだしっかりした物的証拠をつかんだとは思っていない様子△下山事件は東大の正式鑑定書はまだ提出されていないが、大体他殺を裏づけているにかかわらず捜査が進むに従い自殺説が濃厚になっている。そこで、慶大佐原教授の如きは日本人の心理解剖を行い、デマを信ずるに絶好な条件に置かれていると診断している。生理解剖、心理解剖の結論にはそれぞれ異議もあろうが、いずれも厳正な科学的態度に違いない△暑中御苦労なのは検察、警察両当局である。『事件』に『社会不安』があるのか『社会不安』が『事件』を生むのか、ここにも両面観はあるわけだが、世間には頻りに警察力の不足を鳴らすものがある。つまり下山事件の自殺他殺がはっきりせず、殺人電車の運転者が不明なのは一に警察の責任だというわけで、手取早くラチの明かないのを歯痒がるのである△が、以前のようにサーベルをがちゃつかせさえすれば、あとは大抵検事局の思う通りになったのと世の中が違っている△死人ロなく、森於菟博士は解剖の結果が発表されてから、自殺とも他殺とも分らなくなったといっている。公判廷では証拠第一主義で、被告に黙否権、供述拒否権がある。真犯人を捕えることによってのみ『社会不安』は除かれるのだ△法医学は最初裁判医学といわれ裁判医学者が司法解剖に臨む場合、いささかたりとも私情をはさんでは到底法の公正を保持されないという確固たる信念をもって、法医学を今日あらしめたのは片山国嘉博士の功績である』

ちなみに、片山博士とは、東大法医学教室第一代の教授である。

七月二二日

合同会議と検察側討議資料

七月二二日。この日、午前八時より午後一時半まで、三宅坂の元陸軍省官舎で検察、警察両首脳部による極秘の合同会議がひらかれている。新聞発表だと、この会議は品川の司法研修所ということになっているが、うるさい記者の眼をのがれる方便として、会議場まで偽っていたようである。出席者の話を聞くと、自宅から車にのせられて運ばれ、ついたところははじめての場所で、あれは麴町のほうではなかったか、と今でも不思議そうな顔をする人がいるくらいだから、たしかに意表をついた場所であったのだろう。

ところでこの会議には、第一線指揮官である鈴木清、関口由三両主任も出席しているが、もちろんこの間、第一、第二現場とも捜査は休みなくつづけられていた。しかし、その捜査結果には、ここで特別ふれておかなければならないようなものもないので、合同捜査会議のほうについてだけ、若干のべておくことにする。

まず、この会議の出席者である。最高検察庁から、次長の木内検事、以下竹原、出射、野村、勝田の四検事、東京地検より堀検事正、馬場次席検事、山ノ内刑事部長、布施、佐久間、金沢の三担当検事、警視庁側は田中総監、坂本刑事部長、堀崎捜査一課長、松本同二課長、塚本鑑識課長、金原、野田両係長、これにさきほどのべた鈴木、関口の両主任である。

さて、この会議でなにが問題になったのか——。いちばん大事なのはもちろんここなのだが、その前にまずこの会議の招請者を考えておいたほうがよいかもしれない。これは結論的にいうと、どうやら検察庁側であったらしい。そのことは、二二日付読売の堀検事正談が、「田中警視総監らを招き……」となっていることからもうかがえるのだが、とにかく検察庁側はこの当時、警視庁の特別捜査本部にたいして、つよい不満と不安をいだいていたようである。

その原因となった一つは、この事件が新刑事訴訟法施行(昭和二三年一二月)以後の、最初の大事件であったというところにあった。旧刑事訴訟法のながい歴史のあいだは、検察官が捜査の指揮権をにぎり、刑事たちを手足のごとく動かしていた時代である。ところが、新しい時代の刑事訴訟法下では、第一次の捜査権が警察側に移り、刑事たちは検察官の指揮をうけることなく、自分たちの判断で自由に動けることになった。もちろん、捜査の結果、捜査資料や証拠物件の送致をうけて、事件を起訴するか否かの判定権は、検察官にある。したがって、捜査の最終目的を公訴提起と考えると、警察側も検察官との連絡と意思の疎通につとめなければならない点で、なにかと気をつかわなければならないことは事実のようであった。しかし、かつての従属的立場から一本立ちとなって、みずからの裁量による捜査が可能になっていたことも、またまちがいがない事実であった。

この大きな転換期、検察官としてはかつてその手ににぎっていた、輝くような権力の一部を失った、という感じに支配されていたことは事実であろう。半年も前のことならば、捜査結果は細大もらさず報告され、それにもとづいて刑事たちを指揮、督励していたのである。が、今はもう、警察は独自に動いて、報告もとくに求めるか、合同の会議をひらくときに聞くだけとなっている。そこに、それが当然のことになったのだが、やはり不満があったようである。そして、もう一つ、果たして警察が、検察官の指揮をうけずに独自の捜査をやれるのか、という不安があった。警察は自分たちの指揮監督の下で動くもの、といったながい間にわたってつちかわれてきた観念は、そう簡単にはぬぐいさるわけにはいかなかったのだ。したがって、他殺重点の捜査をしろとか、死後轢断という東大の判定を重視せよとか、ときどきおせっかいともおもわれる発言が、東京地検首脳のあいだからとびだしている。

だが、それにもかかわらず、黙って見ていると警視庁の特別捜査本部の動く方向は、検察庁が期待したものとは違ったところに向かっているようである。検察側には不満と不安が高まっていたのも、ある意味ではむりからぬところであった。そこで検察庁は、疑義のあるところを解明するため、問題点を整理したという格好で、討議用の資料を用意した。そのプリントが、この二一日の会議で警視庁側に提示されたのである。かなり長いものであるが、検察庁側のこの時点での考え方を知るうえで参考になるとおもわれるので、ここに全文を引用しておこう。

他殺説の根拠となるべき事項

1、解剖所見中死後轢断の認定、並にショック死の認定を可能ならしめる睾丸、陰茎の皮下出血。

2、下山総裁の所持品中、ネクタイ、眼鏡、ライター、煙草ケース及びパイプ未発見の事実。

3、国鉄行政整理を繞る組合の動向。

4、下山総裁が国鉄労働組合の動向について情報蒐集に異常の関心を有っていた事実。

5、自殺の決意、或いは精神異常に依る自殺を確定的に裏付ける事実のない点。

自殺説の根拠となるべき事項

1、三越内、地下鉄沿線及び事故現場付近に於ける足取。

2、鑑識の結果。

Ⓐ 靴裏に色素（これは植物の色素すなわち葉緑素の意味だろう、筆者註）の付着している事実。

Ⓑ 背広上衣両ポケットの五粒のカラス麦の実と、現場に同種のカラス麦が叢生している。

Ⓒ 末広旅館から採取した毛髪五本のうち一本が下山氏の毛髪に酷似している。

3、解剖所見中死因不明の点。

4、下山総裁の現場付近との土地鑑関係。

Ⓐ 川甚こと天宮清方に出入の事実。

Ⓑ 足立区梅田町一七二一番地に下山総裁の実弟常夫が

居住している事実。

Ⓒ　二十三年二月二十八日、関東行刑管区会合のため東京拘置所に行く、屋上から現場付近一帯を一望に見得た事実。

Ⓓ　二十二年秋の水害に際し現場付近を視察した事実。

5、死体運搬の目撃者がない事実。

自殺に対する疑問

1、解剖所見を如何に説明するか。

2、轢断時に於ける身体の状態と右側排障器屈曲状況との関係を如何に説明するか。

3、ネクタイ、ライター等の未発見をどう説明するか。

4、覚悟の自殺か、精神異常か。

Ⓐ　覚悟の自殺とすれば、①何時自殺したか、②何故自殺したか、③何故に鉄道を選んだか、④何故長時間徘徊したか、⑤何故に食事しなかったか、⑥何故あの場所に行ったか、⑦なぜ遺書・遺言を残さなかったか、⑧三越に入るとき、なぜ五分と云ったか。

Ⓑ　精神異常の場合、①精神異常の具体的事実、②何故精神異常になったか。

5、精神異常でも習慣的にパスを使用すると思うが、どうして五反野で切符を持っていたか。

6、下山総裁の所持品中百円札は全部古いが、末広旅館の女将は新しい札を受取ったと供述している。（新しい札というのは捜査事実になく、新聞記事だけである、傍点筆者）

7、現場付近の足取が午後六時四十分頃から十一時半までとれない事実をどう説明するか。

他殺説に対する疑問

1、三越に行く時「白木屋でもよい」といった点。

2、四日の行動、五日の朝の行動。

3、三越から拉致すればどんな方法によるか。

4、如何なる企図で誰が殺したか。

5、殺害の場所は事故現場か他の場所か。

Ⓐ　事故現場の場合、①どんな方法で何時現場につれて来たか、②現場付近の足取との関係をどう見るか。

Ⓑ　他の場所と見る場合、①三越付近と見るか、三越及事故現場以外と見るか、②殺害の時間は、③どうして死体を運んだか、④現場付近の足どりとの関係をどう見るか。

6、殺害の方法如何、又計画的殺人か、或は傷害致死か。

7、靴裏に付着の色素、カラス麦、毛髪の酷似等一連の関連性をどう見るか。

この資料を一見するかぎり、検察庁は自・他殺にこだわらず、あたかも客観的な立場で考えているようにもとれる。しかし、この会議と同じ日、福井検事総長が発表している談話をみれば、下山事件を公安事件の一つとしてとらえていることは明らかで、やはり他殺の立場であろう。そして会議のうえでも、やはりそういう考え方で、捜査本部の捜査経過報告にたいするチェックが行われたようである。が、結果としては、少なくとも報告された捜査結果に関するかぎり、それを事実として承認せざるを得なかったようだ。木内最高検次長検事も、「やっぱり自殺だったのかね」と、感慨深げな一言をもらして席を立ったという。

ところで、この会議とは別だが、捜査の流れのうえでふれておかなければならないことは、この日の深夜一一時から約三時間半、元名古屋大学教授（法医学）の小宮喬介氏が金原係長と話しあっていることである。ついでに述べておくと、小宮氏は翌二二日も、坂本刑事部長、堀崎一課長、塚本鑑識課長の三人と、午前一〇時から午後二時まで会っている。会談の内容は、「死因不明」、しかれども「死後轢断」なり、という法医学史のうえでも例をみない、東大法医学教室の解剖結論をどう考えればよいのか、というところにあったようである。東大鑑定の尊重をしきりにとなえていた検察庁さえ、「殺害の方法如何」として、死因不明を「他殺説に対する疑問」の一項として取りあげているくらいである。捜査についての全責任を負っている捜査本部が、この点について経験ある法医学者に意見を求めたことは、当然のことでもあったろう。

七月二二日の新聞である。まず朝日新聞であるが、「時計巻いて乗車、下山氏・笑顔で三越へ入る」という、大西運転手からの直接取材記事があるが、これは今まで紹介してきたところとあまりかわりはないので割愛し、福井検事総長談のみを引用しておこう。

『先般来国電の一部スト、広島の日鋼事件、福島県平市署襲撃事件など悪質犯の発生をみたが、これらの事件はいずれも急進過激分子が指導しているようにうかがわれる。また最近列車妨害事件が多く、三鷹事件のごとく目をおおう不祥事が発生したが、われわれはその当面の責任者と背後関係を速かに明かにし、徹底的にその真相を究明しようと懸命の努力をつづけている。下山事件についても、科学的かつ合理的判断を基礎としてその真相発見に全力を尽している。われわれは暴力など不法の手段で治安をみだそうとするものに対しては断固たる処置に出る方針である」

読売からは、「日曜に必ず外出・車も敬遠した下山総裁」というのを引用しておこう。

「下山氏怪死の原因を衝くため、同氏の身辺捜査に当っている特捜班では下山氏は毎週日曜日には雨、風にもかかわらず、朝十時ごろには一人でブラッと外出し、夕方六時ごろ帰宅する習慣を知り〝私設情報網〟に関係あるものとして、捜査をはじめた。家人の話によると、行先は時たま〝映画をみてきたよ〟などという程度で全然ふれなかったという。またこの外出には大西運転手の専用車はもちろんタクシー等も使わず、目蒲線かバスを利用していたもので、この点この会談が極めて秘密のものであると重視されている。

なお成田家こと森田信（四五）さんから事情聴取の結果、下山氏と信さんは技術院時代同僚だった中央区日本橋通一の六株式会社クイーンビー専務取締役岡田金治氏の経営する日本橋白木屋前同社喫茶室でしばしば出逢っていた事実も判明。同所が下山氏の連絡場所になっていたのではないかとみて、下山氏の立寄り状況を捜査している」

読売はいぜんとして森田信さんと、〝情報網〟にこだわっているようだが、日曜日に必ず外出というのも、クイーンビーが連絡場所というのも、実際とはまったく違ったり、いささかオーバーな表現だったりで、事実はそれほど奇なるものではなかった、ようである。ついでにもう一つ、堀崎一課長の発表も引用しておこう。

「一、下山総裁の運転手大西政雄氏の自供により、七月五日の行動を本日まで詳細に捜査したが、疑わしい点は認められない。これは七月五日三越本店南口に駐車した自動車十九台の運転手と同人の知人三名の目撃したという証言により、七月五日は午前九時三十五分ごろから同日午後五時十分ごろまで、大西運転手は自動車とともに現場にあったことを確認、さらに大西運転手について現在のところ何ら疑うべき点は認められない。

二、西新井現場の当時の通行人の証言、自動車、目撃者の発見などに努めているが新事実はない。
三、地下鉄、都電、都バス、東武などの交通機関は引続き捜査中。
四、当日現場を通った国鉄、東武線列車、電車の乗務員九名について調査したが新事実はない。
なおこの乗務員調査は水戸機関区勤務の数名を除いて一応終った」

なお、毎日新聞によると、この日の堀崎発表は第一回公式発表で、公式発表という意味は、これまで談話形式で捜査経過を発表してきたのを、検察庁との首脳会議の結果、こんごは確認ずみの捜査結果を整理して、逐次公式発表として処理していくという方針が決められたためである、ということである。

七月二二日

新たな証言

七月二二日。この日また、新しく事件当夜の現場付近通行者がわかった。千住四丁目のある印刷会社の部長、松永薫さん(四七歳)である。会社が争議中であったので九時半ごろ会社を出て、北千住で一杯やってから自転車で千住新橋をわたり、寿湯前から東武トンネルをくぐり、五反野踏切を一〇時半ごろこえて葛飾区上千葉の自宅に帰ったというのである。現場付近では、特別の記憶もないが、不審とおもわれるような人に会ったという覚えはないという。

しかし、昨日聞きこんだ野瀬春治さん(三六歳)の話によると、松永さんと相前後した時刻に五反野踏切を反対方向にこえて、その際三人の人影を見たということだった。野瀬さんは大工さんで、当日、伊東谷本町の磯川さんの所に仕事に行き、一〇時二〇分ごろ磯川さんの所を出て一〇時半ごろには五反野南町一二六五の自宅に帰ったというのだ。そこでこの日、山川刑事らがあらためて野瀬さん自身や、その周辺にあたってみると、野瀬さんは左の眼を悪くして二ヵ月間も入院生活をおくっていたばかりで、視力がおとろえていて電柱を人影と見誤っていたことがはっきりした。

自動車については、留目、藤原両刑事が問題となっていた本村和子さんの話について、再調査をしている。本村さんの話をよく聞いていくと、問題の自動車を見た夜は、お父さんも一時近くに帰ってきた、ということなので、そのお父さんからの事情聴取である。ところが、お父さんはたしかにそのころ、和子さんのいうように一時近い時刻に帰ったことがあるが、そのときは雨は降ってなく、濡れて帰ったという記憶ではないというのだ。もしそれが、事件の夜であったとすると、その時刻には相当な雨になっていなければならない。とするとこのことからも、和子さんが問題の自動車を見たのは、事件当夜ではなかった、という公算が大きいようであった。

これは、下山氏の土地鑑にぞくすることだが、四月三日まだ次官時代の下山氏が、金町駅に姿を見せていることが、やはりこの日の捜査でわかった。このときも国鉄利用ではなく、京成電車で金町にきて、国鉄駅のほうに立ち寄ったらしいと駅関係者は話している。四月三日といえば、森田信さんと川甚に行った日である。

三越での総裁は単独

新聞に目をうつして、まず二三日付朝日新聞から全農林労働組合の投書を一つ。

「◇全農林労組はいま日本の農業を守る闘いに立っているがさる六日、食糧庁表玄関の掲示板にはった下山総裁に対する『弔いのことば』が翌七日はしなくも『天声人語』氏に取りあげられ『人間として率直に弔意を表するのが人情……』と指摘された。その結果なんらの弔意をも表していないかのごとき印象を多数の人にあたえたようであるが、この点全農林労組は『弔いのことば』の表現が描く不十分であったことを率直に認め、遺族の方をはじめとして皆さんにおわびしたい。また闘っている労働者諸君に対し、労働者の一部が冷酷なものだといわせるような印象を少しでもあたえたとするなら申訳ないと思っている。

◇だが、われわれ労組は技術者としての下山さんが、国鉄の荒廃と首切りの矛盾についてかならずや深く深く悩んでおられたに相違ないと思い、あのようにして死なれたことに対し『死者に対する哀悼の念は当然のことなれど、ただ惜しむらくは総裁が生前において民自党の暴政たる首切りにわれわれと共に闘われなかったことだ』と弔意を表し結んでいた。

◇また全農林労組をはじめ、国鉄労組と共闘している組織労働者は断じてテロや暴力を認めていない点を明かにする。

元来民主的団体はテロや暴力を否定するものだ。下山総裁の死は他殺とか、自殺とか推理小説めいてあつかわれているのは遺憾である』

つぎは、二二日の捜査本部発表。

『七月五日午前九時半ごろから同日午前十後半ころの間、日本橋三越本店で二人、地下鉄への通路付近で一人、同店表の道路上で一人計四名の下山総裁らしい人を見たとの証言について、あらゆる点から検討中であったが、ほぼ下山総裁と認定する心証を得た。なお目撃当時の状況はいずれも総裁が単独であったという』

この発表は、これまで朝日が報道してきた三越周辺の動きなるものをまったく否定した格好になるが、これにたいする朝日新聞側のコメントは見当らない。なお、この日の朝日には、法医学会の緊急理事会が来週中に開かれ、下山事件が問題にされる、という予告記事があることをつけ加えておこう。

読売新聞からは、「料亭〝川甚〟追及、下山氏アジト？」という記事を引用しよう。

『下山氏の私設情報網および不可解な日曜外出のナゾ究明にのりだした特捜班では下山氏がさきに召喚した成田家女将森田信（四五）さんとしばしば葛飾区柴又一の一八〇二料理屋〝川甚〟で会っていた点に注目、捜査中のところ同所では他の国鉄職員とも秘密に会合していた事実をつきとめた。

下山氏がここを訪れたのは大体日曜日の午後二時ごろで、信さんと来たときは夜食を食べてからすぐ帰るが、単独のときは夜九時、十時になったこともある。往復とも自動車を使わず、国電金町駅か京成柴又駅まで電車できてあと歩いており、大西運転手にすらほとんど秘密にしていた』

なお、この日の読売は社説で、「なぜ共産党は騒ぎ立てるか」と、共産党を批判攻撃しているが、「このような事実(下山、三鷹事件ともに犯人が逮捕されていない）に接して国民の多数が警察力の不備を嘆くとともにその背後関係について種々の憶測を試みるのはむしろ人情の自然であるが、それかといって共産党のいうようにそれを『支配階級のしくん

上：五反野踏切で中山はつさんと，三田喜代子さんに目撃された下山さんらしき人は，線路づたいに下山総裁のひかれたガードのほうに歩いていった．　下：目撃者にはこの写真を見せて，下山総裁を指摘させた。左から4人目が下山総裁.

だ恥しらずの凶行』とは見ないし、これらの事件を報ずる新聞を『全く事実をゆがめ、ねつ造し、反共デマに狂奔している』ものとは見ていない」というあたりを読むと、社説氏に自紙の紙面をもう少し冷静にみつめてもらいたかった、という感想がわく。

毎日には、朝日同様二二日の捜査本部発表があるが、そのあとにつぎのような解説がついている。

「下山事件の自殺、他殺を決定する有力なカギとして重視されていた第一現場日本橋三越本店における同氏の行動は種々の憶測や、推理を生んだが、二十一日の本部公式発表では同日三越まで送り届けた大西運転手には何ら怪しむべきものなしと断定、二十二日の別項の公式発表で同店内外における下山氏の行動はいずれも単独であることが確認された。これで同氏が三越におびき寄せられたとか、秘密会見とか、数人の者に囲まれていたとかの、他殺面を裏づける何ものも第一現場にはないことが明らかにされた」

七月二三日

新たな第二現場での目撃者

七月二三日――この日第二現場付近で、また新しい目撃者がみつかった。坂和、藤原両刑事の組が聞きこんできたもので、一人は中山はつさん(三三歳、五反野南町一二八六)である。埼玉の親戚に行って松戸経由で帰り、午後八時半ごろ綾瀬駅に到着、伊藤谷駐在前を通り小菅刑務所のうら通りを歩いて行くと、その前をフラフラと同じ方向に行く人があった。すこし薄暗くなってきたときなので(この当時は夏時刻制であった)気味悪くおもって、急いで籠屋の角をまがりたいと考えたが、その人も一足先にまがってしまった。仕方なしに歩速をゆるめ、ゆっくりとついて行くと、五反野踏切の手前で向こう側からくる会社帰りらしい人が見えたので、このときとばかりに走って踏切をわたってしまうと、上りの汽車(二一八旅客列車、八時四八分ごろ通過)がきて、下りの電車とすれちがいになった。そして、その踏切には顔見知りの三田喜代子さんが列車の通るのを、自転車をもって待っていたので、「お使いですか」と声をかけ、さっきの気味の悪い人はどうしたろうと踏切の向こう側を見ると、じーっと立って電車のほうを見送っていた、という。そのとき中山さんは、ふつうの人なら電車が通り終われば、踏切をこえてどんどん歩くのに、どうして電車なんか見送っているのだろうと、不思議におもったというのである。なお、暗くなりかけていたことや、恐かったりしたので人相などはよくわからなかったが、五〇年輩の背の高い、肥ったりっぱな紳士タイプであって、翌日下山総裁が死んだ話を聞いて、あのときの人だろうと家の人にも、三田さんのおばさんにも話していたということである。

では、もう一方の三田喜代子さん(二〇歳、五反野南町一一三三)である。喜代子さんは洋裁学校の学生であった。その日は、お父さんが帰ってきてから、綾瀬のほうの知り合いに粉ひきに出かけたので、八時半はすぎていたとおもう、という。五反野踏切の手前で上りの列車がくるのが見えたので、自転車を降りて待っていると、向こう側から中山さんが走ってわたってきた。中山さんは声をかけると、わたってきたほうをふりむいて変な目つきで見るので、そのほうを見ると立派な人が立っていた。汽車と電車が通り終わったので、自転車に乗ろうとするとその人も歩きだし、線路づたいに下山総裁のひかれたガードのほうに歩いて行った、という。五〇年輩で体格はがっちりとしていて、薄い灰色のような上・下同じの背広を着ており、白いワイシャツがその上衣のところからはみだしていたようにもおもうが、それははっきりしない。下山総裁がひかれてから二日すぎたころ、新聞を見たり人の話を聞いたりして、人相や写真が似ていることに気づいて両親に話すと、警察や新聞社がきてうるさいから黙っていろといわれて、そのままにしていた、というのである。

さて、ある捜査記録をみると、「西新井署要視察人、付近に六十名あり、是から捜査する」とあり、一方、この同じ日から第二現場周辺在住の国鉄被整理者、退職者、共産党員などの調査が本格的に開始されているようである。これが新聞紙上で叫ばれていた、〝背後関係の追及〟なるものの一種なのかもしれない。だが、それにしても時期はおそきに失している。そういうことが、捜査二課の一部の人や、あるいは〝特捜的〟捜査を望む人たちを歯ぎしりさせ、一課的行き方にたいする非難攻撃を生ませた理由でもあったのだろう。

七月二四日、朝日新聞。社説は、「ものごとを合理的に見よ」と説いている。「冷静な科学的判断というものがあらゆるデマに対抗する唯一の手段である」という。ところが日本国民は、これをもっとも苦手としている（これは朝日の記者をふくめて、という意味なのかもしれない）。「これがデマや危機説（当時、共産党は八、九月ごろ暴力革命をやろうとしている、という噂が流されていた、筆者註）に容易に動かさる根因」であり、「最初から何らかの色眼鏡をかけてみようとする結果、事物の真相を見失いがちとなる」。「あるいはまた自己の政治的立場から」ものごとを判断し、「その結果真相はいつの間にかゆがめられて伝えられる。明白にその判断を覆えす証拠が出てもこれを信用しないという独断におちいる」、のだという。

もっともな御高説という以外はない。そして、この「社説」の延長線上に、学芸欄で秋谷、宮木両氏の論文が組まれたとするならば、その意義はさらに大きく、問題を根本的にみなおす契機ともなったはずである。なにはともあれ、ここにその両論を引用したいところなのだが、「法医学論争」で詳しくのべる予定なので割愛し、その紹介文のみを引用しておこう。

「下山氏の死後レキ断を裏づけるものは、法医学的根拠である。その根拠の一つ東大秋谷教授の化学的判定（乳酸定量法その他）に対し、方法に不備があるのではないかという声がある。これについて千葉大学宮木教授が問題を提出、秋谷博士の回答を求めた」

読売の紹介は省略して、毎日新聞にうつると、偶然の一致ではあろうが、小宮氏が登場して、東大法医学教室の判断に批判的な談話を発表している。「自殺もあり得る。死後轢断・機関車の血は『凝血』」というのがそれだが、これも「法医学論争」のほうで取りあげることにしよう。なお、この小宮談話にたいして、古畑氏の話も「事実・推定・推理は区別」として紹介しているのは、朝日同様、当を得たことであろう。

つぎに、二三日の堀崎一課長談を紹介しておくことにする。

「一、現場付近に停っていた自動車は全部関係ないものと判った。二、捜査二課で探知した東神奈川から国鉄労組東京支部へかかった怪電話の件は発信、受信両者が判明したが、これは単に気勢をあげるためのもので全然関係ないものと判った。三、足取り捜査と列車、電車の調査は引き続き行っている。四、大西運転手については佐久間検事の調べが終って疑問の点がないので帰宅させたが、まだ参考人として出頭を求めることはある」

捜査二課の記録より

ここに、捜査二課の担当した情報捜査の一端が語られているので、ついでにこの捜査二課の記録から若干この種のものを紹介しておくことにする。

① 月形とし子の話では、隣の人がミシンをかりにきていうのに、大東ベニヤのある工員が話していたことだが、事件の夜現場付近で顔見知りの朝鮮人二名にあったが、二人はこごであったことを他人にいうと殺すぞと脅かされた、ということ。そこで〝特捜班〟は早速この隣人にあたったが、月形方にミシンはかりにいくが下山事件の話はしたことはないということ。この段階ですでに不審が感じられたが、さらに大東ベニヤの営業課長、労組委員長、その他組合員二名から事情をきいた結果、月形とし子の懸賞金めあての狂言と判明。

② 五日午後五時ごろ、田端機関区浴場監視人某が、入浴中の組合役員平沢、佐藤、山本らが「下山総裁が自動車事故で亡くなった」と話しあっているのを聞いた――という情報。このため平沢真吾、斉藤広平、佐藤功、山本昇らを取調べたが入浴は七時ごろという。そこで某をさらに取調べたところ、そのような話をきいたことはなかったが、事件後四、五日して上野公安室に連行され、突然「おまえは、五日午後五時半ごろ入浴中の㊒連中が、下山総裁が自動車事故で亡くなったと話してたのをきいたろう。もし聞かないというなら馘にするぞ」とおどかされ、事実無根のことを認めたものと判明。

③ 五日午後七時半、国労東京支部の廊下で、「俺は㊒の奴から、常磐線をみていろといわれた」といった者があるというききこみ。この話を耳にしたというのは東京鉄道局審査課黒石妙子。黒石の話では声の主は労務課の山口であったというので、山口や関係者数名につき「厳重捜査を行ったが何等端緒を得るに至らなかった」。

④ 事件当日、東北本線宝積寺駅で、下山を殺したのは新

橋の尖鋭分子だ、といった国鉄職員があった——。宇都宮保線区員が一泊させた自称元田端駅荷扱手永井三郎が語ったものだが、書きおいていった住所長野県上高井郡須坂町、ならびに上野管理部、田端機関区を捜査したが永井を発見できず。

⑤ 信濃町駅構内電柱にあった、「下山事件犯人・梅原宏」の落書。駅長から七月十二日届出。四谷署重村捜査主任を指揮して駅長以下六名、新宿駅六十名、信濃町乗降客千余名を捜査した結果、元新宿駅建築係の梅原宏吉が似寄りの鼠首者で浮んだが、「容疑はない」。

⑥ 中野労組関係、㊑中野地区委員会、朝連支部など六十一名。三鷹事件との関係でも要注意との情報で調査するも、「容疑者発見されず」。

⑦ 国鉄新橋労組関係。尖鋭分子中総裁自宅付近等に居住している者あり。「協議会委員長鈴木勝郎（アリバイ不明の点あり）、午後八・三〇——下十条で会議、真夜中に田町電車区に帰った。その間の行動を捜査したが不明」。

⑧ 新宿保線区関係。新宿南口陸橋に「下山を暁に祈らせる」のポスターがあった、という情報。尖鋭分子山高が、「下山を殺してやる」と同僚に話したという聞込みもあり、「綿密捜査したが発見されず」（ポスターか山高か不明、筆者註）。

⑨ 「下山総裁の犯人は俺だ……捜査を打切れ」の遺書をのこして自殺未遂をした郡馬県利根郡の農業小水猛。小水が「下山事件に関係を有するが如き聞込を得て出張捜査するに、一種の政治狂で井上日召に師事したこともあり、一定の生業なく詐欺的行為を行い、世間の嫌われ者で最近詐欺罪により懲役一年六月の言渡しを受け失望感より、自殺を企て未遂に終った。その際の遺書『吉田首相、増田官房長官脅迫、下山事件は俺がやったのだ、捜査しても無駄だ云々』……七月二日以後、七月六日午後まで自宅におり上京の事実なし」。

以上のいくつかの例から、捜査二課の活動ぶりが、おおよそどんなものであったか推察できるだろう。

七月二四日

峠をこえた捜査

七月二四日、日曜日。事件発生以来この日まで、ほとんど不眠不休の活動をつづけてきた下山事件特別捜査本部は、本部長以下全員、久しぶりの休養をとった。したがって、捜査についてふれることはなにもない。

二五日の新聞を紹介すると、毎日は二四日の捜査本部の休養をつたえるのみだが、朝日は、「判断は世論まかせ・現場の刑事〝他殺〟を見限る……」という、やや解説的な記事を二面トップに組み、読売は、「〝他殺〟見限る」捜査陣に業を煮やして、「捜査当局に警告する」という「社説」である。順序が逆になるが、まずその読売の「社説」の前半の部分を紹介しておこう。

「下山事件が起ってから、ほとんど二十日近くも経過したのに、いまだにハッキリした捜査方針も決っていないようである。事件以来の捜査当局の発表を見ても、きのうは自殺説に傾き、きょうは他殺説に走るといったふうに、ずるずるべったり二十日間をすごしたような結果となっている。いわんや、たとえ他殺と決っても、犯人を検挙するごときことは、まずもって不可能だと断言しても、決して言い過ぎではあるまい。

結果から見て、捜査当局は事件後のこの貴重な二十日間を、ほとんどなすところなく、徒過してきたわけである。世間では、捜査当局のこの無能に対する非難が強い。なるほど、下山事件は法医学による実験で明かに死後れき断と立証されている以外、他殺を証明すべきなんらの材料もない。また、犯人検挙の手がかりとなるべき証拠も挙っていないようである。だから、もし他殺とすると、いわゆる完全犯罪にちかいものであり、犯人の検挙は実に容易ならぬものだろう。われらはこの困難を推察しないのではない。だが、いかに犯罪が組織的、かつ巧妙に企てられたとしても、断じて捜査当局の無能の隠蔽、責任の解除とは、なり得ないのだ」(傍点筆者)

忠実なる読売新聞の読者は、連日にわたる下山事件関連の記事に眼をとおしながら、おそらく、他殺の材料も、犯人検挙の手がかりも、ともに、ありふれている、と感じていたのではないかとおもわれる。ところがそれは、幻想であり、錯覚であったらしい。この「社説」は、あたかもそれを証明してみせた格好である。「他殺を証明すべきなんらの材料もない」というのである。「犯人を検挙するごときことは……不可能だ」とさえ、断言されているのである。

読売が、怒りをおさえきれないといった格好なのにくらべると、朝日のほうは少しばかり諦めかげんなところがある。一応、捜査本部内の、「〃自殺説〃の根拠」などを解説してみせている。その点では参考になるとおもわれるので、少々ながいが全文を引用しておくことにしよう。

『下山事件の合同捜査会議は去る二十一日開かれ、本筋として〃他殺捜査の線〃を再確認したが、警視庁捜査本部内には〃自殺主張〃がやはり根強く、ことに現地を洗った捜査第一課としては、一応捜査はしつくしたとの見解をとり、その立場から今後はボツボツ材料だけを公表して、自殺か他殺かの判断は国民にまかせようとする空気がうかがわれる。

下山事件捜査本部は二十四日の日曜日を事件発生以来最初の『休日』とし、坂本捜査本部長、堀崎捜査一課長、専任の十一主任ら全員が休息をとった。本部の主流となっている捜査一課の刑事の相当数はすでに順次捜査から書類の作成へ移りつつある。捜査一課が主張する〃自殺説〃の根拠というのは、

一、五反野南町の現場を中心とした基本捜査に犯罪の〃ニオイ〃が全く見られないという老練刑事らの〃経験〃と〃カン〃を重視する。

一、末広旅館を中心とした三越本店―浅草―五反野現場付近にそれぞれ目撃者があり、それらは時間的にもつながりがあり、またその人物は単独であったと認められる。

一、バラバラになった下山氏の死体の状況は、従来の鉄道自殺者の検証経験からして異例ではない。

一、数カ所に「生前傷」と認められる皮下出血があるが、これは死の瞬間前のものかもしれない。

一、自殺者の統計からみると、中年者の発作的精神異常による自殺者の場合は、九十パーセントが遺書を残していない。

一、メガネが現場から発見されないが、相当確実視される目撃者の一人は『下山氏らしい人物はメガネをかけていた』と証言している（下山氏はメガネなしでは歩けないほどの近眼）。従ってメガネはハズミで発見困難なところに飛んだものと解釈する。

以上が主な点で、キメ手となるものは何もなく、またこの間のつながりにも空白が多いが、この空白を埋めるものが経験ある刑事の〃カン〃だというのである。この〃カン〃は、実は捜査開始第三日ごろに早くも刑事達の頭に〃自殺説〃を

作り上げた。

某老練刑事などは『これが、〃時の人〃でなかったらとうに解決だ』ともらしたのもそのころである。強殺犯専門の一課刑事達はここで他殺か自殺かを追及すべき積極的捜査への熱意を失ってしまった。他殺を前提として〃背後関係〃にメスを入れはじめた捜査二課は、当然これと足並がそろわず検察当局はこの推移に対して『科学的結論がれき断前の死亡とある以上、これを基点として、いずれかの決定的な材料が発見されるまでは自殺、他殺五分五分の積極捜査をやるべきだ』と要望しつづけた。その結果が二十一日の検察、警視庁の合同会議となり、〃他殺本筋〃の捜査方針が明らかにされたのである。

しかし、一方に科学の結論があり、それが修正されない以上、〃目撃者〃を幾人出そうとキメ手になり得ない。ここに帝銀事件で〃目撃者〃が如何に不確実であるかの苦い経験をなめた警視庁である。メガネはともかく、ネクタイ、ライターがないことをどう説明するか――こうした方針、例えば事件以来二週間余を過ぎた去る二十三日になって『本日さらに三名の新たな目撃者があった』と課長談で公表するなどについては、一方的な消極捜査の裏付けにのみ重点をおいているものと本部の一部にさえ異論が起っている」

その後の足どり

靴底の土について

二五日付朝日新聞や、読売の「社説」などからもうかがえるように、もはや捜査の峠はこえているものとおもわれるので、これから日々の捜査や、新聞を、そのままたどることは煩瑣にすぎると考え、以下は順不同に、新聞記事を中心として、捜査本部や政府の動きなどをつたえていくことにしよう。

まず、前日に引きつづいて同じ傾向をしめしている、朝日の記事である。見出しは、「〃自殺したと思う〃・捜査本部で近く総合判定」となっている。

「下山事件捜査本部では遅くも今月中には、本部として正式に捜査の結果の総合判定を発表する模様である。発表形式は自殺と断定するところまではいかず、いままでの捜査でえた資料を公開した上、本部の総合判断としては、自殺したものと思う、とゆとりをもつものであり、これを国民の常識に訴えるものと思われる。ただこれによって直ちに捜査本部を解散することはせず、捜査はあらゆる面にわたってつづけられる模様で、堀崎捜査一課長も『結論づけられるまで、捜査をつづけたい』といっている」

つづいて、「目撃者十二名・〝信用できる〟」というもの。これはいわゆる「公式発表」といわれるものであろう。

「二十五日午後一時三十分下山事件捜査本部発表、①七月五日午後五時から同五十五分の間、常磐線北千住駅から綾瀬駅間線路沿いに歩いていた一人の男②同日午後七時ごろ現場付近踏切からガードを通り抜けて土手を右へ折れて帰宅した二人の男女③同日午後十一時すぎ現場付近を通った三人連の男④同じく午後十一時半ごろ現場踏切を通った親子二人のカエル取り⑤同日午後十一時五十分ごろ現場踏切下の小川で四つ手網をしていた一人の男⑥六日午前零時すぎごろ現場付近を通った一人の男（轢断点近くの養魚池を見廻った中浜源六、筆者註）⑦同日午前一時ごろ現場踏切を通過し、レキ断列車と会った女二人、以上十二名はどれも下山氏らしい人影や自動車等の異常を認めなかったという聞き込みにより捜査したが、どれも信用するに足るものと認めた」（昭和二四年七月二六日、朝日新聞）

読売には、「現場の土ではない、下山氏・靴底の泥検出」というのがある。

「下山総裁のクツに付着したドロを検査中の警視庁鑑識課ではスペクトル分析の結果、アルミニューム、マグネシウム（粘土質）も鉄分も全然検出されなかった。現場付近は粘土質であり、また線路およびその付近にはレールと車輪との摩擦による細い鉄粉が無数にあるからこれが全然検出されぬことは下山氏が現場付近をうろつかなかった有力な証拠となる。またクツの裏から葉緑素が検出されたが、これによってただちにどこの土手を上下したという断定はできない」（昭和二四年七月二六日、読売新聞）

この記事に関連して、七月二七日付朝日新聞のも引用しておいたほうがいいだろう。「鑑定のやり直し・下山氏のクツの土」というものである。

「下山事件の理化学検査をうけもつ、警視庁鑑識課はさきに『クツの土が現場のと違う』(さきに引用した七月二一日付朝日の記事を参照されたい、筆者註) と判定したが、捜査本部では目撃者の証言による下山氏の歩いたらしい現場の土をも含めて二十七日再採取、比較検査をやり直して『自殺の線とつながるか』、『歩いていない、運ばれたか』について再検討することになった」

いっぽう毎日新聞のほうであるが、これはどちらかというと、靴底の土と現場のそれとは一致する、といったあつかい方である。引用した一九日付のものは、「クツのどろはクツが雨にうたれたため採取が非常に困難であるが、予備試験では類似点が多いとされ……」、となっているし、それより先、すでに一二日付の紙面で、「下山氏の履いたクツの裏についていた土が警視庁鑑識課で鑑定の結果、現場付近の土にほぼ同一であることも結論が出た模様である」とされている。

靴底についていた葉緑素については三紙ともほぼ一致しているのに、土のほうになると三者三様、読売は「一致せず」、朝日は「一致せずから、再鑑定」、毎日は「ほぼ同一」、ということになる。いったいどれが本当なのか、読者としては不思議におもえて仕方がないところであろう。しかし、この点では、新聞のみを責めるのは酷なようでもある。実際のところは、当時の検査技術でもって完全な結論を得るに足るほどの土が、下山氏の靴についていなかった、というのが事実のようである。

「土」の鑑定でおもいだされるのは、例の三億円事件である。〝白バイ〟のフェンダーや荷台についていたのを採取したものが約〇・五グラム、『小指の先』ぐらいの分量だったといわれる。その資料を警視庁科学検査所で、色調、比重、顕微鏡など幾通りかの試験をくりかえしたが、最後は東大原子力研究所で放射線検査を行い、含有鉱物の成分比を精密に分析して、国分寺市恋ヶ窪付近の土と判定した、とつたえられている。

ところが、下山事件のばあい現場検証直後に撮影したといわれる下山氏の靴底の写真を見ると、ほとんど土らしいものは見あたらない。そこから『小指の先』ほどの量を集めることは、到底不可能だったに違いないのである。これは、沛然たる大雨のなかで数時間放置されているのだから、当然のことでもあった。

しかしそれでも、水で洗い落とすようにしてごく微量の土壊粒子を採取して、顕微鏡検査などが行われたようである。現場周辺の土も三越付近をふくめて、七月一一日、一二日、一三日、二二日と数回にわたって採取されている。しかし、もっとも肝腎な靴底付着の土が少ないのではどうにもならない。この検査にあたった田村統司氏は、「たしかに似ているといえば、似ていたといえる。しかし、そう断定することは危険だ、というのが私の意見でした。なにしろ、量が少ないんですから」と、当時を語っている。もちろん、「似ていない」という意見の人もいたようである。そこで最後は、アメリカ占領軍の犯罪捜査機関で、発光分析器による検査が行われたという。二四日付読売新聞の記事は、その痕跡でもあろう。

しかし、そうして発光分析器によるスペクトル写真をとってみても、たしかに含有元素はわかるが、その含有比率までは判定できる検査方法ではないので、参考程度を出るものではなかった。ただ、読売の記事で気になるのは、「スペクトル分析の結果、アルミニューム、マグネシウムも鉄分も全然検出されなかった」という点である。だいたいが土の成分として考られる元素は、主として鉄、ケイ素、マグネシウム、アルミニウム、カルシウム、酸素などである。だからもし、スペクトル分析の結果、アルミニウムも、マグネシウムも、鉄も、「全然検出されなかった」とすれば、それは「土」ではなかった、といってまちがいないはずのものなのである。そういう点から考えてみても、この読売の記事はやはり誤報のようにおもわれるのである。

精神異常説と反論

さて、もう一度二六日の新聞にもどろう。毎日には、「相つぐ異常な行動、〝おかしかった下山氏〟・物語る前日の足どり」と、大きな紙面をさいた記事がある。その前半を引用しておこう。

「下山国鉄総裁失そうの五日、同氏が自宅を出てから三越百貨店で姿を消すまでの行動は既報のごとく〝あてなき足取り〟を続けていたが、この奇怪な行動は前日の四日にも認められることが本社の調査で明かになった。この日下山氏は朝九時十分から十時半までの本庁内で開かれた局長会議に出席、正午すぎまでは総裁室にいたが、持参の弁当を食べず大西運転手の車で永田町の総理官邸に赴き増田官房長官と会ったが、長官はこの時は大した変りは認められなかったと語っている。次に訪れた人事院ではだれにも会わずに二十分ぐらい院内をぶらついて二時再び日本橋へ車を走らせ橋詰薬局で胃の薬を買い午後の三時には秘書に行先もつげずブラリと外に出た。

この日は国鉄整理の第一日で総裁としては最も重要な日であり、午後三時半は整理発表の時刻というのに総裁は大西運転手を除いては国鉄本庁ではだれ一人知らず（右の事実は捜査当局も確認）同五時半ごろインターナショナル・クラブから木内秘書官への電話ではじめて居所が判ったほどである。この間当の総裁は先ず田中警視総監に別に用ということもなしに会見、次いで法務府で柳川官房長とは突飛な話に終始、再び首相官邸に行ったがここではだれにも会っていないといわれている。ついで四時半ごろ自動車で新橋駅を通り国鉄労組新橋支部のアジビラをながめ、四時三十分ごろ各局長との整理後の打合せ会場である有楽町のインターナショナル・クラブに行ったが、時刻が早くだれもいないのでまた車に乗り呉服橋東鉄前に至り、更に引き返して東京駅二階鉄道公安局に芥川公安局長を訪ねたが、ここでは紳士としての慎しみを忘れたような行動をさえ取ったといわれる。以下当時の模様をきく。

増田官房長官談　四日午後零時半頃下山氏が来たので労を大いにねぎらったうえ、国鉄労組の熱海会談が違法であり、そういう幹部は整理の対象になるからお互いに断を下そうという話をして、首相に会ってくれといい、目黒の外相官邸に車をはしらせた。官邸には来客中で十六分ばかり待ったが首相に会えぬまま下山氏は帰ったが、そのとき『一時から幹部会を開くが主催者がおらねばこまるから』とはっきりいって帰った。言語動作など全然ふだんと変ったところはない。その後午後になってまた首相官邸に来たそうだが私は会わぬし、他の人が会ったともきいていない。なぜ来たかの理由はもとより知らぬ。

人事院での行動　午後二時ごろ人事院に着いた下山氏は廊下で某課長に会い、課長から『大変ですなあ』と声をかけられ『ええ』とうなずいたきり廊下をぶらぶらしていた。その後二十分ほどして大西運転手の車に帰っていったが、警視庁で調べたところでは人事院では廊下で会った課長を除くほかだれにも会わず、廊下をぶらぶらしていた模様である」

以下、田中警視総監、法務府柳川官房長、国鉄芥川公安局長などと会った際のようすがつづくのだが、それらは先にふれたことでもあるので省略し、最後の部分だけを紹介しておくことにしよう。

『また同夜九時四十五分ごろ国鉄本庁を出る時には西門に見送りに出た木内、田口両秘書にいつにも似合わず三回も深く腰をかがめ『ありがとう』を繰り返し常にないごきげんだった』（昭和二四年七月二六日、毎日新聞）

翌七月二七日、読売新聞はこうした毎日の記事に反撃するかのように、「心外な精神異常説」と題して、関係者に語らせている。まずその前文。

『自殺説の中には、当時の下山氏の精神状態を異常とすることによって説明困難な部分を説明しようとする素朴な〝思いつき〟まで現れるに至っているが少くとも事件前日四日の総裁の行動を指して精神異常的だということについて近親者は〝心外〟だとして次のように語っている』

つづいて、「毅然たる下山総裁、四日の行動は暇つぶし」と、加賀山氏談。

『人間の日常の行動は、ある小さな部分を切り離して見たら随分突飛に見えることもあろう、しかしその行動のあとさきや目的を考えるとちっとも不思議ではない。例えば総裁が事件前日の四日朝九時、本庁の定例局長会議を終えてから総理官邸、外相官邸、人事院を回り日本橋で薬を買い、またひきかえして警視庁、法務府、総理官邸、鉄道協会をぐるぐる回り、その間人事院ではただ用もなく廊下をぶらぶら歩いただけで出てきたことや法務府では初対面の柳川官房長官に会い、いきなり電話を貸してくれといい本庁の秘書を呼び『組合の情勢はどうか』ときいたあと、二言三言雑談して帰ったことなどをいとも不思議に思い、精神異常の徴候と見るのはその日の総裁をただ単に尾行していたものだけの勝手極まる観測である。

四日は第一次の整理通告を出した日だった。九時の局長会議の席上部下たちが、整理通告を出したあとにもしもの事が起れば困るから退避していた方がいいと言い出した。総裁は『そんな逃げ腰では仕方がない、責任の最後は見とどけるべきだ』と主張された。けれどもわれわれは総裁だけはこの日に限り姿を消してもらいたかったのでみなで説得。では時間つぶしかたがた法務府、警視庁などをまわって整理通知を出した旨を連絡しておこうと出かけられたのだ。きっと時間をもてあましたに違いない。法務府の柳川氏をたずねたのは前任者の佐藤藤佐氏と懇意で、しかも転任になったことを知らなかったのでぶらりと入って行ったのだろう。話のつぎ穂もなく電話を借り気になる組合情勢を聞き二言三言雑談して引揚げたのだろう。少くとも当時総裁の日常は毅然としていた。元来が気さくで小まめに体を動かす人だからただ一ヵ所でボンヤリと時間をつぶすようなことはできなかった。また可愛い部下の首切りがやり切れなくなって神経衰弱になったのではないかと見る向きもあるが、総裁は首切りを覚悟で就任したのだ」

このあと、「下痢していた夫、お弁当食べないのもそのため」という、実弟の常夫氏を通じての芳子未亡人談。

「下山を一番よく知っているのは私で少しでもおかしい行動や言語があればすぐ気がつくはずです。一部の新聞が気狂いじみた行動などとひどい報道をしましたが、そんな事は絶対にありません。事件前日の四日に持参のお弁当も食べずにぶらついていたといっていますが、この日はひどい下痢を起しいつもの通り朝自動車で出勤しましたが洗足駅の踏切りまで行って引きかえし〝下痢がひどく役所までがまんできない〟といって便所に入って出直したくらいでこの日に昼食を食べなかったことは少しも不思議ではありません。

アイスクリームをズボンにこぼしたとか人のお茶を飲んだとか言いますが、下山が若いときからものを食べるのが下手で洋行中一緒だった人はよく〝下山さんは食事のとき人の前で時々ものをこぼすのでヒヤヒヤしました〟と笑話をしたこともありましたが、いまでも時々ネクタイにミソ汁をこぼしたりしてみんなに笑われることもありました。当日朝もちゃんとヒゲをそり洗面所で会った次男の俊次に〝ヤアヤア〟と元気に朝のあいさつをしていましたし、長男の定彦がこの日休暇で名古屋から帰ってくることも知っていましたから自殺するつもりがあるなら長男にも一目会うのが人情でしょうし、身のまわり品や事務机の整理ぐらいはするのが普通ではないでしょうか」

近親者としては無理からぬ話であるかもしれない。しかし、筆者はここで、二〇日付朝日新聞の「記者座談会」をおもいださずにはいられない。司会者が、「(芳子)夫人、加賀山副総裁、大西運転手この三人は口をそろえてどうしても自殺とは思えないといっている」というのに対して、E記者はつぎのように述べている。「しかし、そこにも疑問もあるらしい。家庭内のことをいろいろ暴きたくない、そういう辛い立場もあるにはあるんだ」。人間心理の奥底をのぞこうとすると、どうしてもふれなければならない問題がある。だがそこにも、プライヴァシーの厚い壁があり、死者のばあいは、その死者にたいする哀悼と礼儀から美化がつきまとう。むずかしいものである。

ただ、下山総裁の経済状態などについては、八月三日付毎日新聞でつぎのようにふれられている。

「下山氏の家庭生活に関し遺家族は何故か口をカンして語らないが、経済面からのぞいた下山氏の家庭の実情は国鉄総裁としての地位から想像されるものとはおよそかけはなれた謹直な官吏としての典型で、手取り一万八千二百円の給料が、一月の全収入であったという。そのため四人の令息たちの学費をいかにしてねん出するかも下山家にとっては大問題で、夫人は今春、結婚の時の晴着一切を売り払っており、またダイヤを散りばめた指輪も、待合〝成田〟の女将森田信さんに五万円で売り渡し全くのタケノコ生活だった。

日記に残された同氏の動静をみても表面はきちょう面で一徹な半面、存外なげやりでズボラの内面が隠されている。この二つの相反する性格の一面に大きな秘密があったのではなかろうか」

発見された血痕

七月二八日。朝日新聞は、「現場上手に血の跡・検察陣、徹夜の科学捜査」という見出しで、轢断点から、列車の進行とは逆の、荒川放水路方向に向けての線路上と、近くのロープ小屋に血痕らしきものがあり、ルミノール検査の結果、ケイ光反応が認められたという記事を大きくあつかっている。この点は、「血痕問題」として詳しく検討するので、ここでは簡単にふれておくと、発端は一八日に現場を視察したアメリカ占領軍関係者にあったようにおもわれる。たぶんこの人たちが枕木上に「血痕らしきもの」を見つけ、それが鑑識課に「情報」としてつたえられたらしいのである。先にもふれたように、一九日に同課員が課長以下八名出動し、線路上の石や枕木片を採取して、持ち帰っている。

一方、このことが東大につたわり、朝日新聞の矢田喜美雄記者がかんで、話は大きくなった。それに他殺説を捨てきれなかった検察庁がのって、大騒ぎとなったようである。七月二六日の午前零時ごろから明け方まで、東大法医学教室を中心としてルミノール検査が行われている。朝日新聞は、この検査の参加者と立会人をつぎのようにつたえている。

「東京地検側からは山内刑事部長、下山事件担当主任布施検事、同係金沢、佐久間両検事ほか検察事務官、警視庁からは鑑識課光藤係長、岩田警部同課員、東大法医学教室からは薬学の秋谷教授、本橋博士、解剖学桑島、野田、中野の三博士のほか助手など二十三名におよぶ検察、捜査、法医の陣容であった」

ところが、この検査は、現場捜査を担当していた捜査一課員にはなんの連絡もなく行われたようである。このことは、参加者に一課員の氏名が見当たらないことからもうかがえよう。夜が明けてから、この検査を知らされた一課員はびっくりした。その痕跡が、鑑識課臨場表の二六日欄に、「自午前十時〇〇分・至正午、本部捜査一課員と共に右再検証」となって残されている。（傍点筆者）

もちろん、朝日のつたえるこれらの「血痕らしきもの」が、下山総裁の血液であるならば大問題である。あるいは、自殺説など一挙にふっとんでしまうかもしれない。だがしかし、捜査本部が冷静であったのは、やはり一つの自信があったからだろう。局外に置かれたための冷たさではなかったようである。関連して、七月三〇日付毎日新聞の、「数年前の血痕も検出」という記事を引用しておこう。

「二五日夜検察庁、東大が中心で行った千住寄りのレール上でルミノール液ケイ光反応によって発見されたナゾの血こん、また足立区五反野南町一一三一の廃ロープ工場の同種反応について捜査当局は次のように結論している。

① 血こんの飛散方向については重視するが、この方法によれば血こんは数年前のものも検出されるわけで便所から落ちた血も完全に検出され、どこの線路でもこの反応は見出されるだろう。

② 問題の小舎については事件発生当日、同小舎を捜査したが中には格闘のあとも、死体を置いたらしいあともなかっ

た。しかも付近住民から〝あいびき小舎〟といわれているところに死体をかくすなら、完全犯罪をたくらむ犯人にしては不注意きわまる。

③　下山氏の死体は、生前傷は欠損している頭部はわからないが他に出血がないところから、途中に血液が落ちるわけがない。頭を打って殺したとすれば血の四散状況が反応にあらわれなければならぬ。また同夜の列車関係もほとんど全部異常のなかったことがわかっている現在、日中の貨車で送って来て現場に落したことになるが、かかることは全く考えられない」

検察庁や新聞報道が、他殺論の唯一の「科学的根拠」として引き合いに出す、東大法医学教室の解剖所見によれば、生活反応をともなった傷は皆無であった、というのである。この解剖所見に従えば、轢断される以前には、つたえられるような広範囲に、血痕をまき散らすような出血傷は、一つもなかったと考えざるをえない。もし、東大の解剖所見を科学的に尊重するならば、結論はこうなるのである。このルミノール検査は、検察庁の検証命令によって行われたとつたえられているが、検察庁もこの結果を捜査本部に押しつけることができなかったのは、こうしたジレンマがあったからであろう。

死体運搬実験行われる

捜査本部は、この血痕騒ぎを冷静にみまもりながら、一方、二八日の夜、死体運搬の実験を行っている。その模様を七月三〇日付毎日新聞で紹介しておくことにする。

「下山事件捜査本部では既報の通り二八日午後九時から十時十五分まで下山氏と同じ重さ（十九貫）の砂のうで作った模擬死体を他殺の想定のもとに死体を徒歩で運ばなければならない五地点かられき断現場まで運んでみたが、この結果下山氏をれき断現場以外で殺害して運んでくることは不可能に近いものであるという結論を得た。同時に現場から北千住方向にあった血こん反応も他殺の場合のものではないことが証明された。

実地検証の結論　当夜の実地検証は下山氏れき死の夜のようなにわか雨の降る中で布施、金沢両検事、金原、野田係長、外川警部、関口主任らによって行われたが、別図（次ページ）のように（A）から三人で五分（B）から三人で四分五秒（C）から三人で三分（D）から三人で五分十三秒（E）から四人で四

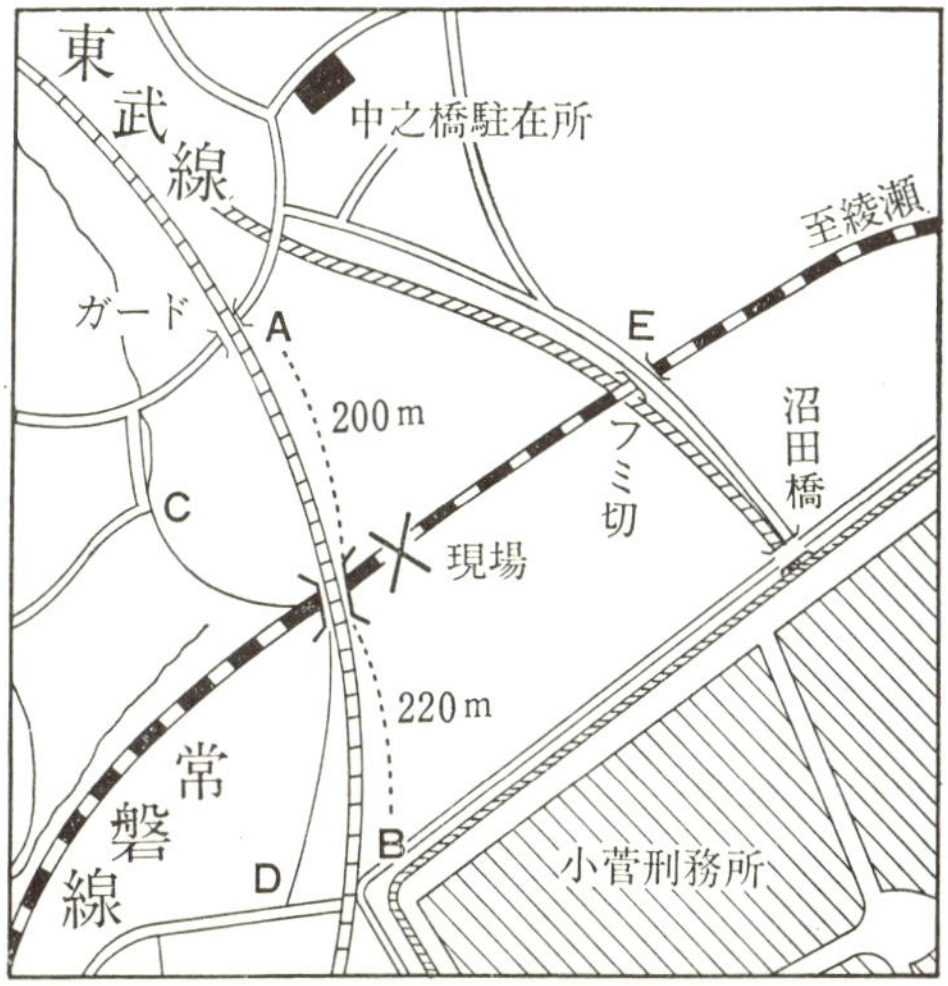

上：毎日新聞（7月30日付）で死体運搬実験を報じたものに挿入された図．　下：捜査本部はこの実験で轢断現場以外で殺害して運んでくることは不可能に近いとの結論を出した．（『生体れき断』平正一著より）

分三十秒かかり、犯人が人目を避けて死体を運んで元の位置に帰るためには少くとも十五分ないし二十分はかかると推定されるにいたった。この事実に基き捜査当局がさきにあつめていた現場付近を六日午前零時（れき断時は零時二十分）前後に歩いた七人の証人（さきに引用した七月二十六日付朝日新聞「目撃者十二名〝信用できる〟」を参照のこと、筆者註）の現場付近通過時間と比較した結果は、この七人のうちだれかがどの通路かで怪しい人影を見なければならないはずであるが、各証人ともそれを否定しているので、死体を運んで来た事実はまずないと確認されるにいたった。

そのうえA、Cの両地点には街灯がついており、またEから来る道は途中に小鉄橋があり足場が危険であるばかりか土手下の人から中空に人影を見すかされる心配がある。Dの地点からは道がせまくオート三輪車がやっとはいるばかりで付近の人は五日夜だれひとりとして爆音をきいた者はおらず、B地点も人家のすぐ横を通り、その家の前に車をとめなければならない条件になっている」

七月三一日の各紙は、前日の日本法医学会臨時評議員会の動きをつたえているが、これは「法医学論争」のほうにゆずって割愛し、読売新聞に目をとおしてみよう。この日読売は、「現場付近で十七人が見たという〝似た人〟はほんとの下山総裁でしょうか？」という読者からよせられた疑問にこたえる「希望探訪」ということで、「下山総裁？　を私は見た・十七人の記憶」という特集に大きな紙面をさいている。いささか長すぎるきらいはあるが、他ならぬ読売新聞の記事である。他殺論の立場からは、これら一七人の目撃証人をどうながめるのか、気がかりになるところでもあろうとおもわれるので、やはり全文を図とともに引用しておくことにしよう。

『パスを使わなかった

①萩原詮秋（20）君（東武五反野駅改札手）五日午後一時四十三分着で二十人ばかりの客が降りた、十二人目ぐらいに背の高い紳士が出たが「付近に旅館はありませんか」と聞いて「左に行った橋のところに末広旅館があります」「どうもすみません」と礼を言い立ち去った。優しい声であったこと、逆光で服の色が〝茶色で黒っぽいしまがあった〟ように見たほか何も覚えぬ。服の色の相違と轢死体の所持品中東武の優待パスがあったのにこの紳士は普通の切符を使っていたというのが萩原君の疑問。

服装とクセが合致

②長島フク（46）さん（末広旅館女将）「背の高い気品ある紳士の客」は二時ごろきた。昼寝するというから布団をしいたら客は上着を脱いだ。そのときネズミ色背広と紺の木綿のクツ下に気づいた。五時四十分ごろ紳士は早や玄関に立っていて三百円支払うとき左手で右内ポケットに財布をしまった。客がチョコレート色、甲に馬蹄型の縫目のあるクツをはく間見ていたが、両足を地面に投出しクツベラを使わず三、四分かかってクツをはき出て行った。この場合の服装は全くピタリしているうえ財布のしまい方とクツのはき方は全く総裁の〝癖〟に合っている。人相は刑事が写真を見せたときマユとマユの間があいている、この人に違いないとフクさんは答えた。

③三人目以後の目撃者はみな轢断現場付近の住民で、目撃位置も現場もしくはその付近である。

列車をさけ電柱へ

古川フミ（60）さん（会社員の妻）は六時十分ごろ第二図③の地点に立った、と約二〇米隔てた常磐線路上を荒川放水路の方からガードに向ってふらふら歩いてくる「長身の紳士」を見た。ネズミの背広、無帽、白ワイシャツ、メガネはかけていなかった。横姿を見上げる位置に来たとき下り貨物列車が通過、紳士はそれをさけるため電柱にもたれ通過後火の見やぐらの方へ行った。刑事が重視したのは電柱の下部はコールタールが塗りたてで少し地面にこぼれていたが総裁のクツ裏にコールタールがわずかながら付着していたからである。

クツが記憶に残る

④の成島正男（38）さん（会社員）は六時十五分子供をつれフロに行く道④で犬走り道から出てトンネルをくぐる「見なれぬ紳士」と一緒になった。トンネルを出て明るくなった所で紳士は立ちどまってギロッとこちらを見た。五尺四寸の成島さんが見上げたほどの背の高さ、メガネをかけ油ぎって荒い皮膚だった。追い越すときクツをよく見たらチョコレート色短グツ、甲に馬蹄型の縫目があった。

陰険な顔色チラリ

⑤辻一郎（37）さん（港区役所赤坂支所勤務）は六時三十分ごろ⑤の位置に来た。常磐線を越えようとしたとき荒川の方から枕木を「悠然」と歩いてくる無帽、ネズミの濃い背広、ネクタイをしめ明かにメガネをかけていない背の高い紳士にぶつかりそうになった。陰険な顔、色が労働者のように

黒く、ほお骨の出っぱった顔を見て一瞬ためらいを感じ道を譲り、相手が過ぎてから線路を越えた。あとで刑事が写真を三枚もって来て「君はかなりの近眼だし見たのはこの下山さんに違いあるまい、いや下山さんだよ」とえらく念を押したが。辻さんは「至近距離で見たのだから間違いなく人相が違っている」と主張して譲らなかった。

二回まで行き会う

次に六時三十分ごろ⑥の場所にあるドブで渡辺盛(36)さん(工員)が八つになる子供をつれザリガニをとっていたときガード下から荒川の方に向って「五尺六、七寸の人品ある紳士」が出て来て、線路を降り渡辺さんから九尺ぐらいの距離を通り火の見やぐらの方に向った。メガネをかけネズミの背広、紺のネクタイの結び目に金色の線が一本入っていた。クツはチョコレート色、馬蹄型の縫目らしきものも認められた。持物なくぶらりぶらりと歩いていたのが不自然で後姿を見ていたら火の見やぐらからトンネルの方へ曲った。渡辺さんも河岸を図中⑦のドブに移した。約十分もして犬走り道をぶらぶら入って来るさっきの紳士を見た。刑事が似たようで異った写真二枚とまぜて見せたとき、渡辺さんは一目でピタリと真物の総裁の写真を当て刑事をえらく喜ばせた。

午後六時四十分ごろ

⑧のところにいた藤田信子(14)さん(足立区立第十一新制中学二年生)は渡辺さんの隣家の娘でザリガニをとりに渡辺さんのあとから弟をつれて行った。六時四十分ごろ⑧の場所で見た〃紳士〃無帽、ネズミの背広、メガネをかけていた程度しか見ていないが渡辺さんの目撃に時間的な重みを加える。

立小便していた紳士

また犬走り道入口にある農家増田貞次郎(65)さんは⑨の場所から増田夫人は⑩の田で紳士を「見たようだ」といっている。貞次郎さんは紳士が田の方をむき立小便をしているようで特にネクタイはなく、開襟シャツのように見たといっている。

土堤下で草をつむ

⑪の山崎たけ(43)さんは七時ごろドロボウ道を砂利置場まで来たとき轢断現場付近の東武線土堤下で無心に草をつんでいる〃紳士〃を見た。紳士は草をちぎりつつ歩き出しガードをくぐり火の見やぐらの方向に行った。「下山総裁の服」のポケットから出たカラス麦の穂は〃草をつんでいた付近〃に一ぱい生えていたから当局はこの証言を重視したのだ。

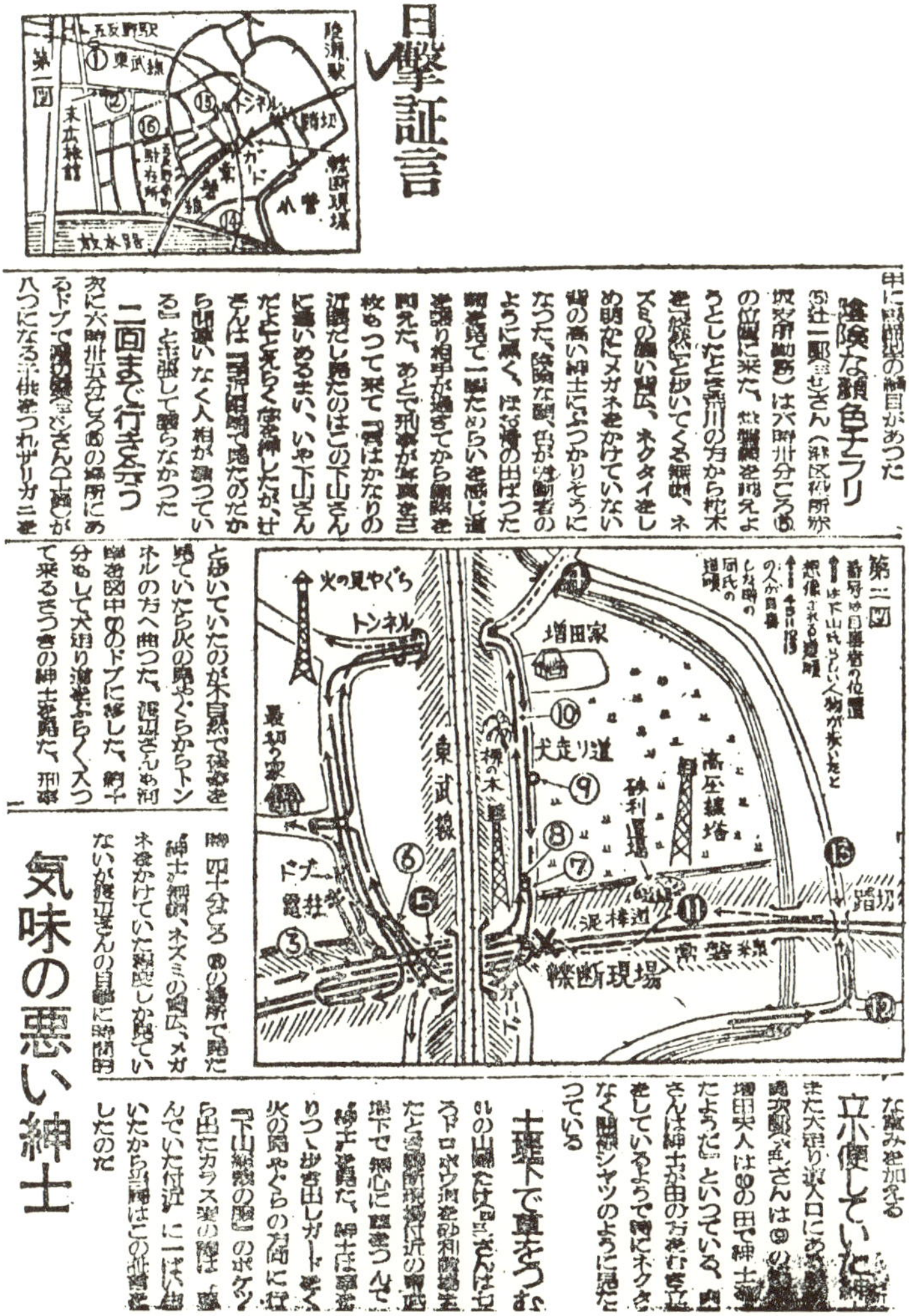

目撃証言

中に■■■の■目があつた

陰険な顔色チラリ

⑸辻一郎(三十七)さん(■区■■所■■所勤務)は六時卅分ごろ⒃の位置に来た、■■■を■えようとしたとき■川の方から枕木■■■とあいてくる紳士、ネズミの■い背広、ネクタイをしめ明かにメガネをかけていない背の高い紳士にぶつかりそうになつた、陰険な顔、色が■■者のように黒く、ほお骨の出ばつた顔を見て一瞬ためらいを感じ道を譲り相手が過ぎてから線路を越えた、あとで刑事が写真を三枚もつて来て「君はかなりの近距離だし見たのはこの下山さんに違いあるまい、いや下山さんだよ」と恐らく写真を押したが、辻さんは「■■■■で見たのだから間違いなく人相が違つている」と主張して譲らなかつた

二回まで行き会う

次に六時卅五分ごろ⒀の場所にあるドブで■■■■(三十)さん(■■)が八つになる子供をつれザリガニをとあいていたのが不自然で後姿を見ていたら火の見やぐらからトンネルの方へ曲つた、渡辺さんが■■者図中⑹のドブに移した、約十分もして大堀り道をぶらぶら入つて来るさつきの紳士を見た、刑事

■■四十分ごろ⑹の場所で見た紳士が■■、ネズミの背広、メガネをかけていた■■しか見ていないが渡辺さんの自■に■■■

気味の悪い紳士

な■みを加える

立小便していた紳士

また大堀り道入口にある■■■■(■■)さんは⑼の[illegible]増田夫人は⑽の田で紳士を見たようだ」といつている、■さんは紳士が田のあぜ■で立小便をしているようで■にネクタイなく■■シャツのように見たつている

土手下で草をつむ

■■の山■たけ(四十)さんは五■■ごろトロッコ道を砂利■■場まで来たとき■断現場付近の■土堤下で無心に草をつんでいたる紳士を見た、紳士は■■をりつつ歩き出しガードをくぐり火の見やぐらの方向に行つた「下山総裁の顔」のポケットから出たカラス■の■は■■んでいた付近に一ぱい■いたから■時はこの■■を■したのだ

読売新聞（7月31日付）「下山総裁？　を私は見た・17人の記憶」に挿入された図.

気味の悪い紳士

⑫の中山はつ(33)さんは八時二十分小菅拘置所沿いの道を歩き反対側から来た無帽、ネズミ背広、メガネとネクタイなしの「気味の悪い紳士」と踏切で出会った。列車と電車が通り遮断機が上って(この踏切には遮断機はなかったはずなのだが、筆者註)向う側に自転車に乗った三田清子(20)さんが⑬にいたのでほっとしてしばらく立話してサッと家に帰った。紳士の服装は三田さんの証言も中山さんと同じだ。

夜の目撃者

第一図に帰って⑭に立っていた紳士風の男を十時半ごろ貨物列車から見た田端車掌区の中島車掌、⑮東武線トンネル土堤上に立つ怪人物を十一時ごろフロへ行くとき見たという須沢吉乃(43)さん、⑯の位置で十一時二十分ごろ矢印の方向に歩いて来た「背の高い黒っぽい背広の紳士」を見た加藤谷蔵(30)さん(魚屋)、この最後の目撃者は街灯の下なのでメガネをかけ、ノーネクタイであったことを確認している。」

この記事のなかには、はっきりとわかる誤りもある。遮断機のない踏切に、それがあることになっていたり、機関助士であった中島さんが車掌になっていて、その目撃場所の位置も違っているなどがそれである。しかし、他殺説の読売としてはこの記事をつくるのがたいへんなことであったろうと、その努力を認めるにやぶさかではない。このあとに「死のさまよい?」として、解説的な文章がつづいているので、それも引用しておこう。

「末広旅館を出て以後六時から八時半にかけての目撃者の証言を時間的に継ぎ合せると図のように〝自殺直前のさまよい〟が明かであるのだが、総裁その人であるかどうか疑問だ。クツ底のコールタール、ポケットのカラス麦は、物的には轢死体と結びつくが目撃者中手近の距離で人相を確かめた人は末広旅館の女将をのぞき現場付近では、辻さん一人なのに二人の見た人相は違っている。成島さんの注意はクツに集中し、渡辺さんの注意は斜め後姿に集中し、他の目撃者は遠くか、または女でいきなり不気味がってオチオチ見てない憾みがあった。この紳士が総裁でなかったとしたらそれは〝赤の他人〟ではなく犯人一味のトリックであるかも知れぬ。この推理は紳士がメガネをかけたりはずしたりしているが総裁は遠視に乱視が混っているゆえメガネをはずしたことのない人だからである。一歩譲って〝紳士〟が下山総裁自身だとしても法医学が死後轢断と断定している限りこの〝さまよい〟のあとで何者かに殺され線路にのせられたと考えるゆとりはある。少くとも〝さまよい〟があったからといって直ちに自殺へ考えを持って行くよりは飛躍がなく現実的ではなかろうか」

「自殺へ考えを持って行くよりは飛躍がなくて現実的」かどうかは、しかし、見解のわかれるところであろう。

自殺説をとる毎日の報道

八月三日。朝日新聞は、「近く自・他殺を断定」という見出しで、堀崎一課長談をつたえている。

「▽捜査は進展しているが、デリケートな段階だから発表できぬ。▽他殺を裏付けるものは一つも出ていない。本部は最終発表で自殺か他殺かハッキリ断定する積りだ。▽足立現場で模擬死体実験の結果当時の通行者、灯火、通路等の関係で運ぶことは不可能とみられる。▽本捜査で目撃者は非常に有力な基盤になっている」

このあとにつづいて、次のような解説がある。

「下山事件は発生以来一ヵ月を間近にひかえ基本捜査もほとんど完了、堀崎捜査一課長は二日記者団との会見で『近く自殺か他殺かの断定を行う』と重大発言をした。同課長は本部が下山氏の死を自殺と見ていることをほのめかし、この推理を『死後れき断』という法医学の所見といかにつじつまを合わせるかについての首脳部の苦慮を暗示した。目下の本部は〝自殺捜査〟と〝法医学〟の一致点を根強く求めている模様で、機関車にはねられショック死、死後れき断という解釈も一般的ではないが可能なことだともらしている」

この三日付朝日新聞を読むと、なんとなく一段落といった感じがする。しかし、このおなじ日の毎日新聞になると、一段落を通りこして、捜査は大団円といった格好である。第一面のトップに、「下山事件・近く結論発表」という、六段ぬきの見出しがつき、それにならべて、「特捜本部・自殺と断定、きょう合同捜査会議」と、大きくうたっている。これまでが、どちらかというと地味な記事づくりに終始してきた毎日としては、驚くような大胆な紙面である。

まず、その記事のリードの部分を引用しよう。

『去る五日国鉄総裁下山定則氏(49)が日本橋室町の三越本店で姿を消して以来二十八日、この間捜査当局と検察庁および東大法医学部の間に自・他殺の意見が対立したが、警視庁特捜本部は一日朝から総監別室で特捜本部会議を開き自・他殺両面から最後的な検討を行った結果、自殺と断定するとの結論に達した模様である。この会議には坂本刑事部長以下堀崎一課長、金原係長を初め鈴木、関口などの各主任、第一課の部長刑事も含まれ、特に田中警視総監も列席して『自殺断定』に遺憾なきを確めた。同会議の後堀崎捜査一課長は東京地検に山内刑事部長検事を訪ね会議の結果を告げたが検察庁としてもほぼ『自殺』を了解したようである。

この結果、特捜本部は二日書類の整理を行い、三日は早朝から東京地検山内、布施、佐久間、金沢の四検事、東大法医学教室の古畑、桑島両博士及び薬学秋谷、精神科内村祐之博士の出席を求めて合同捜査会議を開き捜査の結果について詳細に説明、両三日中に『自殺断定』の公式発表を行うとの固い決意を示している。なお三日の合同捜査会議に精神科の内村博士が出席することは特捜本部捜査の結論と関連するものとして注目される』

つづいて記事は、「断定へ六つの根拠・十四年前に自殺未遂の経験」と、五段ぬきの見出しをいれ、つぎのようにつづいている。

『当局が自殺と断定する根拠は大要次の通りと推定される。

一、解剖検査の進展=解剖結果は死後れき断は事実としても問題になったこう丸の出血は手足、眼瞼などにも相対的にみとめられるところから打撃による死亡というよりも、中枢神経系統に強烈な打撃を加えられたときに起る現象である。

一、一貫する足取り=当局の最も重視した足どり捜査は下山氏が自宅出発以来、れき断される五十分前の五日午後十一時半まで判明している。下山氏が他殺であるとするならばこの足どりがどこかで断ち切られるか、他の足どりとすりかえられるかしなければならないが三越、地下鉄、浅草及び西新井現場付近の目撃者、特に末広旅館の証言で下山氏が単独で現場付近をうろついていたことは明らかである。またこれを裏付ける物的証拠として、カラス麦の実をズボンのポケットに入れていた事実の目撃がある。また下山氏のくつ底に草のしるのついていたのは下山氏が現場付近を歩きまわっていた有力な心証を与えるものである。

また二十八日捜査当局が土人形を作って死体運搬の実験を行った結果は、五日午後十一時半以後に現場付近を通った証人の時間的足どりと照らし合わせてみると①自動車その他で他から死体を運んでくることは不可能である②現場付近で格闘その他が行われたとすれば、これら証人のうち誰かが怪しい人影を見なければならないにもかかわらず、そのような事実がない。

一、徹底的な地取り、カン取り＝下山氏が東鉄局長時代視察したことや森田信さんとの柴又の〝川甚〟に行ったことなどから、下山氏が現場に対して土地カンがあった事実が判明、その半面西新井現場を中心に南千住にまで及んだ千数百名への聞込の結果は、舟、自動車、土地の不良、国鉄カク首者、思想、団体等の動きがなかったことをたしかめ、また組合関係、知人等が五日に下山氏と秘密会合しようとした事実なく、組合中の急進分子と目されるものの五日から六日にかけてのアリバイは全部成立、下山氏の密会説、暗殺説は完全に成立せぬことが判った。

一、心理的動揺＝五日三越に行くまで、四日整理の当日の各省を訪れ回る無意味な疾走行路、なかんずく法務府柳川長官、東京駅での芥川公安局長との会見に下山氏が示した心的動揺は、下山氏が国鉄問題で内心非常に苦しんでいたことを物語っており、更に十四年前の昭和十年、これほどの苦境にたっていたとも思わぬ時期に遺書もなくて突然睡眠剤で自殺を図り、慶大病院でようやく命をとりとめた事実もある。また四日下山氏は鉄道病院から二十五グラムのカルモチン（致死量は八グラム）を無理にもらいうけていた事実もある。

一、家人の言動＝家人や官庁関係者は表面的には自殺を否定しているが、下山氏宅に親しく出入りしていた付近の某大学生某君（特に名を秘す）の証言では五日五時の失そうニュースでかけつけたとき下山夫人は「自殺でもするような気がする」ともらし、また同日捜査一課員が訪れたときも家人が最初に口をきったのは自殺ではないかということであった。

また国鉄幹部も警視庁への答申としては自殺と考えられぬこともないといっており、下山氏の動揺する行動を裏書きしている。

一、遺留品をめぐって＝眼鏡、ネクタイ、喫煙具のないことは自殺断定の大きい否定面となっているが、最近平で自殺した巡査の眼鏡が、五百メートル余り離れた地点まで飛んでいた事実、下山氏の下着の一部が平駅まで運ばれたことから首をひかれたため、ネクタイが列車にひっかかることも考えられ、眼鏡、ネクタイの出ないことは大きな問題にならない。

また下山氏のポケットには手をつけたピースが二箱発見されているので、シガレットケースはあるいは家に置き忘れたかもしれず下山氏がれき断後警察官によって完全な現場保存を行うまでに四時間余かかっているのでライター、パイプ等が飛び散って人に拾われたことも考えられ、これら遺留品の未発見は自殺否定の有力な資料とはなし得ない」

このあと、この記事は、「悩み多い『人間下山』・総裁就任時、覚悟の一言」とつづいて、ヒューマニストとしての下山像や、人員整理にあたっての苦悩、家庭の経済状態などにふれているが、それは割愛し、最後にある古畑氏と小宮氏の談話を引用しておこう。まず、古畑氏。

『解剖所見については三十日の法医学会でも各大学の方とお話したし、その後小宮博士とも語り合ったが、われわれの意見に対しては反対はないと思う。今も『死後れき断』に変りないが、死因については十分考慮した上で決定出来るかも知れない。噴射状の血こんについては見ていないのでよく判らぬが、解剖上の意見を変える必要はないと思う」

つぎは、小宮氏。

「元名大法医学教室主任教授小宮喬介博士は一日東大で古畑、桑島両博士と長時間にわたり会見したが、会見後小宮博士は次の如く語った。

古畑、桑島両博士は『死後れき断』の所見について語られたので、いろいろ詳しく聞いてみたが、十分納得のゆく説明は聞かれなかった。鑑定書や標本なども見せてもらったが、その結果自分の総合的判断は『死後れき断』ではなく、れき死であるように思う。両博士が鑑定書に『他殺』の結論を出すようなことは全く考えられない」

なお、この古畑、小宮会談の内容については「法医学論争」で詳述することにする。

八月一日、特別捜査本部会議

ところで、捜査本部は、この時点で、毎日のつたえるとおり、「自殺」という判定を公式に発表する考えであったのだろうか。また、もしそれが事実であったとしたならば、なぜその発表はついに陽の目を見なかったのだろうか——。これは戦後史のなかの一つの問題点でもあり、大きな興味のひかれるところでもあろう。だが、その前に、八月一日、警視総監別室での特別捜査本部の会議をみておく必要がある。

特別捜査本部規定による第一期の捜査（二〇日間）も終わり、東大法医学教室の「死後轢断」の判定以外に、他殺をおもわせる材料がまったく出なかったこともあって、捜査本部首脳陣は、第一線の捜査員の意見を聞き第一期の総括を考えたようである。もちろん、ある程度まで「自殺」という意見が強く出されるとは予想されていたが、しかし、その結果はどうやら本部のその予想をこえて、非常に強力であったようである。あとでこの会議出席者の発言を、関口由三氏の『真実を追う』から引用させてもらうことにするが、これを七月七日午前の捜査会議で、出席刑事がのべた自・他殺にたいする意見と比較してみれば、おのずからそのことは明らかであろう。七月七日には、発言者二一名のなかに、自殺と考える、とのべたものは二名であった。が、それから約二〇日間の捜査で、他殺という意見は皆無となっていたのである。こうした事態にたいして、やはり一つの区切りをつけなければならないと、捜査本部首脳が考えたとしても不思議なことではないだろう。

では、これから先にすすむ前に、八月一日会議の出席者の発言を紹介しておこう。なお、発言者に求められたのは、一、下山事件は他殺か、自殺か。二、今後の捜査方針。の二点であったという。

○小薬部長刑事（鑑担当）　私のやった範囲では自殺である。理由は増田官房長官から第一次整理に、なぜ共産党関係者を首にしなかったかと油をしぼられた点、吉田総理に嘘口実をつくって会わなかった点、斎藤国警長官の話だと下山氏はいつも部下組合を中心とした強硬な意見を吐き、非常に部下に愛情をもっていた。だから上下の板ばさみになっていたとおもわれるといわれている点、下山さんは技術家上がりの人で政治家ではない。各家庭、組合員からの手紙から見ても、板ばさみ状況がうかがわれ、精神的苦痛から出た自殺で、私の部屋刑事全部の意見も自殺である。今後やるとすれば、下山さんの人となり、系統関係、精神状態、そういう鑑洗いをすべきである。

○富塚部長刑事（三越より現場に至る足どり）　私も自殺とおもう。理由は地下鉄職員も相当関心をもって協力してくれたが、今のところ拉致されたようなことはなにも出ない。三越内外の目撃者は、みんな信用がおける。単独で、連れがあったようなことはない。現場を見ても、死体を運搬して轢かせるなどには不可能な場所である。とくに他に足どりの出ないところからみても自殺である。部屋刑事全部も自殺意見、今後やるならば、総裁の身辺関係など、本人関係を洗いたい。

○坂和部長刑事（五反野現場担当）　私は自殺と断定する。理由は自分だけで目撃者八人を発見した。その目撃者は全部信用がおける。徘徊したのは下山総裁に間違いない。解剖所見が捜査の事実と相違する例は、ないことではない。所持品のない例も、自殺者などには普通のことで他にも例はいくらでもある。私の部屋の刑事も、全部自殺と断定している。今後の捜査は困難だ。現場はやりつくした感があるが、捜査すれば目撃者はまだ相当あると思う。機関士、助士を再調査すれば、自殺の状況がもっとはっきりすると思う。

○須藤部長刑事（五反野現場担当）　この事件は自殺に間違いない。理由は、他殺のにおいさえしない。現場からは、まだまだ自殺資料がとれると思う。今までの目撃者は全部信用をおいてさしつかえない。今後なぜあの現場を選んだかをもう少し研究したい。

○中野部長刑事（鑑の関係）　私も自殺である。理由は佐藤栄作氏を訪問したとき、熱海会議のときの左翼分子を整理することになっていたが、第一回になぜできなかったといわれていた。その苦衷への板ばさみと思われる。どこを調べても、他殺の線が出ない。総裁の言動にあまりに変なところが多すぎる。

○峰岸主任（第一現場）　私は自殺と確信する。理由は三越からかどわかされたとするならば、犯人らしい者が三越付近や、現場のどこかに現われるはず。しかしどこにも現われていない。トリックを使うことも、あんな不便なところを選ぶことも不合理である。目撃者は信じるに足る。今後捜査としては、常磐線は午後一一時四七分の列車、東武線の直前の零時三分の電車に血痕が付着しているかどうか調べる必要がある（この意味は前の列車に飛びこんだか、東武にはねられ落下死亡したかを考えた意見、筆者註）。三越内捜査も、地下鉄、交通関係もやりおわった。
○溝口主任（情報、第二現場担当）　私も自殺である。理由は現場に死体は運べない。また運んだ状況もない。総裁は夢遊病者のように現場へ行った。現場からの裏付けとして、通行者は誰も不審者を見ていない。かわりに総裁らしい者を見た者が現場だけで一七名もいる。いずれも時間的に関連ある行動である。特別な癖までも目撃者から出ている。ネクタイ、ライターのないことは、たくさんある例で、なんでもない。あの場所は運ぶのにはつごう悪いが、自殺にはもってこいの場所である。自殺の場所というものは、従来から人の目につかない静かな場所にだいたい一定している。その条件どおりの場所である。法医学と矛盾のあったことは、たくさん例があるから問題にすることもない。これを取り上げると、捜査上大きな支障となる。今後は総裁の心理的な状態に重点を置くべきだ。
○関口主任（第二現場担当）　私は自殺と断定する。理由は死体を持ち込んだのではないかと、ずいぶん細かく地どりをしたが、自動車、通行人等全部白となった。残るものは目撃者だけである。私は直接何人も調べているが、その目撃者の見た者は、下山総裁本人に間違いない。替え玉などでは絶対ないと断言できる。解剖結果はどうあっても、この事実は動かせないことである。この事実を無視したら犯罪捜査は成り立たない。死体運搬の事実もなければ、運搬実験をしてみても、あまりに現場にそぐわない。共犯者を多く必要とする擬装殺人など、犯罪者の計画することではないし、その必要がどうしてあったか、そのへんにも捜査事実と解剖結果の食いちがいが生まれてくる。部屋の者は全部自殺である。今後の捜査としては、下山さんの土地鑑の捜査、午後一一時半以後の足どり捜査をしたい。
○鈴木主任（第一現場）　私も自殺である。三越の地どり足どりはいちおう終った。もし他殺ならば謀殺でなければならない。とすれば大西運転手が関係しなければできないことであるが、大西運転手には絶対疑いはない。三越内は安心してよい。ほかにもしあれば、下山総裁の身辺にからむ他殺でなければならないが、その目標で捜査をやったがなにも出ない。森田のぶの関係もなにもない。法医学の結果は問題にするに足らない。今後の捜査は自殺の原因である。
○吉武係長（労組、情報関係）　私のほうは初めから他殺情報を捜査している。組合関係、共産党関係、朝鮮人関係、資金関係、女関係等をやったが、いずれも風評程度でなにも出ない。

なお、この会議の出席者は、坂本刑事部長、堀崎捜査一課長、金原、野田、吉武（二課二係）の各係長、鈴木、関口、峰岸、溝口各主任と部屋長であった。ここに捜査二課長の名がみえないのは、この日同課長は、一係と三係の部下を指揮して、共産党本部の捜索に加わっていたからである。

さて、この会議の結果をみて、捜査本部首脳が考えたことは、「死後轢断」という東大法医学教室の判定をどうするか、ということであったようである。たしかに、法医学の結論が実情にあっていなかったことは、過去にいくつもの例があった。古い刑事たちの誰にも、そのために味わった苦い経験が、一つや二つは必ずあったのである。そして、この下山事件についても、中舘、小宮、それに京都の小南などという著名な法医学者が、東大の解剖所見から「死後轢断」という結論のみを引き出すことは当を得ない、という意見を発表していた。それらのなかには、むしろ積極的に、「轢死（生体轢断）」と認めるべきだ、という見解さえしめされていたのである。

八月三日の会議と自殺発表をおさえたもの

しかし、首脳陣としては、第一線刑事の意見にあるように東大の判定を「問題にすることもない」、というわけにはいかなかった。検察庁が強くこれを支持し、毎日新聞をのぞく報道機関が、こぞってそれをもっとも科学的な判断としてつたえていたからである。そこで、捜査本部は、東大側を呼んで、最終的な意見の調整を計画したようである。もしそこで、東大側が、捜査本部の見解をいれるような事態になれば、その場合には、一気に「自殺と判定」の発表に踏みきりたい、という気持も十分であったようである。そういう狙いのもとに開かれたのが、八月三日の会議であった。

場所は目黒区碑文谷の刑事部長公舎で、出席者は、東大側から古畑、桑島、秋谷、吉益の四氏、地検より山内刑事部長、布施、佐久間、金沢の三担当検事、捜査本部は坂本部長、堀崎一課長、松本二課長、塚本鑑識課長、金原、野田、吉武の三係長、鈴木、関口、溝口、峰岸、中野の五主任であった。ここに吉益氏の名がみえるのは、精神科の内村祐之教授の代理であろう。このころ捜査本部は、下山氏の精神状態に疑問をもち、昭和一〇年以降の日記の提出を求めて、氏の精神生活の分析を行っていた。また、捜査開始後まもないころ、米子大学学長の下田光造氏が、医師国家試験委員会のため上京し、すぐ近くの会場から捜査本部に立ち寄り、「初老期うつ憂症」のようにもおもわれる、という意見をのべていったこともある。そういう関係で、精神科の内村教授に会議出席の要請がされていたようである。

ところで、会議の進行状態は順調であったといわれている。現場の捜査責任者からの説明も、非常な細かい点にまで及んで、犯罪行為による他殺とは考えられない状況が、つぎつぎとのべられていった。これにたいして、検察官からも、なに一つ、反対らしき発言はなかった。問題の東大側だが、古畑氏たちも、「解剖所見としては『死後轢断』という状態であったが、自殺ということも考えられないことではない」とのべた、とつたえられている。

しかし、会議終了まぎわに田中総監から一本の電話がはいった。坂本部長は急いで警視庁に帰り、総監とともにいずこにか出かけていったが、やがて帰ってきた坂本部長は、すでに本部にひきあげ、部長の帰りを待ちわびていた会議出席の幹部たちの前で、「ダメだ」とつぶやくと、崩れるように腰をおろして、頭をかかえこんでしまったという。誰も発言するものもなく、重苦しい空気につつまれていたが、そのとき突然、浦島捜査三課長が大声を出した。「おい、こんなことでは部長が初老期うつ憂症になるぞ。しっかりしろ、元気を出せ」。この浦島課長の一声に、一座は救われたおもいで、ほっと一息をついたものであった、といわれている。

一説によると、このとき自殺発表をおさえたのは、アメリカ軍関係筋だといわれる。が、もう一つの説があって、それは政府筋であった、という。前説を主張するものは、意外と当時の第一線刑事たちのあいだに多い。日本の政府筋であったろう、というのは、故人となった平正一氏である。当時、毎日新聞の下山事件担当デスクとして、周囲からの圧力に抗して、あの紙面づくりに奮闘した平氏のことであるから、やはりそれなりの根拠があったのだろう。〈註―7〉

では、実際はどうであったのか――。筆者は神戸に、かつての刑事部長坂本智元氏をたずねたことがある。昭和四三年五月の末であった。そのときの坂本氏の解答は、時期についてはかならずしもこのときということではなかったが、自殺発表を押えたのはGHQであった、ということであった。あのままの状態がつづくほうが好ましいという、軍略ないしは政略によるものであったろう、というのが、そのとき推定した理由であったという。こうしたGHQ関係にたいし、坂本氏たちは、ここで真相をはっきりしておくほうが治安当局の権威をたかめ、国民の不安をしずめるために必要なのだ、と強硬に主張したが、やはりその意見は彼らのいれるところとはならなかったという。それよりは他殺の疑いありとしてこのままにしておくことが、共産党や国鉄の労働組合をおさえるために有効、という考え方に、GHQ側は支配されていたらしい。

このとき筆者は、GHQ関係者の名は明かせないか、とたずねた。それは、G2・PSDのプリアムか、とも聞いてみた。プリアムについては、平氏がその著作『生体れき断』で、堀崎一課長が、八月二日にこのプリアム大佐を訪問して、自殺発表の同意を得た、と書いていたからであった(平氏が、自殺発表をおさえたのは日本政府筋という理由の一つはここにもあるらしい)。しかし、坂本氏は、プリアムではない、プーリアムというのだと、筆者の発音を訂正したうえで、そのプーリアムではない、と否定した。そして、いつ誰がどう動いたか、ということはまだ明らかにしたくない、いずれそのときがきたら、正確をきすため自分の筆で書き残す、ということであった。

その後、『週刊新潮』連載の〝マッカーサーの日本〟で、当時PSDにいたというハリー・シュパック氏が、自殺発表を押えたのは自分である、と語ったことがある〈註—8〉。この話の真偽を確かめるため、筆者はさっそく坂本氏に電話をしてみた。メモには、昭和四四年六月一日夜、となっている。このとき坂本氏は、ハリー・シュパックという名前は知らない、といった。写真にも、見覚えはない、という。だが、ではこの話はあまり信憑性がないと考えてよいか、という筆者の問いに、坂本氏はつぎのようにこたえた。

「そうともいえない。かれらが何人か捜査本部に出入りしていたのは事実だ。だから、こういう人が本当にいたのなら、まんざら嘘をいっているわけではないかもしれない」

さて、こうしてみると、当時中心となって活躍した捜査官たちが、自殺発表を押えたのはアメリカ軍関係だ、と主張するのは、なんの根拠もないことではない、ということになる。そうすると、平氏の日本政府説のほうはどうなるのか。この説にも理由はあったはずである。

平氏がそう考えたのは、やはり平氏たちの強烈な体験にもとづくところが多かったらしい。七月下旬のある日、増田官房長官から、毎日の下山担当記者に会いたい、という連絡があったという。当時警視庁キャップであった若月五郎氏と今井太久弥氏が、その増田官房長官に会っている。今井氏の書かれたもの〈註―9〉によると、このとき官房長官は二人に、「下山、三鷹とつづき、国鉄の大量首切りによる労働攻勢のはげしい折、あなた方のいうように下山さんが自殺だったとしたら、この左翼攻勢はどうなりましょう。あなた方は考えてみたことがありますか」と、せまったという。さらに官房長官は、つぎのようにつづけている。「わたしは、自由党内閣が危機に立つということで、こんなことをいっているのではありませんよ。終戦後四年、やっとインフレを克服して、国民生活が安定しかけたとき、あなた方の報道で、左翼攻勢の突破口を与え、国民生活を再び混乱に落し入れたら、あなたの新聞の責任は大きいと思いますがね。そうお考えになったことはありませんか」。

増田官房長官のいいたいことは、はっきりしているだろう。要するに、自殺説に通ずる報道はやめよ、ということであったのだ。新聞記者まで呼んで、こういうことをいう官房長官のいる政府である。捜査本部にたいして強引にその発表を止めさせるぐらいのことは、十分考えられたわけである。

こうなると、平説もまた、たしかに理由ありといわなければならない。が、それはともかく、この増田官房長官が、いかに自殺説を嫌っていたかについては、もう一つのエピソードがある。九月になってからのことであったという。坂本刑事部長は、官房長官に報告にいった。しかし、その報告が終わらないうちに、官房長官は、「もういいから帰れ。オレが、県の警察部長をやった経験から、アレは他殺に絶対まちがいない」と、怒りだしたという。だが、坂本氏も、「そんな馬鹿げたことはない、捜査はすべて自殺の線を示している」と、やりかえしたが、とにかく帰れ、というので部屋をとび出してくると、そこにたまたま斎藤昇国警長官が来合わせて事情を聞き、「もう一度、もどれ」とつれもどされ、斎藤長官の仲介で、日をあらためて報告だけは聞く、ということになったのだという。

ある「捜査日誌」によると、その日は九月一五日となっている。午後六時より八時三〇分まで、場所は首相官邸である。増田官房長官に、副官房長官の郡氏と、すでにそのとき国鉄総裁となっていた加賀山氏が出席している。捜査本部からは坂本刑事部長、堀崎一課長、松本二課長、金原係長、関口主任が出席した。食事をはさんでの報告であったが、金原係長や関口主任の報告を終始黙然として聞き、終わってもは吐きすてるようであった。

それから二〇年近くたって坂本氏が、当時を回想して、「あのわからずやが」と、憤然とした表情で語るのだから、よほどこたえたことだったのだろう。「だいたいアレはね、警察部長といったって、四ヵ月やってノイローゼになってやめちゃったんですよ。それでなにがわかりますか」と、最後は吐きすてるようであった。

だいぶ寄道が長かった。八月三日の時点にもどろう。結論を急げば、この日たしかに、「自殺発表」に踏みきりたいという考えが、捜査本部首脳のなかにはあったのだとおもわれる。坂本氏にいわせると、「いや、そうではない。あの日に関していえば、あれはやはり東大関係者との意思統一が目的だった。だからわざわざ新聞記者をまくため、会場を刑事部長公邸などにしたのだよ。それが新聞社にわかってしまった。記者は垣根をこえて入るし、カメラマンは会場を写そうと樹にのぼるし、始末がつかなくなって打ちきった、というのが真相さ」と笑うのだが、しかし、第一線の刑事たちはやはり、「あの日が、発表に踏みきる日だった」と信じきっているようである。そして、筆者もまた、そうおもうのである。

そうおもう一つの理由は、翌日の新聞に報じられた田中警視総監の談話である。

【一部にこの事件の合同捜査会議が一日に開かれ下山氏の怪死事件は自殺と決定したと報じられたが、このような会議は開かれなかった。もちろん私も坂本刑事部長もそのような会議に出席した事実はない。おそらく捜査一課が開いた主任会議についてそのように誤報したものと思う。この事件は極めて複雑多岐な事件と考えられるし、警視庁としても目下の捜査段階では自・他殺いずれとも決定は出来ない。従って捜査は引きつづき続行し、特に背後関係、新しい聞き込みに重点をおいて、あくまで真相の究明に努力する】（昭和二四年八月四日、朝日新聞）

三紙ほとんど同趣旨であるが、おそらくこれは、三日のあわただしい空気のなかで、記者団にとり囲まれて語ったものであろう。田中総監が、下山事件に関して談話を発表したのはまったく異例のことで、おそらくこれがはじめてのことであったとおもわれる。まずこの点が、八月三日に、重要な意味をもたせている。

つぎに、内容については、二つの気になる点がある。第一は、八月一日の、特別捜査本部の本部会議を、一課の主任会議で、坂本部長も出席してない、といっているのは事実に反し、あわてて なにかを取り繕おうとしている気配が感じられるのである。この会議がきわめて重要な意味をもっていたことは、すでに引用した出席者の発言からも明瞭で、あらためてここにのべるまでもないことであろう。総監談話には、この会議をなかったものとしたい、という願望がうかんでいるのである。

第二に、「捜査は引きつづき続行し、特に背後関係……」とのべていることとである。「自殺発表」を押えたものが、政府筋であれ、アメリカ軍関係であれ、その目的は「背後関係」の抑圧にこそあったはずである。彼らが、その狙いを田中総監につたえた、と考えてもおかしくあるまい。混乱した状況のなかで、不用意にそのかくされた意図をしめす言葉が、総監の談話のなかに現れた、としても自然なことではなかろうか。

さて、こうして捜査は継続ということになったが、この後の捜査の詳細については、それぞれの関連部分でふれることにして、ここでは一応概略をのべておくことにする。

まず、総監談話のなかにあった「背後関係」については、捜査二課二係の、いわゆる〝特捜班〟が、情報関係とともに捜査を担当したことはいうまでもない。後に、下山総裁の衣服に、「自殺」としては考えられない、異常な付着物が発見されたと東大側がいいだし、その付着「油」が問題となったとき、この関係の資料収集もこの〝特捜班〟が分担したことによって、「科学捜査の二課」などという称号が、一部の人たちから授与されているが、その実体についてはあとでふれることにしよう。

一方、第一、第二現場と、下山総裁身辺の捜査を担当した一課の捜査員は、若干の減員で縮小されたが、第一期の捜査を引きついで、基本的な聞きこみが継続された。とくに第二現場では、事件当夜の通行者の証言のなかにあって、なおそれまでに未確認の二、三の人物を追っていて、それらを完全に解明しえたのは九月にはいってからのようである。

この基本的捜査と同時に、轢断現場付近を徘徊した人物は、下山総裁の『替え玉』ではなかったのか、という説にたいしても、果たして現実にそういうことが可能かどうかを確かめるための、綿密な調査と、捜査も行われている。それらの結果は、関口由三氏の『真実を追う』に詳しくのべられているのだが、本書でも関係個所で紹介することになろう。

註

1――〈6・上〉

このときの委員長加藤閲男氏は、国際労働機構総会出席のため、アメリカ占領軍総司令部労働課長ヘプラーらとジュネーブに出張中であったので、鈴木氏がその代行をし国鉄労働組合を代表していた。なお、ヘプラーの代行は労働課教育班長のエーミスであった。

2――〈10・下〉

高木正得元子爵（五五歳）、三笠宮妃百合子の父君、昭和二三年七月一一日帰宅途中から行方不明となり、同年一一月一日、西多摩郡氷川町七ッ石山の雑木林のなかで、首つり自殺体となって発見された。動機は、発見された遺書によれば、戦後の窮乏生活の苦しみに耐えかねてのことであったようである。なお、下山夫人が、高木氏の自殺を引き合いに出したのは、夫人自身の実家の姓が高木であったということに関係があったかもしれない。

3――〈16・上〉

昭和二四年七月四日、アメリカ独立記念日に際して発表された、マッカーサー声明。〃共産主義運動に法的保護や是認を与うべきか、否かは問題である〃とか、〃日本を不敗の反共防壁に〃などと、うたいこまれている。

4――〈27・上〉

長島フクさんの、このときの話をメモした手帳が、関口由三氏の手もとにあるので、それをそのまま引用させていただくと、つぎのようなものである。

「五日午後二時頃、玄関へ御客さんが見えたと言うので出て見ると、午後六時頃（迄）休ませてくれと、人品の良い人が見えたから主人に相談して、二階の四丈（畳）半へ案内して窓を開けると、風通しの良い部屋だ、宿帳を書いてくれ、簡使（勘弁の誤字だろう）してくれ、窓に腰掛けて水を一杯下さい、と言うので御茶を持って来てやった。下から新しい布とんを出して休ませてやる。御つれさんどんな方が見えるか、年よりも来ますか、と言う。御一人で珍しいですね。何処かに女の子が居ますか、と笑ひ話をした。上着を脱いて、チョッキなし。御休みなさいと、下さ降りる。五時半頃手をたたく音がしたので見る。下の八丈（畳）に仕度をして立っていて、御いくらですか。二百円です、と言うと、上等大型（の財布から）三百円くれた。五時半一寸過ぎ出て行った。丈五尺七寸、五十前後、色白面長、眼鏡を掛けている。マユ毛普通、無帽、鼠色服上下、紺ムジ靴下。チョコレート、紐をといたりむすんだりする靴、進駐軍の様な重い皮靴、大きい紙入」（括弧内は筆者の補足）。なお、末広旅館は、いわゆる同伴旅館と呼ばれるものであった。

5――〈102・上〉

長島フクさんがこのニュース映画を見て感想を語るところが、またニュース映画になったそうで、筆者はそれを見ていないが、評論家の平野謙氏はこのニュース映画を見て、フクさんの話に非常にリアリティーを感じ、末広旅館で下山総裁が休憩したのは事実だったのだろう、と考えたという。

6――〈128・上〉

国鉄労働組合運動史編纂資料第一号（国鉄労働組合文教部）の座談会で、吾孫子豊氏（事件当時国鉄本社文書課長、後に副総裁）がつぎのように発言している。

「それでとにかくあのときは定員法による整理を全国一斉にやる段取りについては直接各鉄道局の総務部長を集めてきめて、それでこういう電報が来たらやれということで、第一次の発令はずっとやったわけです。ところがその当時から中闘の人たちを本当に整理し得るかどうかということは当局の内部より新しい議論があったのだ。それは定員法でやるのはいいが、直ちに専従者でもあるしそういうものをやれるか、やれないかということは非常な議論があったのだ。議論がある間に下山事件が起り三鷹事件が起り、それで大勢我に有利なりということになって来たのだな。それで言葉はよくないが機に乗ずべしという気持になって来て、この際やってしまわなければいけないということになって来て誰も彼も初めはふらふらしていたのですよ」

また、捜査記録によると、下山総裁は六月二六日午後八時ごろ佐藤栄作氏をたずねて、整理問題の相談をしているが、そのとき佐藤氏が整理者のリストに目をとおすと、鈴木副委員長らの名が見当らなかった。そこで佐藤氏は、最初の方針とは違うではないかと注意し、激励をした、とある。

7――〈187・下〉

平氏が『生体れき断』をまとめる際の資料としたとおもわれる遺品のなかに、つぎのような取材メモがあった。このメモは、事件当時毎日新聞記者として、主として占領軍関係をカバーしていた田中源次氏（現国際コンサルティング・サービス代表）が書いたもので、これらの資料も平氏の意見の基礎となっていると思われる。このメモでは、アメリカ軍関係者が、自殺発表を押えたことを否定しているからである。

「平さん。UPの電報訳文別紙の通り。ポーツはこの電報は日本国内には流したくないからそのつもりで、単に参考の程度で見てもらいたいと特に附言してました。

UP特電（ポーツ特派員発）下山事件について捜査当局は、下山国鉄総裁は占領軍の命令に基く政策を実行する代りに、死を選んだものであるとの結論をしているようであるが、吉田内閣はこの捜査の結果の公表を差控えるよう警察当局に指示を与えたと伝えられている。

保守的色彩の強い現内閣は下山総裁の死体が発見された当初から、占領軍当局の指令に基く経済政策の実施上不可避な人員整理に反対する共産系労働者の手によって暗殺されたものとしている。それで下山事件は吉田内閣にとって反共攻勢の一つの強力な足場としている。事件の捜査を担当している当局の責任者たちは、捜査の結論はすでに（昨日）公表される筈であったが、最後の瞬間に警視総監がこの命令で発表が止められた、と説明している。一方総監はこれについてそれは政府からの指示に基くものだと弁解している。

田中警視総監はまた記者会見で、命令は占領軍当局から発せられたものであると言明しているが、占領軍筋は正式に否定している。この間の行さつについては事件の報道を担当する日本側新聞記者間に、不可解な眼をもってみられている。報道機関のうちには共産党一派をげき砕するためや、下山総裁他殺の言明で引込がつかなくなった手前、事件の真相をひた隠しにしているやり口を非公式に非難している。

下山はマッカーサー元帥の命令に基き、予算の均衡を計るため過剰人員中国鉄関係者九万五千名の整理実行を課せられた、当面の人物であり、在来日本の労働界に前例のない程大規模の人員整理の担当者であった」

8――〈188・下〉

この話は週刊新潮編集部『マッカーサーの日本』（昭和四五年七月三〇日発行）の「下山事件、二つの証言」に収録されている。

9――〈189・上〉

今井太久弥「自殺説かくて崩る」（『サンデー毎日』特別号・昭和三二年七月一日）。全文が『資料・下山事件』にも収録されている。

事実の論証

法医学論争

自・他殺論の争点

死後轢断説とその疑問

下山国鉄総裁の死因と、死亡時刻の判定をめぐって展開された法医学者を中心とする論争は、それぞれの説の当否はもとより、論争の展開過程についても興味深いものがある。論争を外側からみると、まず最初に目につくのは、七月一〇日付毎日新聞にみられる慶応大学法医学教室中舘久平氏の談話である。その論旨は、一つには東大薬学科の秋谷七郎氏が行った筋肉中の乳酸量とpHの変化を測定して死亡時刻を推定しようとする方法についてだが、この方法が従来の判定法にくらべて科学的なものと認めながらも、今回はこの推定法のはじめての人体応用(これまではモルモットを使用した実験のみ)である点から考えて、その実験結果は参考程度のものであろうとし、二つに、東大法医学教室の〝他殺説〟の一つの論拠となっていた出血量(現場に残された血液量が少ないのは死体が轢かれたためという推定)について、中舘氏の経験からは、飛び込み自殺のばあいでも必ずしも出血量が多いとはかぎらないとして、自殺轢死体一四六例中、出血やや多量が九%、少量一六%、ごく少量七〇%という、ある調査例をあげている。

ただしこの時点——新聞紙上では他殺は確定したもののようにあつかわれていたが——での東大法医学教室の判断は、

公式的には〝死後轢断〟までで、まだ他殺と断定したことはなかったということでもある。事件後二ヵ月近くたった衆議院法務委員会（昭和二四年八月三〇日）での意見陳述で、同教室古畑種基氏は、これまで他殺といった覚えはなく、ただ〝死後轢断〟という点ではまちがいない、というのがわれわれの主張である、とのべている。一方、新聞によれば、死亡時刻については、秋谷教室の実験によって五日夜九時から一〇時の間と判定（轢断は六日零時一八分ころ）、これは古畑氏の死体解剖経験にもとづく判断とも一致するので、七月八日午後古畑、秋谷両教授から捜査本部に報告された、という記事が大同小異の内容で朝日、読売、毎日などの九日付紙面に見られる。

こういう時点での中舘氏の談話である。だから東大法医学教室の判断への批判や反論というよりは、むしろ法医学者として、法医学上の常識程度のことを話した、というのが実情であったのではなかろうか。

しかし、七月二四日付朝日新聞の、千葉大学腐敗研究所宮木高明氏による文章になると、やや趣を異にする。七月六日午後、というと下山氏の死体解剖が行われていた時刻だが、場所も同じく東大構内で開かれた薬学会で、秋谷教室から発表された「pH測定による死後経過時間の判定法」についての学術講演を聞いた、専門家の立場からの問題提起である。単なる感想程度のものでないことはもちろんその文面からもうかがえる。そこでその疑問とする内容であるが、それはこの宮木氏の問題提起に対しての回答という形で秋谷氏の文章が同じ紙面にならんでいて、そのほうからでも理解できるとおもわれるので、秋谷氏の回答のほうを引用しておく。

『質疑に答える前に、私が乳酸の定量（乳酸量の変化は複雑で測定も困難であるというのが宮木氏の論点の一つ、筆者註）だけを取上げて、死後経過時間の推定を行なったかのように思われているので、一般の誤解を訂正したい。私が一番重視して試みたのは、筋肉組織の水素イオン濃度（pH）が、死後時間の経過とともにどう変るかということである。乳酸の定量による方法は、このpH測定の一つの裏づけの程度として行なったものであることをまずお断りしておきたい』

秋谷氏はこう書きだしている。乳酸量よりpHの時間的変化を重視したという。だが、たとえそうであっても宮木氏の問題提起は依然として残る。そこで秋谷氏の文章はつぎのようにつづいている。

『さて宮木氏の疑問の要点は、次の二点にあると思う。一つはモルモットによる実験結果をそのまま人間にあてはめることは無謀ではないかということである。この疑念に対しては、私は率直に、たしかにこれは大胆なことだと認める。しかし、人間について実験する時間的余裕がなかったので、モルモットからすぐ下山氏の死体に対して応用したものではあるが筋肉の化学的構造や、それらの死後の変化を純化学的に考察すれば、モルモットも人間も本質的に大差のないことは明らかである。私のこの考え方は、その後一六日に東京神田で起った惨劇事件の父親（50）と娘（20）の死体について試験した結果、モルモットの場合とピッタリ一致したので、現実に証明された形となった。

第二の疑念は、雨ざらしとなり、二十時間以上も経過したバラバラ死体に、微生物の影響をはたしてどのように考慮したかということであろう。過日、薬学会で発表したときは、わざわざ微生物の発育を抑制する状態で行った例だけを報告したので、当然そういう疑念が生じたものと思うが、実は、首の動脈を切断して殺したモルモットを自然の状態に放置したものについても実験しているのである。最近の研究によると、死後数時間とたたぬうちに、腸内その他の微生物が体中に進出して、心臓中の血液にまで非常な数の微生物が繁殖するということが判ってきた。

だから、動物にせよ人間にせよ、かえって自然に放置した状態について論ずべきだと考える。しかも、下山氏の場合は胴体にくっついていて損傷をうけてなかった左腕の上はくの深部の筋肉を取出して試験したので、土などからはいりこむ特別の腐敗菌その他の微生物の顧慮は無用であった。力こぶの筋肉は乳酸定量に極めて好都合でもあり、温度以外の条件はあえて考慮外におきうることも、実験によって確めている（以下略）』

秋谷氏の文章は自信に満ちているようである。条件は完全、測定結果は無欠、そこに疑問をさしはさむ余地はまったくないとうたっているようにおもわれる。だが、そこに問題はなかったのだろうか。その点はまたあとでふれるとして、ここでは「死亡時間の誤差」と題したつぎの記事をあげておくことにする。

「下山氏の死後経過時間の推定を行った東大薬学科秋谷教室では、その後も去る十五日神田で殺された井田武四郎氏ほか二死体により下山氏同様乳酸量と水素イオン濃度の測定を続けてきたが、この結果下山氏の死亡時間が従前の『五日午後九時から六日午前三時の間』との推定よりさらに時間の誤差が縮められ、『六日午前零時の前後一時間ずつの間、即ち十一時から午前一時の間』となる旨を、直接この実験に当った同教室特別研究生本橋信夫氏が二十三日発表した」（毎日新聞、昭和二四年七月二四日）

ところでこの七月二四日付毎日新聞にはこの記事の他に古畑氏と、元名古屋大学教授小宮喬介氏との二つの談話がのっている。古畑氏のほうは、事件後二〇日近くたった時点での東大法医学教室の様子を知るうえで役立つであろう。

「今度の事件の法的な鑑定人は桑島（直樹）講師で私は教室の主任教授として桑島氏の相談にものるし、検察当局からの質問にも答えている。私が検察当局にお話する際には科学としての法医学によって明確にされた事実と、法医学上の推定と、その上に立つ推理とは明確に区別している。そして私が科学としての法医学によって明確にされた事実というのは、前からいっているように〝死後れき断〟ということで〝死因はショック死と考えられる〟というのは、事実にもとづく推定であり、他殺というのは単なる推理である。今度の事件について法医学という科学の限界は要するに〝死後れき断〟という事実にほかならない」

この談話のなかにある〝ショック死〟という考え方は、一〇日付読売新聞に「古畑教授、桑島講師は九日正午、死因に関して『局部を強く蹴あげられたためのショック死』と前日よりも一歩前進した判定を下し、死亡時刻については重ねて『五日午後九時ごろ』と発表した」という記事が見えるところから、事件後数日して考えだされたものらしい。またこの「ショック」という考えかたは、七月三〇日の法医学会での桑島報告のなかにもみられる。

しかしさきほどもふれた八月三〇日の衆議院法務委員会では、古畑氏はいぜんとして「死因はまだ不明」とのべているのである。これをこの時期の古畑氏の判断と考えると〝局部蹴りあげによるショック死〟という判定も、教室関係者の統一的見解となりえていなかったともいえよう。東大法医学教室は死因の判定をめぐって混乱し、ある意味では苦悩にみちていたのかもしれない。そこに論争が東大法医学教室の外にまでひろがる原因があった。各種の〝死因〟を推定させる余地を残していたからである。その一つが小宮説であろう。

その小宮説であるが、その前に下山氏の死体の状況を見ておく必要がある。死体は大きく分けると頭部、胴体、右腕、左右の足首という五つの部分に切断されていた。おそらくそれらの傷口の大部分は機関車の車輪と排障器などの突起物によってできたものであろう。その点に異論があったわけではないのだが、問題はその切断創の状態であった。普通生体が轢かれたときには（自殺などの場合）、その傷口周辺の皮下に出血がみられる。心臓が働いているので破られた血管から血液を押し出して、それが皮下出血として残されるのだという。これがいわゆる生活反応とよばれるものである。

ところが下山氏の死体には、その切断創に皮下出血が残っていなかった。これは心臓の働きが止まった状態、即ち「死」の状態のところで作られた傷あと（出血はしても皮下凝血は残らない）と同じである。したがって、下山氏は死後に列車に轢かれたということにならざるを得ない、というのが東大法医学教室の結論であった。それも解剖後数日して、睾丸けりあげによる〝ショック死説〟が出ているように、多分に他殺による死亡、死体は線路上に運ばれて轢断——という推定をふくんだ「死後轢断」であった。

こうしてみると東大法医学教室の判断はきわめて常識的で、理解に苦しむようなところはなにもなさそうである。死後轢断、すなわち他殺としても納得しえないことではないだろう。

だが、下山氏が轢断された前後の状況を詳細に検討してみると、素人目にもきわめて明快とおもわれるこの判断も、経験ある法医学者にはすぐさま了解されるものではなかったようである。第一、古畑氏自身、七月六日夕刻解剖終了後、つぎのように語っているのである。

『他殺か自殺かの判定の重要なポイントは、死体に『生活反応』があるかないかだが、下山氏の死体にはそれがない。そこで、死体となってからレールに投げ込まれたという仮定もなり立つわけだ。しかし一面からいうと当夜が激しい雨であったために、血液をすべて洗い流したということも考えられる。十五、六年前私が金沢で扱ったケースは、今度の場合と全く同一で死体の生活反応皆無だった。そこで他殺として捜査に着手したが、二、三日後念のためレールの下の砂利石を掘りかえしたら、三尺近い下に多量の血がたまっていた。雨のため血が流されたのだ。その事件はそれで結局過失死と判定された。こういうこともあるのでなお一層の調査が必要である。（中略）要するに死後何時間ぐらい経過しているかということが決定的な要素となるが、現在の法医学では、決定的な死後経過時間を判定することは不可能だ」（朝日新聞、昭和二四年七月七日）

ここで小宮説であるが、雨の影響を考慮外においても、死後轢断の所見かならずしも他殺につながらず、というのが小宮氏の説くところである。その主要部分を引用しておこう。

「一、自殺の場合でも人体はまず排障器などに当った瞬間、その打撃のショックで心臓が停る。その一瞬後という短い時間のうちに車輪に体がひかれても、その体の解剖所見はショックの原因となった打撃部位に生体反応（生前傷）を認めるのみで、他には死体となってひかれた傷しかない。従って死んだ死体がひかれるのであるから血液は流出することはあっても、心臓の圧力による噴出はなく、れき断部面の生体反応である毛細管の出血も起らない。下山氏の死体の出血が少なかった事実は自殺の場合でも不思議はない。

二、下山氏は頭部がひかれ頭の皮ふ、頭がい骨、脳実質等が一部失われているので排障器に頭が当ってショック死を起したかどうかは判らないが、四肢、左脇、腹、右こうがん、陰茎先端等に生前傷があり、じん臓、眼瞼などの軽度のいっ血点などからショック死も想像される。頭をうたれる前にこれらを起した打撃によってショック死を起したともいいうる。この打撃が他人の暴力によってひき起されたか、列車によって与えられたかは下山事件のような状況では捜査の結果にまつべきで、死後れき断であるから他殺だときめることは法医学的には単なる推理にすぎない。自殺ということも十分ありうる。殊に死因は不明でありながら他殺だという結論は軽々しく下しうるものではない」（毎日新聞、昭和二四年七月二四日）

小宮氏のこの談話は、この記事と二六日付毎日新聞によって、捜査本部へ提出した「下山氏の変死体について」なる意見書の基本的部分であることがわかる。このころ警視庁捜査本部は、捜査結果とのずれもあって、東大法医学教室の判断にある種の困惑を感じていたようである。そこでひろく経験ある法医学者の意見をもとめていたらしい。しかし、これは警視庁捜査本部だけのことではなく、検察庁のほうも同様であったらしいことは、つぎの記事からうかがえる。

「十八日東京地検堀検事正は『検察庁が他殺と〝断定〟したことは一度もない。捜査は自、他殺の両面から並行すべきものであり〝科学〟の結論である解剖の結果は捜査の一環として重視しなければならないというのが検察庁の態度である。検察庁は事件が事件だけにあくまでも慎重に死因を究明し、国民全部が納得のいく結論を出したい。解剖結果についてはさらに再検討の場合も考慮している』と語った」(毎日新聞、昭和二四年七月一九日)

そしてこれをうけた形で、二一日付読売新聞で古畑氏はつぎのように語っている。

「検察庁でちかくこちらが出す鑑定書を再検討するかも知れないというが、これは検察側がぐらついてきたことではなくよくあることだ。こちらから出した資料でほかの人が再鑑定する場合、黒が白になることだってあるかも知れないが、しかしこんどだけはその余地がないと信じている」

鑑定書を出さないうちからその内容が問題とされるようでは、東大法医学教室としても焦らざるをえないところだろう。一刻も早くきめてとなるべき「死因」を確定したかったにちがいない。そういう状況のなかで窒息死という意見が出てきた。意見を出したのは警察大学の吉川澄一氏である。

警視庁鑑識課長、国警本部鑑識課長を歴任したという吉川氏は八月六日の読売紙上に長い論文を寄せている。論文は情況から考えて他殺を至当とし、小宮説に反対し、事件解決のため学者が積極的にのりだして全知を絞ることを訴え、吉川氏独自の判断として〝窒息死〟を主張している。

「元来失血死体の眼は蒼白である。然るに本件死体の眼や内臓表面には極度の溢血点があったとのことである。してみると本死の死因は、全然轢死等ではなくむしろ窒息死でないかと見るのが至当ではあるまいか。ネクタイを強く引っぱれば頸は絞る。死者がネクタイをしていないという一事を考慮にいれて再検討の要があると思う。そしてその結果死因が窒息死ということになれば、同時に轢死でないという事も立証されるわけだから、たとえ四肢や腹部等の損傷が何によって生じたかハッキリしなくとも、いま騒いでいる問題はこれで立所に解決すると思う』

この他に、七月二七日付毎日新聞に「この場合捜査に重点、死亡時間の推定は困難」という、京都大学名誉教授小南又一郎氏の談話が見られるが、その意見は宮木、小宮両氏のそれと重なるので省略したい。以上事件後約一ヵ月間に朝日、読売、毎日の三紙に発表された法医学関係者の、自・他殺論争に関係あると思われる意見の主要なものをみてきた。

緊急法医学会開かれる

事件から三週間あまりたった七月三〇日、東大医学部小講堂で、法医学会緊急理事会と在京評議員会の合同会議が開かれた。以下七・三〇会議と略称するが、この会議の目的は下山事件の報告と、それについての意見の交換にあったといわれている。もちろんそのとおりであったとしても、現在進行中の事件について、法医学会がこのような会議を開いたことはなく(その後もまったく例がない)、きわめて異常なことであったといえよう。さらに奇異におもわれることは、元来が法医学者の会議であるはずなのに、茂見(最高検)、山内(東京地検刑事部長)、それに布施、金沢、佐久間の下山事件担当検察官、ならびに警視庁側の坂本刑事部長、塚本鑑識課長、光藤同係長、金原捜査一課係長、関口同主任などの捜査官が多数出席していることである。新聞のつたえるところによれば「窓をしめ切ってカーテンも下し、古畑教授が出席点呼をとるというものものしさ」で開会されたという。

この七・三〇会議の後で新日本医師協会は下山事件についての「公開状」を出している(『新医協』昭和二四年八月二〇日号)。そのなかにつぎの一節があるのは、この会議の異常さと、ものものしさにも影響されてのこととみてまちがいないだろう。

「下山氏の解剖所見とその結論が古畑、秋谷両氏によって発表せられるや、旬日を経ずして二、三の有力な法医学者の間から、解剖所見と結論との関係について重大な疑義が提出された。この時に当り、法医学会理事古畑氏は七月三十日法医学会緊急理事会並に在京評議員会を召集したが、古畑氏

（検察庁と密接な関係がある）は学会の名において他殺一本の声明発表を企図していたことが知られている。この声明書は理事会において二、三の理事によって反対され、法医学会は辛うじて某方面の御用機関たることを免れたのであった」

このような声明とはまったく無縁であるが、やはりこの会議に疑問を感じた学者がいた。東北大学法医学教授で、当時の法医学会会長であった村上次男氏である。そのときの会長ならば当時の事情をよく知っておられるだろうと考えて村上氏を仙台にたずねたことがある。ところが村上氏は、「その事情が私にもよくわからんのです」ということであった。が、そのあとで話されたことがおもしろかった。村上氏の迷惑をおそれながら、その要旨を紹介しておきたいとおもう。

「会議の連絡をうけたとき、私はそれまでに数例の轢死体をあつかっているので、参考のためその話を聞かせろというのかとおもったもんです。ところが行ってみると、下山事件だといってすっかりおぜんだてができている。そのうえ古畑氏がおまえが会長だから、開会の辞をやれという。それじゃ私、会長としての権限で処理できる、この会議には反対だといったんです。評議員会にしろ、なんの会にしろ、法医学会が現在問題になっている事件を具体的に話しあうなどということは慣例にないし、学会という性格上からもそういうことはやるべきではないと考えて、反対だといったんですね。ところが慈恵大の石川先生が、この方はとても円満な人なもんで、この期に及んでそんなことをいったって……などととりなしてくれたんですなァ。だから開会の辞はやったが、しどろもどろだったでしょう。それで私は会議の間じゅう怒っていましたから、どんな話があったのか、さっぱり記憶にありません。

それから、私がこの会議に反対したのは、もう一つのことが頭にあったからなんです。それはその前、徳島で学会が開かれたとき、その前日の評議員会で、難問題を引き受けて鑑定をする委員会をつくろう、という提案があったんです。会議の前に友人をたずねて御馳走になって、お酒が少々はいっていた勢いも手伝って、私は反対だ、とやったんですね。──だけど、つくろうというならあんたがた勝手につくんなさい。そのときに、たとえば私が鑑定したことについて委員会が、その鑑定を取りあげて、あれは村上がまちがってるといっても、私はあくまでも反対しますよ。こういうばあい、われわれ評議員が賛成してつくった委員会に従わないといって、破門にしますか。その委員会が研究者の意志を無視して、学問上の意見を押しつぶすことができますか。それでもいいというならおやんなさいと、そう発言したことがあるんですよ。そうしたら、名前はいいませんがある人が、村上君のいうのは正論だ、といってこの問題は終ってしまったんです。そういうことが頭のなかにあって、あの会議のときも反対したんですね。とにかく私は束縛したりされたりするのが嫌いで、当時は若かったし、ついどうも……」

理由はちがうが、この七・三〇会議の開催に反対したもう一人の学者がいる。当時古畑教室の筆頭助手で、法医学会の幹事をしていたという野田金次郎氏(現信州大学教授)である。野田氏はつぎのように語っている。

「問題の発端は中舘発言ですよ。私の考えでは中舘氏が意見を発表するのは自由ですし、それはそれでかまわんとおもうのですが、発表する以上、ご自身の意見がよくわかるようにちゃんとした文章にまとめ、たとえ新聞でも学術欄に発表すべきだったんですね。そうしなかったのは新聞記者の責任でもあるとおもうのだが、とにかくそうして論争が展開するならば、それはそれでいいんです。ところが新聞記者がまとめた小さな三面記事として、中舘氏の意見がわれわれの目にはいった。それをうけて討論会をやるというから、私は古畑先生にそんなことはやらないほうがいい、ここは先生ご慎重にと申し上げたんです。ところが怒られましてね。こんな問題になっちまって学者として捨てておけない、とどなられたんですよ。それでしかたなしにしぶしぶ会議の連絡をしたんです。

私は今でもそのことは納得いかないんです。とにかく古畑先生は法医学会の第一人者として君臨してたのだし、こういっちゃなんだが中舘氏はそれほどでもなかった。それでケンカを売っても、負けてもともと。それに引っかかってジャーナリズムにのせられ、古畑先生がケンカを買ってでたら、あとでよくよく考えてみると、なァんだ中舘も古畑のところまであがってきてしまっているじゃないか——という結果になりかねないわけですよね。事実そうなっちゃったわけでしょう。とにかくご慎重にと申し上げたんですがね」

この話のなかに古畑氏の人柄の一端がうかがえるようにおもわれる。

朝日新聞を見ると、七月二三日の紙面にこの七・三〇会議の予告が出ている。だから会議招集の決定はそれ以前だろうが、ともかくこの時期までの法医関係者の意見らしい意見の発表は中舘氏のみである。すると古畑氏が腹をたてたのはやはり中舘談話だったということになる。

しかし中舘談話はよく読んでみるまでもなく、東大法医学教室の判断を全面的に否定しているわけではない。法医学の現状の解説とさえ考えていい程度のものなのである。とくにそのなかでの中舘氏の意見といってみたところで、それも解剖から数日たって「死因」も究明できない状態のときに、法医学者のだれもが一応は考えてみるようなことばかりではなかったろうか——。だが古畑氏にはそれさえも許せないことだったらしい。会議は招集され、そして進行したのである。

八十島、桑島、塚元三氏の報告

『資料・下山事件』にこの七・三〇会議における八十島、桑島、塚元三氏の発言記録があるので、それらのうち問題とかかわりあうところを紹介しよう。

八十島信之助氏は東京都監察医務院の監察医であった。その立場から、医師としてはいちばん最初に下山氏の死体を見ている。轢断現場に到着したのは午前六時ごろ、まだ豪雨が降っていた。検察官の検視もすんでない時期であったので、死体を動かすなど詳しい検査をすることができず、監察医の任務内での検案であった。軌道上の死体は一〇〇体ほどみていたが、その全体が災害死か自殺であったので、それらのものとどう違うかということに注意をはらった。それで切断部の周辺であるが、切開を加えたりすることなしに見た範囲では、皮下組織内の出血はいちじるしくは見られなかった。一〇〇体ばかりの轢死体を見た経験と、法医学書にも鉄道の死体には生活反応はいちじるしくないとあることなどから、この場で死んだ（即ち自殺）と考えられるとおもった。また午前六時という時点で死斑は認められなかった。このことも轢死と考えていい一つの根拠とおもわれた。殺して、それから運んだものとすると、死斑が出ていてよいのではないか。その他の部分の皮下出血は見ていない。また轢断以外の原因で生じたとおもわれる外傷（即ち他からあたえられた傷）は認めなかった。監察医は現場において災害死、自殺、他殺のいずれかについて大体の見当をつけるという任務をもっているが、以上のことと死後硬直の度合やその他の所見を総合して、常識的には轢死（自殺）と考えるのが至当とおもわれた。しかし下山氏という人の立場を考えあわせて、自他殺の別不明ということにした。

八十島氏の報告の要旨はおおよそ以上のようなものであ

る。つぎに桑島氏である。

桑島氏の報告は図表と幻灯、陰茎出血部の実物、その他の標本をしめしながら詳細にわたったものであった。しかもそこにのべられた解剖所見が論争の基本となるべきものであるので、要約ではあるが問題の所見については煩をいとわずとりあげておこう。

桑島氏はまず下山氏の死体の残存部を六六キログラムと報告し、つづいて死体に残された傷痕を生存中のものと死後のものとに分け、桑島氏が明らかに生存中のものであると考える損傷についてはつぎのようにのべている。

「溢血点は両方の眼瞼、結膜に相当著明に大きいもので半米粒大くらいのものが出ております。それから右の胸のところに皮下溢血が一個、左右の手では前膊、あるいは肘のところに点々として、ほとんど外から変色が気がつかないような小さな皮下出血がありました。手背部は左右両方、左の方は腕時計をする位置から先の方全般にわたり皮下に出血があり、その間にまたところどころ点々とした出血点があるという状態でした。右のほうの手の甲は強くはありませんが、それでもやはりところどころに出血が認められました。いずれも出血部においては表皮剝脱など、外表面に損傷がなかった。

足のほうには主として外側の甲、そこに左右とも数個ずつの小さな出血がありました。なお下腿にもところどころ出血が認められたのであります。この出血は外部からはいずれもよく見えないものがありましたが、念のため刀で数条の切断面を作りまして、あとでやっと発見したものもあったのであります。

それから陰囊、陰茎、及び右側の睾丸部に出血があった。陰茎は主に亀頭の右側半面に相当強い出血があります。これは外部から明らかに皮膚の変色を認められるものであります。それから右側の睾丸は、右の前の下側のほうで、その辺を中心に睾丸の表面にごくわずかな粟粒くらいの軽い出血、あるいはもっと大きかったか……要するに非常に浅い色の薄いものでありました。そこから睾丸の中心にかけましてやはり同様の出血がありました。なおその他に胃に近いところの粘膜面に小さな出血、それから腎盂腔にも溢血点があったのであります」

つぎは死後の損傷である。これは会場では図表を使って説明しているので、文章にするとなかなか要領を得ない。そこで他の記録も参照して構成しなおしてみた。

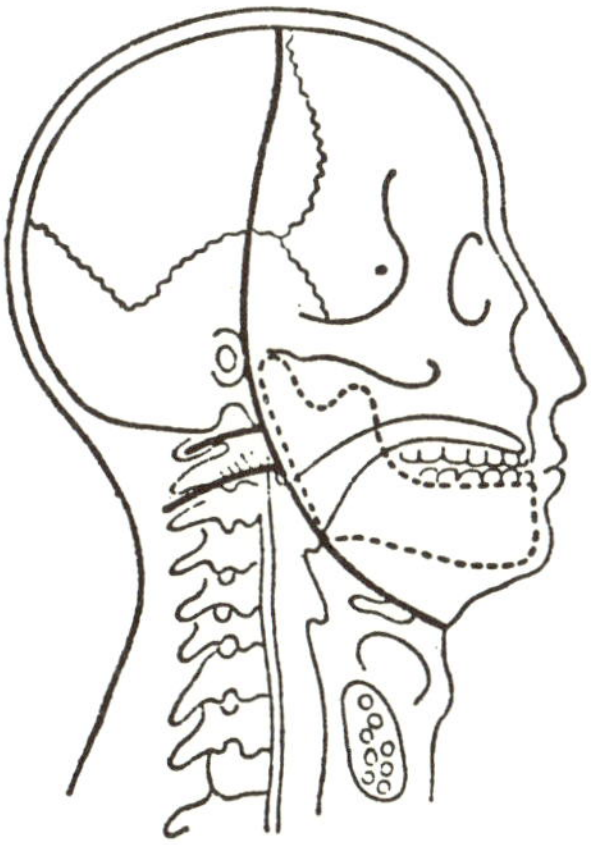

頭(右側)

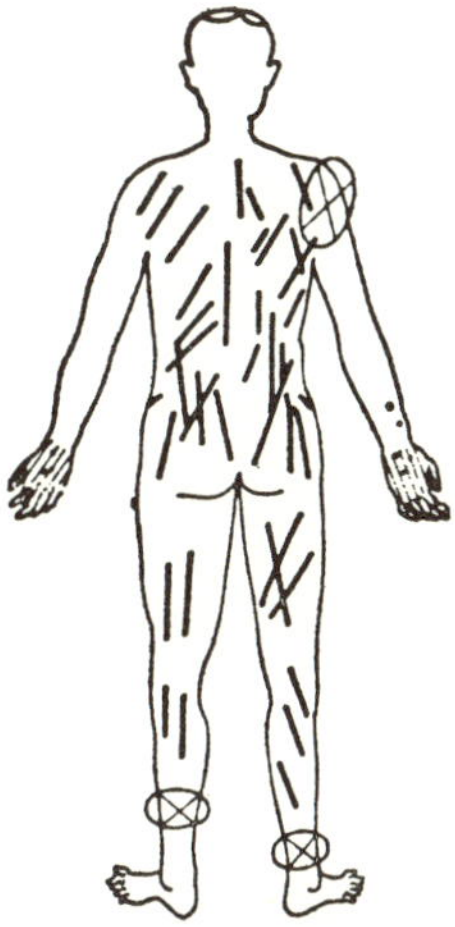

全身(背面)

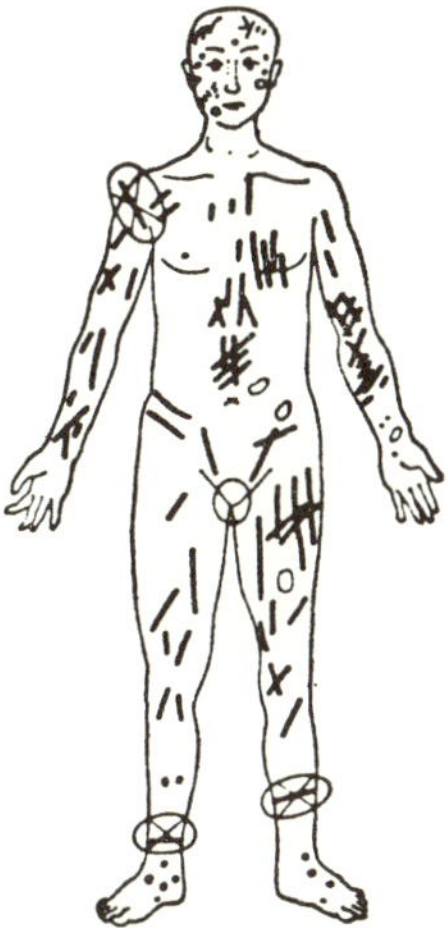

全身(前面)

(⊗の部位は切断されている個所)

死体損傷状況(古畑種基氏作成)

まず上のほうから。顔面の皮膚は（頭頂付近から）側頭の毛の生え際より少し後のところを通り、腭骨の方向にそって舌骨の付近に至るように、（やや湾曲はしているが）ほぼ直線的に、きれいに左右とも切れていて、その線に相当して顔面全部がお面を脱いだときのように、完全にとれていた（離断していた）。顔面の諸骨は大小さまざまに粉砕されていたが、眼球は左右とも損傷をうけずに顔面のところについていて、角膜がごくわずか溷濁《こんだく》、両眼を開いた状態であった。

第一頸椎は細かく粉砕され、第二頸椎も前半分ぐらいが粉砕されていたが、その下の首のほうは残っていた。そうして顔面がなくなり、頭蓋骨は粉砕されてばらばらなので、ささえがなくなった頭皮が第二頸椎のあたりまでべろべろとさがっていた。一見すると首を切ったように見えるが実際は首が残っており、頭皮を起して顔面のところとつなぎ合わせてみるとぴったりと合い、皮膚についていいえば特に鑑定を誤らせるとおもわれるような欠損はなかった。表皮は蒼白であり出血はみられない。脳は約三五〇グラムしか残っていなかった。

左腕はついていたが、右腕は肩のところから切断され胴体から離れていた。その右腕がとれたところから破裂した心臓が露出していた。背中のほうには大きく口を開いた傷はないが、骨盤はめちゃくちゃで、風呂敷に包んだように軟らかであった。腹部には大きな損傷があり、腸なども長いものが一三センチぐらい残っただけで、あとはこなごなになっていた。そういう状態で臓器は挫滅し紛失も多いが、残存部は解剖中に見るとみな硬直を起しているように新鮮であった。古い死体にみるような軟壊の状態はなかった。なお胃のなかは空虚であった。

足のほうは、両方とも足関節（足首）上方で切断されていた（左側が右よりやや上方）。その離断部の骨などは紛失している。

死体全体にはいたるところに擦過傷などが認められたが、それら擦過傷にも、また切断部周辺にも、生前傷のところでのべた以外の生活反応（皮下出血）は見られなかった。それから死斑は非常に少なく、ほとんどないといった状態で、解剖着手の午後一時四〇分ごろに中程度の硬直、解剖終了時（午後六時ごろ）には硬直がすっかり完成したように強く現れていた——。

さて、以上の所見にもとづいて結論の部分である。

「残存部には内因死を起しやすいような原因は認められず、また窒息も首を絞めたりしたあとがないのであります。この場合ショックがおそらく死因ではなかったかと思われるのであります。ショックがどういう作用で起ったか、ということはこの死体からはっきりつかめないのでありますが、その可能性はあると思います。いろいろな生活反応を示している場所から考えまして、いちばん可能性の大きいのは睾丸の出血であります。睾丸部の皮下には溢血はないのであります。表皮のところにも、睾丸に打撃が加わった際に生じたと思われる皮膚剝脱のようなものは見られない。このばあいには睾丸の出血を起したような外力がショックを起す可能性があると思います。もちろん剖検上に証明されないものでありましても、たとえば頭部その他のところに、なんらか死因になるべきものが加えられたことはあるかもしれません。

つぎは自・他殺の別ですが、さきほどの死因を考えてみてなおかつこれを自殺とするならば、あらゆる点に無理をしないとうまく説明がつかないのであります。これをもし他殺とすれば、死体を運んできてレールの上におけるのでありますから、なんら無理をしなくてよろしいのであります。そういう点からおそらく他殺後に死体をレール上に運んだのではないかと思うのであります。

なお、列車に触れてショックを起し死亡した場合には、ということが新聞紙上に見られます。それについて私の考えをのべておきたいと思います。

列車は非常なスピードと重量をもっております。そういうものがぶつかってショックを起すようなことになったけれども、しかしなんら生活反応を作らないということは、これはどうかと思うのであります。なお、生存中に相当のスピードで走っている列車に触れまして、どこにも生活反応を呈さない死体があったということは、あまりたくさんは探しませんけれども文献には見当らないのであります。

それから溢血点ができるには相当の時間がかかるのでありますが、(そういう溢血点が各所にある一方)切創に出血がないということは生体が轢かれたのではないということで、再考の余地はないと思います」

最後の部分は小宮説への反論であろうがいささかわかりにくい。そこで解説をするとこういうことになろう。——指先を金槌でたたいたとする。痛い、とおもってみた瞬間は別に変わったことはない。が、時間がたつにしたがって赤みがさしてきて、やがてそれが血豆にまでなる。指先の毛細血管が破れ、脈うつ心臓から送られてきた血液が血管外に押し出され、皮下組織の間にしだいに、にじみだしてきたのである。

血豆という生活反応は、それ〝相当の時間〟を要して作られたわけである。

さて、その途中で、他の指を切ったらどうか。先の指先で血液がにじみだしている以上、ここでも血液は流出して皮下にたまるにちがいない。生活反応として残る出血である。少なくとも〝相当の時間〟内は心臓が働いていていなければならないのだから当然のことである。

では、下山氏の死体に残されていた皮下出血を、機関車に接触したときにできたものと仮定するとどうか。それは指先の血豆に該当しよう。時間の長短に差があるにしても、その皮下出血ができるまでには、それに見合う〝相当の時間〟を必要とした。

一方機関車は早いスピードで走っている。接触したつぎの瞬間には下山氏の体をまきこんで、各部の轢断が始まる。できた轢断創は血豆のできる途中でつくられた指の切創と考えられよう。列車のスピードを考えれば、轢断は最初の接触の際の皮下出血が完成する〝相当の時間〟以内のこととみなければならないからである。量の多少はあっても、当然そこに生活反応としての出血が残る。

ところが、現実には下山氏の轢断創（切創）には出血（生活反応）がなかった。これは先のように下山氏が生きて列車に接触し、轢断されたと考えたのでは説明がつかない。すなわち、下山氏はすでに死体となってから列車に轢かれたのだとしか考えようがない、というのである。

なお念のためにつけ加えると、心臓停止後の死体が傷をうけた場合にも血液は流出するが（もちろん血液がなかったりすでに凝血してしまっているときは別）、その際は傷ロ周辺に生活反応としての皮下出血を残さない。

桑島氏の報告のあとは、塚元久雄氏であった。当時秋谷教室の助教授であった塚元氏は、薬物検査を担当し、下山氏の脳、肺その他の臓器について毒物、睡眠薬などはすべて陰性であったという簡単な報告をしている。死亡時刻だが、それについては朝日新聞につぎのような記事となっている。

『報告会の席上秋谷教授は前に公表した死亡時刻『五日夜九時—十時』はその後の死体実験で訂正され『同夜十一時—十二時』がほぼ確定的になったと述べた』（七月三一日）

神田で起った事件の二人の死体について試験の結果、『モルモットの場合とピッタリ一致した』（朝日新聞、昭和二四年七月二四日）と、みずから筆をとって宮木氏の疑問に反駁した秋谷氏だったが、わずか数日でこのような訂正をしなければならなかったとすれば、やはりそこに問題点が残っていることをみずから認めたことになるだろう。

以上で報告が終わると、席を移して懇談会になった。ここでは中舘氏がひとり桑島氏の報告に疑問を提出したようである。これにたいし、桑島報告を間接的に裏づけるような発言が若干あったといわれる。そうして三時すぎに閉会となった。会場を出てきた中舘氏は「〃学問は国家のために奉仕しなければならない〃というようじゃ、話にならん」と憤慨していたという。二、三の出席者の話では、中舘氏の発言は、司会の古畑氏によってだいぶ制限されてしまったようである。

では、その中舘氏はこの会合でどんな発言をしたのだろうか。最初中舘氏が談話を発表したころ問題になっていた出血量の多少という点は、桑島報告のどこでもふれられていないし、また、中舘氏がその談話のなかでもとめていた死因の究明は、一応〃ショック死〃として答案が出ていた。論争点はなくなってしまっているようにもおもえる。中舘氏にどんな発言の余地があったのだろうか。

ところが偶然というか、運命的といおうか、この会議のちょうど半月前に三鷹事件が起きていた。この事件の犠牲者六名の遺体が中舘教室で解剖され、そのことによって局部出血が新たな論争点として浮かびあがってきていたのである。これらの遺体に睾丸、陰嚢、陰茎に出血がみられるものがあったためである。出血部の表面、表皮にはなんら異状がなく、表皮剝脱などという現象も認められず、それは下山氏の場合とまったく同じ状態であったといわれる。これらの所見を中舘氏は、局所への外力の直接作用によるものと考えず、轢死体（生体轢断）特有のものととらえることによって、桑島氏と反対の結論を出したのである。

中舘氏のこの考えは確かに新しい説であったようである。それに反し、桑島氏の報告はそれまでのいわば「定説」とおもわれていた考え方にたっている。その意味で桑島氏のほうに説得力があったかもしれない。だが真実はかならずしも説得力によるものではない。また新説は新説なりにじっくり時間をかけて検討する必要もあったろう。ここでもう少し論議が展開されてほしかったとおもう。しかし、会場の雰囲気は冷静に科学的討論がすすめられるような状態ではなかったらしい。議論はかみ合わないままに終わったようである。

衆議院法務委員会での論争

ところが中舘氏にふたたびその説をのべる機会がやってきた。一ヵ月後の八月三〇日、こんどは学会ではなく衆議院法務委員会の席上である。議題は「検察行政における犯罪の科学的捜査に関する件」であるが、実際は下山事件が中心問題となっていた。この委員会に中舘、古畑、小宮（発言順）の三氏が参考人として呼ばれたのである。三氏はこの委員会でそれぞれの意見をのべているが、ここでちょっとふれておきたいのは、この三氏（それに前記の村上次男氏も）がかつて、わが国法医学界の開祖ともいわれる三田定則氏の教室（東大）でともに机をならべたことのある、いわば三田門下の法医学者であるということである。古畑氏が参考人意見のなかで「同僚の中舘君は、私の最も尊敬しております同僚でございまして、常に私どもは提携してやっております」（同委員会速記録）とのべているのは、単なる外交辞令とばかりは考えられないのである。とすれば、論争は世上伝えられるように東大対慶応などという俗な枠組をはめられたものではなく、同門の同じ仲間うちで展開された一つの真実を求めての真摯な論争であった、ということである。

三田定則門下の三人の法医学者、小宮、古畑、中舘の各氏（写真左より）、論争は下山氏自・他殺論の最大の分かれ目となるため大変に注目された。

衆議院法務委員会の参考人席には、最初に中舘氏が座った。ここでももちろん、中舘氏は三鷹事件の犠牲者の解剖例を引用している。その所見などを要約して紹介しよう。

まず第一に、睾丸、陰嚢、陰茎部の皮下出血をあげている。これらは表皮剝脱を全然ともなわない、すなわち外力が直接その部分に働いた痕跡のない出血であった。こうした出血は、六遺体中三体にあったが、実際は陰茎、陰嚢を欠損した(したがってそこに出血があったかどうか確認できない)一遺体と、単にはね飛ばされたもので轢断のなかにはいらない一遺体を除くと、四遺体中三体に先の睾丸、陰嚢、陰茎出血をみたことになる。

第二に、眼瞼部に皮下出血があった。この皮下出血もまた表皮剝脱がない。

第三に、手足の甲とか、腕、足の関節部にやはり表皮剝脱をともなわない皮下出血があった。この出血は指先と爪との間、いわゆる爪廓部にも見られた。こういう出血は六遺体全部にあって、手の甲についていえば多いものは一三個、少ないもので一個、足の甲のほうは三遺体に三個から五個の出血をみた。

以上の所見は千数百体のさまざまな事件の解剖例中にかつてなかったもので、轢死体特有のものといってよい。もちろん轢死体の解剖所見は千差万別であって、これらの所見がすべての轢死体に認められるわけではないが、しかし、解剖してみてこういう変化、所見がみられたときには、それを轢死(生体轢断)であると考える有力な根拠としてよい。

ところでこのような轢死体に見られる特有の徴候というか、所見は、いったいどのような機序によって生ずるのだろうか。これはまだ確実なことがわからないので想像であるが、身体に非常に強力な機械力が作用すると、それが大きな衝撃となって、体の毛細血管が破裂することによるものではないかとおもわれる。だから轢断や轢圧されない場合でも、強力な機械力が作用し、大きな衝撃が与えられさえすればよく、実際に単にはね飛ばされて死亡した遺体においても、眼瞼部や手の甲、足の甲にきわめて顕著な、表皮剝脱をともなわないところの皮下出血が認められた。また轢断までにいたらない、単なる轢圧の例でも陰嚢、手の甲、足の甲、眼瞼部に表皮剝脱をともなわない出血が見られた。

一般に自・他殺の別は、死体の解剖所見のみから判定できる場合があることもあるが、多くの場合はそれだけでは足らず、捜査の裏づけを必要とする。これは現在の法医学の水準ではいたしかたのないことである。法医学は捜査の一環を占めるにすぎない。下山総裁変死事件においては、轢死体特有の解剖所見がみられるところから、ほぼ轢死と判断してよいが、事件が事件だけに自殺に対する捜査の裏づけを要する。そこで捜査の結果、自殺に対する裏づけが出れば、それはそれで自殺、轢死と考えて差し支えないとおもう。

以上のような意見陳述のあとで各委員から質問が出されているが、それらのうち参考になるとおもわれるものを引用しておこう。

小玉委員　今まであなたがお取扱いになった他殺死体に、三鷹の轢死体と同じような兆候をした皮下溢血を、お取扱いになった例はありませんか。

中舘　私はそういう経験がないのです。たとえば二ヵ月ぐらい前に宝塚に起った事件はやみ屋同士のけんかで、大きな石をのっけたが、睾丸、陰茎に出血はなかった。

小玉　下山事件の最初の新聞では局部をけった。そこで死んだのではなかろうかというような記事も出ておりましたが……。

中舘　私はそういう例をまだ聞いたことがない。きんたまをけられて死んだとか、きんたまに出血を認めたとかいうことは一回も聞いたことがない。

小玉　これは想像ですが、急激に殺して急にひっくりかえるといったような場合に、あなたのおっしゃるような轢断の場合と同じように、身体に急な変化が起って皮下に溢血を起すようなことは考えられませんか。

中舘　私は轢死の場合のかような出血は、今話したような非常に大きな機械力が身体に作用いたしまして、その衝撃によって血管が、おそらくこれは末梢血管だけでなく肺臓にもあると思いますが、その血管の収縮、それから破裂によって起るものだと思います。ですから原子爆弾の犠牲者なんかも、よく見たらあったのではないかと思います。普通われわれ人間の力で作用せしめるところの外力では、そういうものは見たことがない。ですから従来の法医学でちょっと考えられない。

小玉　たとえば背中とか、頭とかを急激に鉄棒とかで撲殺するといったような力では出ないものですか。

中舘　出ない。それは頭をなぐって窒息した場合や、大きい電気の力の場合には、内膜出血というものはまれに見ることもあります。そういった場合には心臓の左の心室の内膜下に、比較的軽い出血を見ることもあります。私が三鷹事件で見た三名の陰嚢の出血なんか、こんなに大きいですからね。

猪俣委員（七・三〇会議で）学者の多数から発言があったろうと思うのですが、大勢はやはり死後轢断の方であったでしょうか。

中舘　そういう結論は出ませんでした。決をとったわけでないですからね。ただ二、三の法医学者が今までの経験をのべたにすぎない。そこで私は今申し上げたような意見をのべたが、ほかの法医学者からはそういう意見は出なかった。

猪俣　あなたの説からすれば、解剖の結果からみれば、下山事件は自殺説になるわけですが、他の方々はやはり死後轢断説の意見が多かったわけですか。

中舘　そういう意見をはっきり申し述べた人はありません。とにかく私の聞いた範囲では、そういうことにふれておらないようでした。たとえば轢死体というものは、解剖所見では千差万別であるとか、あるいは轢死体でも生活反応のないものもあるし、あるものもある、こういう意見でした。この程度のもので、それ以上の意見は出なかったようでした。

中舘説を否認する古畑氏

中舘氏のあとは古畑氏であるが、東大法医学教室の見解についてはすでに多くの点でふれているので、古畑氏の発言はそれらと重複しない部分を紹介しておきたいとおもう。

まず第一に古畑氏は、従来の解剖では一人の意見で結論を出してきたが、下山事件については文献を十分に調査し、いろいろと経験のある人の意見を聞き、事件後約五〇日経過した現在においても研究をつづけているのであって、直接の責任者である桑島氏も「今日までまだ一度も、自殺であるとも他殺であるともだれにも申したことはないのであります」、「今日といえども最後の断案は、はっきり下しておらない状態であるということを申し上げておきたいと存じます」とのべている。しかし、「(桑島氏は) ただ死体を轢断せられておる、轢かれたときには死体であったということは漏らしておいでになります。私もときどき聞かれまして、新聞社の方にそういうことを申し上げたこともございますが、新聞のなかには東大法医学教室発表であるとか、あるいは古畑教授談であるとか、数回にわたって出たことがございますが――これは今日はっきり申し上げておきますが、私は責任をもちません」といい、さらに参考人としての基本的立場をつぎのように語っている。

「したがって私は教室主任でございますけれども、下山事件の今後の捜査に関係がございますし、現在はなはだ重大なときに達しておると存じますので、実はお話申し上げることは御容赦願いたいと存ずるのであります。ただし今までもうすでに世間公知のことになっていると思われることについて、一応お話申し上げてみます」

つづいて第二に、死体解剖所見の大要を明らかにしている。この点は重複をさけて省略するが、古畑氏の基本的立場からすると、これらのことは公知の事実ということになろう。ただし、解剖所見の大要などが、どうして公知の事実になっていたかについては、若干の問題があるかもしれない。このことについてはまたあとでふれることがあるだろう。

第三に、雨で生活反応としての出血（轢断面の）が流され、消え去ってしまわないかどうかについて検討を加えたが、これは残るということがわかった。

第四に、中舘氏のあげた三鷹事件の例は、轢死に該当しないとしてつぎのようにのべている。

「三鷹事件はあれは轢死体とは私は思っておりません。轢死というのは、レールがあって、レールの上にあるものを轢いた場合に轢断と申すのであります。あの場合はレールがないのであります。電車が走ってまいりまして突き飛ばしまして、そのために突き飛ばされて倒れて、なかには押しつぶされた者があったようであります。だからまったくのほかの死因ではないかもしれませんが、電車によって起った死亡であることは認めますけれども、これを私どもは轢死の例であるとは考えておりません。したがって同博士が睾丸に非常な出血を見、手足にも出血を見た、これが轢死の唯一の特徴のある証拠である、こういうものがあればこれは自殺と考えてよろしい、こういう御意見でございました。このことにつきまして、こういう所見を見たならば自殺と考え、つまり轢死と考えてよいという御意見のように伺ったのでございますけれども、この中舘博士の提出されました例そのものが轢死でないのに轢死の所見をもっておったというのは、みずからその所見を破っておることになると存じます。そういう意見は私どもといたしましては、下山事件には適用できないと考えておる次第でございます。同僚のことを批評することはいかがかと思うのでありますが、これははなはだ重大なことでありまして、この国会で国民全体に御意見を申し上げることでございますから、私どもの態度をはっきりいたしておきたいと存ずる次第であります」

以下この部分に関連して法務委員との問答。

小玉委員　中舘教授の例は、純粋の意味の轢死体ではないとおっしゃられましたが、あなたのほうで取扱われた轢死体の皮下出血の徴候状態、それは先ほど中舘教授がおっしゃっておったのとは非常に違うでしょう。

古畑　違うと申しますよりは、中館教授は切られた場所の生活反応ということを全然お考えになっていない。轢断したときに生活反応が全然なくして、下山さんのように睾丸とか陰嚢にあるという例になれば、中舘教授の意見も一応成立すると思いますが、私どもの申しておりますのは、轢断せられた場所、あるいは轢断でなくとも、ぶつかった場所に生活反応があるかないかということを問題にしております。中舘さんの問題にしておるのと私どもの問題にしておるのとは、非常に大きな相違がある。そういう意味から申しますと、私どもの考えている生活反応は、純粋の轢死体の場合に全部残っておりますが、下山総裁の場合は少しも残っていない。

小玉　それから新聞などで拝見しますと、下山総裁の局所には出血があったというふうに承りましたし、なお死体の各所に皮下出血があったというように伺ったのですが、それは生活反応ということになりませんか。

古畑　生活反応であります。

林（百郎）委員　中舘博士は三鷹事件で電車に当って死んだ人の体から出て来た生活反応の問題を下山事件と比較しているので、生活反応の点ではぶつかって死んだ人の体も、轢かれた人の体でも問題は同じになるのじゃないか、そういう意味で中舘博士が三鷹事件の例を引かれたのじゃないか、生活反応の問題について、レールの上で轢かれたか、轢かれないかという問題でなく、そういう意味であれば、中舘博士の例も一応やはり聞くべきではないか。

古畑　それは生活反応といたしましてはおっしゃるとおりであります。しかし轢死の例にはならない。

古畑氏が三鷹事件の例を轢死と認めないということによって、轢死とはなにかというところまで問題がひろがってしまったようである。たしかに三鷹事件では暴走電車は車止めを突破して、レールのないところで殺傷が行われている。しかしこの犠牲者の詳細な解剖記録（『轢死体の解剖所見について』慶大法医学教室）を見ると、そのなかには手、足、胴体などに大きな轢断創（完全に離断している）があるものが多く、これは車輪によるものとしか考えられないのである。これを簡単に「轢死」に非ずと否定してしまっていいものかどうか、疑問を感じざるをえないのである。

しかもそれら轢断創の周縁部には、出血を認めないものが大部分なのである。この点について、中舘氏がなぜふれなかったのかもいささか疑問になるが、あるいはこの問題は、二次的なことと考えてのことであったのかもしれない。それとも、複雑な状態を一つ一つ説明するには、時間が足らないと考えてのことであったのだろうか。

いずれにせよ法医学者どうしの討論会で、お互いにそれぞれの所見と経験を出しあい、慎重に検討が行われたのであったなら、こうしたすれ違いのままの議論は避けられたにちがいない。しかしここは、国会の法務委員会であった。参考人の発問は許されず、委員（国会議員）からのみの質問による片側通行で、意見陳述がすすめられたのである。

古畑氏は第五番目に、角田委員の質問に答え、死後経過時間の測定についてふれている。秋谷教室の方法は元来、捕鯨会社から開発を委託された鯨肉の鮮度維持法の一つを応用したものだが、秋谷氏が「おもしろいほど正確」だというので、下山氏の肩の肉を三〇グラムとって研究を頼んだという。

「そうしますと、その研究が実にうまく出た。その結論をちょっと申し上げると——下山事件のことはやめます。これは合うか合わないか、もう少しはっきりしてからでないといけない。その後飛込み自殺や何かあったりいたします場合に、これをやってもらった。実は人間にやるのは初めてで、そんなことを言うのは早計じゃないかという議論が新聞に散見いたしますので、やりました。五十歳になる親と二十歳になる娘が同時に死んだ事件があった。これが午後四時十五分に死んでおりますが、この死後経過時間を調べますと、午後四時と出た。その後午前一時七分に電車に轢かれた例がある。これを調べました結果、七分の相違で午前一時と出た。それからその次には午前七時十七分か二十分に轢かれたのでありますが、その人の死体の死後経過時間が午前七時と出た。ほとんど二十分以内の差をもって合いましたので、私どもとしましては、この方法は今までの方法のなかで最も信頼できる方法じゃなかろうかということを感じておる次第であります」

二〇分以内の誤差というのは、驚くべき正確度といわなければならないだろう。だが、下山氏の場合に二時間の訂正がなされている。しかもなお「合うか合わないか、もう少しはっきりしてからでないといけない」といわれるのでは、どうもすっきりしないものがある。

さて、最後に、小玉委員の質問に答え、死因については、いろいろ想定して研究中だが、まだ結論に達していないとして、「死因はまだ不明なんです」とのべている。だが、このあとすぐ引きつづいて、「不明というよりも申し上げないのです」ともいっている。これは、わかっているのだがいわないのだ、ともとれよう。林委員がすぐ「われわれとしてはそこが聞きたいのです」と質問を重ねたが、そのへんが明確にならないままに終わっている。

小宮氏、疑問提出

古畑氏の意見陳述が終わると休憩に入った。午後の部は二時三二分に開かれている。小宮氏が参考人席に座った。といっても古畑、中舘両氏は帰るわけにはいかず、控えの席で小宮氏の意見陳述を聞き、そこから関連的な質問が出てくるのを待たなければならない。

さて小宮氏のほうであるが、例によって下山事件に関係する部分のみで、それ以外のところは省略して紹介しよう。

小宮氏はまず下山事件に関心をもったいきさつから説明を始めている。「死体が東大の法医学教室におかれて、私の先輩でありまして、始終私の畏敬しておりますところの古畑教授が指揮をとられまして、そしてなお桑島博士、これも昔から始終御交際を願っておりまして、いろいろ仕事の上でも御相談を願える方でありますが、そういう方々が解剖されるのでありまして、事は重大なものでありまして、どうなることかと思っておったのであります」。そしてその結果の発表があったが、一方名古屋で読んだ新聞のなかに、轢いた機関車の右排障器に血痕がついていて、それを水戸地検の検事が立会って調べ、下山氏の血液と同じということがわかったという記事が目についた。そこで死体を轢いた機関車の排障器に血がついているのは「どういうぐあいで」ついたのかと少し疑問におもった。しかしそのときはそれだけで、いずれはっきりするにちがいないと考えていた。

その後たまたま指紋検出のために使う紫外線発生機の製作のことで上京した。東京でいろいろ見ているうちにいちばん気になるのが機関車の血なので、警視庁の鑑識課に行ったとき、それはどういう血であったかを確かめてみた。ところがゼリー状の血痕であったという。ゼリー状というと凝血（完全な凝固能力をもった）とみてよいことになる。血は死んでから出ても当分の間は固まるが、その固まり方は悪くなっていく。死因によってその悪くなりかたはいろいろちがうが、死んでから少しの間は固まるものである。しかし、ごく特殊のものを除いて、生きているうちに出た血なら完全に固まるのである。こういう点を考えると、もし死体のほうを見ないで、機関車のほうの状況からだけみると、生きた者を轢いたということになるのである。さらにもう少し機関車のことを聞くと、最後の車軸にも噴射状の血痕がついていたという。

そういうことでまず血痕のほうから少しおかしいと考えるようになった。しかしそういうことを聞いただけで見ていない。見ない者が云々するのは不穏当であるということになるのだが、法医学のほうでは書類の鑑定ということもある。だから書類だけからみるというのも理由があるので、その立場から考えてみようとおもった。

それで古畑氏のところに早く行って話を聞きたいとおもった。また古畑氏のほうでも会って話をしたいという意向であった。だが鑑定というものは命ぜられた人がするものであり、「これに対しましてよけいな雑音を飛ばしに私的に行きますことは、始終ごく親しく願っております私といたしましても、あえて避けなければならないと思いまして、私といたしましてはなはだ残念であったのでありますが、古畑教授のところにおたずねすることを差し控えておったのであります」。ところが法医学会でいろいろ発表になったということなので、それでは伺ってもよいとおもって古畑氏のところに出かけ、四、五時間にわたっていろいろと説明してもらうことができた。

以上のような経過をのべたあとで、小宮氏はつぎに、古畑氏との話し合いのなかで死後轢断の解釈が問題になったとして、その点を明らかにしている。

「こういうものはわれわれが十いくつも解剖したことがありますが、その際におきまして、ずいぶんたくさん自殺の飛込みの者に、死後轢断の跡を見ておるのであります。どうしてかと申しますと、汽車にぶつかりまして死んで、その死骸がひかれたとなりますと、死後轢断の跡があります。もちろんそれは汽車にあたったとか、あるいは前の輪で生きたまま轢かれまして、しかる後にあとの輪で死んでから轢かれたというような結果になりましたものがたくさんあるのでありまます。ただ死後轢断の個所だけでもって、すぐにこれは死体が轢かれたというわけにはいかない。どこか生前の何かの傷がなければならぬ。かりに死体が轢かれたとしたならば、それが死体になりますところの死因がわからなくてはならぬ。その死因が汽車によるものでなく、ほかの凶器によってできたといたしますれば、これは死体が轢かれたものである。機関車にぶつかって、何かできた死因によって死にまして、しかる後に轢かれたものならば、死後轢断という様子も見えるのではないかと考えました。死後轢断すなわち他殺、これは古畑教授も言っておられないと先ほどもおっしゃいましたように、決してそんなことはいわないと私にもいっておられたのでありまして、他殺というようなことをおっしゃっておらないのでありますから、その点は誤解のないように願いたいとおもいますが、この死後轢断の跡というのは、轢かれた跡はあるが、それは生活反応が見られないということ、そうして死因は何だかわからないということに結局結論がついたのかと思うのであります」

ただし「結論がついた」といっても、小宮氏がそうおもっただけであって、古畑氏の考えはまた別なところにあったかもしれないのである。がそれはともかく、では、小宮氏は局部の出血をどうみるのか。まず出血と鈍体作用の関係から説きはじめている。

「出血点は鈍体作用によってできる、しかしながらそういう出血があったならば、鈍体作用がそれに加わったものだとは軽率に申せないのであります。そのことは、私がここで申しますよりはわれわれの恩師でありまして、古畑教授はその後継者でありますが、三田先生の本（三田定則『法医学』昭和九年五月刊とおもわれる、筆者註）を持ってまいりまして読んでみましたならば明らかであろうかとおもうのでありますす。これは窒息のところに書いておる言葉でありますが、窒息して死んだ者には眼瞼あるいは眼球結膜下に溢血点があるというようなことを書いておられる。なおそのほかの特徴としては、眼瞼の皮膚、これは眼瞼の結膜下ではございません、眼瞼の皮膚、まれには脛部または上胸部の皮膚に溢血点の存することもある、こういうふうに書いてあります。これからしても眼瞼等に出血があるにいたしましても、首を絞られたり窒息をするときに、その辺（眼瞼部等）に鈍体は作用しておらないのであります。鈍体が作用しておらないところにも出血点ができるということは、ちゃんと本に書いてあるのでありまして、皮下出血がある、あるいは組織内出血があるから鈍体作用が加わったものだと、逆にはいかないのでありまして、鈍体作用が加わりましても、弱いときには皮下出血を見ないこともあるし、また鈍体作用が加わらなくても、死因によりましてはできることがあるのであります、しかもその出血（点）などは窒息ばかりではなく、ほかの死因のときにも、鈍体作用によらない出血というものができるということが書いてあります。まだその出血の原因ははっきりいたしませんが、総合的の法医学をつくられたホフマン氏の説を三田先生の本でとってあるのによりますれば、血管の痙攣であろうということが、ちゃんと一九ページに書いてあるのであります。かようにして、睾丸に出血がある、ないというような問題におきましても、すぐに、出血があるからこれは鈍体作用だというように簡単には私は考えられない。むずかしくいろいろの点を考慮していかなければならない」

つづいて、雨によって出血が流されてしまうかどうか、この点についての小宮氏の意見を聞こう。ただし、ここでいう出血は前記の局部や眼瞼などの皮下出血ではなく、轢断創周辺部における出血であることに注意していただきたい。

「出たところの血がついておって、それが雨によって洗い落せるか、そんなことはない、一ぺん轢死などで血がついているのを、水道のところで打たせて流してみたがどうだ、落ちない（と古畑氏は）、こう申すのでありますが、これは私は決して対象にならないと思うのであります。ぬれているところについた血と、かわいているところへ血がついて、かわいてしまったというものを水道に当てたのでは違います。ぬれているところに血がつきましたときに、すぐ水の中に入れれば血が流れてしまう。ところがかわいているところに血がついたものを水の中につけましても、なかなかとれないのであります」

では、轢断創に出血がなかったことを雨の影響だけと考えるのか。

「（出血）が汽車では必ずあるようになっているようなお話がございましたが、そうとはちょっと限らない場合があるのではないかと思います。そういうもの（出血）のないような場合もときどきありうる。ほかの例から申しますると、ふかに食われた場合であります。ふかの場合は、御承知のようにきばのようになっていて、歯と申しましても鋭いところがない。しかしながらあれのあごの力は非常に強いとみえまして、海の中でふかに食われました傷は、ごく精鋭な刃物で切られたように切れるのであります。しかもそのまわりにおきましては皮下出血は見られないのであります。これは海の中であったためにそうであるのか、働いた鈍体の力が非常に強いためであるか、これはわかりませんが、そういうことがあります。汽車におきましても、非常に速いスピードになってまいりますと、ずいぶんよく切れるのでありまして、そこにおきまして傷口の出血も、そのために圧迫される関係がありましょうが、少ないし、その近所に皮下出血というものが見当らないという例に出合う。かつて安城のそばを急行が通ったときに轢かれました者に、そういう例を見ておるのであります」

さて最後に結論――林委員の「下山事件についてなにか結論をおもちになっていますか」という質問に答えて、小宮氏はつぎのようにのべている。

「まだ捜査の段階にあるらしいのでありまして、いろいろな調査のすべての結果を伺っておりませんから、私としての結論を出すわけにまいりません。しかし私としてただいままでのことで、つぎになにも見つからないとすれば、いろいろの率を考えますと――率を考えるというのは、非常にまわりくどいことになるかもしれませんが、汽車に生きたまま轢かれたからといって、これは自殺とは限りません。病気で倒れたときに汽車が轢くかもしれませんし、あるいは人につき飛ばされて轢かれることもありましょうから、そういうようなことはわかりませんが、私今までのことからいきますと、なんだか生きているうちに轢かれたのじゃないかというような気がする。これは率からいって、公算を立ててみると、そのほうが多いのじゃないかという程度ですが、しかしまだすべてのことを聞いておりませんし、かつまた正式の鑑定書もできておりませんうちに、私の結論を申し述べることは少し軽率だとおもいますから、差し控えますが、そういうふうに感じます」

本格的論争端緒へ

以上、中舘、古畑、小宮三氏の意見をみてきた。もちろんここでそれぞれの説の当否を判定するのは尚早かもしれない。だが、世耕委員は、同じく参考人として出席した塚本久一警視庁鑑識課長への質問のなかでつぎのようにのべている。注目してよいことであろう。

「ある新聞のごときは、自殺説を固持して今日も報道されている事実があるのです。それにはなにか根拠がなければならぬとおもいます。もしこれがかりに自殺であるとするならば、この際そういう真相を早く発表して、また根拠がなければばないということを国民に与えるということが、いちばんけっこうなことではないかと思います。その点について特に申し上げたいことは、先ほど古畑教授その他から御説を承ってみましても、科学捜査の立場からみるというと、自殺説が次第に濃厚のような感があるのであります。もし自殺説、他殺説両説あるとすれば、自殺説の根拠ですみやかに解決しうるなにか警視庁の動きがなくちゃならぬと思うのであります」

こういう感想が出る一つの原因はやはり、古畑氏が、下山総裁の死因は不明、桑島氏も自殺とも他殺とも誰にもいったことがないと、一貫して対決点にふれるのを避けることに終始したところにもあろう。中舘氏などは肩すかしを食ったような気持ではなかったろうか。

三氏の意見を通読してみて、最も疑問におもえる点も実はここなのである。ちょうど一ヵ月前、七月三〇日の法医学会緊急会議で明らかにされた桑島報告をふりかえってみよう。そこではこの衆議院法務委員会における古畑発言とは異なり、下山総裁の死因は局所への鈍力作用によるショック死、この死を自殺とするのは無理であって、他殺によるものとする以外には考えようがない、という判断がのべられているのである。この会議の主催者であった古畑氏が、これを知らないはずはないだろう。もちろん桑島氏の報告書作成に当たっても、古畑氏は相談をうけているにちがいないのである。

だが、その古畑氏が、この衆議院法務委員会の意見陳述のなかで、百も承知のはずの桑島報告を、あたかも打ち消すような発言をしているのである。これは一つの謎であろう。そこにはそれなりの事情があったのだろうが、考えようではどちらも虚構の発言のようで、なんとも納得のいきかねるところなのである。

それはともかくこの衆議院法務委員会を契機として、時の話題として大きな関心をよび、法医学などとはまったく無縁な人びとまでの注目を集めてきた論争も、華やかなライトをあびた舞台をおり、科学本来の姿にたちかえって、学問的に実証を求める地道なものに変化していった。論争は、単なる論争のための論争でなければ、かならず学問の進歩に役立ち、一つの実りをもたらすにちがいない。それがどんなものであったか、これからその後の論争と進歩の道筋をたどってみよう。

論争の進歩と過程

「法医学は国家のために」

これから衆議院法務委員会以後に継続し発展した論争のあとを追いたいとおもうが、その前にもう一つ考えておいたほうがよさそうにおもえることがある。先にものべた、七・三〇会議における桑島報告とその後の衆議院法務委員会での古畑発言とのギャップである。なぜ古畑氏が桑島氏の報告を打ち消すような参考人意見をのべたかという、あのことである。

この点については推測以外に方法はないのだが、その間の事情を物語る資料がまったくないわけではない。第一に、古畑氏が事件後一〇年たった昭和三四年五月一二日、日本経済新聞に筆をとった「真相はいつか明らかに」と題する文章である。

「戦後混乱の世相の中にあって、かつては考えてもみなかったような凶悪な犯罪がひんぴんとしておこった。中でも、下山国鉄総裁の轢断事件、三鷹の電車暴走事件、松川事件などは、今にも革命がおこりそうな不安感を国民に与えたものだった」

古畑氏はこう書きだしている。そして少し間をあけて、この文章はつぎのようにつづくのである。

「私は内心(下山総裁は)飛込自殺などではないと思っていたが、自他殺の別については明言せず、ただ『死後轢断』だとだけしかいわなかった。各方面から自殺か他殺かをはっきりいってくれと迫られたが、私はこの事件は相当重大なる政治的含みをもっているもので、普通の殺人事件と同一視することはできないと思っていたので、軽率なことはいわぬことにした。これをきっかけにして革命にちかい騒動がおこりかねないからである」

古畑氏の一言で、革命騒動なんかが起きたのでは、それまた大変なことである。しかし革命は別として、この昭和二四年の夏、国鉄労働組合を先頭とする人員整理反対の鬪争が、予期したほどの成果をおさめず、敗退に敗退を重ねさせられたについては、この下山事件と呼ばれた国鉄総裁下山定則氏の怪死が大きな影響を及ぼしていたことはまちがいないだろう。

当時の情勢は古畑氏もいうように、国鉄総裁行方不明というニュースだけで、国民の不安感をかきたてるに十分であった。常磐線上で死体発見という一報は、それこそ一億人の心臓をぴたりと止めるほどの衝撃的な力をもっていた。〝死体にピストルの弾痕〟などという号外を、戦前のような暗い気持で読んだ人もいたはずである。行方不明の直後から政府は治安閣僚会議や打ち合わせなどの緊急会議をはじめ、死体が発見されてから数時間後には早くも他殺としてあつかい、左翼勢力の暴力というにおいをもたせた談話を発表している。

このときすでに、現場で下山氏の死体を検案した八十島監察医の意見は無視されていたのである（八十島氏は自殺と判断したが、国鉄総裁という立場を考えて念のため司法解剖をするのもよいという意見だった）。そして、国家非常事態の宣言までも、準備は完了していたといわれている（読売新聞、昭和二四年七月七日）。

下山総裁の死体解剖が行われたのはこういう情況のなかであった。衆議院法務委員会では古畑氏は新聞報道には責任をもたないといっているが、しかしこのとき東大法医学教室からもらされた情報は、すべて他殺説としてあつかわれ新聞紙上を飾っていた。これらの記事は政府の言動に巧みに組みこまれ、重なりあい、馘首に反対する労働者勢力による謀殺というイメージを、国民のあいだにひろめていった。官公庁、民間を合わせて百万にも及んだろうといわれる大量人員整理で、本来ならば労働者側に集まるべき国民の同情を、ほんの一瞬にして逆転させ、政府と、整理を実行した企業、資本家側を有利な立場に立たせたのは、下山総裁他殺説であったのである。当時の東芝社長、石坂泰三氏などが、下山事件で人員整理が成功するという確信を得たと語っていることからも、この間の事情は明らかであろう。

このような情勢の動きを検討してみると、〝革命に近い騒動が起りかねない〟という古畑氏の配慮は、誠に妙なものである。たとえ古畑氏が軽率に〝他殺〟と口走ってみたところで（実際は〝他殺、他殺〟と騒いでいたらしい節があるのだが）、大勢は革命騒動などというものとは逆の方向にしか、進行しえない状態であったのである。こういう事情を考慮に入れてみれば、古畑氏は科学的に死因を明らかにできなかったばかりに、むしろその逃げ口上として、「革命」をもちだしたにすぎないとも考えられるのである。先に野田氏の談話のなかで古畑氏の人柄の一端をうかがうことができたが、こではからずも別の一面、氏の思想をみるおもいがするのである。こういうところに「法医学は国家のために奉仕しなければならない」〈註―1〉などという言葉が、古畑氏のものとしてつたえられたりする原因もあったのだろう。

動揺を与えた二つの事件

さて、「革命」を引き合いに出したりすることが、単なる逃げ口上であることは古畑氏の文章からもすぐわかる。先の引用文からだいぶあとのほうで、つぎのような一節を発見するからである。

「実は、私もはっきりと、下山さんは自殺ではない、他殺だ、と言いたかった。しかし、いわなかった。それはまだ資料が不十分だったからである」

もはやこれ以上の注釈を必要としないだろう。要するに「他殺」としたかったが、資料が不足していたということである。いうまでもない、資料は「他殺」の資料である。

しかし解剖直後、少なくとも中舘談話が発表される時期までの古畑氏は、資料不足などとは考えてもいなかったろうとおもわれる。いくら古畑氏でも資料不足とおもえば、専門の法医学者を集めて中舘談話を攻撃しようなどと考えはしなかったろう。切断創に生活反応なし、すなわち「死後轢断」、局部出血はその個所への鈍力の作用を意味し、それが原因となって「ショック死」、死亡推定時刻は轢断より二、三時間前、これで十分、文句はどこからも出ないはず、と考えていたのではなかろうか。たしかにこれまでの法医学界では経験の不足（轢死体の精確な解剖例の欠如）から、その程度でとおるような一面があったようである。そこで自信をもって野田氏に、七・三〇会議の招集を命じたものとおもわれる。

会議招集を決定した時期がいつかは、はっきりしない。しかし、七月二三日付朝日新聞にこの会議の予告記事があるので、それより少し前のこととおもわれる。そうすると、三鷹事件の起きた前後ということになろう。だが、その犠牲者の詳細な解剖所見などはまだ明らかにされない時期ではなかったろうか。おそらく、解剖所見がつたえられたころには、図表の作成やスライド、実物標本の用意など、七・三〇会議の準備はすっかりととのっていたものとおもわれる。いまさら変更はできない状態になっていたにちがいない。会議は予定どおりに進められ、そしてどうやら予定外の結果に終わったらしいことは、すでに検討したところである。表面的には冷静であったとしても、三鷹事件犠牲者の解剖所見（睾丸出血など）に関する中舘報告は、古畑氏の自信に微妙な陰翳を生じさせずにはおかなかったものとおもわれる。

さらに、それに追いうちをかけるような事件が起きた。八月八日の早朝、中丸という少年が、下山事件の現場で飛び込み自殺をしたのである。原因は、身体障害者だったこの少年の前途悲観によるものであったが、遺書に解剖を望むとあった。遺体は東大に運ばれたが、到着してみると局部がなくなっていた。そのため大騒ぎとなったが、調べてみると現場で検案した監察医務院の医師が局部だけを持ち帰っていたことがわかった。監察医務院でこれを解剖して、睾丸部などの出血を確認していたのである。もちろん、フォルマリンづけにした現物はあとで東大側に渡された。古畑氏は、その出血の再確認を迫られたわけである。

翌二五年八月、古畑氏は『犯罪の科学』なる啓蒙書を出している。そのなかの轢死体の部分に、次の一節がある。

「ただ生活反応のあることとの証明出来たところが一個所ある。それは右の睾丸の実質内に明らかに出血があることであった。そしてこれは、（下山）総裁生存中に受けたと断言できる唯一の損傷であり、恐らく余り固くない鈍体が作用した為に生じたものと推定される。尚右の陰嚢には出血は認められなかった。陰嚢に出血がなくして睾丸にのみ僅かに出血があったという事実は、飛込み自殺に於て屢々見られる陰嚢部の出血とは類を異にするものとみてよいことを示している」

ここに筆者は、「局部出血」による古畑氏のショック後遺症、をみるおもいがするのである。〝飛込み自殺に於て屢々見られる陰嚢部の出血〟というが、そもそも外陰部出血については、この時点までは、下山氏の場合を除けば、前記中丸少年の例しか報告されていないのである〈註—2〉。一例だけで、「屢々」とはおかしいだろう。もちろん三鷹事件の場合を轢死とみなせば、これも法医学上は〝飛込み自殺〟と同様にあつかってよいはずである。「屢々」と古畑氏が書いている以上、先の衆議院法務委員会では三鷹事件の例は轢死ではないと頑張ったが、ここでは逆に三鷹事件を轢死の例に入れたのかもしれない。そう考えないと「屢々」が理屈に合わないのである。

さて、右のように、中舘報告などの一部分をしぶしぶ認めたような形であるが、しかしそこに問題個所のすりかえがあることは、これまでのべてきたところから明白であろう。すなわち、下山氏の局部の出血を睾丸のみに限定して、陰嚢、陰茎部分のそれを無視し、一方、〝屢々〟みられるというのは〝陰嚢〟に限定して、睾丸その他の部分を切りすてている。その結果として、下山氏の局所出血は〝屢々〟みられる轢死体特有の所見ではないと論理を運ぶのである。局部出血から逃れたい一心からの作為としか考えようがないのであるが、それにしてもなんともおそまつなやり方ではないだろうか。問題個所のこのようなすりかえは、この本だけに限らず『法医学の話』など、それ以後の著作にも、同じように引き継がれている傾向である。なお、この『犯罪の科学』に限ってもう一つ付け加えておけば、ここでは下山氏の死因にまったくふれていないということである。

左右対称的すぎる皮下出血

以上、三鷹事件と中丸少年の場合の解剖所見が、古畑氏に死因の再検討を迫ったとおもわれるところをのべた。だが、七・三〇会議と八月三〇日の衆議院法務委員会の間にもう一つ見落とせないことがある。古畑氏と小宮氏の会談である。

先にのべたように小宮氏は、東大法医学教室の判断に批判の談話と、さらに捜査本部への意見書を発表している。とくに後者には「鑑定にあたった東大法医学教室は私の長年学んだ処である。今その理由を述べることは堪えられない。今回の意見表明も社会治安と法医学専攻の立場のために敢てしたものである」(毎日新聞、昭和二四年七月二六日)という決意がついている。調子は中舘談話よりもはるかに重いのである。古畑氏の不快さは、中舘談話のさいとは較ぶべくもなかったであろう。常識的にはそうおもわれるのである。

だが、古畑氏は城門を開き、後輩にあたるこの論敵を招き入れたのである。なかなかなし難いことであろう。あるいは、血液についていては、世界に聞こえる業績を誇る大学者としての矜持が、そうさせたのかもしれない。が、いずれにせよ小宮氏が、古畑氏に耳を傾けさせるだけのものをもっていたことは事実のようである。こうして桑島氏をいれ、古畑、小宮両氏の話し合いが四、五時間にわたって行われた。その結果であろうか、衆議院法務委員会における小宮氏の意見のなかには、古畑氏は死後轢断即他殺などとはいっていないし、またいわないといっているのだから誤解のないように、といった、幾分とりなし顔の調子や、正式の鑑定書も出ていないうちに、自分の結論をのべるのは軽率だから差し控えるといった具合に、談話や意見発表のときよりは相当慎重になった態度がうかがえる。

　さて、その古畑、小宮会談の内容であるが、その詳細はもちろん知るよしもないとしても、一つのメモは残っている。会談後、小宮氏が平正一氏（当時の毎日新聞下山事件担当デスク）に口述した、会談内容の大要である。その大部分は、小宮氏が法務委員会でのべたところと一致している。が、法務委員会ではのべられなかったところもあって、そのうちの若干が注意を引くのである。今その一例をあげよう。メモは対談形式になっている。

古畑　（死体が轢かれたとすると、死因はなにか、という小宮氏の問いに）傷もない。はじめは胸にピストルの傷があるというようなことがいわれたが、そんなものもなかった。窒息の所見も、しめられた跡もないし、内部にその所見も認められない。中毒も秋谷君の検査の結果毒物が認められないので、なかったということになる。

小宮　そうすると死因はわからないことになるのですな。

古畑　そうだ。しかし手だの足などや、陰茎の先、睾丸のなかに出血があった。

小宮　睾丸や陰茎の出血は顕微鏡標本を桑島君の部屋で見せてもらった。

古畑　中舘君は陰囊内の出血をいっていて（ここですでに問題個所のすりかえがある、筆者註）、こちらのとは違うのに、いろいろいうので的がはずれて困る。

小宮　違ったもので議論してもだめだ。しかし、眼瞼にも出血があったのではないか。

桑島　そうです。手足の出血はともに先端に近いほうの、甲の部分だった。

小宮　あまりに左右対称的ではないか。生前他人から暴行されたときの皮下出血は、そんなところに出来るのはおかしい気がする。その出血の状態は、うすいもので、ちょっと桃色みたいな気がして、ちゃんとした凝血ではなかったのではないか。皮下出血は凝血のあることをいうのだ。そういううすい出血は、そこに生前働いた鈍体作用の跡ばかりとはいえず、なにかの力で血管運動神経中枢が強い打撃を受けたときに、どうも末端にこんな出血が起る場合があるようにおもう。よくそんな場合を経験した。なんでもそういうときには

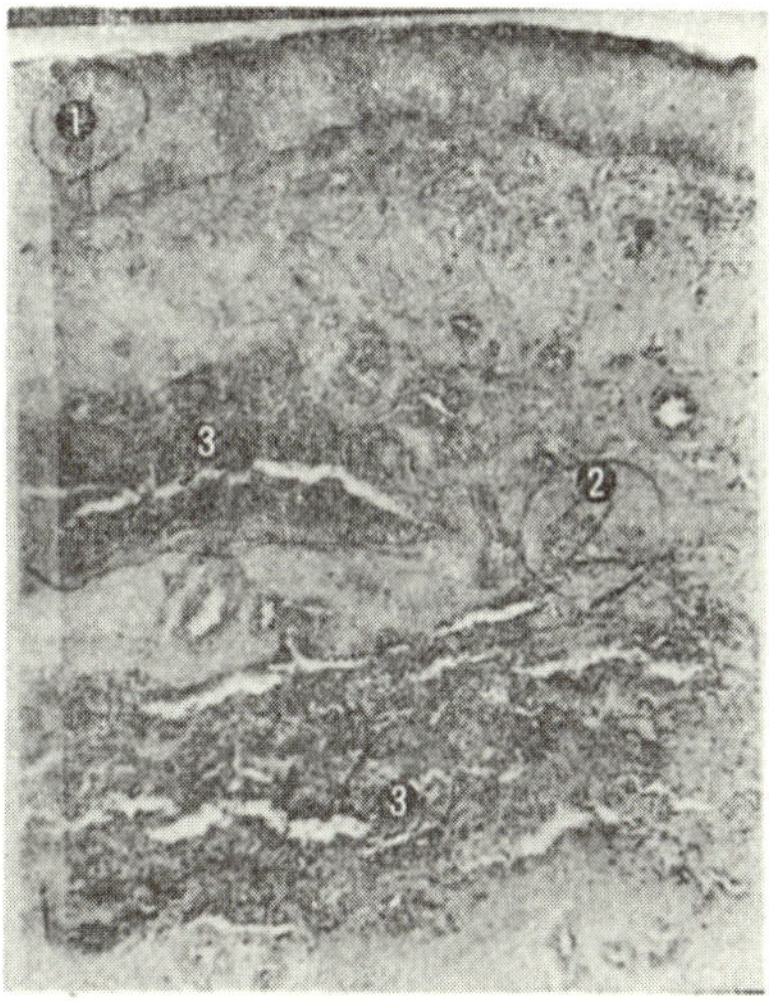

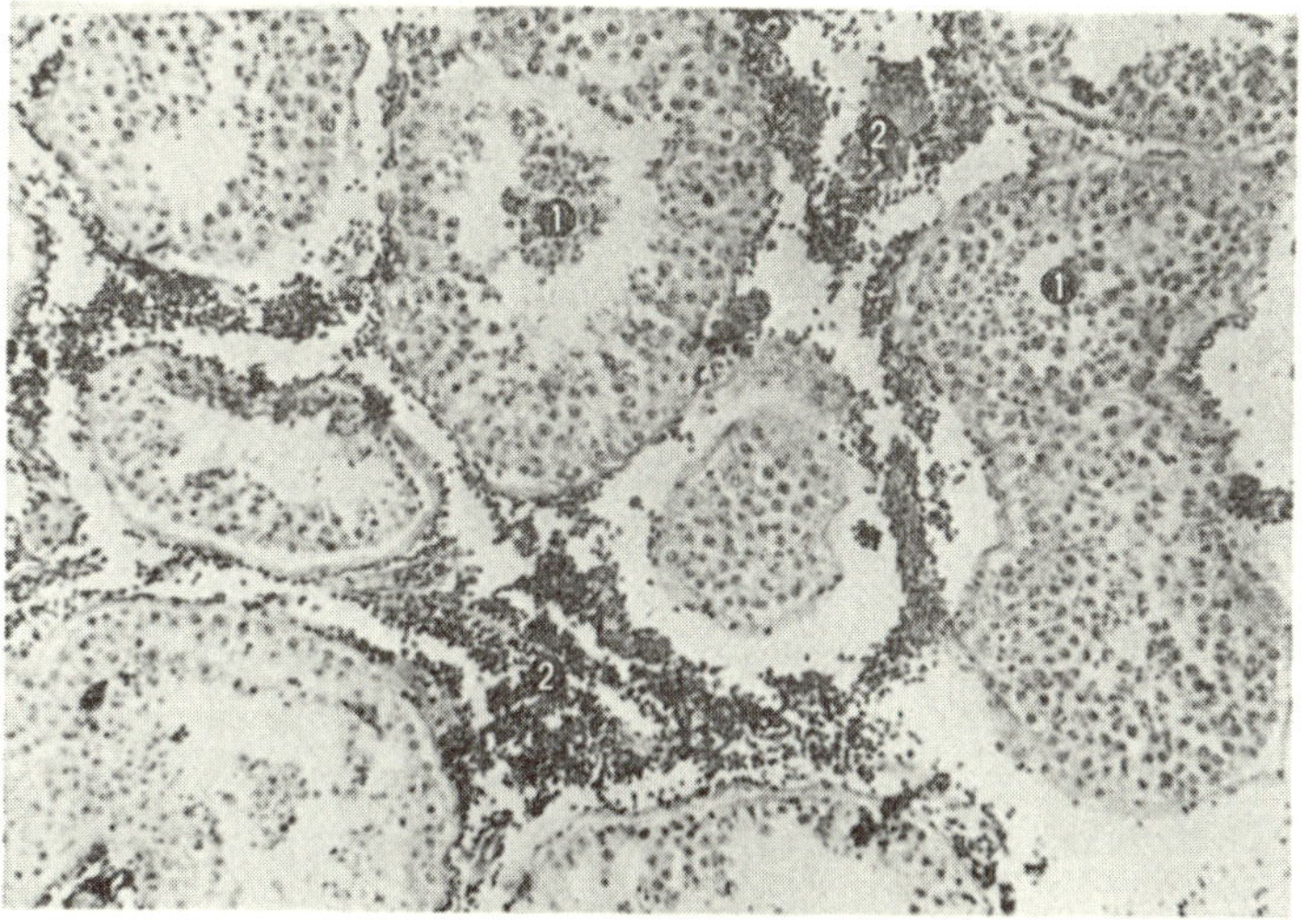

上：陰茎部の写真。①表皮，②海綿体，③出血．普通は血液は血管の中にあるが，その血管から外へ出ているのを出血といい，この写真では血管と無関係なところに出血が見られる．　下：右睾丸の写真．①細精管，②出血．組織間の外に出血が見られる．

末端部に出来るので、陰茎や睾丸のもそうではないか。眼瞼のも。……耳のふちにはなかったか。

桑島　なかった。

小宮　そういうのもある場合もあるが。

ここでとくに注意を引くのは、手足の甲における出血にたいしてみせた小宮氏の見解である。一般に他人から危害を加えられた場合の傷痕は、一方に片寄る傾向があるといわれる。右利きの者が刀で切りつければ、傷は相手の左上から右下に走るだろう。左利きの男が拳で殴れば、相手の右側にその跡を残す。拳銃にしたところで、右側に一発うったから、もう一発、同じ左側にうっておこうというようなこともあるまい。傷痕がどうしても一方に片寄る傾向をもつことは、理にかなったことであろう。とすれば、左右対称的にある手足の甲の皮下出血はたしかにおかしいのである。

また仮に、下山氏が殴ったり蹴られたりしたとするならば、顔面や胴体、太股《もも》など、もっと表面積の大きいところに、傷痕があってもよさそうにおもわれる。しかも暴力を受けたとすれば、当然残るとおもわれるはずの表皮の損傷、剝脱などがないのはますます不思議になってくる。したがって、これら左右対称に手足の甲にある皮下出血を、その部分に直接鈍力が作用したものと考えるのではなく、血管運動神経中枢になんらかの力が働いておきた場合の症状、としてとらえられないか――という指摘は、たしかに小宮氏の見識をうかがわせるものがある。大学に席をおきながら現場を駆けめぐり、愛知県下の鑑識技術者養成にも力をつくしたという小宮氏の経歴を、なるほどとおもわせるものがある。

このメモを読むと（平氏もその著書『生体れき断』で引用している）、概して小宮氏の意見に古畑、桑島両氏が納得、賛成の意を表したようになっている。小宮氏の口から語られたものの記録であるから当然、といえばそれまでだが、しかし、その小宮氏の意見はたしかに的を射ていて、古畑氏といえども耳を傾けなければならなかったのではないかと、納得させられるのである。

さて、これまでのところだと、東大法医学教室が窮地に追いこまれたような格好になってきたが、しかし、七月末から八月終わりまでのこの期間には、こういうことばかりがあったわけではない。古畑氏たちの気持をふるいたたせるような「事件」もあったのである。現場上手の線路上に発見された血痕のいくつかが、下山氏のものに似ているという結果が出てきていたのであった。

轢断始点から下り方向、即ち、死体が散乱しているほうに血痕があったというなら話はわかる。しかし、そのほうにはむしろ血痕が少なく、それとは逆の方向、すなわち上り方面の線路に数十から百を越える血痕があったといわれる。そしてその一部からAMQという、下山氏と同一の血液型が検出されたというのだから、東大法医学教室の喜びはひとしお深いものがあったようだ。自殺とすれば、この血痕の散布をどう説明するか。たしかにそれはむずかしいことであった。

だがよく考えてみると、ここにもおもうにまかせぬことはあった。下山氏の死体で生活反応をしめしているのは、すべて皮下出血であったはずである。そこには表皮の異常がない。ということは、外部に血が流れだす傷口がなかったということだ。ましてこれらの血痕散布を、死体を運んだときのものと考えると、心臓停止後の死体からは、血液は流出しにくいという条件を考慮にいれなければならず、そうするとその傷口は相当大きく開き、太い動脈に達していたとみなければならない。こうなると、解剖所見と根本的に矛盾してくる。あるいはここでもまた、苦悩はむしろ深まったのかもしれなかった。

以上、古畑氏が、桑島報告の結論部分を、死因を含めて再検討しなければならない、と考えざるをえなくなったのではないかとおもわれる事由を、いくつかあげてきた。もう少し他にも理由はあると思うのだが〈註―3〉、あまり長くなるのでこの点は、このへんで打ち切ろう。

論争点の整理

ではここで、これまでに出た論争点を整理しておこう。

まず大きく分ければ、もちろん自殺・他殺ということになる。が、結論がそこに二つに分かれるについては、同じ所見についての見方、考え方が違うからで、その違い方を区別すれば大要つぎのようになるだろう。

一、局部や手足の皮下出血を生体轢断の特徴としてとらえる立場（自殺論）と、これを他為による傷痕で、死因につながると考える立場（他殺論）。

二、切断創周縁に出血なく、生活反応を欠くという所見を、生体轢断の死体にも認められることで、最初の接触で心臓が停止し、その直後に轢断されたと考えれば理論的にも成立するという立場《自殺論》と、たとえ接触のショックで心臓が停止したとしても、どこかにそのさいの生活反応が残っていなければならず、それがないのはおかしいし、また下山氏の局部その他の皮下出血をそのさい（最初の接触）の生活反応とみたとしても、その生活反応が完成する〝相当の時間〟以内に轢断が行われたとか考えなければならず、そうすると轢断個所に生活反応をしめす出血がないのはやはり矛盾するという立場《他殺論》。

三、なおこの轢断創の出血の有無は、雨の影響を考えると、自殺論のほうは、有り、すなわち出血は雨で流されることがあるとし、一方他殺論はそれを否定する。

四、他殺のばあいでも、死因についてはこれまでに、局所けりあげによるショック死と、窒息死という二つの説が出ている。

五、死後経過時間の推定については、秋谷教室のpH値測定による方法が妥当か否か。

ごく大雑把に考えれば、以上のような区分ができよう。またここで自殺、他殺という言葉を使ったが、これはこの段階の論争を法医学上から厳密に考えれば、妥当ではないかもしれない。だが、それぞれの立場を明快に表すために生体轢断、死後轢断という固い用語をさけて便宜的に自殺・他殺という言葉を使わせてもらうことにした。

古畑氏、出血死説をとなえる

以上、これまでの論争点を整理したが、このあとで他殺論のなかに死因を「出血死」とする説が加わった。古畑氏の説である。しかもこの説は推理小説ブームなどとうまくマッチしてジャーナリズムにもてはやされ、下山事件といえば「血を抜かれて殺された」というのがあたかも定説のようになって、他のもろもろの説は遠く霞んでしまった感がある。そこで順序は逆になるようであるが、この出血死の検討を最初に行っておきたいとおもう。なにも推理小説ブームなどというものにあやかろうなどという、不逞の考えをもったわけではない。こうすることが、他の説を科学的に考えなおすために、有効だと考えるからである。

では、古畑氏はいつごろからこの出血死説をとなえだしたのだろうか。手許の資料を探してみると、まず昭和二五年七月五日付朝日新聞のつぎの記事が目にはいる。

「東大古畑教授は死後レキ断が学会で公認された後なお下

山氏の死因について研究を続けているが、

一、レキ断時の衣服に全く血こんが認められぬ点。

二、解剖の時、体内にも血液残留量が少かった。

などの二点から従来考えられていたショック死、窒息死などに代って、失血死の可能性が強いことを認め、動物実験の結果によっても、失血死の際の細胞貧血症状と下山氏の場合は一致している。

同教授は失血死について世界の文献を集めているが、同教授は『もし下山氏が失血死であった場合、この殺害方法は日本の犯罪史上に例のないものだ』といっている」

ここで「学会」というのは前後の文章から、この二五年四月に仙台で開かれた日本法医学会総会を意味するようである。村上次男氏が会長であったこの総会で、東大法医学教室の主張を「公認」するはずもないが（総会の記録を読んでみてもそうした事実はない）、それはともかく、出血死の理由としてあげられている二点は、いずれも解剖の時点で明確にされていたはずのことではなかったのか。もっとも衣類は、八月末に東大側に渡っているようである。しかし、その衣服の状態をふくめ、体内残留血液量なども検討したうえで結論を出し、その年の末、すなわち昭和二四年一二月三〇日、正式の鑑定書となり、検察庁に提出されている。その鑑定書で死因は「ショック」となっているのである。そうすると、それから数ヵ月あまりで、古畑氏はこの「出血死」説を対置して、桑島鑑定の重要な結論部分「ショック死」説が、あまり信用しえないものだという証明をしたということになろう。

もっともこれは、新聞記事である。古畑氏は、新聞記事には責任をもたないともいわれている。そこで、古畑氏自身の筆になるものを探すことにしよう。この新聞から約一ヵ月後に出版された『犯罪の科学』では、先にのべたように死因にはまったくふれていない。それからつぎに目につくのが、昭和三三年九月発行の『法医学の話』である。ここではつぎのようになっている。

「この死体にはほとんど血液がなかった。失血死の所見にそっくりであった。失血死といえば相当大量の血液が失われているはずであるのに、死体発見の場所にはほとんど血液がなかったのであるから、ほかの場所で失血したものと考えねばならない」

しかし、昭和三三年といえば事件から九年目である。ここで突然「出血死」説というのも、なにか不自然におもわれてならない。もっと事件に近接した時期に、この説をとったと考えたほうが実際的ではあるまいか〈註—4〉。するとやはり昭和二五年七月五日の前記朝日新聞にもどらなければならないようである。すでにこのころ出血死説を考えていたので、八月に出版された『犯罪の科学』では死因にふれなかった、とみるのが当を得ているのかもしれない。そういえば衆議院法務委員会のさいにも、「桑島がつまらんことをいってしまって」とぶつぶついいながら、会議場周辺で桑島氏をしかりつけている古畑氏を目撃した、という新聞記者の証言もある。あるいはこのころから「ショック死説」に見切りをつけていたのかもしれないのである。

いずれにせよ、古畑氏は、昭和二四年八月三〇日の法務委員会以後、下山氏の死因として「ショック」という言葉を口にしていないようである。それで、その古畑氏の「失血死」説をもう少し追ってみよう。

下山事件一〇週年目に当たる昭和三四年四月、古畑氏は四、一一、一八、二五日号の『週刊東京』に「下山事件の謎」なるものを連載した。流行語にもなった〝今だから話そう〟シリーズの一環としてである。この連載では多数の紙面を費やして、事件当時の政治情勢や、下山氏失踪前後の状況その他を、推理小説仕立てに詳しくのべているが（もっともそれもずいぶん不正確でいかがわしい）、「下山事件最大の謎」ともいうべき死因については、あっけないほど簡単である。

「また死斑が通常の死体より少なかった。つまり、これは、死体内の血液が少ないということの証明である」

死因にかかわるとおもわれるところはこれだけなのである。これでは「謎」解きにはならず、むしろその謎はますます深まるばかりといえよう。法医学の立場からはとくにそうである。元来出血死といえば全血量（体重の一二分の一から一三の分一）の、少なくとも三分の一以上のものが失われて招来された、と考えるのが常識である（下山氏の体重を七五キログラムと仮定すると約二リットル以上）。それにはそれだけの血量が流出するに足る創傷がなければならない。

もっとも、出血部位が心嚢内や延髄、脳橋部など特殊なところであるばあいは、ごく少量、とくに後者のときなど顕微鏡的小出血でも死にいたることがあるようだが、しかし、下山氏のこのばあいは、死体全体が貧血状態だったという「判断」が基礎となっているのだから、これらの特殊な例はあてはまらないであろう。

そうすると、やはり二リットル以上の出血をきたした傷口がどこかになければならない。通常そういう損傷は、頸部、胸部、腹部、鼠蹊部、大腿部など、太い動脈が走っている部分に多いようである。そこにはもちろん、なんらかの形で生活反応も残っていなければならない。

では下山氏のばあい、そういう傷口が死体のどこかに本当にあったのだろうか。出血死とすれば、これが問題の焦点であり、まず第一に決定しなければならないところであろう。

〈註—5〉

古畑氏はこの点、昭和四〇年一月二五日、下山事件研究会への証言で、つぎのようにのべている。

「そうしてみると（右腕が）右肩のところで切断され、血管切れがある。しかし、そのときはそういうことを深く疑わなかったからそんなことをよく調べなかったのですが、そのときによく調べたらあるいはこの血管が切れていたのを十分証明できたかと思うのです。そんなことに気がつかず、あとで考えてみて……。（中略）で、こういう動脈を切ったという疑いをわれわれはもっている。そうでなければ貧血になるはずがないのですから。ほかの所全部調べてませんから、どこ切ったかわかりませんけど、ここんとこ（右腕の付け根）動脈走っていますから、ここ切ればいちばん切りやすいですからね。だから私どもここんとこ（右腕の付け根）切られたんではないかという疑い……疑いで証明していませんから、なんともわかりませんけども、そういう疑いをもっている。出血死の状態になって死んだと」

ちなみに、この時点で、局部出血について古畑氏がどういう考えをもっていたかを、質疑応答のなかからひろってみる。

松本（清張）　ペニスの先のわずかな出血というのはどういうわけなんですか。

古畑　あれはわかりませんけどね。私どもはあれ蹴ったんじゃないかと思っている。そのとき鑑識課の人に聞きますとね。日本人でない人がやるとそういう犯罪の方法〈註—6〉があるそうです。なんか話していてね、膝でぱっと蹴りあげるの。そういったことをやったんじゃないでしょうかといってる人がありましたがね。が、だからといってそうだとはいえない。ただわれわれのほうは、これは鈍体が作用したということだけ、それも程度が弱いですから、比較的軽い鈍体が作用したとしかいわない。

桑島さんなどは他に考えようがないものだからショック死じゃないか、金玉やられてショックじゃないかと、金玉やら

れてショックで死んだ例をずいぶん調べた。そんなのあるにはありますけども」(傍点筆者)

執刀者、出血死を否定

ここにも、下山氏の死体を前にした古畑氏たちの困惑した表情がある。だがそれはともかく、証明はないといいながらも、古畑氏は出血個所を推定し、「右腕の付け根」と一応は特定してみせた。この古畑説にたいしてはなによりもまず、死体の状況をいちばんよく知る解剖執刀者、桑島氏の登場を願わなければなるまい。

桑島氏はそれより約半年後の七月四日、同じ下山事件研究会への証言でつぎのようにのべている。

「(スライドを写しだしたスクリーンの前で)次の写真では、心臓が飛び出した右肩が見えます。よく下山さんの死因に関係いたしまして、血を抜いて殺したのではないか。そして、その血を抜いたあとがこの右手の腕の辺であって、それをちょうど汽車に轢かしてわからなくしたために、死因が不明ではないか、という疑問をもたれる方があるかとおもいますが、とれた右手を肩の傷につなぎ合わせますと、ぴったりとつくわけでございまして、出血死を考えられる方は、こういうところの写真も詳細に研究されたらばと思うのでございます」

スライド使用のため部屋は暗かったので、表情まではわからなかったが、私は、このときの桑島氏の声にこめられた皮肉な調子を忘れることができない。そこには出血死説に対する挑戦の響きさえあった。つづいて質疑応答の部分を引用しておこう。ただし、この証言は公開であったため、質問者の氏名はわからない。

問　血を抜かれたという話がありましょう。その可能性はあるんでしょうか。解剖の結果血が少なくなっていたなどということからわかるのですか。それともなんかそんな痕跡がちょっとでも……。

桑島　生きているうちに血を抜けば、抜かれる人は抵抗しますから、大概の場合には血管の周囲に血が漏れるわけですね、それから皮膚にも孔があいている筈ですね。しかし下山さんの死体には、そのような痕跡は見られませんでした。

問　そういうことはみつからないのですか。

桑島　そういうものはないのです。

問　ない？　そうすると血を抜いたというのは全くの推理

……。
桑島　それは私はちょっとわかりかねるんですけど。
問　そうですか。
桑島　ええ。血を抜くとすればですね、全身のどこでも一様に血液が少なくなっているなら、ある程度話はわかるんです。しかし、さっきちょっとお話ししましたが肺臓などむしろ血量が多い。というのは、血を抜いたのではないかという考えを否定するものであると思います。

桑島氏としてはもちろん、いくら恩師であり、法医学界の権威とうたわれていようと、古畑氏の出血死説を肯定するわけにはいくまい。そうすることは結果として、みずから解剖の不備を認めることにつながるからである。たとえ轢断されていた右腕の付け根の部分に、出血死を招来した傷口があったと仮定しても、もしそれが本当に実在したものであったなら、解剖にさいして発見されないはずはあるまい、というのが大方の法医学者や外科医の見解である。とくに死体表面、内臓に貧血像があったとするなら、そのときすでに出血死を仮定し、全力をつくして血液の流出した傷口と血管を探りだし、その位置と周辺状況に検討を加え、明確な解答を出さなければならない。これが司法解剖の基本で、貧血像を見落としたり、あるいは出血死を疑いながら、その血液流出個所を探しだす努力を欠いたりということになれば、解剖者としての能力と資格を問われることになろう。

もっともここで疑問が出るかもしれない。死体が轢断されたあとで、その轢断による出血で臓器色が変わり、判断がまどわされたのではなかろうか、というように。だが、これも死後の出血によっては臓器色は変化せず、というのが法医学の常識だということである。出血が原因の死亡ならば、臓器はそれぞれ出血死固有の色をしていなければならない。皮膚、粘膜は蒼白化している。心、大動脈内は乏血状態。またとくに、肺臓の所見をとりあげ、そこに血色を認めず、蒼白なことが多い、と説く法医学書もある（桑島証言では逆にこの肺臓の血量が多かったという）。

こう考えると、出血死を見落としたという可能性は少ないようにおもわれてならない。まして、検察官や鑑識課員、それに捜査一課員などを別としても、古畑氏、解剖学教室の小川鼎三教授、秋谷氏らが立ち会い、桑島氏が執刀、中野繁助手が補助で、解剖前半中は野田氏もいたという、東大法医学教室ではベストメンバーでの解剖である。これらの人たちが、司法解剖でなによりもまず解明しなければならない「死因」をもとめ、いたるところにメスを入れていったのである。おそらくその努力の結果であろう、表面からではわからないような皮下の小出血点まで、手足の甲の先端部に見出している。これなどはあとでもふれるが、睾丸などの出血とともに法医学上では、新たな発見とさえいわれているものなのである。したがって、私はこのときの解剖所見に大きな狂いはないと考えている。問題は、その所見から引き出された結論なのである。

さて、桑島氏の解剖所見を信頼するならば（もっともそうしなければ一切の議論はその基礎を失い無意味となる）、古畑氏の出血死説、右腕の付け根から血を抜いたという説はなりたたない。だが、もう少しこの古畑説を検討してみよう。

古畑氏の出血死説の根拠はつぎの三点にあるようである。第一は、死体が貧血状態であった。第二に、轢断現場に血がなかった。第三、衣服にも全然血痕がなかった。

そこでこれらの点を一つ一つ検討してみることにする。まず第一の、死体が貧血状態であったという点である。桑島氏が肺臓などにはむしろ血が多かった、といっていることは先にのべた。ここではそれ以外のところを見てみよう。

古畑氏は前記下山事件研究会への証言で、当時自殺論者に都合のいいことが二つあったといい、一つには小宮氏も問題にした機関車付着の凝血をあげ、もう一つは同じく機関車後部の飛沫状の血痕だとしている。凝血問題はさておき、また飛沫状血痕の形状も今は論じない。ここではその血痕の出所についての、古畑氏の見解を考えてみよう。

この点について古畑氏は、これは想像で、そうではないといわれればなんともいえないが、そうすれば説明がつく、といってつぎのようにのべている。

「これは先ほども申しましたけれども右肩の下の所が切られて、そこから心臓が出ている。それに孔があいていて、ちょうどまんじゅうのあんこを踏みつけたみたいに押えられたから、ぱっと飛んだと」

要するに、心臓からの出血だというのである。

ところが死体には、死後硬直という現象がある。この現象は、構成筋の線維が小さいほど早くはじまり、したがって心臓などは死後三〇分から一時間で開始されるという。もちろんこの現象は温度の影響をうけ、それが高いほど早い。その結果心臓は死後まもなく全体として収縮してしだいに内部の血液を押し出し、血量は減少の方向をたどる。とくにこの傾向は、左心室内においていちじるしいといわれる。そうすると一般的にいっても心臓内の血液量は、死後少な目になるということがわかる。

そのうえ、古畑氏の説によれば、血液は少なくとも致死量まで抜かれたことになる。心臓内の血量は、さらに少なくならなければならない。この出血死のばあい、血液量が少なくなるに従い心臓は空転を始め、ために心内膜下に出血をすることがしばしばであるともいわれる。

いずれの条件からみても、このばあい、心臓内における血液量は少なかったと考えなければならないだろう。

ところが一方、飛沫状血痕なるものをみると、テンダー（機関車後部の炭水車）第一、第二ボギーの、ボギー枠前面及び後面、第二ボギー第一車輪軸、同第一、第二軸箱側面、並びに制動筒、制動梁などに、主として右側であるが、広い範囲に、鶏卵大、蚕粒大、雀卵大、豌豆大などをふくめて多数の飛沫状血痕があるのである（『資料・下山事件』収録、下山事件白書中の「解剖並に鑑識関係」の項参照）。もちろん飛び出した血液が全部機関車の前記場所に付着してしまって、線路上に少しも落下しなかったと考えるのは、実際的ではないであろう。そうしてみると、これら血痕を心臓からのものと考えると、その心臓における血液量は、むしろ潤沢であったとみなければならなくなり、出血死と矛盾しよう。

多量の血痕を残す轢断列車

つづいてもう少し、下山氏を轢断した八六九貨物列車付着の血痕の状況を見てみよう。この列車の牽引機関車はD五一六五一、貨車四九両はすべて無蓋の空車で、最後尾のワフ六七五八号一両だけが車掌室つきの有蓋貨車であった。乗務員は、山本健機関士（死亡）、萩谷定一同助手（現水戸機関区）、後尾に横田一彦車掌（定年退職）で、なお便乗として大和田尚車掌（現水戸車掌区）が同乗していた。

さて、現場で出血が少ないという東大法医学教室の疑問にたいし、雨の影響をうけない部分の血痕状況を調べるため、捜査本部はこれらの貨車を順次田端に回送、鑑識課員を動員して綿密な点検をした。その結果を七月二八日午後七時に堀崎捜査一課長が発表しているが、それによると次の一〇両に血痕を認めている（昭和二四年七月二九日、読売、毎日）。第一両目から二、三、四と四両つづき、五、六両目がなくて、七両目から八、九、一〇両目とまたつづき、つぎは二五両目、四〇両目というように飛んでいる。ただしこれはこの時点までに集まった四〇両についての検査で、残り一〇両については明らかでない。

ところで、当時撮影の写真でこれら血痕の付着状況を見ると、まず第一両目のトラ二二五三は、第一、二軸とも車軸に、それから第四位車軸、同軸箱守、第八位制輪子など広範囲にわたる飛沫血痕付着。またとくに目を引くのは、こうした車軸まわりの下部だけでなく、連結器取り付けの端梁など、相当高い部分にまで数個の血痕が飛んでいるということである。

第二両目トラ一一四九、これにはわりと少量で、第三位軸箱守に小範囲に見える。ただし制動軸吊には肉片付着とある。

第三両目トラ六四一三、これがまた多い。第二軸箱守、同制輪子吊、同制動梁、横梁、床板裏など広い範囲に血痕付着し、車側制動軸には毛髪および表皮付着とある。

第四両目ト二一三二〇、ここでも連結器取り付けの端梁にまで、数個の血痕が高く飛びはねている。その他に、第一位車軸、車側制動軸、第二位制動梁など広い部分に血痕付着し、さらに第一位ブレーキ引ロッドに肉片、第二位制動梁に毛髪が付着する。

以下の引用はやめよう。七両目はいぜん多いが、八、九、一〇両目とさすがに血痕量は少なくなっている。しかし、二五両目と四〇両目になお血痕付着をみるのは、注目に値するだろう。轢死（自殺）現場を何度も目撃し、検査にも立ち会っている国鉄関係者の話を聞いても、この状況は稀にみるほどの多量出血だという。

しかもこの出血痕は、機関車D五一六五一の前部（エンジン部分）にもあるのである（後部炭水車については先にのべた）。念のためこれを下山事件白書からひろっておこう。

(1) 右第一動輪軸箱の油受下面に幅約二・五糎（長さの記入なし）に渡り血痕。

(2) 右第二制輪子吊下面付近に黍粒大ないし雀卵大の血痕五ヵ所。

(3) 右第二軸箱守控の前方に血痕付着しある雀卵大の肉塊。

(4) 従台車心向棒及び心向棒受の左右両側と下面に豌豆大ないし蚕粒大の血痕、肉塊数ヵ所に付着。

(5) 気筒排水弁右側作用腕作用引棒の接合ピンに血痕付着

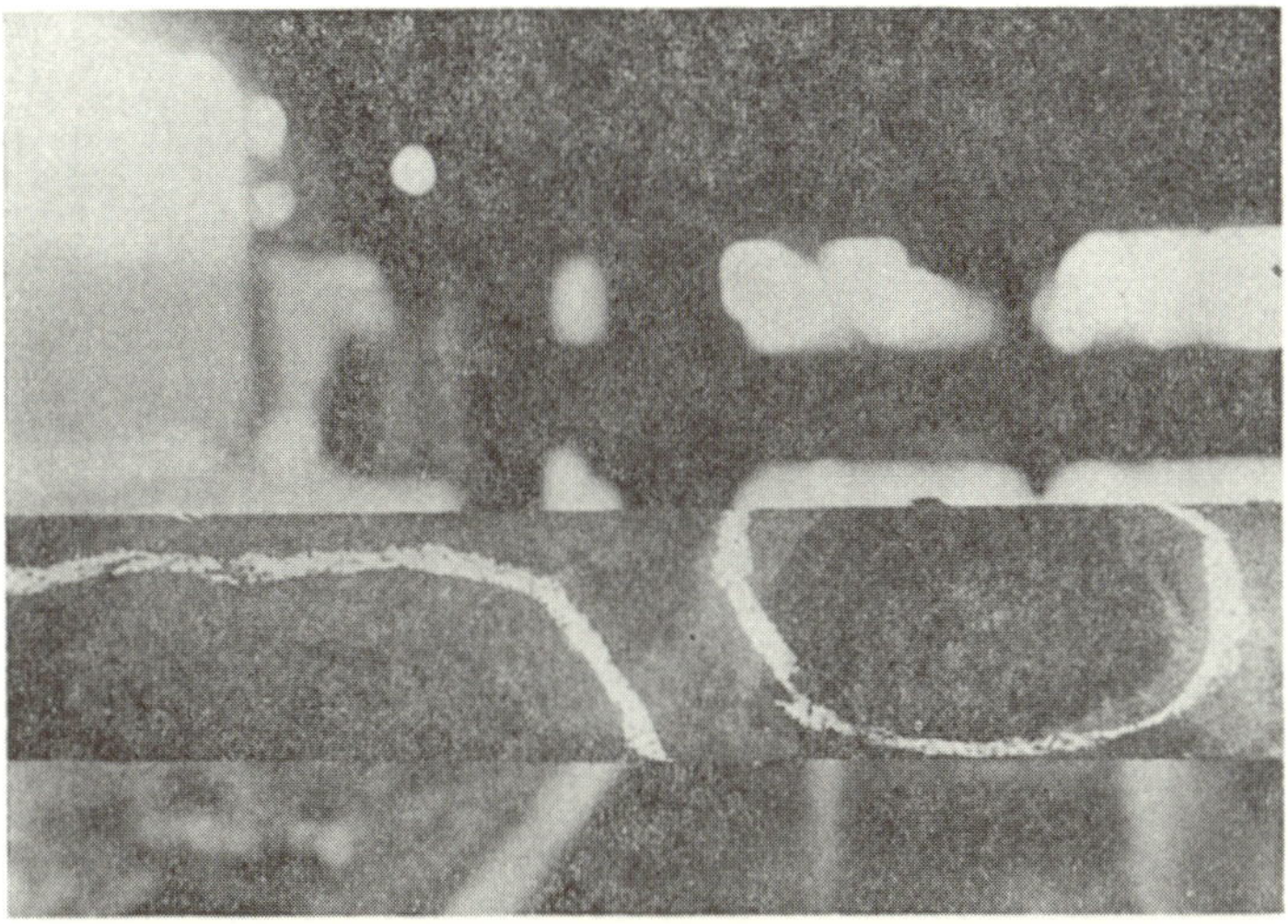

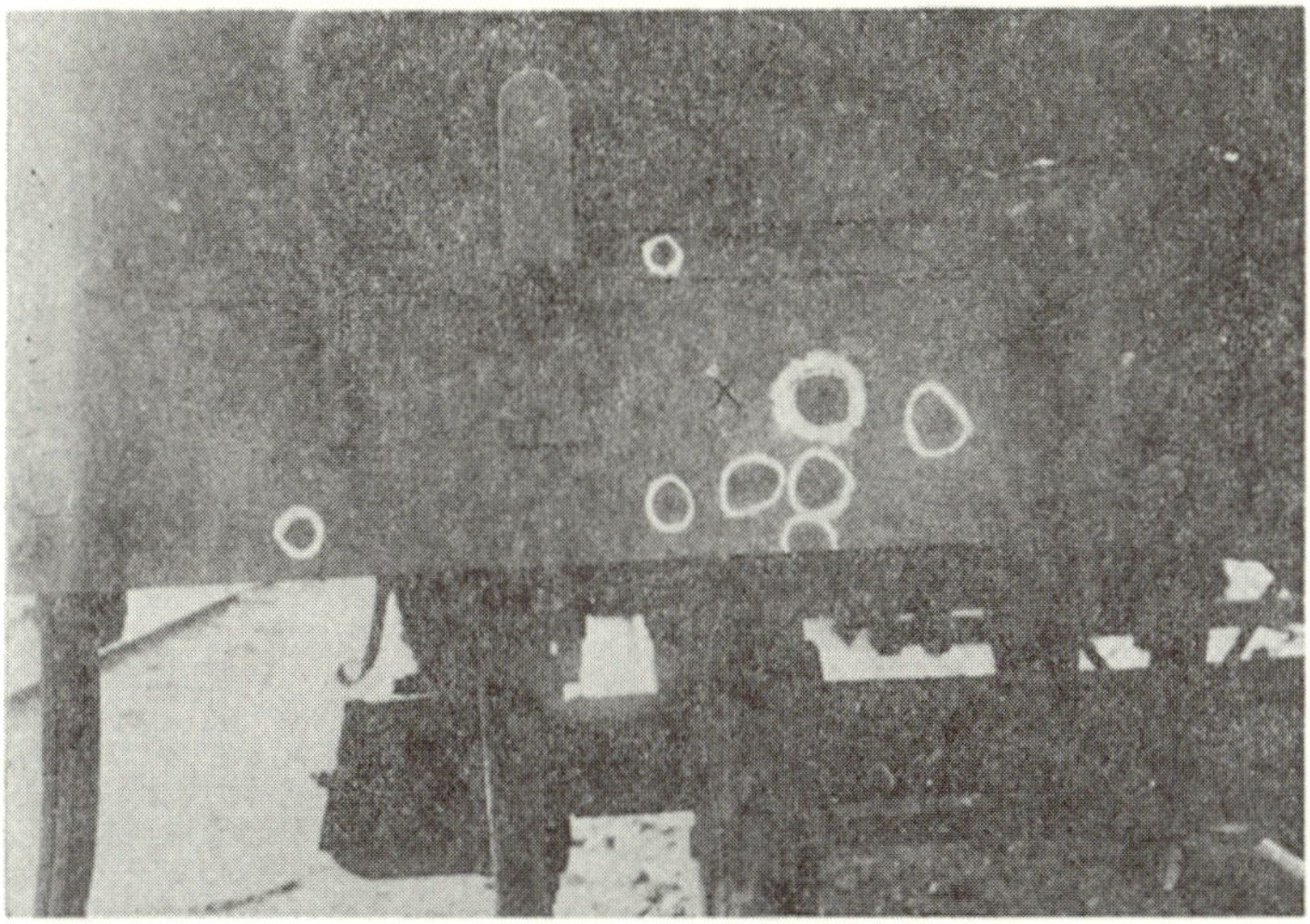

上：第3両目トラ 6413 にも多くの血痕が残った．この車側制動軸には特に毛髪や表皮までが付着した． 下：第4両目ト 21320 は連結器取り付けの端梁にまで血痕が飛んでいる．いずれも出血のひどさを物語っている．

の約七糎の毛髪二本付着。
(6) 右側給水温器排気管に鳶卵大の血痕あり、同血痕の中央部に二・五糎ないし〇・五糎の白毛を混じえた毛髪十数本と、雀卵大および黍粒大の骨片各一が付着している。〈註-7〉

なおこれは、炭水車のほうの血痕をふくめてのことであるが、つぎのような鑑定記録がついている。

「前記付着物のうち血液は、熱の影響ならびに風雨にさらされない濃厚付着部分が、七月六日午前九時三〇分現在に於て赤褐色ゼリー状を呈している状況より、血餅凝縮現象と時間的関係とを考察するに、七月六日午前九時三〇分現在より八時間以前内外の時間を経過し得るものと推定す」

もちろんこれら血痕はA型で、下山氏のものと判定されている。が、それにしても機関車の振動と、その速度からくる風圧とに耐えて、ゼリー状の形態を保っていたということは、凝固能力を十分にもった新鮮な血液であったということを物語っており、小宮説を裏づけているようにもおもわれる。

それはさておき、先にものべたとおり古畑氏は機関車後部(テンダー)の飛沫状血痕だけについても、「そうすれば説明がつく」としてその出所を心臓部とした。一般的にいえば、ふだんの血液量が多い臓器であるということからであろう。飛沫状血痕からみて、そこにそれ相当の血液量がなければならない、という認識からの判断であったにちがいない。だがこれも出血死を仮定すれば、その心臓部の血量は他の部分よりもむしろ少なくなる傾向をもち、古畑氏がいくら願望をこめてみてもその説明は成立しなくなる。このことはすでにのべた。

加えて、右にその詳細を明らかにしたとおり、機関車前部(エンジン部)や後続貨車付着の血痕は、テンダー車軸付近の飛沫状血痕とは比較にならない数量なのである。古畑氏はこれらの血痕を無視しているが(〃今だから話そう〃には機関車の他に「十貨車の各車軸に血痕と肉片がついていた」という記載があるが、その位置や数量などの検討はまったくしていない)、それがどの部分からのものにしろ、乏血状態の死体より出たものと考えることはやはりむずかしいことではなかろうか。少なくとも現場で轢断される以前に、下山氏の「体」が、極端な貧血状態にあったということは、現実に機関車と後続の貨車に残された血痕からみる限り、考え難いことといわなければならない。

自殺を示唆する現場の状況

こういう状態であれば、古畑氏がいう轢断現場に血液がなかった、ということや、衣服の血痕なども二次的な問題かもしれない。しかしこれらのことも一応は資料を検討しておいたほうがよさそうである。

まず最初の点。古畑氏の主張の根拠はあまりはっきりしないが、ともあれ古畑氏自身がその証言に際して使用した「死体散乱状況」(『資料・下山事件』その他)なる図面(次ページ)を見てみよう。この図面では轢断始点をAとして、ここから二五メートルの地点に、「A部ヨリ多イ血痕反応」と書きこみがあるのである。多分これは、事件後約二〇日ほどたった七月二五日夜から翌二六日早朝にかけて行われた、ルミノール発光検査による血痕調査の反応記録によるものであろう。この調査に参加した矢田喜美雄氏(当時朝日新聞社会部記者)の話によると、轢断始点より下り方面の、死体が散乱していたあたりは、一面火の海のようにルミノールの発光に彩られていたという。このことは機関車や貨車に残された血痕から考えれば(下山氏の体から出た血液が全部機関車や貨車などにのみ付着して、線路上には少しも落ちなかったとは考え難いから)、当然想像のつくことであるが、なお事件直後の現場検証の際の写真を見るとやはり相当数の〝血痕あり〟のマークがみられる。これらは肉眼識別による大雑把なものであろうが、豪雨に打たれたあとでなおそれだけのものを発見しているという事実は、現場に血痕がなかったということへの反証としては十分であろう。

つぎの衣服に血痕がなかったという古畑氏の主張も、やはり主観的なもののようにおもわれる。この衣服を取りあつかった当時の捜査官や鑑識課員に聞いてみても、量の多少はあまり記憶にないが、たしかに血痕はあったという。とくに現場検証に当たった光藤直人氏(当時鑑識課係長、他殺を主張している)は所蔵の記録を見せてくれたが、そのなかに「大腿部に血染の切断されたズボンらしきものが一部付着している」という一節があった。筆者の記憶には、この〝血染〟という二文字の印象が強烈に残っている。

古畑氏の出血死説には、みずから認めるとおり「証明」がない。単に「証明」がないばかりではなく、状況はむしろその古畑説を積極的に否定しているようである。問題はむしろ、みずから「証明」なしといいながら、このような説をなぜもちださねばならぬかであろう。興味は、そこにこそある

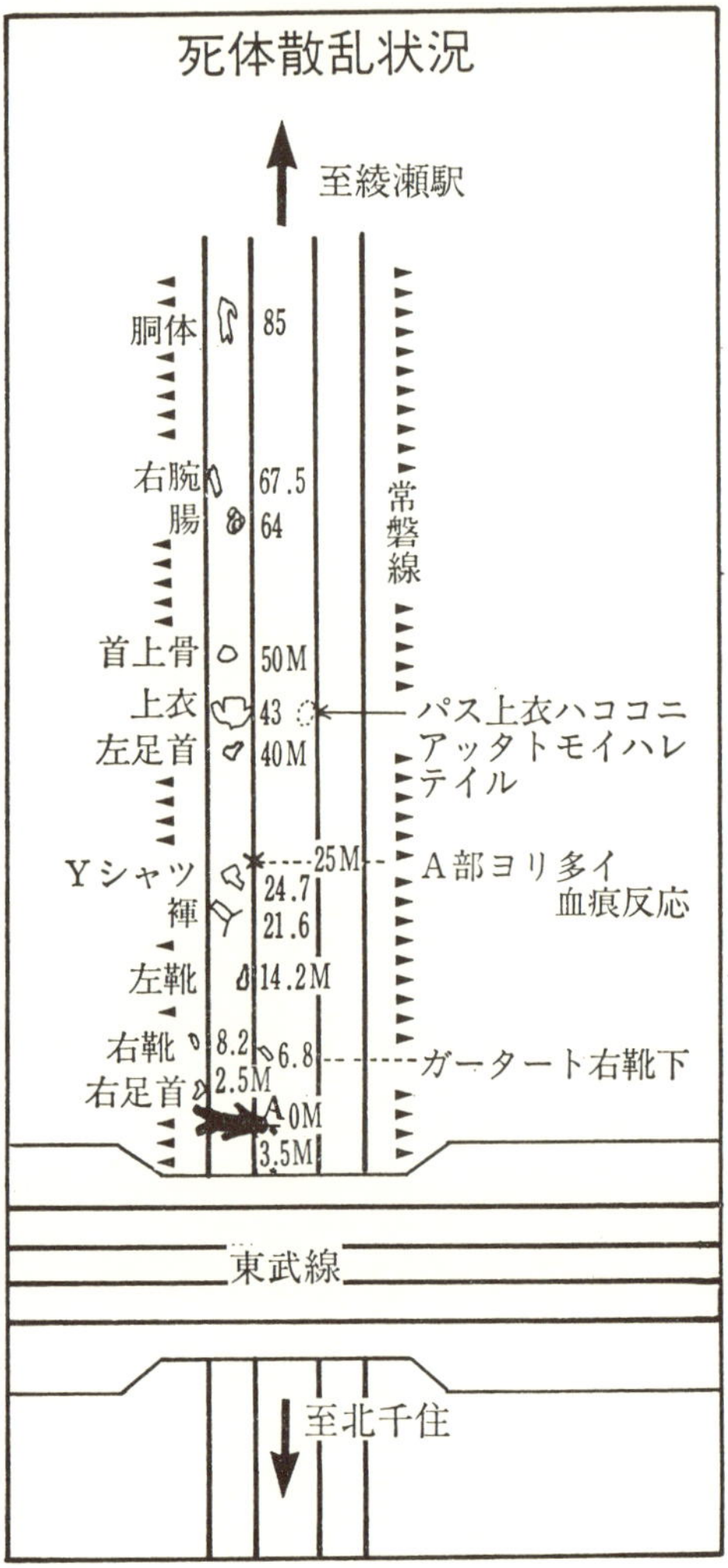

古畑氏が証言（昭和40年1月25日　於日比谷）の際に使用した「死体散乱状況図」

のである。が、その興味を追うことはやめよう。そしてことのついでに、出血死説の他に、古畑氏が他殺説の根拠として列挙しているものの若干を検討して、古畑説全体の価値判断に資することにしよう。

さて、先にも少しふれたが死体現象の一つに死後硬直というものがある。死亡直後弛緩した筋肉が化学変化のためしだいに硬直し、やがて関節などの屈曲が困難になる現象である。古畑氏はこの死後硬直について下山氏のばあい、解剖を始めた六日午後一時ごろには「体のどこを調べても死後硬直がなく」、終了の五時四〇分ごろに「関節のところに死後硬直が現われてきた」といい（桑島氏のほうは〝解剖着手のときよりも終わったころに死後硬直がすすんでいた〟と表現している）、その死後硬直の現れるのは一般に摂氏二二、三度（当時の気温）で死後一七、八時間後であるから、五時からさかのぼると下山氏の死亡時刻は前日（五日）の夜一〇時か一一時ごろになる、とのべている。

ところが二、三の法医学書を見、またそれらの著者や実務家の話すところによると、心臓その他特別早く始まる部分をのぞけば、全身に強く硬直がみられるのは死後六時間、おそくとも一二時間前後という点で一致する（大体が経験の多い実務家の見方は早いようである）。もちろんこれは平均であり、気温が高ければその発現は早くなる。そうすると、どうみても一七、八時間というのは、おそすぎるのである。現に古畑氏自身、その著書『簡明法医学』では、「（死体硬直は）顎関節から始まり、顔面、軀幹、四肢の順に進行し、およそ十〜十二時間で全身の諸関節におよぶ」と説いているのである。それゆえ、この死後硬直という点からみても、下山氏の死亡時刻を轢断時（六日午前零時一九分ころ）より前と考えるのは、合理性が少ないということになろう。

また古畑氏は、下山氏の体が頭部と下肢で轢断されていたことから、下山氏は首を一方のレールにのせ、足を他方のレール上に伸ばしてほぼ線路上に直角に横たわった（あるいは横たえられた）格好でひかれたと想定して、この姿勢は自殺者のとりうるものではない（横たわっているところへ列車がきたら本能的にとびあがってしまうという理由）とし、さらに、死体が八十数メートルという広い範囲にわたってばらばらと散乱しているのは非常に稀なことで、生きた人間が飛びこんだときはあまりみられなくて、これは死体がひかれたばあいの現象だ、とのべている。

だが、国鉄機関区の人たちの話によると、自殺をはかるものは列車に向かって飛びこむというよりは、列車のくる直前に線路に横たわる者のほうが多いという。これは、ホームなどから飛びこむばあいをのぞけば、大体列車目がけて飛びこむということは実際はなかなかむずかしく、風圧などの関係で押しもどされて怪我をするにとどまる可能性が多いため、などによるのではないかといわれる。このことは、国鉄関係者がいうだけではない。多くの法医学者(日本以外でも)もこれを認め、東大法医学教室における古畑氏の後継者、上野正吉氏もその著書『新法医学』でつぎのように書いている。「轢死の場合、自殺者はレールの上に横になったり、頭だけをレールにのせていたりする」。さらにもっと古い例を引用するならば、大正一一年四月の『国家医学雑誌』にのった矢野春利氏の〃轢死論〃が適当かもしれない。これは第六回日本医学会第一四分科会における講演録のようである。

さて矢野氏は、二六年間にわたってみずから行った検案、あるいは解剖例中、汽車による轢死のばあいの一四六例について詳しい検討を加えているが、「頸部轢断及之ニ他部ノ轢挫、断裂ヲ伴フ者」二七・四%とし、その理由をつぎのようにのべている。「頸部轢断ノ多キハ其方法トシテ予メ鉄軌(レール)上ニ首ヲ乗セ列車ノ来ルヲ待ツモノノ多キコトヲ意味スルモノトス」。〈註-8〉

では、もう一つの古畑氏の主張のほうはどうなのだろうか。ふたたび機関区の人びとに登場してもらおう。彼らがよく実状を知りえる立場にあるからである。その人たちの話によると、やはり古畑氏の説はおかしい。自殺者の死体はもっと広範囲に散乱することがあるし、ばあいによればその一部が一駅や二駅越えたところで発見されるときさえあるという。「問題にならないですねえ」というのが、この人たちの感想である。

しかし古畑氏は、機関区の人の話では信用できないといわれるかもしれない。そこで、法医学者の話を一つ引用しておきたい。新潟大学前学長の山内峻呉氏である。事件は、やはり昭和二四年であった。一一月一二日の朝、新潟県南蒲原郡本城寺村の信越線踏切付近で男の轢死体が発見された。首、右腕上膊部、両足などが轢断され、しかも轢断部に出血が認められなかった。下山事件で、生活反応が問題になっていたときである。警察は他殺を疑い、新潟大学法医学教室に解剖を依頼した。その執刀者が山内氏で、筆者は当時の新聞でこれを知り氏を新潟にたずねた。解剖の結果は、睾丸部などにも組織内出血があり、ある意味で下山氏のばあいと非常に似ていたが、外傷性ショック死と判断、捜査の結果ともあわせて最終的には自殺と決定されたという。ところで、このときの死体が八十数メートルにわたって散乱していたのである。「死体の散らばり具合まで、まアよく似てたもんですね」、という山内氏の言葉をおつたえしておこう。

大体、死体を列車に轢かせるということが、きわめて稀なことなのである。そしておそらく、そのばあいに死体がどんな状態で散乱するか、などという統計もないことだろう〈註－9〉（二、三の法医学者に照会したが誰も知らないという）。そうしてみれば、法則性を導き出す根拠もなく、広い範囲に散乱するのは死体を轢かせたばあいの現象だ、という古畑説もまったく非科学的なものとしかいいようがない。こういうものを牽強付会の説というのだろう。

轢死と生活反応

pH時間測定法の評価

ここで、筋肉のpH値の変化を時間を追って測定し死後経過時間の判定をする、いわゆるpH法について検討しておこうとおもう。もしこの方法が、古畑氏のいうように「ほとんど二十分以内の差をもって」、死亡時刻を判定できるほど正確なものならば、そしてまた、古畑氏が下山事件研究会への証言や、氏の著作などに頻繁に引用している「pH曲線」が、その方法の厳密な適用による結果をしめすものであるならば、そこに記された〈午後一〇時半〉は決定的な意味をもつことになり、自・他殺については、もはや論議の余地を残さないことになるからである。轢断列車の現場通過時刻が七月六日午前零時一九分ころで、pH法による死亡判定時刻は五日夜一〇時三〇分、判定誤差が二〇分以内ということになれば、死体が轢かれたと考える以外に考えようがない。

しかし、この方法と、この事件への適用については、これまでのべてきたように数々の疑問点が存在する。以下それらの点をふくめて、この方法の検討をしようとおもうが、その前に東大関係者が現在この方法をどのように評価しているのか、そのへんを紹介しておきたい。

まず、当時古畑教室の筆頭助手であった野田金次郎氏。

「あの方法は今じゃ使っていませんよ。実際使うとなると、考えなければならない因子が多すぎるんです。性別、年齢はもちろん、死亡時の健康状態、空腹であったか満腹時か、そのときの疲労度、地域差、死因……等々、これらによって筋肉のpHが微妙にちがってくるんですね。たとえば、ある筋肉を使って運動か仕事をする、やがて疲れてくる……ということは、そこに乳酸がたまるということです。すると、その部分は酸性のほうに傾きますね。すなわち、pHがちがってくるんです。だから、あの方法を実施しようとおもえば、どこかにコンピュータのセンターをおいて、性別、年齢、健康や疲労状態などに応じたデータを全国から数多く集積して、それぞれのばあいの信頼できる標準曲線をまず作らなければならない。そうしようという提案もしたことがあるんですが、簡単なことでもなく、みんなの関心をよばなかったり、予算がとれなかったりで、今では投げられたままですね」（昭和四四年四月二六日、信州大学で筆者に）

当時、野田氏同様古畑教室の助手で、下山氏解剖の際は桑島氏（執刀）の補助をした中野繁氏は、現在大分県中津市で開業しているが、やはり昭和四四年三月三〇日、筆者に、

「現在の話だと、健康な状態のときは、人の体はアルカリ性になる、なんていわれてますね。そうすると、健康状態だけでもpH値は変わるわけですね。だから、あの方法はムリがあるんじゃないですか。今ではおそらく、使われていないでしょう」

桑島氏の意見はわからない。だが当時、桑島氏が毎日新聞の平氏に話した記録は残っている。

「（死亡時刻の判定は）前からいろいろな教室が共同して研究しているけれども、温度、湿度、日光、空気、バイ菌、その他いろいろな因子が加わって、いまのところはっきりした時間を推定する方法がない。どうしても経験上から、判断しなければならない。この間、古畑、秋谷両先生の話が新聞に出ていたけれども、あのこと（pH法）については私はなにも知らない。あれもおそらく温度とか時間とか、いろいろな条件によってプラス、マイナスがついている。相当プラス、マイナスが時間につく。ごく平均のところをいわれたので、そのプラス、マイナスがどのくらいの幅をもっているかということは、私にはわからない」

これをみると、桑島氏の意見も肯定的ではなかったようである。古畑氏が証言や著作など、いたるところでこの「pH法」を引用しているのとは対照的に、桑島氏が今にいたるまでどこでもこの方法にまったくふれていないのは、むしろ否定的な見解をもっておられるからではなかろうか。

東大関係者以外では新潟大学の山内峻呉氏。

「だいたい、法医学者がいちばん恥しい思いをするのは死亡時刻の推定ですよ。これがいちばんわれわれの悩みの種なんですね。私も雪どけごろにみつかった赤ん坊の死体を、死後一週間前後と推定したんですが、犯人がつかまって調べてみたら、六〇日の誤差があったことがあります。恥しい話ですが、雪のなかに埋めてあったのを知らなかったんですね。そういうこともあって、私は警察によくいうんです。死亡推定時刻を、あまりピタリという人は信用するなってね。……例のpH法ですか。あれはね、私は学生に講義するときいうんです。あの方法は、秋谷さんがやったから信用できる、しかし、君たちがあの真似をしてやってみたって、死亡時刻の推定誤差より、まず実験誤差のほうが大きくって、到底使いものにならないだろう。だから、君たちはむしろやらないほうがいい、と。なんか、秋谷さんは三〇分以内の誤差で確定できるようなことをおっしゃっているようですが、いろいろと条件を考えたら、どういうもんでしょうか。少々心配になりますね。むしろ危険じゃないでしょうか。なにしろpH値の変化といっても、ほんのわずかな範囲での動きを問題にしているのですからね。pHの測定にちょっとした誤差があっただけで、推定時刻は〝何時間〟という単位で変わってきますよ」

最後に秋谷氏のお膝元、当時秋谷氏の下で助教授だった塚元久雄氏。塚元氏が教授をしていた九州大学薬学部の教室で直接うかがった話である。

「あの方法はダメですよ。問題にならないですね。健康状態を一つだけ考えたって、それぞれの状態でpH値に大きな変動がありますよ。そのうえ、あの事件の当時はpH測定をロ紙でやってたんですからね。ロ紙ですよ。正確な値が出るわけがないじゃありませんか。私は秋谷氏に、アレは止めたほうがいいといった。下山さんの死亡時刻をアレを使って推定して、それを発表するなんて、反対だったんです。だが、秋谷氏はやっちゃったんだなア」

秋谷氏の「pH・時間曲線による死後経過時間の判定」

古畑氏といい、秋谷氏といい、どうも反対意見にはかす耳がないらしい。が、それはともかく、当の秋谷氏のいい分もきかなければなるまい。それには、このpH法の正式の発表を紹介したほうがよいだろう。

　昭和二五年四月二七、八日の両日、東北大学医学部（仙台）で、第三四次日本法医学会総会が開かれた。その二日目、七七の研究発表が終わったあとで秋谷氏が、「pH・時間曲線による死後経過時間の判定」と題して特別講演を行い、それが『日本法医学雑誌』第四巻第三〜四号に収録されているので、以下の引用、要約などはこの学会誌からである。

　まず、実験方法から。死体の表面に損傷のない部分の清浄な肉を約五〇グラムとり、正確に五グラムずつにわけて、それぞれ別々なガラスの容器に移す。容器内肉片の水分蒸発を防ぐ手段を十分に行い、摂氏三〇度の恒温槽に放置する。もちろん器具は全部滅菌したものを使用——以上の操作に約六〇分を要したと、秋谷氏は述べている。

　つぎに、第一の容器から検肉をとり、石英末などの適当量を加えて乳鉢中で磨砕した後、二〇〇ccのメスフラスコに入れ、水一〇〇ccを加えて三〇度に保ったまま十分振盪抽出し（約一五分）、これを濾過し、その濾液をとり（磨砕よりこれまで計四〇分）、そしてpHを測定する。

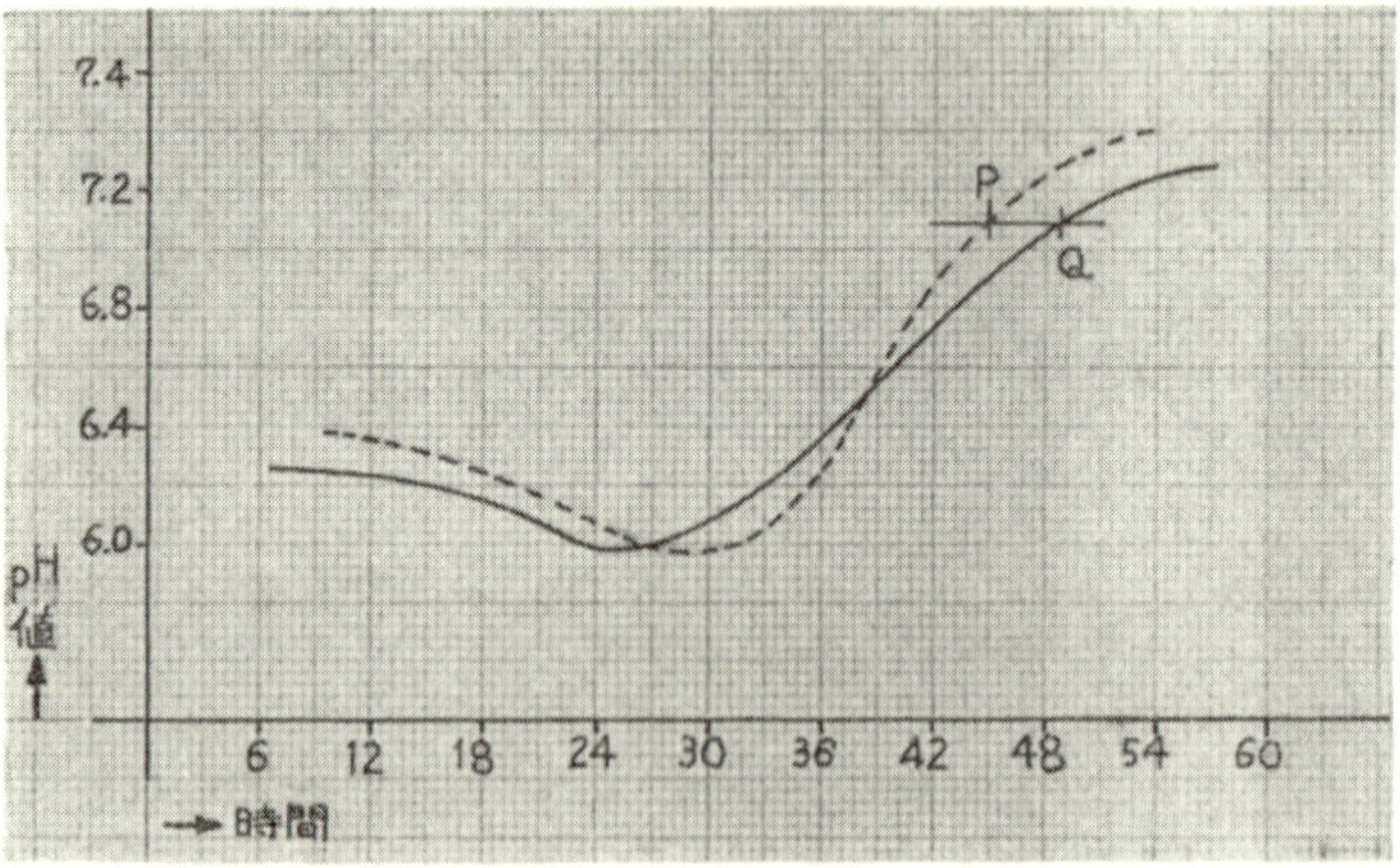

pH.時間曲線　標準曲線（実線）より問題の死体のpH曲線（点線）を重ねるばあい，図示のように重ねるかまたはP，Q 両点が重ね合わさるようにするかは実験者の主観によるため，その合わせかたで時間軸上では2時間以上の開きがでてくる。

第二、第三等の検肉も右と同じように「其れ其れ任意の時間間隔を置いてpHを測定し」、その数値を縦軸に、横軸に時間をとってプロットしていくと、一つの曲線がえがかれる。これが「pH・時間曲線」である。このようにしてまず、死亡時刻のはっきりしたものについての実験から、いわば標準となるべき曲線が作られる。

法医学雑誌に掲載されている、これらの曲線を見ると、六時間目あたりのpH値は大体六・二くらいで、そこからやや右下りのカーブを描き、二四時間付近で最小値、約六・〇に達し、それからはまた、ゆるやかに右上がりの曲線となり、四八時間前後でだいたい七・二くらいのpH値をとって終わっている（前ページ「pH変化曲線」参照）。

では、いつ死んだかわからない死体の、死亡時刻を判定するにはどうすればよいのか。

それにはまず、右の方法と同様にしてその死体の一定時間ごとのpH値を測定して曲線を描き、その曲線を標準曲線と重ねあわせてみていちばんよく重なり合うとおもわれる位置を探しだす。こうして曲線の位置が定まったなら、この曲線の出発点を標準曲線座標軸上の時間軸で読みとる。もしそれが一五時間目であったとすると、その死体はpH値を測り始めた時刻より一五時間前に死亡したということになる。たとえば最初のpH値測定時刻が六日午前一一時であったとすると、それより一五時間前は五日午後八時であって、この五日午後八時が、この方法による死亡判定時刻というわけである。

こうして判定した死亡時刻と実際の死亡時刻とのずれ、すなわち判定誤差は三〇分以内である、と秋谷氏はのべている。

この秋谷氏の講演録を一読してみると、多くの人びとがこの方法に抱いている危惧の念がよくわかるのである。たとえば、pH値変化の範囲をとってみても、たしかに山内氏が指摘するように、二昼夜で最小と最大の差は約一・二とごくわずかなところの変化である。曲線の傾斜からみて、そこで〇・一の測定誤差があれば、判定時刻に二時間ぐらいの狂いはすぐ出そうである。このことは、前図で点線と実線を重ねるため、点線を右に移動する（すなわち同じpH値を重ね合わせる）と、時間軸で二時間以上の変化になることで理解できるとおもう。

測定誤差ばかりではない。pH値の個体差もまた影響する。たとえば、モルモットの絞殺死体で測定した「pH・時間曲線」が二つ引用されているが、一方（これをA例とする）は、pH最終値が六・八（図面のうえで読んだ値なので厳密なものではない、以下同様）であり、他方（B例）はそこが七・〇である。差が〇・二ある。しかも、この二例で注意しなければならないのは、実験「温度」がA例では三〇度で、B例のほうは二五度で行われているということである。pHの変化が筋肉の化学変化によるものであるという考えによれば、高い温度のA例のほうが、最終値でB例よりも大きくてよいとおもわれるのに、逆に〇・二小さい。理論的にみるとむしろ逆のこの結果は、モルモットの個体差によるものであろう。

では、温度を同じく摂氏三〇度にした実験曲線を見てみよう。実験動物はやはりモルモットであるが、「死因」がちがう。一方（C例）は青酸ソーダ死、他方（D例）は青酸ガス死である。pHの最終値を見るとC例は七・二であり、D例では六・七五くらいである。そこに〇・四五ほどの差がみられる。全体で一・二くらいの変化のなかで、〇・四五という差は決して小さくない。したがって、曲線も相互にだいぶ異なった形となっている。この曲線の一方を標準曲線とし、他方を死亡時刻不明のものと考えて、両曲線を重ね合わせようとすると、どこを基準にして重ねていいのか迷うにちがいない。あるいは、最小点を基準にとれば、と考えられるかもしれない。が、その最小点がC例では一八時間目前後のところで、D例では二四時間目あたりにあるのだから、ここを合わせると死亡推定時刻に六時間の誤差が出ることになる。

さてここで、pHの測定法についてふれておこう。pHがゼロから七までが酸性、七以上一四までがアルカリ性で、ちょうど七のところが中性点であることはご存じのこととおもう。その測定法は、大きくわけると指示薬法と電気的測定の二つになる。電気的測定法は、その使用する電極によってまたいろいろの種類があるが、ここでこれまでに引用したpH値は、ガラス電極によって測定されたものである。この方法は、測定しようとする液体にガラス電極を入れると、メーターのうえでpH値が直接読みとれ、操作が簡単で、精度も高い。

これとは逆に、指示薬法には高い精度を望めない。そのうちの一つ、試験紙によるものを説明すると、まず適当な指示薬をいろいろな段階の濃度で沁みこませた濾紙を幾種類も用意する。これにpH度を測ろうとする検液の一定量をうつしてその濾紙の着色度をみるのである（この方法をロ紙法と略称する）。もちろん着色度は、標準色彩表と比較し、どの標準色と合うかを決め、その色に記入されたpH値を読む。用意されている標準色彩表はだいたい〇・二おきのもので、それ以上の精度は期待できないし、実際上、たとえば六・二と六・四の違いを標準色彩表上で見分けることもなかなかむずかしい。その間の色彩の変化はきわめて小さく微妙だからである。さらにまた検液に濁りがあれば、その濁った色に影響されて濾紙の着色度は不規則になり、標準色彩表との対照そのものを困難にする。

ところで、塚元氏の語るところによれば、下山事件当時、秋谷教室で使われていたのがこのロ紙法なのである。ガラス電極測定器の設備は、事件の翌年（昭和二五年）一月であったという〈註—10〉。先に引用したpH値は、もちろんこのガラス電極測定器によるものであろうが、過去のロ紙法によるものとの比較のためか、秋谷氏の講演録にはそのロ紙法による測定曲線も同時にしめされている。そこでそれらの値を比較してみると、最終値では約〇・七の開きのあるものがある。これは同一の検肉のpHを、別々な測定法で測定したために出てきた測定値の差なのである。この際、ロ紙法による測定値は、ガラス電極法のそれに比して常に下まわる数値をしめすという、一定の傾向をもっているようであるが、それにしてもその測定値の差がどこでも一定というわけでなく（最小値の付近では両者の差が約〇・二となっている）、とくにこのばあいのように、わずかな範囲で変化するpH値を測るには、ロ紙法は問題の大きい方法といわなければならないだろう。だが、秋谷氏はこれらの点をあまり心配していないようで、つぎのようにのべている。

「pH値の測定は試験紙（ロ紙）に依るのが、便利であるが、其の正確度がpH＝〇・二を単位とする点と、検体がタン白質コロイド溶液であることに依って、色調の変化が真性水溶液に於ると異って不規則不完全である。然し多少の熟練に依り大体実験者の主観的な決定で大差ない曲線が画ける。客観的に正確なデーターを得るには必ずガラス電極測定法に依る可きである。余等の実験の結果では此等両測定法で得た両曲線は、各図表に示す如く一定のpH値差を以て平行するので（引用されている図表を見ると、ほぼ平行とおもわれるものはただ一例のみである、筆者註）、実際には試験紙法で十分である」

pH曲線法の問題点

さて、ここでしばし目を転じて古畑氏の著作に引用されている、下山氏他三件の「pH・時間曲線」を見てみると、その曲線の規則的変化や、標準曲線と判定時刻を求める曲線との見事な重なり具合に、目を見開かされる思いがするのである。しかもそれらがすべて〝不規則不完全な〟ロ紙法による測定曲線なのだから、むしろ奇跡的とでもいうべきところなのかもしれない。いかなる手段によってかくまでも正確な測定ができ、完璧な曲線が描かれたのかということは、私のながい間不思議とするところであった。

だがこの不思議も、秋谷氏の講演録にたどりついて一読し、文中「実験者の主観的な決定で大差ない曲線が画ける（傍点筆者）」というくだりにいたって、不思議も見事に氷解したような気がしたものである。

第一、古畑氏が、二〇分以内の誤差で死亡時刻を判定できた、といって誇っている三件の事件の真の死亡時刻は、元来が最初から判明していたものなのである。このことは、古畑氏の衆議院法務委員会における参考人としての意見陳述のなかでも明瞭である。とすれば、実験者がpH測定に当たって濾紙の着色度（秋谷氏もいうようにコロイド溶液の濁りも色調を狂わせている）を判別する際、その主観的判断が、標準曲線に誘われ、そこにしめされた値に近いものになるということはありうることであろう。というよりはむしろ避けがたいことであるかもしれない。また仮に、標準曲線を参考にしないで測定を試み、一つの曲線をえたとしよう。だが、その曲線を標準曲線に重ね合わせようとするときに、もう一度主観が入りこむ。その際の基準点が、最初から判明している死亡時刻に合うようにとられるということは、これもまた実験者の心理であろう。結果は、「実験者の主観的な決定で大差ない曲線が画けた」ことになるのではなかろうか。

こう考えてみると、このpH測定法によって判定されたという下山氏の推定死亡時刻が動揺的で、たびたび〈註－11〉変更されている理由もよくわかるようにおもわれる。

古畑氏によれば、秋谷氏に渡した下山氏の肩の筋肉は二五グラムであったという（下山事件研究会への証言）。一回の測定に五グラムずつ使うということであるから、五回分である。古畑氏引用の「pH曲線」を見ると、そのとおり六時間おきに五回の測定が行われ、そこで曲線は終わっている。この最終測定時刻は、引用曲線から判断する限りでは、七月八日の午前一〇時（厳密ではないが）前後であったようである（昭和二四年七月九日付朝日新聞には、乳酸量の検出を八日正午に終了という記事がみられる）。したがってこの時間以後は下山氏の筋肉に関してはもはや実験材料はなく、いかなる実験も不可能な状態にあった。たとえ溶液が残っていたとしても、そのpH値は時間とともに変化してしまうもので、それより溯った時点でのpH値を測定する材料とは、絶対になりえないものであった。

もう一度確認すると、七月八日午前一〇時前後の段階で測定は終了して、下山氏の(人体応用第一号)「pH・時間曲線」が完成し、それをモルモット標準曲線上に重ね合わされて、死亡時刻の判定となった。その結果は同日午後いちはやく秋谷、古畑両氏から捜査本部に報告されている。事はここで終わったとみてよいであろう。これに加えてこのあと、秋谷教室がなすべきことはなにもなかったはずである。

もし仮に、そこになにかがあったとすれば、それこそ「主観的に」、下山氏の「pH・時間曲線」を標準曲線上で右に左に移動させてみることだけであった、としか考えようがないのである。そのことは曲線の移動を制止する基準点(真の死亡時刻)があたえられていないのだから、自然のなりゆきであったといえるかもしれない。が、その移動のたびに、推定死亡時刻の変化はまぬがれないことであった。

それとも、標準曲線そのものを変えたのであろうか。そういえば、それまでのモルモットによる実験はすべて、摂氏三〇度という条件で行われていたようである〈註－12〉。摂氏二五度のばあいの標準曲線はなかったのかもしれない〈註－13〉。ところが、下山氏のpH曲線は二五度という条件下の測定である。それをともかくも、手もとの三〇度標準曲線に重ね合わせて死亡時刻を判定、そのまま捜査本部に報告して、その後に〝泥棒を捕らえて縄をなう〟のたとえよろしく、二五度のばあいの標準曲線づくりの実験をやったのだろうか。標準曲線が変われば、死亡推定時刻もまた変化する道理であろう。このように考えてみなければ、推定死亡時刻が再三変更された理由を説明することはむずかしいことなのである。

ところで、第三四次法医学会総会を数日後にひかえた昭和二五年四月二三日付毎日新聞には、つぎのような記事が見られる。

『かねて『下山氏の死亡時間の測定』について研究を続けていた秋谷七郎教授は『下山氏の死亡は当時の報告会(七・三〇会議)で発表された時間よりも更に以前であった』という結論に到達、二八日東北大学で開かれる日本法医学総会で特別講演を行い、その研究結果を発表することになり下山事件に新しい死後れき断の話題を投ずるに至った』

だが講演録をみる限りでは、秋谷氏は下山事件の「研究」についてはまったくふれていず、また下山氏の「pH・時間曲線」も引用していない。ただその緒言でつぎのように述べているだけである。

「偶々昭和二四年七月、下山事件突発するや直に之を応用して、ある結論を出し社会に反響を与えた」

ここで秋谷氏が、社会にあたえた反響を、どういうものとして考えているのかは不明である。だがもし、宮木高明氏の批判（昭和二四年七月二四日朝日新聞）もその反響の一つと考えてみるならば、宮木氏が論文の結びで書いている、つぎの文章をおもいだしてみるのもむだではないであろう。

『私は学生の時、故服部健三先生（秋谷氏はこの服部教室の後継者、筆者註）の裁判化学を受講し、裁判化学の方法は十分にくり返され、確実なもののみ採用されていると教えられた。今度の場合ももとよりこの原則において、上記のような数々の条件をくまなく考慮した上での判定と私は信じている。また私は他殺自殺について少しも触れる考えはない。ただ今度の事件のように国民に直接重大な問題で、人々の冷静な判断と対処がいまほど大切な時はない場合、人々の信頼にこたえる科学者がいかにきびしくあるべきかを痛切に思うだけである』

pH法にあまりに紙数を費やしすぎたかもしれない。それでもまだ問題点をすべて検討しつくしたというわけではないのであるが、最後にこの方法の追試という格好で研究実験を行った二人の学者の意見を引用しておこう。

現在北里大学教授の船尾忠孝氏。

「実験には家兎を使った。時間がたつに従ってpH値はだいぶバラついてくる。人体についても百十数例の測定を行った。この場合、初期の値で、〇・八ぐらいの差はだいぶあった。この開きは、疲労度などが一番影響しているのではなかろうか。人間のpHについてはいまでも機会をとらえて測定をつづけているが、個体差はかなり大きいものがある。これらの結果から、このpH法だけで死亡時刻を推定することは出来ないと考えている」

船尾氏の研究は、『日本法医学雑誌』第七巻第五号（昭和二八年九月発行）に掲載されているが、同じ雑誌の第八巻第三号（昭和二九年五月発行）には、「筋肉のpHと死後経過時間」と題する、渡辺孚氏（北大）の研究報告がある。渡辺氏のものは主として、測定のつど筋肉を切り開き、新たに露出したその場所に電極を直接接触させる方法であるが、秋谷方式のように「筋肉をシャーレにとり、乾燥を避けて保存した」ばあいについては、つぎのような結果を明らかにしている。

「（この場合には）測定値の逐次的変化は常に急激で、例えば同一家兎につき死後二八時間の値が四・八と四・二という開きが見られる場合がある。即ち死後或る時間を経てから筋肉をシャーレに移して測定を続けると、測定値の変化曲線は連続しないことは明かであって、これを補正することは困難である。従って曲線の全形を見誤ることになるのである」

なお渡辺氏のこの報告では、主たるテーマの「測定の度に電極を新しく切り開いた筋肉に接触させる方法」についても、結論は積極的なものでないようである。

水に弱い凝固前の血液

生体が轢断されたばあい、その轢断創に生活反応としての皮下出血が必ず存在するか、それとも、存在しないときがありうるのか、ということは法医学上の重要な問題点であり、一つの研究テーマでもあろう。これから、この問題の検討にはいるが、まず、外的な条件を考察しておくことにする。

ここで外的な条件というのは、雨の問題である。血液というものは、よく水に溶ける。指先の傷を水道で洗うと、まだ乾いていないばあいの血液はきれいに流れ去って、どこに傷口があるのかわからなくなってしまうばあいがある。だが、しばらくすると血液がまた赤くにじみ出してきて、その傷あとをしめしてくれることは、日常よく経験されるところであろう。

このばあい、いったんきれいに洗い流された傷あとに血液がにじみ出してくるのは、心臓が働いているからである。しかし、心臓が停止してしまえば、もちろん血液はにじみ出してこない。最初の出血は流れ去ったまま、きれいな傷口だけが残るだろう。

実際、水中で、船舶のスクリューなどで負傷して死に至ったばあいなどは、その傷あとに出血を認めないことが多いといわれる。一度は出血をしても、その出血が水中に溶けこみ流れ去り、傷あとに凝血として残らないからだと考えられている。

同じことが、雨水によっても起こらないだろうか。そういうことがありうることは、古畑氏も考えていたようである。

昭和二四年七月七日の朝日新聞で、「十五、六年前私が金沢で扱ったケースは……死体の生活反応皆無だった。……雨のため血が流されたのだ」と語っている。だが古畑氏は、後に、実験をしてみたが、生活反応としての出血は雨によって流されてしまうことはない、とその態度をかえた。小宮氏が衆議院法務委員会の参考人陳述のなかで、その点を批判しているが、古畑氏の実験は、傷口で強く凝固した血液に、水道の水をかけつづけたものであったようである。これならば、たしかに洗い流されることはないはずである。血液はいったん、そのなかのフィブリノーゲン（繊維素原）がフィブリンとなって、赤血球などを包みこんで固まると非常に強固な血塊となり、ほとんど半永久的なものに転化するのである。

しかしながら、凝固する以前の血液はやはり水に弱いようである。生活反応としての出血も雨による影響をうけるらしい。これを実験的に確かめた学者がいる。三重大学法医学教室の松本俊二氏（現在伊勢市で開業）である。研究結果は第三九次の法医学会総会で報告され、その記録が『日本法医学雑誌』第九巻第三号（昭和三〇年五月発行）にある。内容を説明する前に、参考のため、まずこの報告の冒頭部分を紹介しておこう。

「下山事件以来日本の法医学会では生活反応としての組織内出血が問題になって居る様である。外国では已に二〇余年も前から生前に出来た創傷でも生活反応としての組織内出血の伴わぬ場合があると考える法医学者が多く、殊に轢断死体では轢断面の組織内出血の有無によって轢断の生前死後を区別する事は不可能であって、生体轢断でも轢断個所に組織内出血の無い場合もあり又逆に死後轢断でも組織内出血の存在する事もあると云う事が一般に承認せられて居る様であるが、日本の法医学者の内には生前の創傷に組織内出血を伴わぬ事はあり得ないと極論する者さえある様である」

古畑、桑島の両氏とも、日本法医学会理事として、この報告に耳を傾けていたはずなのであるが、それはともかく、実験のほうに移ろう。動物は家兎を使っている。まず、両側の後足の毛を刈って皮膚を露出させ、メスで長さ二センチぐらいの切創を作る。切創の周囲には血液が流れ出してくる。大部分の血液は外に流れ出してしまい、組織内出血というものは、ないようにもおもわれる。しかし、詳しくその部分を見てみると、創面は一見平らなように見えても、切られた血管が収縮して創面よりひっこみ、ちょうど組織内で血管が切れたのと同じような状態になっていて、組織内出血が血管の周囲約四ミリ四方ぐらいに見られる。もちろん兎は固定してある。

つぎに、この出血部に、雨に類似した水滴を作るために、特別に作成した水口の広い如露で、二階から水を当てる。この水量を雨量として計るための用具ももちろん用意する。この実験でえられた結果はつぎのとおりである。

(一) 切創を作った直後から水滴をかけると、約三ミリ（一時間値）の雨に該当する水量で、組織内出血はみられなくなる。

(二) 切創を加えて、一時間放置してから右同様の実験をしたばあいも、結果は同じく約三ミリの雨で組織内出血はみられなくなった。

(三) 二時間放置してから、水滴をかけたもので、約五ミリの雨量に相当するところで組織内出血が消えた。

(四) 四、五時間放置しても、五ミリの雨で、やはり組織内出血はみられなくなった。

右の損傷は、いわばわりあいときれいな、切創である。列車に轢断されたばあいのものと、やや趣きを異にするかもしれない。そこでつぎの実験を行った。

先の例とおなじく、家兎を固定器で固定し、毛を刈りとり、後肢の一方に、轢断に似た傷を作るため、切れない斧で打撃を加える。この割創を作った部分に五ミリ四方ぐらいの組織内出血ができた。ところが、この直後に、もう一方の後肢に、前と同じ方法で割創を加えると、このばあいには組織内出血はみられない。おそらく、片方の肢が切断されたため血圧が低下したことによって、その直後の割創に血液がにじみ出なかったものとおもわれる。

さて、こうして生じた組織内出血が、どの程度の雨量に耐えるのか。水滴は前同様、二階から降らせた。

(五) 割創直後では、約八ミリの雨で組織内出血は消えた。

(六) 割創一時間放置では、約一二ミリの雨。

(七) 同二時間放置で、約一八ミリの雨量相当の水滴で、組織内出血はみられなくなった。

以上の結果について松本氏は、つぎのような考察をしている。すなわち、轢断面での皮膚などの防禦力は健康状態のときのようには働かないだろうから、組織内に雨水が浸入し、滲透圧をかえ、そのために赤血球が破られて〈註－14〉、血色素が流れ去ってしまうものと考えられる、というのである。

ところで、下山事件のときは、雨は轢断前から降り出し、とくに明け方五時前後には一時間値で十数ミリという、沛然《はいぜん》とした大雨になっている。捜査員や国鉄の線路班員は制服の上に雨よけの合羽を着ていたのに、褌までびっしょりになったという。下山氏の死体はそのなかで、「轢死体というよりは、溺死体といったほうがぴったりだった」という状態で線路脇に横たえられていた。こういう状況で八時間も放置されていたのだから、轢断面の状態は、雨水による影響を考慮に入れて慎重な検討を加えてみる必要があったはずである。しかし、記録の上からは、そうした考慮がはらわれたとおもわれる痕跡は発見できないのである。

轢断創と皮下出血

さて、本題の、生体轢断の際に、生活反応としての皮下出血がないばあいがあるか、どうか。もちろんこれは雨という条件を考慮外において——ということは、降雨のないときの轢死体についてということである。

元来轢死体というものは、少しばかり常識をはずれた所見を呈することが多いようである。たとえば、大きな轢断創や裂創があり、したがって太い動脈などが切断されていて、普通に考えれば大出血がみられて当然とおもわれるときでさえ、意外と出血が少ない、などということがある。このことはだいぶ昔から気づかれていて、前にも引用した矢野氏の「轢死論」(『国家医学雑誌』大正一一年四月)にも、つぎのような統計がみえる。この数字は「汽車」による轢死のみで、電車、または自動車のばあいについては別の統計がある。

出血皆無ノ者	六	四・一一%
出血僅微ノ者	一〇三	七〇・五五%
出血少量ノ者	二四	一六・四四%
出血稍多キ者	九	六・一六%
出血多量ノ者	四	二・七四%
計	一四六	

矢野氏はこの「出血ノ僅少」を轢死の徴証の一つ〈註—15〉にあげ、つぎのように論じている。

「轢死者ノ損傷ハ頗ル猛裂ヲ極メ、頸、胸、腹、四肢等ノ離断セラルルニモ係ラズ現場ニ於ケル出血ハ極テ少クシテ、一見欠如セルガ如キ状ヲ呈シ、之ガ為ニ経験ニ乏シキ科学者検視官等ニ死後ノ轢挫断裂ト認定セラレ、以テ他殺問題ヲ惹起サルルコト稀ナラズ。之レ畢竟轢死其者ノ徴証ガ法医学上未ダ具体的ノ記載ナキコト、今尚ホ轢死ニ対スル固有徴ヲ発見スルコト能ハザルニ依ルモノトス。

蓋シ出血ノ僅少ナル所以ハ予ガ臨場的研究ニ依ル時ハ、(1)死亡ノ急忽ニ依ル、(2)血管壁ガ暴圧後ニ離断セラレ、引裂レタル動脈鞘ガ血管ノ断端ヲ被包シテ、之ニ血液ノ膠着スルニ依ル。之レ予ガ実際ニ就テ検知シタル所ナリ、而テ出血ノ僅少ガ死亡ノ急忽ニ存スル証拠ハ、轢死ニシテ即死セザルモノハ何レモ相当ノ出血ヲ起セル事実ニ徴シ知ル所トス。故ニ出血ノ僅少乃至欠無ナル点ヲ以テ、真ニ死後ノ者ト断ジ難シ」(傍点筆者)

古畑氏も、こういう特徴を全然知らなかったわけではないようである。昭和二三年版の『法医学』では、〝損傷の生活反応〟のところで、つぎのように書いているからである。

「汽車、電車による轢死、墜落死、機械又は火薬爆発によって身体の粉砕せられた様な死体では、生前の損傷であるに拘わらず、出血は余り多くないと云われている」

ただし、その原因については、矢野氏の説と若干ニュアンスを異にするものがある。古畑氏は「かかる場合には、心臓が急激に停止すると、血管運動神経の中枢の刺戟によって、大血管の収縮が起るからであると説明せられている」とつづけている。

このように轢死体が他の原因の死亡にくらべてみると、いささか異なった注目すべき特徴をもっていることは、一応法医学者の注意をひいていたようである。

しかし、轢死といえばほとんどが自殺か過失死、あるいは災害死である。したがって犯罪との結びつきが少なく、行政的にも、司法的にも解剖など詳細な検査にまわされるばあいがきわめて稀であった。大方は監察医、あるいは警察医と呼ばれる医師によってその現場で簡単な検案が行われ、死亡が確認されればそれまでで、それからは医学関係者の手をはなれていったようである。法医学者の深い関心と強い興味をよぶ条件下にはなかったわけである。

下山事件直後の昭和二四年七月九日付朝日によると、東大法医学教室が他殺の判断をした根拠としてつぎのような一項があげられている。「生体ならば切られた動脈から血が多量に飛び散るのに、ひいた機関車を調べると肉片は一面に付着しているのに、血はほとんど見られないばかりでなく現場付近の血のとび方も少い」

出血量についての東大関係者のこの認識が事実とはまったく異なっているということは、先に詳しくのべた。しかし仮にここに述べられているとおりに出血が少なかったとしても、そこから死後轢断という結論を引きだせないことは、今引用した古畑氏の文章からも明らかなことなのである。中舘氏はその点を指摘していたわけなのだが（昭和二四年七月一〇日、毎日）、ともかく自著にまで書いた経験則――轢死でも出血が少ない場合がある――に反する判断を古畑氏が出されるあたりに、法医学上における〝轢死論〟についての関心度があったといえよう。

皮下出血の実験研究行われる

しかし、下山事件を一つの契機として様相は一変したようである。この問題をめぐって論争が展開され、また各種の実験研究と、その理論化に取り組む学者が出てきたのである。

その一人に、先にあげた松本俊二氏を数えることができる。松本氏は、出血の雨による影響より一歩をすすめて、家兎を使ってつぎのような実験を行った。すなわち、家兎を近畿鉄道の側線上に、腹部がレール上になるように固縛し、高速の電車をもって轢過せしめた。その結果は一〇羽中、四羽（すなわち四〇％）に生活反応としての皮下出血を認めなかったという。この実験の結果は、三重大学法医学教室の山上熊郎教授から、昭和三一年度近畿地方法医学会に報告されている。筆者はその詳細を伊勢市内の松本氏宅でうかがったのだが（昭和四三年七月二五日）、その数日前には、同じ近畿鉄道線路上で、若い妊婦の、まったく生活反応を欠く自殺死体を検案したということであった。松本氏はそこで、「これが下山事件でも問題になった、生活反応のない自殺体だ」と、立合いの警察官に説明したという。なお、このときも雨天であったが、松本氏の観察ではこの雨の影響をうけたというよりは、もともと出血がなかったものと判断されたということであった。

さて、松本氏が轢死体の生活反応についてこのような深い関心をよせるに至った契機であるが、それは師の山上熊郎氏の示唆によるという。山上氏は東大法医学教室三田定則門下の一人で古畑氏よりは一年先輩、東北大を経て北海道大学法医学教室の創設者となり、後に三重大学に移った法医学者である。その山上氏がおなじ三田門下生として、古畑氏たちの下山事件についての判断にたいして、納得しかねるものを感じていたらしいのである。

ところで話をもう一度、先にふれた第三九次の日本法医学会総会にもどそう。この総会は昭和三〇年四月一日から五日まで、京都で開かれた第一四回日本医学会総会の一つの分科会という性格もあった。その総会で、先ほど紹介した三重大松本氏の「生活反応としての組織内出血と其の雨による変化」なる報告が行われたのだが、別にもう一つ、弘前大学法医学教室から「血圧と生活反応に関する研究」が発表されている。報告者は村上利氏である。以下この報告を、『日本法医学雑誌』(九巻三号)から要約しておつたえしよう。まず村上氏はつぎのように述べている。

「我が国では、生前の損傷には必ず出血が認められるという考えが支配的であるのに反して、外国では、生前の損傷でも出血の伴われないことがあるということが可成り強調されている」

つぎに、生活反応としての出血が起こるために必要な条件を三つあげている。すなわち、㈠血管壁の破綻、㈡その血管内に血液が存在すること、また、㈢その血液を血管外に押し出しうるだけの圧力(血圧)があること、の三条件がある。

しかし、右の三つの条件のうち実際に検討を要するのは血圧の関係である、という考え方で動物実験をした。方法は以下のとおりである。

実験動物は猫。一群は股動脈から採血し、他の一群は血圧降下剤を用いて、いずれも血圧をしだいに降下させていき、つぎに、大腿内側面に一定の打撃を加え、皮下出血の有無と、皮下出血発現までの時間を観察する。

実験結果。いろいろと個体差があるが、おおよその平均的数字はつぎのとおり。血圧が正常時の四〇ないし七〇%、平均で五〇%くらいまで低下すると、出血はない。また、㈠血圧が正常なときに打撃を与えると、ほとんど瞬間的に、おそくとも二ないし三秒以内に出血が現れる。が、㈡血圧が約三〇%降下している場合は、その出血までに平均約一〇秒かかり、㈢約四〇%の血圧降下のときは、出血発現までに平均二〇秒ぐらいを必要とした。

さて、以上の実験結果からつぎのことがいえる。すなわち、この結果から明らかなとおり、生きていても(実験動物は生きている)出血が認められないばあいがある。このことから考えて、循環機能が受傷と同時的、瞬間的に絶止するような条件のある轢死の際などは、出血など生活反応の程度がきわめて弱いか、あるいはほとんど認められないばあいがあるとおもわれる。そこで生前の損傷であるにもかかわらず、死後のものと、誤った判断が下されるおそれがあるから、十分の注意を要する。

この実験を行った当時の、弘前大学法医学教室の教授は赤石英氏であった。赤石氏は後に東北大に移り、村上次男氏（先にもふれたように東大三田門下生の一人）退任後の同大法医学教室をついだ。私が赤石氏からこの実験や轢死体の所見などについて、いろいろと話をうかがったのは、この東北大学の教室においてであった。といっても、そこに至るまでには少しばかりの紆余曲折があった。第一に、赤石氏が、轢死といえば下山事件にふれるだろうということで、会うことをためらわれたからである。当時下山事件研究会の事務局を担当していた私の手紙への返事にも、つぎのような一節があった。

「率直に申しまして、法医学会の大部分の人達は、内心ではどのように思っていても、今それを口に出すのを嫌うと思います。学問の世界はそんなものではない筈だと思われるでしょうが、当事者が御健在とあらば、何も云いたくないのは当然でございましょう。私も同様であります」

しかし、各種の法医学書を検討してみて、轢死の際の生活反応について、積極的に、具体的な検討をしているのは、赤石氏の『臨床医のための法医学』（昭和四二年九月刊）だけであった。私は直接もう少し詳しい話を聞いて、疑問点も確かめてみたかった。そこで赤石氏が拒絶されているのを承知のうえで、失礼ではあったが東北大の法医学教室をたずねた。赤石氏の当惑と驚きの表情を今でもおもいだす。

もちろん、私は下山事件にふれることを避けて、そこではもっぱら一般的な轢死体の生活反応についてのみ話をうかがった。その内容の大部分は、先に引用した村上氏の研究報告と重なっている。ここではその部分を省略して、赤石氏の話のなかで重要とおもわれるところをつけ加えておこう。

赤石氏は、出血というものを生体防衛機能の一つとして考える。傷をうけて出血するということは、出血した血液がそこで凝固して、とりあえず血管やその他の組織のほころびを仮修繕し、それ以上の出血を食い止め、以後の治癒段階への橋渡しの役目をになっている。これは生体——生きている体——の、その生命維持のための巧妙な働きといえよう。だから、生体がその生命力を失ったならば、この巧妙な機構が瞬時に停止しても、なんの不思議もない、というのである。そして赤石氏は、轢死のばあい、頭部とか、太ももなどが轢断されたとして、その太さを仮に三〇センチとし、列車の速度を六〇キロとすれば、その轢断に要する時間は〇・〇二秒、すなわち一〇〇分の二秒であるという計算をしてみせた。そこから、このきわめて短い時間に、生体機構が重大な損害をうけ、血圧を瞬間的に急降下させる〈註―16〉ことが十分ありうることを考えれば、たとえ生前のものでも出血生活反応を欠く損傷があっても当然ではなかろうか――というのである。

ところでもう一つの興味は、赤石氏がこの問題に取り組んだ動機であった。これには赤石氏は笑って答えた。「実際にね、女性の轢死体でまったく生活反応を欠くのを見たからですよ。これはこれまでなんとなく常識化していた、生体轢断ならば必ず生活反応としての出血がある、という説に反するわけですね。しかもこの女性は、機関士の眼の前で飛びこんだのだから、自殺に間違いない。轢死体に興味をもちだしたのは、このときからですよ」。そして、私のたずねたとき(昭和四三年三月一九日)の直前にも、岩手のほうから、同じように生活反応としての出血を欠く轢死体が報告されたということであった。

さて、赤石教室はその後もこの問題の追求をつづけ、兎を使い、一定の力で打撃をあたえる装置を作り、また出血度の精密測定のため光電導素子応用の測定装置を用意して、実験を重ねた。その研究論文が、同教室鈴木庸夫氏から『法医学の実際と研究』(昭和四三年一二月発行)に「損傷と組織内出血に関する研究」という題名でよせられている。

この研究はもちろん、先の村上氏の報告を改めて確認するものであるので、その詳細にふれることは省くが、ただつぎの一点だけを紹介しておこうとおもう。

実験は、兎を背位にして耳を固定台の上に広げ、その耳にスプリングの反発力で射出した鉄塊を当てて損傷を加えるのだが、兎の血圧が正常な場合は、大、小二種の打撃力に対していずれも出血している。しかし、注意しなければならないのは、その出血に至るまでに、いずれも一秒ないし三秒(平均は打撃力大のばあい一・六秒、小のばあい一・八秒)の時間を要していることである。もちろん、血圧が下がっていけば、この時間はさらにのび、ついには出血を見なくなるという傾向は、村上報告と同様である。

組織内出血を欠くこともある生体轢断

さて以上みてきたように、生体轢断のばあいでも、生活反応としての組織内出血を欠くことがあるということは、実際的にも、理論的にも明確に立証されたと考えて差し支えなかろう。しかしこれを疑う学者もまたたしかに存在する模様である。最近ではあまりみられなくなったが、下山事件直後の法医学会にはそうした報告が目立ったようである。たとえば第三四次総会における越永重四郎氏の「軌道上の自殺と災害死」や、第三五次総会における太田伸一郎氏（九州大学）他の「轢死の鑑定例」などである。

　前者は、「生活反応」として、つぎのようにのべている。「演者の経験では自殺又は災害死例中、死因になったと認められる身体損壊部位の周辺に生活反応、即ち皮下出血が全く証明されない例には遭遇していない」

　後者はまた、「同一死体に轢圧による挫滅創、轢断創が二個以上存する様な場合、それらの何れの創にも組織内の出血を認めなかった例は一例もなかった」という。

　しかし、下山事件以前のデータに関していえば、損傷部位の出血状態についてどれほど意識的な観察がされていたか疑問があるという批判はおくとして、これらの報告にみられる数十例の所見だけから前記研究実験の結論を覆えした、と考えるのは早計に失しよう。むしろ、「生活反応を欠く轢死体は絶対にない」という命題こそ、これに反するただ一つの実例によって破られる関係にあるはずなのである。古畑氏もかつて激しい口調で語ったことがある。「生活反応を欠く轢死体だって？　そんなこと絶対にありえない。そんなものが一つでもあったらシャッポを脱ぎますよ！」。それはまだ筆者も下山事件に取り組み始めた初期の段階で、古畑氏のこの自信に満ちた言葉にいささかの感動さえおぼえたものであった。だが年を経て今おもいだしてみると、妙にむなしい響きをもってよみがえってくるのを否めないのである。参考までにやはり三田定則門下の一人、北大教授を経て東大古畑教室の後継者となった上野正吉氏の『新法医学』（昭和四二年四月第五版）から引用させていただこう。

「（轢死のばあい）時に異常な形の創傷を見る。出血等の生活反応も生前轢断でも時によってはこれが乏しいか、殆んど見られず、死後轢断かどうかの判断のつきかねることもある」

外傷と睾丸出血との関係

古畑種基氏は、昭和三三年九月発刊の『法医学の話』のなかで、「ある人がこの事件（下山）ののちに起った別の事件（三鷹）で陰嚢（実際は睾丸）に皮下出血があるのを見て、キンタマに出血があるのが生前轢死の確証だ、したがって下山さんは自殺したのだと珍説をはいた」（括弧内および傍点筆者）と書いた。ところが、それから二年たって昭和三五年六月、古畑氏は科学警察研究所の所長に就任したが、その同じ年、同じ月の『科学警察研究所報告』（一三巻二号）に、古畑氏がいみじくも名づけた「珍説」が堂々と紙面を飾っていたのである。題して「外傷と睾丸出血との関係についての研究」、執筆者は島亮祐氏、指導は有馬宗雄博士（日本病理学会評議員）となっている。所属は二氏とも神奈川県衛生部監察医務局であった。古畑氏がこの論文をみて驚いたかどうかは不明だが、ともかくその内容の紹介にはいろう。

まず、この問題の提起者が、第一に桑島直樹氏であったことには間違いない。つづいては、三鷹事件の犠牲者六名の遺体解剖にあたって、そのうち四体にまで睾丸出血を確認し、桑島氏とは別な立場から法医学界に新しい認識を求めたのは中館久平氏であった。そこで島氏たちは、この関係を実証的に検討するため昭和二五年から汽車、電車、自動車による轢死、それから墜落死、鈍体打撲による外傷死などの死体の睾丸標本の採取をはじめた。もちろんこれらのものは、表皮に損傷がなく、したがって睾丸部に直接の外力はなにも作用していないとおもわれるものばかりである。また、この採取は法的には問題がないが、遺族や鉄道関係者が多数集まっているばあいなどは、誤解や不快の念を与えるので遠慮しなければならず、採取できたのは計五二例であった。それらを精密に検査し分類してみると次ページのようになる。

こうして分類してみると、下腹部や骨盤などに大きな損傷がある例では、ほとんどのばあい睾丸に出血がみられることがわかる。では、睾丸のどの部分に出血があるのだろう。これもおおまかにいえば、後下部、前部、および後上部ということになり、その出血斑出現の頻度もこの順序である。

このような出血状態から考えられることは、内精索動脈（睾丸動脈）、静脈の特殊な走行状態との関連である。もともと睾丸部は、母親の胎内で生長を開始した初期の段階では、腎臓に近接して発育する。そして発育がすすむにしたがって下降をし、九ヵ月目の半ばごろ、鼠蹊部を通過して陰嚢内におさまる。このため、内精索動・静脈は、腎臓付近から長く一直線にのびて睾丸部に達して、ここではじめて枝分かれをしている。そこでもし、この内精索動・静脈に轢圧が加わったばあいなどは、その圧力（心臓の働きによって生じた血圧でないもの）がそれら動・静脈の末端につたわり、分枝の近辺か、さらにすすんで末梢毛細管にいたって血管の破綻をきたし、各種の出血像を形成するものとおもわれる。

以上のような考え方から家兎を使い、つぎのような実験を行ってみた。すなわち、リヤカーに荷物をつみ、アスファル

轢死例の睾丸における出血発生頻度

損傷の種類及び部位	例数	睾丸出血	
		有	無
下腹部轢断（圧）	9	9	—
腸骨恥骨骨折	4	4	—
腸骨骨折	4	4	—
骨盤骨骨折有無不検	2	2	—
頭蓋骨粉砕骨折	13	—	13
頭部轢断	2	—	2
胸部轢断	3	—	3
上腹部轢断	2	—	2
総計	39	19	20

自動車災害死例の睾丸における出血発生頻度

損傷の種類及び部位	例数	睾丸出血	
		有	無
下腹部轢圧	3	3	—
下腹部轢圧腸骨恥骨骨折	1	1	—
肋骨骨折	1	—	1
頭蓋底骨折	1	—	1
総計	6	4	2

墜落死及び外傷死例の睾丸における出血発生頻度

外傷の種類別	損傷部位	例数	睾丸出血	
			有	無
墜落	腸骨骨折（足部激突）	1	1	—
	頭蓋骨折（頭部激突）	1	—	1
	肋骨脊椎骨骨折（背部打撲）	1	—	1
鈍体作用	腸骨骨折（下腹部打撲）	4	4	—
総計		7	5	2

ト道路上に仰臥位に寝せた家兎の下腹部を轢過させ、外力を加えた（もちろん睾丸部に直接それらの外力は加わらない）。結果は、六例中、五例において睾丸部の出血を認めた。さらに右の考えを確かめるため、エーテル麻酔のもとに家兎の腹腔を切り開き、大動脈分岐点に近いところで、内精索動・静脈を同時に急激に緊縛結紮した。この結果もリヤカーによる轢過のばあいと同様、睾丸部の出血を認めた。もちろん人と家兎における内精索動・静脈の走行状態には類似性があると推定されたが、念のため血管造影法でその確認も行った。

この論文は、顕微鏡およびレントゲン写真、図表、数表、分類表など詳細なデータが付されて一九ページに及ぶ。異論についても考慮をしたためだろう、局部における血管の走行状態などについても細部にわたって検討を加え、その走行状態と出血斑多出現部位との相互関係にまで論及されている。しかし、ここではそこまで筆をのばすのは繁雑にすぎよう。そこで結論の部分だけを引用して、一応この論文を離れることにする。

「轢死体、外傷死および対照例の睾丸の観察により、下腹部轢圧、或は腸骨骨折の如く下腹部に強い外力の加わった場合に睾丸に一〇〇％出血が認められる。この睾丸出血は、睾丸の後部の脈管膜における内精索血管分岐部に原発し、その程度の強弱によって出血の大きさが違ってくる。睾丸の出血及び出血部位は、内精索血管の走行分岐の解剖学的特殊性と強靱な白膜の存在によるものと考えられる。

下腹部の轢死体、或は骨盤骨折の如き外傷死の陰嚢に損傷なきものにおいて、睾丸出血は特殊な一つの生体反応であるということが出来る」

なおこの研究は前後して日本法医学会総会、関東病理集団会などの学会や、各種の医学雑誌にも発表され、もはや医学界全体の定説となっている。「珍説」などと、小馬鹿にしたような一言で笑いとばせる問題ではあるまい。ましてや、睾丸実質内を「陰嚢」とすりかえて議論をはぐらかすような態度は、論者の品性と学識を疑われるだけだろう。

さて、ここまできたなら桑島説の検討にはいるのが順序であろう。

桑島氏ショック死説を主張

桑島直樹氏が鑑定受託者で、下山総裁の遺体解剖の執刀者であることはすでにのべた。その鑑定書の結論部分が昭和三九年六月の衆議院法務委員会で資料として配布されたが（鑑定書作成日は昭和二四年一二月三〇日)、そこでは死因の項はすこぶる簡単につぎのように記載されている。

「死因として最も考えられ易いのはショックである」

しかし、これではあまりに抽象的すぎて、ここから議論をすすめるわけにはいかない。先に引用した、七・三〇会議における桑島報告では、話はもう少し具体的である。が、もっと具体的で詳しいのは、昭和四〇年七月四日、桑島氏の下山事件研究会への証言であろう。したがって、この証言記録から桑島氏の考え方を探り、その検討をすすめるのがいちばん適切とおもわれる。

下山総裁の死因について、桑島氏が語ったところはつぎのようなものである。

「次は死因でありますが、下山さんの場合はこれであると確実なものをあげることは遺憾ながら出来ないのであります。一番可能性のあるのは、私はショック死であろうとみております。

さきほど申しましたような外陰部に対しまして強烈な力が加えられ、それによっておそらくショックを起したものであると考えられます。で、ショックというものは、そこに力が加わることを予期している場合にはなかなか起らないんであります。野球の選手やフットボールの選手がそういうところをけられても、あるいはボールが当りましてもなかなかショックを起さない、なかなかというよりもほとんど起きない。下山さんはおそらく不意をつかれたのでショックを起したのではないかと想像されます」(『資料・下山事件』参照)

桑島氏はこう語っているが、どうももう一つすっきりしない。「確実なものをあげることは遺憾ながら出来ない」、「一番可能性のあるのは……であろうとみております」、「おそらく……考えられます」、「想像されます」などといわれると、あるいはこれが科学者の科学者らしい慎重ないいまわしなのかと考えながらも、しかし素人としてはもう少し明快に、すっきりとさせてもらいたい気持がするのである。こんな程度で納得しろといわれてもなかなかそうはいかない。むしろここでは、古畑氏が、同じ下山事件研究会への証言でのべた、つぎの一言がおもいだされるばかりなのである。

「桑島さんなどは他に考えようがないものだからショック死じゃないか、金玉やられてショックじゃないかと、金玉やられてショックで死んだ例をずいぶん調べた。そんなのあるにはありますけども」(『資料・下山事件』参照)

古畑氏の、この話の調子には、その基底に、「ショック死説」否定の気持がひめられている。すなわち、「ショック死説」は古畑氏にとってさえ「考えようがないもの」だったのである。だからこそ古畑氏は、すでにみてきたように「ショック死説」にかえて、「出血死説」をとなえ出したのであった。教室の主任教授さえ「考えようがない」説を、ここで簡単に納得するわけにはいくまい。

では、どう考えればよいのか、話を前にすすめようとおもうのだが、ここでもう一つはっきりさせておきたいことがある。古畑氏の話のなかで、「金玉やられてショックで死んだ例をずいぶん調べた。そんなのあるにはありますけども」というところである。

私も参考のために二、三の法医学者に、そのような例を経験したか否かを問いあわせてみた。しかしかえってきた返答は例外なく、「実際にあったことなし」というものであった。そうしてみると、そういうことがあったとしてもきわめて稀なことなのだろう。もともとショック死ということ自体が非常に少なく、その点について桑島氏も下山事件研究会の席上、参会者の質問につぎのように答えている。

「ショックというのはなかなか文献に出ておりません。昔から空手で相手を殺したなどと、うまい話がいっぱい出ておるんでありますが、さてそれを学問的に証明し、論文として学術雑誌に発表したものは極めて少数です。そのうちの純粋のショックになりますと数えるほどしかない。だからショックの説明をするのは実に苦しいのでございます」

桑島氏はこの話の前に、ショック死の例を二つだけあげている。一つは、フランスのことで、どこかの士官クラブで軍人同士が論争をして、相手のノドをなぐったら、なぐったとたんに死んでしまったというある法医学書からの引用と、つぎには日本で、四、五人のやくざが一人の男をよびだしインネンをつけ、取り囲んで肩に手をかけて「おい」といった、そのとたんにぱったり倒れて死んだと、こういう話である。

ここで注意したいのは、桑島氏が〝金玉やられてショックで死んだ例〟なるものを引用していないということである。もしも該当するようなうまい例が実在したとするならば、それこそ自説を裏づけるのにもっとも好都合であったはずである。それを説明に苦しむ桑島氏が引用せず、しかも「数えるほどしかない」実例のなかから取りあげたものが前記の二つであったということは、先の「……そんなのあるにはありますけども」という古畑氏の証言の信憑性をきわめて疑わしいものにしている。おそらくは、古畑氏のこの証言とは反対に、桑島氏も文献や資料のなかに適切な例を見出すことができなかったのではないか、とおもわれるのである。

だからといってもちろん、そのような例は絶無だなどというつもりはない。先に紹介した赤石英氏の『臨床医のための法医学』には、神経性ショックとしてつぎのようなものが引例されている。「台湾で、妻が夫と喧嘩し、睾丸を握り締めてショック死させた」というのである。また英国で、精神病者が「睾丸を棒杭の上に乗せ、金槌でたたいて、ショック死した」例もあるという。

ところで、ショックとはいったいなんなのか。――少々面倒なことではあるが、やはりここで医学的な定義をみておいたほうがよいであろう。それには前記赤石氏の本が簡明にまとめているので、そこから引用させてもらうことにする。

「機械的暴力或いは強激な精神動揺を受けた後に、生活機能の低下が起こり、脱力・顔面蒼白・体温下降・血圧下降・冷汗・渇感、脈拍の微弱・頻数、呼吸の浅表・不整、心臓縮小、分時容量減少、知覚・反射機能の減退、散瞳或いは尿量減少などがみられ、更に、意識はあるが反応が遅い、というような症状のみられる状態をショックという」

つぎはその経過である。

「このような現象は、外来性刺激を受けた直後に起こることもあり（一次性ショック）、また、受傷後数時間ないし二四時間ぐらい経ってから起こることもある（二次性ショック）。このいずれにおいても、その基本的病態は毛細血管および細動脈の緊張低下および透過性増大による循環血液量の減少である。換言すれば〈循環血液量と血管容積との不均衡による末梢性血液循環失調〉である。このような場合、細動脈は逆に収縮している。このようなショック状態は、数分・数時間或いは数日続いてから自然に、或いは適当な医学的処置により回復することもあるが、次第に悪化して死亡することもある」

このあと赤石氏はその原因を精神性、神経性、外傷性、出血性、中毒性、過敏症など一一種に分類し、最後に体質的要素についてふれている。

「いずれにしろ、ショックは、精神的に興奮し易い人、神経過敏な人、心臓血管系に異常のある人、或いは、肝臓の脂肪変性など解毒能力の低下している人などに起こり易く、また、老人や子供は青壮年よりもショックを誘発し易い」

さて、下山総裁の健康状態や体質が、ショックを誘発しやすい部類に属したかどうかについて、桑島氏は、また古畑氏も、とくにふれるところがないのだが、証言全体や、あるいは一般に入手できる出版物に両氏が発表したものからうかがえる範囲においては、その点については否定的に考えているようにおもわれる。すなわち、下山氏はショックを誘発しやすい状態にあったわけではないということである。したがって、ショックを起こす確率は非常に小さなものであったといえよう。

陰嚢には損傷見当たらず

だがそれにもかかわらず、下山氏にショックが起きた、と桑島氏は主張するのだが、その理由についての積極的な考えはこれまでみてきたとおりなに一つしめされていない。もし強いてそれらしきものを求めようとすれば、それはつぎの二つになろう。「外陰部にこれだけの傷があるのですから、これは当然ショックを起して然るべきものである」というのがその一つ、そして二つには、しかし、「ショックというものは、そこに力が加わることを予期している場合にはなかなか起らない」のだから、「下山さんはおそらく不意をつかれたのでショックを起したのではないか」という、状況についての桑島氏の想像である。

そこでまず、第一の点から検討を始めよう。外陰部にある「これだけの傷」の考察である。

桑島氏の、七・三〇会議報告をはじめ、下山事件研究会への証言、その他雑誌上での意見発表などを通じて一貫していることは、外陰部の傷とはいいながらも、その表面、たとえば陰嚢などにはなんの異常もなかったということである。七・三〇会議ではこの点、つぎのようにのべている。「睾丸の方は皮下には溢血はないのであります。皮膚のところにも、睾丸に打撃が加わった際に生じたと思われる皮膚剝脱の様なものは見られない」。ここで皮膚というのは陰嚢のほうのそれであろう。それは解剖学的にそうでなければおかしいし、下山事件研究会への証言ではつぎのようにのべていることからもはっきりする。

「(スライドをしめしながら) これは右のコウ丸の前右下の写真でございます。陰ノウ、つまりコウ丸を包んでいる袋のところにはなんにも傷はみえないし、色もかわっていないのですが、コウ丸のところをみますと、諸処に著明な出血が見られます」

陰嚢というのは解剖学的には前腹壁の最下部が外方につき

出て形成されたもので、先にのべたように腎臓の近傍で発生して妊娠後期に下降してきた睾丸とは別に、皮膚と筋層と、それに腹腔内のものから分かれた腹膜で構成されている。もちろん、こういう構成をもつ袋のような陰嚢が、全体として睾丸を包みこんでいることはいうまでもないことであろう。

さて、こういう構成をもった組織に血管が配置されていることもまた当然のことである。動脈でいえば、内腸骨動脈から分かれた内会陰動脈の分枝がこの部分に入り、さらに細分化して毛細血管網までつながり陰嚢全体にひろがっている。静脈についても同じようなひろがり方だといえよう。壮年層のばあいなどは、陰嚢の皮膚は非常にうすくなっているので、これらの血管の走り具合はその表皮を通じて外部からも確かめることができる。人によっては、保護する皮膚もなく、あたかも血管がむきだしのまま、それぞれ特有の色と模様をもって走りまわっているような感じをうけられるかもしれない。それらの状態を詳しく観察したうえでのことなら、おそらく、そこに強烈な打撃が加えられても、それらの血管がいかなる損傷からも自由であろう、などと考えられるほど楽天的な人はいないはずである。大方は、免れえざるそれら血管の破綻を想像して、顔を青ざめさせるところかもしれない。

しかし、桑島氏の証言するところによれば、陰嚢にはなんの異常もなかったというのである。強烈な鈍力が作用したとき生じたかもしれない表皮剝脱のようなことも、またそこの血管に破綻があったなら当然起きたはずの陰嚢の変色も、ともになかったというのである。

ところで念のためにはっきりしておきたいのだが、陰嚢に異常がなかった、というのは桑島氏を通じて語られた事実で、「強烈な力」が加えられた、というのは桑島氏の推理である、ということである。桑島氏の証言する〝陰嚢に異常がなかった〟ということは、事実そのとおりであったにちがいないとおもわれる。それを否定する材料も証拠もなにもないし、また、それ(とりもなおさず解剖執刀者の解剖所見なのだが)を信用し、それを客観的事実としなければ、このばあいあらゆる論議はその基礎を失い、それをすすめることはできない。このことは前にものべた。

話を先にすすめよう。当然のことながらここで(それはどこでもそうだが)、事実を動かすことはできない。とすれば、桑島氏の推理である「強烈な力」のほうのレベル・ダウンである。それを、陰嚢の血管に破綻をきたさない程度の鈍力、にしてもらうことにしよう。

では、その程度の力のばあい、睾丸の内部のほうはどうなるのだろうか――。この考察をすすめるためにはまず、睾丸構造の概要を調べておく必要があろう。

睾丸における主役は、そこで精子が生まれる、精細管である。この細く柔らかくくねくねとした無数の精細管が睾丸内の大部分を占めている。もっともこれらの精細管は、ただ一つの大部屋にごたごたと押しこめられているのではない。小中隔という繊細な膜でしきられた、いくつかの小部屋に分けて収められているのである。また、この小部屋はすべて睾丸後上部の睾丸縦隔というところに通じているので、精細管もこの部分にある睾丸網に集められることになる。したがって、精細管でできた精子はこの睾丸網を通り、睾丸の上端と後縁に沿って付着している睾上体（または副睾丸ともいう）に入り、そのなかの十数本の輸出小管、さらにそれらを一本にまとめて曲りくねっているながい睾上体管をへて、輸精管へと出ていくのである。

もう少し睾丸じたいを見てみよう。小中隔でしきられた小部屋のなかは、精細管を除いた空間をごく疎な結合組織で埋めている。その組織中にホルモンなどの分泌にあずかるといわれる、ライディヒ細胞などが存在する。また、動・静脈をふくめて血管もこの柔らかい結合組織のなかを走ってそれぞれの細胞や器官にひろがり、栄養と酸素を補給し、そこからまた排泄物や二酸化炭素などを運び出している。もちろんこれは、たびたびのべてきたことだが、それらの血管は、腹腔のわりと上辺に位置する腎臓付近から一直線に下ってきた、内精索動・静脈につながるもので、内腸骨動・静脈と連絡している陰嚢部の血管とは、系統を別にしているのである。

さて、こうしてみると睾丸とは、柔らかく、なんとなくぐにゃぐにゃして、とらえどころのない感じのものになる。陰嚢の上からふれると感じる、あの固い、しっかりとした、丸みのある物体、というイメージとはまるで異なったものになってしまった。それもそのはずで、実は説明はまだ終わっていないのである。

では、あの固い、しっかりとした、丸みのあるものはなにか――ということになるが、それが白膜なのである。白膜は強靭な結合組織で、そのなかに精細管、ライディヒ細胞、それに血管などをしっかりと包みこんでいる。睾丸に一定の形をあたえ、その内部をがっちりと防衛しているこの白膜は、さらはその上からもう一枚の腹膜で全体をおおわれている。

そして、このような睾丸が左右一対、中隔膜をはさんで一つの陰嚢のなかに収められていることになるのだが、おもしろいことには、一対の睾丸ではあるが、左側のほうが右のものより少しく下方にあることが多いといわれる。

鈍力作用を否定する実質内出血

以上で睾丸の説明をおえるが、もしここに、陰嚢のほうにはなんらの損傷、異常をあたえない程度の鈍力が作用したら、どういう状態を出現させるであろうか――。たしかにその鈍力の一部は、固い白膜を通して内部につたえられるにちがいない。しかしそれは、最初加えられた鈍力の強さを超えることはない。白膜部でいくらか減衰があるはずなので、最初の力はたとえわずかであっても弱まるばかりだからである。したがってこのばあい、外側の陰嚢部の血管が切れていなかったとすると、内部の睾丸実質内の血管にも破綻が生じなかった、と考えるのが自然であろう。両方の血管に強弱の差があるという証拠もないからである。

もっとも、それぞれの血管のおかれた状況の差が、同一の鈍力であってもその損傷に異なった影響をあたえる、という考え方も出るかもしれない。しかしこのばあいも、陰嚢部の血管は不利であろう。それは、薄い表皮と、睾丸の固い白膜の間にはさまれ、危険な状態にある。一方、睾丸内の血管は強靱な白膜によって保護されていることを度外視しても、その走っているところは、変形性に富む柔軟な組織のなかである。加えられた打撃からの逃げ場もあり、その力を減殺するのにも有利なはずである。

逆に考えて、その睾丸の実質内、それも白膜に接する表面部などではなく、その中心部にいたる深いところにまで出血をみるような、強烈な鈍力が加えられたとすればどうか。このとき陰嚢には消しがたい痕跡が残されていた、とみるのが自然であろう。表皮の損傷も考えられようし、血管の破綻も必ず存在したにちがいないのである。

ここでなぜ、「中心部」までの出血を仮定したかというと、桑島氏が下山事件研究会での証言で、先に引用した部分に引きつづきつぎのようにのべているからである。

「(スライドを示しながら)これはさっきのところよりも更にコウ丸の中心の方でございますが、こういうように諸処の組織間に血液がいっぱい出ていまして、ところによりましては血管の内より、血管の外の方が血が多い像もみられます。なぜこういうところに出血が起るかという原因につきましては、なにか鈍力が作用したためにそこにある血管が破れて、出血が起ったとするのが、一番普通な考え方であると思うのでございます」

たしかにそれが、「一番普通な考え方」であるかもしれないが、その「考え方」が下山氏のばあいに通用しないことはもはや明らかではなかろうか。

では、陰嚢部にはなんの異常――表皮剥脱や出血など――もなく、しかも睾丸実質内の中心部にまで出血をみたという下山氏のばあいを、どう解釈すればよいのだろうか。ここで頼れる理論はやはり先に引用した有馬、島両氏による「外傷と睾丸出血との関係についての研究」であろう。この理論によれば、下腹部轢圧、あるいは骨盤骨折など、とにかくこの部分に重大な損傷があったばあいは、ほとんど一〇〇%という高率で睾丸内に出血をみるという。もちろんこのばあい睾丸部には直接鈍力が作用していないので、陰嚢になんの損傷も残らない。

下山氏の遺体の状況についての桑島氏の詳細な報告は、すでに七・三〇会議のところで紹介した。今ここに煩をいとわず関係部分を引用すればつぎのとおりである。

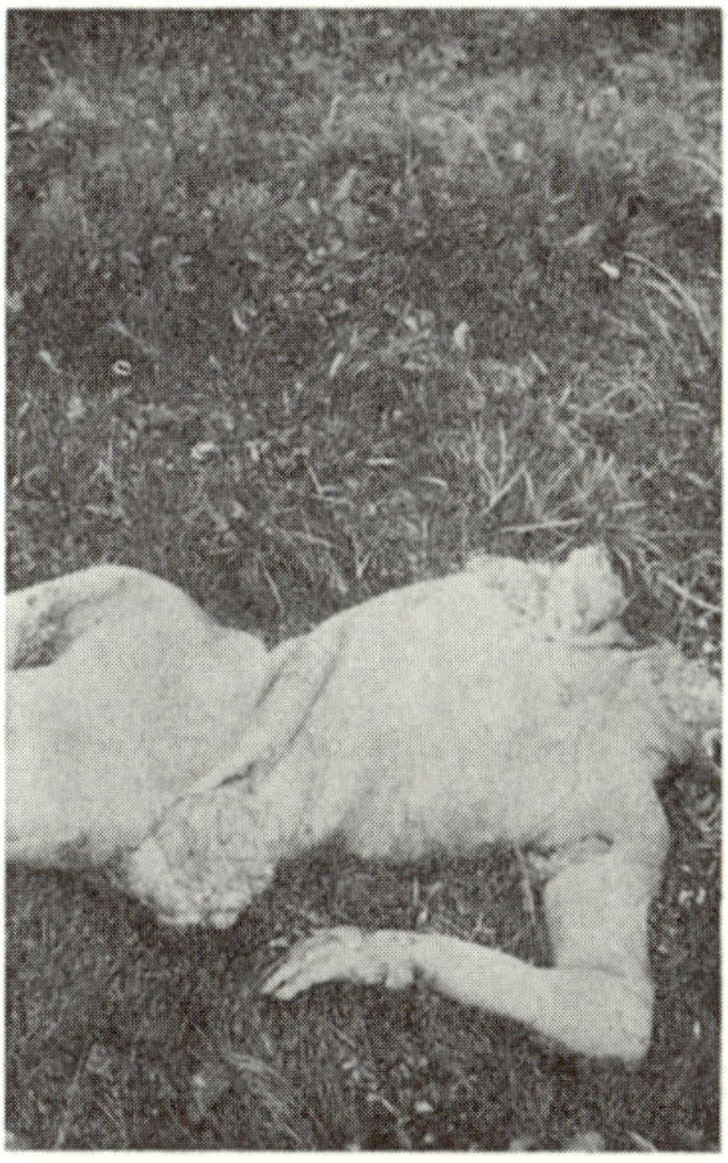

「下腹部轢圧，骨盤骨折などこの部分に損傷があったばあいは100％睾丸内に出血をみる」という説を裏付けるように，被害者の遺体は180度ねじれ，下腹部に重大な損傷をうけていた。

「背中の方には大きく口を開いた傷はないが、骨盤はめちゃくちゃで、風呂敷に包んだように軟かであった。腹部に大きな損傷があり、腸なども長いものが一三センチぐらい残っただけで、あとはこなごなになっていた」

また、下山事件研究会への証言では、スライドを示しながらつぎのように説明している。

「これは下山さんの屍体の、発見当時の写真だそうでありますす。胸は上を向き、尻はこういうふうに手拭をしぼったようにねじれております。ねじれておるのは、背骨が折れておるからであります。背骨だけでなく肋骨とか腰の骨とか、あるいは他の骨がひどく骨折しているために、こういう具合に体がねじれておるわけであります」

こうした状況であれば、有馬、島両氏の理論からすると、睾丸内に出血がみられて当然であって、なんの不思議もない。陰嚢にはなんの痕跡もないのに、睾丸には「強烈な鈍力」が直接加わったなどと、苦しい、無理な解釈をしなくとも、この理論で事態をすなおにみたほうが、むしろ科学的といえないだろうか。したがって、この部分への打撃がショックを引き起した、という考えはその根拠を失うことになろう。

生活反応を示すその他の部位

桑島氏の解剖所見で、生活反応を示していたという部位は、外陰部をのぞくとつぎのようなところになる。まず、両方の眼瞼と結膜、ならびに右胸部に溢血点、左右の腕では前膊と手背部に皮下出血、両側の下肢には主として甲の位置に数個ずつの小さな皮下出血、また下腿にもところどころに同様の出血をみた、という。それに加えて、内部臓器では心筋のところどころに出血、その他で胃に近い粘膜面と腎盂腔にも溢血点あり、というのである。しかもここできわめて特徴的といえることは、これらの出血点の外表面に、表皮剝脱などの損傷がまったくみられなかったということである。

さらにもう一つ特徴的なことは、出血位置がきわめて対称的なことである。両足、両手、両眼と、まるで左右は平等でなければならないといわんばかりの、出血点の存在である。

この摩訶不思議さを、どのように解釈したらよいのだろうか。謎のような出血部位の対称性について、全体として桑島氏が特別の意識をもったという様子はみられないふうである。したがって、そこに納得させられるような意見をみることができないのだが、ただ両手背の出血についての見解が注意をひく。下山事件研究会への証言では、つぎのような説明がしめされた。

「(スライドを写しながら)この図で特に注目すべきは、左右ともに腕関節の先の手背部から指先にかけまして、皮膚の色が全般に紫ラン色を呈し、薄層の皮下出血が認められることでございます。これはどういうわけで出来たかと申しますと、この腕部の境目が非常にはっきりとしておりますので、私の考えでは腕部をなにかで縛って、血液の流れをある程度とめておいたのではないかというふうに思うのであります。こういうことを想像で申し上げるということはよろしくないかも知れませんけれども、ある程度監禁状態のような、抵抗を妨げるような状態におかれてあったのではないか、ということを物語るものであると思うのであります」

ここで桑島氏がいいたいことは、要するに下山氏は両手を合わせ、手首の腕時計をするあたりで縛られて自由を奪われた状態にあった、ということなのである。したがって、その手首のところで血流は阻止されて手背部にあふれ、皮下に出血するまでにいたった、ということなのだろう。

そうするとここに当然疑問が起きてくる。というのは、その縛られたという手首に、明らかにそのことを物語る、なんらかの痕跡が残されていなければならないのではないか、ということである。参会者の一人がその点について質問を試みている。

「……たとえばさっき先生は縛られておったかも知れないと、一つの推定として。どういうかたちで縛られたかわかりませんけど、生体になんらの物理的あとも残さずに縛るということは考えられますか」

この疑問に対する桑島氏の解答はつぎのようなものであった。

「やわらかいものでやればしばった跡がつかないのが普通でございます」

しかし、これで質問者を納得させることはできなかった。さらに質問が重ねられたが、桑島氏の結論はやはりかわらなかった。

たしかに、そこに抵抗が示されないようなばあいには、桑島氏がいうように柔らかいもので縛ったときなど、皮膚面に索溝のような痕跡を残さないことがあるのかもしれない。しかし、下山総裁が抵抗の意志と体力を欠いていたということを示す証拠も、情況も見当たらないのである。いやむしろ、そこにそういう意志があったと考えればこそ、桑島氏は「抵抗を妨げ」るため両手を縛って、「監禁状態」にした、と想像するわけなのだろう。とすれば、たとえ柔らかな「真綿」のようなもので縛ったとしても、それは下山氏の抵抗の意志をこめた動きとともに深く皮膚面に食いこみ、索痕として、あるいは表皮剝脱の形で、歴然とした証拠が残されたと考えるのが自然ではなかろうか。しかし、桑島氏の解剖所見によれば、先にのべたように他の皮下出血や組織内出血のばあいと同様、ここにも皮膚表面にはなんの異常も発見されなかったというのだ。

さて、仮に両手を束縛したという桑島氏の推定を認めたとしても、左右の足に残された皮下出血についての問題がある。この部分についての解剖所見を、七・三〇会議での桑島報告からもう一度引用するとつぎのようになる。「足の方には、足の甲、主として外側の甲、そこに左右とも数個ずつの小さな出血がありました。なお足の下腿にところどころ出血が認められたのであります」

これら出血点の表面になんの異常も認められなかったことはたびたびふれてきたことだが、さらにもう一つ注意しなければならないことは、この出血が表面からだいぶはいった、深い所にも存在していたらしいということである。それは、桑島氏が右の引用に引きつづきつぎのようにのべていることから推察される。

「この出血は外部からはいずれもよく見えないものがありましたが、念のためにこういうところを全部縞ズボンの様に、数条の切断面を作りまして、刀で切りまして、後でやっと発見したものもあったのであります」

もしここで、桑島氏が主張するように、皮下出血が存在しているということは、その部分に鈍力が作用した証拠だ、という解釈が唯一のものであるとしたならば、表皮にはなんらの痕跡も残さないように、左右おのおの数回ずつ、小さな、しかも相当の深さの所にまで出血のできるような、鈍力が加えられたということになる。その鈍力を加えた物体の形状がどんなものであったかということはさておき、両足の自由が奪われていたという形跡は見当たらないので、下山氏はその痛みにたえかねて抵抗し、鈍体を避けようという動きがあった、と想像するのは無理なことではないとおもわれるのである。とすれば、いくつかの出血点の表面には、その鈍体が表皮の上を滑ったとおもわれる、擦過傷が残されていてよいはずなのではなかろうか。

眼瞼と結膜の溢血点

桑島氏の推定根拠は、ここでもなんとなく薄弱とおもわれるのだが、今それには眼をつむって先にすすもう。

左右対称の出血にもう一つ、両方の眼瞼と結膜における「相当著明」な溢血点というのがある。溢血点は大きなもので、「半米粒大」ぐらいだったという。桑島理論——皮下の出血はその部分に鈍力が作用した証拠である——を信ずるとすれば、ここでも下山総裁を監禁した犯人たちは、右の眼に加えた鈍力を、ほとんどそれと同等の大きさと同じ方法で、左の眼にもあたえているという、手足のばあいと同じような奇妙な行動をしたことになる。

だが、眼瞼と結膜における溢血点の存在ということは、窒息死のばあいにも生じる現象としてよく知られていることである。筆者の手許にある資料によれば、たとえば三田定則氏の『法医学』(昭和九年五月刊)、古畑種基氏の『簡明法医学』(昭和一二年九月初版)、また上野正吉氏の『新法医学』(昭和三四年二月刊)などが、一致してこのことをのべている。ついでにいえば、この三氏こそ東大法医学教室の三代にわたる主宰者だったのであるが、それはさておきその三氏の説くところのいずれをみても、この際生じた眼瞼、結膜における溢血点は、その部分に直接鈍力が作用したためであるということにはならないようである。いやむしろ、それを否定しているということができよう。

右三氏以外の学者の手になる法医学書も、この点についてその説くところは同じくかわりがない。したがって、眼瞼部の溢血点というところだけからみると、下山氏の解剖所見は窒息死のばあいのそれと類似する。それ故にこそ、事件直後、この点をとらえて警察大学の吉川澄一氏が『窒息死説』をとなえたのであった。

さて、これら皮下出血部位の対称性については、小宮喬介氏が古畑、桑島両氏と東大法医学教室で会談した際すでに、「あまりに左右対称的ではないか。生前他人から暴行されたときの皮下出血は、そんなところに出来るのはおかしい気がする」と、その問題性を指摘している。この部分は先にも引用し検討を加えているので、ここでまたそれ以上の考察は必要ないとおもわれる。そこで、以下では、その部分に直接鈍力が作用しなくとも、出血が生じるばあいがあるのか、どうか、についての検討を試みることにしよう。

まず窒息死のばあい。この際眼瞼部に溢血点が現れることは今みたとおりであるが、その他にも頭部軟組織、腱膜、骨膜、側頭筋内、また胸部では肋膜下、心外膜下、胸腺表面などに溢血点がみられることがあるという。眼瞼結膜にだけ限れば、ポックリ病による急死のばあいにも同様その部分に溢血点があるといわれる。さらに感電死では、心嚢、胸膜、腹膜、その他の臓器に点状出血をみ、またおもしろいのは出血死に際して、心内膜、とくに左心室中隔部に内膜下出血がしばしば起きるということである。この出血は血液欠乏による心臓の空転に起因する、と説明されている。以上のように、鈍力の作用によらざる溢血や皮下出血というものは、おもいのほか多数のばあいに生じているようである。

しかし、ここでとくに関心がもたれるところは、轢死体（生体轢断）のばあいであろう。まず、三鷹事件犠牲者六遺体の解剖を行った中舘久平氏の報告では、外陰部のそれを除いても眼瞼部、手足の甲、腕、足の関節部、指先の爪廓部などに表皮剝脱をともなわない皮下出血をみている。また内臓では、心室内膜下や肋膜下その他のところに溢血点を認めている。

東京都監察医務院の越永重四郎氏は、「軌道上の自殺と災害死」なる報告（昭和二五年、第三四次法医学会総会）で、一部に睾丸部と陰茎亀頭粘膜下の出血を認めている。また第三五次法医学会総会では、九州大学法医学教室の太田伸一郎氏らの「轢死の鑑定例」という報告があったが、そのなかでも眼瞼部、手足背面、指趾、腹壁、腸間膜、肋膜下、心外膜下などに皮下出血や溢血点を確認しているのである。

こうした報告や、実験研究を総合してのことだろう、現在では眼瞼部や手足の甲の部分、あるいは睾丸内や陰茎などの皮下出血と溢血点の存在は、轢死体の顕著な徴候としてとらえられているようである。たとえば、医師国家試験などの受験参考書ともいわれる『法医学新書』（EM新書刊行会編・金芳堂発行）などは、轢死体の特徴としてそれらの出血点を列挙し、さらに右の徴候につけ加えて、「轢断部に出血、腫脹、周辺部の組織内出血のような生活反応をともなわないものが多い」（傍点筆者）と説いている。

ただし、これらの出血がいかなる機構によって惹起されるものかについては、いまだ定説が確立していないようである。血管壁の痙攣に原因をもとめる説もあれば、極端な血圧上昇によるという説などもある。しかしいずれにせよ、これらの現象がそれぞれの大多数のばあいに観察され、経験則として確立されているならば、これらを科学的法則として考え、問題解決の指針としてよいはずのものであろう。とすれば桑島氏のように、皮下に存在する出血はその部分に鈍力が作用したために生じたもの、と一義的に解釈し、それに固執する必要はあるまい。

桑島説の矛盾

だがそれでも桑島氏の説にこだわるとすると、もう一つの解決困難な問題につきあたる。それは、外陰部への打撃と、その他の皮下出血部位への鈍力作用とでは、どちらが先でどちらが後か、という問題である。後者は単に皮下出血を生じさせた鈍力作用だが、外陰部へのほうはショック死への道となった。

もし下山氏が、桑島氏が想定するように両手を縛られ、監禁状態にあって、まず左右の手足や眼瞼部などに鈍力を加えつづけられ、そのあげく最後になってショック死を起した打撃が外陰部に加えられた、とその順序をこのように仮定する。すると、「おそらく不意をつかれたのでショックを起したではないかと想像されます」、という状況をおもいうかべることはむずかしくなる。下山氏はおそらく、激しいいきおいでくりかえし加えられる各所への攻撃に対して、できるだけ身をまもろうとかまえ、相手の出方を極度の警戒心で見まもっていたとおもわれるからである。

さて、関係医学書をひらいてみると、睾丸回転（壊死および梗塞）、睾丸脱出症、睾丸破裂などきわめて重傷の際の治療法が細かく説明されている。これらの症状ならびに治療法や、さかのぼってこうした損傷が生じた原因についての記述などを読んでみると、人間は外陰部に加えられた重大な打撃に、意外とたえて生命をたもちうるものだという感じを深くする。だからこそ桑島氏も、「（局部をけられたり、ボールが当たったりしても）なかなかショックを起さない、なかなかというよりもほとんど起きない」と、のべているのだろう。そしてそういう経験則をふまえたうえで想定したことが、「不意をつかれた」ということだったのだが、しかし外陰部以外の皮下出血をそれ以前のものと考えると、今のべたようにこの不意という状況想定が無理となる。

では、この順序を逆にして、まず不意をついた外陰部への打撃でショック状態となり、その状態のところで手足や眼瞼部その他に鈍力が加えられたとしよう。元来こういう状況想定にはたいへんな無理があるが、それは問わないことにしてこう仮定すると、表皮になんらの痕跡も残さずに、その内部にだけ出血を生じさせるということはますますむずかしくなる。というのはショック死について考察したところでのべたように、ショック状態になると「生活機能の低下」が起り、体温や「血圧」などの降下をきたすからである。「血圧」の降下があれば、先に引用した東北大赤石教室における鈴木氏などの実験にみられるように、外部からの鈍力作用にたいして皮下出血は非常に出現しにくくなり、ついにはその部分への出血をまったく欠くまでにいたる。となればそのばあい、手足、眼瞼その他の数多くの場所に皮下出血のみをつくって、その表面には表皮剝脱などの痕跡をなに一つ残さなかったという鈍力に、果たしてそういうものが存在しえるのかどうか、疑問はいよいよ深まるばかりなのである。

桑島氏の想定する〝監禁暴行ショック死説〟には、それにしてはまったく抵抗傷を見出せない、などという問題点をふくめ、これまでのべてきたように解釈のつかぬいくつもの矛盾がある。古畑氏が後に「失血死説」をとなえだしたことは、これまた先に詳細な検討を加えてきたが、考えてみると、桑島説のこの救いようもない矛盾に苦しみ、深く心をいためてのうえでのことであったともおもわれる。もちろんこれは推定だが、しかし古畑、桑島両氏のあいだは、古畑氏の金沢大学時代以来という古い師弟の間柄であってみれば、桑島説に首尾一貫して納得しうるものを認めることができたなら、古畑氏があえて別説をとなえる理由はないはずだとおもえるのである。

また、もう一つ注目すべき事実がある。古畑氏の証言や文章のなかでは、手足や眼瞼部などの皮下出血にふれたものがほとんどない、ということである。話はつねに、あたかもそれらのものはまったく存在しなかったという格好で、すすめられているのである。たとえば、下山事件研究会への証言を見てみよう。「生前に鈍体が作用して出血したと思われるところは、ペニスの亀頭の部分と、それから右の睾丸の実質内にあるものだけです。これ以外に全身に無数の傷があるにもかかわらず、生活反応のあるものは一つもない」

このような説明に、研究会出席の佐伯千仭氏がつぎのような質問をしている。

「全身図の両腕の傷は生活反応とみられるわけですか」

古畑氏が証言につかった図面の、全身を背面から見たものでは、ちょうど桑島氏のもの（『資料・下山事件』二〇七ページ・二二九ページ参照）と同じように両手背面に斜線がひかれ、さらに斜線のなかと腕の部分に数個所の黒点が描かれていた。この斜線の部分を桑島氏は、紫ラン色を呈した「薄層の皮下出血」とし、さらにそのなかの「皮下出血を伴う数個の小さい皮膚変色部（ただし表面にはまったく異常なし、筆者註）」を黒点で示した、と説明した。要するに、薄い皮下出血層と出血点、ということである。

しかし、古畑氏の解釈はこの桑島氏の説明とだいぶ違うのである。先の佐伯氏の質問につぎのように答えている。

「生活反応ではありません。これをもって生活反応だといった人（すなわち桑島氏、筆者註）もあるんですけどね、これは生活反応ではありません。出血でないんです。血管の中に血が移動してきてるわけです。流動性ですからね」

佐伯氏はこれで納得できなかったのか、それは皮下出血ではないのか、と重ねてもう一度たずねている。だが、古畑氏の返答はつぎのように同じ内容のものであった。

「そんなもんじゃない。そういうもの（皮下出血、筆者註）は血管の外へ血液が出て、組織の中に血液が凝固する。そういうものじゃ全然ない。血管の中に入っているのですから。流動性の血液が」

このように古畑氏の話は、桑島氏の解剖所見についての証

左手外側面図

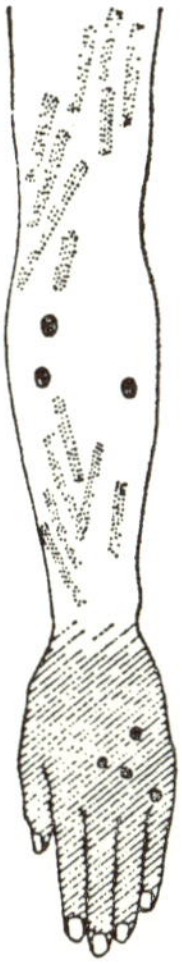

死後うけた傷

生前うけた傷

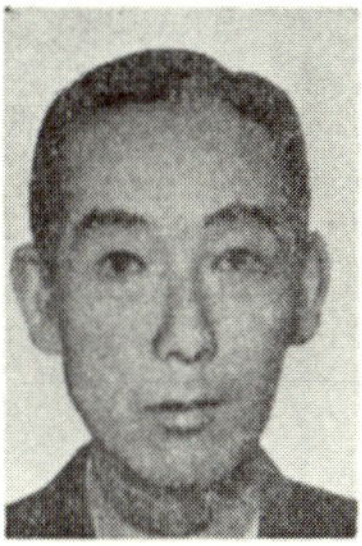

「これは左手でございます．腕関節から末端部にかけて，全般の皮膚がはっきり紫ラン色を呈し，皮下出血がみられると同時に，皮下出血を伴なう数個の小さい皮膚変色部が手背部にあります」．『資料・下山事件』229 ページ桑島直樹証言より．左の写真は桑島直樹氏．

言とまるで相反するものである。ここでそのいずれをとらなければならないかは明白であろう。再三のべてきたように、下山氏の遺体解剖所見については、その解剖担当者であり、鑑定受託人である桑島氏の報告を客観的事実とする以外にない。また、桑島氏報告の解剖所見(その所見にもとづいた意見とは別)の大要が事実に反しているという証拠もないし、記録として残されている文書やメモも解剖所見についてはほぼ一貫しているようである。さらに、解剖に際して助手をつとめた中野繁氏の話も、桑島氏の解剖所見を確認するものであった。

こうしてみると、桑島氏の解剖所見と異なった古畑氏の見解は、佐伯氏との質疑応答のなかでもよくうかがわれるように、単に不注意による見落としや勘違いなどというものではなくて、たしかにある意識をもって形づくられていることが推察できるのである。その意図は、矛盾にみちた桑島説からの脱却であろう。そのためには、桑島説の基礎である解剖所見の否定であり、一部改変であったのではなかろうか。

もちろん、そうして「出血死説」にいたったとしても、それで矛盾が解決されたわけではなかった。このことも先に詳しく検討したが、ここでもう一つそれらの検討につけ加えると、つぎのような矛盾がふえたことになる。すなわち、古畑氏は「出血死説」をとなえ、その血液は右腕の付け根から抜かれたものとしているが、それでもなおその腕の先端部分の血管に、流動性の血液が皮膚表面から観察されるほど多量に存在したという、ありうべからざる事実の存在確認ということである。これはまた、出血死のばあいの特徴の一つである、死体表面は全体に蒼白であるという法医学上の基礎的常識にも反しよう。

さて、もう一度桑島氏のほうにもどろう。桑島氏が、みずからの説の矛盾をまったく意識していなかったのか、それともそれを感じながらその解決にどれほどの悩み方をしていたのか、そのことを推察させる適切な資料はあまり見当たらない。ただこの点で注目させられるのが、昭和四〇年七月の週刊誌上に桑島氏のものとしてつたえられた、つぎのような発言である。

「肺臓の一部に、顕微鏡所見では、小さな出血がみられる。これは一時的に息ができなくなったときにできたものだ。これは、口を押えられたのではないか、と考えられる。確証のないことはいわないのが鑑定者のたてまえだから、これを死因とはしていないが、口をふさがれたような形跡のあったこ

とは推定できます」（『週刊読売』昭和四〇年七月二五日「下山総裁はやはり殺されていた」より）

ここにみられる、「窒息死」かもしれぬ、という判断のゆらぎは、桑島氏自身、必ずしもショック死説に満足していなかったことの、意思表示とみてよいとおもわれる。たとえそれが常識程度のものにしろ、法医の知識をもって下山総裁の解剖所見を検討したなら、ショック死説は幾多の疑問にみちている以上、これは当然のことでもあろう。だが、「ショック死説」から「窒息死説」にかえてみたところで、そこにもそれを納得させる客観的証拠も条件もないし、結局はふたたび解決のつかぬ矛盾に追い込まれるだけである。そのこともまた桑島氏がよく知るところではなかろうか。

生体轢断を示す解剖所見

では、どう考えたなら正解なのか。ここで解答は一つのようにおもわれる。〃死後轢断〃という考えをすてて、〃生体轢断〃の立場で考え直してみることである。先にもふれたように、新しい法医学書のあるものはすでに、下山氏の解剖所見に示されたもろもろの徴候を、轢死体（生体轢断）の特徴としてとらえている。

ただしこのばあいにも、手足の先端部分や眼瞼部などに皮下出血が生じる、その機構の詳細までことごとく解明され、確定的な定説ができあがっている状態ではないようである。だがここでは仮に、数十トンの重さを支える車輪が、血管の断端付近を急激に圧迫し、その圧力が末端毛細管などに衝撃的につたえられてそこを破り、出血を招来する、という考え方をとってもよい。そうすれば、外陰部、手足、眼瞼部、あるいは胸部表面などにみられる皮下出血が十分説明つくだけでなく（それら出血点の近傍における重大な損傷、すなわち車輪によって轢圧をうけたとおもわれる部分については、七・三〇会議の桑島報告を参照のこと）、肺臓、心筋、腎盂腔など内臓部にまでみられた出血点なども理解できる。

さらに、監察業務のため数多くの轢死体をみたという有馬宗雄氏は、轢死体は意外なほど（外部への）出血が少ないことが多く、血液は体の軟組織に押しこめられたような格好で、内臓が充血していることがよくみられる、という。これも、車輪の重みで圧迫された部分の血管から血液が移動し、ある容量をもった軟組織に逃げこんだ、と考えられよう。また、この考えによれば、下山氏の肺臓にはむしろ血量が多かった、という桑島氏の解剖所見も合理的に説明がつく。

ここでもう一度、では、轢断創に（生活反応としての）皮下出血をみなかったのは何故か、という問いが発せられるかもしれない。この疑問についての考え方は、すでに詳細な考察を試みてあるが、結論的な要約をしておくこともむだではあるまい。

まず、なんらかの原因で、たとえば恐怖心による失神などのため血圧が低下していたばあいには、東北大の鈴木氏らの実験が示すように、生活反応としての出血を欠いても不思議なことではないだろう。また、そのばあいとは別に、赤石英氏が説明するとおり、車輪による重大な損傷のため、きわめて短時間——生体防衛機能が発動するまもなく——に失命し、心臓がその働きを止めたとすると、この際にも出血をみないことになろう。これらのばあいにも、車輪の重圧で圧縮された大きな血管につながる末端毛細部に出血を生ずるのは、なんの妨げも受けないとおもわれる（大きい血管の切断部は、車輪の重みであたかも縫合されたように閉じられてしまう）。さらに、轢断時点では出血がみられていたとしても、当夜の雨を考えれば、この雨の影響が非常に大きく、轢断創の血液は凝固するまえに洗い流されてしまった、とも考えられる。この点では、松本俊二氏の実験が参考になろう。念のためにつけ加えれば、以上の実験結果や理論は、すでに関係部分で詳細に説明したところのものである。

註

1——〈229・上〉

古畑氏は昭和二三年刊の『法医学』でみずから序文を書き、つぎのようにのべている。「法医学の医学上に於ける地位の特殊性は強く認識せねばならぬ。私共の見解によれば『法医学とは社会の治安を維持し、公共の福祉を護り、法律の公正なる適用を計ることを目的とする医学である』からである。換言すれば、法医学は公安医学であるといってもよいのである」（傍点部分はゴシック体で印刷されている）

2——〈230・下〉

昭和二五年四月二七、八の両日東北大学医学部講堂で開かれた法医学総会において、東大法医学教室のメンバーで、監察医務院に席をおいた越永重四郎氏が、「軌道上の自殺と災害死」と題する報告を行い、局部出血についてつぎのようにのべている。「最近睾丸部出血が轢死体の重要徴候であるとする説があるが吾々監察医の経験した一九例中では睾丸被膜下出血二例、被膜下及実質（睾丸）内出血三例、睾丸ではないが陰茎亀頭粘膜下出血二例が認められた」（『日本法医学雑誌』第四巻第三〜四号）。文意からこれらの出血部の表皮には剝脱などの異常はなかったものと推定されるが、その点がはっきりしていないので、ここではいちおう考慮外においた。

3――〈235・下〉

古畑氏も出席した八月三日の捜査本部合同捜査会議では、第一線捜査官たちが、法医学の判定が客観的事実と喰い違っていた過去の事例を多数引用して、古畑氏たちに鋭い質問を寄せたという。この会議で報告された捜査結果も、古畑氏の態度に影響を与えていたかもしれない。

4――〈238・上〉

昭和三〇年二月の『別冊文芸春秋』に、戸川幸夫氏は下山事件に題材をとった、「他社の人」という小説を書いている。そのなかにつぎのような文章がある。「死斑が普通の死体よりも少なかった。これは轢断前に相当量の出血があったのではないかと思える」、「また死体の下の土も二、三尺掘ってルミノールやベンチジン反応を行ったが斑痕的には検出出来たが、多量の出血の形跡はないんです。ということはそこ（轢断現場）以外で多量の血液が既に流出しているということですよ」。S総裁の死体について、G大学の馬場教授が小説の主人公（新聞記者）に行った解説である。馬場教授とは古畑氏ということになろう。この小説の取材がなされた時期（おそくとも昭和二九年末まで）に、古畑氏は出血死説を説いていた、と考えてよいとおもわれる。

5――〈239・上〉

古畑氏はその著作『法医学』（昭和二三年刊）においてつぎのようにのべている。

「失血死の診断を下すには、先ず損傷を受けた血管を明かにし、どの位の出血があったかを調べる。失血死に於ては一般に皮膚は蒼白で、死斑の出現が殆どなく、内臓の血量は極めて少く帯黄蒼白を呈する」（傍点筆者）

6――〈239・下〉

昭和四三年六月一〇日発行『医学の灯のもとに』で、古畑氏は下山事件に関しつぎのように書いている。

「殺害の方法は？　これは判らない。犯人を捕えてみないと判らない。解剖した桑島博士の話では、睾丸の実質に出血があるから、睾丸部を蹴られるかなんかして、ショックで死んだのではないかといっていられた。警察のあるベテランの方の話によると、当時は争議が盛んな時分で、会議なんかで腹を立ててくると、膝で相手の股間を蹴り上げることがあったそうだ。それで、下山さんの場合も、話をしているうちに、相手方に睾丸を蹴られたのではないだろうか、といっていた」。下山事件研究会への証言から、一、二年たつと、古畑氏の研究もだいぶすすんだようで、「日本人でない……犯罪の方法」が、ここでは労働争議の戦術？　に変化している。

7――〈246・上〉

機関車付着血痕の大きさ、形状などと、その付着部位を測定、指示して、記録の基礎作業したのは、事件当日の当直番であった水戸機関区安友晟検査係であったという。この安氏に『資料・下山事件』収録の、水戸警察署作成鑑定記録を示し、かつ、保存中のD五一型機関車についてその状況を説明してもらったところ、実際に付着していた血痕はもっと多かったはずである、ということであった。

8――〈250・下〉

神奈川県の監察医を長年勤めた有馬宗雄氏（現病理学会理事）のように、「轢死体に直角に平行な損傷がある場合は大体において自殺と考えてよく、そうでないときは事故死とみてよいようだ」と説く学者もいる。自殺者がその目的をたっする場合は、線路上に直角に横たわることが多いという事実と、轢死体を実際に多数検案した所見とから引き出された結論であるという。事故死の場合は立ったままとか、不規則な姿勢で列車にふれる。したがって、死体に直角な轢断創が出来る率が少ない。

9――〈251・下〉

前記越永氏の「軌道上の自殺と災害死」という報告では、「自殺では〝全身バラバラ〟になるものが最も多く、災害死では頭部のみの損傷が最も多い。全体として自殺の方が災害死に比して身体損傷の度が高度である」とされている。これは他殺死体を轢断させたばあいとの比較ではないが、いずれにせよ古畑氏の所論に対してはむしろ否定的な結論といえよう（古畑氏の主張では自殺の場合は死体はあまりバラバラに散乱しないことになる）。なおこの報告は論文としてまとめられ、昭和二六年一二月発行の『日本法医学雑誌』第五巻第六号別輯、古畑教授還暦記念論文集におなじ題名で多数の図表とともに掲載されているが、論文巻頭には主任教授として古畑氏の名が記されている。

また、昭和二四年八月三〇日の衆議院法務委員会において、小宮喬介氏は林委員の質問に答えてつぎのようにのべている。

「ある雑誌に、生きている者をひいたとする場合、ばらばらにならないということが確かに出ておったが、これはうそであります。それから死骸をひいたときに、ばらばらになるというようなことを言っているものもあるけれども、死骸をひいたものがばらばらにならないという例は私が先ほど持って参りました本にも、秋田の大曲の事件で死骸をひいたのにばらばらにならないのが例としてちゃんと載っておりまして、死骸をひかせればばらばらになるということを書く人は、少しおかしいと思っております」

さらに古畑氏もその著作『法医学』（昭和二三年刊）の〝轢死〟の項でつぎのように述べている。

「電車、汽車、自動車による轢死も相当多いものである。又電車、汽車に跳ね飛ばされて死ぬこともあるが、かかる場合は墜落死に似たような変化が見られる。若し真に轢過せられた場合には、頭部、手、足、胴体等が切断されて、且内臓の破裂、裂創、破砕が見られる」

ここに述べられているのは、生体轢断の場合の現象である。この轢過（生体轢断）された場合の状態というのは、ばらばらになった死体を想像させ、轢断個所なども下山氏のばあいときわめてよく似ているといえないだろうか。もう一つ古畑氏の著作『簡明法医学』（昭和三九年版）から引用すると、その〝軌道車による傷害〟の項に、国電に飛び込んだ自殺体の写真が掲載されているが、説明は次のようになっている。「頸部、右上肢、左右下肢離断」。これもまた下山氏の轢断状態とよく似ている（もっとも死体がどの程度の範囲に散乱していたかは写真から不明）。

10――〈257・上〉

昭和二五年四月二三日付毎日新聞はつぎのように報じている。「pH曲線による死後経過時間の研究はすでに昨年七月の下山事件発生当時から同博士（秋谷）のもとで始められ、当時法医学界ではこの研究結果について対立があったまま今日に至ったものだが、今年一月に入って同博士の研究はこれまでpH試験紙（単位〇・二以下は測定不能）によっていたのを一層科学的にするため特別な電気的方法による機械（ガラス電極によるpH測定機）をとり入れて同教室の設備を完成、さらに研究を進めた結果、昨年七月三十日同学会報告会で発表したpH曲線から死亡時間を測定した同博士の論理はさらに強固な裏附を得、今回発表の段取りとなったのである。しかも特に注目すべきは今回のpH測定機による研究結果で下山氏の死亡時間は当時発表された時間（七月三十日の会議で秋谷教授は五日夜十一時――同十二時がほぼ確定的と述べた＝七月三十一日朝日紙）よりも更に早くなったと同博士は断言している」

11――〈258・下〉

(1)「五日の午後九時ごろから同十一時の間」（昭和二四年七月九日、朝日）

(2)「六日午前零時の前後一時間ずつの間」（昭和二四年七月二三日、毎日）

(3)「（五日夜）十一時―十二時」（昭和二四年七月三一日、朝日）

(4)「『（五日夜）十一時から十二時』より前」（昭和二五年四月二八日、タイム）

右はいずれも秋谷氏か、秋谷教室関係者によって語られたpH法による下山氏死亡推定時刻変化の足どりである。記事の内容などから推定すると、死亡時刻のはっきりした死体で実験してみるとこの方法が実情にあわず、その度に標準曲線などに変更がくわえられた節がうかがえる。二〇分とか三〇分以内の誤差で死亡時刻がぴったりとわかるなどという、うまい方法でないことが、この変化の足どりだけからもわかるだろう。

12――〈259・上〉

昭和二四年八月三〇日の衆議院法務委員会で小宮喬介氏は、林委員の質問に答えて、秋谷氏に会ってpH法の説明を受けたときの状況をつぎのように述べている。「その酸度の動きを結局秋谷教授は水素イオン濃度の試験で出した。これで組織体の方にどういうようにやられたかというと、三十度の温度でモルモットの頭を石で叩いたのでやった。これで線をとってやっておられる。下山さんのときには一番影響のない肩の筋肉をとりまして、ある期間それがどこに書かれた線に合うかということでやられた。その温度は二十五度でやられた。それで下山さんの死体のあった線路の温度が二十一度だったということですが、東京の温度が二十一度だったのか、線路の温度が二十一度だったのか存じませんが、とにかく九度ばかり温度が違うじゃないか。九度温度が違うということはどういう関係があるのかと言ったら、九度ぐらいは平気だ、そう大したことはないと言われたのでありますが。それじゃどれくらい温度がかわったら変化があるか。十五度ならばかわりがある。十五度ならかわりがあるが、九度ではかわりがないというのは少しおかしいじゃないかと思うことと（有機的化学変化の早さは、温度が十度ちがうと倍の開きがある、筆者註）、私が試験をしたものだといたしますなら、ああいう線を書かない。科学線を出せるくらいしっかりしたものならば、これは数学的の線で現わせる。そうするとその数学的の線に持って参りまして、実際の形体である、たとえばこの場合なら、下山さんの死体の筋肉を数学的の線に合せて出して行くならば、もっといいでありましょうが、線の動きを法医学の線の上に重ねたという合せ方は、ほんとうの自然科学的の合せ方とは私は思わない」

二一度というのは、中央気象台の百葉箱内の温度計指示であろう。真夜中から降り出した雨が明け方豪雨となり、その豪雨に打たれた線路上の温度が一五度以下になったことは十分考えられるところである。そこに数時間野ざらしとなった下山氏の死体を、二五度の気温下にあったものとして実験をし、三〇度のモルモット曲線に合わせたのでは、到底科学的のものとはいえないだろう。

さらにもう一つの問題点をつけ加えておくならば、古畑氏の証言から下山氏の肩の筋肉が秋谷氏に渡されたのが七月六日の、おそくとも午後六時ころ（解剖終了時）までと考えられるのに、第一回目のpH測定が翌七日の午前一〇時ころと、古畑氏引用のpH曲線から判断されることである。もちろんこの「時刻」は厳密なものではないが、その間の十数時間、なぜ測定が行われていないのかは、やはり大きな疑問であり、測定開始のおくれもこの曲線からの結論を信用しえざるものにしている。

13 ――〈259・下〉

昭和二五年四月二八日付タイム紙面にはつぎのような記事がみられる。「死後経過時間判定の基となるpH曲線の研究は、（昭和二五年）一月からpH〇・二以下も測定できる電気測定機をとり入れ研究を進めてきたが、下山総裁が死亡した（昭和二四年七月）ころの気温三〇度と二五度の場合のpH変化曲線は完成した。この結果下山氏の死亡時間は昨年七月三〇日東大の日本法医学会で発表した『死亡時間は夜十一時から十二時』以前に死亡している確信が持てる」

この記事からみると、昭和二四年七月ころには二五度、三〇度いずれのばあいについても信用しうるpH変化標準曲線が存在しなかったと考えるのが実情に合うようである。

14――〈263・下〉

赤血球は、血色素（ヘモグロビン）や塩類が、半透膜で包まれていて、血漿や体液とバランスをたもっているが、組織内に水が浸入して滲透圧に変化が起きると、半透膜は一方的に水を吸いこんでふくれあがり、やがて破れてしまう。もちろん十分凝固してしまった血液ではこういうことは起こらない。

15――〈264・下〉

矢野氏はこの他につぎのものを（汽車による）轢死の徴証としてあげている。(1)機械油や石炭ガラの付着。(2)活眸（または活眼直視状態）、「此ノ如キ状態ヲ呈スル所以ハ猛烈ナル力ヲ以テ瞬間ニ奪命セラレ急劇ノ〝ショック〟ヲ伴フニ依ルモノト思考セラル」。(3)鶏姦状創。(4)結膜溢血斑。(5)その他。

16――〈269・上〉

轢死のばあい、線路に飛びこんでから恐怖心で気を失えば、必然的に血圧が低下することになるので、このときも失血を欠く可能性がある。また、新潟大の山内峻呉氏は、恐怖心によるショック死ということが認められているので、轢断直前にこのような状態になれば、まったく生活反応を欠く轢死体というものは当然考えうるという。

油の研究

秋谷鑑定への疑惑

機密文書・下山事件捜査報告の発表

下山事件他殺説は猛烈ないきおいで現在のジャーナリズムの世界を風靡しているようである。右でも左からでも他殺説が声高く喧伝される一方、自殺説などというと狂人か、あるいは悪名高いＣＩＡの手先あつかいにさえされかねない。なぜであろうか。

一つには、自殺説よりは他殺説のほうがおもしろいし、一般の興味をひきやすいからだとおもわれる。事件当時の新聞を読みかえしてみても、自殺説への傾斜を深めていた毎日新聞よりは、他殺説で、左翼による謀殺をにおわせていた朝日、読売の紙面のほうがたしかにおもしろく、読者を引っぱるある種の魅力をもっていたのがわかるのである。しかも今は敵役はかわってアメリカとなり、そのアメリカ占領軍の悪事としてあばきたてられているのだから、他殺説が大向うの拍手喝采をよぶのは時の勢いというものであろう。

さて、拍手が盛大であればあるほど、ペンもその方向に走りやすいのがこれまた人情。だがしかし、確たる証拠もなく、ただただアメリカ軍謀略説のみを騒ぎたてるだけというのは、なんとなく負犬の遠吠えにも似た感じがしないではない。こう書くと、なにをいうか立派な証拠がある、東大の科学的鑑定だ、と猛反撃を食うにちがいない。これこそ他殺の決定的な証拠だというのである。すなわち、巷間、美談や賛嘆の声とともにつたえられるこの東大の「科学的鑑定」なるものの存在こそ、下山事件他殺説の流行するもう一つの、というよりは最大の理由であり根拠であるといってよかろう。

そこで東大といえばわが国最高の学府、その最高学府に集まった権威ある学者の結論に間違いがあるはずはない。これを否定するなどとは愚の骨頂に狂人のたわごと、ただそれだけにとどまらず、他殺説を否定して、敵役アメリカ謀略機関の犯罪隠蔽に手をかす憎むべき所業、CIAの手先にしてはじめてなしうることである、と論理はつながるらしい。

だが、世の中すべてがたてまえどおりにはできていないし、必ずしも論理的にばかり事が運ぶともかぎられていない。そこにまたおもしろさがあるのである。ある意味ではそのおもしろさにひかれて、この十年余を下山事件とのつきあいで過ごしてしまったのだが、さてそのおもしろいところを、おもしろくわかるようにできるか、となるといささか心細い。以下くりひろげる七面倒な議論にはただただ読者の忍耐を乞うのみである。

ここでまず断っておかなければならないことがある。以下、筆者は東大医学部薬学科の、当時の秋谷教室による下山事件についての鑑定を検討しようとおもうのだが、実はこの鑑定書なるものを見ていないので、内容はもちろんその表題がどうなっているのか、あるいはまたいったい鑑定人は誰々なのか、などについても正確な知識をもち合わせていないということである。だから厳密な意味では、この鑑定を検討する資格がないのかもしれない。

しかし、事件以来これまで他殺説の裏づけとしてたびたび流布されてきた東大の科学鑑定なるものにはほとんど目を通してきた。それらは、あるいは当然のことかもしれないが、若干の点で相互に食い違ったり、矛盾したものをふくんでいたりで、取材を重ねてみたが、いずれが正確な内容をつたえるものかについては、判断をためらわせるものがあった。ただそれらのものを通じて、東大の鑑定内容の大要は、ほぼおぼろげながらつかめてきたとおもわれたのである。そこに三年前(昭和四八年)の夏、『文芸春秋』八月号に「機密文書・下山事件捜査報告」なるものが発表になった。目次には、「事件発生後約四半世紀、永年にわたる自・他殺論争に終止符を打つべき重要な諸事実を指摘した『極秘資料』百五枚をここに公開する」とうたわれている。さらに本文の前には斯界の権威、松本清張氏の「カンか科学か——新資料を読んで――」なる解説がつき、そのあとに「下山定則氏轢断死体に付着せる衣類・靴など、並びに同物件に付着せる異状物質の、科学的検査により得た捜査上必要と認められる諸事項」なる表題で問題の〝百五枚〟が組みこまれている。つたえられるところによると、これが東大裁判化学教室の鑑定全文なのだそうである（もっとも一部記載に省略のあとがあるのだが）。

さて、この〝百五枚〟を一読してみて、その内容についてはもちろん、果たしてこれが本当に東大の鑑定書なりや否やに関しても、多少の疑念を感ぜざるをえなかったのだが、ともかくこれまで流布されていたものにくらべると総合的であり、具体的数字もそろえて一応科学的体裁を整えている点で、ある意味では鑑定書の内容に比較的近いものではないかとおもわれたのである。そこでひとまず、この〝百五枚〟を仮に東大の科学鑑定と考え、「秋谷鑑定」と略称させていただき（というのは本物ならば鑑定人に秋谷氏の名前が並んでいることは間違いないとおもわれるので）、この〝百五枚〟について考察を試みようと考えるのである。

さて、その「秋谷鑑定」の大要は、下山総裁の衣服を検査してみると糠油、色素、その他の物質が付着していて、性状や付着状態から、これらのものは轢断時に機関車などから飛びちったものではなく、総裁が異常な状態におかれて生命を断たれた前後についたものと考えられる。言葉をかえていえば、そうした物質が衣服に付着するような場所で下山総裁は殺されたものと考える以外にない、というのである。

油の付着状態

そこでさっそく、油の問題から検討を始めようとおもう。まずその付着状態と量的関係から。

「秋谷鑑定」によると、上衣にはほとんどなかったが、ズボン、Yシャツ、肌着、フンドシ、靴下片などに「油」が付着していて、そのうちのズボン、Yシャツでは右側のほうが付着量が多かったとされている。傾向的な見方をすれば、「油」の付着は、外側には少ないが内側には多く、しかも左右という点からは、右側のほうが多めに付着していたということになろう。

この外側に少なく、内側に多かったということは、前からもよくいわれていたことで、たとえば松本清張氏などは、この点をとらえてつぎのように論じていた。「機関車から油がこぼれて轢死体にかかったという場合は上着の方から次第に下着の方に沁み込んで行くのが当り前であろう。従って上着の方が余計に汚れて、下着の方は殆ど汚れが薄くなって行くというのが理屈である。下山の場合は反対である。上着に汚れが無く、下着ほど汚れが濃い」（『日本の黒い霧』―下山国鉄総裁謀殺論）。したがって、機関車から付着した油ではない、ということなのである。

目下は「秋谷鑑定」の検討中なのだが、参考までに松本氏のこの説にふれておくことにすると、どうもこれは余りにも短兵急な結論のようにおもわれてならない。なるほど列車が、衣服をきちんとまとった総裁の上を、油をたらしながらただ通過して行ったにすぎないならば、たしかに松本氏の所論に理由はあろう。しかし現実には、下山総裁は機関車底部にまきこまれ、轢断されたり、引きずりまわされたりしているうちに、つぎつぎと衣服をはぎとられて、最後にはほとんど裸体〈註―1〉、わずかにそれとわかるぼろぼろのズボンを大腿部に残していた状態で、軌条内に横たわっていたのである。このことは松本氏も「肉づきのいい裸の胴体がうつ伏せになっているのを線路で発見した」（傍点筆者）と書いているから、承知のはずであろう。

とすれば、衣服がつぎつぎとはぎとられていく過程を考えてみればよい。まず第一番目に、上衣がとれるだろう。間違っても上衣はそのままで、下着が先に脱げるなどということはない。つぎはYシャツである。下着は最後になるはずである。これが考えられる一応の順序である。

こう考えてみると、「油」が上衣よりは下着のほうに多く付着していたとしても、決して不思議なことではないだろう。下着のほうが胴体とともに機関車の下でひきずられ、転がしまわされて、油と接触していた時間がもっとも長かった、ということも考えられるからである。逆に、いちばん外側の上衣は、その体への接着度からも、最初の段階で比較的簡単にはぎとられて、機関車の油に触れる機会が少ない状態で、総裁の上体を離れたという可能性が考えられるのである。この見方にたてば、最後まで下山氏の大腿部にまとわりついていたぼろぼろのズボンに、多量の油が付着していたのも当然ということになる。

すなわち、素直にみれば下山総裁の衣服への「油」の付着状態は、その質の問題を別とすると、機関車の油がついたものと考えても、決して不自然でない状態であった、ともいえるのである。

下山油の発見

では質の点はどうなのか。ここがいちばん問題になるところなのだが、結論的にいうと「秋谷鑑定」はこの「油」（下山総裁の衣服から採取したという意味で『下山油』とよんでいる）は糠油であって、機関車などに使用されている鉱物性の油とは、異質のものであるとしている。以下いささか専門的な話になるが、そういう結論に至った経過を追ってみようとおもう。

「秋谷鑑定」によれば、まず第一に、田端機関区から、機関車とその他の車両用の三種類の油（内部油、外部油、混合油）を採取してきて、屈折率の測定から始めたという。これは光がある物質にはいるばあい、それぞれの物質によって屈折する程度がちがうのを利用した一種の鑑別検査法なのだが、その結果は一・五〇以上の数値をしめした。

つぎに、実際に使用されている油の検査になるのであるが、そのところは最初の部分をそのまま引用しておこう。

「D五一六五一の機関車及び貨車に使用する油を実際の機関車から抽出するため、田端機関区入庫中採取を行なった結果、一ヤールの木綿地に対して四・五ccのエーテル抽出油を得たが、これは車輛底部のあらゆる個所を拭いて得た油量であり、この四・五ccは重要な意味をもつものであった。これについて、前記nD（屈折率）二六度で測定の結果は一・五一二〇を示し前記三油より高価であることを認めた。しかし一・五〇以上の三種油と大体一致していた」（傍点は原文どおり）。

さらにこのD五一六五一油については鹼化価（V・Zと略称する）というものを測定したが、結果は一・八でほとんどゼロと認めてよいほどのものであった。この値はD五一六五一油が、動物や植物の油ではないことをしめしているという。

さてそこで検査は下山衣服のうちの上衣に移る。これは「轢断時に、明らかに下山衣類についていたと認められる車輛油のよごれ部の代表として」、上衣の襟のところを五cm×一〇cm四方ほど切りとって油を抽出したが、その油は「グラム数の測定も不可能」なほど微量であり、nDは一五度Cで一・五一〇となり前記のD五一六五一油の一・五一二〇と近似していたとされている。この検査結果についてのつぎのコメントは引用しておくべきであろう。

「上衣襟部の油は微量であり、ウラ地にはしみが出ていない程度の、表面のみの汚れであることを忘れてはならない。

それに較べて下山油は衣類の表ウラを通じてドス黒いまでに沁み込んでいる点で対照的である。轢断車でつき得る車輌油はD五一六五一の車底から採取した量四・五ccで判る通り、すこぶる微量である」（傍点筆者、ここで四・五ccをご記憶ありたい）。

以上はいわば予備的検査の段階、いよいよズボン、Yシャツ、肌衣などから抽出された、いわゆる下山油（「秋谷鑑定」の用語）ということになるのだが、本書では得体のしれない油という意味で、括弧つきの「油」も併用させていただくことにする。

まず実際にどの程度の量が抽出されたのかをしめす表が、「秋谷鑑定」のなかにあるのでご覧いただきたい（表—1）。表中%をしめす欄は筆者の計算である。またズボン右半分とフンドシからの抽出量は、「鑑定」本文中の数字に従って小数点以下の訂正をした。

これらの「油」はエーテル溶媒によって抽出されたものであるが、その検査はまず屈折率の測定から始められnD一・四六三〇ないし一・四八〇という値をとった。この値は先のD五一六五一油とは異なり「nDについて油脂検査表を見ると、植物油の示す範囲に近く、下山油は植物油である可能性が強くなった」。

つぎに鹸化価の測定であるが、その結果は左表のとおりである（表—2）。

いちばん右の活性炭という欄は、エーテルで抽出した「油」がたいへん汚れていたようで、それを活性炭で処理して汚れを除き、そのうえで測定したV・Zだそうである。したがって、その左の「V・Z（鹸化価）」という欄の数値は、活性

表—1

	布地量(g)	抽出量(g)	油/布(%)
ズボン右半分(欠損部1/4あり)	318.2	55.1	17
フンドシ	63.7	13.2	20
靴下片	7.6	1.3	18
Yシャツ一部	5.6	1.0	18
肌衣		6.3	
ズボン左下部		8.4	

表—2

	部位	V・Z(鹸化価)	活性炭
1	ズボン右木綿地	195.88	
2	ズボン右全部	261.87	
3	ズボン左膝下部	251.09	195.43
4	〃	231.68	
5	フンドシ	250.98	

炭処理以前の、抽出したままの資料のV・Zということになるのだろう。いずれにせよ、これらの値はD五一六五一油などのそれとはだいぶちがっていて、「轢断事故とは関係ない油が下山氏の衣服に強く沁み込んでいた」ことを、推定させるものだという。

さて、以上の屈折率、鹼化価測定という二つの検査で、下山油は動・植物油のいずれかに属するものということになり、この区別をつける判定法となった。それには動・植物油中にふくまれるステリンを検査する方法がある。動物油か、植物油かによってふくまれているステリンの系統がちがうわけだが、その検査の結果からは、下山油は「植物油を含むことが判った」とされている。

ところで植物油には、乾性、半乾性、不乾性の分類があるが、下山油は事件後三ヵ月あまり経過しても乾燥して固まる様子がないので、半乾性油か、不乾性油のいずれかということになった。そうすると下山油はおおよそ棉実、ゴマ、ナタネ、大豆、カボチャ、トウモロコシ、ヌカ油（以上半乾性）かあるいは落花生、オリーブ、椿、椰子、ヒマシ油（以上不乾性）などの範囲にあることになる。

「かくして植物油中の化学的判別法として酸価（S・Z）測定を各油と共に下山油にも試みることにした。まず下山油の各部抽出油について左記のような結果を見た」ということであるが、残念ながら『文芸春秋』〝百五枚〟では「（表略）」となっていてその詳細は不明である。そして、その測定結果の「表」が省略されたあとにつぎの文章がつづいている。

「即ち下山油は二十四年秋はじめのS・Zが五六～六〇、二十四年初冬S・Z九四～九九、二十五年春一一二以上、と時間的に変化する特殊な油であることを認め得た」

そこで、このように酸価の急上昇をするものを植物油のなかに探してみると、トウモロコシ油か米ヌカ油のいずれか以外にはない、というのである。

こうして下山油は、トウモロコシ油か米ヌカ油という可能性が強くなったが、なお下山油が「他の植物油と同一の化学的反応を現すものかどうかについて、反証実験」を試みた、とされている。その「実験」がどういうものかについては明記されていないが、対象とされたのは落花生、ナタネ、ゴマ、桐、トウモロコシ、アマ、棉実などの油で、このテストでは、「結局何油かを判別することは不可能であった」という。

つづいて、「前記ナタネ、ゴマ油の近似性について化学的にV・Z、S・Zについて下山油との比較を行なった。この検体は捜査二課、地検によって、全都下の油業者から集められたものである」となっていて、ここに検査結果かなにかの「表」があったらしいが、〝百五枚〟ではこれまた「(表略)」ということで、その実体は不明である。だが結論的にはナタネ油、ゴマ油とも下山油とはなりえないということで、容疑を解くことにしたとされている。

ここまでくると、容疑はトウモロコシと米糠油に絞られてきたが、その解明のため「捜査員は全都下からヌカ油、トウモロコシ油などを採取した。検体は近県も含めて一九三カ所に及んだが、念のためナタネ、ゴマ、その他各種の油を含めた」

さらにこのあと、つぎの文章がつづいている。「しかし、結局下山油のV・Z一九五、S・Z九五に近いものを標準として、左頁上表の三三程度とり上げられることになった」

「左頁上表」というのはつぎにしめすとおりのものである(表—3)が、「三三程度とり上げられることになった」というのはどういう意味なのかはっきりしない。これらの「採油所」が容疑個所であるという意味ででもあろうか。

さていよいよ「油」鑑別の大詰である。トウモロコシか、米糠かの決着を、沃素価測定によってつけようというのである。この測定は事件の翌年「昭和二十五年四月頃のものである」ということで、その結果をしめすとおもわれる次ページのような表が掲載されている(表—4)。

こうしてつぎのような結論に至るのである。

「前記の沃素価を上野氏油脂鑑別表によって対照すると、トウモロコシ油は、一一一〜一三一の間、ヌカ油は一〇〇〜一〇八となっており、測定の結果はNo1、2のトウモロコシ油は一一五〜一二一で表中の中間に位し、ヌカ油No3、4は一〇八〜一〇四で表に含まれていた。さらにNo5の下山油は一〇七であり、これもヌカ油のなかに入っている。即ち下山油は沃素価の測定ではヌカ油であることを証明し得た」

「下山油」検査の問題点

以上が検査の概要であるが、こうも立派な理屈と数字をならべられると素人としては、やはり「油」は米糠油だったのか、と信じる以外にない。しかし、なんでも一度は疑ってみるべきものである。「疑いこそ真理への道」をモットーとする筆者は、この数字をもって油の専門家(東大生産研究所第四部の教授)を訪ねた。ところがこの専門家も、「数字をみる限り糠油と考えるべきでしょうね」というのであった。

表—3

		採油所	V.Z	S.Z	摘要
米ヌカ油	1	油研会館	194.1	80.8	
	2	末次油脂(原油)	180.6	100.5	24・11・10搾油
	3	八州製油	178.8	109.8	米山油脂より
	4	筑波化学	183.2	82.6	日本精米より
	5	大和ゴム	191.1	79.9	
	6	日栄油業	173.9	116.7	
	7	末次油脂	186.1	95.0	24・11・10搾油
	8	浅田商事	188.2	114.1	
	9	新小岩機関区	197.0	90.4	24・3・24 横浜用品店より
	10	村山油店	172.8	115.8	タテノ油店より
	11	小松川製油(原油)	188.4	60.0	24・12搾油
	12	小松川製油	187.3	69.0	
	13	日本皮革(廃油)	205.7	112.4	
	14	〃 (なめし油)	181.7	128.2	23・11・23入荷
	15	ミヨシ油脂	182.4	111.6	
	16	八王子機関区	181.7	107.6	
	17	八南搾油	172.7	66.3	24・11搾油
	18	東邦化工	183.1	81.3	24・3・14 東京油脂より
	19	三和油店	174.6	104.0	
	20	都食糧工業	182.4	93.5	24・11搾油
	21	日本精米	188.3	52.6	
	22	〃	184.7	88.2	
	23	東京カラシ粉(新)		54.8	
	24	〃 (古)		111.0	
	25	富国油脂	187.0	104.5	
	26	〃	187.3	69.0	
	27	前田油店	181.4	127.4	24・6日生油脂より
ナタネ	28	日本製鋼(焼入用)	170.35	58.7	
	29	ミナミ産業	177.9	66.8	
	30	鐘紡	102.8	58.6	室蘭製鋼廃油
トウモロコシ	31	日本精米	181.0	97.8	
	32	AU78 (原油)	186.2	83.2	
	33	2号油	218.2	86.5	

表—4

	油	V.Z	S.Z	沃素価
1	トウモロコシ原油	188.0	42.9	115.1
2	〃 精油		20.9	121.9
3	ヌカ精油	187.4	31.9	108.1
4	〃 原油	179.1	33.2	104.3
5	下山油(ズボン)	195.4	116.0	107.1

〔註〕 沃素価は V.Z S.Z とは無関係のものだが，便宜上並べた。下山油は24年12月の S.Z=99，25年4月の S.Z=116 となっているものについて測定。

だが、しばらく「鑑定書」に眼を走らせているうちに、首をひねりだした。「それにしても、この測定値は合いすぎていますね。本当にこういう数値が出たのでしょうか」というのである。「条件にもよるのですが、たとえばこの沃素価などもう少し低い値が出ていいはずだとおもうんです。この数値だとあまりにも教科書的で、なんとなく合いすぎているという感じがして仕方ないんですね」。

だからといってこの専門家が、「秋谷鑑定」を否定したわけではない。学者である以上、実験や厳密な検討もなく、軽軽しくそんな意見をいえるはずがない。またそうするような軽率な専門家のところには筆者は足を運ばない。この教室では教授の感想を聞き、油の検査法について専門書を読んだ知識を二、三確かめ、またある資料についての検査を引き受けてもらうことで満足した。その検査に関しては、またあとで披露することにもなる。

さて、「秋谷鑑定」の下山油検査の項を仔細に検討してみると、腑に落ちない点がいくつか浮かびあがる。しばらくそれらの点を追ってみよう。

まず第一に、沃素価測定の時期である。「秋谷鑑定」によると、事件翌年の昭和二五年四月に測定ということなのであるが、なぜもっと早い時期、たとえば最初に鹸化価を測定したと同じときに、測定しなかったのだろうか。このほうが早く「糠油」（本当に糠油ならば）という見当がつくし、油脂類の検査方法としては、当時としても常識的なことではなかったろうか。なるほど沃素価は、それぞれの油脂の特数・固有値で、一応変化のないものということになっている。その意味ではいつ測定してもいいはずだともいえようが、しかし必ずしも絶対に変化しない値ではない。油脂の酸敗がすすむに従って、やはり変化をまぬがれ難いのである。日本油化学協会の『基準・油脂分析法』などを見ても、「共役不飽和脂肪酸を含む試料または酸敗油（傍点筆者）については、測定値は真の不飽和度に相当するヨウ素価（「油脂鑑別法」などにしめされている値）よりも低い値を示す」と明記している。しかも下山衣服についていた「油」は、付着以前におかれた状況を不問にしても（「秋谷鑑定」は凹凸のある床一面に流れていたと推定している）、衣服に付着後は、油脂酸敗のうえでいちばん影響の大きい、空中酸素を吸いやすい薄い油膜のような状態で布地と結びついていて、抽出されるまで、真夏の暑い二ヵ月間をそのままの状態で、経過しているのである。したがって、抽出直後に沃素価の測定を行ったとしても、この点についての考慮を慎重にし、その測定値の分析・評価をしなければならなかったはずなのである。だが、抽出後半年あまり経過して、酸化も極限ちかく上昇したのちに沃素価を測定しながら、その影響についてなんらの検討もなく、「上野氏油脂鑑別表」（これらの文献にしめされている各種の特数・固有値はそれぞれの油脂が酸敗などしてない新鮮な状態にあるときのもの）の数値に符合するというだけで、結論をみちびくことは、どう考えても妥当性を欠くとしかおもえないのである。

　第二に、各種検査に使用された試料（「油」）の量が、果たして適切であったかどうかである。上野氏の『油脂実験法』をはじめ、各種分析法を通じて一致していることは、鹸化価測定には試料油一・五～二・〇グラム、酸価測定にたいしては二・〇グラム（酸価三〇～一〇〇の範囲で、酸価がこれより低いばあいはそれぞれの段階に応じて五～二〇グラム）、沃素価検査には〇・二グラムの油を使用せよとしている。もちろんこれだけの量がなければ測定が絶対できないというわけではない。計算によって補正することもできるし、他の便法もある。だが、そのばあいには講じられた方法を、検査結果に付記しなければならない。しかし、いずれにせよ使用試料の量が規定より少ないばあいには、検査結果の数値に対する信用度は、低いものとみなされることになっている。

　ところで鑑定書〝百五枚〟のはじめのところで、下山衣服汚染度に関する部分をみると、ズボンに付着した「油」について、つぎのような記述が目につく。

「ヌカ油がズボンに沁みている量は各部ごとに少しずつ違っている。

1、右尻ポケット部。二五・五グラムから四・七グラム――二〇％
2、左膝下部。二〇グラムから一・九グラム――一〇％弱
3、右ズボン残部。全体二八二グラムから四八グラム――一七・三％
4、右尻ポケット裏木綿地。一〇・七グラムから二・四グラム――二五％弱

以上の四例中右ズボン残部に特に多いのは、ヌカ（油）の平面に下山氏が横臥の姿勢をとらされた時、ズボンの尻が特に強く接触したのではないかという疑問を深くさせる」

　右の文章中の油の量は、前後の関係から実際に抽出された直後の、活性炭処理などをする前の油量と考えられる。この油を使って各種の測定が行われたものであろう。というより

は、そうとしか判断のしようがないのである。

ところが、先に引用した表―2を見ていただきたい。ズボン「左膝下部」については少なくとも三回の鹸化価測定が行われたことになっている（この部分の解説文を読むと実際は四回になるはず）。そうすると検査規定に従えばこれだけで四・五〜六・〇グラムの「油」を必要としたことになる。だがここに引用したズボン関係の記述からみると「左膝下部」から抽出した「油」は一・九グラムなのである。これはどうみても四・五〜六・〇グラムの必要量を満たすのに適切な数字ではあるまい。

このあと一回の検査に二・〇グラムを要する酸価の測定が「各部抽出油について」行われているが、「左記のような結果をみた」というだけで、先にもふれたように『文芸春秋』〝百五枚〟のなかでは、その結果の表が略されているので、この「ズボン左膝下部」の酸価がどうなっているのかはわからない。ぜひ拝見したいところである。

さて、ここまでくると、注意深い読者から反論があるかもしれない。表―1をみると「ズボン左下部」よりは八・四グラムの油が抽出されている。これが「左膝下部」と同一で、これだけの量があれば鹸化価や酸化を測るのに十分ではなかったか、と。たしかにそのとおりなのだが、実はこの表は、〝鑑定書・百五枚〟の終末の段階にまとめられているもので、八・四グラムという数字がここで突如として登場してくる、なんとも不思議なものなのである。しかも、前に引用したズボンの汚染状態を記述したところでは、「左膝下部、二〇グラムから一・九グラム――一〇％弱」と、布地重量、油量、含有百分比を明記しているのに、表―1では、肌衣とともに布地量の欄が空白となっている。したがって論議の対象としてどちらをとるかとなると、やはり汚染状態の項で引用された数字をとるほうが正しいはずである。

それに、表―1の数値をとらないもう一つの理由は、肌衣との関連にもある。表―1では、肌衣からは六・三グラムの「油」が抽出されたことになっているが、そのもとの布地量は「ズボン左下部」と同様にしめされていない。その欄は空白なのである。そうして、本文の汚染度記述の「肌衣」の部分をみると、「一部には下山氏の肉片がついていた。この肉片からAMの反応が現れ、また他の一部には多量のヌカ油が付着していた」というだけで、具体的量目の明示がないし、さらに付着油の検査の段階でも、この「肌衣油」に関しては屈折率、鹸化価、酸価その他、いずれの測定も行われていないのである。もっとも酸価については、測定結果の表が略されているので、あるいは検査が行われているのかもしれないが、鹼化価などを測定せずに、酸価のみというのはおかしいし意味がないだろう。以上の点を考慮に入れると、表―1の「肌衣」・「ズボン左下部」の「抽出量」を検査の対象外とみるのが妥当とおもわれるのである。

先を急ごう。つぎに、ズボン「右尻ポケット木綿地」からの抽出「油」である。記述は「一〇・七グラムから二・四グラム――二五％弱」となっているが正確に計算すると二二・五％である。この二・四グラムで屈折率と鹼化価の測定がそれぞれ少なくとも一回行われたことになっているが、さらに活性炭処理後の鹼化価と酸価も検査されているとすると、やはり規定量よりはるかに少ない試料ということになろう。

では、「ズボン右全部」のばあいはどうか。ここに、「右尻ポケット部」の四・七グラムが入るのかどうか、はっきりしないが（屈折率測定では「ズボン右尻部」、「ズボン右尻部木綿地」、「ズボン右全部」の三つに分けられているが、鹼化価の表では「ズボン右木綿地」と「ズボン右全部」の二つになっている）、仮に「右尻ポケット部」の四・七グラムを「右ズボン残部」の四八グラムと合わせて、「ズボン右全部」とすると五二・七グラムになる。これならば、全部の検査に十分な量だろうとおもわれるかもしれない。たとえば、鹼化価測定一度二回（抽出のままのときと活性炭処理後）で四グラム、酸価は「鑑定書」全部を通じてみると、少なくとも四度は測定されたことになり、そのたびに複数の測定が行われたとすると（「二十四年初冬S・Z九四～九九、二十五年春一一二以上」などという記述から測定は単数回でないと考えられる）最低一六グラム、それに屈折率、沃素価の分を加えて二十数グラム、これならばまずは大丈夫なはずなのである。

ところがである、まだ動・植物油の区別をつける検査の分が待っている。この部分の「秋谷鑑定」を引用すると、つぎのようになっている。

「㋑、両油（即ち動・植物油）との鑑別法として第一段にとり上げたのは不鹼化物中に含まれるSterin《ステリン》結晶によってそれが動物油か植物油かを見分ける方法であった。

㋺、第二段ではBelier《ベルリエル》氏反応、Serger《セルゲール》氏反応などにより、植物油含有非含有の試験を行ったところ、植物油を含むことが判った」

こうなるとここで三つの検査が行われていることになる。

このうち最初の検査方法はすぐわかったが、あとの二つがなかなかわからない。先の油の専門家以外にも、東大の化学を出て、ある大学の教授や講師をしている研究者二人にも問いあわせてみたが、ついに解答はなかった。仕方なく国会図書館で古い文献をあさって、上野氏の『油脂実験法』のなかに、Bellier 氏反応だけはみつけた。スペリングがちょっとちがうがこれに間違いないだろう。それによると種子油と果肉油の鑑別方法だそうである。したがって「秋谷鑑定」にいう「植物油含有非含有の試験」とはちょっとちがうようである。

がそれはともかく、その前のステリン結晶法。先にもちょっとふれたように動・植物油によってそれぞれ含有するステリンの系統がちがう（動物油はコレステリン、植物油はシトステリン）ので、試料の油脂からジキトニン法によって分離したステリンを再結晶して、顕微鏡によって観察するという、なかなか面倒な検査である。これには二〇〜五〇グラムの「油」が必要といわれるから、約三〇グラムの残存「油」では少々心細いかもしれない。Bellier 氏反応と Serger 氏反応にどれだけの「油」量が必要なのかはわからないが、決して十分満足な量ではなかったろうとおもわれるのである。

こういう具合に不足がち、というよりは活性炭処理による抽出油の減少なども考えると、一部分では額面どおりの検査は不可能ではなかったかとおもわれる状態であるにもかかわらず、あまりにも教科書的な、模範解答の数値が出ていることに、驚異を感じるのである。

第三の腑におちない点は、これが果たして真の「科学」鑑定なりや、否や、の疑問につながる、捜査陣とのあまりにも緊密な協力関係である。「この検体は捜査二課、地検によって全都下の油業者から集められたのである」とか、「捜査員は全都下からヌカ油、トウモロコシ油などを採取した」、などという記述が散見されるのだが、いったいこれをどう解すればよいのだろうか。つたえられるところによれば、秋谷教室には厖大な量の油が捜査二課員によって持ちこまれ、足の踏み場もなかったということだが、右の記述はこれを裏書きしているようである。検察庁依託の鑑定だから、咎めるのはおかしい、という声もあるが、私にはどうも納得がいかない。

いかなる鑑定にしろ、その遂行にあたっては、当然のことながら予断や誤った推理などが入ってはならない。またその結論が、捜査官憲や裁判所の判断に、片寄った示唆をあたえたり、あたえやすい形でつたえられてもならない。そういう事態にいたる余地のないよう、鑑定者はあらゆる努力をはらう義務があるはずである。いうまでもなく捜査陣のほうは、つねにみずからの捜査に都合のよいデータをもとめる傾向が強いものなのである。その捜査陣の、捜査活動の一部にまきこまれるような形で、第三者的立場に立つべき鑑定者が作業を行うのは、決して好ましいことではあるまい。

もう少し問題点を具体的にしょう。鑑定の立場からみると、下山衣服から「油」を抽出して、その屈折率、鹸化価、沃素価、酸価を測り、一方ステリン結晶検査をして植物油という結論が出れば、あとは植物油関係のしかるべき「鑑別表」のうえで、それらの数値をとる油を探し出すだけのことにつきるはずなのである。事実、「秋谷鑑定」はいろいろとデータをならべているが、要するに結論に関する本筋の作業としてはそれだけのことを行っているにすぎない。全都下から厖大な油のサンプルを集めても『糠油』という判定にはほとんど寄与していないし、その必要性もなかったとしかおもわれないのである。

一部には、当時は油についての研究がおくれていて、データが足らず、そのためにデータ作りのサンプル油がたくさん必要だった、という説がある。しかし戦前には、満州大豆から搾出していた大量の大豆油の輸出国であったことや、またナタネ油は徳川時代からの伝統もあったし、とくに戦時中はあらゆる植物油を軍需に役立てるために、油の研究は意外とすすんでいたのである。昭和二四年当時、この『鑑定』のためにデータが不足していたということは、絶対なかったはずである。このころの文献を見ても、そのことは明らかであろう。もっともその後、ガスクロマトグラフィーなどの検査機器と、それを使った検査方法の新たな開発がなされたが、それはこのばあい別な問題である。

もちろん注意しなければならないことは、油は「生きもの」であるということである。個々の油の特数が、必ずしも教科書どおりの値をとるとは限らない。このことは問題点として、沃素価測定の時期のところでもふれたところだが、また表―3を見ても明らかである。広く利用されている上野氏の著作によれば、糠油の鹸化価は、一八六～一九三とされているが、表―3中の鹸化価のしめされた二五の糠油をみると、この値の範囲内にあるものは、八検体であるのに、この値を超えるもの三、また以下の数値のものは一四検体となっている。さらに、以下の数値のもののなかには一七二・七、一七八・八などと、一七〇台の値をとるものが、五検体もふくまれているのである。油脂の特数といわれるものが、必ずしも固定的なものではないことの一つの証拠でもあろう。

だから、油の鑑別はある意味でむずかしい。ただ糠油に関しては、酸価（変数）が他の種の植物油に較べて、きわだって高い値をとるという特徴がある。したがって下山油の諸数値が本当に「秋谷鑑定」表示のような値をとったとするならば、それを一般的に糠油のしめす典型的な数値と同じものと考えることは、決して失当なことではないだろう。糠油の可能性は強いのである。しかしなおかつ、絶対的にそうだ、とはいい切れないことも事実である。この関係は、いくら多くの油を幾種類も集めて検査してみたところで、少しもかわりはない。下山衣服に付着していた「油」が、なんの油なのかを決定するうえでは、そうすることが無意味であるとさえいえよう。

あるいはここでまた、多くのサンプルを集めたことは、「下山油」の抽出時期の推定に役立っている、と反論が出るかもしれない。なるほど「鑑定書」の最終段階で「ヌカ油の質について」という項目がもうけられて、結論として「下山油は二十三年産米を二十三年晩秋から二十四年頭初にかけて搾油し」、「配給が二十四年春からのもの」と推定を下している。その根拠としては、「S・Z（酸価）の変化と限界の価数は二十四年秋終りに都下各工業所から集めたヌカ油の配給時中一致するもの」ありとし、具体的には表―3の筑波化学、大和ゴム、新小岩機関区、東邦化工などの酸価（S・Z）を例示している。これらの油は前記のように二三年産米から、その年の晩秋より翌年初頭にかけて搾油され（配給はその二四年の春から）、かつ二四年晩秋、「下山油」とほぼ同じ九四〜九九程度の酸価をしめしたということのようである。

ところが、表―3をよく見ると、二四年一一月、一二月搾油となっている末次油脂、小松川製油、八南搾油、都食糧工業などからの同じ米糠油が、搾油時期がほぼ一年ちがうにもかかわらず、九五・〇〜一〇〇・五、六〇・〇〜六九・〇、六六・三、九三・五などと、前記筑波化学以下の酸価と、あまりかわらぬ値をしめしているのである。こうなると、酸価の比較から搾油時期を判定することが、非常な危険をはらんでいることがわかるだろう。誤った情報をあたえる危険は極力避けなければならないということは先に述べたとおりである。

では、捜査のほうからみるとどうなるのか。まず「油」捜査の中心であったといわれる吉武辰雄氏（当時捜査二課二係長）の話である。「二課で最初に動いたのは情報担当の三係（事務分掌は団体等規正令関係、集団犯罪の事前捜査など）であったが、この三係はまもなく手をひいて、私の担当した政治・社会問題や集団犯罪捜査の二係が引きつづき捜査をした。下山さんが死体で発見されたと聞いて、そのときの情勢から、この事件の背後には労働組合などの動きがあると考えて、私の判断で二係を動員した。もちろんあとで課長と刑事部長に報告して承認を得た。『油』のことは早い段階で出た。私が非常に不思議だとおもったことは、ステテコだとかなんだとかいうものは油でびしょびしょになっていたのに、上のほうは少ない。上からついたものなら上衣などのほうが多く、下のほうへ少なくなっていくはずじゃないか。これはおかしい。それでこれはなんの油だということになった。いちばん考えられるのは轢いた機関車の油ということだった。それで機関車の油を調べたが、性質が全然ちがうという。ついていたのは植物性の油だったが、機関車のほうは鉱物性のものだった。それから捜査を油一本にしぼって、東京中の植物油をあつかうところを探しまわった。そのころの分析技術では、東大でも結論が出るまでに一週間ぐらいかかったが、ともかく一つ一つ調べて東京中のものを調べつくし、それだけじゃなくて室蘭のほうまで捜査に行ったような記憶がある。製鉄所で使った油が似ているというようなことだったとおもう。だが、この室蘭の油ばかりでなく、他のものもみんな最後のところで合わないで、結局ちがうということになってしまった。これはちょうど血痕の問題とおんなじなんですね。現場近くのロープ小屋から下山さんと同じ血痕が発見されたといって、大問題になったことがあった。だが血液型を調べるとはじめのほうは合っていても、最後のところまでくるとちがっちゃう。妙なことの多い事件でしたよ。まあ、そういうことで油の捜査は、あの年の末に私が上野署に出るまでに終わっていました」

吉武氏からこの話を聞いたのは、事件後二〇年目のことだった。下山氏が実際は着用していなかった、「ステテコ」などというものが出てくるような、記憶の変形は止むをえないことだろう。だが、大筋として事実からそう遠くは離れていないようだ。なによりも私は、この話に吉武氏の率直な気持があらわれているように感じられてならなかった。

さて、そうなるとこれは、鑑定のための「資料の蒐集」や、

「協力活動」などというものでなく、吉武氏たち二課二係の活動は捜査そのものだったということになろう。少なくとも吉武氏の認識も、意識もそこにあったようである。だから猛烈なハッスルぶりで、最後の結論も出ていないうちに、ある種の油の正体（背景？）をつきとめようと、室蘭まで飛ぶということになったのだろう。そうして、この油はちがう、といわれると、またつぎからつぎへと、捜査二課の感覚で捜査の輪がぐいぐいと押しひろげられていった様子が、目に浮かぶようでもある。

　あらためていうと、「秋谷鑑定」があたかもこの捜査と一体であったような感じをあたえるところに、吉武氏とはまた別の意味で、「妙なことの多い事件」という感想が出てくるのである。私の感じからいうと、捜査二課二係の「油」捜査に、秋谷氏が「協力活動」をした、というおもいが強いのである。

「下山油」の探求

少ない機関車の付着油

以上のようにみてきてわかるとおり、「下山油」が米糠油であると、百パーセント完全に、そこにいかなる疑いも入れる余地のないまでに、証明されていると考えるのは、いささか贔屓の引き倒しの感をまぬがれえない。筆者などはむしろ逆に、そのプロセスと結論に拭いえない疑惑を感ずるのである。

　では、この「油」をどう考えればよいのか、ということになるのだが、その手始めにご記憶をお願いした、「四・五cc」をおもいだしていただきたい。下山衣服から抽出した「油」は八五・三グラム、あとでふれるが未抽出油のものなど一〇〇グラム余り、あわせて約二〇〇グラムが付着「油」総量と推定されるのに、「一ヤールの木綿地」をもって、「（轢断機関車D五一六五一）車両底部のあらゆる個所を拭いて得た油量」が「四・五cc（比重〇・九と考えて約四グラム、筆者註)」と「すこぶる微量」、これだけからでも下山衣服に付着していた「油」が、轢断機関車からきたものでないことは明瞭ではないか、と論理の筋道は通っている。

しかし私は、『文芸春秋』誌上で「秋谷鑑定」を読み、まずこの「四・五cc」にぶつかって、一驚した。というよりは、その前に、本当は別な数字のミスプリントではないか、と疑ってもみたものだ。ところが読みすすむとまた、「四・五cc」が出てきて、「すこぶる微量」と形容句がついている。ミスプリントなどではなく、間違いなく「四・五cc」、比重を考えると、約四グラムなのである。私は台所に立って、水切りカゴのなかに立てかけられたばかりの、一枚の洋皿の、付着水滴を拭きとってみた。もちろんふきんの重量は、その前に測定しておいた。結果は約二・五グラムの増量である。直径二三センチの、カレーライスのときなどに使用する洋皿一枚に、付着の水滴約二・五グラムとすると、水と油のちがいはあっても、一〇〇トンを超えるあの大きな蒸気機関車に、わずか四グラムの油しか付着していないとは、あまりにも「すこぶる微量」すぎはしないだろうか。これに驚かないほうが、むしろどうかしているのである。

この「秋谷鑑定」を読む一、二年前のことだったが、筆者は青梅市の鉄道公園に展示されているD五一型蒸気機関車をゆっくりとながめたことがあった。そのとき車体のいたるところにみられる油壺に興味をもって、その数をかぞえたものだった。もちろん外側からの観察だから暗い車底部はよくわからない。が、ここはたしかに油をさすところだな、と考えられるところは片側だけで二五個所をかぞえた（あとで専門家に聞くともっと多いはずということだった）。しかも、その油壺から出た銅か真鍮のパイプは車底の回転部や摺動部にのびているが、帰りのものがない。これは給油方式が自動車などのように密閉型でなく、いわば開放方式、というよりはタレ流し型というものであることを物語っている。車軸や摺動部から溢れ出たり、にじみ出た油はそのまたれ落ちるか、車体の底部を濡らすだけなのである。「蒸気機関車というのは油のなかに浮いているようなものだ」と、古い機関士や機関区員からよくきいたものだが、このD五一型機関車の観察で、その意味が実感としてよくわかったような気がしたものであった。

しかし、溢れたり、にじみ出たりした油が、どれほど車体底部に付着しているものかについては、誰にきいても、「そりゃ、大変な量ですよ」とか、「戦後の油の不足したところには、水戸から田端を往復してきたカマ（蒸気機関車のこと）の付着油をボロ布でふきとって、そのボロ布から絞りとった油を濾過して再生油といって使ったことがあるくらいだから、かなりの量でしょう」（元水戸機関区員）というだけで、具体的な数字となるとわからない。適当なものはみつからない。またそうしたデータを探してみたが、適当なものはみつからなかった。だからこれは、実際に当たってみる他はないとおもいながら、なかなかその機会もなく、月日は経ちいつしかその考えも忘れていた。

そこへ「秋谷鑑定」であった。こんどこそはと、忘れていた実験をおもいたち、本州最後のＳＬ（蒸気機関車）が山陰本線から消えるという直前、ようやく山口県長門の機関区を訪れることができた。当時ここの機関区長であった木村茂氏には、大変お世話になったものである。

さて第一回目、私は油拭きとり用のサラシ木綿、ポリ袋、計測用の手秤、カメラなどと、そのほうの準備はしていったのだが、作業のための服装は考えていなかった。あとから考えるとおかしなことだったが、そんな心配はしていかなかったので、ピットの上に停車中の機関車に、上衣をぬいだシャツ姿でもぐりこもうとして、木村区長からストップをくった。「それではシャツもズボンも油だらけになっちまいますよ。第一、頭が危い。ヘルメットをつけて下さい」というわけで、あの青い作業服と黄色のヘルメットが運ばれてきたのだが、これがやや肥満型の木村区長氏のものとあって、上衣などは腕をとおしても私の指先がまだ見えないというような代物であった。格好が悪いといったらない。第一、着せてくれた木村区長自身が爆笑しているのである。

だが格好わるい、などとはいっていられない。私は袖先を幾重にも折りかえし、ヘルメットのアゴひもを締めて機関車の下へもぐりこんだ。この日朝早く貨車をひいて長門を出、下関までの約八〇キロを往復して、今帰ったばかりというＤ五一－八六二は、火室では石炭が燃えていて、いつでも発車オーケーという状態で、やはり〝生きもの〟という感じなのである。遠目で見るよりは動輪などもはるかに大きくたくましく、迫力満点である。だが、そんなことで感心ばかりはしていられない。つぎの仕事に向かう時間がせまっているという。それで、付き添って世話をしていただいた、技術担当の助役さんから一応の説明をうけたあとで、さっそく油の採取にかかろうとした。が、そこでまた戸惑った。

これもまた考え及ばなかったことなのだが、機関車の油がその車体を汚している状態は、ただ油が付着しているばかり、というところの他に、泥といおうか、砂埃というべきか、とにかくそういう状態のものと油が一緒になって厚い層をつくって台枠や軸箱、それに各種の梁類にびっしり付着しているのである。第一こんなものまで全部ふきとるのでは、一時間ばかりのあいだには不可能だ。いや、助役氏の証言によれば、「二、三人で一日かけても、車底の油を全部ふきとるなんてこと、できませんよ」というのである。私は迷ったあげく、妥協をすることにした。炭水車のほうは除いて、エンジン部の車底で、簡単に手のとどきそうな場所だけ、しかもほとんど油だけが付着しているとおもわれるところは拭きとるが、砂泥と一緒のところはその上からサラシ木綿をソーッと当て、いわば押えとりというような格好で、採取する。そうすると付着油の全部は採取できないが、砂泥と油を分離する面倒が省けて、いちおうの結果は早くでる。これは次善の策だが、このばあいけっして間違いではないだろう。

こうしてこの日、二台のD五一型蒸気機関車の車底を見たが、それ以前に文献や写真で想像していた状態とはまったくちがい、油の付着状態はもちろん、その色調、粘度などまで千差万別といったところで、なかでもびっくりさせられたのは、これはチョコレート色の靴ズミではないか、いや絶対にそれにちがいないとおもわれるようなものまで、ベットリとついていたことである。これはこの二台の機関車特有のことかと、興味をもって技術担当助役氏にたずねると、そこに給油されるのは外部油といって軸受部の潤滑油と同じものだが、比較的摺動が少なく、よく蒸気のかかるようなところでは、鉄錆と油がながいあいだこね合わされてちょうどチョコレート色靴ズミのようになるので、どの機関車でも同じことだというのだ。この部分だけは別に拭いとってカラー写真におさめたが、本書ではお見せできないのが残念である。

一五〇グラムの採取量

ではこうしてどのくらいの油がとれたのか。最初のD五一八六二では一四五グラムの木綿布が二九五グラムとなっていたから、その差引きを油の量と考えると一五〇グラムである。もう一方の機関車からは同様にして一五五グラムであった。なおこの機関車の、シリンダー後蓋からつき出ているピストンロッドに、その真上から流れ出ている潤滑油が透明な油膜を作っているのに気づいて、参考のために三六グラムの木綿布で拭き取ったところ五一グラムとなったので付着量は一五グラムという結果が出た。

さて、いずれにしても二台の機関車から、その付着油の一部分ではあるが、少なくとも一五〇、一五〇、一五五グラムという量が採取できた。もちろん、一五〇、一五五グラムという量の全部が油ばかりではなく、若干の水分とゴミのようなものをふくんでいることも事実である。が、「車両底部のあらゆる個所を拭いて得た油量」「四・五cc」、約四グラムと較べたら、なんと桁はずれの量であろうか。筆者はわが家にかえってこの数字を見くらべながら、突然不安に襲われた。なにか自分がとてつもない間違いをおかして、採取油がふくれ上がってしまった、という想念である。それともあの二台の機関車は、誰かのよからぬ企らみで、特別に油漬けにでもされていたのかもしれない。そうおもうと、いてもたってもじっとしていられない思いだった。そうして四日目にはまた、九州行きの夜行列車に飛び乗って下関に向かっていた。今度は下関から長門まで、すれちがう蒸気機関車を観察しながら、突然あの機関区を訪れて、よからぬ陰謀を押えようという魂胆である。案の定木村区長はびっくりしたような表情であった。

私はまず第一番目に聞いた。「機関車の汚れ具合ですがね、この前見せていただいた二台も他のものもだいたい同じようなものなんでしょうね」。これは昨夜の列車の寝台のなかで寝ずに考えてきたせりふなのである。

木村区長は困ったような顔をした。――やっぱりそうか。私はいささか憤慨にたえぬ気持をあらわにして答を待った。

「いやあ、お見苦しいものをお見せして申しわけありません。昔とちがい国鉄職員の気風もかわり、労働条件もちがってきたので、ご覧いただいたとおり機関車はだいぶよごれています。それは全部おんなじです。違いはありません。私たちが国鉄へ入ったころは、ピカピカに磨きあげて、手入れのゆきとどいたところをお互いに競争したものなんですがね」

木村区長には、私の質問の真意がつたわらないようであった。どれもこれもが汚れていて、お見苦しくて申しわけない、などとしきりに弁解している。お見苦しいとか、ないとか、そんなことを責めているのではないので、問題にしているのは別なことだと、こちらも弁解したくなったが、まァよからぬ企らみもなさそうな気配なので、それはあとにしてももう一つ質問を重ねた。

「昔、というのはいつごろでしょうか。それに戦後ですね、とくに二四年ごろはどうだったのでしょうか」

昭和二四年、すなわち事件当時の状態がどうだったか、これは断るまでもなく重要なポイントである。木村区長は、ほっとしたような表情で答えてくれた。「それは佐藤さん、いまと較べりゃ問題になりませんよ。あのころは物資欠乏のどん底でしたからね。油を拭きとるボロ布がない時代でしたからね。それは今よりひどかったでしょう。そのころに較べりゃ、今はずいぶんキレイですよ。ピカピカに磨きあげられていた時代というのは、やっぱり物も時間もたっぷりあった、戦前の遠い昔ですよ」

これで、現在の機関区長の立場も立ったわけである。木村区長はニコニコした。

さて、そういうやりとりがあって、この日は、三台のD五一型機関車にもぐりこむことができた。結果だけを記すと一一、一七〇、一三八グラムというのがそれぞれの採油量であった。このほか、一三八グラムの採油量のあったD五一六一二の右側ピストンロッドから、前回同様にして一八グラムを拭きとった。

油泥の採取

こうしてわが家に帰ると、急いでソックスレーの抽出器や減圧濾過装置などの実験器具と有機溶媒、活性炭などの薬品を発注した。同時に風呂場に実験机をとりつけ、また実験器具のサイズに合わせて水道管の蛇口をとりかえた。最初の予定にはなかったことだったが、機関車拭き取りに使った木綿布重量増加分のどれだけが油で、またゴミ類は何グラムなのか、その分離をしてみようと考えたのである。だが、注文した器具や薬品はなかなかこない。これは地方の小都市に住む不便さであり悲哀であろう。いらいらしながら待つあいだにまた一つ考えが増えた。

どうせなら、あの油泥のような付着物も採取してこよう、ということである。はじめは木綿布からの油の抽出は考えていなかったのだが、それをやるために器具と薬品をそろえることにした以上、油泥の分離も面倒なことではない。実験手続としてまったく同じなのである。

それにそれは、機関車の下でも気がかりになっていたことなのだが、砂泥と油のまじったようなこの汚れのなかには、たくさんの油がたくわえられているらしいのである。そこに木綿布をそっとあてて油を吸着させると、表面は一応だいぶ乾いたような感じになる。だが、別なところを拭きとっていって帰りにまた見ると、そこはもう前の状態と同じになっていて油が浮かんでいるのである。わずかな時間のうちに、内部の油が表面に沁みだしてきているのだ。ためしにもう一度サラシ木綿を当ててみると、表面はまた乾いたようになる。が、しばらく眺めていると、しだいに油じみてくるのがわかる。そして、さらにそこを木綿布で拭き取ってみると、油泥のようなものがべっとりとついてくる。これを考慮にいれなければ、付着油の正確なところはわからないはずである。

そう考えると、私はまた木綿布のほかに蓋つきのプラスチック容器をもって、長門に向かった。しかし、三度目となるといささか気がひけたので、今度は妻を誘った。下関から長門までの山陰本線沿いは、ほとんど新建材の見えない昔の町や村風景で、古いよき時代の日本の姿がある、それが見られるのも今のうちだ。下関にはフグもある。ただこれだけの歌い文句で、十分の手ごたえだった。食いしんぼうで、あの濃いブルーの九州直通寝台列車に一度乗ってみたい、という子供じみた夢をもっていた彼女は、すぐこの話にのってきた。これで財布のほうの心配もなくなり、助手としても使えることになったわけである。

さてそこでこの第三回目、すでに山陰本線の蒸気機関車は全部ストップしていた。SLの時代は終わり、その最後の幕引きのため一台のD五一型が「さよなら列車」用に磨きあげられ、化粧されていた。その日は、五色の紙吹雪のなかを、全国から馳せ参じたSLファンの歓呼の声におくられて、長門の駅を出発するのだろう。だがその役目を終えると、扇状型の機関庫に肩をならべて休んでいる他の仲間の機関車同様広島の工場に回送されて解体される運命であるという。華やかな化粧姿のどこかに淋しさがかくしきれぬのは、その運命への予感からでもあろうか。

だが、そんな感傷にいつまでもひたっているわけにはいかない。数台の機関車の底部を観察したうえで、運転休止後まもないとおもわれる一台の下にもぐりこみ、まず車底中央部の代表として、釣合梁下面を選んだ。細長い梁の下一面に、油をふくんだ砂泥のようなものがついている。がしかし、そうたくさんついているという感じではない。そこに三七グラムの木綿布を当てて油を吸着させると、七グラムの重量増加であった。そのあとで、その部分の油泥のようなものを用意してきた匙でかきとると、これが四二グラムである。

一方、いちばん油泥の付き方が多いとおもわれた先輪軸箱を、その代表とした。この左右軸箱前面から、前と同様にして二一グラムの油を吸いとり、そのあとで油泥をかきおとした。その量は二七五グラムである。ついでに、この機関車の右側排障器を試みると、一・二グラムの木綿布吸着油と七五グラムの油泥を得た。

この日はこのほかに二台の機関車にもぐりこみ、各部別々の採油をしてみたが、そのデータをいちいち列挙するのは煩瑣にすぎるので省略しよう。ただ一言つけ加えておけば、油の付着状態、汚れ具合など、いずれも大同小異で、ほとんどが同じ傾向にあったということである。

ところで、いよいよこれら採取油の抽出作業だが、円筒濾紙に一度に入れられる量が七、八グラム、それをソックスレーの装置にセットしてエーテルを還流させるのが三、四時間、なかなか根気のいる仕事であった。こうして真冬の寒く冷たい風呂場にこもって、エーテルの臭気に悩まされながら二週間近く頑張っても、一部の抽出しかできなかった。が、そこからだいたいの傾向はつかめたとおもう。その実測の結果を記すと、長門機関区で機関車車底を拭き取って、ポリ袋に密閉して持ち帰った試料の重量を、全量一〇〇とすると、重量比で布六八%、油二七・五%、ゴミ四・五%という数字が出た。まとめてみると下の表―5のとおりであるが、試料③④⑤の下三段の数字は、右記比率を用いて計算した推定値である。また、試料①②の付着油抽出後の布、抽出油、ゴミの重量合計が総重量と若干くいちがうのは、抽出作業の際試料を細分化したための、計量誤差などである。

さて右の表の試料①②の欄をよく見ると、拭き取りに使っ

表―5　　単位：g

	①	②	③	④	⑤
拭き取り用布重量	180	145	74	152	145
拭き取り付着量	155	150	111	170	138
総重量	335	295	185	322	283
付着油抽出後布重量	223	201	126※	219※	194※
抽出油重量	97	77	51※	88※	78※
ゴミ類	13	15	7※	14※	13※

※ 印は計算による推定値

た木綿布の重量が、付着油を抽出したあとで増加しているのがわかる。これは木綿布を詳しく観察すると、ところどころに黒いタールのようなものが布目を埋めて固着しているし、さらに磁石で布面をこすると細かい粉のようなもの（主として鉄粉とおもわれる）がついてくるので、これらのものの重量が加わっているためにちがいない。それにしてもこれらの重量は相当なもので、これは予想外のことであった。

だがそれらを差し引いても付着量の約六〇％は油であったということはきわめて重要な意味をもつだろう。しかもそれは、「車両底部のあらゆる個所を拭いて得た」ものでもなく、また拭き方も制限を加えたいわゆる押えとり、吸着という方法をとって得た量であった。だから本当の機関車付着油を推定するためには、油泥のほうも考えてみなければならない。それでこのほうの分離を試みたところ、この重量の三五ないし五〇％が油であるという結果が出た。

ところでその油泥は、先に述べたように、代表的な部分として釣合梁下面から四二グラム、先輪軸箱前面は二七五グラム、排障器片側で七五グラム、というようにそれぞれ採取されており、これだけを合わせても三九二グラム、仮にその三五％が油とすると一三七グラムとなる。これらを先の表—5の採油量と合わせて考えてみれば、「車両底部のあらゆる個所を拭いて」得られる油量は、おそらく「四・五cc」（約四グラム）の二〇〇倍をはるかにこえる量、になることは間違いないとおもわれる。

以上の実験から考えてみると、機関車の下に実際にもぐりこみ、その車両底部を一見したものならば、それだけで「四・五cc」などという数字を出してくるはずはないし、たとえどこから出てきたとしても、再検討を加えないではおかれない筋のものだろう。しかも一方、東京全都下から油を集めさせたり、現場の実験にも立ち合う（新聞報道による）というほど熱心な秋谷氏が、機関車を見ていないということは信じ難い。「秋谷氏はサラシの布を持ってD五一機関車と貨車の下にもぐりこみ」と書いているもの（『ジャーナリスト』四二号）もあることなのだ。

もちろんこの「四・五cc」が、鑑定書の論理構造のうえで無視しうる程度のものなら、話は別である。だが、下山衣服付着の「油」が、轢断機関車D五一六五一からきたものでないという判断の前提として、「四・五cc」は「重要な意味」をもっている。やはりどうしてもこだわらざるをえないのである。

　そこでそうしたこだわりの目をもって見るのは決してよいことではないのだが、ともかくこの「四・五cc」は、単なるケヤレスミステークや、無邪気な誤りから出てきたものではない、とおもわれるのである。いや、むしろ逆に、ある目的をもって意識的に導入された数字のようにさえ考えられてならない。この点をもう少しはっきりさせるうえで、この「四・五cc」の鹼化価を検討してみることが参考になるであろう。

植物油混入の無視

　さて、「秋谷鑑定」では比較検討のため、「田端機関区から一般機関車並びに車両用の油」として内部油、外部油、混合油を採取し、その屈折率（nD）を測ったとされて、それぞれの数値がしめされている。文意からこれらの三油は未使用のものを、倉庫かタンクから直接採取したものと考えられる。一方、「四・五cc」も屈折率が測定されて、その値は「前記三油より高価であることを認めた」という。そこで問題解決のため、「四・五cc」の鹼化価（V・Z）測定となった。「結果はわずか一・八で現れ0に等しいこと」となり、「V・Zが0ということは、当該油は動物油や植物油ではない」という証明であった、ということになっている。「秋谷鑑定」のこれらの論理の展開は、先にも若干紹介したところのものである。

　たしかに、一・八という、ほとんどゼロに等しい鹼化価は、鉱物性油のそれと考えてよいであろう。だが、この値をめぐっては、もう少し考慮しなければならない事情がある。端的にいうと、当時国鉄の蒸気機関車に使用されていた油には、植物性の油が混入されていたという事実である。たとえばその混合率を五％としても、鹼化価は二桁台にはなりそうなのである。だから、「四・五cc」のV・Zが「0に等しい」というのも、にわかに信じるわけにはいかないのである。

　しかも秋谷氏は、この植物油混入の事実を知っていた、とおもわれるのである。なぜならば、前に引用した表—3を見ればよい。そこに米糠油の採油先として、新小岩機関区、八王子機関区の二つがあげらている。もちろん田端をふくめて他の機関区からも採取されたのだろうが、鹼化価、酸価などが下山油と合わないのでこの表に現れていないらしいことは、前後の文章から察せられるところである。

　機関車に使用される油の主体は、たしかに鉱物性油である。しかしその当時、鉱物性油の性状を改善するために、植物油が加えられていたことは常識であって、蒸気機関車取扱い教育の教本にも説かれているし、筆者の八王子、田端、水戸、宇都宮などの元機関区員からの取材によっても、すべての人たちに肯定されている。そればかりではない。出版物のうえでもこの常識は通用している。たとえば堂場肇氏の『下山事件の謎を解く』である。この本は堂場氏が当時時事新報の記者として取材にあたり、それをもとに新聞連載のうえまとめられたものであるが、そのなかにはつぎのような記述がある。

「機関車は潤滑油に鉱物油を使用する。鉱油にほんの少し（一〇％以下）の植物油を混合するとアジが出るそうだが、主体となるものは鉱油である」

また斉藤茂男氏の「下山事件の新情報を追って」（『文芸春秋』昭和三九年一二月号）によれば「機関車の油は鉱物油九五％、植物油五％」とある。

ただ混入率の数字は筆者の取材によってもまちまちで、少ない人で五％、多いほうで三〇％というように、だいぶひらきがあった。いずれこのことは、またあとでふれることになるだろうが、ともかく以上のような実情から、「車両底部のあらゆる個所を拭いて得た」「四・五cc」に、植物油がまったくふくまれていなかったとは到底考えられないことなのである。だからこそ、屈折率も三油とは異なった値をとったのであろう。そこでその植物油の量を五％として、鹼化価を二〇〇と仮定すると、二〇〇に〇・〇五をかけて得られる一〇が、「四・五cc」の油の鹼化価に加わらなければならない、というのが論理的必然なのである。だが、「秋谷鑑定」はその値を一・八とし、ほとんどゼロと考えるだけでなんらの検討もしていない。やはり実情を無視した、非科学的態度として責められてもいたし方ないであろう。またここでつけ加えておけば、比較検討のため採取した内部、外部、混合の三油についても、屈折率だけでなく、せめて鹼化価ぐらいまでは測ってみてもらいたかったと、残念におもわれてならない。

参考までに筆者も長門機関区から現在の内部油、外部油をもらってきた。もちろんこうした油は改良が加えられ、酸化防止剤やその他の添加剤も進歩していて、当時のものとは比較にならぬほど品質は向上している。苛酷な使用条件にもよく耐えて、現在では植物油の混合などはまったくしていないという。試みにこれらの油の鹼化価を測ってみたら、ほとんどゼロであった。一般に潤滑油などの規格に指示されているとおりの値である。

だが、機関車底部を拭いた木綿布から抽出した油の鹸化価(V・Z)は、二桁台をしめした。抽出後、活性炭で処理して淡黄色となった油である。これは何回か試みたが二〇から三〇ぐらいまでの値が出る。そこで改めて油の専門家に測定を依頼したところV・Z一八という報告がきた。この値をどう考えるかということはなかなかむずかしい。専門家も、油脂類が研究分野ということで、慎重に断定的な解説を避けた。そこでこの点の検討はあとまわしにして、ひとまず「四・五cc」関係に区切りをつけておこう。

多量につく機関車油

さて、このへんで観点をかえて、別な角度から考えてみよう。蒸気機関車による轢死体のばあい、その衣服などにいったいどの程度の機関車油がつくものなのか、それともつかないものなのか。こんなことを研究する奇特な人はいないらしく、いろいろ探してみたが適当な資料はついにみつからなかった。それでその機会があるたびに、轢死体に接する機会をもった国鉄関係者や法医学者から、実際に体験した話を聞くことにした。人数にして国鉄関係者三一、二名、法医学者七名、その他二、三の元西新井警察署員である。とくに元西新井署員には、下山総裁轢断現場が鉄道自殺の非常に多い所だったということで、その実情の見聞を求めた。この結果は、衣服に機関車油がつかないとしたものは皆無で、全員が、大概は油まみれになるものだ、ということで一致している。とにかく、油は相当多量につくものだというのが誰もの認識で、逆に、「つかないことがありうるか」という質問には、そういうことは到底考えられない、という強い否定の答えが返ってきた。とくに元機関士で、経験を多くもつ人の話では、たとえ車底にまきこまれなくとも、機関車の側面ではねとばされただけで、衣服は油でべっとりするということだった。だが、それらの人の話をここで一つ一つ紹介するわけにはいかない。そこで二、三の興味あるものにとどめよう。

まず村上次男氏のばあい。村上氏を仙台市北七番丁のお宅に訪ねたのは、小雪の舞う寒い日であった。突然の訪問にびっくりなさったが、ともかく応接間に通されて、氏みずから運びこまれたストーブを間に、三時間近く話を聞くことができた。というよりは、実は私のほうが話をさせられた、というのが正確なところかもしれない。

というのはこうである。村上氏には何度か手紙を差し上げて、下山事件についての知見や、意見を聞きたいとお願いはしてあった。事件直後、下山事件を議題とした臨時の法医学会で、村上氏が司会をしたということを新聞記事で読んでいたからである。が、村上氏からは返事はいただけなかった。これは当然のことでもあろう。そこで、私の奇襲的な突然の訪問となった次第であった。だから玄関で私が名刺を出すと、村上氏は瞬間、困った顔をされた。そして開口一番、

「私は東大系の人間で、東大のほうから流れてくる情報だけしか聞いてないからかもしれないが、あの下山事件は他殺だとおもっている一人です。それだけで別に深い根拠はないんです。だから、あなたの役に立つような話なんてなにもありませんよ。ただせっかくこんな遠くまで訪ねてきて下さったのだし、手紙ではだいぶいろいろ調べておられるようなので、むしろそのほうを聞きたいぐらいです。それでいいならお上がりなさい」ということだった。もちろん私にはいいも悪いもない。厚かましくも喜んで靴をぬいだものである。

そういうわけで、それまでの調査や、それについての疑問と、私の考えなどを、だいぶしゃべらされてしまったのである。だが、村上氏もまた最初の口上とはちがって、気持よく話をされて、たいへん快いひとときを過ごしたものであった。そうして話がすすむにしたがって、村上氏は私のもつ問題意識を察してきたのだろう。逆にいろいろと問題を出しては、私の反応を楽しんでいる様子がみえた。そのうち話題が油になったのである。

「佐藤さん、あなたはなかなかおもしろい解釈をする。しかし、油ね。あの下山さんの衣服にたっぷりついていたという油。これはいくら佐藤さんでも、そううまく解決はつかないでしょう」

そういうと村上氏は、とても愉快そうな顔をしたのである。たしかにこれは難問題、当時はようやく油についての疑問を感じ出したばかりのときで、どうにも解釈のつけようのないところだった。

「先生、そのとおりです。そこが問題なのです。ただ、私がとても疑問におもうことは、衣服から抽出した六〇グラムとか七〇グラムの油が米糠油で、機関車の油は全然ついていなかったといわれているんですね。しかし、あれだけひどい轢断のされ方をしていて、機関車の油がついていないというのは、どうにも納得ができないんです」

ここまできたとき、たしかに村上氏の表情が変わったようにおもえた。変わったのは声の調子も同様だった。かすかに

「えっ」といわれたようでもあった。

「本当なの。その六〇とか七〇というのは」

当時はまだ鑑定書も見ていないことだったし、正確なことはわからなかったが、塚元久雄氏（秋谷氏の下で助教授をしていて油の検査をしたといわれている）から聞いた話では、衣服から実際に抽出された油はたしかに六、七〇グラムということであった。だが、村上氏は信じられないといった顔なのである。

「じゃ、二リットルとか三リットルとかついていて、絞ればポタリ、ポタリとたれるほどというのは、どうなんです。ちがうんですか」と、いささか詰問調であった。

だが、私にはそれに答えるすべがない。ただ塚元氏の話では、ポタリ、ポタリには否定的で、衣服はしっとりした感じではあったが油と繊維の結びつきは強く、油の分子は移動しにくいといった状態であったという。そういう状態と、実際の抽出量から、全体としての油の付着量は二〇〇グラムくらいではなかったろうか、という推定であった。塚元氏のこの話をつたえると村上氏は強い調子でいった。

「それくらいの油は、轢断のばあいに、機関車からつきますよ。それじゃ問題にならんです」

そこで私は、私の体験を話した。その数年前であったが、友人が京浜急行の踏切で事故死した。轢死である。家族の依頼で身元確認と検死に立ち合い、衣服の処分について相談をうけたことがある。そのとき衣服に付着していた油に驚いたものだった。一見すると、電車の車軸まわりには、そんなに油がついているとはおもわれない。ところが油は衣服だけでなく遺体の胸から腹部、それに腰へとかけて方々についていて、アルコール綿で拭いても拭いてもなかなかとりきれなかった。

この話をすると村上氏は深くうなずいているふうだった。

「そうなんですね。油は、どこにこんなにあるのかと、不思議におもうほどよくついてきますね。とくに蒸気機関車による轢死のばあいなんか、そりゃほんとうに大変なもんですよ。だから数十グラムなんていう油は簡単にとれるでしょう」

このときはじめて私は、「下山油」についての疑問が正当なものであることに、つよい確信めいたものを感じたものだった。ついでにつけ加えると、村上氏は東大法医学教室出身で三田門下の一人、古畑氏よりはやや後輩にあたるがこのときすでに東北大名誉教授で、その法医学教室を引き継いだのが赤石英氏である。赤石氏は、生体轢断のばあいでも生活反応としての出血を欠くことがありうる、という研究をすすめた法医学者である。

つぎは、元田端機関区長の成田松次郎氏である。国鉄本社車務課の紹介で成田氏を大宮に訪ねたのは、長門機関区で採取した機関車油の抽出実験も終わった段階で、質問のテーマははっきりしていた。事件当時、田端機関区で使用されていた蒸気機関車用の油の、実情についてである。

さて、そのテーマについての話が終わって落ち着くところは下山事件であった。事件に関係ありと、国鉄でいちばん問題にされたところが田端機関区であったのだから、成田氏としても関心は深かったようだ。もっとも事件当時の区長は佐久間氏で、この佐久間区長が事件の騒ぎにまきこまれてすっかり嫌気がさして、任期中途にやめるといいだしたので、その年の秋に成田氏が交替したのだそうである。

その成田氏との話のなかで、先の「四・五cc」が出てきたのである。私は端的に聞いた。「機関車の底を全部拭いて四・五ccの油しかとれなかったというんですが、信じられますか」

ところが成田氏は、「まてまて、それは四・五ccじゃないだろう。もう少し多くて十何グラムということじゃなかったか」と奥にひっこんで、宮城音弥氏の「下山総裁怪死事件」をもってきた。成田氏はページをめくると「これでは一五グラムになっている。学者の書いたものだから公平な立場で書いているだろうとおもって出たとき買ってきたが、ここを読んでずいぶん少ないなァとおもって、びっくりしたんで記憶に残っている。こんな少ないことはないはずだよ」という。

だが、「秋谷鑑定」は四・五cc、約四グラムということですよというと、「そんなことが信じられるかね」と笑うのだ。

「蒸気機関車の油を全部ぬいてね、油タンクも油壺もからっぽにしてから一度車体をキレイに拭きあげてね、それからまたサラシ木綿で車底を拭きとったとしたって、二〇や三〇グラムの油はとれるよ。あれだけ大きくって重いもんだもの、そのくらい油をくってなけりゃ走らん」

そこで轢死体に油がつくかどうかということになったのだが、戦後だけでも一の関、仙台、宇都宮と転じて田端にきたという成田氏は、各地においての見聞をふくめて、やはり衣服に相当量の油がつくという話だった。「轢死体というものは大概は裸にされてしまうもんだ。裸にされるというのは、機関車に衣服がまきこまれてはぎとられるということだよ。理屈から考えたって機関車の油がつかないというのはおかしい。だいいちそんなの見たこともきいたこともないね」。これが成田氏の意見なのである。

しかし「秋谷鑑定」によると、下山氏の衣服には機関車からの油はまったくといっていいほど付着していないで、ついていたのはそれとはまるで縁のない米糠油であったという。本当に奇妙な、おかしなお話である。

推定付着総量への疑惑

ではいったい、その米糠油はどこで、どのようにしてついたのだろう。「秋谷鑑定」はその場所までは具体的に特定していない。だが先にもちょっとふれたように、「少しは凹凸面」で「二リットルほどの油が流れて」いた床面に、「右胸を下にして俯伏せではなく横臥している姿勢」で、「数時間放置され」ていたときに付着した、というのである。またもう一つここで大事なことは、このとき上衣は着ていないで、「轢断前に誰かが下山氏に着せた可能性が強い」ということと、糠油の付着総量は、推定「三〇〇グラム」ということであろう。

さてここで、二リットルと三〇〇グラムという数字が新しく出てきたが、先にのべた、下山衣服への付着総量は二〇〇グラムということをご記憶の読者には、ここで一〇〇グラムふえているのはどういうわけかと、不審におもわれるかもしれない。実は、前の二〇〇グラムは、秋谷教室にきたとき下山衣服についていたとおもわれる油量の推定であり、新しい三〇〇グラムのほうは、轢断直前まで付着していたと推定される糠油総量ということなのである。轢断前後から降りだした雨が明け方には大雨となり、線路上の下山氏と衣服は水浸しになっていて、そのために付着量の三分の一が流されているはずだから、二〇〇グラムの油が残っていたとすれば、もとの付着油総量は三〇〇グラムとならなければならない、ということなのである。そして、三〇〇グラムの糠油が付着するためには、「下山氏が横臥させられた床面は二平方メートルあればよいので、二リットルほどの油が流れていれば十分である」、と話の筋道が通っているわけである。なお、「少し凹凸面である」必要は、油の量が「腰にいちばん多い」ことから、「油の散布状（態）」を考えてのことのようである。

だが、雨で付着油が三分の一、約一〇〇グラム流れてしまったという根拠は何か――やはり気にかかるところであろう。もちろんそのへんに秋谷教室が手ぬかりをするはずはない。ちゃんと実験をすませ、つぎのような記述となっている。

「試験は二四年一二月でヌカ油がかなり粘着状態になっていたので、夏の流動状とは異っていたが、末次油脂の原油に、下山氏の服地と似た純毛地を十分ひたし、三〇分間水道の水をかけ放しにした。その結果はズボン地四五グラムにヌカ油は五〇グラム付着し、合せて九五グラムとなったものが注水で八〇グラムに減っていた。すなわち温度が低く、事件当時のように油を流失によい条件には置かなかったが、五〇グラムが三五グラムになって約三分の二量になっていることになる」

一〇〇グラム流失というのは、この実験の結果からの結論であるというわけだ。

もちろん筆者は、この実験を疑うものではない。いろいろな考えがあって、苦心に、苦心をかさねての実験であったろうとおもう。だが、どうして四五グラムの布地に五〇グラムもの油をつけて実験したのだろうと、不思議にはおもう。布地の一・一倍、一一〇%の油量である。下山衣服に付着していた油は多いところでたかだか二二、三%程度（右尻ポケット裏木綿地一〇・七グラムから二・四グラムの油、二二・五%、これが「秋谷鑑定」中でいちばん多い数字。平均は二〇%以下である）ではなかったのか。一一〇%と二〇%ということになれば、量のうえだけではなく、質的な違いがあるはずである。

「秋谷鑑定」が発掘されるずうっと前、サラシ木綿の褌にサラダ油をつけて一つの実験をやってみたことがあった。というのは、下山衣服は油まみれで、絞ればポタリポタリとたれるほどであった、という話もあれば、一方、付着量は二〇%台という情報もあって、真相はよくわからなかったが、ともかくそれぞれの状態が実際に五感を刺激する程度はいかなるものかと、興味をひかれたからであった。

さて、その結果であるが、二〇%の付着量では、木綿布にごく淡い色のサラダ油という条件にもよったろうが、油がついているという感じはほとんどない。手触りも乾燥したキレイな布地とかわりなく、座敷に放っておいたら、他の洗濯物と一緒に片付けられてしまったほどである。ただ、この実験で苦心したのは、布地一面に均等な二〇%という油を、付着させることであった。つけすぎてしまうと減らしようがないし、折り重ねて上から油をたらしてもおもうようには広がらないしで、さんざん苦労したあげく、結局ひろいパットに、あるのかないのかわからないほど薄く油をひいて、その上に木綿布をひろげるという方法に到達した。

だが、絞ればポタリポタリのほうは簡単であった。布地にたっぷり油をつけて絞ってみればよいからだ。こうして絞っていって、ポタリポタリとたれなくなったところ、とはいっても力を入れれば油は布目からしみだしてくるが、手に付着したままで落下せず、力をゆるめれば、また布地に吸いこまれていくといった状態のところだが、これが一〇〇～一二〇%程度の付着量である。この程度になると、やはり油がついているという感じがはっきりして、視覚的にもぬれた布地と判断され、よく見れば布目に油がついている感じがある。だからこの実験からみると、絞ればポタリポタリとたれるほどの油というのは、布地にたいして一五〇%ほど以上の付着量、ということになるだろう。一方、二〇%の付着油では、筆者の力ではどれだけ絞っても、ポタリポタリとはならないし、布目に油らしきものの片鱗もうかんでこなかった。また、このくらいの量だと同じ布地の間にはさんでおいても、油はそのはさんだキレイな布地には、ほとんど移動しないこともわかった。

これだけの実験がしてあったので、「秋谷鑑定」を見てまた驚いたのである。付着量一一〇%でやった流失実験の結果を二〇%台のものに適用するとは、なんという常識はずれ、これが科学者のやることなのだろうか。

しかし驚いているばかりで、できる実験もせずに、批判するのみ、というのも科学的ではない。筆者はさっそく実験を試みた。時期は一一月初旬、風呂場の温度は一五度であった。まず一〇グラムの布地（フラノ地ズボンの古いもの、以下同じ）に三グラムのサラダ油（三〇%）をつけて二時間水道水で流す。計量の結果はほとんど変化なし。ただし、秤がバネ式のものなので細かいところは読みきれなかった点を反省して、面倒だがテンビン秤に切りかえる。

二回目、六・六グラムの布地に二・〇グラムのサラダ油（約三〇%）を付着させ、二時間水道水で流す。一昼夜自然乾燥のうえ計測、総量で八・五グラムとなる。すなわち〇・一グラム、五%の油が減ったことになった。

一方、付着油量一一四%のものを右同様の方法で実験した結果は、油の減量約二〇%（五分の一）であった。すなわち三〇%付着のものの四倍（重量百分比で）の減量である。

こうしてみると、雨による流失量を三分の一の一〇〇グラムとして、それ以前の付着量を三〇〇グラムとみる、「秋谷鑑定」の論理をにわかに信用はできない。実験方法に違いはあるかもしれないが、それにしても疑問は残り、その行間になんとかして付着油総量を少しでも多くみせようという意図が、かくされているように感じられてしかたがないのである。

大きすぎる布地量

そういう感じにとらわれると、やたらに細かくなるのが筆者の欠点である。読者の寛恕を請う次第である。

さてそこで、下山衣類付着油の推定二〇〇グラムの計算を見なおしてみることにしよう。まず実際に抽出した油量は八六グラム、それから「未抽出のズボン左（右の間違いか、筆者註）半分、Yシャツ、上衣ポケット裏、靴下片など各布地の油の含有量は含有率から計算すると、推定一五グラムとなる」とあり、すぐつづいてつぎのような記述となる。

「なお未抽出の概数はズボン五〇グラム、Yシャツ二五グラム、上衣ウラポケット一五グラム、ハダ衣五グラム、その他現在ない靴下は七グラム……と計一〇二グラムとなり、概数は合計一〇〇グラムとみている」

すなわち、この一〇〇グラムと一五グラム、それに抽出ずみの八六グラムを合わせ二〇〇グラムということなのである。

ところで右の「計一〇二グラム」の内訳からつぎのような表―6を作ってみた。

表中の推定百分比（%）は表―1のものを適用した。ただ上衣裏ポケットと肌衣には根拠とすべき数字がなかったので、上衣にはYシャツの一八%、肌衣には褌の二〇%を当ててある。

こうして、この百分比の数字をもって、推定の付着油量を

表―6

	推定油量(g)	推定百分比(%)	計算による布地量(g)
ズボン	50	17	294
Yシャツ	25	18	139
上衣ウラポケット	15	18	83
ハダ衣	5	20	25
靴下	7	18	39
	計102		

割ってみると、それぞれの油の付着していた布地量が出てくる。そこでその布地量を見てみると、ズボン（これは左半分のほうであろう）が二九四グラム、表―1によればズボン左下部からすでに八・四グラムの油を抽出ずみであるから、それを加えると五八・四グラム、これを使って計算するとこの数字は三四九グラムとなる）というのは、実際に油を抽出した右ズボンの三一八グラムにせまる数字である。

これだけからも、下山氏が右を下にして横臥の姿勢で数時間放置された、といえるのかどうか疑わしくなる。ズボンのついでに靴下を見ると三九グラムである。参考までに筆者の冬用厚手のものを計ってみると三七グラムであった。事件当時は夏なので薄手の靴下を着用していたと考えると、この数字も大きい。とくに、大きいというよりはむしろ過大とおもわれるのは上衣ウラポケットの八三グラムである。

上衣の汚染状態をしめす記録の部分にはつぎのようなところがある。「裏側内ポケット地に……ヌカ油が付着しており、この上衣中唯一のヌカ油の付着が、上衣の外側にはなくて、Yシャツなどに接する裏側の部分にある点が注目された」。このことが実は、上衣が轢断現場で着せられたという判断の根拠となっているのだが、そのことはまたあとで検討することにして、ともかく「上衣ウラポケット」というのは、この部分のことだろう。その部分の布地量が八三グラムになるのである。

ところで、先にふれた流失実験のところで筆者が使ったフラノ服地は、だいぶくたびれてはいたが冬物で、縦三〇センチ、横一〇センチの長方形切片が九グラムであった。八三グラムというのはこの九倍強にあたる。「裏側内ポケット地」としてはあまりにも大きすぎはしまいか。しかも、これだけでも大きすぎると思われるのに、先ほども引用した「推定一五グラム」のところでは、その内訳のなかに「上衣ポケット裏」が入っているのだから驚く。「上衣中唯一」の個所が二つあるとすれば、それは論理法則違反という以外はないだろう。

このように布地量がどれもこれも大きくなってしまうのは、付着油量の推定がある点で大きすぎているからである。機関車油の拭きとり量を「四・五cc」（約四グラム）などと、信じられないほど過少に押えるところと、まことに好対照である。

横臥位の油付着実験

視点をかえて逆のほうから見てみよう。二リットルくらいの油が流れている床面に、右を下に横臥の姿勢で数時間放置されたばあい、三〇〇グラムの油がつくかどうかということである。「秋谷鑑定」はこの実験もしたようで、その部分はつぎのようになっている。「そこで床面上にあったヌカ油の量であるが、円筒に布地を巻いて横にした際のコントロール実験では、下山油の三〇〇グラムは身長一メートル七〇センチに対する付着量であり、一平方メートルに対し約一リットルのヌカ油の散布で足ることになる。すなわち下山氏が横臥させられた床面は二平方メートルあればよいので、二リットルほどの油が流れていれば十分であるということになる」

「コントロール実験」の内容はよくわからないが、結論的にいうと筆者の推論も二平方メートルに二リットルという条件ではだいたい同じ程度の付着量となった。参考までにのべると、筆者はまず高校二年生の男子を平らな白紙の上に横臥させ、その衣服が白紙に接する部分の周縁をマークした。その周縁内の面積を実測すると約三七〇〇平方センチ(〇・三七平方メートル)、また周縁の長さは約四八〇センチ(四・八メートル)であった。この高校生は身長一六七センチ、体重五八キロで、着用のズボンは現代風の細身のものであったことを考慮にいれて、下山氏のばあいは右の数字のおおよそ二割増しと考え、それぞれ四四四〇平方センチ、五七〇センチとした。

一方、二平方メートルの床面に二リットルの油が仮に均等に流れているとすると、油膜の厚さは一ミリということになる。比重を〇・九と考えると一平方センチあたり〇・〇九グラムの量である。ここに下山氏が横臥し、この油面とふれるわけだが、その接触面積は先の四四四〇平方センチである。そこでこの接触面積内にあるYシャツ、肌衣、ズボン、褌などがその下の油の三分の二を吸ったと考えると、〇・〇六グラムに四四四〇をかけて二六六グラムとなる。

だが油を吸うのは、そこに直接ふれている部分ばかりではない。その部分につながっている布地もまた吸い上げる。その吸い上げるところの幅を三センチと考え、これに接触面周縁の長さ五七〇センチをかけると、一七一〇平方センチという面積が出る。この周縁部が、一平方センチあたり〇・〇三グラム(床面一平方センチあたり油量の三分の一)を吸ったと考えると、約五一グラムとなる。これに前の二六六グラムを加えると三一七グラムとなって、だいたい「秋谷鑑定」の数字と合うわけである。

さて、右の思考実験で、三分の一とか二という係数などを使ったが、けっして勝手な数字ではない。あらかじめ予備的実験を行ってのことである。まず、油は布地にどのくらい付着するものか。材料はだいぶ着古したズボンのフラノ地と、揚げものに数回使用後のサラダ油である。一八センチ四方の布地を油のなかにひたしてたっぷり油を吸わせ、それを引き揚げた直後の重量は四五グラムであった。布地の重さは一〇グラムであったから油は三五グラムついていたわけである。だがこの段階では油はぼとぼとたれていた。

この布地の一辺をとめて垂直にたらし、油の落下状態を観測した。やはりたらした直後が多く、三〇分たつとその落下はあまりみられなくなった。このときの重量が、二九グラムであった。以後最初のときから六時間目、九時間目、一二時間目に測定した値は二五、二四・五、二四グラムであった。

そこでこんどはその布を真中から上下二つに切り離し、それぞれの重量を測った。その値は上部が一〇・七グラム（油のみでは五・七グラム）、下部一三・三グラム（油八・三グラム）というものであった。

右の結果をまとめてみると、一二時間目の状態で一〇グラムの布地が一四グラムの油を保持していたことになり（百分比で一四〇％の油）、上下に分けて考えてみると上のほうは布地の一一四％の油をふくみ、下部は一六六％で、比率はおよそ二対三ということになる。

もう一つ、こんどはこれと反対の実験である。油のなかに垂直にたらした布地がどの程度の高さまでその油を吸い上げるか、ということである。材料は前と同じで、これも実験開始後三〇分くらいが勢いがよく、三センチの高さに吸い上げた。そのあとは布地を染める油の色もだいぶ薄く、先端が四・五センチあたりで止まってしまった。それで前記思考実験では一応三センチという数字をとった。

ところでこれらの実験を、問題のばあいに適用するにあたって考えなければならないのは、下山氏着用衣服の単位面積あたりの重さである。筆者の使用したフラノ地はだいぶすり減っていて、一〇〇平方センチで二・八グラムであった。一平方センチあたり〇・〇二八グラムである。問題になるのは下山氏着用の衣服であるが、洋服は「厚地純毛」とあるから、実験使用のフラノ地とそう違いはないだろう。Yシャツと肌衣が気になるところである。そこで、古いYシャツと丸首シャツをそれぞれ一〇センチ角に切りとり、いっしょに計量したところ三・一グラムであった。意外であったがフラノ地より重いのである。だから、下山氏ズボンのほうも、実験に使ったフラノ地よりは重かったかもしれない。そこでズボンの下の褌も考慮にいれると、下山氏は一平方センチあたり〇・〇三グラムくらいの重さをもつ布地に包まれていたものと考えて、そう大差はないというのが筆者の判断である。

そうすると、一平方センチあたり〇・〇九グラムの油の層の上に横たわったとき、その衣服が布地量の二〇〇％の油（一平方センチあたり〇・〇六グラム）を吸うとすると、それが実は厚さ〇・一センチの油層の三分の二に当たったわけである。またここの二〇〇％は、先の実験で、一〇グラムの布地を油のなかにひたしたうえで引き上げ、三〇分後に付着していた量一九グラム（一九〇％）からの類推である。

つぎは周縁外部の油を吸い上げる部分であるが、ここは布地量の一〇〇％の油をふくみうると考えて、〇・〇三グラム毎平方センチ、すなわち油層の三分の一の油、という推定をした。一〇〇％というのは、先の実験で上下に切り離した布片が、上方で一一四％の油を保持していたことと、吸い上げた実験で、三センチ幅の部分にあった油量も、似たような数字であったことからの見当である。

不自然な油のつき方

「秋谷鑑定」の「コントロール実験」と、筆者の思考実験が、妙な形で同じような数値をはじき出したようだが、しかし問題はここからなのである。「秋谷鑑定」によると、三〇グラムの油が衣服の各所にだいぶ分散して付着していたようになっているのだが、筆者の思考実験ではどうもそういう具合にはいかず、二リットルの油が流れた床面に、右を下に横臥させられて付着した油とすると、むしろ床との接触面に局在していなければならない、ことになるのである。

もちろん、最初そのように付着した油があとで移動、移転したとも考えられないわけではないが、実験を重ねてみると、油は布地のなかをおもったほどは動いてくれないのである。これは三価のアルコール（グリセリン）に脂肪酸の長い鎖が三本、エステル結合してできているという油脂（動・植物油）の分子構造による影響でもあるのだろうか。

そこでこんどは、床面をころがしてみたらばどうだろうか。たとえば、横臥の姿勢からうつぶせか、仰けの状態にである。ところがこうすると油が余計につきすぎてしまう。四、五〇〇グラムは簡単に増えてしまうだろうとおもわれる。この矛盾を解決するために、つぎに床面の油をもう少し減らしてみる。たとえば、表面布地にちょうど二、三〇%くらいの油がつく程度に。ところがそうすると内部の衣類にしみこむ油は極端に少なくなって、褌などにはほとんど油がつかないことになってしまいそうである（「秋谷鑑定」では衣服全体でここがいちばん含油率が多い）。轢断直前に着せられたという上衣の内ポケット裏地に、Yシャツから一五グラムも油が転移するなどということも絶望的であろう。量を減らしてもうまい解決にはならないのだ。付着状態といい、あるいは量の点からも下山衣服についていた油というのは、油が流れていた床面からついたとするにはどうにも不自然なつき方なのである。

　そこで改めてもう一度、下山衣服の「油」の付着状態を見てみよう。まずズボンであるが、その部分は「秋谷鑑定」ではつぎのようになっている。

「ズボンの汚染の原因であるヌカ油については、ズボンの右半分から五五グラムを抽出しており、欠損部を加えると優に六〇グラムあったと推定される。ズボン左側も汚染度から大体同量とみられるから、ズボン全体では一二〇グラム程度のヌカ油が沁み込んでいたと考えてよい」（傍点筆者、前にはこの部分が五〇グラムであったはずなのだが）

　左右同量となれば、先にもふれたとおり、右を下にした横臥の姿勢で付着した油という考えは、その根拠を失うことになるだろう。これではむしろ天井を見つめて、仰けに寝た感じとなる。またそう考えたほうが、油は「とくに尻部が多く、フンドシにまで及んで」いる、という状態にあいそうである。ところがそうすると、上衣「裏側内ポケット地」に付着していたという、「一五グラム」の油が問題になる。これは「Yシャツ胸部（右）についたヌカ油が、上衣ボタンをかけたことによって付着した」とされているのだから、Yシャツの右胸該当部に、多量の油が付着していなければならない。ここではうつ伏せの状態で、床上の油をYシャツがたくさん吸った、ということになろう。

　また事実、下を向いたうつ伏せの状態を推定させるような記述もあるのである。「この油のついたときの姿勢では顔面も当然下を向いていたといわねばならないが、この点について法医解剖の際、執刀者桑島博士、立会人秋谷博士らが、顔面と右手に特に黒い汚れを認めており、不思議なことだという印象を強く残したと証言している」。傍点は原文にあるもので、よほどここを強調したかったのだろう。それから、ズボンの付着油も「膝下部は両足ともに多い」というのも、うつ伏せ状態を支持するものかもしれない。

こうみてくると、どうにも右を下にした横臥の姿勢というのがわからなくなる。鑑定全体を読んでみてもそれを積極的に支持する根拠というものは発見できないのだ。だからこの横臥というのは、上を向かせてみても、あるいはうつ伏せにしてみても、いずれにしてもなかなかうまい説明がつかずに、苦肉の策として、それでは横臥にしてしまえということになった、といった感じがなきにしもあらずなのである。

だがそれはともかく、もう一度ズボンを見てみよう。「ヌカ油がズボンに沁みている量は各部ごとに少しずつ違っている」として、いくつかの数字がしめされているが、今はつぎの二つに注目しよう。

右尻ポケット部。二五・五グラムから四・七グラム――二〇％（筆者計算によると一八・四％）。

右尻ポケット裏木綿地。一〇・七グラムから二・四グラム――二五％弱（正確には二二・五％）。

右の二つの数字を較べてみると、油に直接ふれていたはずの表面布地より、裏木綿地のほうが油の含有率が多い。これもどうも不思議なことである。なお褌も二〇％の含油率となっているので、これまたズボン布地のそれよりは多い。ちなみに、ズボン右半分全体の含油率は、一七％である。

実験をしてみるとよくわかるのだが、二〇％台の油の付着量では、二つの布地を重ねておいてみても、一方から他方へ油が転位するということはほとんどない。とすると、ポケット裏木綿地についた油は、ズボン表面からではなく裏側からついたのではないか、と考えられてくる。褌の付着油も、また、ズボン表面からしみこんだのではない、とみるのである。

発想の、大転換である。もちろんこの転換に、抵抗をしめされる読者も多いこととおもう。だが、こう考えないと、どうしても説明のつかない事実も、またあるのである。ハンカチの存在なのである。

ハンカチの状態の詳細については、『文芸春秋』〝百五枚〟でも、「汚染度・略」となっていてよくわからないところがあるが、油についての記載がどこにもないところからみて、付着油はなかったものと考えてよかろう。また、秋谷氏の下で油関係の検査をしたという塚元久雄氏も、ハンカチには油はついていなかった、と明言しておられる（昭和五〇年四月三〇日、福岡大学薬学部長室で筆者に）、もちろんこれらの他に、ハンカチに糠油が付着していたという記録はどこにも見あたらない。

　ところがこのハンカチは、「秋谷鑑定」の考え方からすると、当然糠油が付着していなければならないはずの、ズボンのポケットから出ているのである。「秋谷鑑定」を見ると下山夫人の証言として、「このハンカチはズボンの右ポケットにあった汗ふき用のもの」という記載がある。ズボン右ポケットにあったものならば、ズボンを通して褌までしみこんだ油が、このハンカチを素通りするはずはないだろう。もちろん「下山油」をたっぷり吸いこんでいなければならないのである。

　もちろん、現在のように水や油を通さないビニール袋のようなものがあって、それに入れてポケットにしまわれていたというなら話は別だが、しかし事件当時の昭和二四年にそんなものがあったとも考えられず、ズボン表面からしみこんだ油が褌までをぬらしているという「秋谷鑑定」の想定によると、やはりこのハンカチも油を吸う状態にあったと考える以外にない。そうすると、褌までしみこんだ鉄粉やドロを含んだドス黒い油は、このハンカチにも相当広くしみこんで、黒い斑点をつくっていなければならず、検査にさいしても見落されることはないはずである。だが、緑色素などは問題になっているが、油についてはまったくふれられていないのだ。

　もっとも、ここに反論が出されるかもしれない。このハンカチは「ズボン右ポケットにあった」というのはふだんのことであって、事件のときは上衣のポケットに入れられていた、ということも考えられるではないか、と。理屈はたしかにそのとおりである。だが、捜査本部作成の「下山総裁変死確認迄の現場出入者一覧表」の検証の部にはつぎのような記録がある。

　「前記下田警部補以下署員六名（下田警部補、佐々木部長、桑島刑事、塩田巡査、高橋巡査、斉藤巡査、いずれも西新井署員、筆者註）は保線係員四名（小島副分区長及岡田、大塚、小宮）立会の上胴体を移動すると共に付近にあった洋服上衣ポケット内より現金四千五百三十円在中の黒皮製大型二つ折財布一ケ、及同上衣の左右何れかよりサック入り印判一、手帳一、更にズボンの後側ポケットより茶色擬革製財布現金七拾弐円也在中のもの一、及ハンカチを各々発見、更に現場軌道内より腕時計一、本人名儀の私鉄並に鉄道乗車証数葉、其他雑品並に名刺等を発見、以上の状況より想定し下山総裁なる事が確認されたものなり」（傍点筆者）

この記録によっても、問題のハンカチはズボンのポケットにあったことは間違いないだろう。「右ポケット」と「後側ポケット」の違いはあっても、いずれにせよ糠油の流れた床面に、褌まで油がしみこむような状態で数時間ねせられていたならば、その糠油が付着していないはずはないところに、ハンカチは入っていたと考えられるのである。

だがあるいはまたさらにここで、引用の資料が果たして当時の状況を正確に記録したものか否かについて、疑問が提出されるかもしれない。そこで筆者は当時の西新井署員の下田満雄（捜査主任）、桑島親之助（刑事係）、塩田喜一（記録係）の三氏をたずねあて、その証言を聞いた。結果はやはり右の記録を肯定せざるをえないものであった。

もちろん二十数年前の記憶である。刑事になりたてで、はじめてこの大事件にぶつかった桑島氏の話がいちばんはっきりしていたが、それでもズボン後側ポケットの、右か左かまではわからなかった。こういうばあいは、刑事がポケットをさぐって所持品を取り出し、捜査主任がそれを記録するのだそうだが、そのときどちらかで右、左を落したものとしても、とにかく後側ポケットであったことは間違いないとおもう、というのが桑島氏の記憶なのである。それに、そのポケットをさぐるときの感じでは、ズボンに多量の油がついているという感触はなかったという。そこで、「糠油がついていた、という話があるのですが」と誘いをかけてみると、桑島氏は意外といった表情であった。

「糠油ですか？……うーん糠油。実は私の前職は米屋でしてね、それが戦争中警察官に転職したんで、米糠油に全然縁がないわけではないんですが、その米糠油がたくさんついていたなんて感じはまったくなかったですね。それにああいうときの検証は、だいぶ手がよごれるものですが、その汚れも少なかったほうですよ。むしろ汚れを感じさせないくらいでしたね。とにかく所持品から偉い人とわかったので、遺体のまわりなどはずいぶん綿密に見たつもりですが、油は気がつきませんでした。胴体を線路脇に移したときも、その下に油のようなものは見あたりませんでしたよ。ズボンに米糠油がたくさんついていたら、少しぐらいはたれていたはずでしょうがね」

いささかハンカチをはなれた嫌いはあるが、ここは大事なところなので、もう一人、当時綾瀬駅駅長だった斎藤正賢氏の話を聞こう。斎藤氏には高崎車掌区をふりだしに一〇年近い車掌生活があって、その間何度か轢死体の処置をした経験から、職業意識も働き、自然と観察もするどかったようである。まず第一に、「出血が少ないなァ」というのが最初の印象であったという。そこでそーっと胴体を浮かすようにしてランプで照らし、その下をのぞいてみたが、胴体の下の枕木も小石も乾いた状態でキレイな感じであったという。またズボンのまとわりついた太股の下も、同じように観察したが汚れているという状態ではなく、やはり乾いた感じであった、ということだ。このことは、この直後の状況聴取で捜査本部にきかれ、そののちにまた堂場肇氏（時事新報記者で『下山事件の謎を解く』の著者）など報道陣にも話しているので、記憶は鮮明であるという。

このほかに、早い段階に現場に行き、死体の確認や現場保存にあたった、当時の西新井署長松田治吉郎氏、五反野南町駐在巡査山中明治氏、北千住保線区岡田光氏などの話も聞いたが、桑島、斎藤両氏が語った現場の模様を否定する事実はまったくでなかった。

さて、以上みてきたところを総合すると、ハンカチに油がなかったことなどから、ズボンポケット裏木綿地や、褌に付着していたといわれる油は、「秋谷鑑定」の考えるようにズボン表面からしみこんだものではない、という見方を裏付けているとおもう。そこでこんどは、Yシャツを見てみよう。上衣内ポケットについていた油が、Yシャツから転移して付着したものと考えるのには、大きな無理がある。そのことはすでに明らかにしておいたので、ここではYシャツ自身をもう少し詳しく見ることにする。

「秋谷鑑定」のYシャツについての「汚染度」の部につぎのようなところがある。「青緑色素のYシャツ付着は、検査によるとマラカイトグリーンであり、V形が二つ並んだ形をなしているが、緑というよりは黒緑で、緑色素が黒いよごれと完全に混じてそれがV形に特殊な付着運動を行なったものと見られる。しかもこのV形はYシャツのウラ側から付いていることが注目される。これはYシャツの前ボタンを全部外した状態でないと不可能な付着である」（傍点筆者）

この黒いよごれというのは、塚元氏によれば油だそうである。とすると、ここでも表面からだけ油が付着したものという考えは、成立しないことになる。いや、「秋谷鑑定」自身もはっきりと裏側からの付着をみとめているのである。そこでもう少し油の付着状態を見てみると、つぎのようなところがある。

「ヌカ油の付着は右胸にかけての一帯が濃度が顕著である。襟先は特に油の量が多く、絞ればしたたるほどであった」(傍点筆者)

ここから少しまをおいてつぎのようになる。

「袖部また襟部からヌカ油が抽出されており、これら三ヶ所(傍点は原文のものだが『文芸春秋』〃百五枚〃では一部に省略があって袖部、襟部の他の一ヵ所がわからない)に油が付着しているのは、下山氏が、右胸を真下にボタンを外して襟をたらした形で横臥させられていたことを推定させる」

付着油の状態をうまく説明しようと、ボタンを外させたり、襟をたらしたりと苦心を重ねてはいるが、しかしこれでもYシャツ裏側からの付着はどうにも説明がつかない。それに袖部についていた油が、「秋谷鑑定」の想定するような状態でついたものならば、上衣を着せたとき、その上衣の袖のなかに転移していないのも不思議になろう。

しかし、それにもまして腑におちないのは、付着油量の記述である。「襟先は……絞ればしたたるほどであった」とあるが、筆者の実験によればそのような状態の付着量は、布地に対して一五〇%程度以上の油であって、いくら布地のなかを油が移動しにくいといっても、二ヵ月近くも襟先に局在し、周囲に拡散しないでいられる量ではない。もし本当にそれほどの油がついていたとするならば、それこそ秋谷教室のなかで付着したと考える以外は、考えようがないだろう。

だがそんなことはありようがない。それは筆者の妄想である。第一、その襟部をふくめて「三ヵ所」から抽出された油は、表―1を見ると一・〇グラムなのである。この布地量が五・六グラムとあるから、付着油百分比は筆者の計算では一八%となる。これでは先にも述べたとおり、もし汚れのないサラダ油でも付着していたのなら、ほとんど油の存在を感じさせないほどの量なのである。だから「絞ればしたたるほど」というのが、そもそも悪質不動産屋まがいの誇大表示なのである。この「秋谷鑑定」を読んでいて、だんだん不愉快な気分に襲われてくるのは、こんなところが意外と多いからでもあろう。

それはさておき、現実にYシャツに付着していた一八%という油量では、肌衣の一一・三グラム(抽出六・三グラムと未抽出推定量五グラム)という油がこのYシャツを通してしみこんだものとして説明することはむずかしい。かりにYシャツと同じ一八%という数字を使って計算してみると油のしみこんでいる肌衣の布地量は六三グラム(ちなみに筆者の着古した丸首シャツは七〇グラムである）となり、これでは右側だけでなく肌衣全面が油で汚れていなければならない状態になる。これは右を下にした横臥の姿勢からYシャツを通してしみこんだものとしては量的にも分布のあり方からも考えられない状態にある。やはり肌衣とYシャツの付着油は、それぞれ個別についたものと考えるのが妥当となろう。

「下山油」は機関車油

とすれば、議論は前にもどるようだが、ここでやはり、実際に多くの轢死体に接した経験のある法医学者や、国鉄関係者の意見に耳をかたむけるのが賢明ではなかろうか。その人たちは先にも紹介したとおり、轢死者の衣服にはべっとりと、もちろん流れるほどということはないが相当な油がついているものだ、多量の油の付着した機関車（約四〇リットルの油が五、六〇個所の油壺やタンクに入れられ、その油が各部にじわじわしみだしてきている）にまきこまれて、衣服がはぎとられるのだからこれはごく自然で、あたりまえのことだろう。むしろ機関車から油がつかないというのがおかしいので、そんなことは到底考えられないし、信じられもしないといっている。

こうした意見は、轢死体に接した経験がなくとも、蒸気機関車を実際にあつかってきた機関区の人びともまったく同じで、筆者も三度目の長門機関区行きに用意していった、ナイロン製の薄いウインドブレーカーに、一〇グラムを超える油がついていたので驚いた経験がある。機関区から借用のヘルメットには、これは実際に測定はしなかったが、目分量で二、三〇グラムはあるとおもわれる油泥がついていた。なるべく機関車にふれまいとして、ピットのなかを腰をかがめてあるいて、車体底部を観察し、写真を撮影しただけでこうなるのである。だから、轢死体としてまきこまれたときにどうなるかと考えると、やはりこれらの国鉄関係者の意見を、率直に肯定せざるをえないのである。

そこで下山衣服の油を轢断の際機関車からついたものとして考え、各部の付着状態を改めて見なおしてみるとどうなるだろうか。Yシャツ裏側から運動をともなった形でついているという油も、機関車底部のどこかでYシャツが下山氏の体からはぎとられる際に付着したもの、と考えれば無理なく理解される。また右袖や右胸のほうに油量が多かったというのも、轢断死体が右腕を肩の付根の部分で切断されていて、「Yシャツの袖の右の裂け目」（「秋谷鑑定」破損度の部）と吻合する格好になっていることから考えると、こちらの側が車体に激しくふれていることは明らかなので、右側に油量の多いのも容易に理解のつくところである。

肌衣のほうはどうか。「秋谷鑑定」の破損度の項にはつぎのようなところがある。「穴が多数あいている。これは轢断された下山氏の体から出て、貨車の車軸に絡みつき、そのまま水戸以北まで運ばれたためである」。水戸以北というのは正確にいうと平駅である。ここで八六九貨物列車(これが轢断列車、この列車を田端から牽引したD五一六五一機関車は水戸で交替している)は平市署の検証をうけ、第一両目無蓋貨車の第二制動梁制動管二位側にぼろぼろになった肌衣が発見されている。ちなみにつけ加えると『週刊朝日』二三五八号(昭和三九年七月一〇日)に松本清張氏が下山事件について「特別寄稿」をしているが、そのなかに肌衣が制動管から垂れ下がっている写真がある。この写真を見て、この肌衣に糠油だけしかついていないというのはどうもおかしな話だとおもったのが、筆者が「下山油」に疑問をもつ一つの契機となった。

話を前にもどそう。「穴が多数あいて」、ぼろぼろの状態になったということは、これもまた機関車の底部でYシャツ以上にもみくちゃにされた証拠ではなかろうか。だから全面に、しかもYシャツ以上の含油率で付着油があっても、けっして不思議ではない。いや、あるばあいにはこれも当然ということになろう。

ズボンと褌のばあいも同じような関係にあるが、まず前者のほうから検討すると、先にものべたようにこのズボンは下山氏の右大腿部の下のほう、膝に近いところに一とかたまりとなってかろうじてくっついていたもので、両足の入る部分はともに切り開かれてしまっていて、まったくズボンとしての形をなさない格好で発見されている。その状態は、「秋谷鑑定」によっても、ズボンには「欠損部もかなり」あり、右半分だけで四分の一が欠失していた、という記述があるところからおおよそ想像できよう。また下山氏を解剖した桑島氏の解剖所見によれば〈註―2〉、「股が裂けたようになっていて、「骨盤もむちゃくちゃ」ということで、臓器の逸失も多かったといわれるところから、腰部に大損傷をうけていることは明瞭なので、そこからズボンの破損状態もよく理解されることとおもう。

さてこうしてみると、このズボンもまた機関車のどこかの部分に激しく衝突したり、まきこまれたり、あるいはさらに引きずられたりと、死体とともに最後まで機関車と後続貨車に接触する機会をもっていたのだから、〈註―3〉油の絶対量がいちばん多くても、不思議はないだろう。もちろんズボンは切り開かれてしまった状態にあるので、油は表面からもつくし、裏側からも付着しうる条件のもとにある。したがって、ポケット裏地に表面より多めの油がつくこともあろうし、またその付着した油が布地に対して二〇％台の量なら、ポケット内のハンカチまでしみこまないことも容易に説明がつくはずである。その程度の油量なら油は布地のなかをほとんど移動しないからである。

ここまでくれば、褌の油はもはや簡単に理解できることとおもう。腰部に大損傷をうけてズボンが切り開かれたとき、あるいはそのあとでもよい、いずれにせよ褌は下山氏の体からはがれて、死体より手前（轢断点に近いほう）に落ちていたのだから、その際に機関車のいずれかの部分と接触して、油が付着したと考えればよいわけである。

最後に靴下を見てみよう。「秋谷鑑定」によれば「足の関節より上で切れている」「右足」の靴下は、「轢断点に近くガーターがついたまま落ちていた」という。しかし、その靴下の下半分と、「左靴下は死体につけたままで火葬されている」ということで、その状態は不明である。そこで残された靴下片なのだが、そこから一・三グラムの油が抽出されたとされている。

一方、靴のほうを調べてみると油がない。そこで「秋谷鑑定」は、衣服に油が付着したとき、下山氏は靴をはいていなかったという想定をする。もちろん「秋谷鑑定」の想定は、糠油の流れていた床面に下山氏が横臥させられて、そのさい油が付着したものということなのだが、しかし、そのとき靴をはいていたかどうかなどと、そう面倒なことを考える必要はないはずなのである。右足も足首の上のところで切断されていて、おそらくそれと同時に靴下も上、下に分断されたのだろうが、そのあとでガーターをつけたまま靴下上部が脱がされているということは、これも機関車と靴下の接触を考えずには理解できないことである。とすれば、このとき油が付着することは当然のことなのだから、靴のなかに油がなかったとしても、理屈は立派に通るはずのものなのである。それを靴に油がなかったということから、下山氏は轢断時にも靴をはいていないで、それらはレールの上にならべられていた、などと推理を走らせることこそ妙なことといわなければならないのである。

なお、ここで上衣の状態についても少しふれておく必要があろう。写真で見ると上衣も各部に機関車と接触したときついたとおもわれる汚れがみえる。「秋谷鑑定」も、「ズボン、Yシャツ、フンドシなどに較べて意外な程きれいである」としながらも、「所により点々たるシミがある」ことや、「胸、襟などに黒色の油状付着物」があって、これらは機関車からついたものとしている。とすれば上衣は、それほどの損傷もなく、最初の段階で下山氏の体からはがされているにもかかわらず、機関車の油が付着していたということになるだろう。この事実から考えても、機関車の底部でかきまわされ、ぼろぼろになって引きずられたズボンなどに、機関車の油がついていなかったなどということは、現実には起こりえないことだろう。

もう一つ、この上衣の部でつけ加えておきたいことは、「秋谷鑑定」ではこの上衣にたいして血痕証明のルミノール試験をやったようである。ところがその試験は「二〇万倍〜三〇〇万倍にうすめられた血液についても正確にその存在を証明する筈であるが、この反応」はなかったという。このこと自体についても筆者は疑問におもうが、しかしそれはおくとして、そこから「下山氏は轢断されてもその時血液が上衣や他の衣類に飛び散るようなことがなかったことを証明」(傍点筆者)し、「轢断時には多量出血を伴わなかったという資料を提出する」(傍点原文)ものである、というのはどう解すべきであろうか。上衣に血痕反応がなかったからといって他の衣類、すなわちYシャツ、肌衣、ズボンなどにも血痕がなかったということが果たしていいうるのだろうか。かりに上衣に血痕がなくともズボンにはあるかもしれないだろう。現に、警視庁鑑識課の臨場記録には「大腿部に血染の切断されたズボンらしきものが一部付着している」と記録されているのである。これは死体発見日早朝の検証の際の記録だが、技官として北豊医師、それに鑑識の神様といわれた岩田政義氏が加わったものだけに、「油」を血液などにみまちがうことはあるまい。あるいはまた、「秋谷鑑定」自身をみても、肌衣の部にはつぎのような記載がある。「一部には下山氏の肉片がついていた。この肉片からAMの反応が現れ」た、と。となればこの肌衣にルミノール検査をしたと仮定して、そこにいかなる反応がしめされるのか、筆者としては深い興味をもたざるをえないのである。「秋谷鑑定」に、もう少し冷徹な科学的分析を期待していた一人として、このへんの雑駁な論理の展開には、まったく失望させられるばかりなのである。

「下山油」の抽出残

だがそれはともかく以上みてきたように、「下山油」の衣服への付着状態は、轢断の際機関車との接触でついたと考えるときわめて自然に、矛盾なく理解できることがわかったが、さらにもう一つ、抽出前後の処理状況やその外観などからも、「下山油」は機関車からの油と考えたほうが、実際的であるとおもわれる事情がある。まず、その衣服からの抽出直後の「下山油」の色であるが、「秋谷鑑定」は「黒褐色」としている。もっとも「黒褐色」だけでは少々わかりにくいとおもわれるので、その前後の文章を引用しておくことにしよう。

「この顔や手のヌカ油の付着については、下山氏を解剖した桑島博士、および立会人秋谷教授は、『顔と右手掌が全く異状にドス黒く光っていた。私は煤煙にでもかかったのではないかとおもって強く印象に残っている』と証言している。その黒く煤けたような印象とは、このヌカ油による汚染であると推定される。するとヌカ油はかなり黒ずんでいることになるが、幸いにも抽出油は黒褐色になっており、この推定を裏付けしている」

ただし、「下山油」がこのように「黒褐色」となった理由については、つぎのようなおかしな推理がつづいている。「あるいはヌカ油は汚染されていない場合でも運搬中ゴミがついたり、轢断の際の転々でゴミを油が吸って黒くなる可能性がある」。要するに付着したときはキレイな油だったが、そのあとでゴミがついて「黒褐色」になった、というのである。

しかし、付着するまではキレイであった油がその後にゴミを吸ったとしても、人間の皮膚に「煤けたような」感じや、「全く異状にドス黒く光」る印象をあたえるほど、「黒褐色」になるとは到底考えられない。実験してみてもよくわかるのだが、汚れのない油をつけて土間や砂利の上をこすってみても、二次的についてくるものは油とうまくなじまず、縞模様となったり、極端なまだらとなったりで、「秋谷鑑定」のいう印象とはまるでちがったものとなる。

このことはまた、細かいゴミを油にまぜて、「黒褐色」にすることを考えてみるとよくわかる。そのためには油を相当ながく撹拌していないと、ゴミはうまく分散してくれない。しかもゴミの粒子が重ければまもなくそれらは下層に沈んでしまう。筆者は秋谷教室で下山衣服の検査にあたった塚元氏に、あるサンプルを見てもらい、「下山油」の「黒褐色」度を知る参考にしたが、そのサンプル油のなかに懸濁している微粒子は、ふつうの土砂粒などとは比較にならぬほど細かい粉のようなものが多量にふくまれていた。

以上のように考えてみると「下山油」は、衣服に付着後の状況、たとえば線路の上を引きずられてその場の土砂粒を吸着したとか、そうしたことによって「黒褐色」になったものではなくて、油自体が「黒褐色」に汚れるような条件下で使用されていて、その使用状態のときか、あるいは使用ずみのものが付着したとみるべきであろう。そうするとここでもまた、機関車の油ということがいちばん考えやすくなってくる。

というのはまず第一に、先にあるサンプルを塚元氏に見てもらったと書いたが、そのサンプルが、長門機関区でD五一型蒸気機関車の車底から木綿布をもって採取し、ソックスレー抽出器で抽出した、機関車油そのものであったということによる。この機関車油も「黒褐色」で、光線のぐあいでは「ドス黒く」も見え、塚元氏によると「下山油」もこれとほとんどおなじ色であったという。また、この機関車油を活性炭で処理すると、ほんの心持ち赤みがかった黄色となるが、このほうのサンプルを見て塚元氏は、「下山油」の活性炭処理後の色調とよく似ている、というのである。

さらにそれだけではなくて、この機関車油抽出の際、円筒形濾紙（東洋濾紙製八四番使用）のなかに、抽出残として細かい土砂粒や鉄粉などをまじえたゴミ類が残るのだが、これも、下山衣服からのものはもう少し黒かったかもしれないが、ほとんど同じ状態であったという。もちろん、サンプルを見たうえでの話である。とくにここで大事なのは、この抽出残のなかに、ということは油のなかにふくまれていたのが抽出操作で分離されたということなのだが、細かい鉄粉と土砂粒が存在したということである。これが機関車付着油の一つの特徴なのだが、「下山油」抽出の際もこの特徴的状態をしめしたということは、やはり特別重視さるべきことであろう。

ところがそのへんの関係について、知ってか知らずかなんの検討も加えず、曖昧に処理をしているのが、逆に「秋谷鑑定」のきわだった特徴なのである。もちろん、鉄粉や土砂粒の存在をうかがわせる記載が、まったくないわけではない。たとえばYシャツのところでは、「写真No７（略・原文）におけるX部は鉄粉と油とであり」、褌については、「抽出されたヌカ油は赤褐色を帯びていた。活性炭で処理する前にこしてみたが、鉄粉と泥が現れた」し、ズボンは、「霜降り地が上衣とは全く別物のように黒ずんでおり、どっしり重い。その黒ずんだよごれは、一部は轢断時のD五一六五一の車底部の鉄粉や油泥のためと思われる」、ということなのである。

「秋谷鑑定」は、さりげなくこう書いているだけで深い分析を避けているが、実はこれらの記載のなかに、きわめて重要な問題がふくまれているのである。例をまず褌にとると、その抽出油のなかに、「鉄粉と泥」がふくまれていたということは、先の付着状態を検討したところでもふれたが、この褌の付着油がズボンの表面からしみこんだものではなく、別の経路でついたものであることの有力な証拠となる。抽出油を活性炭で処理する前に濾過をしたというが、その濾過で残るような「鉄粉と泥」が、「厚地純毛」のズボンをとおして褌に吸着されるなどとは、到底考えられないからである。

さて、ここからもう少し話をすすめる前に、若干の説明が必要であろう。一般に衣服などへの付着油を抽出するときは、ソックスレーの抽出器を使う。この装置は、下部に溶媒をいれた丸型フラスコがあり、その上に試料の衣服布片をいれた円筒形濾紙をセットして、溶媒を還流させる本体と、冷却部が重ねられている。この装置の最下部で温められた溶媒は、蒸発して装置のなかを上昇し、冷却部にいたる。ここで冷されて液体にもどると、溶媒はそこから試料の上に滴下して、油を溶かし出す。この油を溶かし出した溶媒が一定量になると、サイホン作用が働き、濾紙を通過できるものは溶媒とともに、最下部のフラスコに落下する仕組みになっている。ところが、このフラスコ部の温度は、溶媒だけが蒸発できる程度におさえてあるので、落下した油などはそのまま残って、溶媒だけがふたたび蒸発して装置を昇り、自動的に抽出作業をくりかえすのである。

こうして何度か溶媒の還流がくりかえされていると、フラスコに落下する溶媒の色はキレイに澄んできて、もはや試料のなかに溶かし出すものがなくなったことをしめしてくる。そこで溶媒の加熱をとめて装置をはずし、フラスコの溶媒をとばしてしまうと、そこに油など濾紙をとおして落下してきたものだけが残り、一方の円筒形濾紙のなかには付着油を全部洗いおとされた試料（衣服布）と、付着油にふくまれていたゴミ類など（これが筆者のいう抽出残である）が残っていることになる。

秋谷教室でも、最初のうちはこのソックスレー装置で、「下山油」の抽出をしていたようである。ところが、この方法は一度に処理できる量が少なく、能率がわるい。そこであとになると、大きなフラスコに布地と溶媒を投げこみ、激しく震盪しては長時間放置するという方法にかえたと、塚元氏は語った。だから褌からの「下山油」抽出は、この方法になっていたのだろう。すると、活性炭で処理する前にこしてみたが、「鉄粉と泥が現れた」という「鉄粉と泥」は、ソックスレーで抽出したばあいに円筒濾紙のなかに残る、抽出残と同じものということになる。いずれも溶媒により試料から分離した、抽出物の濾過残存物だからである。そこでどの方法で抽出したとしても、これらのものを同じく抽出残とよぶことにしよう。

ところで、「抽出残」などと、なんとなくどうでもいいもののような呼び方をしたが、考えてみればこの抽出残は、油といっしょに下山衣服に付着したものなのである。もし下山氏の死が他殺によるもので、その衣服に付着していた「油」が、「秋谷鑑定」のいうように犯行現場につながるものなら、この抽出残もまた同じくその現場に密接に関係する。考えようによれば、むしろ油よりも重要であるといえよう。なぜというならば、油は時々刻々と変化してしまう。しかもその変化が、おかれた条件によって大きくちがい、たとえかつて同一場所にあったまったく同じ油であっても、別々の条件下をたどってくると、ばあいによってはわずか数日の経過後でも、同一物という判定ができなくなってしまうことがある。しかし、一般に抽出残のほうは、その変化が少ない。比較検討にも各種の手段が考えられ、有力な手がかりをあたえてくれる可能性を秘めているのである。

だが、「秋谷鑑定」はこの抽出残にきわめて冷淡なのである。それが何グラムあったのか、また布地や油にたいしてどれくらいの比率でふくまれていたのかさえ、明らかにしていない。もちろん、鉄粉といってもその大きさや質の差異もあるだろうし、泥だってその成分で区分の仕方があるはずである。そこをはっきりさせるのが、付着物についての科学鑑定であり、またそれが常識である。しかし、「秋谷鑑定」はその常識を破って、抽出残については一切ほおかぶりなのである。

問題を具体的にしよう。先に引用した「上衣とはまったく別物のように黒ずんでおり、どっしり重」かったズボンのところなのだが、その黒ずんだ汚れの「一部は轢断時のD五一六五一の車底部の鉄粉や油泥のためと思われる」（傍点筆者）とある。そうなるとやはり、いったいその「鉄粉や油泥」は、どの程度の量であったのか、と問わざるをえない。「別物のように黒ずんでおり、どっしり重」かったという文脈のなかで、その「一部」ということになれば、いやでもその「どっしり重い」の相当部分が、「鉄粉や油泥」だったろうと想像されるからである。まさか数百分の一で、問題にもならぬ量、などという答えがかえってくるとは思えないのである。

しかし一方、なんども問題にしたように、「D五一六五一機関車」の「車両底部のあらゆる個所を拭いて得た量」は、「四・五cc」（約四グラム）というのが、「秋谷鑑定」の基本的な主張なのである。この主張からすれば、ズボンに付着した機関車油は、この量を超えることはありえない。おそらく「四・五cc」、約四グラムの何分の一かということになろう。

もちろん、「鉄粉や油泥」と機関車油はちがう。だが、車底の「鉄粉や油泥」は、機関車油とまじり合い、いっしょになって付着している。鉄粉というのは、主として制動子の磨耗片のようで、それと軌条から舞い上がった細かい土砂粒が、油につつまれるようにして車底部のいたるところにへばりついている。このことは、機関車の下にもぐりこんでみるとよくわかる。それを「油泥」として採取し、油と分離した結果が、鉄粉、土砂粒、その他のゴミをまじえたものは五〇〜六五％で、油が三五〜五〇％（重量比で）であったことは、すでにのべたところである。

そうすると、「油泥」はおおよその重量の約半分が油で、残りの半分が鉄粉や土砂粒などであるとみてよい。これから計算して、「秋谷鑑定」の考え方によるズボンに付着可能の「鉄粉や油泥」は、機関車底部のものが全部ついたとしても、数グラムという範囲にとどまることになる（そこから四・五cc以上の油はとれないのだから）。その何分の一かということになると、おそらくグラムという単位では表しえないほどの微量、ということになりそうである。これでは、「どっしり重い」というところに寄与するものが、なにもなくなってしまいそうである。

あるいは、そのとおり、そのくらいの量だったよ。ただ文章の綾でちょっとつけ加えたまでさ、という返答が「秋谷鑑定」の裏には用意されているのだろうか。とするならば、「別物のように黒ずんでおり、どっしりと重い」ほど、一面に「油」で汚れたズボンのなかに、そんな微量の付着物を果たして識別できたのだろうか。どんな検査方法で、そしていかなる分析がなされたのか、と疑問はつぎつぎにわいてくる。

結局、この検査は植物油と鉱物油を分離することに帰着しそうである。「秋谷鑑定」によれば、ズボン全体に約二〇〇グラムの米糠油がしみこんでおり、一方機関車油は鉱物性油だというのだから、この分離をしなければ「一部は……D五一六五一の車底部の鉄粉や油泥」などとはいえない。ところが筆者が数人の化学者に確かめたところによると、昭和二四年当時このあたえられた条件下で、それは不可能だったろうということであった。塚元氏自身も「そんなことやってませんよ。あのころはやろうたってやれませんでしたからね」と全面否定なのである。現在でも鉱・植物油混在の油を、それぞれに分けるということはなかなか面倒で、試料として五〇グラムくらいは欲しい、というのが油の研究者の話なのである。こうなると機関車底部の「鉄粉や油泥」というのが妙なことになる。なんとつまらぬものをつけ加えてしまったことだろうか。

さて、出発点は「抽出残」であったはずである。「秋谷鑑定」が抽出残に冷淡で、なんとなくほおかぶりですまそうとしているという話であった。そのことは、今論じた、ズボンからの抽出油残存物についても同じである。五五・一グラムを抽出したという、ズボンからの「下山油」の抽出残はいったい何グラムあって、なにとなにをどのくらいの割合でふくんでいたのだろうか——本当はそこが知りたいのである。

「秋谷鑑定」が想定するように、褌の付着油も、ズボンの付着油も同じで、右を下に横臥の姿勢で数時間放置された際ついたものとすると、褌の付着油「抽出残」と、ズボンのそれとは大体同じはず、と考えてよいだろう。褌の抽出残から「鉄粉と泥が現れた」とすれば、やはり同じく、ズボンのほうの抽出残からも鉄粉と泥が現れてよいはずである。この鉄粉と泥が、「D五一六五一の車底部の鉄粉や油泥」と、どうちがうのか？　これはけっして見すごされていい問題ではない。もしそれが真の鑑定書ならば、必ず検査・分析のうえ、具体的解答が明記されていなければならない重要な問題である。もしこのことがわからないなら、鑑定者としての資格はないはずなのである。

もちろん、東大の衛生・裁判化学教室を背負ってたっていた有能な秋谷氏が、このことに気づかぬはずはあるまい。気づかれたうえで深入りを避けられたのだろう。なぜか？　それはたぶん、ズボン抽出残の鉄粉と泥は褌の抽出残の「鉄粉と泥」と同一で、それらがあまりにも機関車底部から採取の、機関車油抽出残と似すぎていたからであろう。そしてそれが、いかなる理由でか、秋谷氏には好ましい事実ではなかったからだとおもわれる。しかし、これらの事実を、まったく無視するわけにもいかなかった。「どっしり重い」ズボンの汚れの一部を、「D五一六五一の車底部の鉄粉や油泥」としたのは、そのゆれ動いた秋谷氏の気持の表現でもあろう。これ以外に考えようがないのである。

「下山油」と米糠油

不可解な鑑定書

以上みてきたように、「下山油」は外観や、その衣服への付着形態、抽出油の含有物などからは、D五一六五一機関車からの付着油と考えたほうが自然であるとおもわれる。だが、その「油」の質の問題は、いぜんとして残る。秋谷鑑定によればそれは米糠油だというのである。最後に、この判断の正否を検討しなければならないのだが、はじめに考察したように、「秋谷鑑定」の結論の基礎となる鹼化価、沃素価、酸化などの数値が信憑性に欠けているのである。正確な数字がないところが、この問題解明のネックとなっている。そこで筆者は塚元氏を福岡大学に訪ねたのであった。

しかしそれらのデータは、塚元氏のもとにもなかった。事件の翌年春、九州大学医学部に薬学科が創設される際、塚元氏は秋谷教室から教授として赴任したが、そのとき下山事件関係のデータは、一切秋谷氏のもとにおいてきてしまったのだという。その後だいぶたってから、鑑定料ということで若干の金銭は送られてきたが、問題の鑑定書は一瞥の機会もあたえられていないので手もとに資料がなく、細かい数値については話しようがない、というのである。ただ、「下山油」についての各測定値は、米糠油とおもわせるような数値であったことは事実だが、しかし今となったら、あの検査はもう一度、検討しなおしてみる必要もあろう、ということであった。

そこで、「秋谷鑑定」について疑問とする点のいくつかを質問してみることにしたが、まず第一に例の四・五ccである。これには塚元氏も驚かれたようで、「それは機関車の底部を拭きとって採取した油の一部分ということじゃないの。僕がとりにいったのじゃないからわからないが、きっとそうだよ」と、とても信じられないといった調子である。が、持参した『文芸春秋』〝百五枚〟のコピーを出して、関係部分を読んでもらうと、「うーん」とうなったまま考えこんでしまうしまつ。

つぎは、ベルリエル氏反応とセルゲール氏反応。これは明快であった。「ベルリエル氏だのセルゲール氏反応だのといったって、今の人にはわからんでしょう。私もそんな名前つかっていなかったですもんね。私もそういう反応試験やったなんて書いてきませんでしたよ。やったのはステリン結晶がヒトステリンかコレステリンかという検査だけで、結果はヒトステリンと判定され、あの油には植物性の油はふくまれているが、動物性のものはない、ということになったんです」

私は正確を期して持参の油脂化学の本(桑田勉著・岩波全書)をとりだし、多分これだろうとおもわれたところを読んでもらった。油脂の不鹼化物からジキトニン法によって分離したステリンをアルコールから再結晶して、その結晶形を顕微鏡で観察するという方法である。結果はやはりそのとおりで、「ええ、これです。このとおりの方法で、要するにこれだけの検査ですよ。だいいち資料の油が少ないんですからね、それを活性炭で処理をするとますます少なくなって、そんなにたくさんの検査はできませんよ」というわけだ。

こういう問答がいくつかつづいたなかで、突然塚元氏が、逆に問う形となった。「佐藤さん、これは本当に鑑定書なんですか。間違いなく秋谷さんの鑑定書だというんですか」。今度はいささか私のほうがあわてたが、しかし、そのことはかねて疑問にもおもっていたことでもあって、そのへんを明らかにしたいということも、塚元氏を訪ねた目的の一つだった。「実は私もその点に疑問をもっていまして、ここへおうかがいすれば、それがわかるのではないかとおもってやってきたんです。ただ、世間ではこれが秋谷鑑定そのものだとおもわれていて、それを疑うような人は誰もいないようですね。だから私も、一応これは秋谷先生の鑑定書としてあつかっていますが、正直いってわからないのです」

「うーん」と、また塚元氏は考えこんでから、しばらくして「信じられんな」といった。「これは誰かの手が入っているな。Yじゃないのかね。『失血死』につながるなんてのは、彼がいっていたことと同じですよ。事件当時はショック死だったはずじゃない？　桑島さんの鑑定はショック死だったよ。……これはちがうな。あとのほうになるとまるで推理小説だね。僕は鑑定書とおもわんね。いちど秋谷先生に聞いてみてよ。塚元が、これ本当に鑑定書なんですか、といっていたといって。僕が書いてこなかったことや、知らないことがだいぶあるが、本当だろうかと不思議がっていたと、そういって聞いてみてよ」

塚元氏にはそういわれたが、秋谷氏に会うのは大問題なので、憂うつな気持で福岡をあとにした。大問題というのは、秋谷氏には過去に何度か会う努力をして果たせず、宿題となっていたからである。最初は下山事件研究会の事務局を担当していたときであった。できれば、研究会で証言をしてもらいたいと考えて連絡をとったが、断られた。それではと南原繁氏（事件当時の東大総長）が、「大勢の前じゃ困るんだろうから、僕と君とで秋谷さんのところへいって、二人だけで非公式に話を聞こう。それなら秋谷さんも話してくれるだろうから、そのように連絡をとってみてくれ」ということで、さっそくその旨を手紙にしてお願いしたが、やはり「ノー」だった。鑑定について「公的な責任を感じて居り」、誰がきても話すことはできない、という返事をハガキでいただいたことで終わった。その後、個人的にいろいろな人を通して接触を考えたが、秋谷氏の城はかたかった。

福岡から帰ると、私は東北大学薬学部のある教授（事件当時東大で秋谷教室の隣にいた）の紹介で、秋谷教室の筆頭助手だった原田博富氏に会った。もちろん秋谷氏への道をさぐるためであった。が、原田氏も「私の紹介ではダメでしょう。秋谷先生はあれで肝心なことになると口がかたいですからね。新聞記者なんかに会っても調子がいいようなところがありますが、本当のところは話していませんよ」というようなことで、その道はふさがれたままだった。

しかし原田氏はそのときおもしろい話をしてくれた。『文芸春秋』が、これこそ本物の「秋谷鑑定」なりと、〝百五枚〟を掲載した直後に秋谷氏を訪ねた際、原田氏が「先生、とうとう出ましたね」と『文芸春秋』の話をすると、秋谷氏はにやっと笑って、「少しおちている（省略している）ところあるなァ」といわれたという。だから原田氏は、あの『文芸春秋』〝百五枚〟は、秋谷氏の鑑定書に間違いない、というのである。

こうなるとやっぱり秋谷氏に会ってみたい。そこで最後の望みを託し、塚元氏の話なども書きそえて手紙を書いた。が、結果はやはり否であった。秋谷氏からいただいた返事のハガキの文面はつぎのようだった。「(前半略)鑑定者の義務と責任は頗る重且つ大と思っていますので、当時の捜査官以外には口を緘す可きと考えて居ります。小生の良心が固く小生をせめております。どうか貴意に沿い得ませんことをお許し下さい。只今でも公務に追われ通しで暇もありませんので再度お詫び申します」。相当なご年輩のはずの秋谷氏が、その良心に固くせめられておられるというのでは、残念ながら私もあきらめざるをえないところであった。

以上のような次第で、せめて『文芸春秋』掲載の〝百五枚〟が、本物の「秋谷鑑定」なりや否やの確認だけでも、と考えた希望は消え失せた。だがしかし、原田氏の話と、筆者の手紙に秋谷氏がしめされた反応から考えて、なにかいいにくい事情が感じられるとしても、『文芸春秋』〝百五枚〟を秋谷氏が自分のものだとおもっているらしいことがうかがえるので、これまでどおりやはりそれを、「秋谷鑑定」ということにしよう。

植物油を混入していた機関車油

さて、以上のような次第で、「下山油」についての各種検査値の正確な数字は残念ながらついに謎のままに終わったが、それはそれとして、今度は「秋谷鑑定」をはなれて、事件当時国鉄で使われていた蒸気機関車油の実情を追ってみよう。もっとも国鉄といっても中心は水戸機関区である。下山氏を轢断したD五一六五一機関車が水戸機関区に所属し、そこで整備点検、注油などが、つねに行われていたからである。

まずこの調査の開始にあたって、国鉄本社運転局の車務課をたずねて、いろいろと教示をうけた。また車務課の人たちも興味をもったようで、当時の関係者に問いあわせなどをしてくれたようである。だが、結論的にいうと、ここではほとんど当時の実情はわからずじまいであった。戦後の混乱期で記録も不備のうえに、たとえ記録があったとしても、その記録どおりの油が使われていたかどうかは、実際のところわからない、というのが実態であったという。

戦後期の混乱の実情は、『日本国有鉄道百年史』につぎのような記述となっているところから、おおよそ想像がつこう。「昭和二〇年一一月に至り進駐軍の放出油が使用されはじめた。放出油は種類が雑多であり、かつその選定が許されず、使用に当たり事故も生じたが、いちおう窮境を脱することができた。一方過熱シリンダ油は依然として国産品は程度が低く垢の付着が多く、使用上難点が多かった。昭和二三年二月に至り、戦後はじめてO・S・M過熱シリンダ油が輸入されたが、この油も凝固点が高く、垢も多量に付着し、蒸気室およびシリンダに段摩耗が生じるなどの欠点があった」

こういう状態で、機関車整備担当の検査係は苦労し、各人各様の経験と研究から、さまざまな給油法を考え、それをいわば「秘法」のようにして、受持機関車の整備に腕をふるったようである。だから、給油法は当時、機関区ごとに異なるばかりでなく、同じ機関区内でも、その検査係の考え方によって、いろいろとちがった方法がとられていたようである。

それでは、水戸機関区の実情である。車務課の紹介で水戸には三度ほど出かけ、管理部の機関車課長浦野晴夫氏をはじめ、一〇名ほどの元水戸機関区検査係の人たちに会って話を聞くことができた。それらの話をまとめてみると、おおよそつぎのようになる。

まず蒸気機関車に使用されていた油は、大きくわけると内部油と外部油になる。内部油というのは、主としてシリンダー関係に給油されるもので、過熱シリンダー油などというのもこれである。外部油は、軸箱や棒類関係など摺動部につかわれ、内部油とともに鉱物油が主体である。いずれも名柄不明のものが多く、同じ外国製品といっても、その時々で品質が異なり、頻々として起きた軸箱の発熱事故などの原因となった。

これらの劣悪な油の性能を改善するためにとられた手段が、ケトン基油や、植物油の混入であった。植物油は、「タネ油」と一般によばれていた菜種油が、中心であったようである。ただし、この「タネ油」が、猛烈に臭かったという話がある。そのうえに、汚れた鉱物性油でまっ黒になった手などを洗うばあい、ガソリン類がないときは、この臭い「タネ油」がつかわれたという。それで結構汚れはおちたが、そのあとが臭くて閉口したという話は、大多数の人たちの思い出話のなかに出た。

ただし、本物の「タネ油」がそんなに臭いはずがないから、これはなにか混ぜものが入っていたはずだ、という人がいた。たしかにふつうの菜種油が、どうにもならないほどのにおいがするはずはない。これは問題点である。またこのことと関連して、機関区の「タネ油」で、天麩羅をあげて食べたものがあるという話と、いや天麩羅をあげて食べたが下痢をしてしまった、という話の二つがある。そしてこのどちらにも、信憑性があるのである。

天麩羅の話は田端機関区にもあった。ただしここの人たちは、「タネ油」とはいわず白絞油という言葉をつかっていた。白絞油といえば、ふつうは菜種油の上物をいう。また先の浦野氏は、当時京浜地区の機関区にいたそうだが、そこでもやはり植物油がしばしば盗難にあい、天麩羅に化けたという。そこで、それらの植物油が配給されると、鉱物油を少しまぜてしまい、食用にはむかないようにしたこともある、という話であった。これならば機関区の植物油で、天麩羅に舌鼓をうった人と、猛烈な下痢に苦しんだ人があっても、つじつまがあう。いずれにせよ食糧窮乏に悩まされた戦後世相の一断面をかいまみせてくれる話である。

だが、乏しかったのは油や食糧だけではない。もろもろの資材が、不足していたのである。機関車の整備に使う、ボロまでがなかったという。これがなければ、機関車のいたるところにへばりついている埃や、油泥を、拭きとることはできない。窮余の一策として、藁が使用されたという。その藁を一背負いしてくると、一日の休暇が出たので、そんな格好で出勤するのははずかしかったが、遊びたい一心で背負ってきたと、昭和二三年に国鉄入りをした郡司和男氏は、なつかしそうに当時をふりかえってくれた。もちろん、藁では十分な清掃はできない。したがって、その当時の機関車は、お世辞にもキレイだなんていうのは一台もなく、車底には油泥がいっぱいついていたろう、という点では誰の話も一致した。

だからといって、油はつき放題そのまま、ということでなかったことも事実である。というのは、鹿志村福三氏の話によると、とくに油がたくさん飛びちるシリンダー後部のピストン、棒類、車輪外側など、外部から簡単に手がとどくところは、水戸から田端往復の一仕業の終わったあとで、ていねいに拭き取り、その部分の付着油を回収したという。もちろん物資の豊富な時代には、廃油としてかえりみられなかったものである。が当時は、こうして拭き取った油は、定期的に交換する軸箱の溜り油などとともに、「廃油」とはいいながら、蒸気を吹きこみ撹拌したうえで沈澱・濾過などで汚れを分離し、さらにばあいによっては、白土や硫酸処理までして、再使用にまわしたという。もっとも、これほどまで手を加えないで、回収した油を静止し、汚れのとくに重い部分を沈め、その上澄部の比較的キレイなところをそのまま、あまり重要でない部分、たとえば動輪のハブと軸箱側面の摺動部、先輪台車コロ受部などに使っていたという。したがって、廃油といっても、その処理の仕方によっていろいろな段階のものがあり、用途にもそれぞれ差があったようである。

ところで、鉱物性の機関車油に、なぜ植物油を混ぜるかということだが、その主なる狙いはもちろん、潤滑面の油膜を強いものにするためである。軸受やその他の摺動面は、いずれも金属と金属が滑りあっているわけだが、その間にうすい潤滑油の膜ができて滑り摩擦を減殺している。しかし、大きな荷重がかかったり、あるいは回転が早くなって温度が上昇したりでその油膜が切れると、滑り摩擦は急激に増大して発熱し、軸受などの焼きつきを起こしてしまう。油膜の強弱は重要な意味をもっているのである。

その油膜を強化し、摩擦温度を下げるのに、植物油を混入すると効果があるということは、だいぶ昔からわかっていたようである。すでに、昭和六年三月発行の鉄道大臣官房研究所『業務研究資料』には、「種油を潤滑礦油に混合したる場合温度に及ぼす影響」なる研究報告がみえる。この研究によると、植物混合油は鉄の表面にたいする粘着力を向上させる、という結果も出ている。すなわち、油膜が接触金属面から剝離してしまうのを防止する、効果があるということである。

さらに植物油を混入する目的には、水にたいするなじみをよくする、ということがあるようである。これは主として気筒内で、高温の蒸気に触れながら、油膜を維持しなければならない、内部油に求められる性質である。この水にたいするなじみをよくし、油膜温度を下げるために一時期は、石灰の飽和液を四〇％も混ぜて強力に撹拌した、いわゆる「乳濁化油」が使われたこともあった。しかし、事件当時は研究もすすみ、ケトン基油が主流となっていたようである。

もっともケトン基油といっても、もとはといえば植物油である。国鉄本社車務課でもらった資料には、「ケトン基油は、動植物油を原料とし、これに煆性マグネシヤを触媒として使用し長時間三五〇〜三七〇度の高熱を加えて合成したもの」となっていたが、石油会社関係者に問い合わせてみると、当時は多量の動物油などは入手できないので、植物油を使って、このケトン基油をつくっていたということである。

このケトン基油は、分子構造として、ケトン基を中心にして、両側に炭化水素の鎖がつながる形となる。したがって、ケトン基の部分が親水作用をし、炭化水素のほうはもちろん油とうまく混じり合うわけである。またこのケトン基油は、分子構造が大きくなっているので粘稠となり、内部油と混ぜるばあいは、加熱して撹拌しなければならなかったようである。

さて、今引例した車務課の資料には、もう一つ注目すべきものとして「吹込油」というものがあり、つぎのような説明がされている。「菜種油は潤滑油としてその儘使用することは出来るが次第に変質して来る。故に空気を吹込んで適当の酸化を行い吹込油として使用される」。これだと最初から酸敗させてしまうようなものだから、とうぜん異臭を放つことになる。実物が現存しないので断定はできないが、元水戸機関区の人たちがいっている、猛烈に臭い「タネ油」というのは、たぶんこの吹込油だろうと、油の専門家も推定している。とくに「吹込油は著しく粘度が増加する」という記述があるところから、一部にかなりの重合などがすすみ親水基もできて、水とのなじみもよくなり、その点である程度まで洗剤としての役目をもつと考えれば、臭い「タネ油」が、この「吹込油」である可能性は高いだろう。

混入の比率

では、これらの「ケトン基油」や「タネ油」、あるいは「吹込油」といったものは、どの程度の比率で、内部油や外部油に混入されていたのだろうか。当時水戸機関区でこの関係を担当していた宇留野義男、安友晟、軍司勅、佐藤政信、鹿志村福三などの諸氏の話をまとめてみよう。

まず、いちばん、油の消費量の多いピストン関係（水戸から田端往復で二リットルくらい使ったという）。機関車側面デッキに取り付けられたタンクから、油ポンプで強制的にピストン内部に給油されるのだが、ここのタンクには内部油にケトン基油を数パーセントまぜる。この数パーセントの具体的数字ははっきりしなかったが、大体五〜一〇％の範囲であったようである。ただこれは基本で、人によっては内部油を減らして、その分だけ外部油か、「タネ油」を加えていたようである。残念ながら、その比率もはっきりつかめなかった。また、ピストン棒が気筒を貫通して前後に摺動する部分も特殊で、ここにはケトン基は入れないようであったが、やはり内部油、外部油、「タネ油」のうちの二者か、あるいは三者混合の油が使用されたという。

二番目は棒類関係。ここでいちばん大事なのはビッグエンドという、ピストンの出力を主連棒を通して動輪につたえる部分で、ここには外部油に「タネ油」数パーセントという組合せが基本で、これに内部油を混ぜる人もいたという。他の部分は、外部油だけというところが多かったようである。

三番目の「小まわり関係」も、だいたい外部油だけというところが多く、とくに重要な部分の二、三ヵ所が「タネ油」混入だが、いずれにせよ全体に占める量としては少ない。

四番目として軸箱関係。ここで機関車の一〇〇トンにあまる重量をささえて回転運動をし、そのうえ線路のほうからの衝撃もうけるという重要な部分で、とくに慎重な整備対策が考えられていたところである。もちろん、ここの油膜がきれて、軸受を焼きつかせてしまったりすると、機関車は走れなくなるし、そのあとでも大修理を必要とすることになる。すこし調子のわるい軸箱の手当てをして送り出した担当検査係は、家に帰っても眠れずに、こっそりと機関区に出て、事故の連絡などはなかったろうかと様子をさぐったものであるという。

この軸箱関係、といっても主としてエンジン部動輪の左右八ヵ所だが、ここには外部油と「タネ油」の混合油が使われたという。その比率は、一〇~二〇%という数字をあげた人が多かったが、とくに当時、この軸箱関係を担当していたという佐藤政信氏は、七対三の割合で使っていたという。すなわち三〇%が「タネ油」だった、というのである。

この佐藤氏の数字は、少し大きいようにもおもわれた。先にふれた鉄道大臣官房研究所の研究報告によると、菜種油を外部油に混合するばあい、一〇%を超えると、それ以上はいくら増しても温度上昇をおさえる効果は、あまりかわらないとしている。しかし、現場担当者のほうでは、こういった研究報告や、中央からのインストラクションの数字は一応の参考としながらも、実施の際の基準は、その数字を超えたところに設定しがちであったようである。そのほうが感覚的に安心できるのかもしれないし、あるいはまた、使用上の実際的な経験から自身の設定した基準のほうが実情にあい、よい成績をおさめている、と確信しているようでもあった。

またこの混合比は、この軸箱のなかに入れられ、つねに回転軸と接触して、油膜維持の役目をになっている毛糸製パットの固さ、とも関係をもたせていたようである。その固さ、というのは回転軸との接触圧に関係するのだが、それによって油膜の状態が微妙にかかわるので、この関係と、油の構成比をどういう組合せにするかということは、実際の担当者それぞれの考え方で決められていたという。その相互関係をうまく設定し、無事故におさえるということが、担当検査係の腕、技術であり、それを求めて研究と努力を重ねるところに一つの生き甲斐を感じ、あるいは競争心をかきたてることとなっていたようである。もちろんそれは個人の成績につながっていたはずである。ふつうこの担当は六ヵ月で交替となっていたそうだが、佐藤政信氏のばあいは、そのたびに任期延長で三年間を軸箱専任で過ごしたという。非常なベテランであったということだろう。

機関車車底部の汚れは、この動輪軸箱より飛び散る油によるものが大部分をしめるようだが、それはさておき、この他の軸箱関係としては、軸箱側面と動輪ハブとの摺動面を潤滑する油壺や、先輪、従輪および炭水車関係の軸箱がある。ここへの給油はあまり問題がないようで、再生廃油（もちろん植物油がふくまれている）を混ぜた外部油が使われていたようである。

なおこのほかに二、三参考までにつけ加えておくと、一つは主として安友晟、軍司勅两氏の話のなかに出たことなのだが、「赤みがかったトロトロした油」が添加剤のようにして使われていたという。これは多分本社で使用を決定したものだったとおもうということだが、とにかくこの『油』の効力の宣伝と使用法の伝達のため、メーカー側の人間が機関区にきて、講習会のようなものが開かれたことがあるという。この『油』にはにおいはなかった。もう一つ、猛烈に臭い「タネ油」のほうだが、これは中央の用品庫からきた油ではなかったという。当時機関区のなかでは、この臭さに閉口したためもあって、なにか混ぜものが入っているはずだから、近くの「インチキ会社」から納入されている、という話がもっぱらであったという。とにかく「会社」もの（中央から配給品でないという意味）という点では一致していた。しかし、この油の臭さは、混ぜものやインチキ品のためではなく、「吹込油」特有の状態をしめすもの、と考えられることは先にのべたとおりである。そして宇留野氏の話によると、この油の納入元は、水戸の近くに工場をもつS産業であったようである。

さて、これらの種々の割合で混合された油が、それぞれ給油された部分でその役目を果たして排出されてきたばあい、それらの大部分は、細かい鉄粉や土砂粒を抱いて、「油泥」とよばれる状態で車体に付着しているのだが、油としてどんな変化をとげているのだろうか、それとも変化をまったくうけていないのだろうか――。まず、変化をしていないということはないだろう。変化をしないとすれば、すべて潤滑油は廃油などといって処分せずに、汚れを濾過（これだけなら簡単のはず）してとりのぞき、再使用にまわせるはずである。しかしそうはしない。油そのものが劣化しているとして、たいがい廃棄処分にされてしまうのが現状である。

では、どんな変化をしているのだろうか。鉱油を主体とした潤滑油（内部油も外部油もこれにあたる）について考えると、だいいち潤滑油は産地によってもちがい、種類も多いうえにその成分のすべてがいまだにはっきりつかめていないという状態なのでなかなか複雑だが、変化はまず空気中の酸素を多量に吸いこむことから始まるとされている。現在の理論では、といっても昭和二〇年ごろからとなえられ出したそうだが、熱や光の働きで、炭化水素の鎖のなかの水素が引きぬかれて、ラジカルとして分解し、そこに吸いこまれた酸素分子が結合してペルオキシラジカルを生成し、こうしてできたものがまた互いに結合や切断をくりかえす、いわゆるラジカル反応をつみかさねて、ヒドロペルオキシドがつくられ、蓄積されていくという。だが、このヒドロペルオキシドも安定なものではない。それらはまた新しい連鎖反応を引きおこして、各種の有機酸を生成し、それがまた還元されてアルコール、水、炭酸ガスなどの生成にまで達するといわれる。もちろん変化は、分子数のふえる開裂の方向にだけでなく、逆の重合のほうにも進み、巨大分子として沈澱するアスファルト性物質の構成をみるようになる。

これらの変化の主役は空気（そのなかの酸素）と熱と光だが、そこに金属が加わると、その金属が触媒の働きをして化学変化を急激に促進し、潤滑油の劣化を早める。もっともこういう条件下にない潤滑油、たとえばドラム罐に入れられて倉庫に貯蔵されているようなものでも、ながい間には、酸素を吸って変化し使用不能なものになる。潤滑油より軽質の灯油が、昭和四八年の石油ショックの際買いだめされて、灯油カンの中で〝腐った〟のも同じ理屈である。空中酸素を吸って化学変化を起したのである。このばあい、容器が光を透すプラスチック製であったほうが変化が早く各種のトラブルを起したようである。こうした経験からポリタンク業界ではタンク素材に顔料を入れて着色し、日光の透過を防ぐ自主基準をつくろうとしているといわれる。〈註―4〉

このようにして変化をうけた潤滑油の、たとえば酸価を測ったばあい、いかなる値をしめすであろうか。油関係の文献を調べてみても、具体的な数字はあげられていないのだが（それは構成炭化水素の種類や変化の程度によってもちがうので無理もないのだが）、最初はほとんどゼロに近い値であったものが、高い酸価をしめすようになる、と述べられている点ではみな一致している。これは有機酸が生成しているのだから、当然のことといえよう。また、有機酸がアルカリを消費することになるので、鹸化価も上昇するという結果になる。もちろん、潤滑油にはこうした変化を防ぎ、各種の性状を改善するため、いろいろな添加剤が加えられている。だが、当時の文献につぎのような記述がみられることで、ここにもまた問題があったことがわかるだろう。

「最近ある種の添加剤を加えた潤滑油の酸価は、従来の常識からは想像されなかったほど大きな数字を示すものもある」〈註—5〉（傍点筆者）

ところで、動・植物油をあわせて一般に油脂というのだが、このほうも酸敗の過程は鉱物性油と似たような形をとる。しかしこの油脂のなかでも反応性に富む二重結合をもつ、いわゆる不飽和脂肪酸を多くふくむものは、変化が概して早いようである。また、有機脂肪酸の方向に分解する反応とともに逆の重合という反応が並存し、この反応がすすむと乾燥膜を形成する。さらに酸素が加わらなくとも、ディールズ・アルダー反応によって六角形の炭素結合が生じ、二量体が生成する過程があり、これらの点が油脂の特徴といえよう。

これらの反応で、酸価がどう変化するかといえば、一般にこれは上昇する。二重結合の数は、生成したヒドロペルオキシドが開裂する反応では二分の一に減り、ディールズ・アルダー反応では三分の一となる。したがってこの二重結合の数と直接関連する沃素価は、油脂の変化が進展した段階では影響をうけないわけにはいかない。その方向は減少である。

結論「下山油」は機関車油

さて、以上の調査と、化学変化の理論を総合して考慮に入れ、あらためて、轢断機関車D五一六五一の車底から拭きとった「油」を、考えなおしてみることにしよう。たとえばそこに、「タネ油」が二〇％ふくまれていたと仮定してみる。臭い「タネ油」が吹込油であった可能性は強いし、その製造過程ですでに酸化されているところに、鉄粉（先に述べたように触媒の働きをし化学変化を促進する）をふくむ油泥として、空気（酸化剤）にさらされていたことを考えると、酸価は異常な上昇をしめしていたはずである。おそらく一〇〇という値はこえていたとおもわれるので、いまその一〇〇という数字をとると、「タネ油」二〇%の存在だけで、D五一「油」の酸価は二〇となる。鹼化価のほうは、これをたとえば二〇〇と考えると、その二〇%分で四〇ということになる。この数字に「タネ油」と同じ条件下で酸化した内・外部油のそれぞれの数値の八〇%が加わったものが、実際のD五一機関車「油」の酸価、鹼化ということになるわけである。

しかし、機関車使用の油は鉱物性で、鉱物性油の鹼化価、酸価はともにゼロに近い値であるはずと、きわめて初歩的な考え方しかとっていなかったとすれば、これら酸化劣敗した鉱・植物混合機関車油の、各種測定値はまったく理解に苦しむ数字であったにちがいない。たぶん秋谷氏も、田端で採取した機関車使用油の検査で、こうした数値にであい、その数字を前に大いに迷ったものとおもわれる。その苦悩と混乱のあとをしめすとおもわれる痕跡が、いくつかの資料にみられるのである。

まず、轢断現場捜査を担当した警視庁捜査本部主任（当時）の関口由三氏が書いている。事件のあった昭和二四年の暮（一二月三〇日）、東京地検に秋谷氏の仮鑑定書が提出された。その内容が捜査本部に連絡されてきたのだが、油に関しては「着衣ズボン付着の油は……糠油である。D五一の使用の油は鉱物性油で植物性は〇・〇二（大豆油）を含有するだけで、下山衣類から検出した糠油と相異する」（『新評』44・7、傍点筆者）という内容だったという。

堂場肇氏の『下山事件の謎を解く』になると、この数字は若干かわってくる。下山氏の衣服から出た油は「九五%は植物油で、鉱物油はわずか五%しかなかった」というところにつづいて、機関車の油は「鉱物油を使用する。鉱油にほんの少し（一〇%以下）の植物油を混合するとアジが出る」、という記述がある。堂場氏は事件当時、時事新報記者として取材にあたった。そのうえこの著作をまとめるに際しては、あらためて取材をしなおしたという。また全体の内容からみても、右引用の部分は秋谷氏からのデータによっていることがうかがえるので、その意味で参考になろう。

さらに「時効を迎えた下山事件」（『ジャーナリスト』四二号）では、「東京地検捜査記録によると、秋谷数授の検出した付着物は……」で始まる部分の終わりのところに、D五一機関車油についてつぎのような記述がみられる。「その性質は鉱物油九五%、植物油五%で、問題の油（「下山油」、筆者註）とは全く異質のものだった」。この文章は共同通信社会部の記者団によってまとめられたものだそうだが、取材先は検察庁や秋谷氏などであるということなので、引用数字の出所はいずれにせよ元をただせば秋谷氏周辺ということになろう。まさか記者団の創作などではあるまい。

　出所は同じく秋谷氏のところとおもわれるのに、〇・〇二（これは二%ということだろう）、一〇%以下、五%などといろいろな数字が出た。どうしてこうもちがった数字になったかはさておき、先にも述べたように、秋谷氏が機関車油に植物油が混入されているのを知っていた、のは間違いないことだけはうかがえる。そこで興味のもたれるところは、その事実を秋谷氏がいつごろどのような形で知ったのか、ということである。もちろん第一に考えられることは、田端機関区に試料として内部油、外部油やD五一六五一機関車車底油を採取に行った際、国鉄関係者から聞いたということである。すると、その時期はいつかということになるのだが、「秋谷鑑定」を表面的に読むかぎりでは、鑑定着手の直後ということになる。なぜならば、「鑑定書」の論理構成はあたかも、まず最初に、機関車関係油の分析から始められたような格好になっているからである。

　だが、この「鑑定書」の構成は、きわめて理路整然、論理的ではあるがあまりにもできすぎではなかろうか。常識的に考えれば、秋谷氏のもとに持ちこまれた物件が、「包みを開くと同時に異臭を発し、この臭気の原因は（下山氏の）衣類に付着している油からのものであろうと推測された」というのであるから、この油の抽出と、各種特数の測定・分析から着手されるのが、考えられる鑑定の手順ではなかろうか。そのうえで、その「油」の種類などを決定するため、必要あれば比較検討の資料や手段を他に求めるというのが、科学検査としての常道であろう。これを逆に、比較検討のための試料の分析から始める、というのでは、問題を読む前に答案を検討する、ような感じをまぬがれない。それはありえないことだろう。

　「秋谷鑑定」も、その論理構成の順序とは別に、鑑定作業は常道に従って、「下山油」の分析から始められたとおもわれる。事実、先に引用した堂場氏の著作には、「それ（下山油）と比較するためにD五一機関車の油をとって調べたのは、（事件から）四ヵ月後の一〇月になってからのことだ」、という記述がある。秋谷教室に下山衣服が持ちこまれたのが八月下旬といわれるから（「秋谷鑑定」では事件後五十日という表現になっている）、それから二ヵ月近くたったあとということになる。とすれば、すでに「下山油」の鹼化価、酸価は一応出そろっていたわけだ。しかしまだその油の種類については暗中模索の最中で、にもかかわらずそのための重要な手がかりである沃素価は、測定されようともせず（この測定は翌年四月に行われたと「秋谷鑑定」は明記している）、しかも一方、公安関係担当の捜査二課員が東京都全域から糠油を中心とする植物油を集めるという捜査を展開していた、妙な時期であった。

この妙な、なんとも中途半端な時期に、大事な特数の沃素価の測定も考えず、田端機関区まで機関車油などの資料採取に出かけたということは、やはり特別の興味をそそられる問題なのである。いったいなにが契機であったのだろうか。なぜ、この段階でそれを必要としたのだろうか——。

ここで考えられる一つの解答が、「下山油」の鹼化価や酸価が植物油に近いようで、しかしそれともまたはっきりちがう、各種油の特数表にも見出せない奇妙な、理解しがたい数値をしめしていたはずである、ということなのである。翌年の新聞紙上で秋谷氏が、「油の種類については『ヌカ油』などと伝えられているが、私はそんなことをいった覚えはない。……とにかく付着油は『特殊な油』であり、油に焦点を集中して今でも裏付け調査を行っており、近く結論が出ると思う」（東京日日新聞、昭和二五年六月二五日）といっている。『特殊な油』は、このことを意味していたとも考えられよう。そこでなんとも奇妙な、その測定値の解釈をしかねる油の正体に、一種の疑惑と焦りを感じ、もしやという気持におされ田端に出かけて、機関車油の採取となったとおもわれるのである。

ところがその検査の結果が、「下山油」のそれと似通っていた。もちろん、轢断機関車D五一六五一の車底油と、下山氏の衣服から抽出した「油」の各種測定値である。また国鉄関係者からは、機関車油には植物油が相当量混入されているという、秋谷氏にとってはおもいがけない事実も知らされる。資料採取に際して、その資料の実情を聴取するのは常識だからである。だから、もし秋谷氏が客観的に、科学的な鑑定を行おうとしていたならば、ここでいったん立ちどまらなければならなかったはずである。改めてこれまでの検査結果を慎重に検討しなおしてみるべきであった。

だが、このとき秋谷氏の緊密な協同作業者・捜査二課の捜査員は、「下山油」から『犯人』検挙の端緒をつかむべく、全都下をかけめぐっていた（二課二係長であった吉武氏によれば捜査は北海道室蘭までひろがっていたという）。彼らにとっては、「下山油」が機関車車底油と同じものである、などとは夢にも考えられないことだったろう。裁判化学では絶対的ともいえる権威の秋谷教室が、機関車油とはちがう、『植物油』を捜せと叱咤激励していたからである。今もって「良心」に「固く」責められているほどの秋谷氏であるが、その「良心」をもってしても方向転換は困難な段階にあったのだろう。もはや、中途半端なことでひきかえすことは許されない事態にあった。改めて、「下山油」は機関車油とは異なると、いやでもその違いを強調せざるをえないところに、追いこまれていたとおもわれるのである。

こう考えてくると、D五一六五一機関車車底より拭きとられた油の総量は「四・五cc」、その油の鹸化価はほとんどゼロ、すなわち、未使用の純粋鉱物油とまったく同じ値であった、というような、実際から遠く乖離した「データ」の提示が、よく理解できてくるのである。もっとも、先に引用した東京地検への一二月三〇日付「仮鑑定書」では、右機関車使用油は「鉱物性で植物性は〇・〇二（大豆油）を含有する」と、ともかく二%という数字が出されている。しかし当時の検査方法として考えられる、鹸化物か不鹸化物の定量から鉱・植物油の混合率をきめるやり方では、この与えられた条件下で二%というのは実験誤差内の数値である。したがって、たとえ植物油が混入されているはずという異議が出されたとしても、どのようにもつじつまのあわせられる数字であったわけである。だが、事件から二年近くたってまとめられた「本鑑定書」のうえでは、この数字も切りすてられてしまっているのである。もはや細かい数字や、特別の考慮は必要とされない段階にある、という判断があったのだろう。この時点において、秋谷氏にとっての問題はおそらく、「鑑定書」の形を明快でかつ捜査官にとって興味深いものに整えることだけだった、と考えられるのである。さればこそ、塚元氏をして、「これは鑑定書なんていうもんじゃないですよ。まるで推理小説です」と嘆かせた、破天荒なスタイルの「鑑定書」となった。

こうした「鑑定書」を書かせた背景には、捜査本部も自殺説が大勢となって動かなくなり、「犯人」の出てくる心配は現実になくなった、という事情があって、したがってこの「鑑定書」がどのようなものであっても、裁判上で論争の種になったり、あるいは正式に公表されて物議をかもすような事態には発展しない、という考えが秋谷氏の胸中をしめてきたからにちがいない。その時期は、おそらく昭和二五年の春以降であるとおもわれる。先にも一部引用した、六月二五日付東京日日新聞の談話なども、そうした秋谷氏の気持をうかがわせるものの一つとみられる。「現在の私の立場は捜査と研究という一人二役的なものになっているので(このへんは秋谷氏が単なる鑑定者というよりは捜査官という意識をもっていたことをうかがわせるものとして興味ぶかい)、近く検察当局と打合せの上、捜査に支障を来たさない程度に犯人の利益にならぬ程度で詳細な化学的研究の成果を発表したいと考えている。世間にはまだまだ知られていない事実がたくさんあり、玉手箱の開かれるのはこれからである」などと、調子のよいことを語っている。鑑定者が「鑑定書」も書きあげないうちに、その内容の詳細など発表できないことは、秋谷氏にとって百も承知のことであろう。それを承知のうえで、「玉手箱の開かれるのはこれから」などと、景気のいい放言ができるのは、その内容に指弾をうけるものをふくんでいたとしても、自身は絶対安全な立場にある、という確信があってのこととしか考えられまい。

さてこうして秋谷氏は、「鑑定書」は公開されることはないだろうという確信のもとに、機関車油は純粋な鉱物性油(したがって「下山油」とはまったくちがう)と、完全に実情を無視した「鑑定書」を作成したが、自身の記憶のなかでは、機関車油にふくまれている植物油を消去しきれなかったはずである。ときにはその記憶が顔を出し、五%とか一〇%といった数字になったものとおもわれる。もちろん、秋谷氏が機関車油に植物油混入の事実を知らなかったか、あるいはそれが気にならぬ程度の混合率であったとすれば、こうした数字が秋谷氏の口を飛び出すはずもない。したがって、これらの数字は、秋谷氏にとって強烈な印象を残した事実の残滓と考えてよかろう。数字自体も、決して無視しえぬほどの大きさであったことは想像にかたくない。こうした植物油をふくんだ機関車油が、苛酷な条件のもとではげしく酸化されて劣敗し、分解と重合をかさね、「下山油」の真の分析値と同じ数値をしめす状態になっていても、不思議でないことは、これまでの検討で明らかなところであろう。

ここであらためて、「下山油」とはなんであったのかと問うてみれば、それは衣服への付着量、付着状態、活性炭処理前の外観と抽出残、植物油を相当量ふくんでいた機関車使用油の実情（これらの油の分析値はほぼ「下山油」のそれに匹敵するものであったと考えられる）などから、轢断の際轢断機関車D五一六五一より付着したもの、と考えるのが自然であり、間違いない事実である、という答えになるであろう。逆に、「秋谷鑑定」が想定するように、下山氏が上衣をとられた状態で、右を下に横臥の姿勢で横たえられた際、その床面に流れていた糠油が付着したものとすると、どうにも解釈できない数々の矛盾に逢着する。このことはおそらく、各種の検査をするまでもなく、最初から冷静に考えれば、きわめて明らかなことであったとおもわれる。しかるに、「秋谷鑑定」がなぜかくも誤った方向に走り、事実と遠く離れた結論に至ったかは、やはり検討を加えておく必要のあるところだろう。

秋谷鑑定の背景

そのためには多少面倒でも事件発生直後の動きにまでさかのぼらなければならない。常磐線上で下山氏が死体となって発見された七月六日（昭和二四年）早朝、おりからの激しい雨のなかで検察官も加わって警視庁捜査一課（殺人事件担当）と鑑識課による現場検証が行われた。同時に、東京都医務監察院八十島信之助医師によって法令の定める検視がなされたが、この検視の結果八十島氏は轢死（これは自殺、もしくは過失による事故死を意味する）という判断を下した。しかし八十島氏はここで、時が時だけに国鉄総裁の死因に疑問が残るのは好ましくないから、念のため解剖してみるのも一つの方法とおもう、という意見をつけた。こうして検視と現場検証が終わったのは午前八時ごろといわれる。

そこで検証参加の捜査員はいったん現場所轄の西新井署に引き揚げ、検察官も加わって相談をした。その結果、八十島氏の意見をいれて下山総裁の解剖が決定された。この決定によって下山氏の遺体は東大法医学教室の解剖室に運ばれ、捜査一課員も本庁に引き揚げることになる。もちろん所轄西新井署の刑事は下山氏の足取り調査のため現場周辺に残ったし、また二課二係の捜査官が出動してきていた。この二課二係出動のいきさつは当時二係長だった吉武氏の話によると、下山総裁行方不明の段階では情報捜査担当の二課三係が動いていたが、死体が発見されたということで、背後に労働組合、思想団体の動きを感じ、吉武氏自身の判断で集団犯罪担当の部下を出動させ、あとで刑事部長と二課長の承認を得たのだというのであった。

一方、政府の動きであるが、早くも治安関係閣僚会議などが招集され、午前一〇時には参議院で、殖田法務総裁が、共産党による犯罪をにおわせるような発言をし、正午の記者会見で増田官房長官が、他殺の立場で談話を発表している。現場の判断は「自殺」に大きな比重がおかれていたのに、これはまたなんと悪質なデマゴギーであろうか。

こうした情勢のなかで、下山総裁の解剖が始められたのが午後一時を少し過ぎてからであった。執刀者は桑島講師であり、その補助が中野助手であった。教室主任の古畑氏はこれに終始立ち会い、解剖終了は六時ごろといわれる。結論は「死因不明、死後轢断と考える」と出た。この結論がその後いろいろと物議をまき起していき、現在の法医学の到達点からは、もはや否定さるべきものとなっていることは「法医学論争」で詳述したところであるが、ともかく八十島氏の判断とは逆となり、翌七日から捜査一課の轢断現場再出動という事態につながった。しかしそれはともかく、もう少し六日の模様をながめてみよう。

この六日、ちょうど下山氏の解剖が行われていた同じ時刻、所も同じ東大医学部構内で日本薬学会が開かれていた。この薬学会で、秋谷氏は鯨肉のpH濃度を測定してその鮮度を判定する研究を発表した。この研究はある水産会社の委託によるものであったといわれるが、それはともかくこの結果を応用して下山氏の死後経過時間を判定しようという試みがくわだてられた。そのことは秋谷氏の申込みによるのか、それとも古畑氏の依頼によるものなのか必ずしもはっきりしないが、ともかくこの二人の間の相談で決定したことには間違いないようである。もちろんこの試みが人体への最初の応用であるし（したがって人体のばあいの基本的標準曲線がなかった）、基礎的な研究も十分固められていたという状態でもなかったので、冷静に考えれば客観性を欠いた無謀なものであった。このpH法が、その後の研究で否定的な評価をうけ、現在ではまったくかえりみられない存在となっていることは「法医学論争」のところでふれているので、詳しくはそちらを参照していただきたい。しかしこれは、その後の研究をまつまでもなくあまりにも大胆な試みであったので、当時秋谷氏の下にいた塚元氏も反対の意見をのべていたし、同じ東大薬学科の他教室からも秋谷氏のこうした動きを危ぶむ声があがっていたという。

だが、こうした意見をおして、結果的にpH法は強行された。そうして、その実験によって下山氏が絶命したのは轢断時より約三時間前の、五日午後九時ごろという結果が出たと、八日午後警視庁捜査本部に報告がなされている。ただしこれは正式な鑑定委嘱によるものではなかったようである。いわば秋谷氏の、自発的意見具申、とでもいうべき性格をもっていたというべきであろう。

さて、自発的という点では、それから三日後の一一日、法医学教室の古畑、桑島両氏らとともに秋谷氏が現場に検証に出かけたというのも、そうした色彩の濃い行動であったといえよう。終わって秋谷氏はこう語っている。「総裁が意識を失った状態でれき殺されたものだという印象が深められた。麻酔薬でか、死体のままでか、いずれにしてもよほど豪胆な者のやった仕業だろうと思う」（いはらき《茨城》新聞、昭和二四年七月一三日）。もちろんこの時点で秋谷氏は正式になんらの鑑定委嘱もうけていないはずである。もともと秋谷教室というのは正確には「衛生・裁判化学教室」で、秋谷氏の研究分野は衛生化学のほうであり、裁判化学については助教授の塚元氏がこれを担当していた。したがって、このような事件に際しての鑑定は塚元氏に委嘱されるのが慣例であった。しかし秋谷氏はなぜか、下山事件についてはみずからの守備範囲を越えてすすんで事件の渦中に飛びこんだ趣がある。

一四日付の読売新聞紙上では、秋谷氏は丸の内警察署長の野老山氏と対談し、そのなかでつぎのように語っている。

「学者は推測はしない。われわれは科学的立場に立って黒を黒と言い白を白と言うだけだ。下山氏ははっきり他殺だと自信をもっていえます。法医学上の厳然たる事実です。細いキメ手ももっとあるのだが検察庁が犯人を調べるとき予備知識を与えることを考慮して言うなと注意されてるからいわないだけなんです」

「細いキメ手ももっとある」と秋谷氏はいっているが、しかし、今になってますますはっきりしたことは、当時そんなものはなに一つとしてなかったということである。「推測はしない」という学者がいえるようなことではなかった、ようである。秋谷氏を評して「ハッタリ屋」という人がいるが、このへんの発言をみるとなるほどとおもわせるものがある。

さて、秋谷氏が「法医学上の厳然たる事実」であるという、「他殺」の結論が、皮肉にもこのころから法医学者の激しい批判をあび始める。中館、小宮、小南などという著名な学者が公開の論争を展開すると、古畑氏は臨時の在京評議員会を招集して、法医学会としては異例の報告・討論会となる。この論争はまた国会の場にまで拡大し、衆議院法務委員会に古畑、中館、小宮の三氏が証人としてよばれ、それぞれの意見陳述となるが、ここでも東大法医学教室の旗色はさえず、古畑氏も「いまだ他殺といったことはない」などといささか逃げ腰の格好となる。

さらに秋谷氏の足もとにも火がついた。pH法に対してくすぶっていた批判がついに公然となり、千葉大の宮木高明教授と新聞紙上でわたりあわなければならなくなった(朝日新聞、昭和二四年七月二四日)。秋谷氏としても心中おだやかならざるものがあったはずである。

そうしているうちに、血液型判定のため、法医学教室に下山氏の衣服が持ちこまれたのである。ここで不思議なのは、先にも述べたルミノール検査による血痕反応がなかった、ということなのだが、それは別として、ともかく上衣がわりと油じみていないのに肌衣や褌、ズボンなどの汚れがひどいのが注意をひいたようである。同時に、においも少しばかり異様に感じられるところがあったようである。

しかしこれらのことは、轢死者の衣類がしめす当然の特徴であったはずである。上衣より下着に油の付着量が多いことに、なんの不思議もないことは前に述べた。異臭があったとしても、ふくまれている植物油(臭い「タネ油」は一〇%入ると、このにおいだけしか感じなくなるという)からもくるだろうし、「血ぞめのズボン」や肉片のついた下着などがいっしょに包まれ、夏の暑いさかりを二ヵ月近く経過しているのだから、これまた当然であった。

逆に、この状態を犯罪と結びつけようとすると、もう一つ決定的なものを欠く。「秋谷鑑定」も最終的にはそう想定しなければならなかったのだが、上衣を轢断直前に着せたと考えなければならない点である。死体に上衣を着せるということは至難の業だそうである。その至難の業を、七〇キロを超える体を油で汚した下山氏にほどこすばあい、痕跡は必ず残るはずである。まして下山氏は白のYシャツを着ていた。このYシャツの腕を黒い油で汚れた手でつかまずに上衣の袖を通すことができるだろうか。黒い汚れは手形となってどこかに必ず残されなければならないのである。だが、そうした痕跡は皆無である。吉武氏が二〇年たっていみじくもいっていたが、どこまで追っても、そこに「犯罪のにおいはしなかった」のである。

しかし、こういう吉武氏も当時はホットな気持で『犯罪』を追い求めていた。秋谷氏の心境もまた、『犯罪』を願っていたのであろう。いやこういう表現は適当でないかもしれない。冷静な気持を失っていたとでもいうべきであろうか。あるいはまた、かねて存在を公言していた「細いキメ手」をおそまきながらこの際発見しなければならないと考えた、といったほうが正確なのかもしれない。ここではじめて、秋谷氏が希求してやまなかったらしい正式の鑑定委嘱が、検察庁から与えられることになり、そしてどういうわけでか捜査二課との協同作業が始められたのである。かくして「秋谷鑑定」は、もともとある種の予断をふくんで出発した、としかいいようのない状況で開始された。方向を誤り、事実と遠く隔たる結論に至るのは、ある意味で必然的であったといえるのである。

鑑定書と矢田記者

「下山油」についての検討もいよいよ終着駅に達したが、最後にもう一つ、つけ加えておかなければならないことがある。当時朝日新聞社会部記者であった、矢田喜美雄氏の話である。矢田氏みずから語るところによると、新聞記者でありながら東大の『特別研究生』として、鑑定実験に参画したという。事件から九年目の『週刊朝日』(昭和三三年五月一四日発行、奉仕版)誌上では「下山事件・記者日記」なる一文を発表し、その点についてつぎのように述べている。「事件では刑事、検事、あるいは犯人の話をきく――そういうことが、新聞記者の任務なのだが、下山事件の場合の僕は深入りし過ぎて、取材の立場を越えて捜査側の依頼をうけた鑑定書をかく側の一人になってしまった」。鑑定となれば、その鑑定事項について特別の学識・経験をもたなければならない。が、矢田氏がそのような特別の学識と経験をもちあわせていたとは、到底考えられないのである。どう考えてもこれは不思議なことである。

この不思議な事態はやはり当時も問題になったようである。「Modern Medicine of Japan」一九七五年八月号に矢田氏自身が書いている。「東大の学部長会議の席上で、新聞記者の私が研究室で助手活動をしているのは学則違反ではないか、という問題が提起された」と。これは当然なことであろう。ところがまたまた不可解なことが起る。「南原総長は古畑氏をまねき、電話で東京地検堀検事正とも話し合った結果、私(矢田氏)を正式に東大特別研究生にすることで合意したのである」というのである。この文章の前後を読むと、法医学教室と衛生・裁判化学教室で行われている下山事件の鑑定作業に、矢田氏を必要欠くべからざる存在と認めて、ということになるようである。

法医学上にしろ裁判化学上のことにせよ、鑑定は科学的なもの、その鑑定作業と実験に不可欠となれば、矢田氏のその道にたいする知識と経験はさぞ格別のものであったろうということになるのだが、そうは考えられないことは先に述べた。しかしここで、やはりそうは考えられないという根拠をしめしておく必要があるだろう。

今引用した「Modern Medicine of Japan」のなかで、矢田氏はpH法についてつぎのように書いている。「古畑先生はこのとき、裁判化学の秋谷教授を呼んだ。死亡時間の決定には、もっと詳しい化学的な方法があることを知っていたからである。秋谷教授は古畑先生の要請に応えて下山さんの肩の筋肉を切り取った。ついでこれを液化するようすりつぶし、腐敗と同時に発生する水素イオンの量を、三〇分ごとに計量したのである。この水素イオンの量の変化はグラフに記録され、線が示す変化がなくなった点を起点に逆算した結果は、五日午後九時三〇分を中心に、前後三〇分間となった」

「Modern Medicine of Japan」というのは朝日新聞社が医者という専門家向けに発行している雑誌だそうであるが、こういう雑誌にかくもデタラメな一文が書けることにまず一驚する。また書かせるほうも書かせるほうだろう。

第一に、「腐敗と同時に発生する水素イオン」と書いているが、これは「腐敗」ではなくて、筋肉組織中に存在する各種酵素群の解糖作用による化学変化なのである。だからこそ温度一定の条件下では、時間の関数として規則的変化をし、典型的な曲線を描くことが期待され、その曲線の形から死後経過時間の推定が可能なはずである、という仮説で、事は始められたのである。

だが、「腐敗」というのはいうまでもなく微生物の作用する分解過程である。したがって変化の遅速はそこに入った微生物の種類や量に依存することになり、その過程も複雑な形をしめすはずである。時間の関数としての規則的な変化期待はできないのである。もちろん規則的な変化をしない以上、そこから死後経過時間についての情報を得ることはできない。

実は、下山総裁が轢死体として数時間、しかもその間はげしい雨にうたれながら軌道上に横たえられていたことから、この腐敗菌の影響を考慮しなければならないはずというのが、千葉大宮木教授のpH法にたいする批判の一論点であったのである。これにたいして秋谷氏はその心配はないと、答えている。朝日新聞紙上で展開された論争のうえでである。だから、当時下山事件に関心をもったものにはよく知られた論争点であった。したがって朝日新聞記者の矢田氏にいくばくかの科学的常識があったならば、ここで「腐敗」という言葉は出てくるはずもない。

第二に、「三〇分ごとに計量」と書いているが、これもデタラメである。秋谷氏が講演に使用した図表を見ると、死後四八時間目ぐらいまでの曲線がしめされているが、仮に三〇時間内の変化を三〇分ごとに計量したとすると回数にして六〇回となる。一回の実験の筋肉使用量は五グラムということであるから、合計三〇〇グラムを必要とする計算になる。ところが、古畑氏の下山事件研究会の証言によると、秋谷氏に渡したのは下山氏の肩の筋肉二五グラムぐらいであったという。三〇〇グラムとは大変なひらきである。

事実はこうである。pHの測定は六時間ごとである。五グラムずつ正確に切りわけた筋肉をそれぞれ別々のガラス皿に入れ、水分の蒸発を防ぐよう処置して恒温槽に保存する。pH測定のつどそのうちの一個をとり出し、五グラムの検肉を石英末などを加えて乳鉢中で磨砕し、水を加えて約一五分振盪、つづいてこれを濾過してその濾過液についてpHを測ることになる。この操作一回の所要時間が約四〇分であると秋谷氏は仙台での法医学会で述べている。下山氏のばあいのpH曲線は、古畑氏が各所で引用しているが（手近に入手できるものとしては岩波新書『法医学の話』）、その曲線を見ると六時間おきに五回の測定が行われたことになっている。一回五グラムとすると五回で二五グラム、この点では古畑氏の話のつじつまはあっている。矢田氏が独自のpH法を創造することは勝手だが、秋谷氏のそれは以上のごときものである。

第三に、「線が示す変化がなくなった点を起点に逆算した結果」が死亡時刻というのはどういう意味なのか。秋谷氏の講演記録にはたくさんのpH曲線がしめされているが、「線が示す変化がなくなった点」をおもわせるようなものは一つもない。どれもこれもが変化の途中で切れている。そこで試料の筋肉がなくなったので測定が打ちきられたのだろう。もしこの曲線の終末点が「変化がなくなった点」ということになら、「測定を打ちきった点」と同義の点になり、死亡推定時刻はまったく任意に、恣意的に決定されるということになろう。

矢田氏は問題を理解しているのだろうか。本当に科学的な思考能力があるのだろうか。この一文を読むと、こういう疑いの湧き出るのを禁じえないのである。しかもこの矢田氏が有力な鑑定作業者として加わっていたというのだから古畑教室にしろ、秋谷教室にせよ、矢田氏ほどの能力をもつ人材がいなかったということになるのだろう。事実とすればそのお粗末さには寒気さえ感じてくる。

レール上の油の不審

さてその矢田氏が、『文芸春秋』誌上に「秋谷鑑定」が掲載され、はなばなしく誌上をかざっていたころ一冊の著作を発表した。題して『謀殺下山事件』。このなかに「油」に関して興味ぶかい話がある。七月一一日に古畑氏とともに秋谷氏が現場に出かけたことは先に述べたが、このとき矢田氏もまた同行していたのだそうである。そこで矢田氏は「新しい発見をした」のだという。「それは古畑教授らが『右足首の轢かれた位置はここだ』といっていたところで、左側レールの内側と外側に油じみがべっとりついていたのと、さらにレールを汚染した油が枕木やバラスにまで及んでいるのを発見……その油じみのひろがり方というものは、総裁がちょうどうつ伏せの姿勢におかれたときの下半身の位置と一致するように思われた。枕木やバラスの油じみは上体部には及んでいなかった。私の印象では、この油じみは総裁の衣服についていたものがたれた、つまり服の油が枕木やバラスを汚染したものだと感じた」という次第となっている。ところが果たせるかなそれから二ヵ月近くたって秋谷教室で下山氏の衣服を調べてみると、「予想したように衣類はすべてのものに油がしみついていた」という、矢田氏の喜びはさぞやとおもわれるのである。

しかしこの話、少々できすぎていはしないだろうか。だいいちおかしいのは、下山氏の衣服には「レールの内側と外側」、「枕木やバラス」までをべっとりと汚すほどの油はついていなかったということだ。衣服重量にたいしてせいぜい二〇％程度の油では、そういう状態にならないことはすでに検討ずみである。この話は、下山総裁の衣類にポタリポタリとたれるほど多量の油が付着していた、ということを前提としなければ成りたたない。

第二に、矢田氏はこの軌道上の油は下山衣服の油と完全に一致したと、下山事件研究会の会合で話していた。とすればこれは重要なことである。そこで筆者は塚元氏に証言を求めた際、この点をただした。ところが塚元氏は轢断現場の油を検査した記憶はないという。ただしたしか矢田氏だったともうが泥や砂の混じった油を持ってきて検査をさせられたことがある。が、それは糠油ではなく機械油のようなものであったはず、という話だったのである（この問答は『資料・下山事件』中の塚元久雄証言に収録）。もちろん「秋谷鑑定」にも現場の油を調べたという記録はない。矢田氏が科学鑑定参加の一員であることを自認している以上推定や推理ばかりでなく、やはりそれなりに客観的・科学的検討にたえる論理を展開してほしいものである。

線路班の人たちの話を聞くと、軌道上にはおもわぬものが落ちているし、油などは気をつけて探せばいくらでも発見できるという。とくに蒸気機関車が走っていたころはそれが多かったということだ〈註―6〉。矢田氏が油を本当に見たのだとしたら、あるいはこの種の油であったのかもしれない。もちろんこう書くと、鑑識課が作ったという「下山総裁死体位置」なるものをひっぱり出して、六日早朝の現場検証でもこの油は特別に注意をひいていた、と反論されるかもしれない。

しかし、これも実情はちょっとちがうようである。たしかに現場捜査を担当した関口氏の書いた、『真実を追う（下山事件捜査官の記録）』などをみても、轢断開始点の左側レール（下り方向に向かって）のところに、「脂肪油」と記入された「轢断現場見取図」が引用されている。ところが鑑識課作成の検証写真を見るとその一八葉目に次ページにしめすような写真がある。この写真には「右レールの白線内は鼻汁様のものと思はれる」（傍点筆者）という説明がついている。場所は「前葉に同じ」となっているので、その一七葉を見ると「最初轢断されたものと思われる箇所を中心に付近の状況を撮影したもの」とあり、「レールの白線内は血痕」という説明がついている。

この二葉の写真と、それぞれの説明を比較検討してみると、一八葉目の写真に映っている向側（下り方向に向かって左側）のレールにつけられた白線内が血痕で、手前側レールの白線が、鼻汁様のものの存在をしめすものであることがわかる。またこの手前側レールが、写真説明文どおりに、下り線の「右側レール」で、鼻汁様のものはその右側レール外側（したがって古畑氏の推定では下山氏の頭部があったほう）についていたものであることは、一七葉写真に映っている東武線ガードとの関係位置からもはっきりする。

圖面　点ヨリ　ノ方向ニ撮影セルモノ
前葉に同じ
右レールの白線内は鼻汁様のものと思はれる

上：本書13ページ「轢断現場見取図」には左側レールに“脂肪油”と記入されているが，鑑識課作成の検証写真には，“右レールの白線内は鼻汁様のものと思はれる”とある．
下：17葉写真．これによると上部に東武線土手が映り位置関係がはっきりする．

ところが、図面作成の段階で位置関係がこれと反対となり、右側レールに付着していた「鼻汁様のもの」が、左側に移って「油」となってしまったようである。「鼻汁様のもの」が「油」となったことには若干の疑問を感じたが、鑑識課のベテランであった岩田政義氏や、光藤係長などから聞いたところでは、「鼻汁様のもの」は「牛や豚の油身のながれたような感じのものだった」ということだし、位置関係も写真のほうが正しいという証言なので、やはり図面作成段階における記入違いというのが事実のようである。

だから矢田氏が一一日に、「左側レール」にべっとりとした「油」を見たのが事実とするならば、それは六日朝の検証の際はなかったもので、そのあとで付着したものということになろう。しかしたぶん、実際には矢田氏は、一一日にその「油」を見ていなかったとおもわれる。というのは、先にも引用した「下山事件・記者日記」だが、この「日記」でみると、矢田氏が最初に轢断現場を見たのは一九日、事件から一三日たったあとということになっている。それは、轢断現場より上手のほうに「下山さんの血らしいものがある」という情報を得て出かけたのだという。

もっとも、一九日ではなく一七日という説もある。いや説ではなくて、矢田氏自身が『中央公論』(昭和二六年一月号)誌上の「下山総裁の血の謎」と題した一文で、はっきりと「七月一七日には五反野の現場(轢断現場のこと、筆者註)をはじめて踏んだのであった」と書いている。しかもおもしろいことには、この一文によると、現場上手の血痕の発見は情報によるものでなく、矢田氏自身が発見したということになっている。この血痕問題は別に詳しく検討することにするが、いずれにせよ「日記」でも「謎」でも、轢断現場を詳細に観察して、小さなシミのような血痕を発見したことになっているのに、線路と枕木などをべっとりと汚して付着していたはずの、「油」については一言もふれていない。ところが、昭和四八年の夏にいたって、突然矢田氏は一一日に轢断現場で「油」を見たと書き出す。事件から二年目にも、九年目にも記憶になかったことを、矢田氏は二四年目の夏ついにおもい起すことに成功したのかもしれない。そうだとすれば、その執念に敬意を表するにやぶさかではないが、やはりにわかに信じられないことなのである。

註

1———〈301・上〉

轢死体は一般に裸体か、ほとんど裸体に近い状態で発見されるという。これは経験ある法医学者や国鉄関係者の一致して認めるところである。機関車底部の突起物などで衣服はつぎつぎとはぎとられてしまうようだ。したがって下山氏のばあいが特殊な例なのではない。

2————〈345・下〉

日本法医学会緊急評議員会記録、および桑島直樹氏の下山事件研究会への証言。いずれも、みすず書房刊『資料・下山事件』にあり。

3————〈346・上〉

轢断列車は五〇両編成の貨物列車で先頭のD五一六五一機関車には大小無数の血痕が付着していた他に、後続貨車の一、二、三、四、七、八、九、一〇、二五、四〇両目に下山氏のものとみられる血痕や肉片が見出されている。ということは、これらの貨車のどこかの部分に下山氏の体が触れていることを物語っている。

4————〈364・下〉

「石油パニック当時に買いだめしておいた灯油を昨年になって使った際、悪臭やススが出て石油ストーブのシンが壊れてしまう灯油の変質事故が各地で続発したが、これを防ぐため『顔料によって着色すること』が義務づけられた。通産省工業技術院などが調べたところ、着色していない乳白色のポリタンクに灯油を入れると、日光とタンク内の空気の作用で灯油が酸化・変質してしまうことがわかったため」(朝日新聞、昭和五〇年九月二四日)

5————〈365・上〉

日本石油株式会社編『石油便覧』昭和二七年版

6————〈379・上〉

矢田氏の著作『謀殺下山事件』にもつぎのような記述がみられる。「この枕木上のシミ発見は困難をきわめた。というのは、枕木の上には機関車や列車の車軸油が列車の震動でたれ落ちて、問題の血のたれたまるいシミとよく似た形でたくさん散乱していたからだった」(「轢断点上手に血痕発見」の節より、傍点筆者)

「異状物質」の検討

靴の付着物

検査を否定する塚元氏

「秋谷鑑定」では、下山衣服付着の異状物質として「油」以外に、色素や、その他のゴミ類をたくさん挙示しているが、ここではまず靴についての、それら異状物質とよばれるものの検討から始めることにしよう。

第一に、右靴。

㈠ これは左靴も同じだが、「異状付着物として、茶褐色の塗料と思われるものがついているが、検査の結果靴のスミであると推定された」と、「鑑定書」は書き出している。ただし、検査の結果とはいいながら、それがどんな検査であったのか、検査手段も方法も述べられていないのが残念である。だがそれはともかく、「その靴ズミはチョコレート色であり、下山家で中村氏（下山家の同居者、筆者註）が使っている、コロンブス靴クリームとは別のもの」であったという。

㈡ ゴミのなかから「青色の結晶状粉末」が発見されたが、「これは敷皮のカカト部に発見された物質と同一物と見てよいが、靴以外からはこの青色粉末は発見されないので、異状物質として採るか否か？ 事件に関係ありとすれば、下山氏の靴の中にあったものであり今後の問題となろう」ということである。

㈢「右靴中央部に見られる〃黒い汚点二つ〃はスペクトル検査の結果、アスファルトらしく、下山氏が日常において街頭を歩いて付着したものか不明であるが、もし事件当日付着したとすると、三越を中心とした付近のアスファルトのスペクトル分析と比較するのも興味あることである」（傍点筆者）という。これがしばしば問題にされてきた、靴底のアスファルトらしき物質の正体であるようだ。

つぎは、左靴である。

このほうの異状物質としては、「チョコレートの靴ズミは左靴にも塗られており、ヒモも右靴同様である」というだけである。「ヒモも右靴同様」というのは、チョコレート色靴ズミがこの部分にも付着していた、ということであろう。

さて、「秋谷鑑定」のこの部分を一読して驚いたことは、右靴㈢の「アスファルト」のところである。というのは約一〇年前、正確には昭和三九年六月、衆議院法務委員会に参考資料として出された、「秋谷鑑定」の結論の部分といわれる「文書」が、強烈な印象で記憶のなかに残っていたからである。その関係部分を引用してみよう。

「**1**、靴。靴の色は、下山氏が自宅で常時使用していたクリームは、朱系の赤色であって、現に塗られているクリームの色は全く異ったものである。

2、アスファルト様物質を踏みつけた時刻以後は、この靴を誰も履いて歩かなかった。

3、アスファルト様物質と緑色色素とを踏んだ時刻。

a　ア物質（アスファルト様物質）と色素類とが同一場所にあった場合。同時でも異った時刻でも、いずれでもよいことになる。何となれば、同一床面上であるからである。

b　ア物質と色素類とが別個の場所にあった場合。色素類を先に踏み、その後にア物質を踏みつけたことになる」

これでは、『文芸春秋』発表の「秋谷鑑定」と、ストーリーがまるでちがうことになる。この法務委参考資料のほうでは、ア物質は事件に密接な関係をもつ物質として想定されているのだ。したがって、色素類（これも事件関連物質と考えられていた）の付着と、付着時の前後関係が考察の対象とされている。また、こうした内容の文書であったからこそ、当時の新聞も、この法務省資料を他殺を裏づける決定的な「鑑定書」として、大きな紙面をさいて報道したのだろう。だが、『文芸春秋』「秋谷鑑定」のほうは、このア物質は「下山氏が日常において街頭を歩いて付着したものか不明である」

というのだから、話がちがうということになる。そのうえ靴底にあったはずの色素類とやらは行方不明となり、新しく(?)ゴミのなかや、敷皮のカカト部に、青色の結晶状粉末が発見された、というのだからここはやっぱり驚くべきだろう。

もし、法務省資料が真の「秋谷鑑定」の結論部分であるとすると、この靴関係の部分をみるかぎり、『文芸春秋』「秋谷鑑定」は贋物ということになりそうである。贋物ならば検討にも値しないが、しかし天下の『文芸春秋』、そうたやすく贋物をつかまされるはずもあるまい。待てよ、ここが思案のしどころか、と考え二年間ほど待つことにしたのである。

もちろん待つだけではいくら待っても、疑問は解けはしない。というわけで、靴の検査をしたといわれる塚元久雄氏を、福岡大学の薬学部長室にたずねたのである。そこでまず法務省資料のほうである。塚元氏はこの資料にていねいに目をとおして、そのうえで「アスファルトというのは、これがアスファルトかどうかという判定をすることがむずかしい物質なので、僕はこの検査はしていない。靴底の色素の検査もやっていない。したがって、アスファルトと色素を踏んだ順序が、どっちが先だの後だのという議論はできませんよ。おそらく秋谷さんだって、検査してないでしょう。そんな時間的余裕が、あの人にはないはずですからね」というのである。それでつぎには、『文芸春秋』「秋谷鑑定」なのだが、ゴミのなかや敷皮の部分の「青色の結晶状粉末」などというものは知らないし、ずいぶんていねいに調べたつもりだが見てもいないと、まったく信じがたいといった表情なのである。

こうなると、どちらが本物で、どちらが贋物などという問題ではなく、法務省資料、文春「秋谷鑑定」ともに、それ以上の本質的な問題をふくむ、ということになりそうである。

そこでもう一つ、靴の「異状物質」とされている、靴ズミについてたずねることにした。これもまたかねて疑問を感じて、いろいろと調べたり、化学の専門家に教示をうけたりしたが、その検査の方法もわからずにいた問題点であったからである。もちろん現在の技術ならば、多少めんどうではあってもばあいによってはやれないことではないが、いずれにせよ大変むずかしいことだという。こういった程度のことまでしかわからなかったので、塚元氏の解答に大いに期待したのだが、やはりその期待はむりであったようである。塚元氏も、「靴ズミの検査だなんて、そんなこともやっちゃいませんよ。できっこありません」というのである。では、現在ならば、という問いにたいしても、「クロマトグラフィーでも使って先のものとあとで塗ったのと分離するというても考えられるが、それにしたって大変な手数ですよ。とてもとても……」ということなのである。

チョコレート色の油の発見

こうなると、靴に付着していたという「異状物質」というものは、妙なことになってしまう。いや、妙なのは「異状物質」のほうではなくて、「秋谷鑑定」そのものなのかもしれない。おそらく下山氏の靴は、下山家に同居していた、中村量平氏が磨いたときに使用した靴クリームそのもので、おおわれていたものとおもわれる。もっとも、その靴クリームが雨にうたれ、二ヵ月近い酷暑の季節の保存で、少しは変色していたということはありえよう。こう考える根拠は、「秋谷鑑定」の靴についての書き出しが、つぎのようになっているところにある。「靴は警視庁鑑識課で検査後のもので、外部の汚れはほとんどなく、磨かれたようにキレイであった」。これが正直な観察の結果で、中村氏がていねいに磨きあげた状態をしめしているとおもわれるのである。ところが、「異状物質」の付着を主張する段になると、チョコレート色の靴ズミが、「塗り方が乱暴」にぬられている、ということになってしまう。観察の目がかわってきているのである。そこに作為が感じられるのである。

このように考えても、筆者は、チョコレート色の物質が、下山氏の靴のどこにもまったくついていなかった、と主張しようとはおもわない。「下山油」についての検討のところでも述べたが、機関車底部のところどころには、意外なほどチョコレート色の半練り状油が付着していたからである。それは驚くほど、チョコレート色の靴クリームに似ていた。

したがって、下山氏が機関車にまきこまれれば、その靴にこうしたものが付着する可能性は、十分ありうるからである。しかし、こういう可能性はあっても、「新しいチョコレート色の靴クリームで磨きがかけられている」状態とは、ほどとおい状態であったことはもちろんであろう。

「秋谷鑑定」に即していえば、靴の「異状物質」という問題は、これで終わりということになる。しかし、この『文芸春秋』掲載の「秋谷鑑定」が世に出るまでは、下山事件は法務省資料の線で論じられてきた。いや、こういいい方は誤解を招くかもしれない。法務省資料が昭和三九年六月、衆議院法務委員会で公開される前にも、下山氏の靴に付着していたといわれる物質についてふれた著作は多い。ちょっとひろってみても、堂場肇『下山事件の謎を解く』、松本清張『日本の黒い霧』、宮城音弥『下山総裁怪死事件』などがある。これらの著作は靴クリームの点でも、靴底に緑色の色素がついていたという点でも一致している。法務省資料は、あたかもこれらの著作の一致した所論を、追認した形となっているのである。正確にいうと、事態はこのようなことになるのだろう。

靴底の緑の色素

さて、そういう事態で、それらの所論、なかでも靴底についていたという緑色の色素は、警視庁鑑識課がこれを葉緑素と判定したことへの非難攻撃の意味をふくめて、合成染料である、という説があたかも客観的事実と化したように流布され、多くの人びとに、今なお強く信じられているようである。そこで、この点については、もう少し検討を加えておく必要があるとおもわれるのである。

そのためにはまず、いちばん最初にこの靴の検査をした、警視庁鑑識課の技官の話を聞かなければならない。だが、そこにいたるまでの、筆者の個人的事情を述べておくことも参考になるとおもわれる。というのは筆者もまた下山事件は他殺と考えていた一人で、前記堂場、松本、宮城の各氏著作などには深い啓示を感じていたからである。ところが、実際に下山事件についての調査・取材活動をしてみると、それらの著作のなかで他殺の根拠とされている「事実」が、つぎつぎと覆されていくのである。これは意外なことであった。しかし、これもまた事実なのだから、致し方がない。そういう事実が積み重なっていって、ようやく他殺説に疑問と不審を感じてきたころであった。勝田電車区（茨城県）で、元水戸機関区員から事件当時の話を聞いているうち、そのなかの一人が、「なぜ、下山さんの死体を、列車で運んだなんて考えなければならないのだ。衣服に青や赤の色がついていたといっても、轢断現場に近い荒川の土手で、そういう色をつかって木毛を染めていたはずだ。あそこで殺されたって色はつく。それをわざわざ田端の向こうで殺して、われわれが運転する列車で運ばせたなんて考えるのは、われわれの労働組合を敵視する奴らの、腹黒い陰謀だ」と、非難攻撃を始めたのである。もちろん筆者にとって、この非難攻撃はいささか迷惑なものであったが、しかし荒川放水路の土手、それも正体不明

右：荒川土手で行われていた木毛の染色．写真で黒くみえる所がその現場で，周囲の草より色素が付着して緑が濃くなっていた．　左：木毛染色のためのマラカイトグリーン（中央の罐）が付近に置いてある．

の「血痕」が出たとされている線路のすぐ近くで、色素が使われていたということは初耳であった。

勝田から帰ると、早速この調査を始めた。というよりは、いわれた場所に行ってみて、すぐわかった。轢断現場から三〇〇メートルほどの所に、常磐線が荒川放水路をわたる鉄橋があるのだが、その鉄橋のすぐ下で、木毛の染色が行われていたのである。方法はまったく原始的なもので、樽のなかで染料をとかし、そこに木毛を入れて適当な時間がたったら引きあげ、そのまわりの草原にひろげて、干しあげるというものである。この作業のすべては、露天である。だから、列車の乗務員にはなじみの風景だったようだ。

この染色業者もすぐわかった。近くのKさんである。作業は昭和二三年から始めたというから、事件当時も行われていたことになる。ただし、使用色素は、オーラミンに、マラカイトグリーンだけだったという。黄と緑である。この点では、勝田電車区の人たちの話といくぶん食いちがったが、事件に関係ありといわれるマラカイトグリーンが出たことは興味があった。しかもこのマラカイトグリーンが、靴底についていた色素だともいわれていたのである。

染色現場に立ってみると、付近一帯はその緑の色素で染まり、土の色まで緑である。その上を歩くと靴底はうすく緑色となる。ハンカチを出してそれに腰をおろせば、やがてそのハンカチにも緑はうつる。

もしこの場所を下山さんが歩いたならば、その靴底に緑色がついていたとしても、不思議なことではない。しかも、下山氏か、あるいは下山氏の靴をはいた人が、この場所を歩いた可能性は絶無ではないのである。すぐ近くの線路上などで、下山氏らしき人の姿が何度も目撃されているからである。靴の形まで似かよっていたといわれている。そうすると、靴底に緑の色素が付着していたという、巷間つたえられていた東大の鑑定結果は、この染色現場の状態と目撃証言から裏うちされているともいえよう。あるいはこれは、直接には他殺説に結びつかないかもしれない。しかし、その他殺説の根拠とされているものがつぎつぎと崩れていくなかで、東大の鑑定結果を裏づける可能性が発見されたということは、まだ他殺説に未練をもっていた筆者にとって一つの救いのようなもので、当時の心境として、なにかほっとしたものを感じさせられたのであった。

容易にとれぬクロロフィル

この気持が、この事実をさらにたしかなものとして確かめたい、という考えに強まった。そこで、靴の検査をいちばんはじめに行ったという、鑑識課の技官に会ってみようという気になったのである。その話のなかに、あるいは東大秋谷教室の鑑定結果を支持するものが、発見できるかもしれない、と考えたのである。

その技官は田村統司氏であった。千葉大学関係者で、現在千葉か、出身地の広島で、薬局を営んでいるらしいという話を手がかりに、この田村氏を市川市にたずねあてたのは、それからまもなくのことであった。突然の訪問に田村氏は驚いたようである。そのうえ筆者が訪問の趣旨説明に「東大の鑑定は……」と二、三度くりかえしたためか、東大関係者と間違えられたらしく、「それならば、お宅のその検査方法を説明して下さい。もちろん検査結果のデータもご存じのはずでしょう」と、逆に詰問される始末で、なんともまずいでだしとなった。やはり筆者の下心があらわに出ていたのかもしれない。

来客の多い店先でこうした問答を十分ほどしたうえで、とにかく出ましょうと近くの喫茶店に移った。そこで聞いた田村氏の話である。「あの靴底の緑色を見たときにね、もちろん染料ということも考えましたよ。そこで東京工大の知人のところにいって、染料関係を調べたりもしましたが、どうもそうではないらしい。そのうえ付着量が微量なので、やりかえしがきかない。いろいろと考えて、慎重にまず予備実験をしたんです。同じような底の靴を選んで、染料をつけてみた。しかしどうも色調がちがう。そこで今度は、草の上を歩いてみた。葉緑素の緑が、薄くついてくるんです。その緑色を、クロロホルムだったか、アセトンだったか、それともエーテルか、とにかくこの三種のうちの一つの有機溶媒で拭き取って、それを精製したものを、発光分析器にかけたんです。葉緑素はご存じのように、その中心にキレート結合で、マグネシウムを抱いていますね。それを検出するためです。こういう予備実験をやったうえで、下山さんの靴の緑色の約三分の二を拭き取って、というのはこういうばあい、三分の一は念のため証拠として残しておく、というのが常識ですからね。その三分の二を予備実験と同じ方法で精製し、発光分析器にかけたんです。これも予備実験と同じく、キレイにマグネシウムの輝線が出ましたよ。緑色の染料のなかに、マグネシウムをもったものがありますか。ありゃしませんよ。もし東大で、残りの三分の一の付着物で検査をして、それで染料という結果が出たというなら、私はその検査方法とデータを見たいんです。そんなもの絶対にありゃしませんよ。これは断言してもいいくらいです。もちろん発光分析器の輝線フィルムは、データとして検査報告書につけましたから、鑑識課に保存されているはずです。できたら見せてもらって下さいよ」

田村氏は、下山氏の靴底の緑色付着物は、間違いなく葉緑素だったというのである。しかも自信満々なのだ。筆者はいささか拍子ぬけの格好となったが、それでも田村氏の経歴と、発光分析の際の立会者だけはやっと聞くことができた。その立会者は現在どこにいるのか知らないが、旧物理学校（現東京理科大学）出身者のK氏だったという。当時の身分はCID職員。なぜ発光分析の立会者がCID職員だったかというと、実はそこでその試験が行われたからだという。アメリカ軍が進駐してきて、警視庁の発光分析器を接収し、それをCIDが使っていたので、この器械をつかう必要のあるときは、警視庁鑑識課員は日比谷の美松ビルまで足を運び、そこでCID技官といっしょに試験をしていたらしいのである。

K氏は相模原市に住んでいた。質問の要点をしたためて話を聞かせてほしいという手紙を出したが、田村氏がいうならそれに間違いないとおもうが、当時の記憶がない、話合いをすればあるいはなにかおもいだすかもしれないとしても、それが必ずしも正確な記憶ということにはならないとおもうので、会うことは避けたい、という返事がきた。筆者もまたあやふやな記憶を一方的なものにしてしまうことは避けたいので、このK氏の話を聞くことはあきらめることにしたものである。

さてこうなると、東大の鑑定結果が、必ずしも正しいということではないのかもしれない。しかし一方、警視庁鑑識課の結論は、その検査をしたという当事者から直接に聞いたことだ。それだけに印象としては強烈である。その印象にひっぱられて、すぐさま東大鑑定を否定してしまうというのも、誤りのもととなるかもしれない。気持のどこかで、それは危険だ、という反省の声もする。そこであらためて、東大の鑑定にふれている著作や、文献などを読みかえしてみたのである。もちろん、『文芸春秋』誌上に、「秋谷鑑定」が発表されるはるか以前のことである。

そのなかではまず堂場氏の、『下山事件の謎を解く』が目をひいた。新聞記者として事件当時取材にあたり、その後東大関係者などにもあたってまとめられたというものである。靴底の状態にしても、直接秋谷氏から話を聞いたような書き方なのだ。その部分を引用させていただこう。「ゴム底は、肉眼ではっきり分る程度に、緑色になっていたという。これを検査してみると、明らかに『染料』だった。衣類から検出されたのと同じ染料だというのだ。これがどうして、草のシルなどと判断されたのか理解に苦しむ、と博士（秋谷氏、筆者註）は言うのだ。片方は自然現象の有機物であり、片方は化工された無機物である」。そのあと少しまをおいて、またつぎのようにつづく。「秋谷博士の説明によるとクロロフィールというものは、水に解けにくいもので、ゴム底についたような場合には、水分が蒸発してしまうと色素は落ちてしまうものだそうだ。それに、染料か、クロロフィールか、という区別も大してむずかしいことではないらしい」

たしかに前にも一、二度読んだことのある文章であった。が、そのときは少しも気づかなかったことでも、田村氏の話を聞いたあとであったためか、やはり気がかりな点が出た。水分が蒸発してしまうと、クロロフィルの色素は落ちてしまう、といったところなどである。筆者の少年時代は、まだ着物のころであった。夏は白い絣の筒袖をきて、トマト畑にこっそりしのびこんだりすると、トマトの葉の緑の汁が白い筒袖を染め、すぐ悪事露見となって困ったものであった。あの緑色は、洗ったりしてもなかなか落ちなかったものである。もちろん、その緑色はいつのまにかたしかに消えてはいた。しかし、そのいつのまが、洗ったものがかわいた直後であったのか、それともそれまでにだいぶまがあったものなのか、いくらおもいだそうと努力しても、よくわからないのである。

結局これは、実験をしてみるほかはない。そこでゴム底の運動靴をはいて、近くの草原をしばらく歩きまわってみた。だが、帰って靴底を見ると、あまり葉緑素などはついているようにみられず、やけに土や砂の粒子だけが目立っていた。それでも念のためと考えて、その靴底に水道で水を流しつづけ、土砂粒がきれいに洗い流されたあとで乾かしてみると、驚くほど鮮やかに、緑色が浮かんできたのである。乾くと「色素は落ちてしまう」、などというものではない。これは意外であった。さらに意外といえば、この靴底の緑色が、なかなか消えないことであった。最初玄関においたが、二、三日後に仕事部屋にうつして観察をつづけても、二ヵ月たっても三ヵ月たっても、緑色は残っているのである。その後何度もこの実験をやってみたが、結果はみな同じなのである。

こうなると、下山事件などという生臭い問題をはなれても興味がわき、いろいろと文献をあさり始めたものである。その結果わかったことは、このクロロフィルは考えられているほど不安定なものでもなく、直射光線を避け、共存するビタミンC（アスコルビン酸）の活性をおさえておけば、案外ながくその緑色を失わないものだということである。鉄の研究者である、元東大生研教授の金森九郎氏が考案した「原色押花」なども、この原理にかなっているのだろう。材料の、みずみずしい草花を急速に脱水し、乾燥状態をたもてるようにしておくと、その鮮やかな色彩はいつまでもあせないといわれる。文献や、こうした具体的な事例から、靴底のクロロフィルがながい間その緑色を維持しているのも、けっして不思議なことではない、ということがわかったことはおもしろいことだった。

こうしたことがわかってみると、白い絣の筒袖についた緑色が、いつのまにか消えたのは、太陽光線の影響によるものであったのだろう。ためしに白いハンカチにへちまの葉汁をぬって、真夏の暑い光線にさらしてみると、やはり二、三日で完全に褪色してしまった。これに反して、部屋のなかに下げておいたへちまの葉汁のついたハンカチは、ながい間その緑色を失わないでいるのである。

ここまでくると、クロロフィルは「水分が蒸発してしまうと色素は落ちてしまうものだ」、という秋谷氏の説明は、どうみても間違いであるとしか考えられない。そして、田村氏がいうように、秋谷教室で行われたという靴底検査の検査方法と、そのデータがしめされないかぎり、警視庁鑑識課の判定のほうが正しいもの、と考える以外にないのではないか、とおもわれるようになったのである。

そういうことであったので、「秋谷鑑定」を発表した『文芸春秋』が出ると、なにはともあれまっさきに、この靴底に関する部分を読んでみたものである。ところがその検査方法はおろか、緑色の付着物があった、といわれていたことにさえふれられていないのである。この驚くべき事実については、すでに最初の部分で詳しく述べた。

クロロフィルの抽出実験

しかし、『文芸春秋』と相前後して発刊された、矢田喜美雄氏の『謀殺下山事件』によると、下山氏の靴底にはやはり緑色の染料・マラカイトグリーンが付着していたことになる。とはいっても検査方法にはやはりふれられていないし、この部分を何度も読みなおしてみると、どうやら検査をしないで、「推定」だけをしているにすぎないことも明らかなようだった。では、どういう理由で緑色の付着物を染料と推定するのか。その理由が述べられているのだが、これがまたどうにも腑に落ちないものだったのである。

その理由というものを要約するとつぎのようになる。一般に草葉のなかのクロロフィルは、アセトンで葉の組織を破壊しないと摘出はむずかしい。したがって、現場の雑草を靴で踏みつけたため、クロロフィルが付着したとは「化学的に考えられないこと」で、「このような軽率な鑑定は常識ある化学者からは疑問をもたれ」るはず。それにクロロフィルは緑褐色をしているもので、それはクロロフィルといっしょにカロチン、キサントフィルが混じっているからだ。こういう次第で「警視庁鑑識課が見誤った靴底の青緑着色部は、実は塩基性染料『マラヒット・グリーン』であったわけだ」(傍点筆者)。

「であったわけだ」というだけで、東大で検査をしたとも、またその方法についても、まったくふれていない。それでありながら、それがもしクロロフィルというならば、「それならどういう方法でそこからクロロフィルの検出をしたかを聞きたい」、と警視庁鑑識課にだけ一方的な要求をしているところなどもおもしろい。

さてそれはさておき、「化学的に考えられない」などと、むずかしい議論をふっかけられると困るのだが、しかし筆者のやった実験では、たしかに運動靴のゴム底に緑色の色素がついていたのだ。この一文を読んだあとでも、また実験してみたが結果はやはり同じだった。

そこで福岡で塚元氏に会った際、このことも聞いてみた。矢田氏の述べている「理由」は、塚元氏から聞いたことだとも書いているからである。ところが塚元氏も、矢田氏と同じようなことをいう。「クロロフィルというのは、固い細胞膜のなかに入っているのでアセトンで抽出するんです。だから草の上を歩いたぐらいでは、靴底になどつきませんよ」。塚元氏のこの説明には、一瞬わが耳をうたがったが、すぐ「しかし先生、それは私の実験によると……」といいだそうとして、あわてて口を閉じたのであった。そのとき急に、もしやという疑念が浮かんだからである。たしかに、ゴム底の運動靴で草原の上を歩くと、緑色の色素が付着してくることは、間違いない事実である。だがしかし、それがクロロフィルである、という証明実験はやってはいない。そんなものは、クロロフィルではない、といわれればそれまでで、キメ手がないのだ。いささかうかつであったことに、気づいたのである。

福岡から帰ると、早速その実験準備にかかった。と同時に、東大で化学を学び、現在大学で教職にある三人の学者に直接会ったり、あるいは電話で問い合わせてみた。しかし、三人とも実験をしたことはないが、草原の上を歩いて緑色の色素がつくなら、まずクロロフィルと考えて間違いないだろう、という。そこでもう一人、東北大で医学を学び、現在ある大きな国立病院の院長をしている知人に聞くと、スポーツ好きのこの知人はテニスをやっているらしく、そのコートのまわりの芝生で、白い運動靴がよく緑色になるが、まずクロロフィルとおもってさしつかえないということだった。

そうしているうちに、薬品や器具がそろってきたので、いよいよ実験を始めることにした。「その実験を聞きたい」、などといわれるかもしれないので、面倒だが手続を略記しておこう。参考にしたのは、『理科実験大事典』の化学編。小・中学校の教師向けの本のようである。材料はホウレンソウとして、乳鉢ですりつぶし、九〇%アセトンで抽出、抽出液を吸引濾過して分液漏斗にうつす、そこに石油エーテルと水を加えて、静かに混合したのち静置する。しばらくすると分液漏斗内の溶液は分離し、上部は緑色に、下方は透明となるので、この透明な部分だけをコックをひねって流し出す。その残った緑色溶液に、今度は六五%のアセトンを加え振り混ぜ、しばらく静置のうえ下方の透明になった部分（ここがアセトン）を流し出す。さらに残った緑色溶液に、八〇%メタノールを加え激しく振りまぜ、静置のうえ下層の透明になったメタノール部分を流し出す。そこで残った溶液から、石油エーテルを蒸発させて、クロロフィルを取り出すことになる。

クロロフィルは緑色の粉末状で、フラスコの底についている。この粉末状のものも、また緑色の抽出液も、紫外線を照射してみると、『理科実験大事典』に書かれているように、濃い赤色の蛍光を発してキレイである。

靴底についた緑色色素も、アセトンをふくませた脱脂綿で拭き取って、同じ手つづきで抽出・精製するのだが、このほうは量も少なく、ゴム底からとけた物質などもふくまれていて、ホウレンソウから直接抽出したもののようにはなかなかキレイにはいかない。しかし、最後に紫外線照射器にかけて観察すると、薄いものであるが、たしかに赤色の蛍光を発している。

これだけでも、大体クロロフィルと判断して間違いないとおもわれたが、さらにこの二つの色素をペーパークロマトグラフィー(これは現在では小学生でもやる実験なので説明の必要もあるまい)で展開してみると、だいたい同じ形の展開像が得られたので、これでまず大丈夫ということになった。しかし、念には念をいれて、最後には東京都立アイソトープ総合研究所で、分光光度計にかけて、クロロフィル付着を確認してもらった。こうして実験をしてみると、たしかに染料とクロロフィルの区別はたいしてむずかしいことではない。現在では小・中学生がどんどんやっている実験でもある。

もっともこの便利で簡単な、それでいて非常に正確であるペーパークロマトグラフィーなどという実験方法は、当時は使われていなかったようである。しかしそういう状態であったにしても、秋谷教室が靴底の検査をしないまま、警視庁鑑識課の判定を攻撃しているのは公正ではあるまい。まして、先に引用した法務省資料にみられるような虚偽の結論が、文書や報告として検察庁などに提出されているものとすれば、言語道断というべきであろう。

色素の実体

緑の色素の疑惑

下山衣服に緑の色素が付着していたという話は、その実体がさだかでないわりに、あまりにも聞こえた話で、いろいろな風説となってつたえられてきた。その白眉は、やはりなんといっても松本清張氏の、アメリカ軍戦車塗装材料説であろう。松本氏はまずその著作『日本の黒い霧』で、この色素にふれつぎのように書いている。「占領当時、外国の兵器を見た人は、その色が濁った暗いグリーン色だったことを思い出すだろう。迷彩の色も思い出す」。これをうけて、「『下山事件』追跡の手を止めるな!」(『週刊朝日』昭和三九年七月一〇日)ではもう少し具体的になる。

「染料の色は、前に書いた通り、青味のかかった暗いグリーンが最も多く、茶、白、赤があった。この色彩は、戦車などの迷彩と一致する。修理工場だから、ここ（アメリカ軍使用の工場、筆者註）でも迷彩の作業をしたにちがいないが、その塗装はエア・ブラッシュによる吹きつけである。つまり、染料の粉末を定着油で溶かして調合し、圧搾空気で吹きつけるのだ。ヌカ油はこの定着油に使われる。ただし純粋なヌカ油だけでは、塗料の乾きがおそいので、少量の礦油をまぜるということである。下山氏の身体についていたヌカ油には、五％くらいの不純物質（礦油）がまじっていたといわれている」

この部分が、あの有名な「米軍謀略説」の、重要な根拠となるところなのだが、しかし実をいえばこの文章からみるかぎり、松本氏の科学的知識は、「シンナー遊び」をする中学生以下としかおもえないのである。今時の子供に、「染料の粉末を定着油で溶かして調合し、圧搾空気で吹きつけるのだ！」などといったら、「オジサン、シンナー忘れないでよ」なんて、軽くちゃかされて、相手にもされないだろう。

塗装といえば塗料である。その塗料は一般に、塗膜主要素である天然の乾性油脂や樹脂、あるいは石油系の合成乾性油、セルロース、またはゴムの誘導体などに、顔料を加えてつくられる。もちろん塗膜主要素となるものは、塗られたあと（もしくは吹きつけられたあと）乾燥し、硬化する性質をもつ必要がある。したがって、「純粋なヌカ油」を使用するということもなければ、「少量の礦油をまぜる」などということも、ほとんど考えられない。糠油というのは、どちらかというと不乾性油の類だし、礦油などになれば、それ以上に流動性を保持するはずだから、いくら敵をまどわすためとはいえ、アメリカ軍といえども、御免こうむりたいというだろう。

それでも、この松本清張氏調合の迷彩塗料を吹きつけよ、といわれたらどうするだろうか。シンナーでもまぜてそれから吹きつける、ということにでもなることだろう。シンナーは塗料の流動性を高め、吹きつけられてからは蒸発して塗膜を残す、という次第なのだが……。

一方、顔料のほうである。この顔料というのは染料とともに色素という分類に一括されるのだが、染料が主として繊維製品などの着色につかわれるものであるのとはちがい、顔料は塗料や印刷インクの着色材としての役目を担い、それ自身としては染着する能力のないものである。なお材質の面から顔料をみると、無機と有機のものに分けられ、無機顔料のほうは天然鉱物の粉末や各種金属の酸化物などで、一般に日光に強く耐久力も大きい。これに反して化学合成の有機顔料は、色彩の鮮やかさはすぐれていても、日光にたいしても弱く、耐久力も劣るといわれている。

この有機顔料という分類にはいるものに、レーキというものがある。とくに色彩の美しい塩基性染料などを、水酸化アルミニウム、塩化バリウム、リンタングステン酸、リンモリブデン酸などに結合させてつくられたものである。だから、下山氏の衣服に付着していたといわれる緑色の色素(これは塩基性染料とされている)は、いったんレーキとしたうえで、塗料の材料にもなりうることは事実である。だが、そのばあいにおいても日光に弱いという欠点はすこしもかわらず、これを戦車の迷彩塗料に使おうなどということは、おそらく松本清張氏以外、誰も考えないのではなかろうか。

では、「秋谷鑑定」では、この緑色やその他の色の染料の付着場所を、どのような所と想定しているのであろうか。染料がついていたとなると、まず誰でも考えるところは染色現場ということになるだろうが、そこには疑問があるという。というのは「付着量が極めて微量」であるので、そういう所よりは、「そうした工業事業場の事務室とか、別棟」などを考えたほうが、合理的であるということのようである。「又別の考え方」としては、「すぐ隣接した所に色素の倉庫とか染色場とかあって風に吹かれたり工員が出入する場所でも可能性はある」とも書いている。

さらに、その付着場所で、なにが行われたか――「秋谷鑑定」の想定はつづいているのである。それは「連行されてそう時間的にも長くはなかったと思われ」、まだ「手足の自由が与えられ、汗などをハンカチで拭」けたころ、暴行が加えられたというのである。それから「時間の経過で更に上衣を脱いで乱闘の形跡が残され、床の上に伸びてしまった、その時Yシャツはズボンからはみ出し、既にネクタイもなく気絶しているように思われるetc――そうした姿で衣類の各所に色素がついたと推定される」というのである。

どうやら、下手な推理作家顔負けのような推理であるが、果たして秋谷教室にもちこまれた下山衣服から、これだけのことが推定できるのかどうか、筆者には、はなはだ疑問におもえてならない。もっとも、暴行の根拠には、桑島鑑定の局部出血を引用して「乱闘の最後に下山氏の睾丸付近を強く蹴上げたことで倒れたという説明にはなりはしないか」(傍点筆者)としているが、いささか苦しげである。

鑑定者は、鑑定物件としてもちこまれた物自体からだけ判断をする、これが原則であろう。筆者がいちばん最初に塚元久雄氏をたずねたとき(昭和四三年四月二九日)、そのころはまだ塚元氏は九州大学の薬学部におられ、もちろん「秋谷鑑定」も世に出ていない時期であったが、塚元氏はこの鑑定者の心構えについてつぎのように述べていた。「裁判所や検察庁などでも、鑑定の際によく調書をつけるが、私はそれを見ないことにしている。事件の経過などが頭にはいっていると、実験のほうがダメになることがある。先入観があると、データの読みがどうしてもそれに引きずられ、事件に合うような格好になってしまう。これは、われわれがいちばん警戒しなければならないことだ。だから調書を見ないほうがいい。事件の経過なども知らないほうがいい。もちこまれた鑑定物件を、冷静に客観的に見て、検査をし、そのデータと結論を、そのまま正確に記載すれば、それで鑑定人の責任は終わりですよ。わからなければ、わからない、でいいんで、それをわかったようにいったり、書いたりするのは誤りのもとになる。わからないはずなのに、どうもわからないという人が少ない。なんでもわからなければならない、とおもわれているようだ。とにかく、鑑定人というのは、あくまでもちこまれた鑑定物件について判断をすればいいので、それからあとは、それぞれの専門家にまかせればいい。付着物ならば、その付着物がなにとなにであるかという検査をして、その結論を出すのが鑑定人の仕事で、それがどこでついたとか、どうしたとかいうことは刑事が調べる仕事。それが正しいかどうかを判断するのは、裁判官で、裁判官の仕事ですよ。そういうことを全部一人でやろうとすると、間違いがはいる。だから、それぞれの専門家が、仕事を分担して、お互いにチェックしあって誤りをなくして、正しい結論を得るようにしようということなんでしょう。鑑定というのは、その意味であるんですからね」

塚元氏が熱をこめて語られたこの話に、筆者は非常な感動をおぼえたものである。それから大分ながい年月をへだてて、塚元氏とは三度会ったが、最初のときの感激をうらぎられるようなことはなく、今では深い敬意を抱いている。

さて、この筆者が深い敬意を抱いている塚元氏が、この鑑定書を書いていたのなら、いったいどういうものになっていただろうか。これは、ときどき筆者の考えさせられるところである。『文芸春秋』で『秋谷鑑定』が発表されたあと、最初に塚元氏に会ったとき、「先生、これは先生が前にいわれていた鑑定書というものとは、大分ちがうようですが」と聞いたのには、そのことが頭にあったからであった。そこで、塚元氏は筆者の持参した「秋谷鑑定」のコピーに目を通し、質疑応答が重なっていくうちに、「まるで推理小説だね。僕は鑑定書とおもわんね」といいだした。そのことは、すでに「下山油」検討のところで述べたとおりである。

その際、塚元氏は、僕の書き方はこうだと、抽象的に述べられたのはつぎのようなものであった。「まず対象物件をはっきりさせておくことだね。つぎは、検査だが、これに使用する実験器具、薬品、それから実験方法を明らかにして、検査の成績、データを正確に明記する。そのうえで、検査結果にもとづく考察を加えておく。これが基本で、僕だけでなく一般的にも、大概はこういう形式だとおもう。ここでとくに問題なのは、実験方法をはっきりさせておくということですよ。これがなければなにをやったのだかわからんし、あとで検討する方法もない。あとで検討できなかったり、再現性のないものは科学ではないし、結論が正しいかどうか、判断の手がかりが与えられていなければ、科学的鑑定とはいえないからね」

この塚元氏の鑑定書にたいする基準からいえば、「秋谷鑑定」は、「油」の部分はともかく、これから検討を始める緑色の色素をはじめ、その他の付着物のところは、科学的鑑定ではないということになりそうである。というのは、そこでは検査方法も、そのデータも一切明記されずに、ただ検査の結果、塩基性染料のマラカイトグリーンであるとか、メチールヴァイオレットであったとか、ということになっているからである。これでは、検査が本当に正しかったのかどうか、検討しようにもその方法がないのである。

このように、再検討の手段を封じておきながら、一方では推理作家顔負けの状況推定を、あらゆる場面で試みているのだから、なんとも不思議でならないのである。勘繰ってみれば、データ不足か、なにか不都合のことがあってか、そのへんを隠蔽するための陽動作戦と、考えられないこともないのだ。そうなれば、やはりそのへんを探ってみなければならない、ということにもなろう。

塩基性染料の特質

そうすることは、あたかもクロスワード・パズルを解くようなものである。そこでまず第一の鍵として、「付着量が極めて微量」という言葉をとろう。これもどのくらい微量であったのか、その数量的表示はないが、「極めて」という形容詞がついているし、塚元氏の話では顕微鏡的で、変色の化学試験も、顕微鏡下で行ったということである。また、参考までにつけ加えると、矢田氏は『謀殺下山事件』で、「ケシ粒ほどのちっぽけなシミなのだ」と書いている。さらに、どれほど信憑性があるのかわからないが、『週刊読売』(昭和四〇年七月二五日)の「下山総裁はやはり殺されていた」という、桑島氏の話などを中心にまとめたものには、「この色素は、もちろん目に見えるようなものではなかったが、下山さんの上着やワイシャツに付着していた」(傍点筆者)とある。以上のようなことで、それは非常に微細なものであったようである。

また、ここで忘れてならない重要なことは、その微細なものが色素の粒子そのものではなくて、色素によって染められた布地部分、染色範囲であるということである。だからこそ、検査試験も顕微鏡下で行わざるをえなかったのだろう。

第二の鍵として、その色素が顔料ではなくて、塩基性染料であった、という検査結果をとろう。塩基性染料といえば大体が水溶性である。したがってよく水に溶けるようである。もちろん、そうはいっても実際に染色につかうばあいには、やや酸性にしたりして、さらに溶解度を高めているようである。

ところで、染色に関する書物でみると、この塩基性染料は羊毛、絹などには直接染着するが、植物性のセルローズ繊維にたいしては直接の染着性がない、とされている。そうすると、当時はたぶんYシャツなどは植物性繊維であったとおもわれるから、それにたいするこの染料のなじみが問題になる。そこで実験をしてみたが、染着濃度などを度外視して、単なる付着を論ずる分には、あまり差がないことがわかった。ただし実際の染色加工の際などには、それぞれの布地は適当な前処理がほどこされていて、それ相当に染着度の差が出てくるようである。

さて、その実験のなかで、ふつうの使用状態にある木綿布を使って、つぎのようなことを試みてみた。マラカイトグリーンの微小片、それはゴミのような感じのものだが、やっとピンセットの先でつまみあげられる程度の小さなものを布地の上において、水をかけてみる。もちろん、勢いよくかけるとそのマラカイトグリーンの微小片は水に浮いて、あっというまに流されて、なんの痕跡も残さない。しかし、それが流されてしまわない程度に、じわじわと水をかけると、まもなく染料の微小片は溶けだし、その緑はおもわぬほど広い範囲にひろがって繊維の間に浸みこみ、やがて染着してしまう。そのうえ、その布地から流れ出た緑色の水が、風呂場のタイルの目地まで染めて、何度洗ってもよくとれない。これは染料の魔性のようなもので、非常な小量で実に広い範囲に、いろいろなところにその痕跡を残すのである。

手のひらの上で、同じ実験をやっても、結果は木綿布のばあいと大差はない。また、皮膚の上にマラカイトグリーンの微小片をおき、ハンカチで拭いたり、指先で押しつぶしたりすると、このばあいは緑色が皮膚や繊維のなかに濃厚に食いこみ、石鹸で洗ったり、ブラシでこすったりしてもなかなか落ちにくくなる。

さらに、これらのばあいの油の影響を実験してみた。前記のように木綿布の上に染料片をおき、サラダ油を落して、染料片をつつみこむようにしてしまう。水をかけてもこれでは染料は溶け出さないのではないかと考えたが、その予想に反して、これも意外なほど緑色がひろがった。これには実際に、たいへん驚かされた。

ここまでに、まだ二つのキー・ワードしか使っていない。しかし、おもしろい事実に気づく。それは、虫めがねとか、顕微鏡で見なければならないような、微小な染着部というものは、染料のつき方としては非常に特殊なものである、ということである。直接そこに染料そのものの粒子が付着して、それが雨にうたれたならば、もっと広い範囲にひろがっていなければならない、と考えられるからである。

そこで、第三の鍵をみよう。色素のついたところ——染色工場などの事務室とか別棟を想定しているようだが——でなにが行われたか、ということである。そこでは、先にもふれたことだが、「暴行の形跡が残されている」という考え方、だそうである。乱闘の形跡もあって、最後には気絶して倒れ、そうした際に色素が衣類についたのだ、という推定なのである。

とすると、付着した色素は、押しつけられるとか、こすられるとか、さまざまな動きや力が加えられて、それなりの形跡をたくさん残していなければならない、ということになろう。そのうえ、雨にあっているのだから、やはり染色部分は広くひろがり、虫めがね的ということはありえない。ここでもまた、どうしても第一の鍵と、うまく嚙み合わないのである。

ハンカチの青色はなにか

もっとも、「油」のところでも検討したように、Yシャツの裏側に、「特殊な付着運動を行ったものと見られる」、V形が二つならんだ形の、「黒いよごれと完全に混じ」った緑色素がついていたということであるが、黒いよごれと完全にまじった緑色の色素をどういう検査で、マラカイトグリーンと判定したのかというと、はなはだ疑問におもわれるのである。これこそ本当に、いかにして弁別したのか、検査方法とともに明示してもらいたいものである。それに運動をともなった付き方が、このYシャツの裏側だけというのもうなずけない。暴行や、乱闘が行われた過程で付着したというなら、もっとそうした状態をしめす付着個所が、ほかにもあるはずではあるまいか。

もっとも、ハンカチのところの「異状付着物」の項には、「色素（青・緑・赤）がかなりの面積に染色をしている」という記載がある。そしてそれは、「下山氏が自ら汗でもふいて、そのおり顔についた埃の色素が当夜の雨によって、とけたか或いは多量の汗にとけたような場合のほかは考えられない」、ということなのである。しかし、こうなると、顔面をもこれら青・緑・赤の染料は広い範囲で染めて、解剖の際の人目をひかずにはいなかったろう。塩基性染料は、蛋白質の酸性基とかたい結合をつくるようで、皮膚にはよく付着してなかなかおちるものではないからである。だが、実際には、解剖の際にまったく気づかれていないようである。もちろん、顔面の皮膚には、若干の傷はみられたが、欠損部分もなくほぼ全体が残されていた、と解剖者の桑島氏は証言している。

ただし、遺留品のハンカチに青い染色部分があったことは事実のようである。警視庁鑑識課の記録にも、「資料(6)の下山氏の着用せりと称するシャツ様布片（肌衣、筆者註）と、資料(8)のハンカチーフに付着せる斑点は共に同質青色インキによる斑点であると認める」、という記載がある。この判定をしたのは理化学室の責任技官であった、平川三郎氏であるという。そこで、その平川氏の話であるが、化学的検査はしていないという。しかし、出身校の東京薬科大学（旧制の東京薬学専門学校、秋谷氏はここで大正一五年から昭和一七年まで教官をしていた）の二、三の研究者にもみてもらい、インクに間違いないという意見であったので、右のような記載になったということであった。いまでも色調から考えて、インクという判定で正しかったと考えているという。

だが、化学的検査をしていない以上、この判定の正否を検討する手段はない。ただ注目されるのは、肌衣にも同様の青色斑点をみつけ、それをインクとしていることである。「秋谷鑑定」はこの点にふれていないが、しかし上衣のところにはつぎのような記載を残している。「胸ポケット左裏地には青色のシミがある。これは同ポケットからセルロイドの万年筆の破片が現れていることから、下山氏のポケットの万年筆の破損による、インクの流出と推定する」。とすれば、このインクがYシャツを通して肌衣にまでしみこんでもおかしくはない。いや、そのほうが自然とさえおもわれるのである。

ところが、Yシャツの当該部分の青色となると、いささか微妙な表現となっているのである。そこの記述を引用してみよう。「青は胸左上に二点のほか各所にある。青インクとの結びつきもあるが、青い点を示すのは粉末色素の青がかった証拠であり、他の部分の青も一応これと同じ青色素と考えられる」（傍点筆者）。この部分は何度読みかえしてみても、「青インクとの結びつきもあるが、……粉末色素の青がかった証拠であり」という論理のつながりがよくわからない。だがそれはともかく、「他の部分の青も一応これと同じ青色素と考えられる」などという表現からみると、化学的検査はなにもしていないのでまったく証拠はないらしいが、それでもインクとは絶対に認めることはできない、という強力な願望のようなものが、心に痛いほどの感じでつたわってくるのである。

さて、こうなると、それが「異状」かどうかは別として、一応問題になるのはやはり最初のキー・ワードの「極めて微量の色素」だけ、ということになろう。それは衣服の上に微小な染色部分として、残されていたものである。しかも、第二のキー・ワードのところで検討したように、染料自体が直接付着して、それが雨にあたったり、あるいはこすれたりして染着した、と考えるには不自然であり、無理があるということである。とすると、これは二次的な染着、たとえば、他の繊維かなにかを染めていた色素が移った、というように考えたほうが合理的であるようである。

日常でもつく色素

こう考えてみると、同じく下山衣服に付着していたという「染色された繊維」に注目する必要があろう。あるいはまた、下山総裁が日ごろ使用していたというネクタイにも紺、赤、緑などの色彩があるし、Yシャツには赤で「下山の縫字」があったという記録もある。さらに鑑識課の記録では、上衣内側ポケットに、鉛筆の赤芯破片が、繊維屑などとともに存在したとされている。色をもった物質は、意外と多いのである。

だがここでは、「秋谷鑑定」の「染色された繊維」の項を紹介することにしよう。それらのものは、「秋谷鑑定」によれば、「各部分のゴミ中から採取されたもので、下山氏の服地の霜降りの純毛繊維を除いた木綿、麻、絹などの他、羊毛の赤い繊維などを認める。特に多いのは赤で、青、緑、黄などがこれにつづいている。繊維は絹が特に多いことも注目されてよい」

しかしながら、これらの物質は、「一般生活をしている人達に例を求めたコントロール実験では、意外にも洋服などの場合は多くのゴミ中に各種の染色繊維を保有することが認められ、必ずしも下山氏の服のゴミ中から採取されたことから、染色繊維が犯罪に関係ある証拠とは断言出来ない」、ということで、なんでもかんでも他殺の証拠にしてしまうことにたいして、ちょっぴり反省の気持がみえかくれしている。

そしてこの部分はすぐ、つぎのようにつづいている。

「下山氏の家庭では、夫人のほか女中を含む女性がおり、またこの服を着て外出中料亭その他に出入している関係で、婦人の布地に多い赤、緑、青などの繊維の片を下山氏が服につける場合もあり得ることで、参考までに記録することにした」

ところで、参考までにということになれば、下山衣服についていた色素というものは、料亭などで使われていた、化粧砂壁からきたものだという話がある。もちろんその材料の本物は、自然の蛇紋岩、大理石、花崗岩などを粉砕したものをもちいるが、しかし簡単に緑や赤の、鮮やかな色調のものを得るためには、着色砂もいっしょに使われるという。この話をしてくれたのは、下山氏の解剖の際、桑島氏の補助をした中野繁氏（当時東大法医学教室助手）である。中野氏によると、これは中野氏の想像などではなくて、当時秋谷教室で話されていたことである、というのだ。

この秋谷教室内での話が、どういう根拠にもとづくものかは知るよしもない。だが、これは非常に興味のある話であるといえよう。そういうものからの転色ということになるならば、直接染料が付着したものとしては説明がむずかしい微小な染色痕も、なるほど、と考えられそうである。そのうえ、糊状物質といっしょになった「緑色固体片」などというものも、化粧壁からの剝離物と考えると、うまく説明がつきそうでもある。化粧壁の色砂は非常に落ちやすいのだが、それを拾ってよく見ると、いちばんよく使われているのは緑系のものだが、そのなかに赤、白、茶、紫などと、さまざまな色彩のものが混じっている。そういうものが、洋服地のどこかに付着していた、としても不思議ではあるまい。

とはいっても、筆者は必ずしもそのように断定しようとするものではない。塚元氏もいっているように、塩基性染料というのは染色一般だけではなく、医療用にも、化学実験にも、顕微鏡観察の際の生体染色にも、非常に広い範囲で使用されるもので、きわめて微量なものからその付着場所を特定することは、実際上不可能だとおもわれるからである（『資料・下山事件』塚元久雄証言参照）。極端にいえば、秋谷教室でつく可能性も否定することはできないだろう。滴定検査の指示薬としても使われていたろうし、pH測定の濾紙にもしみこまされていたはずでもある。また、下山衣服は国家地方警察の犯罪科学研究所と、警視庁鑑識課の間を往復して、各種の検査が行われているようである。ここでもまた、塩基性染料のいくつかは使われていたにちがいない。

以上はまったく参考までの話である。これに「秋谷鑑定」の記録する「参考まで」の考察を加えると、下山衣服は、日常生活の際をふくめて、さらにその不幸な日常生活の終止後においても、各種の色素に接触する機会が意外に多かったことがわかる。また、「秋谷鑑定」には緑色のペンキ片というものが、「その他の付着物」のところでとりあげられているが、下山総裁とおもわれる人が休憩をしたという、末広旅館のその部屋の壁が、緑色の塗料でぬられていた。当時の写真で見ると、この壁がいくぶん崩れかけて補修のあとがうかがえるが、その壁の一部は現存していて、昔のおもかげをとどめている。現在は不動産業に転じた主人の長島勝三郎氏によれば、戦後同伴旅館を開業するにあたって二階の壁を緑色とし、階下の壁はピンクで化粧したものだったという。

こうみてくると、色素やその他の付着物といわれるものも、犯罪と結びつけるには決定的なものを欠く。なによりも、それらのものの付着した時期についての、厳密な科学的検査と判定が欠乏しているのである。そういう科学的証明なしに、推理と推察で、「犯行」現場に結びつけようとしていることが、とくにこの色素の部分で顕著であるといえよう。推理や推察では、科学的鑑定とはならないのである。ましてその推理や推察が、よそからつたえられる一つの傾向をもった情報にひきずられてのものであれば、それは誤った鑑定としかいいようがない。

予断の多い鑑定書

最後に、この「秋谷鑑定」の特徴的な傾向が、もっとも端的にあらわれているとおもわれる、「鑑定資料の綜合」なる結末の部分をみておこう。その書き出しはつぎのようなものである。

「さきに法医学教室が提出した『死後轢断』、秋谷博士の『死亡時刻の推定』などに加えて『血痕判定』は下山氏轢断事件が他殺的であることを強く印象させたが、本鑑定の主題『油』『色素』なども更にこれに他殺要素を追加し、今や全く自殺にしては起り得ない万般の条件を具備するに至った」

秋谷氏が、その鑑定書のなかでみずからを「秋谷博士」とよぶのは勝手だが、たぶんpH法だとおもわれるその博士の「死亡時刻の推定」がいかにおそまつなものであったかは、秋谷氏自身がご存じのはずではなかろうか。その詳細は法医学論のところで検討したのでここではふれないが、なぜそんなものまでまったく別のこの鑑定に援用しなければならないのか、理解に苦しむのである。しかしそれはともかく、秋谷教室でみずから行った実験として不問に付そう。だが、法医学教室が提出した「死後轢断」とか、「血痕判定」となると問題はまたべつである。

薬学科が、当時は医学部のなかに所属していたそうだが、そうはいっても各教室は、各々独立していて、秋谷教室と法医学教室ではまったく別の存在であったはずなのである。もちろん鑑定も別個に委嘱され、テーマも異なっていた。したがって、お互いにそれぞれの鑑定内容は知るはずもないことなのである。その知りえるはずもない鑑定結果を援用して、「下山氏轢断事件が他殺的であることを強く印象させた」などと、書けるあたりに、秋谷氏の鑑定にたいする良識の欠如をみるおもいがするのである。

あるいはここで、法医学教室の鑑定結果は新聞などで知りえたはずだ、という反論があるかもしれない。しかし、もしそうであるならば、そこがまさに問題で、新聞報道による知識で、「他殺的である」予断を形成して、その予断をもってすべてを他殺的にみたのでは、その結論の到達点は真実とはとおくかけ離れたものにならざるをえない。これが経験則であり、塚元氏も厳しくいましめとしていたところなのである。

もちろん、仮に法医学教室の鑑定書を関係者（法医学教室員、あるいは鑑定委嘱の検察官など）にみせられたとしても、事情は同じである。予断の形成につながることはもちろん、とくにこのばあいに、法医学教室の鑑定を、秋谷氏が無批判に正しいものとすることによって起る危険性は、新聞報道などによるものより、はるかに大きいともいえよう。そこには具体的記述があるだけに、その内容に合わせようとする心理の働きを阻止することは、ますますむずかしいものとなる。

そのことは、先に引用した書きだしの部分に引きつづき、「万般の条件」としてしめす、「十四の要素」のなかにも色濃く投影されているが、具体的に指示すればその（9）をあげることができるだろう。そこでは、「ヌカ油は顔にも手にもついていた疑い」とされているが、これは法医学教室の解剖所見の断片を、自説に好都合のように引用したものであることは、「下山油」検査過程の記述のなかで明白なことである。

また、順序は逆になるが、新聞報道などの影響の強くみられるところは、その（13）であろう。「上衣と靴は暴行現場から轢断現場まで下山氏の体とは別行動をしている疑いが強く、何人かによって靴はチョコレート色靴墨で一旦磨かれている疑い」（傍点筆者）とある。もっとも、この前提として、「十四の要素」の最初のほうで、つぎの二項目があげられている。「1、轢断時靴をはいていない疑い。2、轢断直前に上衣が着せられた疑い」。なるほどこの（1）、（2）は、ある程度鑑定物件自体から推定できないことではないかもしれない（その推定が誤っていることは、「下山油」についての分析過程ですでに明らかにした）。しかし、この二つの推定から、（13）に到達するにはいささか飛躍がある。物自体からは、この飛躍の根拠をつかむことは困難であろう。

では、その飛躍の理由はなにか——。それはおそらくは、新聞報道にあらわれた〝事件の経過〟などの影響によるものであろう、としか考えようがないのである。当時の新聞を見ればわかるように、轢断現場周辺に下山総裁らしき人物が姿をみせた、ということが大きな問題となっていた。この人物は、服装も下山氏そっくりで、とくに当時としてはあまり類例のない特徴をもつ靴までも酷似していたと、目撃者の多くが証言している。この人物を、自殺説の立場では下山総裁その人とみたし、他殺説をとる人たちはニセの総裁と考え、服装は下山氏のものを一部使用したものと推理した。

その服装の一部が、上衣であり、靴であるとすると、まさしくそれらのものは一時期、「下山氏の体とは別行動を」しなければならないことになる。もちろん、轢断現場ではいっしょにされなければならない。しかし、轢断列車到着までの時間的ゆとりがなくて、上衣はかろうじて着せられたが(2)、靴をはかせるまはなかった(1)、というように筋書としてはつながっているのである。

だが、仮にもしそうならば、あわただしいその轢断現場で黒い油に汚れた下山氏の体に、その痕跡を残さずいかにして上衣を着せることができたか、という問題が残る。上衣の内側ポケット部に、わずかの「下山油」を付着させたくらいで、それが可能でないことは、「油」のところですでに検討済みである。さらにまた、轢断時に靴をはいていたと考えても、決して不自然でないことも同様に検討した。

なお、この靴の問題について考慮にいれなければならないのは、関口氏の「解剖立会報告」である。その(9)のところに「右足甲部に長サ二糎の皮下出血三個を認む」という記述がみえる(『資料・下山事件』関口由三証言参照)。また、鑑識課員の解剖立会報告には、「左足頸は不規則的に切断、膝環節骨折、上部の筋肉粉砕。右足左足同様切断、甲部に長さ二糎の皮下出血三個あり、膝環節骨折」と記載されている。下山氏の解剖にさいしては、警視庁から捜査一課の関口氏と、鑑識課の沢田氏の二人が、立会として解剖室に入り、執刀者の桑島氏の称呼する所見を、それぞれ別々にノートし、別個の報告書として捜査本部と鑑識課に提出されたということである。その二つの報告書の、右足甲の部分の記述が「長さ二糎の皮下出血三個」という点で一致することは、その記述の信憑性を高いものとして考えてよかろう。

そこで、下山氏の靴のほうを見ると、右靴の甲の部分に破損があり、あたかも右足甲の「長さ二糎の皮下出血」と、照応しているようでもある。これを偶然の符号と考えるよりは、むしろ下山氏が靴をはいた状態で轢断され、その際同時にできた傷痕とするほうが、より自然ではなかろうか。そうすると、「轢断時靴をはいていない疑い」という判断は疑わしくなり、鑑定論旨についての評価はますます否定的にならざるを得ないことになる。

血痕の問題

血液型判定の誤謬

現場付近の血痕検出

現場上手——というのは下山総裁の轢断が開始された（と判断される）地点から上野より、荒川放水路の鉄橋に向かった方向で、下りの轢断貨物列車の進行方向とは逆な、上り方面ということになる。この方面の軌道上と、付近のロープ小屋に、五二ヵ所の血痕がある、という記事が見取り図入りで、七月二八日付朝日新聞の紙面に大きな色どりをそえている。

この朝日の記事のように、もしこの血痕が下山氏の血液ということになると、他殺死体として現場に運びこまれた疑いが濃くなり、当時激しくなっていた自・他殺論争に、大きな影響をあたえるものと考えられたようである。そこで、七月二五日夜半から翌二六日未明までの深夜に実施されたルミノール法による血痕検出には、東京地検から山内刑事部長、布施、金沢、佐久間の三検事に検察事務官、警視庁鑑識課は光藤係長、岩田警部など、東大薬学教室では秋谷教授と本橋研究生、法医学教室の桑島講師、野田、中野その他の助手など、総計二三名に及ぶ参加者で、ものものしい作業ぶりであったと前記朝日新聞はつたえている。

ところでこの段階で検察庁がまとめたという「中間推論」が、右朝日新聞の記事中にあるので見取り図とともに引用しておこう。

第一反応はれき断の現場から3メートル80の個所にあり，ついでマクラ木の上，主としてレール内側に続いた．反応24カ所で一たんは消えて上り線に移り，反応25から36まで50メートル続いたがルミノール液噴霧は150メートルまでさかのぼって突如シグナル灯近くで反応を現した．反応37から26メートルの間に17反応ここで血は完全に消えてしまった．(昭和24年7月28日付朝日新聞より)

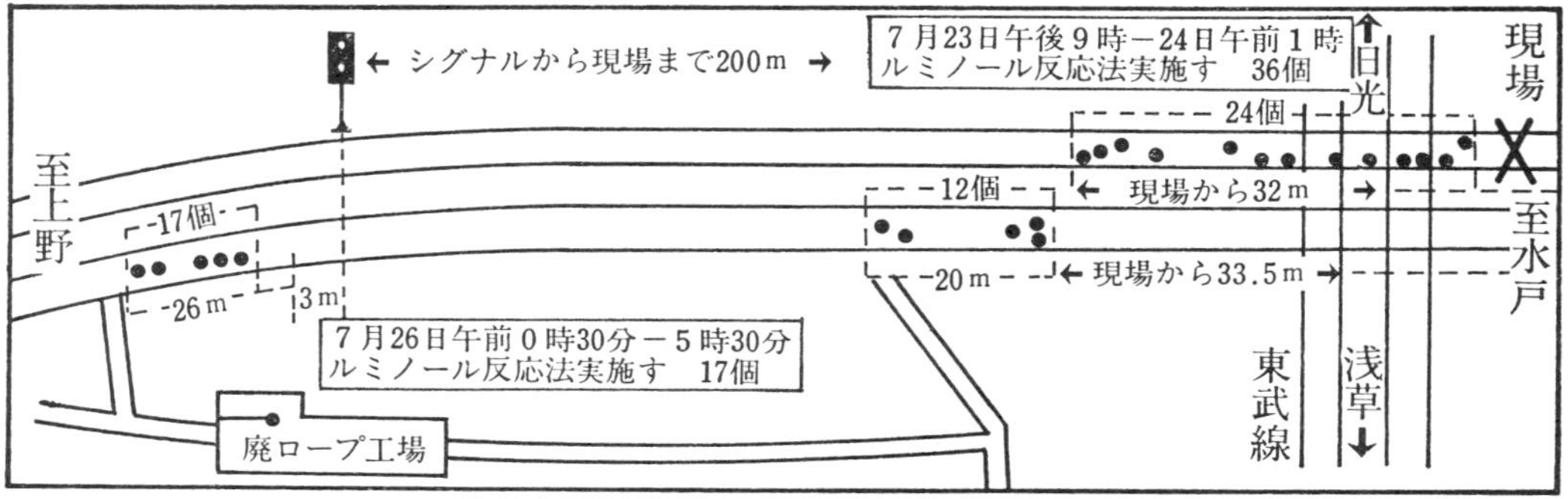

「①血液がA型であった場合、A型は日本人に四人に一人あるという多数型だが、この場所では自殺者も二年四ヵ月間はなく、事故者が現場に起こったこともないので（原文のま）、下山氏の血という可能性が濃い。

②血痕の散布状況と上下線にまたがる点からみて、二人以上の人間が右側に血液のしたたる体を抱えて歩いてきたものとも考えられ、五十メートル箇所で一たんとだえている。付近にはロープ小屋からの小道がついており、工場のトビラの血痕反応とシグナル灯近くの血を結ぶと血を出した物はシグナル灯近くからロープ小屋に移動し、小道から再びガード下近くの線路に出たというコースが想像される。

③ロープ工場内のトビラの血痕は高さ一メートル二十五のところに幅十五センチの指のあとらしい反応を示しており身長一メートル六十以上の男の手ではないかとも考えられる（傍点筆者）。

④血痕がレール上で中断されている点からみて、血痕の主は列車から急に地面に移ったとも推定し得る」

警視庁特別捜査本部内に高まっていた自殺説にたいして、他殺の主張を固執していた検察庁が、その主張に有力な根拠が得られたと、早くもこのような「推論」をたてて喜んだ気持が、わからないでもない。だが、この血痕には、喜んでばかりいられない事情も伏在していた。というのは、もしこの血痕が下山総裁のものであるということになると、他殺説のもっとも有力な根拠、というよりはこの時点では唯一の論拠である東大法医学教室の鑑定に、疑義がさしはさまれることになるからである。

詳細は、「法医学論争」で述べたが、下山総裁の轢断創など切創には、すべて生活反応としての出血がなく、出血は皮下、あるいは組織内出血として外陰部、手足の甲などにあっただけだが、その部分の表皮にもなんの損傷もなかった、というのが東大法医学教室の解剖所見なのである。したがって、その結論である睾丸蹴りあげによるショックによって殺され、他殺死体として轢断現場に運ばれたとしても、「血液のしたたる」ような傷は、下山氏の体のどこにもなかった、ということになる。もちろん、「血液のしたたる」ような傷というものは、運搬途中でできる小さなかすり傷のようなものではあるまい。相当深部の太い血管が切断されていなければならない、というのが医学上の常識なのである。解剖に際して見落されるようなものでは、絶対にないはずである。

したがってこの問題は、現場上手の血痕を下山総裁のものとすると、東大法医学教室の解剖所見がおかしくなり、解剖所見が正しいとすると、血痕のほうが否定されるという、いわば二律背反の関係にある。東大法医学教室にとっても、また検察庁にも、この「血痕」の存在は痛し痒しというところだったとおもわれる。

そこで、この矛盾を解決するために、あとで考え出されたのが、古畑氏の出血死説であったとも考えられよう。実際は、下山総裁は血を抜かれて殺されたのだ（したがって血を抜くための傷が大きく口をあいていたはず）、という内幕ものめいた例の話である。この説の非科学性と、いい加減さは「法医学論争」で詳述したところだが、この説でも矛盾は決して解決されていない。というのは古畑氏が出血死を主張する根拠は、轢断点より下手（下り列車の進行方向）に下山総裁の血液がほとんどなかった、ということなのである。したがって下山氏は血を抜かれていて、体内血液を大量に失っていたにちがいない、という理屈から、失血死なのである。

こうなると今度は、轢断されて大きな切創ができても（首と右腕がとび、左右両足もくるぶしの上で切断され、腰部は一八〇度ねじれていた）、ほとんど出血がないまで血液を失っていた死体が、どうして上手の線路上や、ロープ小屋など広範に、「したたる」血液を散布することができたのか、という問題が出てくる。その血液の出所を説明しようとすると、さらにまたどこかでゴマ化さなければならなくなる。結局、古畑説も問題の解決にはなっていないのである。

ついでに、朝日新聞掲示の見取り図についてふれておくと、この図面では現場から約五〇メートルのところと、シグナルより約三〇メートルの地点の二ヵ所の線路上から、ロープ工場のほうに下る道路があったようになっているが、これは正確ではない、というよりは事実に反するようである。土地の人たちや線路班関係の国鉄職員に聞いてもこういう道はなかったというし、当時の写真を見ると、この「二本の道」の該当場所は田圃のように写っている。当時「他殺説」の急先鋒であった人びとの熱い願望が、この「二本の道」の仮設にかけられていた、と考えるのは筆者のおもいすごしであろうか。

ここで参考までに、同じ血痕問題をつたえた読売新聞の一部を引用しておこう。「この血痕は荒川鉄橋最東端の常磐線下り線路上から始まり、東武線ガード下まで上下線の枕木上に点々と付着しており、同所付近は飛込み自殺の多い場所で、別個の事件の血痕もふくまれていると思われるが、もし鑑定の結果、この中から下山氏の血痕が発見された場合には下山氏の死亡場所に大変化を来たすこととなるので、鑑定結果は注目される（傍点筆者、朝日の記事を参照のこと）」。つづいて、東大法医学教室の桑島氏談である。「燐光反応による血痕検査の結果、下山氏の死体が散乱していた場所と、反対側にあたるガード下から北千住寄りに、多くの血痕が付着していた事は事実だ。しかし燐光実験によると二、三年前の古い血痕まで検出されるから、鉄橋―綾瀬間にここ数年飛びこみ自殺が何件あったか調査する必要がある。この血痕の中に下山氏のものと同一のものがあるか否かは、警視庁鑑識課が鑑定するが、これによって他・自殺が裏づけられるということはあるまい」（読売新聞、昭和二四年七月二八日）

朝日とおなじく、他殺説を強硬に主張していた読売新聞であったが、こと血痕問題については、いたってさめた感じなのはどういうわけか。また、桑島氏の談話も、いささか冷静にすぎるようである。もっとも、桑島氏がこの問題について冷静、いやむしろほとんど無視、という態度をとっているのは、その後も一貫してつづいている。みずからは、けっしてこの問題にふれようとしていない。

血液型は一致をみたか

これに反して、積極的なのが古畑氏である。いたるところでこの問題を説いている。その代表として、『今だから話そう』（昭和三五年七月中央公論社刊）の一部を引用させていただこう。

「私たち法医学教室のものは、ある期待に胸をときめかしながら血痕の正体を追求していった。まず、人間の血か否か、人間の血であれば、血液型は何型であるか――ということである。同じ血痕でも、あまり微量のものは、判断がむずかしい。もっとも、現在では分析方法が進歩して〇・一ミリグラムでわかるようになったが、その当時は二ミリグラム（アズキ粒大）の血液がなければ、血液型はわからなかったのだ。五十二個の枕木の血痕も、なかには、少量すぎて人血か否かの判断のつかないものがあり、人血とわかっても、血液型までわからないものもあった。しかし、その発見された血液型はいずれもAまたはAM、AMQ。

さて、下山さんの血液型はどうか。ところが、肝心の下山さんの血液がない。これにはわれわれも大いにあわてってしまったが、幸い毒物検査をするため臓器をとって入れておいたフタのところに、少しばかり血がこびりついていた。さっそく調べてみると、やはりA型。MN式ではM型。しかしQ式では、血量が少なかったのでQかqか判然としない。そこでさらに、遺伝関係から調査を進めてみた。下山さんの奥さんはq型だが、三人の子供はいずれもQ型。すると下山さんはどうしてもQ型に間違いない。こうして、線路上、小屋の扉の血痕と下山さんのそれとは全く一致していることがわかった」

大分長い引用になって申しわけないが、最後のところがちょっと気にかかる。「……の血痕と下山さんのそれとは全く一致」という「それ」は血液型のことだろう。「血痕」が実際の下山さんの血液でできていたということではあるまい。このへんを粗忽ものが読み違えて、「現場上手に下山さんの血があった」などという流言蜚語になったりするので、世界的な血液学者にもう少し慎重な筆の運びをしてほしかったとおもう。だが、それはともかく、いろいろと当時の事情を聞いてみると、古畑氏は血痕問題に直接タッチはしていなかったようで、主たる担当者は中野繁と野田金次郎（現信州大学教授）の二氏であったという。そこで筆者はこの二人の話を聞くべく、まず大分県で開業している中野氏をたずねた。

さて、この中野氏の話がおもしろかった。第一に、この血痕関係については「鑑定書」があるはずだという。これは中野氏自身が検察庁にもって行ったのだから、間違いないというのだ。これは筆者には初耳のことだった。この関係で「鑑定書」があるとは、誰からも聞かなかったし、いろいろな記録をみてもはっきりと、この「鑑定書」の所在にふれたものはない。もちろん、あれだけ大騒ぎをしたことだから「鑑定書」があってもおかしくはない。だが、その「鑑定書」があるのだということに誰もふれていないし、各種の記録のうえでも目につかないというところが、あらためて考えてみると不思議なような気もする。そこにまず興味をかきたてられた。

そこで第二に、その内容になる。中野氏は大分昔のことなので、あまりよく記憶にないがと慎重であったが、「血痕」の血液型判定は、そんなに詳しいところまではやらなかったとおもう、という。せいぜいA・B型くらいの判定程度だったのではないか、それに血痕も大分古いものじゃなかったかとおもう、というのだ。そこで、古畑氏の『今だから話そう』をみてもらうと、「うーん」と首をひねっていたが、「これは誤記じゃないでしょうか。ロープ小屋の血痕は、たしかに下山さんの血液型とはちがっていましたね。ここの血液型が下山さんのと同じならば、それはそれでおもしろいし、一つの鍵になるとおもって意気込んで調べたんだが、やはりちがっていたんですよ。もし、もっとはっきりさせたいなら、検察庁で私の出した『鑑定書』を見せてもらって下さい」というのである。しかし、中野氏にこういわれても、検察が簡単にその「鑑定書」をみせてくれる〝心配〟はない。それはあきらめて、もう少し中野氏の話をきこう。

つぎは、下山氏自身の血液型の判定関係。これは最後に、家族関係から決定した、という点では古畑氏と一致するのだが、その前の過程がおもしろい。古畑氏は、下山氏の血液型を調べようとしたら、「肝心の下山さんの血液がない。これにはわれわれも大いにあわててしまった」と書いているが、実際はその下山氏の血液は相当量が保存されてあったのだという。これは下山総裁解剖立会の捜査一課員関口氏が、「解剖立会報告書」のなかで、「体内の血液は八〇cc」(『資料・下山事件』関口由三証言参照)、と書いているのと照応する。ところでその大分あった血液で、血液型判定の検査をしたのだが、どうしてもMN型のところまでしかわからなかったという。それもやっとのことで、Q型になるとどうにもうまくいかない。結局、検査用の血清に問題があったのではなかろうか、というのが中野氏の結論なのである。血清をつくるのはMN型のものでも大変むずかしいが、Q型になるとさらに豚をつかうという大仕事になり、しかもできたものがQ型だけに働くかどうかも問題であるうえ、数時間しか効力がないという事情があって、けっして簡単なことではなかったようである。その苦労話も参考になった。

血痕発見のいきさつ

最後に血痕発見のいきさつである。もちろん、中野氏の記憶である。その中野氏の記憶に従えば、血痕発見の功労者は矢田氏であるという。糸口をつかんだのが彼だったというのである。「ひょっとしたら轢断点の上手のほうに、下山さんの血痕があるんじゃないか」と、調査の必要性をしきりに強調していたのだという。そこで調べてみたら血痕が出てきた。「矢田さんという人は、そういうヒラメキのある人でしたね」ということだった。

「血痕」発見の糸口を最初につかんだ功労者が矢田氏であった、というのは中野氏だけでなく、つぎにたずねた野田氏の意見も同じであった。やはり矢田氏が、「現場周辺に血痕のようなものがあるような気がするんだ。そこを調べてみたい」といって、野田氏のところに知恵をかりにきたという。矢田氏の想像力の豊さには、野田氏も感心させられていたようだった。

しかし、それと、「血痕」自体のもつ価値についての判断は別で、筆者のうけた印象では、いささか懐疑的のようにおもわれた。問題のロープ小屋の「血痕」血液型にしても、「A型というところまでは一致したのだが、そのあとは血液が足らなくて調べられなかった、というようなことではなかったかとおもう」ということで、下山氏のものとまったく一致したという記憶ではないという。ただ、血痕検査の中心は中野氏だったから、中野氏の話のほうが確かだ、というのである。

「血痕」検査を、実際に担当したという二人の話を要約してしまうと以上のようになるが、この二人ともに、古畑氏が書き、しゃべる熱っぽさにくらべると、桑島氏などと同じく、いささかさめた感じであったのが、意外であった。意外であったといえばもう一つ、「血痕」発見のいきさつである。古畑氏の下山事件研究会への証言によれば、それは「桑島さんに向こうの(アメリカ軍の、筆者註)憲兵、が常磐線と東武線の交差点に血がついているのを知ってるかと聞いた。桑島さんは知らんといった。そうか、あすこんところに血がついているから見てこい」と憲兵が桑島さんにいった、というのがその端緒であったということだった。ところが、中野氏と野田氏がそろって、「血痕」発見の糸口は、矢田氏の豊かな想像力とヒラメキによってつかめたと、その功績をたたえている。私は興味にかられて矢田氏の書かれたものを最初のほうから読みだした。

まず「下山総裁の血の謎」(『中央公論』昭和二六年一月号)。いささか小説仕立のようなところがあるが、タイトルの下に「迷宮入の事件の『血』の真実を只管追求せるこの手記に聴け!」とうたっているから、事実にもとづいたドキュメントものと考えていいだろう。したがって文中の「ブン助」は、矢田氏自身ということになる。

そのブン助氏は、東大法医学教室で三〇冊に及ぶ文献を読む。そのなかには科学的な犯罪捜査の方法を説くものなどもあって、それは「現場に残された証拠をあくなく追求することから始めねばならぬとされている」。そこでブン助氏は考える。「これらのはなしは警視庁の手ですべてはたして採用されているものであろうか? 急に興味を感じたブン助は、一週間のにわか勉強の頭脳をひっさげて七月十七日には五反野の現場をはじめて踏んだのであった」(傍点筆者)。こうして轢断点に立つと、その上手三メートルくらいのところの枕木が五、六ヵ所ほど削りとられているのを発見する。ところが「削り口の部分には、そのまわりにまだ黒褐色になったニカワ状のシミと認められるものが残されていた。それは血ではあるまいかと考えた彼は、その場でナイフをとり出し一部を削りとってザラ紙の原稿紙につつんだ」(傍点筆者)。これが「血痕問題」の発端ということになる。

事件後一年ちょっとたったばかりの、比較的記憶も生なましい時期に書かれたこの文章を読むと、中野、野田両氏の話を裏づけているようでもある。また、ニカワ状のシミを血ではあるまいかと、すぐさまヒラメクあたりにも、両氏のほめたたえていた矢田氏の豊かな天分をおもわせてくれるものがある。

ところが、「下山事件・記者日記」(『週刊朝日』昭和三三年五月一四日)となると話はかわる。その「日記」の七月一九日のところである。「轢断現場の上手、荒川放水路よりのレールの上手に下山さんの血らしいものがある——という重大な情報が入った。……そんな所に血痕があるとなれば自殺説は一ぺんに吹き飛んでしまう。日比谷のCIDビルの四階にある犯罪鑑識課にいるF軍曹が同室に出入している日本人医師のK博士(桑島氏と思われる、筆者註)に語った話だが、さる筋からの命令で日本側の警視庁鑑識課がこの血痕採取に当っているが、すでにA型血液の判定が下ったというのである。……僕は、上手の血というのは、どんな状態になっているのか知りたいと思ったので、その日(すなわち一九日、筆者註)の午後、五反野に出かけ」、そこでノミで削られた枕木を発見する。一九日の「日記」はここで切れている。

つづいて七月二一日。「にわか法医の特別研究生となった僕は午後には、血痕反応の試験液『ベンチジン』と白い濾紙、水などを入れたボストンバッグをぶら下げて五反野の轢断点レールに立った。……いよいよ上手にある血のついた枕木探しだが、先に削り取った枕木の部分を見ると何となく褐色を帯びた光るシミのようなものがあった。試みにベンチジン試験をやると、予期しなかった鮮やかな青緑色が出た」(傍点筆者)

これでは「血の謎」とは逆になってしまいそうである。この変化の理由には興味がひかれる。もちろん矢田氏には、それなりに立派な理由があるのだろうが、強いてここで推理をはたらかせれば、この「記者日記」の前書にある、つぎのような一節がヒントになるのかもしれない。「新聞記者が知っていることをなぜもっと早く書かなかったのか——こんな質問が出てくると思うが、手っとり早くいってしまうと、この日記の内容は、社会の安寧秩序というものを保つうえで、当時……少なくとも五年間くらいは公表をはばかる種類のことが書かれていたからである」（傍点筆者）。もはやその「安寧秩序」をおもんぱかることもなくなったので、今こそここに「真実」を公開する、ということなのかもしれない。

　現場上手の血痕は、いつ、どういういきさつで発見されたのか、ということは矢田氏の所説をはなれても興味がある。当時鑑識課長だった塚本恭久氏によると、「あの辺はたびたび鑑識課員が出動していたところなので、その際たまたま発見したのではなかったかとおもう」ということなのである。しかし、筆者の手もとにある検証の朝の報道写真を見ると、血痕が発見されたといわれる東武線のガード下あたりの線路を、塚本鑑識課長、堀崎捜査一課長、金原一課二係長、鈴木（清）一課主任の四人が熱心にのぞきこんでいるのが一葉ある。この写真について説明をもとめると、ガード下はもちろん、大分広範囲に細かく点検して血痕の有無を確かめ、その血痕がガードから約三メートルほど綾瀬駅によった、下り線上から付着し始めているのを確認して、そこで轢断開始点を決定したのだが、その際とられたものだろうということであった。すると、この際の点検で血痕が見落されていたのだろうか？——もちろん塚本氏は否定する。「あの朝の血痕はまだ新鮮だったんですから、よく目につくはずです。だから見落すということはないですよ。あとで問題になった血痕というのは古いもんだったとおもうんです」。前出の鈴木主任もほぼ同じ意見であった。また写真にはうつっていなかったが、この朝の検証に加わっていた鑑識課の光藤直人係長にも話を聞いたが、塚本氏とほとんど同じようなことで、とくに「血痕」発見のいきさつについては記憶がはっきりしないようであった。もっと、光藤氏のところでは一葉の古ぼけた写真を見せられた。塚本課長、光藤氏、下田鑑識課主任などが、血痕発見個所の枕木を削りとっているものである。裏には昭和二四年七月一九日と記入されていた。新聞社がとったものであるという。

　さて、そうしているうちに、鑑識課の「下山事件臨場表」なるものが手に入った。その一九日（七月）のところに、「東武線ガード下常磐線上に血痕らしきものを発見したとの情報に基き再検証」と記入されている。時刻は「自午後五時〇〇分至午後七時〇〇分」とあり、出動者は塚本課長、光藤係長など九名の氏名がならんでいる。一九日という日付は、光藤氏所蔵の写真のそれとも一致していて、この「臨場表」からみても鑑識課員が問題の「血痕」を目に入れたのは、この日がはじめてであることに間違いはないようである。

だが、「情報に基き」の、その情報源はいぜん謎であった。そこでこんどは轢断現場周辺の捜査を担当した、当時の捜査一課主任関口由三氏をたずねた。しかし関口氏もまたどういういきさつであの「血痕」が発見されたのか、それから情報というものがどこからのどういうものだったのか、まったくおぼえがないという。正確にいえば、そういう情報があったということ自体を知らない、ということなのである。そこであきらめて帰りかけると、関口氏がせっかく来たのだからとにかく自分の記録を見てみようと、探し始めてくれた。

その記録の一八日（七月）のページに、「進駐軍公安官案内」の八文字が発見されたのである。しかしこの八文字を見ても、関口氏の記憶ははっきりしないという。アメリカ軍関係者は、捜査本部のほうにはときおり顔を見せていたが、現場にきたという記憶はないので、この記載がどういう意味のことであったのか、よくわからないのだというのである。だが、そのページは関口氏の部下二十数名のその日の配置が書きこまれ、その最後のほうに、関口氏自身の当日の行動予定として、「藤田伸子調べ」とあり、問題の八文字は、その真下に二行にわかれて書きこまれている。すると、それもまた行動予定のようにとれる。そしてそのつぎのページからは、二ページにわたって藤田伸子さん(当時一五歳、中学二年生)からの目撃証言の聞き書きが、詳しく書きこまれている。したがって、関口氏が藤田さんを調べに出かけたあとに進駐軍関係者がきて、他のものの案内でか、あるいは案内なしで現場をまわったとすると、関口氏の記憶に残らなかったということもありえよう。

こう考えると、たとい記録と関口氏の記憶が一致しなくとも、米軍関係者がこの日現場にきたということはありうることだとおもわれる。そうするとこの米軍関係者が、「血痕」(正確には『血痕』らしきものというべきだろう）をみつけて、それが鑑識課に情報となってつたえられた、という可能性はあるだろう。この可能性という前提で、もう一つ米軍関係者の、米軍内における所属を考えてみると、G2のPSD〈註—1〉のようにおもわれるのである。というのは、当時の刑事部長(特別捜査本部長)坂本智元氏も、捜査本部とPSDの間に連絡があったといっているし、このPSDが、捜査本部のなかにたかまっていた「自殺説」に、不快の色をしめしていたセクションであった、といわれていたからである。したがって、現場捜査への不満をもった視察、ということは十分考えられるし、もちろんPSDならば米軍憲兵隊やCIDと、緊密な連絡があったはずである。ことはCIDの嘱託〈註-2〉であった桑島氏の耳にも入ったろうし、一方、CIDに常駐員をおいて一部の検査器械を共同で使用したり、技術の指導をうけていた、という警視庁鑑識課にも、情報としてつたえられてもおかしくはない。いずれにせよ七月一八日に、「進駐軍公安官」が轢断現場周辺を視察したらしい点と、翌一九日に鑑識課が「情報に基き再検証」した事実の間には、なんらかの関係があったとおもわれるのである。

さてこうして、鑑識課への情報は、アメリカ軍関係よりつたえられた可能性がある、という推測はかなり良い線をいっているとおもうのだが、しかし考えてみると、そのアメリカ軍関係も、ひょっとしたら「ある情報」にもとづいて行動を起したのかもしれない、という疑いはある。いや、一部には、アメリカ軍に情報を流したのは、背の高い日本人だったという噂もあるのだ。もちろん真偽は不明だが、けっして考えられないことではないようである。

Q型検出は疑問

ところで、ここでまだもう一つの問題が残されている。「情報に基き」、鑑識課が再検証で採取した枕木上の血痕は、どうなったかということである。この検査は、鑑識課の法医担当技官であった北豊、平嶋侃一の両医師によって行われ、前記「臨場表」によると、A型が検出されたとされている。そこでそのときの模様を聞くべく、まず平嶋氏をたずねた。

だが、事件から約二〇年を経過したということなどもあって、平嶋氏の記憶は細かい点ではっきりしなかった。平嶋氏の実父が法医学者の浅田一氏(東大法医学教室三田門下の一人、当時科学捜査研究所顧問、事件直後医学雑誌『ルックエンドヒャー』に他殺説の論文を発表している)であったので、その浅田氏の指導をうけていろいろと慎重な検査をしたのだが、下山氏の血液に結びつくという結論は得られなかった、というのが現在の記憶である、ということでそれ以上には出なかった。ただ、現在は検査の方法が非常に進歩しているので、今調べたらいずれかはっきりできたかもしれないが、いずれにせよ血痕そのものは大分古いもののようにおもわれた、ということであった。

つぎは北豊氏である。北氏を最初に訪問したのは、平嶋氏よりも前であったが、そのときは病気療養中で会えず、二度目にたずねたのはそれから数年後のことであった。おぼろげな記憶をたどりながら、いろいろと当時の鑑識関係の動きを話してくれたが、しかし血痕問題となると、やはりはっきりしないことが多かった。だいいち、あの血痕は量が非常に少なくて、人血であるか否かという検査がやっとのことで、血液型の判定までにはいたらなかったのではないか、という。しかし、記録によると、「血液型はA型と認める」となっていますよ、というと、ちょっと考えこむようにして、「記録がそうなっているなら、そうだったのかもしれませんね」ということだった。

鑑識というものは、ある意味で捜査にたいして中立であり、検査の結果さえ報告すればそれで任務は終わりである。自・他殺を論ずる立場にはない。しかし、当時設立されたばかりの科学捜査研究所の研究員と、警視庁鑑識課法医理科学班の責任者を兼任していたという北氏が、この点についてどんな意見をもっていたのかは、興味のあることであった。しかも、轢断点より上手の血痕がA型をしめしたとすれば、A型という点で下山氏の血液型と同じなのである。だが、それらの血痕について、北氏はあまり重要視はしていなかったようである。そういうことであったため、問題の血痕から下山氏の血液型と同じA型が検出されたということ自体について、その記憶もさだかでなかったらしいのである。

では北氏が、自殺という考え方ででもあって、現場上手の血痕を重視しなかった、ということなのだろうか。しかし、自殺、他殺ということになると、北氏はむしろ他殺と考えていたという。確たる証拠はなかったが、検証の際の現場の状態と、下山氏の死体を観察した印象からの結論であるとのことだ。考え方としては、現場に血が少なかったから出血死である、という古畑氏の説に近い（北氏は古畑氏を尊敬し、私淑していたという）。

もっとも、他殺という意見は北氏だけでなく、鑑識課は全員ほとんど他殺という意見で固まっていたのだと、北氏はいう（同じく技官であった村上新二氏によると、八対二で他殺論が多数をしめていたということだ）。もちろんそれだからといって、検査は検査で厳正で、手心が加えられるようなことは絶対になかった、と北氏は強調した。その一例ということだろう、つぎのような話もしてくれた。

捜査二課と鑑識課は他殺という考え方だったが、これにたいして一課が自殺説をとったのは、末広旅館の問題が大きな影響をした。そこで下山総裁らしい人物が休憩したといわれたのだが、その部屋から出た毛髪を、当時鑑識から科学捜査研究所に移ったばかりの西山誠二郎氏が、比較顕微鏡で検査をして、下山氏のものに類似しているという結論〈註—3〉を下した。これで一課が、末広旅館で休憩したのは下山総裁自身に間違いないと、自信を深めたのだという。

本題にもどろう。先に、轢断点上手の血痕についての「鑑定書」にふれた記録は見当らなかったと書いたが、その後、矢田氏が『謀殺下山事件』でその「鑑定報告書」なるものの存在を明確に指摘し、血痕検査一覧表なるものまで明らかにした。

そこでその血痕検査一覧表なるものを見ると、下り線で一ヵ所、上り線で二ヵ所、ロープ小屋の扉から一ヵ所の、計四ヵ所で採取した血痕からAMQ型の反応が得られたとされている。非常に微量であったらしい血痕の検査から、これだけの結果を得て、「八〇％以上」の「可能性」で下山総裁の血液（AMQ型）と結びつけている。

だが、実際にこの血痕検査を担当した中野氏は、先にも述べたように、解剖の際下山氏の遺体から採取した「相当量あった」保存血液（解剖立会者の一人、関口氏のメモでは八〇cc）でも、Q型の判定はできなかったという。それが、それよりはるかに微量な血痕から、Q型を検出したとなると、やはり気にかかるところなのである。そこで最近の血液関係の文献を調べてみると、量の多少にかかわらず、生の血液ではない「血痕」などから確実に血液型を判定できるのはAB式まで、となっているようである。血球固有のA・B型抗原物質は強固なのだが、MN型やQ型になるとそれらの抗原物質は変化したり、こわれやすく、古い血液だと、たとえばMN型の検査でも、同じ血液がM型の反応をしめしたりN型になったりで、判定不能になるばあいが多いらしいのである。そこで、「血痕のM抗原の有無の判定は仲々困難で、余程はっきりした実験成績が得られない限り、判定を保留した方がよいだろう。その他の血液型（A・B型を除く、筆者註）については、検査成績の再現性に難点があり、証拠として取上げるのは現在の所無理であろう」ということになる。

この「現在の所」という現在は、昭和四二年である。右の引用は、この年の一〇月五日発行の『臨床病理』特集第一四号、「血液型検査の技術と応用」のなかの、三木敏行氏の論文からである。三木氏は古畑教室の出身（下山事件当時は助手）、東京医科歯科大学をへて現在東大法医学教室の教授、古畑氏の後継者といえよう。

さて、こうしてみると、「大分あった」保存血液で、MN型の判定がやっとだった、という中野氏の話がよくわかる。中野氏は「血清に問題があったのではなかろうか」ということだったが、たとえ血清に問題がなくとも、血球の抗原物質が右のような次第で、AB型以外はたよりないものということであらば、MN型の検査が困難であったことも、Q型反応が検出されなかったのも、いわば当然のことなのである。血清に問題がなく、たしかな抗体をもっていたとしても、検査すべき血液のほうの抗原物質が変化してしまっていたのでは、反応はまったくデタラメなものになってしまうはずだからである。

こういうことになると、轢断点より上手の血痕検査で、科学的検討に値するのはAB型の判定まで、ということになる。その検査でたといA型という結果が出たとしても、日本人は三人に一人以上の割合でA型の血液ということであるから、とても「八〇％以上」の可能性で、下山総裁の血液と結びつけるなどということはできない。可能性としては、日本人の約三分の一の、A型の血液をもつ人が全部結びつくということになる。したがって、ロープ小屋で作業中けがをして、そのとき出た血が扉についたといわれる角田善作氏も、A型の血液である以上、この血痕との結びつきを否定するわけにはいくまい。

だが矢田氏は、この角田氏の関係についてつぎのように書いている。「東京地検はこれを重視して角田某本人の血をとって東大法医で調べさせると『ANQ』と出た。この検査は同法医の松井助手が担当したものだが、Aまではよかったがあとはまったくの失敗で、逆にトビラの血が総裁の血である可能性を立証することになってしまったのである」。

この角田氏の血液型は警視庁鑑識課でも調べたようで、臨場表ではつぎのような記載となっている。「(1) ABO式は四倍稀釈の抗A抗B血清を用いて検査したところA型であった。(2)MN式も検査結果N型であった。(3)Q式に於てはq型を示した。故にこの血液型はAMq型と認められる」（傍点筆者）。この記載ではM型なのか、N型なのかわからないのだが、Aとqが出ているようである。もちろん、この検査は採取血液による血液型判定だから、Q型までの反応をみたことに一応問題はない。

ところで、最初のほうで血液検査を担当したという中野氏の話を紹介したが、中野氏はロープ小屋血液型は下山氏のものとはちがっていたということだった。野田氏の記憶も、「A型というところまでは一致したのだが、そのあとは血液が足らなくて調べられなかったというようなことではなかったか」ということで、下山氏の血液型と一致したという記憶ではないようであった。

一時期、実は矢田氏もロープ小屋の血痕の血液型は、下山氏のそれと完全には一致しなかったといっていた。そこで下山事件研究会で資料集をまとめるとき、矢田氏の証言を整理して確認をとった際、一応矢田氏がそれまで書いてきたところに従い、「AMQはシグナル付近とロープ小屋から出ています」として、証言の確定を求めたものである。これにたいして矢田氏はつぎのように訂正してきた。「AMQ型はシグナル付近の上り線から二ヵ所、AMはロープ小屋の扉からそれぞれ出ています」。したがって『資料・下山事件』はこの矢田氏の文章のようになっている。念のため、矢田氏の筆跡の残るその訂正部分を、写真でしめしておこう。(次ページ)

死体運搬の誤り

もちろん、AM型まで検出されれば、下山氏の血液と結びつく可能性はある。それをまったく否定することはできない。だから、その可能性を考えに入れて、いくつかの仮説をたててみることも、あながち無用とばかりいえないかもしれない。そこで、矢田氏の『謀殺下山事件』によれば、検察庁はつぎのような想定をしたという。

「ひとつの考えかたとして、死体を荒川土手のほうから畑道を通ってまずロープ小屋まで運びこむ。総裁の死体はすでになんらかの理由によって傷をうけていて、運搬者が不注意にもそれを知らず血をロープ小屋内部の扉や柱になすりつけてしまう。休憩した後、こんどは死体を最短距離のシグナルのみえる土手の上に運びあげる。そして、いったん死体をシグナル近くの第四血痕群のところに置く。あとは下り線を零時一九分に通過する田端発八六九列車に轢かせるだけだが、シグナルのある位置は五反野の土手のうちでもいちばん高く、どうも人目につきやすいことがわかる。これはまずいと急いで予定を変更、死体を抱えてこんどはいったん登った土

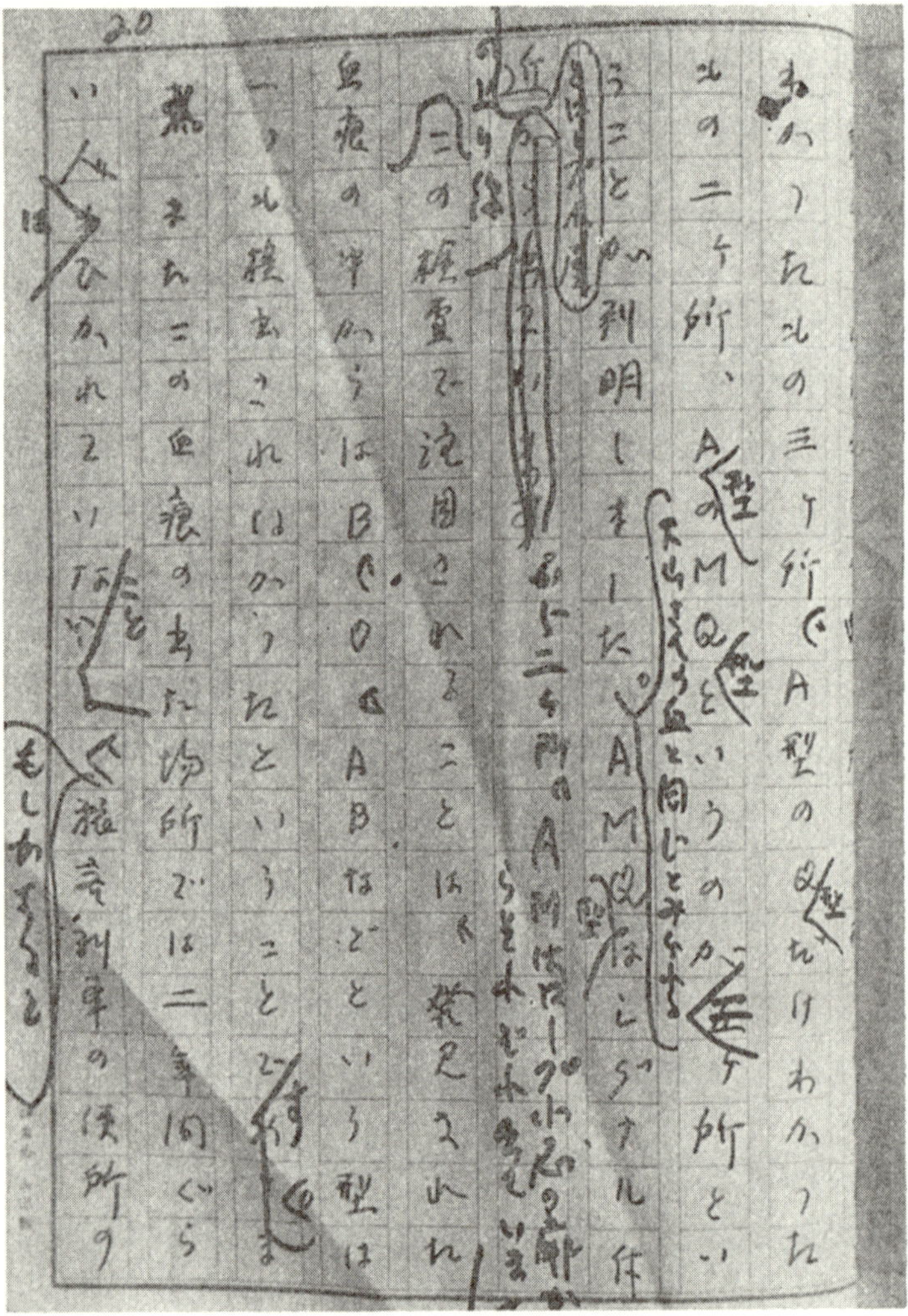

矢田氏もロープ小屋の扉の血液を AMQ 型とは考えていなかったようである.

手をロープ小屋のほうに降りる。あとは小屋にそった桑畑のなかの道を常磐線土手ぞいにガードのほうに進む。再びこんどは土手に登り、そこで死体の持ちかえなどをして第三血痕群をつくる。ついで上り線をガードに近づくとき、下り線にコースを変えたためここで第二血痕群を残す。あとは下り線路のなかをガード下に進むうち、例のCILが削りとった第一血痕群をつくり轢断点に近づく、という順序が考えられた」。

CIL(CIDの鑑識部門)が削りとった、というのはおそらく矢田氏の勝手な推測だろうが、事実ではないだろう。七月一九日に、警視庁鑑識課が血痕らしきものの付着した枕木を、轢断点のすぐ上手で削りとった以外、そのようなことはなかったようである。が、それはともかく、右のような想定を矢田氏ならともかく、本当に検察官が考えたものならば、死体をかかえてうろうろするあたりは滑稽でさえある。

重要な点は、法医学論争でも詳述したが、桑島氏の下山総裁解剖所見によれば、このように広い範囲に血痕を散布し、さらに「運搬者が不注意にもそれを知らずロープ小屋内部の扉や柱になすりつけ」ると、そのあとが歴然と残るほどの出血をきたすべき傷口は、死体のどこにも見当らなかったということなのだ。だからこそ、桑島氏はこの血痕問題に消極的で、みずからは語ろうとしていないのである。

もし、それにもかかわらず、検察官が、先の想定をまじめに考えようとするならば、なにをおいてもこの桑島鑑定の再検討をしなければならない。しかるべきところに、再鑑定を命ずる必要もあったはずである。「総裁の死体はすでになんらかの理由によって傷をうけていて」などといいかげんなことで、漫然と日をおくっているような捜査官がどこにいるだろうか。

矢田氏はまた書いている。

「容疑貨客車(死体を血痕所在地点まで運んだという、筆者註)の一二〇一列車は、現場通過が二十三時十八分と、轢断列車の一時間前に現場を通っている関係で強い容疑をもたれた。地検では上野管理部から事情をきいたが、この列車は占領軍用の臨時列車で、事件前日の七月四日のアメリカ独立記念日に皇居前のパレードに参加、仙台に帰る米第七師団の将兵専用列車とわかった。……同列車の機関士荒川九二八さん、助手の栗原さん、車掌の大内茂弘さんなどの話では、この三人は上野駅構内で列車乗務を命じられた後、列車はノンストップで常磐線を仙台まで行ったという。疑いがあるとすれば、上野駅構内で荒川さんたち三人の乗務員が乗り込む前の停車中に、列車に上野駅構内で死体を積み込むことになるが、当時の占領軍から、そのような事情をきくことはとうてい考えられなかったので、それ以上の調べはできなかった」だが、この一二〇一列車（詳しくは別に論ずるが）は、占領軍用列車にちがいないが、第一に臨時のものでも、貨客車でもなかった。この列車は当時、横浜と札幌を結んでいた定期の旅客列車で、占領軍専用をしめす白帯をまいた、いわゆる〝殿様列車〟と呼ばれていたものである。

第二に、当時は蒸気機関車であったため、上野から仙台まで「ノンストップ」などという芸当はできなかった。石炭と水の補給が、途中でどうしても必要になり、少なくとも水戸、平、原ノ町での停車を必要としていた。事実、一二〇一列車は土浦、水戸、平、原ノ町で停車し、占領軍関係の客扱いと、乗務員の交替、ならびに必要に応じての炭水の補給をしていたのである。

第三に、荒川、栗原、大内三氏は、所属が水戸機関区と同車掌区なので、一二〇一列車乗務命令は、すでに水戸を出発するときうけていて、予定どおりの行動をし、水戸到着後に勤務が解除されている。「上野駅構内で列車乗務を命じられ」などということはありえない。

第四に、当日たしかに、アメリカ独立記念日に仙台から出てきていた占領軍将兵の輸送のため臨時列車が運行されているが、それは七二一七列車で、現場通過は午後八時五〇分ごろである。この列車には仙台DTOの職員であった、西倉男吉氏が乗っていたが、やはり「ノンストップ」ではなかったという。

以上、地検の調査といわれるものが、いかに事実とちがうかという例示をしたが、この程度の事実調査も満足にできないようでは、東大鑑定の間違いを見抜くことができなかったとしても、ムリもないことであったろう。

さらにもう一つ。上野駅で水戸の三人の乗務員が乗りこむ前に、死体が積みこまれたのかもしれない、といいたげだが、占領軍に「そのような事情をきくことはとうてい考えられなかったので、それ以上の調べはできなかった」、というのはどういうことだろう。確たる容疑があったなら、米軍関係者にでも事情を聞く方法はいくらでも考えられたろう。さらにまた、列車の周辺には国鉄関係者がたくさんいたはずなのである。たとえば、横浜から上野まで牽引してきた電気機関車と、水戸からの蒸気機関車を交替させる、切離しと連結作業の要員がいた。また、占領軍専用列車なるが故に、駅長

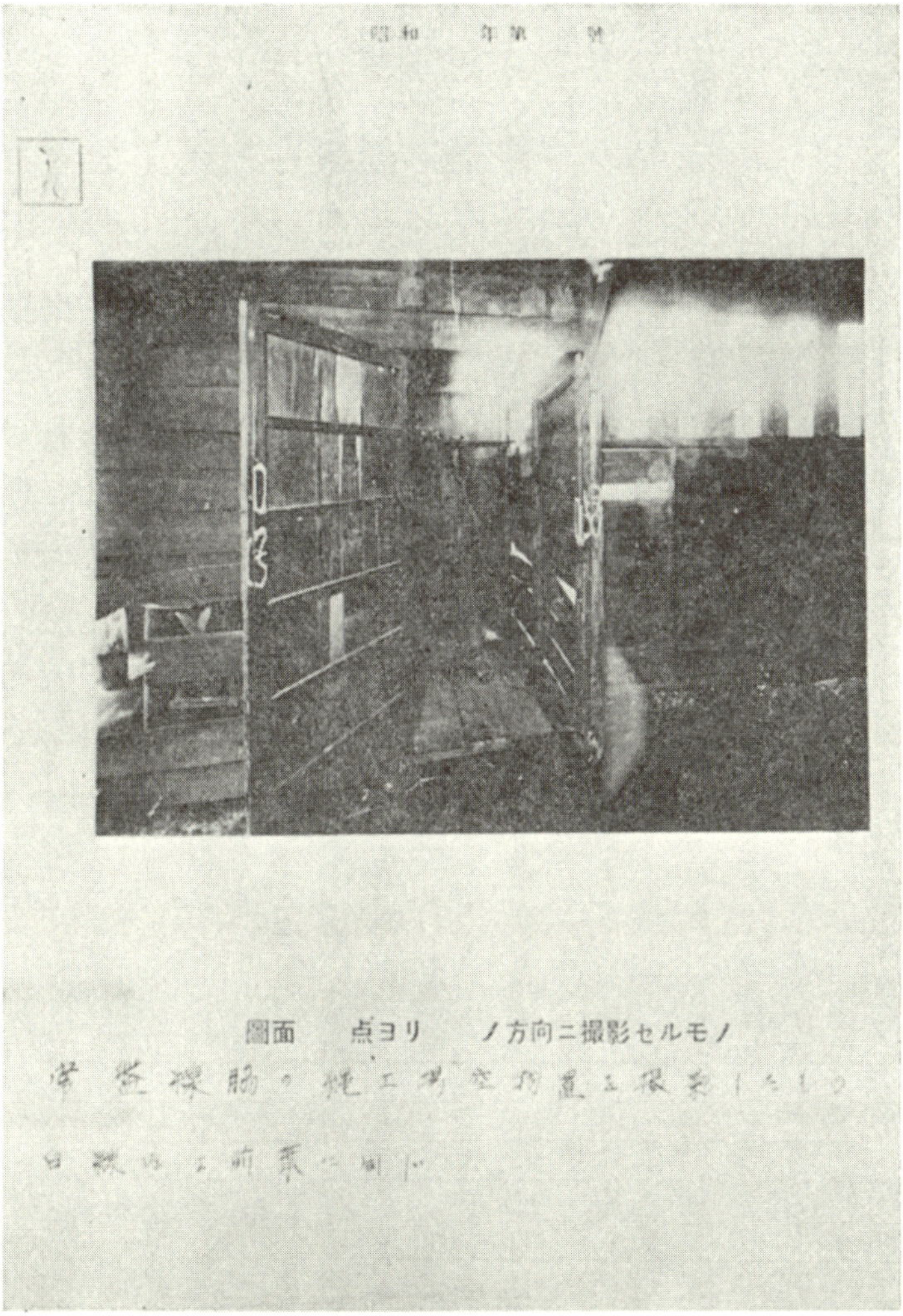

このロープ小屋から検出されたといわれる血痕は，時がたつにしたがって大きさや位置が変えられ，外国人による下山氏殺害を示唆するようなものとなった．

か助役が必ずホームに出て、それらの作業を指示、監督して目をひからせていた。さらにまた車内には、前部の荷物車に荷扱手、後方の寝台車には列車ボーイが乗務していた。調べようとおもえば、どこからでも調べはできたろう。

そろそろ結論をいそごう。そのためにはもう一度ロープ小屋にもどるのが早いかもしれない。矢田氏は、この小屋の血痕付着状況について、つぎのように書いている。「ロープ小屋のA型判定があったトビラの部分は、研究室に現物を持ち込んでよく調べると、親指を除く手の四本の指跡がベッタリと印刷されたようにトビラの板についた血痕で、血の量も豊かで板から直接浸出液をつくったものから判定された。浸出液をつくる前にみた指跡は、右手中指の指紋で過状紋が浮き彫りされたのがよくわかった」。さらに、ロープ小屋の血痕で人血反応のあったものは八ヵ所とし、それら血痕の付着状況をしめす写真がかかげられている。その写真によれば、血痕は扉板の三分の一をおおって散在しているのだ。〈註―4〉

もし、これらの血痕を、鮮血の状態のうちに見たならば、どうであろう。一見、異様な状況は、必ず見るものの注意をひいたにちがいない、とおもわれるのである。

ところで、このロープ小屋は事件直後にすぐ注目され、捜査一課員や二課員、ならびに西新井署員がたびたび詳細な検分を行い、報道陣も立ち入っている。その結果、避妊用のサックや、古新聞紙などが発見されていることは新聞報道でもよくわかる。当時、このロープ小屋は目的どおりに使用されていなかったので、男女密会の場所としてもしばしば利用されていたらしいのである。そこでどうやらそれらしき様子はうかがえたのだが、死体を運びこんだとおもわれる痕跡らしきものなどは少しも見当らず、必ず目をひくとおもわれる血痕にも、誰も気づかなかったといわれる。とすれば、この時点で、扉をおおっていた血痕は、それが本当に血痕ならば、すでに古いものであったということになろう。

しかしそれでもなお、仮にこれらの血痕を下山総裁のものとしてみると、これほど扉板を染めた血液が、下山氏の衣服にまったく付着していなかったというのが納得できなくなる。矢田氏も書いているのだが、上着にも、その他の衣類にも、ルミノール反応がまったくなかったというのだ。これを信じろ、というほうがムリではなかろうか。警視庁捜査本部が、これら血痕を、下山総裁のものに非ずと判断したのは、当然のことではなかったろうか。大方の法医学者の意見もまたそのようである。

註

1――〈420・下〉

Public Security Division G2民間情報部保安課、課長H・E・プリアム大佐。警察制度改正の勧告案をまとめたバレンタイン委員会なども、この課の管轄下にあった。また平正一氏は、堀崎捜査一課長が〝下山総裁は自殺〟という、捜査結果発表の了解をもとめるためプリアム大佐を訪問したと書いている。終戦連絡中央事務局編『警察に関する聯合国指令集』、週刊新潮編集部編「マッカーサーの日本」、平正一著『生体れき断』など参照。

2――〈421・上〉

正確にはCID内の Criminal Investigation Laboratory の嘱託。週に二日出勤して、血液や毛髪などの検査をしていたといわれる。CIDそのものはG2の系統に属し、主としてアメリカ軍内の犯罪捜査を任務としていたが、三宅修一著『捜査課長メモ』によれば、アメリカ軍と無関係でも凶悪事件発生のばあいは、日本の捜査機関の報告がもとめられていたという。

3――〈423・上〉

昭和二四年七月一四日付読売新聞には、「謎の末広旅館・毛髪二本は同一系統と鑑定されたが……」と題する記事のなかに、つぎのような記載がある。「九日鑑識課が指紋採取に向い指紋は採れなかったが紳士の使用した枕カバー、敷布から毛髪四本を採取、同課理化学研究所で毛髪の太さ、色調、形状につき綿密な分析を行った結果、十三日にこのうち二本が同一系統のものと鑑定された。これは自殺説に一歩近づいたかの印象をうける……」

4――〈430・上〉

この写真には、扉板の血痕付着個所をしめす白線と同じ白線が、土間に該当する部分にも見える。一方、昭和二四年八月一二日付朝日新聞によると、「ロープ小屋の土間には、ほぼ人間を置いた形(推定)に血液反応が現われ」となっているので、右白線はこの部分をしめすものとおもわれる。線路上に血液をふりまいてあるくほどの死体を置いた土間なら、その血液が土間にあっても当然のことであろう。ところが、この土間の血痕についてふれたものはその後なくなり、『謀殺下山事件』でも説明されていない。血痕は上のほう(扉板や柱)ばかりに多量にあって、下の土間にはまったくなくなってしまったらしいのである。これは奇妙で、不自然きわまることではないだろうか。

列車をめぐる謎

一二〇一列車(進駐軍用)を追って

死体運搬列車という疑惑

下山事件研究会の事務局を担当して下山事件の調査活動に取りくみ始めたとき、資料の整理などの基礎的な作業とともに、まずいちばん最初に考えたことは一二〇一列車のことだった。この一二〇一列車は、下山事件をアメリカ謀略機関による殺害事件と考える人たちによって、下山氏の死体を、北千住と綾瀬駅間の常磐線上に運んだ列車、と指摘されていたのだから、当然のことであった。

この指摘は、まず昭和三四年七月九日のアカハタ紙上に、「不問にされた・進駐軍列車の通過」として現れ、つぎに翌三五年一月号の『文芸春秋』誌上を飾った、「日本の黒い霧―下山総裁謀殺論―」で、松本清張氏によって再度指摘をされている。しかし、前者の指摘はきわめて萌芽的で、単に疑問を投げかけている程度にすぎないので、この論をすすめる必要上、この一二〇一列車に関する説明を松本清張氏の説、しかも後に一冊本としてまとめられた『日本の黒い霧』(文芸春秋新社、昭和三七年五月五日発行)から引用させていただくことにする。

さて、松本氏は死体運搬について、「下山白書」(警視庁特別捜査本部作成)を種々検討した結果、まず次のような結論に達する。

「自動車通行可能道路から（轢断）現場に来るまでに三十分を要するとし、死体運搬は不可能とするならば、汽車以外の運搬は絶対に不合理である。つまり汽車が現場を通行する時列車の上から現場の線路に死体を投げおろし、それを一旦隠して次の列車に轢断させる方法しかないのである」

　このような結論にたって、轢断現場周辺の状況を検討したうえ、さらに「下山白書」の轢断列車の前後関係部分を紹介し、そのあと記述はつぎのようにすすんでいる。

「問題はここに見えている。轢断列車第八六九貨物列車の前を走ったのは客貨車連結の第二九五貨物列車だけではなかったのである。この第一二〇一列車こそ進駐軍用列車なのである。

『進駐軍用列車が現場を通過したのは午後十一時十八分である。轢断列車の直前下り列車第一二〇一号機関士荒川九、助手二名、車掌一名は、五日午後十一時十八分、現場を通過しているが、同列車は進駐軍関係列車にて、一般人の同乗は勿論、時間其他についても制約されているので、容疑の点は認められない』（白書）

　わかりやすいようにこれを表にしてみると、つぎのようになる。

〈列車〉	〈現場通過時刻〉
二九五貨物列車	一〇時五三分
一二〇一列車（進駐軍用）	一一時一八分
八六九列車（轢断列車）	〇時一九分
二四〇一M電車（死体発見）	〇時二五分

　警視庁が捜査して第二九五貨物列車に死体を降ろした形跡が無いならば、第一二〇一列車（軍用）について同じ調査をなぜしなかったか。警視庁記録には、

『進駐軍列車だから容疑の点は認められない』

　と書き、頭から除外しているのである。しかし、いかなる方法を推定しても、この軍用列車以外に合理的な推測は考えられないのである。

　ここでシャグノンの言葉を思い出す。彼はいつも『マイ・レールロード』と云った。日本の鉄道は彼の勝手になると揚言していたのである。この下り第一二〇一軍用列車を臨時に、例えば或る目的のために発車させても、彼の権能からいえば造作のない事であった。RTO（輸送司令部）は彼の管掌で、そのダイヤは進駐軍に握られていたのである。当時の警察力としては、記録にもある通り、進駐軍関係列車であるから容疑の点は認められない、と片付ける以外に、たとえ或

る濃い疑いを持っても悲しいかな調査の方法は無かったのである。

進駐軍軍用貨物列車が現場を通過したのは一一時一八分である。すると轢断列車の通過が零時一九分であるから約一時間近い余裕があった。

これを推測するに、第一二〇一列車から死体を降ろし、一旦ロープ小屋に運んで行き、その後約一時間ばかりして来る轢断列車の前に置くには十分の準備時間があったのである」

「問題の一二〇一列車は進駐軍専用列車であるが、これはどこで編成されたかというと、もとは品川機関庫である。しかし、一旦田端機関庫に引込む。ここには各線の貨物列車が入って来て、そこでさらに連結して発車させるのである。従ってその連結の貨車を運ぶには、連結のある線が考えられる。『工場』ならば誰でも引込線を頭に描くであろう。

『工場』からの引込線による貨車は田端機関庫に運ばれ、そこで他の貨車と長々しい編成になって輸送されるのである。

一二〇一列車は進駐軍の列車であった。従って引込線を有する『工場』とは当然日本人側の経営する工場とは考えられない。

田端機関庫に近い米軍施設の『工場』を考えると、誰でもそこには当時、厖大な地域を有した或る施設を頭に浮べるだろう。その施設の位置は、引込線が本線に入って一本になると、王子、田端、日暮里と直線になる筈である」

「私はこの意味から下山総裁の殺害場所は北区にある一地点であると想定している。そこには、修理と補給の『工場』が在った筈である。付近の人々は、戦車や高射砲などが引込線から駅に積出されるのを見た筈である。それらの色彩を考えるがよい。その引込線は、或る駅まで繋がっていた筈である。その施設からは引込線によって貨車が運ばれていた」

これは見事な推理といわなければならない。殺害場所から死体運搬経路とその手段まで、一貫した筋道がたてられている。しかも著者は一冊本とした「あとがきに代えて」で、

「私はこの調査には自分なりにかなりな時日を費したつもりだ。最初、これを発表するとき、私は自分が小説家であるという立場を考え、『小説』としてかくつもりであった。しかし、小説で書くと、そこには多少のフィクションを入れなければならない。しかし、それでは、読者は、実際のデータとフィクションとの区別がつかなくなってしまう。……」

と、わざわざことわっている。調査と推定に十二分の自信をもってのことであろう。とすれば、一二〇一列車を探ることは、下山事件の核心に近づく早道といえよう。少なくとも私は下山事件にとりくんだ時点でそう判断したのである。

しかも、この一二〇一列車死体運搬説は、松本氏の説が『文芸春秋』誌上に発表されてから約一年近くたって刊行された、大野達三、岡崎万寿秀両氏の『謀略』(三一書房・昭和三五年一一月七日)にも現れ、つづいて大野氏は三八年一二月号の『文化評論』誌上で、「下山事件の真実」と題して、一二〇一列車論を再説して、つぎのような補足説明さえしている。

「一二〇一列車は有蓋貨車をもっていた。そして、青森県三沢の米軍基地に七月七日午前三時すぎに到着し、青森県CIC・M大尉の部隊によって臨検され、米軍基地将校および日本人関係者の一切の介入を排除して、特別に処理された」

こうなると道はますます近くに感じられた。その列車の乗務員を探せばよいのである。多分その周辺に情報源もあるのだろう。そこで私は大野氏に説明をもとめた。しかし、大野氏はそれを拒否された。情報源の秘匿は、この世界での掟であるというのである。

「だから、松本清張も、その情報源を教えないはずだ。しかし、僕も、松本清張もおのおの別個に、一二〇一列車についての情報を得ている。お互いに絶対間違いがない、といいながら、ニュース・ソースについてだけは話しあっていないんだ。だが、僕はこの情報にもとづいて調査をした。この列車の乗務員は水戸のはずなので、そこを中心に関東一円はもちろん、中央線は甲府付近まで、東北方面は磐越東線、西線あたりまで、一駅残らず聞きこみをやって、この一二〇一列車の乗務員を探したが、行方は全然つかめない。結局、これらの乗務員は消されたか、それとも今もってわれわれの手のとどかないところに隔離されているにちがいない。そこで、残された一つの手は、思いきって新聞にでも広告を出してみることだと思う。あるいは家族が連絡をしてくることがあるかもしれない」

ニュース・ソースの秘匿はともかく、こうなるとミステリーじみてくる。が、一二〇一列車の乗務員を国外に連れ出してしまうということは、必ずしも考えられないことではない。現に鹿地事件があった。アメリカの謀略機関が、それを必要とするならば、実行しないとはかぎらない。そう考えると、問題は私のおもうほど簡単ではなさそうだった。

占領軍旅客列車の性格

一二〇一列車について思いをめぐらしているうちに、ひょいと私の頭にひらめいたことがあった。それは関東一円の調査でだめだったなら、あるいは仙台あたりからやってみたらどうだろうか、ということだった。常磐線を経由して三沢までいったとすれば、仙台あたりになんらかの足跡を残しているかもしれない、と考えたのだ。幸い仙台と塩釜市に元国鉄職員であった知人がいた。私はその人たちに協力要請の手紙を書くと、さっそく仙台に向かった。

私は仙台につくと菅原氏（国鉄労働組合の中央委員などをやり、二四年の定員法で解雇された）と同道で橋本国夫氏（元仙台保線区長）を訪れ、両氏の話を聞いた。だが、二人とも保線関係者で、一二〇一列車という特定の列車についてはほとんど記憶がないようであった。しかし、いろいろと話をすすめていくうちに私はつぎのような興味ある事実を知らされた。というのは、国鉄には、列車に番号をつける一定の規則があるということであった。

始発の何駅を何時何分に出た、何何行き普通旅客列車、などと呼ぶより、第何列車といったほうが簡単で便利なことはいうまでもない。しかも、この番号のつけ方を一定の法則に従って定めておくと、その番号を見ただけで、列車の種類や性格までわかるようになり、運行取扱い上に確実性と迅速性が期待できることになる。

ところで、その規則であるが、このときの橋本氏らの話に、その後、私が得た知識を加えて整理してみると、つぎのようなものであった。

㈠ 下り列車は奇数、上り列車は偶数
㈡ 番号の末尾に電車はM、ディーゼル列車はDをつける
㈢ 旅客列車は下二桁が一から四九まで
㈣ 貨物列車は下二桁が五〇から九九まで
㈤ 三桁目の数字は線名、または行先をしめす
㈥ 四桁目が一の番号は不定期列車
㈦ 四桁目が二の番号は定期列車の予備
㈧ 四桁目が三の番号は臨時旅客列車
㈨ 四桁目が九の番号は臨時貨物列車
㈩ 下二桁の数字が若いほど、優先順位は上である

こういう規則から判断すると、橋本氏は、一二〇一列車は

常磐線まわりの下り旅客列車で、しかも優先順位が上の、すなわち速度の早い列車にちがいないという。謎は残ったが、これは一つの収穫といえよう。今まで貨物列車とばかり考えられてきたこの一二〇一列車が、旅客列車であるかもしれないということがわかったのだ。

私は東京に帰ると、もう一度基礎からやり直す必要を感じて、国鉄労働組合の本部にでかけた。「下山白書」(『文芸春秋』昭和二五年二月号と『改造』昭和二五年二〜三月号に要約が発表されていた)から、一二〇一列車の機関士が荒川九二八という人だったことを知って、その人の確認を水戸機関区にもとめる連絡をとってもらうためだった。すると、二、三日して返事がきた。一二〇一列車の乗務員は現在も水戸にいる、というのだ。まったく意外なことだった。しかし、国鉄労働組合本部からの連絡では、それらの乗務員はなにか怯えている様子なので、会いに行くならば弁護士といっしょにいってくれ、ということだった。私は驚きと半信、半疑の気持で海野普吉法律事務所を訪れ、六川弁護士に会って事情を説明し、協力を要請した。海野氏が下山事件研究会の会員であり、かつ国鉄労働組合の顧問もされていたからであった。だが、六川氏は、すべてが疑わしいという。下山氏の死体を運搬した列車の乗務員が、今までなんの疑いもかけられずに水戸にいた、ということもおかしければ、逆にいるということが本当だとすると、死体運搬ということを疑いたくなる。いずれにせよ私たちの出る幕ではない、あなた一人でいって事情を聞いてこられて、それでまだ問題が残ったら、そのとき相談にのりましょう、といわれるのだ。私はいささか心細かったが、一人で水戸に向かうことにきめた。

当時私の書いた研究会への報告書を見ると、その日は昭和四〇年の二月一四日であった。国鉄労働組合本部を通じてとった連絡で、動力車労働組合の水戸地方本部の事務所を訪ねた。そこに一二〇一列車の乗務員が待っていてくれるはずだったのである。ところが、どこかで連絡の趣旨がちがってしまっていたらしい。待っていたのは、下山総裁を轢断した八六九貨物列車の乗務員萩谷定一氏(当時機関助士)と横田一彦氏(車掌)の二人に、組合役員の戸島富治、大和田尚の両氏であった。いささか気落ちはしたが、しかし、轢断列車についても問題がないわけではなかった。とくに田端出発が八分おくれたことなどは、当時の新聞紙上などでもいろいろと取り沙汰されていた。だから私の聞かなければならないことはたくさんあったのである。だが、このときのそれらについての話はあとにゆずり、一二〇一列車に的をしぼろう。

私は八六九列車についての話が終わった段階で、一二〇一列車の問題をもちだした。「下山白書」や、その他の参考資料を見てもらいながら質問を始めると、意外に早く返答が返ってきた。これらの人たちにとっては、なにか昔なつかしい、なじみの列車を語る趣があった。私の眼前にも一本の列車がありありと浮かびあがってくるようであった。

その話を要約しよう。一二〇一列車は、列車番号からいうと不定期ということになるが、当時は占領軍の旅客（主として寝台車）列車として定期的に運行されていた。したがって、上りに一二〇二列車というのがあった。行先は多分青森ではなかったかとおもう。始発駅ははっきりしないが、水戸の乗務員はこの列車をだいたい上野駅で引きついだ。上野駅での使用ホームは五番か六番線であったとおもう。だから田端とは無関係である。始発でもなければ通過もしていない。もちろん番号からわかるとおり優先列車で、当時としてはいちばん早い列車であった。列車ボーイは東京車掌区か、青森の人たちだったろう。非常にうるさい列車で、整備の厳重さはもちろん、運行にあたっても絶対に遅延を許さず、そのため機関助士も二名という増し乗り配置であった。だから誰でもこの列車への乗務をきらい、敬遠していた。

問題の、七月五日の、この列車の機関士は、「下山白書」には荒川九二八と書かれているが、これは荒井九二八のまちがいであろう。荒井氏は相当前に定年退職し、故郷の群馬のほうにひっこんでしまったが、その消息は知らない。助士は金子要生だったろう。彼は下山事件後二、三年して死んだ。もう一人の助士は栗原宣だとおもう。彼は現在、勝田電車区で電車の運転士をしている。車掌は大内泰弘であろう。現在水戸車掌区にいる。だから栗原、大内の二人には、いつでも会える。とにかく、一二〇一列車（上りは、一二〇二列車）というのは、終戦当時から勤めていたわれわれにとっては、忘れられない列車であった。

私はその後、何人かの国鉄関係者に会った。そのたびにそれとなく一二〇一列車のことを聞いてみた。古い人びとにとっては水戸の人たちと同様、やはり忘れ難い列車であったようだ。大概の人が記憶にとめておいて、いろいろなことを教えてくれた。昭和二四年というと、まだ国鉄の車両はヨボヨボで、窓ガラスの代りに木板が打ちつけられていたころであったという。だが、一二〇一列車は、最優秀の一等車車両のみで編成され、もちろん窓ガラスをはじめ完全整備で、照明などもアメリカ好みに明るく、とにかく当時としては夢のような、きわ立った編成の列車であったということだ。全車両には、占領軍用をしめすため白帯がまかれ、そのなかにUS ARMYの二文字がくっきりと書きこまれていて、それだけでも近寄りがたく、間違いを起こしてはならないという気持で、はらはらしながら見まもった列車であったという。

それらのなかで私の記憶には、とくに当時東京駅長だった加藤源蔵氏の話が印象深く残っている。加藤氏の話を聞いているうちに私は、加藤氏の退庁時間が毎日のようにおそいのに気がついた。そこでその点について質問をしてみると、加藤氏はつぎのような話をした。

「当時は、一千台列車というのがありましてね。占領軍専用列車なんですが、九州と北海道方面へ向かうもんで、ダイヤの作成上、東京駅出発が夜になるんですね。この列車にちょっと階級の上の士官が乗車するときなど、駅長がみずから見送らないと、RTOの機嫌が悪かったんですよ。だから毎晩、ついおそくなった。札幌へ行っていた一二〇一列車なんていうのは、大分夜もおそい発車でしたね。なかなかやかましい列車でしたが、それでも総司令官がリッジウェイにかわってからは、大分らくになりました。マッカーサー時代は写真の撮影も許さないほどうるさかったもんです」

だがなんといっても、やはりいちばん強烈な印象は、事件当日この一二〇一列車に運転車務車掌として乗務した大内泰弘氏と会ったときだった。水戸からの連絡で、つぎの乗務までの休憩時間を利用して、私は大内氏と上野駅地下街の食堂で会った。テーブルに向かいあって坐ると、私は、一二〇一列車についてのいろいろの噂を知っているかと、単刀直入にきいた。

「ええ、最近も、なんか週刊誌などで……」

大内氏の表情は、困惑しきったようであった。

私は重ねて、誰かから当時の事情を聞かれたことがあるか、とたずねた。

「いや、それが誰もこないんです。……ただ事件直後に警察の取調べを受けたことはありました。それで、先日、佐藤さんが水戸にきたということを聞いて、どういうことなのかとびっくりしたが、大和田氏が佐藤さんが探しているのは君に間違いない、あの日君は一二〇一に乗っていたのだというし、警察に調べられた記憶もあるので、それでは会いましょうということで連絡を差し上げたわけです。しかし、大分古いことなので記憶もはっきりしなくなり、お役に立つかどうか……」

大内氏にそんな気持はなかったこととおもう。だが、私にとっては、「お役に立つかどうか……」という一言は、痛烈な皮肉に聞こえた。私の頭のなかでは、アカハタ、『日本の黒い霧』、『謀略』、『下山事件の真実』などという文章がかけめぐっていたのである。私が、それらの文章の背後にいる人たちに親近の感情を抱いていなかったという嘘になる。しかも、それらの人びとの指摘は、私の眼前にいる大内氏を、なんらかの形で下山死体運搬に加担したものとして、追及してやまない。が、最初の当惑した表情もとれて、ようやく落ちついた口調になってきた大内氏が、これから話そうとしていることは、私の今までの調査でおおよその想像がつくことであった。「お役に立つかどうか……」という大内氏の一言で、私はにわかに妙な立場に立たされている自分を意識しないわけにはいかなかった。

だが私のこのような気持の動きとは別に、大内氏との話は食堂の騒音のなかですすめられていった。今はその大内氏の話のなかで、この小論に必要な部分のみを要約しておくことにしよう。

「警察で聞かれたことは、下山さんの轢断現場通過時に、付近に怪しい人影を見なかったか、ということが中心だったように記憶している。だいたいあの一二〇一列車は、当時常磐線を走っていた列車としてはいちばん早いもので、八〇キロぐらいの速度であったともおもう。だが、現場はカーブの関係で六〇キロぐらいに落して通過するのがふつうであった。当日もおそらく、こういう速度で運行されたとおもう。というのは、絶対に遅延を許さない列車であったので、列車運転状況表への記入が厳守されており、綾瀬通過時に機関車の先頭と、綾瀬駅の水戸寄りのホームの端が一致する時刻を運転車掌が確認することになっていた。そのために、私は轢断現場のガード付近にさしかかったころ、最後部の車掌室の左側窓を開けて車外に顔を出し、綾瀬のホームが近づくのを待ちうける習慣だった。ところで、問題の日の運転状況表だが、綾瀬通過欄には棒をひっぱったという記憶である。それに、おくれるということは特別のことだったのだから、もしそういうことがあればなんらかの形で記憶に残っていなければならないのに、そういう記憶はない。だから現場付近は六〇キロから八〇キロの速度で通過したものとおもう。警察で話したときの記憶もそうだったが、そのとき周辺に人影も見なかった。もちろんあの列車で下山さんの死体を運んだなどとは到底考えられない。あの列車は多分横浜からきていたのではなかったかとおもう。私たちは大概上野駅で引きついだが、上野での乗車はなく、ここでは機関車交換のため五分か一〇分の停車であった。ときたま都合で東京駅までいって引きついだこともあるが、そこからの乗車もだいたい一箱四、五名からせいぜい一〇名どまりであった。大部分は東京駅にくるまでに乗っていたようだった。とにかくうるさい列車で、先にもいったとおり遅延は絶対許されなかったが、多少早めの運行はかまわないので、大概は水戸に定時の五分くらい前に着いた。乗務員が水戸のばあいは〝帰り〟という心理が働いて一般にもそうなりがちなものである。おそらく当日もそうではなかったかとおもう。また、列車が速度を落せば、運転車掌は必ず窓から顔を出してその原因を確かめ、運転状況表に記入しなければならないので、当日そうした記憶がないところから考えると、現場付近をおそい速度で走ったということはなかったとおもう」

一二〇一列車に関する限り、大内泰弘氏の証言で疑いをいれる余地はなくなったと考えてよかろう。しかも、その後研究会事務局を手伝っていたI君が、『鉄道終戦処理史』(昭和三二年三月、日本国有鉄道刊)なるものを探してきてくれた。それによると、昭和二四年当時は、東北・東海道方面に数本の、占領軍用定期旅客列車が走っていたようである。そしてそれらの列車には一千台の番号がつけられていた。代表的なものをあげると、東海道に一〇〇一、一〇〇五の二本、東北方面には常磐線まわりで一二〇一の一本などで、これらはいずれも毎日運転であったが、他に毎土曜日に東京・梅田間に運行されていた一〇一五列車というようなものもあった。もちろんこれらの番号は下り列車のもので、上りのほうは規則によって偶数となり、それぞれ一〇〇二、一〇〇六、一二〇二、一〇一六ということになった。さらに、この他に臨時に運行される旅客列車もあったわけだが、それらの列車には七千台の番号がつけられることになっていた。ちなみに、昭和二四年七月五日、問題の日にも、仙台からアメリカ軍の独立記念祭典に参加するため出てきていた兵士を送りかえすため、七二一七列車という占領軍用臨時旅客列車が編成され、二〇時五二分下山事件の現場を通過して仙台に向かっている。

問題の一二〇一列車について、この『鉄道終戦処理史』からもう少しつけ加えると、この列車は昭和二一年二月に上野から東北本線経由の青森行き一一〇一列車として設定されたものであったが、同年の一一月から一二〇一として常磐線経由に変更され、そのうえ始発・終着をともに延長して、横浜と札幌を結ぶ定期旅客列車となった。ダイヤは、二二・〇〇横浜発、二二・三〇東京着、同駅発二二・四五、二三・五三上野着、同駅発二三・〇四で、その後は土浦着〇時一五分までノンストップ。青森には一七・一五到着、青函は一部の車両を航送し、当時としてはめずらしい千歳線経由で翌朝八・〇〇札幌に着いた。めずらしいといえば客車の青函航送も同じで、やはり占領軍用列車なればこそであったろう。編成は荷物車二両、一等車二両、一等寝台車三両という豪華なものであった。

田端と無関係なことは、ここでも明瞭となった。死体運搬列車という想定も、大きく的を外したものといえよう。

下山事件研究会の調査はもちろん一二〇一列車関係ばかりではなかった。この列車に関してはなんの容疑もさしはさむ余地がない、と判断すると、早々にその後の調査を打ち切った。問題は、大内氏らの証言をどう役に立てるか、であったが、その点について私は非力であった。しかしその点をのぞくと、四年余の調査と、資料の収集などで、埋れていた記録や、検討し直されなければならない事実を、大分発掘できたことも事実であった。それらの一部はみすず書房から出版された、下山事件研究会編『資料・下山事件』に収録されている。

ところで、この『資料・下山事件』の編集にたずさわり、とくに文献目録の作成に当たって、過去において下山事件にふれた論説、小説、新聞記事、その他の記録ものなど百数十点を通読してみて、客観的事実や基礎的資料を無視した、無責任なものの多いのに驚かされた。相当著名な著作においてそうなのである。だがしかし、だからといって私に的確な判断を下せる能力もないことははっきりしている。私は基礎的な勉強の必要性を痛感した。それにまた、経済的事情も逼迫していた。無給でしかも持ち出しのみ嵩んでいく仕事をやめなければならない状態にあった。そこで『資料・下山事件』の全原稿を出版社に入れた段階で、研究会の事務局を解任してもらうことにした。

そのときいろいろと整理しながら私は一つのことをおもいだした。四年前に、水戸の人たちに、『日本の黒い霧』を送るという約束をしていたことであった。戸島氏たちは、話には聞いているが、まだその本は読んだことがない、ということだったのだ。その約束をおもいだすと私は師走の神田を駆けめぐって数冊の『日本の黒い霧』をもとめ、約束のおくれたお詫びの手紙とともに、それぞれの人に送った。そのうち萩谷、大和田などの各氏から礼状をいただいたが、とくに戸島富治氏から懇切な手紙をもらわなかったら、私はふたたび下山事件の調査を始めることはなかったかもしれない。もちろん私はこの事件についての関心を捨てきれず、年あらたまると、法医学、裁判化学、生理学、基礎化学や染料化学などの文献を買いこんで、いつかはもう一度取りくみたいという気持をもって、勉強の計画をたてていたことも事実であった。しかしそれは、経済状態をたて直して、数年後に再開という考えであった。

しかし、戸島氏からの手紙は、私のこういう気持をゆり動かした。戸島氏はすでに一二〇一列車関係について、客観的な事実を知っていた。その事実にもとづいて、誤りの訂正されることを望んでいた一人であったろう。しかも戸島氏はさらに手紙で、『日本の黒い霧』四五ページに、「東北方面行機関車の運転手は上野での回送路線不馴れの関係で山本運転手が誘導したため八分間発車が遅れ……」とあるのは、機関士としての経験から納得がいかない、調査と解明を望むといってきた。私はこの手紙を手にして、私の曖昧な態度を責められているような気持になった。もっとも、戸島氏が書いてきた新たな問題提起は、調べてみると、『日本の黒い霧』のなかで、「下山白書」にもとづいて書かれている部分についてであった。だから、その責任の大半は「下山白書」にあったといえよう。だが、それにしても戸島氏は解明をもとめてきている。私は二、三日迷った末に、あらためて田端をめぐる問題に取り組んでみようと決心した。

田端をめぐる謀略とは

さて、田端をめぐる問題——とはなにか。

下山事件発生直後から、田端機関区を中心としたいろいろな動きをめぐって、各種の噂が取り沙汰されていた。それらのすべてにふれることは煩雑でもあり、かつ紙数も許さない。それで、その主なるものに焦点を絞って解説をしておこう。

その第一番目は、轢断列車の八六九貨物列車の田端駅延発であろう。この事実が最初に報じられたのは七月一五日の朝日新聞紙上であった。しかし、この問題は当時の新聞紙上をにぎわしながら、いつのまにか消えていった。それが昭和二七年六月二八日から、時事新報紙上に連載された、「下山事件〝怪死〟を解くカギ」(この連載はのちに堂場肇著『下山事件の謎を解く』として一冊にまとめられているので、以下引用などはこの本による)で再登場し、その後若干形をかえながら、加賀山之雄「下山事件! その盲点と背景」(『日本』昭和三四年七月)をはじめ、前記のアカハタ、『日本の黒い霧』、『謀略』などに、問題点として引きつがれている。

では、八六九貨物列車の田端延発はなぜ問題になるのか。その点を加賀山之雄氏の文章から引用させていただこう。

「ともかくも下山氏を殺して現場に運んだ犯人と相呼応して、別の一派は田端の機関区で工作を開始したものと思われる。

彼等は下山総裁を轢くはずの貨物列車を延発させようとした。なぜ延発をはかったかと推察するに、常磐線は貨物列車の十分前に電車が通ることになっている。もし貨物列車が定時に発車すれば、小菅の(轢断)現場も電車の通過後十分で貨物列車が通ることになる。電車の通った後、次の貨物列車がくるまでの十分間では、すでに死体となっていた下山氏を線路の上に〝そなえつける〟のに時間が短かすぎる。時間を充分とるためには、貨物列車を延発させる以外にない」

というわけで、八六九貨物列車(下山氏轢断列車)は田端を延発させられたということになるのだが、加賀山氏の文章はその工作者群を左翼勢力と考えるのにたいし、アカハタ以下はほぼ同工異曲の推定をしながら、その工作者たちをアメリカ謀略機関に属するものとする点での違いがある。もっとも『謀略』の筆者は、さらに一歩をすすめて、つぎのような推定まで加えている。

「私は、犯人たちが轢断列車を、その三分後にとおりすぎた常磐線最終電車(この電車が轢死事故を発見した)のあとを通過させようと計画していたのではないかと思っている。そうすれば発見はもっとおそくなり、彼らの事後点検もじゅうぶんできたはずである」

八六九貨物列車は、田端駅を八分おくれて出発した。なぜおくれたかというと、起こし番が将棋をさしていて、それに熱中して三〇分ほど機関士を起こすのがおそかったからだ、といわれている。さらにもう一つ、牽引機関車のD五一六五一の蒸気圧が下っていた、一五キロなければならない圧力が六キロまでになっていた、という事情が重なった。それでも萩谷助士の懸命の努力で、遅延を最小限度の八分で食いとめ、空車五〇両という条件もあって、轢断現場での遅れは二分までに縮められていた。——問題は、この延発が計画された工作によるものか、単なる偶然か、ということである。

さて、第二の疑問点は、事件直後に現場付近で拾われた、田端機関区の〝分解図〟なるものであった。まずこの点については、堂場氏の『下山事件の謎を解く』を引用させていただこう。

「田端機関区は線路のジャングルである。そのジャングルの中心部に二階建の合図手の小屋があって、ここが中枢神経的役目を行っている。スウイッチ・レバア(分岐挺)、スウィッチ・スタンド(転換器)、ポイントなどが円滑に操作され、あのジャングルが整然たる機構としての機能を行っているのもそのおかげだが、その根本になるのが分解図である。

分解図は図表である。何十本もある引込み線の××線には〇〇列車が入り、〇〇線の××列車は何時何分に発車する、ということが、図表で一と目で分るように書いてあるのだ。その分解図が轢断現場から程遠からぬところに落ちていた。なぜそんなものが落ちていたか——だれが落としたのか——。その図表は、機関区員でも、だれも持っているというものではない。だから落とし主は割合い簡単に分る——S君かO君だろう、ということになった。二人の身辺は徹底的に捜査された。S君の出身地は水戸市付近で、井上日召等が立てこもった護国堂で知られた磯浜町だった。右翼系の暗殺事件はこの村の出身者によって行われたことが多い。殺人などは朝めし前の仕事だ、というような印象を世間では持っている——二人はますます厳重に調べられた。しかし、捜査は進展しなかった。『死んでも言わない』という答えが得られただけだった。『死んでも言わない』——とあってはそれ以上は一歩も進めないのだ」

この〝分解図〟問題もアカハタ以下に、ほとんど同じ趣旨で引きつがれている。要するに、謀略計画者たちによって、列車ダイヤなどまで徹底的に調査、研究されていた、ということなのだ。

第三は、『日本の黒い霧』が提起している問題である。すなわち、下山氏殺害場所を、田端と引込線でつながる、北区内の修理と補給の米軍「工場」と想定し、そこから下山氏の死体はいったん田端に運ばれ、さらに田端から貨物列車で轢断現場にもっていかれた、という推定である。殺害現場を、米軍「工場」内とする根拠は、下山衣服に付着していたといわれる色素を、米軍兵器の塗料と同系とみるところにある。

以上、三つの点を総合して考えあわせてみると、田端は、緻密な計画の下に一貫して行われた謀略事件の、重要基地としてのイメージをもって浮かびあがってくる。実際、下山事件では、田端機関区をそういうイメージをもってみている人が多い。いや、なにをかくそう、かつては私もそのうちの一人だったのである。

さて、昭和四二年一月一五日の下山事件研究会の総会に、それまでの調査結果を総合的に報告する必要上、私は手許に集まった記録や資料、ならびに研究会によせられた証言などを、詳細に検討したことがあった。そのとき八六九貨物列車の延発問題も研究してみて、私は私なりに、この延発は作為にもとづくものでなく、偶然の重なりによる遅延という推定を下して報告書を作った。

研究会には、そのときまでに、七月五日夕刻から翌六日午前二時すぎまでの、常磐線の運行表が入手されていた。あとでわかったのだが、これは「下山白書」についていたものと同一で、東京鉄道局の作成によるといわれる。これも『資料・下山事件』に収録されているので詳細はそのほうの参照を願うとして、私はその運行表から五日午後一〇時三〇分以降に現場を通過した上、下の列車や電車を抜き出し次のページのような表を作ってみた。

この表のなかで※印のついた八六九列車が、下山氏を轢断した列車であり、つぎの二四〇一Mが死体を発見した最終電車である。ところで、この表を見て気づくことは、最終電車二四〇一Mのあと、下りの貨物列車が四本通っているということである。そのうち九八六一、九〇五一の二本は列車番号からいうと臨時であったかもしれない(前記列車番号についての規則(九)項参照)。しかし他の二本は定期列車であろう。とすれば、なにも機関士を起し忘れさせたり、「誰かの手によってゲージ」を下げたり(『日本の黒い霧』)、などという面倒な工作をして、八六九貨物列車に轢かせなければならない特別の必要性はなにもないはずである。五一か八六一の貨物列車に轢かせれば、それで事たりるはずなのである。ましてや、『謀略』の著者のように、八六九貨物列車を最終電車のあとにまわそうなどと考えることは、私にはナンセンスにおもえた。

ただよくわからなかったのは、加賀山氏が前記引用文で、

22時30分以後の現場通過列車一覧

上り列車番号	現場通過時刻	下り列車番号
1272(貨)	22.30	
2216 M	22.41	
	22.53	295(貨)
	22.59	2207 M
2202 M	23.14	
	23.18	1201
2300 M	23.41	
	23.45	2303 M
292(貨)	0.01	
260(貨)	0.06	
	0.19	※869(貨)
	0.25	2401 M
	0.58	51(貨)
	1.11	9861(貨)
852(貨)	1.20	
	1.36	861(貨)
	2.15	9051(貨)
262(貨)	2.52	

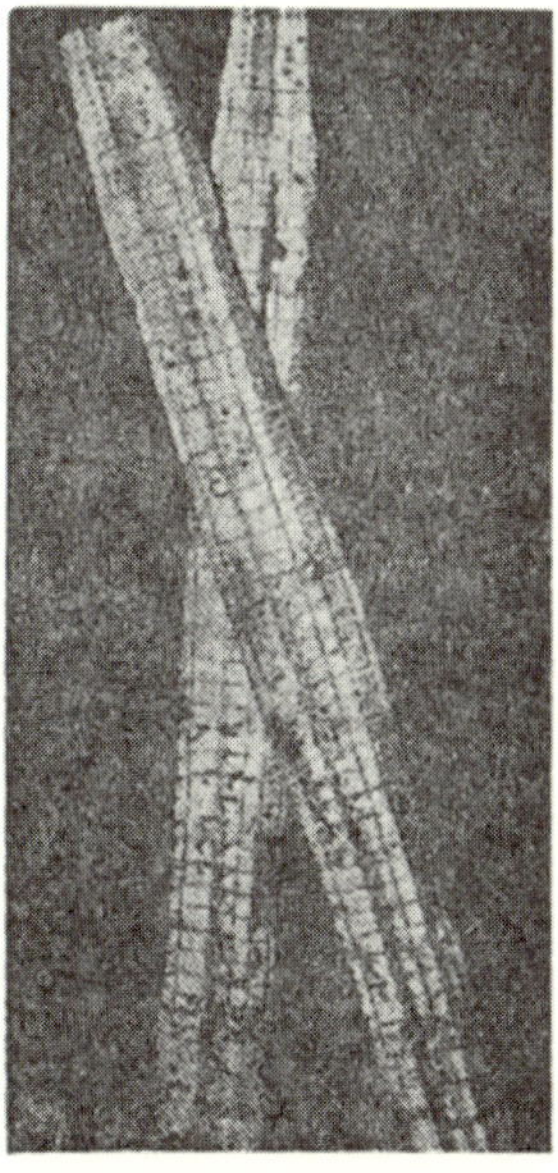

左：分解表の写真.（サン写真新聞・昭和24年7月13日付による）これが分解図とされさまざまの憶測をよんだ.

「常磐線は貨物列車の十分前に電車が通ることになっている」と、いっていることだった。だがこれは、上り二六〇貨物列車の間違いではなかろうか。八六九は現場を二分おくれて通過したのだから、正規の時間だと〇時一七分になる。すると二六〇の〇時六分との間に約「一〇分」の開きがでる。私は加賀山氏が、この事件を田端の労働者に結びつけたかったあまりの、ケアレス・ミステークと考えた。

しかしそれにしても、八六九貨物列車の田端延発をめぐって、なぜこんなミステリーじみた推理が横行していたのだろう。私はそのとき、その点まで考え記録や資料を検討した。そのうえでつぎのような判断にいたった。すなわち、一種の偏見のためか、慎重な調査を欠いた、軽率な推断によるものであろうと。というのは、前記「列車表」を除くと、新聞やその他の記録、資料類をふくめて、それらのなかに八六九貨物列車以後の列車について明確な形でふれているものがなかったからである。そのために、死体発見が最終電車であったということの、「最終」にひっかかって、それ以後は電車はもちろん、それ以外の列車も通っていないと速断して、推定をすすめたからであろう。しかし、これらの人たちが、本当に下山事件の謎を解こうという真剣な気持で、労をいとわず、当時の新聞などでも詳細に検討していたなら、あるいは最終電車以後のこれらの列車に気づいていたかもしれない。ヒントとなる記事はいくらでもあったのである。ましてや加賀山氏にいたっては、事件後国鉄総裁となられた立場からみても、列車ダイヤの詳細な検討は必ずできたはずであったろう。が、それを怠ったとしか考えられないことは、その軽率さをもっとも責められなければならないだろう。

「分解図」をめぐる久保木氏の証言

八六九貨物列車の延発問題について、私の一つの判断を書いた。しかし、これもまたあくまで、私の推理であった。私はこう推理したまま、それ以上はどうにもならぬ自分の非力を感じて、この関係の調査を投げていた。だが、先に述べたとおり戸島氏の手紙で私の気持は動いた。それに私は、どんな事実に直面しても、自分の良心と、自分の判断に従って事を処理できる、自由な立場にいた。私の足は田端機関区に向かっていたのである。

私は田端で、国鉄労働組合田端機関区分会の平山松男氏に会った。第一回目は平山氏が組合の仕事で忙しく、顔を合わせる程度であった。だが、そのとき平山氏は短くつぎのような話をした。

「下山事件というのは、私はよくわからないのですがね。だが、自分のとこの組合員に一人、下山事件で警察につかまえられたことがある、というのがいるんですよ。私もその話を詳しく聞いていないので、今度いっしょに彼の話を聞くことにしましょう」

彼、というのは、久保木愛四郎氏（旧姓藤岡）であった。私はその後平山氏と何度か連絡をとったすえ、田端付近のある食堂で平山氏とともに、久保木氏に会った。もちろん私にとっては久保木氏の話ははじめて聞くものであった。だが、それは私にだけではなく、平山氏にとってもはじめての意外な話であったらしい。時々唖然とした調子で、質問をしたり、合槌をうったりしていた。

まず、久保木氏の話で驚いたことは、問題となっていた田端駅の〝分解図〟なるものは、「分解表」であるということだった。詳しくいうと、北ハンプの分解表である。平山氏が感にたえぬ調子でいった。

「そうだろうなア。分解図だなんていうものは、聞いたことがねえもんよ」

では、分解表というものはどんなものだろうか。二人の話を総合するとつぎのようになる。

田端駅には、日に数十本の貨物列車が入ってくる。その列車に連結されている貨車を一つ一つ行先別に区分して、それぞれの方向別の列車に編成しなおして送り出すのが、田端駅の重要な役割である。区分は北ハンプで行われる。一本の列車が機関車で北ハンプに引きあげられ、先頭から順々に突き放される。突き放された車両は、その行先によってしかるべき仕訳線に導入される。このくりかえしで、数多い仕訳線につぎつぎと貨車がたまり、それぞれの方向別の列車として仕立てられていく。この作業のために作られるのが、「分解表」なのだ。細長い紙で、上方に分解する列車の番号が書かれ、その下方の長い二つの欄には、左側に切離しの車両数が、右側にはそれぞれ押しこむ仕訳線の番号が、縦にならんで記入されていたという。機関士には、仕訳線番号はまったく関係ないが、つぎに押しこむ車両数が、一両か二両か、あるいは五両かを分解表から読みとって、機関車の速度を決める指標にしたものだそうだ。一両切離しならば、ゆっくりでいい。だが、五両ならば速度を早めなければならない。それだけ力が必要であるからだ。

ところで、田端駅に入ってくる貨物列車は、日によって、あるいはまた時間によって千差万別、一本として同じものはないくらいである。だから、この分解表は、一本の列車を分解し終えると、もうなんの役にもたたなくなる。どんどん破棄していくものである。だが、当時はなにしろ物資不足のおりだった。細長い一枚の紙片のこの分解表が、機関車のカマから煙草の火をとるのに格好のものであったため、機関士たちはよく車内のどこかにひょいとはさんだりして取っておいたものであったという。

さて、ここからは久保木氏の話であるが、下山事件の現場付近で拾われたのは、事件の数日前に、田端駅北ハンプで使われた、この分解表数枚であった。そして久保木氏が、その分解表の落し主とされたのであるという。事件後一〇日ほどたって、突然警視庁に連行され、そのまま八、九日はほとんど拘束の状態で、毎日〝自白〟を強要されたという。取調官がもとめていた〝自白〟は、久保木氏自身が下山氏の死体を現場に運んだ、ということだった。運び終わって、やれやれとおもったとき雨が降ってきて、手拭いを出して顔を拭こうとしたとき、ポケットにあった分解表が落ちた、という筋書が考えられていたそうである。

もちろん久保木氏は頑強に否認した。そもそも、その分解表に記憶がなかった。しかし、取調官のほうは、久保木氏が助士として乗った機関車の仕業に該当する分解表であるといって、執拗に自白を迫った。一日の仕業では二〇本以上の列車を分解する。その仕事を一つ一つおぼえているわけではない。ましてや、十数日も前の仕業である。そんな仕業の分解表に記憶があるはずがなかった。だが、いくらそのことを話してみてもダメだった。そしてむなしく数日が警視庁の取調室で消えていった。

その取調の最後の段階で、国鉄の公安官室の主任が顔を出すようになった。鉄道公安官はまた独自の捜査をしていたらしい。そのうえで久保木氏にこのままではダメだといって、アドバイスをしたという。その結果、久保木氏は全面的な否認をやめて、あの分解表は、通勤の途上、煙草をすおうとしてポケットに手を入れたとき、煙草とともに取り出して落した、となった。これで取調官の一応の面子はたったのだろう。久保木氏はまもなく苦しい連日の取調べから解放された。

「私も若かったんでね。今考えると口惜しくってしようがないんだが、これが最大の抵抗でしたよ。だが、あのとき、私がもう少し弱かったら、どうなっていたか……。それを考えると身ぶるいがします。だから、松川だって、青梅だって、他人事じゃなかった。組合の連中には、動員費ドロボーだなんていわれながら、デモだの、大行進だのなんて、よく出かけたもんです」

松川運動の初期には、〝丸の内通勤者同盟〟を組織して活動したという平山氏も、ああそうだったのか、という表情で久保木氏の顔をみつめていた。

それはさておき、分解表について、もう少しつけ加えよう。私は、久保木氏のその分解表の写真が当時の新聞のどれかに出ていたはずだ、という話にもとづいて国会図書館で調べてみた。その結果、昭和二四年七月一三日付「サン写真新聞」第一面に、その写真を発見した。この写真を見ても、なるほど分解表は久保木氏がいったとおり細長い紙片であったことがわかる。

下山事件は遠い昔の話ではなかった

久保木氏の話を聞いたのち、私は何度か田端機関区をたずねて、構内の模様や機関車（蒸気）の取扱いについていろいろと教示をうけた。一方、一二〇一列車についても、最後のダメをおすため、勝田電車区にいる栗原宣氏（事件当日機関助士として一二〇一列車に乗務）に会うことを考え連絡をとっていた。

昭和四四年二月一九日、私は〝第四いわき〟で勝田市に向かった。水戸からは連絡どおり戸島氏が乗りこんできてくれた。私たちは勝田電車区を訪れ、昼の休憩時間を利用して栗原氏と話し合った。話はもちろん一二〇一列車関係である。だが、その話の内容は後にゆずって、ここでは八六九貨物列車の機関士だった、山本健氏について述べておこう。

私は知らなかったが、山本健氏の子息泰徳君が、勝田電車区に勤めていた。私がくるならば、あるいはなにか必要が起るかもしれないと考え、栗原氏は泰徳君を職場からいっしょにつれてきてくれていた。そこで私は栗原氏との話が終わったあとで、泰徳君にいろいろと聞いてみた。しかし、事件当時六歳ぐらいであった泰徳君には、あまりはっきりした記憶はなかった。これは当前であろう。だがこの話のなかで、山本健氏が亡くなったのが、昭和二五年二月一九日であることを知った。偶然とはいえ、この私の訪ねた日が、ちょうど二〇周忌のその日に当たっていた。私は驚くとともに、少なからぬ因縁を感じた。戸島氏には迷惑であったろうが、氏に道案内を頼むと、水戸に引きかえし山本未亡人をたずねることに決めた。

　さて、山本健機関士であるが、彼が水戸機関区に入りたてのころ、ここの機関庫の主任が若かりしころの下山氏で、手をとるようにして指導をうけた新入生の一人であったという。それから約二〇年を経て、ベテラン機関士となった自分が、不可抗力の状況下とはいえ、恩あるその下山氏を轢断したということに、山本氏の苦しみは深かったようである。

　未亡人の話はまずそこから始まった。「それは大変な悩みようでした。あの元気な人が病気になってしまったのですから……」

　だが、病気の原因はそのことだけではなかったようである。まもなく捜査当局の執拗な取調べが始まった。乗務を終えて帰宅すると、東京から呼びだしがきている。疲れた体を休めるまもなく東京へ。取調べがすむと、そのまま乗務。定員法で大量の整理が行われた直後だけに、職場には休暇をとる人員の余裕がなかった。取調べと乗務のくりかえしで、休養をとるまのない日がつづいた。頑健であった山本氏の体が次第に弱ってきた。

「秋になると、おなかが痛むといいだしたんですね。医者にみせると胃潰瘍で、すぐに手術しなければだめだといわれました。一〇月に手術して病院には八〇日ぐらいいたでしょう。まだだめだというのにどうしても帰りたいといって暮に退院し、正月を家でやったんです。輸血なんかももう少しやればよかったんでしょうが……。それにやっぱりあのことが気になり、苦にしていたんでしょう。二月一九日に死にましたが、その五日前まで東京の検察庁の人がきていました。主人は、何度きてもおんなじだ、といって断っていましたが、これが最後だ、もうこないといって調書をとって、署名しろといっていました。本当にあれが最後になってしまいましたね」

　聞いているだけで辛い話なのに、山本夫人は淡々たる口調で語られた。やはり二〇年の歳月が流れた、とでもいうべきなのだろうか。私はそんな感懐をいだいて戸島氏とともに山本家を辞した。

　しかし、水戸駅近くの弘済会事務所で会った長女の英子さんの態度はきびしかった。下山事件といっただけで、彼女の表情にはきっとしたものが走った。

「あの事件は、もう時効にもなったんでしょう。それだのになんだって今ごろまた、下山事件だなんて、いってくるんです。父は、あの事件で殺されたようなもんなんです。私たちだって、とても迷惑をうけました。悲しいおもいをしました。新聞だ、雑誌だ、放送局だと、つぎからつぎへ押しかけて……私には話すことはありません。いくら話したって、怪しい、怪しいといわれっぱなしで、本当に迷惑です。帰ってください。なにも話したくありません」

事件当時一五、六歳の少女で、母は関節リウマチで寝たきりのところに、父まで奪われ、そのうえ世間の冷たい眼にさらされどおしできた英子さんにとっては、当然な気持であろう。案内の戸島氏が、新聞、雑誌の人ではない、真面目にあの事件を調査している人だから……と、とりなしてくれたが、英子さんの怒りはなかなかとけなかった。私は英子さんの怒りの前で、山本夫人の話に二〇年の歳月は流れた、などと感傷的な気持になっていた自分を恥ずかしくおもった。下山事件は、決して過ぎ去った遠い昔の事件ではなかったのだ。

それにしても、山本健氏に検察庁がもとめていたものはなんであったのか――。山本氏が亡くなっている今知るすべもないが、機関助士として山本氏とともに八六九貨物列車に乗務した萩谷氏が、四年前私に語ったところによると、萩谷氏は取調官に、下山氏を轢いたことに気づかなかったということは、君たちが下山さんの死体を運んできて、それを轢いたから、気づかなかったといっているんだろう、と責められたという。あるいは、山本氏は、これと同じ追及をうけていたのだろうか。だが、山本氏たちが、下山氏の死体を運んできて、その死体を機関車の前に降ろして轢断するなどということが、考えられるだろうか。私はいくら検察庁でもそんな非常識なことを問題にしていたとはおもえない。とすると、問題になっていたのは、やはり延発の事情ではなかろうか。そう考えると、私はこの点の調査を徹底的に行ってみようと行動を開始した。

八六九列車（轢断列車）を追って

田端の仕組み

田端をめぐるもろもろの動きを解明するためには、田端駅と機関区の関係、建物の配置、列車や機関車の取扱いなどについて、若干の基礎知識が必要である。そこでその説明を少しばかりしておくと、問題となる機関区というのは、機関車の運用、整備、保守を行うところであって、駅と接続した地域にはあるが、駅からは独立した機関である。駅のほうは、列車を発着させて旅客の乗降、貨物の積降ろしを受け持つが、また、もっぱら車両の入換と列車の組成を分担する操車駅というのもある。田端に即していえば、昭和二四年の事件当時は、山手、京浜東北など電車の発着をあつかう部門と、貨物列車の分解、組成を任務とする操車関係部門を合わせて、一つの田端駅を構成していたようであるが、最近は後者の操車関係部分が田端駅から分離して、田端操駅となっているる。したがって現在は、この田端操駅というのが、各方面からの貨物列車の到着線、またそれぞれの方向への出発線、ハンプ、それに仕訳線などを管轄し、いちばん広大な地域を占めている。しかし、いずれにせよこの操車関係のほうは、到着線、出発線、仕訳線、ハンプなど、それぞれの位置関係は事件当時とはあまり変化がなく、東北、山手（貨物）方面の到着、出発線は王子駅寄りにあり、反対に、常磐線方向の到着、出発線は日暮里駅に近いほうにある。そして大雑把にいうとその中間の、線路が幾重にも並行して走っている広い部分が仕訳線であって、その仕訳線の北西方、すなわち、王子によったほうに北ハンプがある。この北ハンプの他に南ハンプというのもあるが、列車分解の主力は北ハンプで、ここで分解編成された新しい列車に、さらに若干の修正を加えるときに南ハンプが使われる。

つぎは機関区であるが、仕訳線の北側に、機関庫を中心に給炭、給水設備や、庫内手詰所、乗務員休養室などの建物がならんでいた、一区画がそれである。ただし、現在は電化さ

田端機関区機関庫付近配置図（昭和24年当時）

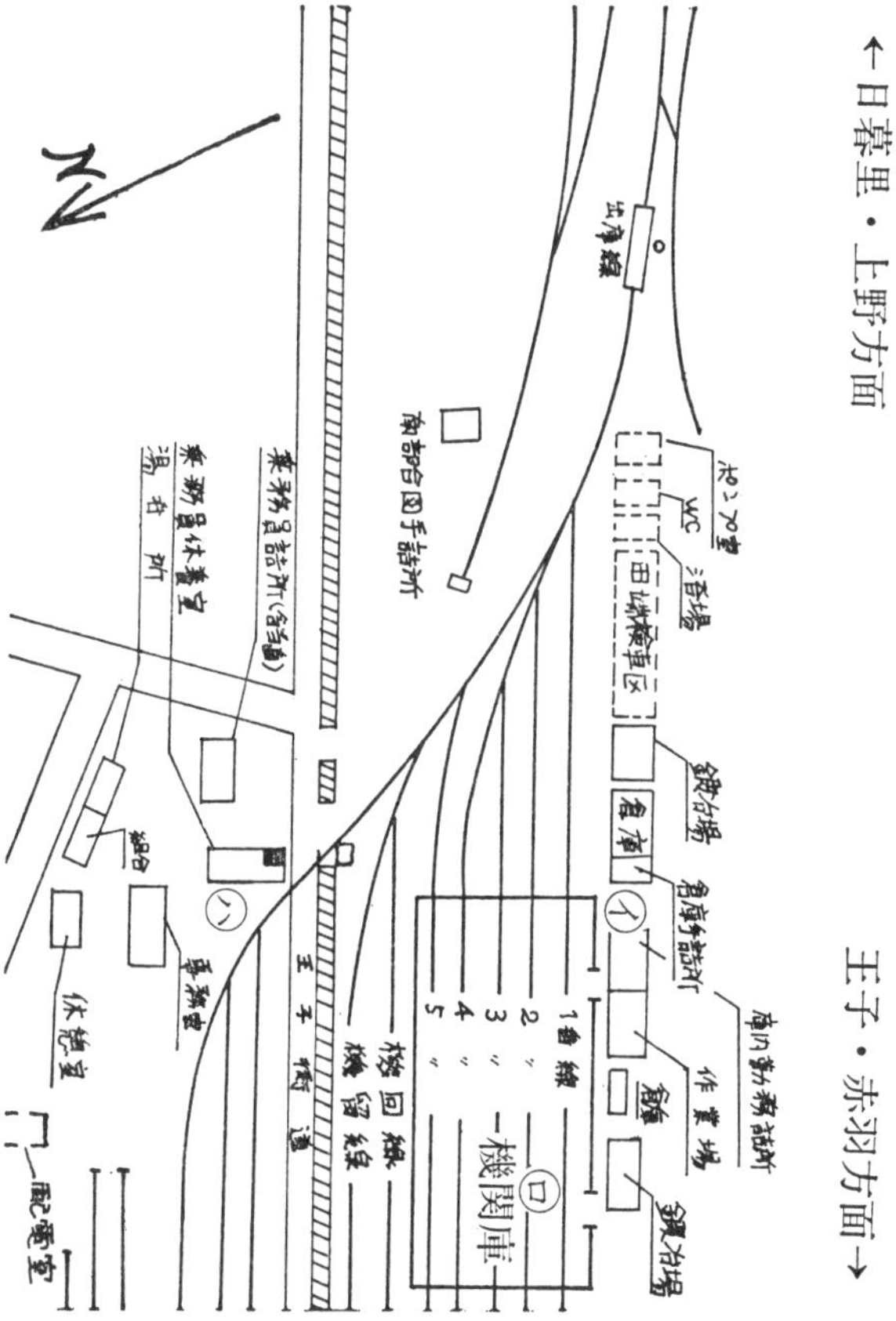

れて蒸気機関車はなくなり、したがって給炭、給水設備などは過去のものとなった。また、建物の配置や構造なども大分激しい変化をとげているので、事件当時の機関庫付近各種施設の配置図を前ページにかかげておいた。

この図で注意していただきたいのは、㋑の庫内勤務詰所と㋺の機関庫、それから㋩の乗務員休養室である。このうち機関庫は赤練瓦建で内部に五本の線が入り、庫内勤務詰所よりの側壁に二つ出入口があった。また乗務員休養室は木造平屋で、まん中に通路があり、それをはさんでいくつかの部屋がならび、その各部屋にはまた若干の二段ベッドがならんでいたという。この建物の図中、黒く塗った部分が起こし番の勤務場所で、ここには畳が敷かれ、寝ないで勤務を待つ乗務員が、煙草をすったり、雑談をしたり、ときにはまた将棋をさす、といったところであった。

田端にはもちろんこの他に、車掌区や貨車区などもあるのだが、それらのことは省略して、つぎに、蒸気機関車時代であった当時、一本の貨物列車が出発していくまでの手順を、常磐線のばあいを例に述べておこう。まず機関士などが休養室で寝ていたばあいは、起こし番が起こさなければならない。もちろん起こし番のほうは、休養室で寝ている乗務員は田端機関区所属のものもいるが、水戸や大宮、あるいは新鶴見などと各方面の機関区所属の乗務員も大勢いるので、顔をおぼえているわけにはいかない。そこで、ベッド番号と、起こす時刻を一覧表にしたものに従って起こしていく。起こされた機関士は、身支度をととのえ、当直助役から運転線の信号状況、徐行区間、その他の注意を聞くと機関庫にいく。機関庫には運用表に従って整備された機関車が待っている。そこで機関車をうけとる。

この機関庫の責任者には外勤機関士があたる。勤務場所は庫内勤務詰所だが、数名の庫内手を監督したり、また、出ていった機関車のあとに、つぎに使用する機関車をまわしたりする仕事をうけもっている。もちろんそれらの機関車が、予定された時刻にすぐ出発できるよう、庫内手を督励して炭水や蒸気圧を規定の状態に維持するのも、その仕事の一つである。所属は田端機関区にあり、運転助役の指揮をうける。

さて、乗務員は、うけとった機関車を点検して異状がなければ、南部合図手の誘導で出庫線に出る。ここまでが機関区の分担で、これから先は駅のほうの管轄になる。したがって機関車は駅の信号に従って、先に述べた日暮里寄りにある常磐線の出発線に向かう。

常磐線の出発線は三本ある。この他に機関車回転線というのが一本ついているので、これを入れると四本になる。ここで待機している列車は一本の線に必ず一列車とはかぎらない。その長短によって、ばあいによっては一本の線に二本の列車が入ることもあるそうである。いずれにせよ、この出発線で機関車は予定されたダイヤの列車に、はじめて連結される。連結手は、機関車と貨物列車両方のエアホースもつなぐ。そこで機関士はエアポンプを働かせ、連結された車両にエアを送る。貨車五〇両で、空気圧が規定に達するまでに約五分を要するという。圧力が規定に達したならば制動試験を行う。検車係が立ち会い、機関士は貫通制動ハンドルを〝重なり〟の位置にする。約三〇秒。これで空気もれがなければ、列車の出発準備は全部終了である。しかし、このままではまだ列車は発車できない。検査係が駅の助役に出発準備完了の合図を送る。この合図をうけると、助役は信号係に〝何列車を出す〟という指令をする。信号係はさらに隣の三河島駅に連絡をして承認をもとめる。その承認をもらったうえで、はじめて駅の助役が出発を指示する。

いろいろと面倒な手順があるものである。それでも急いで、順調にいけば、機関車が庫《くら》を出てから約一〇分ぐらいで、出発進行までこぎつけることができたそうである。ふつうで一五分。だから、機関車は列車出発時刻の二〇分少し前には出庫する、というのがならわしであったということである。

柴田氏の証言

下山総裁轢断列車八六九延発のかげに、作為があったのかどうか——。これが昭和四四年の二月末から五月にかけての、私の調査研究の中心テーマであった。私は暇をみつけては田端に通った。寒い一日、本当に丸一日をかけて、写真をとりながらあの広い田端の諸施設の外側を一巡し、さらに上中里、王子駅周辺まで足をのばしてみた。また、昼の休憩時間、国労田端分会の事務室に集まった機関士の人たちと会い、蒸気機関車の構造、取扱いなどについてもいろいろと教示をうけた。素人の私が発する珍問、愚問に驚きながら、それでも根気よく、ときには、すでに貴重な骨董的価値さえ生じたとおもわれるような、古い蒸気機関車関係の本を探してきて説明してくれた。さらに、すでに退職して大宮に住んでおられる事件当時の助役、渡辺栄一氏にも何度か当時の事情を話していただいた。これらの人びとに、ここでまず感謝の意を表しておきたい。

さて、これらの人たちの話のなかから、事件当夜の〝起こし番〟は木村明とY・Tの両氏であったことがわかった。このうち木村氏はすでに十数年前退職、死亡されていて、かつまた問題の時刻にはY・T氏が勤務についており、木村氏は休憩中であったということで、考慮外においてもよいようであった。また久保木氏からは、将棋の問題と関連して、柴田友三郎氏の名が出されていた。そこでまずこの柴田氏に関する久保木氏の話を紹介させていただくことにする。

柴田氏は茨城県東茨城郡美野原町の出身。一方、久保木氏は同県新治郡恋瀬村（現在八郷町）の出身。出身地は若干離れていたが、国鉄に入ったのが同年で、かつまた通勤のための乗車駅が羽鳥駅（常磐線）と同一であったため、二人は非常に気の合った仲のよい友達であったという。この二人が事件の当日、めずらしく久しぶりに公休日が一致した。そこで若かった二人は誘いあって、この日の午後浅草に出て映画を見た。たぶん、二、三軒の映画館をのぞいたのではなかったかということだ。いかに若かったとはいえ、恋瀬村（羽鳥駅から徒歩で四時間近くかかったという）まで帰るのはおっくうになった。それに柴田氏が六日早朝の乗務があった。そこで二人は家に帰るのをやめて田端機関区にきた。柴田氏も久保木氏同様田端機関区所属の機関助士だったのだ。久保木氏は、空いてるベッドをみつけるともぐりこんだ。だが柴田氏は、起こし番の部屋をのぞいた。そのときそのことを久保木氏は知らなかったが、それから十数日して起った田端の騒動から察すると、好きな将棋の誘惑に、柴田氏は〝起こし番〟と将棋を始めてしまったらしい、ということだ。

その将棋が原因で、八六九列車の乗務員を起こす時刻が三〇分おくれた、ということになった。しかも将棋をしたのが久保木氏の親友柴田氏。疑うほうは、ますます怪しい、となったようだ。久保木氏は警視庁で、「おまえが柴田にいいつけて将棋をささせ、八六九の延発をはかったのだろう」と責められたという。久保木氏自身にたいしては、下山氏の死体を現場に運んだ、という「疑い」をかけていた、ということは前に述べた。

私はこの話を聞いて、柴田氏に会わなければならないと考えた。国鉄をやめて久しく、久保木氏もいま柴田氏がどこに住み、なにをしているか知らない、ということだった。だが羽鳥駅の近くに彼の実家があるので、そこで聞けば連絡はとれるだろうという。しかし、そこを訪ねる機会はなかなかこなかった。私は久保木氏が同道してくれることを希望していたので、双方の都合がうまく一致しなかったのである。

五月になった。メーデーのつぎの日、私は〝ときわ八号〟で石岡に向かった。駅には久保木氏が待っていてくれた。二人はバスで羽鳥に向かい、そこで柴田氏の実家を探した。柴田氏の家も、その実家の近くにあった。案内をうけて訪ねると夫人が病気で寝ておられた。柴田氏の勤務先についてはあまり要領を得なかったが、帰りは七時ごろだという。それまで待つには時間がありすぎた。古いもので、あるいは現在はここではないかもしれない、という柴田氏の職場名の入った名刺をもらうと、私たちは石岡に引き返した。名刺には土浦市の会社名があったが、土浦まで行くと退社時刻をすぎてしまうおそれがあった。久保木氏が名刺の会社に電話をいれることにした。だが柴田氏は現在そこに籍がなく、他に移っているという。何度か押し問答の末、柴田氏が移っているとおもわれる会社の所在地を聞きだす。二人はタクシーにとび乗った。まだ、退社までにまにあうかもしれない。が、柴田氏はそこにもいなかった。結局そこからまた引き返し、石岡市のはずれの、これから小さな工場を建てるのだという、その建設予定地に柴田氏はいた。

久保木氏の「おい、柴田」という声に、びっくりしたような顔をして柴田氏はふりむいた。そして、下山事件のことだが……というと、一瞬きょとんとした表情になったが、久保木氏が今までの経過を説明すると、いかにも人のよさそうな顔に、ニコニコとした笑を浮かべ、「下山事件じゃ、俺も関係者の一人だもんなァ。よし、待ってろ。着がえてくる」といった。

柴田氏とは石岡市内の小さな食堂で話した。これが一回目だったが、それからまた一ヵ月ほどたった六月一二日、私は久保木氏とともにふたたび石岡駅前で柴田氏と会った。この二度の話を要約するとつぎのようになる。

浅草で映画を見て、機関区に帰ったまでは久保木氏の話と同じである。しかし、その時刻については、二人ともはっきりした記憶がない。が、柴田氏はともかく田端大橋のたもとの灯の下で、夏蜜柑を買った記憶がわずかに残っているという。当時はサマー・タイムであった。だから八時半ごろまではけっこう明るかったかもしれない。灯がついていた、という印象が残っていたとすると、九時はすぎていたということになろう。柴田氏の話は、それからまた記憶がはっきりしなくなる。つぎに記憶がよみがえってくるのは、八六九列車の山本機関士と、畳の敷いてある部屋で将棋をさしていたことであるという。そのために、山本機関士は三〇分おくれ、あとでそのことが問題になった、というのが柴田氏の記憶であるというのだ。しかし、三〇分のおくれというのは、列車出発一時間前に起こす、その規定の時間にたいしてのおくれなのか、あるいはまた機関車の出庫時間が三〇分おくれたのか、そのへんについては記憶は明確ではないようであった。

だが、いずれにせよ、将棋の相手が〝起こし番〟ではなく、山本機関士であったということは意外なことであった。一般には、〝起こし番〟が将棋に熱中していて、そのために起こし忘れ、起床が三〇分間おくれたとされているのだ。久保木氏もそうおもっていた。だから柴田氏の話は久保木氏にとっても意外だったらしい。久保木氏は何度か質問を重ねた。

「おめえよ、将棋をさしたというのは、山本機関士じゃないだろう。よく考えてみろよ」

だが柴田氏は、「いや、轢断列車の機関士だった」という。

「おれはな、山本という名前は知らなかった。だが顔はよく知っていた。水戸の機関士だということも知っていた。だから、同じ茨城県人という親しみをもってみていたんだな。それであの晩は、あの人が畳の部屋で、誰かと将棋をさしていた。それを見ていて、一局終わったところで、おれが相手になって、また始めたんだ。おれはあの人と一度だけしか将棋をさしたことはない。このときが最初で最後だったんだ。それに翌日、あの人が下山さんを轢いたと聞いて、おれはあの人と、ゆうべ将棋をさした、とおもったのだから間違いない。あとでそれが山本さんだと聞たんだ」

それでも久保木氏は納得いかないようだった。それじゃ、といって〝起こし番〟だった、Y・T氏の名前をもちだした。だが、このY・T氏についてもあまり記憶がないようだった。

「Y・Tか。あまり記憶がないなァ。だが今考えてみれば、畳が敷いてあった部屋というのは〝起こし番〟の部屋だよな。そうすると誰かやっぱりいたんだなァ。……うん、まてよ。そういえば、将棋をやっているところに、誰か一度きたのだな。だが、山本さんは起きて将棋をさしていた。それでわかっているんだろうとおもったのか、そのままになってしまったのかな。気がついたら三〇分おくれていた。こういうことだったかもしれないよ。山本さんはあとでおくれた原因を聞かれ、将棋をやっていた、と答えた。じゃ、誰とやってたんだというんで、柴田とおれの名前をいった。それでおれは警視庁で何度もしぼられた、機関区にもやってきて取り調べた、こういうことだったなァ……。そうだ、そうだ、それからもう一つおもいだしたよ。二度目のときは駅のほうからか電話かなんかあったんだったなァ、それで誰かがあわてて注意にきた……考えてみると、それがYだったのかな。山本さんはびっくりして、ふっとんでったよ」

本当に人のよさそうな顔である。ニコニコと、話にもなんの屈託もなければ、よどみもない。たしかに捜査本部に一度は事情を聞かれる立場に立たされていたことはわかるとしても、しかし、この二人と話をしていると、なぜそんなに厳重な追及をうけなければならなかったのかが不思議におもえてくる。そういうおもいに引っぱりこんでしまう、顔なのである。態度であり、話なのである。私の口からはおもわぬ愚問が飛びだしていた。

「しかし、それにしてもずいぶん疑われたもんですね」

こういって私は、はっとした。この問いは危険な傾斜をもっている。疑われた、という責任の一半を、その相手に背負わせてしまいかねない。私もかつて、それにしても、それにしても……と、問いつめられて困惑した経験がある。だが、これは疑われた人の責任ではないのだ。私は申しわけのないおもいになった。心なしか、柴田氏の表情が悲しそうにかわったようにおもえた。

「それが……」というと、やはり柴田氏は口ごもった。私は重い気持になった。だが柴田氏はやや顔を赤らめながらすぐまた話し出してくれた。

「それがね、警視庁のほうで私の思想調査にきてね。家の付近を聞き込んで歩いているうちに、『あれは、アカだ』というもんが出たんですよ。誰がいったか知ってますがね。それでめんどうになっちゃった。アカじゃ、やりかねない、というんでしょう。まァ、馬鹿げた話ですよ。しかし、私はアカじゃありませんでしたよ。当時、常東農民組合というのがあってね、兄貴がその竹原支部の副支部長をやっていたんで、私も青年部行動隊の隊長をやらされていましたが、アカじゃなかったんですよ……」

私は、「えっ」と声をあげた。私はここで、柴田氏か、久保木氏かのどちらかが、井上日召の流れをくむ〝右翼青年〟となっていたのをおもいだしたのだ。私がこれまで二、三度接触した範囲で考えるとき、久保木氏の態度からは、〝右翼〟

という感じはうけとれなかった。また、現に久保木氏が所属する国鉄労働組合田端機関区分会の平山分会長の話でも、平山氏が久保木氏を〝右翼〟とおもっているらしい口吻は、まったく見当らなかった。むしろそれとは逆の感じであったといっていいだろう……。とすると、かつての〝右翼青年〟は柴田氏になるのだが、その柴田氏が、多少の気恥ずかしい調子で、アカではなかったが、常東農民組合竹原支部の青年行動隊長だった、という。久保木氏もそれにうなずいて、「おめえも、あのころは元気だったよなァ」と微笑しているのだ。常東農民組合といえば、山口武秀氏にひきいられた戦闘的農民組合で、戦後の農民運動に一時期を画したほどの、音にきこえた農民組合であった。井上日召の護国堂などとは縁もゆかりもなかったろう。いったいどういうことなのだ。私の顔はしぜん、久保木氏のほうを向いた。

「じゃ、やはり久保木さんが、護国堂のほうと……」

だが、これもまったくの愚問であったらしい。久保木氏は笑った。

「堂場さんの本や、アカハタのあれ、ですね。井上日召がたてこもった護国堂のある、磯浜町の出身というやつでしょう。だが、私の生まれは、この前佐藤さんにいったとおり、新治郡恋瀬村……。ここは、あの加波山事件の加波山のふもとですよ。もっとも、現在はあのころの自由民権の気風などというものはなくなって、どっちかというと保守的な農村ですがね。それにしても、磯浜などとは方向違いですよ。地図で見たってわかるでしょう。それに私は、戦後三年ほどソヴィエトに抑留されて、まァ、早く帰してもらいたいという気持もあって、民主化運動なんかをやって、右翼などというのとは縁どおかったのですよ。いや、それどころか、警察のほうじゃ、左翼とにらんでつかまえているんです。これは間違いありませんよ……」

私はこのあとで、堂場氏の『下山事件の謎を解く』や、昭和三四年七月七日からアカハタに連載された、「下山事件をさぐる」などを読みかえしてみた。そこではやはり、久保木氏たちが、右翼という立場で、あつかわれていた。とくにアカハタなどは、久保木氏らにたいする捜査当局の取調べはまったく手ぬるかったと、その取調べの態度を責めてさえいる。妙なことである。どうしてこういうことになったのか。私はどう考えてみてもよくわからない。そして、考えれば考えるほど暗く悲しい気持になってくる。

だがそれはともかく、柴田氏の話をもう少し追ってみよう。私はさらに、そういう立場に立たされた柴田氏たちにたいする周囲の反応を聞いてみた。これがまた、二〇年間にわたって真実が語られず、事実とははるかにかけ離れたところで、下山事件が問題とされてきた原因にもつながるかもしれない、と考えたからだった。

果たして、柴田氏から返ってきた答えは、私がなかば予想したとおりだった。誰もが、かかわりあいになることを避けて、態度をあいまいにしたという。いや、それどころか、保身を考える人たちは、国鉄当局と警察の取調官に迎合的態度さえとったという。また、賢明な人たちは口をつぐんだ。その結果がどういうことであったのか。——捜査当局でさえその容疑を解いたあとでもなお、新聞紙上では柴田氏たちは〝犯人〟であった。そして一度強烈な恐怖心をあたえられた人びとのあいだからは、これにたいしても抗議の声はあがらなかった。

柴田氏は、人間の心の冷たさを痛烈に感じさせられたという。組織にたいする不信もおさえられなくなったという。その結果、国鉄の労働組合をぬけ、田端で組合が二つにわかれたときも、そのどちらにも所属せず、結局は、最後に国鉄そのものからも退職してしまったという。今は美野原町に住み、そこからあまり遠くないところの、ある小さな会社に勤めている。

起こし番Y・T氏のこと

起こし番をしていたといわれるY・T氏に会ったのは、六月二日（昭和四四年）の夕刻であった。品川駅のホームで待ちあわせ、高輪プリンスホテルのロビーで話を聞くことができた。——こう書くと、いかにも簡単にY・T氏に会えたようになるが、しかしここまでが大変であった。Y・T氏がどこにいるのか、だいたいの見当は田端機関区の人たちにつけてもらったが、それからまた国労東京地方本部の人たちの協力を得た。そこで所属を確認してもらったうえで、私はY・T氏に手紙を書いた。五月三日であった。が、返事はなかなかこなかった。私はおもいきって電話をかけた。終業後一〇分でも二〇分でもいい、もしそれがムリなら五分間だけでも、ぜひ会っていただきたい……。だが、Y・T氏は頑強に拒否された。——あれから二〇年たって、悪夢のような思い出をやっと忘れられた今ごろ、あなたはなぜそれをまたむしかえそうとされるのか、私がどんな嫌なおもいをしたかあなたなどには到底わからない！　ほっておいてくれ！　二度と電話などかけないでもらいたい、というのだ。

その気持は私にも痛いほどよくわかった。私でさえ、二〇年前のことをあれこれ執拗に聞かれると、ときたま、もうたくさん！　という気持になる。その善意を理解できても、正直なところほっておいてもらいたいと叫びたいようなときがある。私はY・T氏との電話のあと二、三日、深い憂鬱にとらわれた。むしろ虚脱状態といってもいい。なにか自分のやっていることが、大きな誤りを犯しているような気持に襲われて苦しんだ。あるいはY・T氏のいうように、二〇年かかってようやく記憶のなかからその暗い部分を追い払い、やっと平静な心を取りもどしたのなら、それをそっとそのままにしておくほうが本当かもしれない——。私は迷った。

だが私はもう一度ペンをとった。Y・T氏の気持はよくわかる。しかし、下山事件について書かれたもののなかでは、Y・T氏たちが八六九貨物列車を故意に延発させるために動いたようになっているものが多い。しかもこれを逆に、明確に否定する立場で書いているものはまったくないのだ。だが私は、私の現在までの調査でその点に疑問をもってきた。私はY・T氏を疑う立場で話を聞きたいというのではない。そのことを理解してもらいたい。それにもう一つ、あの夜の田端の動きが怪しかったのだということをこのまま放置すると、あるいは歴史的事実として定着してしまいかねない。それでも本当によいのだろうか。あとで後悔するようなことがないかどうか。その点をよく考えてもらいたい……。私はこういう趣旨の手紙を書いて、また電話をかけた。そういうやりとりを重ねたうえで、Y・T氏に会うことができたのである。

だがホテルのロビーで向かいあっても、Y・T氏は私にたいする心を開いてはいなかった。むしろ警戒的な態度といってもよかろう。私の質問に、何度か自分を犯罪者あつかいにしていると抗議をした。私は悲しい気持になりながらY・T氏の話を聞いた。その話を要約しておこう。

——私が、問題の五日の夜の〝起こし番〟に当たっていたことは確かだとおもう。私はそのことで警察や鉄道公安官の執拗な追及をうけた。だがその取調べが始まったとき、すでに私には事件の夜の正確な記憶はなくなっていた。自分が将棋をさしていたようにもいわれているが、そのときそれが事実だったのかどうかもおもいだせなかった。今でもはっきりしない。だから相手のほうはますます怪しいと考えたようだ。将棋をしていたのをかくしている、といって責めたてられた。しかし、夜になると田端からは常磐線ばかりでなく、東北、山手（東海道方面への貨物線）、その他の方向にひっきりなしに貨物列車が出て行く。その列車の機関車は全部田端機関区から出庫する。〝起こし番〟はそれらの機関車の乗務員をつぎからつぎへと起こしていかなければならず、考えられる以上にいそがしいのだ。しかも、他機関区所属の機関士や助士なども多く、いちいち名前も顔も知らないし、おぼえられもしない。ベッド番号と時刻表だけが頼りなのだ。起こしたか、起こさなかったかをとくに記録するという仕組みにもなっていない。だから一〇日もたって、何日の何列車の乗務員を何時に起こしたか、などといわれても記憶にないのがあたりまえなのだ。あの夜のこともそのとおり。八六九列車の乗務員を、本当に私が起こし忘れたのか、あるいはまた、私がその時刻に将棋をさしていたのか、実際に私にはなにもわからない。記憶がないのだ。それを責められてもどうしようもない。私はこの問題で取り調べられるまで、自分は自分の業務を通常どおり、間違いなく行ってきたとばかりおもっていたのだ……。

私はY・T氏の話が一段落したところで、柴田氏の名前を出してみた。だが、Y・T氏は知らないという。どこの人か、と聞くので羽鳥から通っていた田端機関区員だというと、首をひねってしばらく考えていたが、やはり記憶にないという。それで私は柴田氏の話を始めた。——八六九列車の山本機関士と将棋をさしていたのは柴田氏で、そのとき誰かが時間を知らせにきたようだった、という柴田氏自身の記憶である。ところが、この話を途中まで聞いてY・T氏は「それはおかしいじゃないですか！」と怒りだした。いや、私にはどうしても怒っているとしかおもえない興奮したしゃべり方だった。

「だってですね。私があんなに苦しめられているのに、じゃなぜ、その柴田という人は黙っていたんですか。あのとき、なぜ一言、そういう話をしてくれなかったのですか。それを今ごろになって、そんなことをいわれても、私にはなんの役にもたちませんよ。卑怯じゃないですか！」

私は一瞬あっけにとられた。最初Y・T氏がなににたいして怒りだしたのか、はっきりわからなかった。しばらくしてようやくY・T氏のいい分を理解したとき、あの事件によって引き裂かれた、田端機関区の断絶のすさまじさを感じないわけにはいかなかった。私は一生懸命、柴田氏も同じ立場で苦しんでいたのだと説明したが、そのことがどれだけY・T

氏に通じたろうか。私は四年前、機関助士として山本氏とともに八六九列車に乗務した萩谷氏が、自分が起こされたときは三〇分前だった、びっくりして「山本機関士を頼む」といって、一人で機関庫に駆けていった、と話してくれたそのことについてもY・T氏から聞いておこうと考えていたが、この人のこの怒り方の前ではあきらめざるをえなかった。

先に私は、六月一二日にも柴田友三郎氏と石岡で会ったと書いたが、それは柴田氏の記憶がその後もかわらないかどうか、を確かめるためだった。だが、柴田氏の話はかわらなかった。どう考えてみても、自分の記憶はこの前話したとおりだというのである。

そうすると、亡くなった山本機関士をのぞいて、八六九貨物列車の延発問題で登場させられた当事者である、Y・T、柴田両氏と萩谷定一氏の話は完全には一致しなくなった。もっとも、いちばん肝心とおもわれるY・T氏の記憶がはっきりしないし、しかもそのはっきりしない理由も一応肯定できるところであれば、三人の話の一致をもとめるほうが無理であるということになろう。それにまた私は、私がこの三人に会うまでの経過や、会って話を聞いたときの印象などから、私の質問に不愉快さを感じられたことがあったとしても、話された内容は記憶のままの誠実なものであったとおもわれたし、なによりもそこに、延発をはかる作為が存在していたというにお<ruby>い</ruby>はまったくなかったといってよい。そうしたことを自分自身で確かめられたことで、私はこの人びとの話を聞いたことに満足した。

それからもう一つ。萩谷氏の起きるのが、発車一時間前という規定より三〇分おそかったとしても、いや実際萩谷氏はそれを認めておられるのだが、これだけならば八六九列車はおくれることなく、定時に発車していたろうということだった。というのは、はじめにも書いたとおり、機関庫から実際に機関車が出るのが、通常発車二〇分ちょっと前といわれているのだから、三〇分おくれてもそれにまにあうことは明瞭である。私の会った、当時の助役や機関士の人たちも、急げば一五分もあるとまにあったものですよ、といっていた。とすれば、〃起こし忘れ〃か、〃起き忘れ〃かはともかく、その三〇分のおくれというものは、あまり問題でなくなる。そう判断すると私はここで一応この調査を打ち切り、つぎの問題の検討にかかった。

蒸気圧の低下は作為か

さて、その〝つぎの問題〟であるが、これは萩谷氏が八六九貨物列車の牽引機関車、D五一六五一に駆けつけてみると、一〇キロ（機関車の蒸気圧は最高出力時で一五キロ、庫内では一〇キロを維持しなければならない）はなければならない蒸気圧が六キロしかなかったということである。しかも、私が萩谷氏から聞いたところでは、発電機などいくつかの補助機械を始動させたら、さらに蒸気圧は四キロぐらいに低下してしまったということであった。そのうえ火床の火種（埋火）も非常に少なかった。これでは機関車は動かない。点火番があわてて火種を起こそうとしたが、萩谷氏は自分のほうがなれているとそれを制し、油にひたしたボロ布や薪を投げこんで、必死になって蒸気をあげた。そのかいあって、出発でのおくれは最小の八分に食い止め、事件現場通過時には二分間のおくれに短縮していた。

問題は、この蒸気圧の低下が、作為によるものか、否か、というところにある。私はこの点について、萩谷氏はもちろん、田端と水戸の両機関区の人びとから多くの意見を聞いた。その結果は、結論的にいうと、あれはなんらかの工作があってのことではなく、自然と蒸気圧が低下したのではなかったか、ということであった。石炭事情なども悪かった時代で、当時はよくああいうことがあり、めずらしいことではなかったというのだ。この点では大方の意見が一致していた。

だが一方、アカハタ、『日本の黒い霧』、『謀略』など、下山事件について書かれたものは、逆に一致して、蒸気圧は人為的に下げられたとしている。ここではその一例として、加賀山之雄氏の「下山事件！　その盲点と背景」（『日本』昭和三四年七月号）から引用しておこう。

「ともかくも、おくれて起こされた機関士はあわてて、機関車に飛び乗ったが、ここでまた不思議なことに、カマの蒸気の圧力をしめす計器、ゲージが全部下までさがっている。つまりカマの蒸気が全部抜いてあるということなのだ。ゲージが自然に下がるということは絶対にありえないことだし、また出発前の機関車のゲージは所定のところまであげておかねばならない規則もある。結局、下がっているゲージをあげるために、この機関士は一生懸命石炭をくべて蒸気をあげなければならなかった。だれかが蒸気を抜いて、ゲージをさげたということは充分かんがえられることであった」

加賀山氏といえば事件当時の国鉄副総裁、そして下山氏のあとを引きついで第二代の総裁になられた人である。この加賀山氏が他殺説、しかも〃左翼勢力による謀略説〃の立場をとっていることは、よく知られている。今ここでその説の当否を論ずるつもりはないが、しかし引用のこの文章に関していえば、これはあまりにもお粗末すぎよう。加賀山氏は、「カマの蒸気が全部抜いてある」という状態がどういうことなのか、果たしてご存じであるのだろうか。

鉄道教習所の古い教科書や、蒸気機関車に経験をもつ人びとから得た知識によると、まず蒸気を全部抜くというのは、一〇日間に一度か、あるいは走行キロ数に応じて定められた検査の際などの、洗罐のばあいにしか考えられない。このときは動力逆転機の逆転レバーを中間位置(すなわち前進でも後退でもないところ)に固定し、ブレーキをかけ、そのうえで蒸気加減弁(レギュレーター)を開く。そうするとカマの蒸気は蒸気溜よりシリンダーを通り、煙室の煙突の真下にある吐出管から猛烈な勢いで吹き上げる。その勢いはスレートの屋根などは簡単にぶち抜いてしまうほどのものであるという。だからこの作業をするときは、機関庫の高い屋根の上につき出た煙突の下に、機関車の煙突が重なるような位置に機関車をもってきてやることになっていたということだ。さらに、これからまた罐水を抜くには、外火側板についている吹出弁を外から開かなければならない。もっとも罐水とはいえこのばあいは煮えたぎっている熱湯だから、ちょっとへまをすれば大火傷をしかねないので、けっして簡単な作業ではないという。

一〇キロの蒸気圧をゼロに下げるのにはこれだけの作業が必要であるといわれる。そしてこれだけの作業をすれば、蒸気を抜くだけでも大きな、猛烈な音がするので庫内手はもちろん、すぐ近くの庫内勤務詰所にいる外勤機関士などが気づかないはずはない。それにまた、こうして蒸気圧をゼロにしてしまったのでは、短時間でふたたび蒸気を上げ、八分程度のおくれで八六九列車が出発することはできなかったろう。現に萩谷氏は圧力計(ゲージ)は六キロをしめしていたというのだから、蒸気圧をゼロにしてしまったという加賀山氏の文章は、この点からも実情とおかけ離れてしまっている。加賀山氏がどうしてこんなことを書かれたのか理解に苦しむところだが、あるいは〃左翼謀略説〃を主張したい一心での、筆の走りすぎではなかろうか。

では加賀山氏がいうようにカマの蒸気を全部抜いてしまったのではないとしても、たとえば、一〇キロのところを六キロまでに、誰かが蒸気圧を下げてしまったものなのだろうか。しかしこの点についても、機関士の人たちの意見は否定的だった。たとえ一キロにしろ二キロにせよ、蒸気圧を下げるには、先に述べたような手順で吐出管から蒸気を吹き出させる以外に方法がない。蒸気の力のすごさにはかわりはなく、やはり猛烈な音をたてるというのだ。この音は機関庫のなかに轟音となって響きわたるので、庫内手か誰かが、必ず気づくはずだというのである。考えてみれば機関車はその自重だけでも一〇〇トンをはるかに超える。それにさらに数百トンの列車を引っ張って走るのは、この蒸気の力である。その蒸気を、たとえ一キロ減までにしろ抜くということは、いわれるまでもなくなまやさしいことではないはずだ。

それにもう一つ考えなければならないことは、前にも述べたが、田端は貨物関係の機関区である。貨物列車というのはその大部分が昼間の旅客列車の運転が終わったあとで動きだすので、夕刻おそくから翌朝早くまでがこの機関区の勝負どき。一一時前後といえばそのなかでもいちばん忙しいといわれるくらいの時刻で、機関車の動きもあわただしければ、庫内手なども休むひまもないぐらいといわれ、こういうなかでこっそり蒸気を抜いて圧力を下げるということは、どう考えてみてもできそうもない。まず絶対不可能だろうということだ。

とすれば、蒸気圧は自然に下がったということになる。加賀山氏は、「ゲージが自然に下るということは絶対にありえない」と書いているが、しかし現場の人たちは笑う。

「蒸気圧が自然に下るということが絶対ないというなら、こんな有難いことはないぜ。われわれは、二時間なら二時間、そのあいだ蒸気圧が下ってしまわないよう埋火するのに、どんなに苦労したかわかりゃしねえよ。そこがまた機関士の腕のみせどころだったもんな」

さて、八六九列車の牽引機関車D五一六五一は水戸機関区所属の機関車であった。水戸の人たちの話によると、この機関車は昭和一八年一〇月二六日の、土浦駅における三重衝突事故(死者一一〇人)に遭遇大破、その後修復して使用中のものであったそうである。これは余談である。がそれはともかく、このD五一六五一は事件当日水戸から何列車かを牽引してきて、田端の機関庫に入った。このばあいは、水戸から乗務してきた機関士たちが、石炭や水の量、それから蒸気圧などを田端機関区の外勤機関士に報告し、機関庫の指示された位置に停車させるのだそうである。同時に、乗務してきた機関士たちは、この機関車の仕業表に従い、たとえば三時間後に出庫する予定になっていれば、それに合わせて罐水などを調整したうえで埋火をする。埋火というのは、カマの火床にひろがっている燃えさしの石炭を一個所にあつめ、さらに必要に応じて新たな石炭をつぎたし、三時間のあいだに蒸気圧が一〇キロより下らず、しかも、三時間たって出庫するときにこの一個所にあつめた火種を火床にばらまき、その上に石炭を投げこめばすぐ出発できるように手当をしておくことである。これが終わって水戸からの乗務員は一つの仕業から解放される。

この埋火には、相当の経験と熟練を要する。埋火が多ければ蒸気圧は一五キロを超えて安全弁を吹きあげる。逆に少なければ一〇キロを割ってしまう。だいたいは埋火の直後に蒸気圧は若干上がり、そして次第に低下してくるのだそうである。埋火をどの程度にするかは、外気温やそのときの蒸気圧、それに時間などを勘案してきめるのだが、石炭の質などによっても左右され、当時はその点からもなかなかむずかしいことだったという。あっというまに燃えつきてしまうような、粗悪な石炭もまじっていたからだ。もちろんこの蒸気圧や埋火の状態は、庫内手なども随時見まわるようにはなっていたらしいが、実情は乗務員の腕を信用して、必ずしもそのとおりにはやられていなかったといわれる。だから、D五一六五一の蒸気圧が下っていたことも、またそれが、萩谷氏が駆けつけるまで気づかれなかったことも、自然のこととしてありうることであったといえよう。逆に、それを作為の結果と考えることは、これまで検討した機関庫内の状況などから判断すると、やはり無理があるとおもわれるのである。

偶然だった延発

これまで、機関車D五一六五一乗務員の〝三〇分のおくれ〟と、D五一六五一自体の蒸気圧低下の問題を別個に検討してきたが、ここでもう一度総合的に考えてみたいとおもう。先にもちょっとふれたが、その理由はともかくとして乗務員のほうが三〇分おくれたとしても、機関車のほうに異常がなく、蒸気圧が規定どおりであったならば、八六九貨物列車は時刻表どおり出発できたであろう。このことは業務の流れの時間関係からしてそうであり、また、萩谷氏も、田端機関区の経験のある機関士の人びとも、一致して認めるところである。

それからもう一つここで考えておかなければならないのは、当直助役の点呼である。機関車乗務員は、その仕業のはじめにあたってこの当直助役の点呼をうけなければならない。これを逆にみると、当直助役は、起床時刻からまもなくしてやってきて点呼をうけなければならない乗務員がこなければ、適切な処置をとらなければならないということである。当直助役は列車運行に支障のないよう、業務が予定表どおりに進行しているかどうかをチェックし、監督、指導する責任があるのだから当然である。現に柴田氏は、将棋をやっているときに、「駅のほうからか電話かなんかあった」といっている。おそらくこれは、駅ではなく機関区の当直助役からの連絡であったろう。こういう事情を考えると、機関車乗務員が機関庫に行くのを、どう工作してみたところで列車出発予定時刻三〇分前より以降にするには限度があった、と考えなければならない。

だから、機関車D五一六五一の出庫をおくらせようとするならば、どうしても蒸気を抜き、その圧力を下げておかなければならないということになる。だが、これは先に検討したとおり到底実行不可能である。

しかし、ここでは仮にそれが可能であったと考えよう。蒸気圧は一〇キロから見事に六キロに下げられた。謀略工作はうまくいったとしよう。

だが、ここでさらにもう一つ考えなければならないことは、最終的に謀略工作がうまくいくためには、また前にもどって、点呼ぎりぎりの時刻まで乗務員を乗務員休養室に足どめしておかなければならないということが、必須の条件であるということだ。それが成功せず、萩谷氏たちがもう数分早く機関庫にくれば、たとえ苦労して蒸気圧を下げておいても、その努力は水泡に帰せざるをえない。現実に、六キロの蒸気圧であっても、八六九貨物列車の延発は萩谷氏たちの努力によって八分にとどまっている。しかも現場までに、そのおくれもほとんどとりかえして、定時に二分の差しかなかった。

だから、八六九列車の延発が、たとえ八分にしろ謀略工作によるものとすると、乗務員の〝起こし忘れ〟と機関車D五一六五一の蒸気圧の低下の両方が同時に成功したということになる。どちらか片方だけの成功では、延発は引き起こせなかった。またもし、この延発が、謀略を計画した集団にとってどうしても必要なことと考えられていたとするならば、これらの工作が成功したか否かをチェックし、連絡その他の処置を講ずる人員も配置されていただろう、ということも考えなければなるまい。

だが、それらのことはいかにたくみに行われたとしても、発覚の危険は多い。事実数人が疑いをかけられ、捜査当局の厳重な追及をうけた。この危険を考えると、発覚の可能性の多い冒険を避け、前に述べたように、なぜ八六九貨物列車の以降に現場を通過した列車に轢かせなかったのか、という疑問をどうすることもできない。以上のような点を総合して考えると、八六九貨物列車の田端駅延発は謀略工作などによるものではない、と判断せざるをえないのである。

ところでこれは蛇足になるかもしれないが書いておこう。あるとき私は列車出発の手順の説明をうけながら、ひょいとひらめいたことがあったので聞いてみた。

「ではそのとき、何台目かの貨車のエアホースに、小さな孔でもあいていたらどうなりますか？……」

相手はこの突然の質問に、私の考えをはかりかねたらしく、なかなか返事にならなかった。そこで私は説明を始めた。——出発線に待っていた列車に機関庫から出てきた機関車が連結された。もちろんエアホースもつながれた。エアポンプが働き各車両に空気が送られる。そして制動試験。機関士は制動レバーを〝重なりの位置〟において三〇秒待つ。その間のエアプレッシャーの減が規定の〇・二以下なら、出発はOKとなる。だが仮に、その際、どの車両かのエアホースにでも孔があいていたら、どうなるか……私の質問はこういうことだった。

さすがに長い経験をもつ機関士であった。ここまでくると私の質問の、その裏の意味まで察して笑った。

「佐藤さん、そんなことはいわないほうがいい。そんなことをいうと、あいつはあやしいなんていわれるばかりですよ。ひょっとすると佐藤さんは、そんなことをいっていたので、松川事件でもあやしいとにらまれたんじゃないですか」

私は苦笑して答えた。

「松川事件ではとっくの昔に、あやしくなかったことが証明されていますよ。心配ご無用！」

読者の皆さんには、これだけではなんのことかおわかりにならないとおもう。そこで私の質問の裏の意味を解説しておく必要がある。

仮に——である。エアホースに小さな孔があいていたとする。制動機構に送りこまれている空気圧は八キロもあるのだから、たとえそれが目に見えぬほどの小孔でも、空気はどんどん逃げだす。制動試験では規定の減圧をはるかに超えてしまうことになる。こうなると検査係はその原因の究明をしなければならない。そうして〝エアもれ〟の場所を発見すると、今度はその車両を解放するということになる。列車はもう一度ハンプに返され、押したり引いたりして、エアもれの車両を列外にはじきだす。もちろん列車の発車は完全におくれる。

しかもこの工作は、発車線にならべられた車両にたいして行えるのだから、人影もまばらだし、照明ののどかない部分もあったりで、確実に目的を果たすことができるだろう。〝起こし番〟に工作したり、機関車の蒸気圧を下げたり、などというやり方よりはるかに簡単で、現実的である。

「ですからね。あれはどう考えてみても馬鹿馬鹿しいのですよ。偶然に二つのことが重なったにすぎません。機関区にきて実情を見たり聞いたりすりゃ、すぐわかるんですがね。それを謀略に結びつけるのは、やっぱり素人考えというもんでしょう」

列車出発の手順や、機関車の取扱いなどを説明してくれた機関士はこういって笑った。

一二〇一列車の実態

さてここで、もう一度一二〇一列車関係について述べようとおもうが、まずその前に、先にふれた〝殺害場所〟関係について検討しておく必要があろう。なぜならば、『日本の黒い霧』は、下山氏が殺害された所を、田端駅と引込線でつながる北区内の米軍工場内と想定し、そこから下山氏の死体は田端に運ばれ、さらに田端から一二〇一列車で轢断現場に持っていかれた、としているからである。しかもそれが、田端をめぐる「謀略」と関連して説かれているのだから、やはりここを避けて通ることはできない。

とはいっても、実はこの問題はわりと簡単なのである。というのは、『日本の黒い霧』が、下山氏殺害場所を米軍工場内と推定する根拠は、下山衣服についていたといわれる色素だからである。このことは同書がつぎのように書かれていることからも明瞭であろう。

「また色の粉と油についても、その施設の内容に結びつかないだろうか。その付近に『兵器』の補修工場はなかったか。例えば、色の粉についても、青味の多い緑色というのは非常に興味がある。白、赤、茶などは少量だったということも面白い。占領当時、外国の兵器を見た人は、その色が濁った暗いグリーン色だったことを思い出すだろう。迷彩の色も思い出す。私はこの意味から下山総裁の殺害現場は北区にある一地点であると想定している。そこには、修理と補給の『工場』が在った筈である。付近の人々は、戦車や高射砲などが引込線から駅に積出されるのを見た筈である。それらの兵器の色彩を考えるがよい」

ところが実は、この色の粉(色素)は塩基性染料だったといわれる。このことは、『日本の黒い霧』が発表される一年半ほど前の昭和三三年五月一四日、『週刊朝日』奉仕版で、矢田喜美雄氏が「下山事件・記者日記」と題して書いている。そこで塩基性染料とすれば、どう考えてみても兵器とは一直線に結びつきそうもない。この塩基性染料というのは合成染料としては古典的で、しかもわりとポピュラーなものなのである。特徴の一つとしては色調がきわめて鮮やかだが、太陽光線に弱く褪色しやすい。それに第一、兵器に使うのなら塗料のはずだが、こちらは染料である。仮に色が似ているとしてもまったく別のものなのである。以上の知識を私は百科事典から得た。しかしそれだけでは不安なので、一、二の化学者に確かめてみた。それらの化学者は、塩基性染料ならばそのとおりだが、しかし本当に塩基性染料だったのですかね、となかばあきれ顔だった。

そこで私は、下山衣服を実際に調べたといわれる塚元久雄氏(事件当時東大薬学教室助教授・現九州大学教授)に教えをこうべく福岡にとんだ。四三年の五月二九日である。そのときの問答録は、『資料・下山事件』(みすず書房)に収録されているので、詳細はそちらにゆずるが、結論的にいうと、塚元氏は塩基性染料であったことを確認し、アメリカの特殊な色素だという説を否定された。またこの染料は医療用などにも使われ、したがって病院や研究所はもとより、染色をやる家庭の主婦の手もとにもあれば、一般の染色工場にもある、たいへん用途の広いものであることも明らかにされた。

こうなると、『日本の黒い霧』の米軍工場説は、その根拠を失うことになる。したがって田端との結びつきも、まず考えなくてよいということになろう。

さてそこで問題の一二〇一列車だが、この列車を『日本の黒い霧』は、田端を出る貨物列車と想定しているが、それも事実とちがうことはすでに前に述べた。一二〇一列車は占領軍列車に違いなかったが、横浜と札幌を結んでいた定期的旅客列車だったのである。都内での停車駅は東京と上野にかぎられ、田端は停車はもちろん通過もしていなかったのである。

そのことは、事件当日、運転専務車掌としてこの列車に乗務した、水戸車掌区の大内泰弘氏の話とともにすでに詳しく紹介した。それで問題は尽きているようにおもうが、なお若干の補足をしておこう。

昭和二二年の『交通年鑑』を見ると、その「連合軍と鉄道」というところに、つぎのような記載がある。

定期軍用旅客列車（全部急行）

毎日　東京――佐世保間

（Dixie Limited）　朝東京発

東京――博多間

（Allied Limited）　夜東京発

東京――大阪間

（Osaka Express）　夜東京発

上野――札幌間

（Yankee Limited）　夜上野発

右のような列車が毎日連合軍専用急行定期として動いており、このほか週一回ないし二回似たような列車が動いている。

このYankee Limitedが一二〇一列車の愛称で、占領軍の間ではもっぱらこの名で呼ばれていた。ここからもわかるとおり、占領軍専用列車で一般駅に時刻表は掲示してなかったが、しかし第三鉄道輸送指令部の職員で、横浜からのちに仙台のDTO（地区指令部）に移った西倉勇吉氏や、その他国鉄関係者の証言によると、許可証があれば日本人も乗車できたという。このことは河崎一郎氏が「敗戦占領下の私の役割」（『週刊新潮』昭和四四年七月一九日）で、つぎのように書いていることからもわかる。

「私は……ソ連から引き揚げてのち横浜勤務となり、第八軍司令部との折衝に当っていたが、まず最初に司令部の有力者に対し、私の任務を満足に遂行するためには、当時の交通状況から、どうしても進駐軍列車で国内を旅行する必要があることを強硬に主張して、特別の取計らいで、無期限のパスを出してもらった。そしてその後数年間にわたり、私は進駐軍将校に同伴、あるいは単独で全国津々浦々をくまなく旅行して回った。

進駐軍列車は白帯をつけ、冬はスチームをふんだんに通して運転され、車両は国鉄の一、二等車を徴用して使っていた。横浜駅を毎晩九時半に出た札幌行の『ヤンキー』特急は、私には特に思い出が深かった。この特急に乗って北海道や東北の各地を何回となく訪れた」

ただし、横浜出発九時半というのは一〇時の間違いではなかろうか。もっとも列車は九時半にはホームに入っていたかもしれないが。また『交通年鑑』のほうは、始発が上野から横浜に延長される前の資料によっているとおもわれる。

では講和条約成立後、この列車はどうなったのだろうか。この点について兼松学氏が、『国有鉄道』昭和二七年五月号の「軍事輸送方式の転換」でふれているので、参考のために引用しておこうとおもう。

「今までの専用列車だった一〇〇一、一〇〇五、一二〇一の各列車は臨時急行列車として運転される。今の処軍旅客が相当あるので取扱を簡単にするため成るべく軍の旅客は之に集中してもらうことにしてあり、寝台等の割当も公務に関する限り差当り此の列車を優先して当てることになっている。もちろん今後はだれでもどの列車を利用してさしつかえないので、軍の人々も私用の時は普通の列車を利用する場合も増加すると思われるが大体当分はこの列車に集約できると考える」

だが、これらの記録よりもなによりも大事なのは、やはり事件当日この一二〇一列車に乗務した人たちの証言であろう。以下、四四年二月一九日、勝田電車区で聞いた栗原宣氏の話である。

——古いことで大分忘れてしまったが、私はあの日機関助士として一二〇一列車に乗った。機関士は荒井九二八氏であった。あのころ、私はよくこの荒井氏と組んで、急行などの早い列車に乗務していた。一二〇一にも二人組みでよく乗った。記録を見ると、あの日はこの他に金子要生が増乗りで乗務していたようだ。結局助士が二人乗っていたわけだ。荒井氏は十数年前定年退職し、郷里の群馬のほうに引っこんだが、その後の消息は知らない。金子は事件後まもなく死んだ。

一二〇一は電気機関車に牽引されてきて、上野駅の五番線ホームに入った。その前に私たちは尾久機関区から蒸気機関車を単機退行（後ろ向き）運転で上野に向かい、いったん五番線ホームに入れたうえで引き返し、鶯谷より大橋下の待機線に入って、五番線に入ってきた一二〇一列車の牽引電気機関車が解放されて、逃げるのを待った。それがすむと私たちはふたたび退行で五番線に向かい、合図手の信号に従って一二〇一列車に連結した。もちろんここでも〝エアこめ〟と、制動試験を行う。これらの作業に要する時間は、この列車の上野駅停車時一一分ぎりぎりを必要とした。

尾久機関区（ここは旅客列車専門）から出るのは、いつも単機（機関車一両のみ）で、他の車両を連結していったということはなかった。もちろん事件当日もそうだった。現場付近で徐行したという記憶もない。速度はあの付近では五〇キロ以上であったことは間違いない。下山さんの死体をあの列車から落したとは、ちょっと考えられない。

田端駅に引込線でつながる米軍工場内の殺害説は、その根拠を失った。また、その下山氏の死体を田端駅から運んだとされた一二〇一列車は、いわれるように貨物列車ではなく、旅客列車であって田端とはまったく無関係であった。分解図またしかり。それは北ハンプ分解表で、田端駅の詳細な機構や、列車出発時刻をしめすものなどではさらさらなかった。落し主とされた久保木愛四郎氏は、護国堂のある磯浜出身でもなければ、井上日召や右翼との関係もなく、当時のいわゆる〝シベリヤ帰り〟であった。八六九貨物列車の延発は偶然の重なりによる。

——田端をめぐる謀略は、果たして成立するだろうか。

下山事件から、したがって松川事件からも今年は二〇年目である。なにも二〇という切れのいい数字にこだわるわけではないが、しかしある種の感懐はわく。私は、ここまでこの稿を書きすすめてきて、二〇年前の今ごろは松川にいたな、という痛切なおもいにとらわれた。

松川事件が起きたのは、八月一七日の午前三時九分であった。場所は人員整理問題で紛争中の東芝松川工場より、北方へ一キロ余の地点である。私はその夜は、工場内の八坂寮に宿泊していた。青年部の数名がやはり工場内の組合事務所に泊った。その前、一六日午後二時から八時半ごろまで、同じ工場内で組合大会が開かれ、地区労その他の民主団体から代表がきていた。それらの人たちが福島方面に帰る汽車を待つ間、八坂寮では懇談会が開かれた。事のなりゆき上からはきわめて自然なことであったが、いろいろなことが重なっていたのである。

事件が起きると、これらの動きはすべて〝怪しい〟と書きたてられた。わずか数人の外部団体員は三〇〇名となり、懇談会はフラク会議とされ、リーダー格の共産党員三名は帰路についたまま行方不明、と書きたてられた。さらにまた、副委員長の太田省次君の妻が、第二の三鷹事件を予言したという記事もあった。私はこうした記事を書いた新聞社に抗議にいった。私はこのときはじめて新聞記者というものにたいした。そしてそれらの人びとの論理のすさまじさに驚愕した。工場の門から出て、家に帰りつくまでの二〇分か三〇分間、誰も見ている者がいなければ、その間は行方不明だ、というのである。第二の三鷹事件についても本人に確かめていないという。そんな義務はないというのだ。結局これは、組合のほうで、現在会社が出している整理案をのめば、近くまた第二の首切りが行われる、という情勢判断を流したのを、〃第二の三鷹事件〃にすりかえたのであった。

この虚偽の報道が、肩をならべていっしょに行動してきて、事実をよく知っているはずの組合員までを惑わした。その直後の組合大会では、かつて組合役員であったものまでが一団となって、執行部や組合事務所に泊った青年部員を、噂や新聞報道の線で追及した。激しい質疑と答弁の応酬があって、結局、列車顛覆事件と東芝松川工場労働組合は関係ない、という決議に達するまでには、かなりの時間を要した。だが、この決議も後に〃関係しない〃と拡張解釈されて、組合としての松川の救援活動を阻止するために使われた。

情勢が進展して逮捕者が続出し、組合の旗色が悪化すると、風雨はさらに強まった。組合員、いや執行部の一員であった者のなかにも、事実をまげて証言する者があらわれた。もちろんそうしたなかにおいても、事実を事実として貫きとおした人たちも、けっして少なくはなかった。あるいはまた、組合の態度とは別に、脅迫がましい新聞の逮捕予告記事をものともせず、救援活動に挺身してくれた人びともいた。

私は獄中で、あるいはまた法廷で、それらの人びとの証言や、組合をめぐる状況の報告に接し、一喜一憂した。自分に不利な、ばあいによっては死刑台に送りこみかねない証言にたいしては憤りもした。冷たい壁にそれらの人たちの姿をおもい浮かべて、激しく非難、攻撃もした。

だが、時がたち、自分をかえりみる余裕ができたころ、逆に私があの立場に立たされていたなら、果たしてどういう態度をとったろうか、ということを考えた。いや考えさせられた。——みずからが明らかに不利な立場におちいることを覚悟のうえで、本当に真実が守れたか、どうか。真実をまげないまでも、賢明な人びとといっしょに、みずからの口をとじてしまわなかったか、どうか。私はわが胸のなかでひそかに、くりかえし考えてみて、自信はなかった。正直にいって、私は今でも自信がない。だがしかし、そのときはともかく、口はとじても、最低、事実だけはまげまい、とは考えた。もし必要があって、なんらかの発言をしなければならないならば、不利な立場に立たされた人びとに、さらに重荷を背負わすことのないように、事実を正確に確かめたうえでなければならないとも考えた。それはそのとき以来私の戒律であったはずである。

だが私は果たしてこの戒律に忠実であったろうか――。私はあれから二〇年後の今、深い自責の念にとらわれている。私はこれまで何度か下山事件について話をしたことがある。また、ペンを走らせたこともある。それらのなかで、一人一人の名指しこそはしなかったが、私自身、二〇年前あれほど憎んだ新聞記者と同じ態度を、それらの人びとにとっていた。私はろくな調査もせず、田端は下山事件謀略の舞台ときめこみ、そこで踊ったといわれてきた人たちについて、とくとくと語ってきた。そのことによってそれらの人びとを苦しめようとは考えなかったが、それはなんらかの形で、みずからの立場を利するというおもいに出ていたことは間違いない。二〇年前の悲しい、辛いおもいを忘れ、私はやはり安きについていたのだ。そして今、久保木氏たちにつきあたって、愕然とさせられた。私はこの、一文を書くことですべてが許されるなどとは考えていない。しかしとりあえずは、これまでの調査結果を報告して、私の反省とこれらの人びとにたいする謝意を表したいと考えた。これは私の自己反省の記である。二〇年前を忘れないため、私はなによりもみずからの戒めとしてこれを書いた。

「列車をめぐる謎」のみ昭和四四年夏に書いた。

各説批判・他

各説批判

『下山事件の謎を解く』の問題点

最初の総合的ものだが……

「たいがいの事件は、追っかけているうちに、どこかで犯罪のニオイがするもんですが、あの下山事件だけは、どこまで追ってもそれがにおってこなかったですね」。これは当時、捜査二課二係長として、いわゆる〝特捜的〟な捜査を担当した、吉武辰雄氏の話である。第一現場の捜査を担当した鈴木清氏も、また第二現場の関口由三氏も、そこに犯罪をおもわせるようなものはなに一つ発見することができなかった、という。発見されたのは、逆に、下山総裁は自殺した、としか考えられないような証言や、痕跡ばかりであったというのだ。

一方、捜査の結果はそうかもしれないが、しかし科学的結論は〝他殺だ〟、といわれたその科学的結論、東大法医学教室の解剖結論と、「秋谷鑑定」は、あまりにも科学的でなさすぎたことが、これまでの検討であきらかになった。現在では下山総裁のあの「解剖所見」は、轢死（生体轢断）の所見のなかにかぞえられるものになっている。神秘のヴェールをまとっていた「秋谷鑑定」は、そのヴェールをはいでみると、なんの実体もなかった。実体がなかったからこそ、文字どおりの〝空騒ぎ〟があったというべきだろう。

こうなると、結論はおのずから明らかなようにおもわれる。

だが、しかし、世間には、下山事件は「他殺」とうたう、主義、主張が氾濫し、もろもろの説がとぐろをまいている。やはり、これらの説にも検討を加え、その誤りを指摘しておくのも無駄ではあるまい。また、そうすることによってのみ、この事件によってひきおこされた、好ましからざる事態の苦い経験を、真実の意味での教訓として、今後に生かすことが可能となるとおもわれる。筆者の最大の意図はここにある。各説の筆者の諒とされんことを願うものである。

さて、下山事件について、一応総合的なまとめをした最初のものは、堂場肇氏の『下山事件の謎を解く』(昭和二七年六月から九月まで時事新報に連載され、同年一一月一冊にまとめられた)である。以下、『謎を解く』と略称させていただくことにするが、この『謎を解く』の筆者は、当時時事新報記者として取材にあたり、これをまとめるにあたってはさらに再取材を重ねたといわれるもので、ある意味では事件当時の生なましさが感じられる力作である。その後、いろいろな著作に引用されているが、それもそこに語られた生なましい感じにひかれ、信をおいたが故のこととおもわれる。またそれだけに、この『謎を解く』の負っている責任も重く、やはり第一番に厳密な検討が加えられなければならない著作といえよう。

もっとも、この『謎を解く』は、完全に謎を解いてみせてくれているわけではない。〝実録・下山事件〟と銘うったこの著作のなかでの、唯一の架空人物(著者は、『話をなめらかに運ぶための方便として』登場させたという)茂木博士に、いちばん最後につぎのように語らせている(J君あての書信形で)。

「さて、ここらでさよならすることにするが、この奇妙な事件を、出発に振り返ってみて、自殺、他殺両説の主な根拠を並べてみるのもおもしろかろう。

自殺説の根拠。①中舘博士の生体轢断説。②十数人の目撃者。③事件前日の奇怪な言動。④下田光造博士の初老期鬱憂症説。⑤死体を運んだという容疑事実がないこと。⑥怪電話等十数人について内偵を行ったが、いずれも他殺容疑はなかったこと。

他殺説の根拠。①解剖鑑定が死後轢断と断定されたこと。②秋谷博士の死後時間測定。③衣類に付着していた油染料等の出所が不明なこと。④警視庁捜査本部に対する不信。

大体以上が両者の言い分だと思う。

――こう並べてみるとぼくはやはり他殺説をとりたい。下山君は子どものころから知っているから、自殺とは考えたくない、という意識もあるかも知れないが、根本は科学的合理性を信じたいと思うからだ」

ここからもおわかりのように、どちらかというと他殺を主張しているようではあるが、それもはっきりした結論を出しているのではないのである。そこがまたある点で、この『謎を解く』の内容に客観性を感じさせるらしく、多くの著作に引用されるゆえんでもあるらしい。

そこで、以下の検討は「説」についてよりは、その記述内容の客観性に中心をおくことになるが、まず最初の五行目で首をひねらされる。下山総裁の死体を発見した（もっともそのときはまだ総裁とはわからなかったが）、二四〇一電車の椎名運転手が、綾瀬駅の駅員に、「『東武線のガードのそばに女のマグロ（轢死体）があるぞ』と報告した」ということになっているのである。さらに、この話を聞いて、二人の若い駅員がただちに現場に向かったのは、「あとで聞いた駅長の話によれば『何しろ二人とも若いから〝女〟のマグロと聞いて、興味半分で出掛けたらしい』とのことである。おそらく駅長の言う通りだろう」というのだ。

ここで第一に不思議におもうことは、椎名運転手が、電車の運転台から見ただけで、果たして〝女〟の轢死体というところまでわかったのだろうか、ということである。常識的に考えてみても、ここは少々おかしいのである。記録と、当時の綾瀬駅長斉藤正賢氏、五反野南町駐在巡査山中明治氏、北千住保線分区員岡田光氏、西新井署捜査主任下田満雄氏、同刑事桑島親之助氏などの話を総合してみると、やはり椎名運転士は、綾瀬駅助役に「轢死体らしきものがあるから、確認をたのみます」と報告したのが事実のようである。そこで助役の阿部献次郎氏は、杉本、岸の両駅員に轢死体かどうかの確認のため現場行きを命じている。ところが、この二人が若かったので、雨が降っていたのと、こわいという気持から死体をよく見ず、肥った胴体を一目見ただけで〝女〟の轢死体と判断してしまったのである。

しかし、こういうミス・ジャッジはあったが、二人は駅にひきかえす途中、伊藤谷踏切から阿部助役にすぐ連絡をし、その指示で伊藤谷駐在に届け出るという、適切な処置をとっている。この「轢死体確認」の連絡はただちに上野保線区北千住分区につたえられ、分区長以下五名の出動となるのだが、『謎を解く』のほうは、「二人は見ただけで、そのまま直ぐ駅へ引返した」となっている。これは二人の駅員が現場に出かけた理由を、「興味半分」のことであったとする、当然の帰結なのであるかもしれない。が、こういう運びでは、現場に警官や保線関係者がきたのが、どこからの連絡できたのか説明がつかない。事実、『謎を解く』では、二人の駅員のあとで沼尾という綾瀬駅員が現場に行ったが、「彼が現場に着いたときは、(おそらく付近の派出所からきたとおもわれる)警察官が一人と北千住保線区の工夫長が先に来ていた」、となっているだけなのである。

どうしてこういう不正確な書き方になったのだろうか――冷静に考えてみれば、おそらく筆者の堂場氏も、こういう書き方では納得できないであろう。これでは、『謎を解く』どころか、はじめから「謎」につつまれてしまいそうである。なるべく強いてかんぐってみれば、雨の問題ではなかろうか。なるべく雨の降り出しをおそいものとして印象づけよう、という気持のなせるところだろう。このあとに、つぎのようなところがあるのも、このげすのかんぐりを支持しているものとおもわれる。「あの夜の雨を翌日になって現場付近の人々や駅員たちに聞いてみたが、強い雨が降り始めたのは暁方の四時ごろだ、という人もあるし、明るくなってからだ、という人もあり、中には五日の午後一一時半ごろからだと頑張る人もある」

堂場氏が、この雨の降り出しにこれほど関心があるのならば、やはり現場に出かけた駐在所の巡査や、保線関係者の話を紹介すべきであった。その人たちは、轢死体が下山総裁などとはつゆしらず、「こんなどしゃ降りのなかをいやだなア、明るくなってからでも出かけようか」などとぶつぶついいながら、それでもお役目大事と雨具に身を固めて現場へ急いでいたのである。

さて、つぎにすすもう。午前四時ごろ、下山氏が東鉄局長時代の秘書、折居正雄氏が確認のために現場にくる。それはいいのだが、折居氏の話としてつぎのようなことを、なんの検討もなしに紹介している。「下山総裁の……右腕が肩のところから切断されているのに上衣も、ワイシャツもホコロビ一つなかったことだ。ワイシャツは雨に打たれてクシャクシャになっており、ずいぶんよごれてもいたが、ひろげてみたら完全に原型のままでやぶれていなかった。上衣も雨でビショぬれだったが、これはやぶれても、よごれても、いなかった。ズボンだけが相当ひどくきれていた。あの時の私の直感では、『総裁はや(殺)られた』と思った。上衣もワイシャツも全然きれていないのだ。自殺するのにワイシャツまで脱いでから飛び込むだろうか」

ここまで読んできただけで、どうやら堂場氏は、他殺説に都合のいいような事実をひろいあげたり、また、そのように事実の改変を心がけているらしいことを感じさせられる。もしそうではなくて、あくまでも『謎を解く』という態度ならば、上衣は、右袖付の後方が切りさかれ、背中のほうは中央から右斜めに切断されていたし、またYシャツは、あたかもこの上衣といっしょにひきさかれたように、背面中央から右寄りに切りさかれていた事実を、ほんのわずかの取材活動で知ることができたろう。そうすれば、折居氏の誤りも簡単に指摘できたはずなのである。いや、それだけではない。ここから少しあとのほうになるのだが、下山総裁の靴下を「白茶木綿」と書いている。この靴下が、「紺無地」であったことは、末広旅館の女主人がピタリといいあてて有名になったことなのだが、それを「白茶木綿」などと書くようでは、当時取材にあたった記者の書いたものとしては、やはりお粗末としかいいようがあるまい。

だが、そのお粗末さはおくとして、単なるお粗末さでは片づけられないのが、田端機関区をめぐる怪談である。その詳細はすでに列車問題のところで検討ずみなので再説はしないが、なぜかくも誤った話を、いかにもなにかありそうな筆づかいで、書きたてなければならなかったか、ということである。今ここで、例の「田端機関区の分解図」なるものについて簡単にふれると、これが「図」ではなくて「表」であったことはすでにのべたが、その「落とし主」とされる、「S君かO君」というのは、現実には柴田友三郎氏か久保木愛四郎氏(旧姓藤岡)のどちらかが該当することになるようである。

しかし、捜査本部、といってもそのなかで〝特捜的〟な活動をした二課二係のほうでは、それを久保木氏としていたようである。そのことは、二課の捜査記録中、「綾瀬付近で発見された列車分解表の捜査」なる項に、つぎのような記載となっていることからも明瞭である。

「轢断二、三日後現場付近草むらから拾得した列車分解表につき、その作成者、用途者、所持者を捜査した結果、作成は七月二日田端駅車号掛薄井勇で、使用者は機関車乗務員機関手渡辺三郎、同助手藤岡愛四郎であることが判明したので、藤岡を調べると常磐線羽鳥駅から通勤していて、下山総裁が轢断された翌日(七日)出勤途中綾瀬駅付近通過の際作業衣の煙草を出そうとしたとき、分解表の不要のもの二枚があったので不用意に窓外に投げすてたという。藤岡その他について事件前後の動静、思想、背後関係等捜査したが事件には何等端緒をうるに至らない」(傍点筆者)

「事件には何等端緒をうるに至らない」というのは、「要するに、無関係だったということですよ」と、当時の二課の人は解説してくれた。しかしいずれにしても、この藤岡氏(旧姓)にしろ、柴田氏にせよ、羽鳥駅からの通勤者であった。このことは、事件当時取材にあたった堂場氏のことだから、調べればすぐわかったはずである。にもかかわらず堂場氏は、「S君の出身地は水戸市付近で、井上日召等が立てこもった護国堂で知られた磯浜町だった。右翼系の暗殺事件はこの村の出身者によって行われたことが多い。殺人などは朝めし前の仕事だ、というような印象を世間では持っている――二人はますます厳重に調べられた」、と書いている。

これはどう考えても、デッチ上げである。しかも、こうしたデッチ上げを、『謎を解く』などという、もっともらしいタイトルのもとでやっているのだから、詐欺としかいいようがない。いや、これは詐欺である。

そもそも、分解表を分解図としたところから、この詐欺的行為は始まっている。問題の分解表は、昭和二四年七月一三日の「サン写真新聞」に、大きな写真で紹介されているのだ。どう見たところで、そこから「何十本もある引込線の××線には○○列車が入り、○○線の××列車は何時何分に発車する、ということが、図表で一と目で分るように書いてあるのだ」、などというイメージはわいてこない。

参考までにつけ加えておくと、この分解表は、サン写真新聞社の人たちによって現場付近から発見されたものらしい。当時この新聞の社会部長をしていた戸川幸夫氏が、直木賞受賞第一作として、下山事件に題材をとった「他社の人」(『別冊文芸春秋』昭和三〇年二月)という小説を書いているが、そのなかでこのことにふれている。ただし、そこでは「列車の運行表」とされている。そこで、「サン写真新聞」の分解表の写真を同封して戸川氏に照会したところ、つぎのような返事をいただいた。

「前略　御答え申上ます。なに分にもうかなり昔のことであり、写真ではその大きさも十分にはわかりませんので確実にこれだと証言するわけには参りませんが、当時私はサン写真新聞の社会部長をして居り、現地で指揮をとって居りましたので、多分私が拾得したものであろうと考えられます。

警視庁に提供する前に写真に撮影しておいたものと考えられます。警視庁からは何らこれに対して返答がありませんでした。当時は警視庁内でも意見が対立していたので、自殺派により無視されたのだと思っています。……」

はがきの消印は、渋谷69・12・18である。この戸川氏のはがきの文面と、久保木氏がサン写真新聞のコピーを見て、「問題の分解表は、これですよ」といっているところからみて、分解表の発見者が戸川氏らであったことは、ほぼ間違いないことであろう。そうすると、それは戸川氏のいうように〝自殺派〟なるものに無視されたのではなく、たしかに〝他殺派〟といわれた二課特捜班の手に渡り、その特捜班の捜査結果が、事件とは無関係、ということになっていたというわけである。このことは先に述べたとおりである。

さて、『謎を解く』にもどろう。この本のほぼ半ばごろに、「下山白書」という項がある。その書き出しは、「事件発生から一ヵ月たった八月四日、麴町紀尾井町の警視庁刑事部長公舎で、捜査本部の合同会議が開かれた。……八月四日の会議で自殺の判定を下したのである」となっている。捜査日誌を見ても、八月四日に捜査会議があったという記録はないし、刑事部長公舎は目黒の碑文谷であった。たぶんこれは三日の会議の間違いだろうが、それにしても〝実録〟をうたっている以上、少々いい加減すぎはしないだろうか。

だが、それはそれとして、ともかくこのあとに一七名の目撃者の話が列記されている。もちろんその内容は簡略化されたもので、たぶん、『改造』(昭和二五年二〜三月)か、『文芸春秋』(昭和二五年二月)掲載の〝下山白書〟からとったものであろう。このことは、当時の状況としてはやむをえなかったことかもしれない。しかし、問題なのは、それぞれの目撃者の話の最後に、括弧にいれて供述月日が付記されていることである。この供述月日は、「白書」をよく検討してみると、目撃証言の「供述調書」が作られた日であることがわかる。

捜査の慣習として、とくに初動捜査の大事な事件などのばあいそうなのだが、聞き込みに当る刑事は、聞きこんだ話をメモしてくるだけにとどめている。その場でいちいち供述調書にしていたのでは、時間をとって一刻をあらそう捜査の妨げになるからであろう。また、もう一つの理由は、当時の警視庁の規則で、原則として供述調書の作成は、警部補以上のものでなければならない、となっていたということもあったようである。だから、最初に聞きこんだときと、供述調書作成時はずれることになる。

ところが、堂場氏は、この関係を知ってか知らずか（知らないとすればずいぶんうかつな話だが）、登場人物の茂木博士とJ君（新聞記者で、茂木博士の助手役をつとめる）につぎのような会話をさせている。

「くわし過ぎる、ということさ。目撃者の記憶が正確過ぎる、ということだ。この中にはネクタイ模様に至るまで証言している人がある。——君はあの調書にある目撃者の供述した日を注意してみたかね？」（これは茂木博士、筆者註）

「何ですか、供述した日というのは——」

「そんなことじゃダメだ。目撃者たちは、捜査官に対して、事件後何日経ってから証言したか、ということは、その証言の真実性と非常に関連のあることだ。遅くなれば、遅くなるほど、記憶はアイマイになる。——三越から現場までの二〇人ばかりの目撃者は、その大半が事件後一週間以上たってからの証言だ。一番多いのは事件後一三日目の七月一八日に供述した人が四人、一九日が五人、もっとも遅いのは二三日も経過した七月二八日のもある」

たしかに、供述調書を作成した日をとるならば、そうなるのかもしれない。しかし、新聞を見ると、これら目撃証人の大半の氏名、職業、年齢、住所と、その目撃状況、証言内容は、一週間以内の新聞紙上でお目にかかれるのである。このなかで、成島政雄氏や梅村正博君など一、二の人は、たしかに最初の接触は新聞記者であったようである。だが、それ以外は、これらの証人の自発的な届出か、聞き込み捜査によるもので、捜査員の接触のほうがはやく、そのときに話の内容はメモされている。それらの詳細は、「捜査と報道」のところでのべたので、ここでの再説はやめよう。

ここでも、堂場氏が本当に、「謎」を解こうとしていたのかどうか、疑問におもえてくる。当時の新聞さえ、読んでいたのかどうか疑問なのだ。これで、当時社会部記者であったというのだから不思議である。もちろん堂場氏は、これだけのことで目撃証言を否定しているわけではない。目撃証言というものがいかにあてにならないか、という例や実験をいくつか引用して論じている。それはいたってもっともなことなのだが、ではいったいあの現場で目撃された人物は誰であったのか、ということになるとはっきりしない。アイマイなのである。

『謎を解く』は、このあと古畑、中舘両氏の法医学的見解をめぐる対立や、血痕問題と付着物の鑑定などを論じているが、それらは単にそれぞれの「説」を紹介した程度のもので、そのなかに深く踏みこんで「謎」ときをしたというようなものでもないから、ここで取りあげることはしない。ただ、「初老期鬱憂症説」のところが問題として残るが、これは本書の末尾で検討することにして、ひとまず『謎を解く』をはなれることにしよう。

左翼謀略説とアメリカ謀略説

加賀山氏の左翼謀略説

加賀山之雄氏といえば第二代国鉄総裁、初代の下山氏のもとでは副総裁として、創成期の公社日本国有鉄道に大きな足跡を残された人である。この加賀山氏が、きわめて強固な他殺論者、しかも「左翼」による謀殺説である。もっとも、その「左翼」というのが、国際共産主義運動、というのだからおもしろいが、その左翼謀殺説の具体的なところはあとにまわして、まず、強固な他殺論者の〝強固さ〟ぶりをいくつか列挙してみると、部下の鉄道公安官には「他殺だ、警察、検察に極力協力しなけりゃいかんといい渡し」て、捜査二課の活動がつづいている間中捜査させ、自殺説の「捜査一課長の堀崎に喰って」かかり、警視総監の田中栄一君を「これは責任回避じゃないかとなじった」という(以上、『資料・下山事件』加賀山之雄証言より)。

こういう他殺を信ずる固い心情の延長線上のこととおもわれる、「捜査と報道」でもふれたように、首相官邸における捜査本部の増田官房長官への報告会議にも、加賀山氏は出席をして不満な表情で捜査経過の説明を聞いていたといわれている。また、平正一氏の語ったところによれば、加賀山氏はたびたび毎日新聞社にも姿をあらわしている。加賀山氏がこの時期にくるとすれば、下山事件をおいては考えられず、社の幹部が平氏を呼んで同席させると世間話だけで帰ってしまう。が、また二、三日たつとやってきた。そうなると幹部のほうも平氏を呼ばず、なにか密談めいた雰囲気で、なんとなくこそこそとした格好で出ていったという。いうまでもなく平氏は、毎日新聞社会部の下山事件担当デスクとして、自殺の立場の紙面づくりをしていた人である。

さて、その強固な他殺論者の加賀山氏が、「下山事件の蔭に」(『文芸春秋』臨時増刊、昭和三〇年八月)と、「下山事件！　その盲点と背景」(『日本』昭和三四年七月)という二つの文章を書いている。両者を読みくらべてみると、事件についての解釈は後者のほうが詳しく、まとまってもいるので、ここでは、その「盲点と背景」のほうを中心に検討をすることにする。

ところで、この「盲点と背景」は、つぎのような七つの項目で構成されている。(1)国鉄総裁としてのりこむ、(2)シャグノンという男、(3)ガリ版ずりの共産党指令、(4)あてにならぬ目撃者、(5)列車は十六分遅れて発車した、(6)犯人はあわてたに違いない、(7)徒死ではなかった総裁の死。

(1)、(2)の部分で説かれていることは、当時の情勢である。が、そこは割愛して(3)から入ると、つぎのようなところがある。

「私達は当時、組合対策のため、いろいろの人を組合にいれて、組合の情報を入手していた。その一人で国鉄の労働関係をあつかう人からガリ版ずりの共産党の『指令』を見せられたことがある。その指令の正確な表現は今は忘れてしまったが大要は、『第一に日本の革命は近いということ。第二に革命の前提は人心不安にあるが、人心不安がおこるためには事件の続発がなければならない。第三に、ただしこの事件はあくまでも自然発生的のものでなければならず、人為的に見えてはならない』ということであった。

私はこの『指令』を入手するとただちに検察庁に渡したものだった。もちろんこの『指令』を入手したのは下山事件発生の前であったが、事件がおこるとこの指令のことがすぐ頭にきて、『やられたな』と直感したわけであった。後から考えても、この直感は正しかったと思う」

「後から考えても……正しかったと思う」という根拠としては、三鷹事件と松川事件を引例して、この二つの事件とも自然事故を装う工作がしてあったといい、また下山事件そのものについては、「自殺と見せかけるような、手のこんだこと」がされていた、とこういうわけなのである。

しかし、加賀山氏の左翼謀略説にはもう一つ別の根拠があるらしい。この(3)項の最後のほうは、つぎのようになっている。

「昔チェコで下山事件とまったく同じような手段でもっ

て、ある大佐が殺されたことがあるが、この事件を指導したロシア人か何かの大立者、その男が下山事件のあった頃日本に来ていたという。来ていたというアイマイな表現を使ったのは私は直接その男を知らないからなのだが、某氏（特に名を匿す）は私にはっきりいったことがある。この下山事件は赤色テロだ。チェコの事件を指導した大立者は自分は前から顔みしりなんだが、その男に下山事件の頃、数寄屋橋で会ったことがある――と」

この、（特に名を匿す）某氏とは、田中清玄氏だそうである。加賀山氏自身が、下山事件研究会への証言で、謎ときをしてくれた。ただし、そのときの話では、数寄屋橋ではなく、日本橋あたりとなっている。念のため、その証言部分も引用しておこう。

「ああ、チェッコスロバキヤ。それはね、田中清玄。……田中清玄さんと会ったことがあるんです。嘘か本当かわかりませんが、田中さんは、こんどのアレはチェッコが赤化されたときの様相とおなじだというんだ。大臣かなにかが殺され、人心不安を起して、それで革命にもっていかれた、という話で。そういう話をしておられて、これは嘘か本当か知らんが、田中さんはその殺しの大物の顔を日本橋あたりでみたという話でしたね」

「殺しの大物」などという話になると、想像力の貧困な筆者などは、すぐ眉唾物と速断しがちなのだが、語るのが東京帝国大学を優秀な成績で卒業し、大国鉄では最高の地位まで昇りつめ、さらには国会議員（参議院・緑風会）の肩書きまでついた加賀山氏のことである。ここはやはり、御説ごもっともと、耳をかたむけておくことにしよう。だが、三鷹事件や松川事件に、自然事故をおもわせる工作がしてあったなどということになると、これはもうはっきり事実認識がちがうと申しあげないわけにはいかない。これはとんでもない事実誤認である。松川事件の現場からは自在スパナとバールが出ているし、三鷹事件のばあいは紙ヒモかなにかで、コントローラが走行の位置に固定されていた。どう考えてみても、自然事故とは考えられないようになっていたのである。一事が万事、といういい方をすると、ここから判断するかぎり、「共産党の指令」といい、または「殺しの大物」といい、加賀山氏は信ぜざるものを信じているようにおもえてならないのだが、いかがなものであろうか。

(4)の「あてにならぬ目撃者」というところになると、つぎのようなことになる。

「……下山総裁は、非常な情報好きであった。自分の配下や友達を通じて、私達の知らないような情報をキャッチし、それを後で私達にひけらかして、『おれはこういうことまで知っているんだぜ』と得意になるようなところがあった。だから彼のこういう習癖を知っている犯人が、『重大な情報があるから、一人で三越へ来てくれないか』と巧みにおびき出した可能性は充分ある」

このあと、刑事の話で、「雑踏の中でも両側から友人のような態度でかかえこみ、ポケットにかくしたピストルを横腹につきつけて脅迫すれば声なんか出せるものではありません」といったものを紹介して、三越から誘拐される可能性はあったとして、つぎのようにつづいている。

「下山総裁はどこへつれ去られたのであろうか。それについては私は推理をする何の材料もないけれども、下山総裁が、自動車の中で数人の男にかこまれて、国会の横のところを平河町から狸穴の方へ行ったのを見た人はある。この人は下山氏を日頃から知っている人で、丁度七月五日の昼頃に見かけたと言う。この『自動車の中の下山総裁』がはたして下山総裁であるかどうかは、確認はない。何しろいくら面識のある人でも走って行く自動車の中の人物を確認することは困難であろう。しかし面識のない人が地下鉄や東武線の中で見かけたといったのよりはアテになるような気がする」

これが、加賀山氏が考える「目撃者」は「あてにならぬ」、という理由のすべてのようである。だが、「確認はない」うえに、「確認すること」も「困難であろう」という話を引合いに、目撃証言を否定しようというのでは、なんとなく苦しまぎれという感じをまぬがれがたい。そのへんは読者の判断におまかせするとして、一点つけ加えておくと、問題の自動車の目撃者というのは、佐藤栄作氏秘書の大津正氏であった。大津氏は、自動車は新宿か渋谷方面に向かっていたといっているのに、加賀山氏がその方向を逆転させて、ソ連大使館の代名詞ともなっていた〝狸穴〟に向けさせたのは、国際共産主義の謀略をそれとなくにおわせたかったためだろう。なおこのことは、「捜査と報道」で、七月八日付読売新聞記事に関連してふれておいたところでもある。

(5)の「列車は十六分遅れて発車した」に移ろう。ここではまず、下山衣服への付着油が問題にされているが、これは「秋谷鑑定」の検討ではっきりしたように、轢断機関車の油と考える以外にない。ここでそのことを再説する必要もないとおもわれるので、つぎにすすむと、「『末広旅館の下山氏』はカエ玉だと思う」という説が、飛び出す。「旅館の人々も下山氏を知っているわけではない。それらしきカエ玉を使えば容易にごま化せるというものだ」というわけなのである。そして、文章はすぐつぎのようにつづいている。

「ともかく下山氏を殺して現場に運んだ犯人と相呼応して、別の一派は田端の機関区で工作を開始したものと思われる。彼等は下山総裁を轢くはずの貨物列車を延発させようとした。……」。ところが、延発はしたものの、現場ではそのおくれをほとんど取り戻してしまった。そこで、(6)の「犯人はあわてたに違いない」ということになる。

では、どのようにあわてたかというと、つぎのようなことになる。「下山氏の死体をはこび出し、線路のそばで、末広旅館のカエ玉に着せた下山氏の衣服と靴を死体に着せつける作業中のところへ列車が突進してきたのだ。さらに推測するならば死体はワイシャツと油のついたズボンだけ。カエ玉は下山氏の上衣とネクタイと靴をはいていた——。この恐るべき『着せかえ人形』の仕事の最中に列車がきたので、犯人は、靴とネクタイを死体につける時間的な余裕を失ってしまった。仕方がなく片方の靴だけをはかせもう一方の靴と上衣を現場に捨てて逃げ出してしまった。ネクタイをつける暇がないので、犯人はネクタイを持ったまま逃げたのだ……」

たしかにネクタイは、捜査陣の必死の捜索にもかかわらず、ついに出ずじまいだった。ここは一つの問題点として大方の論者がとりあげているところなのだが、そこをものの見事に解決してみせてくれたあたりは、さすがは第二代国鉄総裁、と拍手喝采をしたいところでもある。だが、前新潟大学学長の法医学者、山内峻呉氏の話によると、新潟で飛びこみ自殺をした人の下駄が、連結器の上にのったまま、秋田まで運ばれたことがあるというし、長門機関区では自殺者の体の一部(たぶん片腕だったとおもうということだった)が、長門付近から米子近くまでもっていかれたことがある、という話を聞いた。また、法医学者の有馬宗雄氏なども、ながい監察業務の経験から、鉄道自殺のばあい、遺体にせよ、死者の所持品にしろ、完全にそろうということはむしろめずらしいほうだといっている。事実、この事件のばあいも、下山氏の下着は貨車にひっかかって平駅まで運ばれているし、またいちばんはじめに轢断機関車を点検した元水戸機関区員の安友晟氏の話によると、下山氏の褌の一部とおもわれるサラシ木綿の裂片が、炭水車の底受部に付着していたという。このことは記録から欠落しているのだが、とにかく轢断機関車のD

五一六五一が水戸に到着直後、局のほうからの連絡で点検したとき発見し、明るくなって血痕や肉片の付着状況を再調査したときも確認しているのだから、間違いないという。それに、このばあいとくに興味のあることは、ちょっとさわればすぐ落ちそうな状態で鉄骨の側面にはりついていたということである。おそらく、風圧かなにかの関係で水戸まで落下せずにきたのだろう、ということだった。

さて、話を前にもどそう。加賀山氏は、轢断列車が「十六分遅れて発車した」といっているが、しかし、実際は八分程度のことであったようである。だからこそ、田端から轢断現場までの短い距離（六、七キロ程度とおもわれる）のあいだで、二分程度のおくれまでにこぎつけることができたのだろう。「十六分の遅れ」では、どんなに頑張ってもそうはいかない。たとえ事務畑を歩いてきたにせよ、国鉄の生活がながいのだから、この程度のことは感覚的にもすぐわかりそうなものなのだが、不思議なことである。

だが、もっと不思議なのは、轢断列車を遅延させて、現場での工作の時間かせぎをしようと計画した、という考え方である。そんな面倒なことをしなくとも、八六九貨物列車のあとに、何本も貨物列車が走っているのである。それらの列車に轢かせれば、それで事たりるのではなかろうか。おそらく、下山氏の死体を発見したのが、常磐線下りの〝最終電車〟であったということに気をとられ、最終が走った以上、それ以後は列車はなかったと速断して、こういう推理をたてたのだろう。だがこれは、旅客輸送が終了してからこそ、むしろ貨物列車の活躍どき、という国鉄輸送の常識を無視したものである。国鉄マンとしては恥ずかしい話だろうが、一時期にせよ、こういう常識のない無責任な総裁が日本の国鉄にいたということは銘記されてよい。

さらにここには、轢断列車の延発をはかるべく、機関車の蒸気を全部抜いてあったなどという、これまた技術的にも常識的にも考えられぬ、荒唐無稽なことが得々として述べられている。が、これらのことは「列車問題」のところで検討ずみなので、ここでは再説しない。ただこの田端関係で一点つけ加えておきたいことは、鉄道公安官の活躍である。加賀山氏みずから、「他殺だ、警察、検察に極力協力しなけりゃいかん」と捜査を指示した、その公安官が、事件当夜の浴場監視人をおどかして、入浴中の組合役員が「下山総裁が自動車事故で亡くなった」と話していた、という虚偽の供述をさせていたことである。このことは、すでに「捜査と報道」のところで、捜査二課の捜査記録から紹介しておいたところだが、加賀山氏も感心したという「捜査第二課の智能的、科学的捜査」(「下山事件の蔭に」『文芸春秋』)の結果なのだから承認しないわけにはいくまい。そのうえで、部下公安官の、このような不法捜査についての責任を考えてもらわなければならないところなのだが、その加賀山氏が存命でないことは、はなはだ残念なことである。

伊井弥四郎氏の反論

加賀山氏の左翼謀殺説にたいして、伊井弥四郎氏から激しい反論が発表されている。「下山総裁を殺したのはだれか・ゆるせない加賀山の暴言」と題して、アカハタ(昭和三四年七月二〜三日)に二回にわけて掲載された。

「他殺であったとする説をとる点では、私も加賀山と同意見である。現場に血がないことや、小屋から線路まで血のあとがつづいていたことからみて、死んだあとにひかれたということが、だれにもうなずかれる。下山の目がねも現場ではみつからない。目がねなしではふろにさえ入れなかったというかれが、目がねなしで夜中に線路をめざしてひとり歩きできようはずがない。『死後轢断』は、古畑博士の科学的な調査によっても証明されている」

このへんが、他殺説の〝科学的根拠〟のようであるが、では「犯人」はということになると、つぎのような一節が目につく。「下山の死はわが党と労働者階級に加えられた弾圧の犠牲であった。かれは明らかにファシストとギャングどもによって命をうばわれたのである」。だが、これではいささか抽象的すぎる。ただ、つぎのような書き方から考えると、その「ファシストとギャングども」というなかに、アメリカ軍関係を想定していたようでもある。

「さらに、かれは共産党員が〝下山さんを三越にたくみにおびきだした可能性は十分ある〟という。だがよく考えてみるがよい。七月五日、十万の首切りを発表するというその日に、しかも午前中GHQにゆくはずの下山がなにを好んで共産党や未知のものにさそわれるまま、三越にゆくだろうか。もしだれかが三越にさそいだしたことが事実だとすれば、それは下山が相当信頼している日本人か、それとも加賀山のよくいうように『とんでもないことまで命令してくる』外国人のさそいだしか命令だったのではないか」

ここで、〝とんでもないことまで命令してくる外国人〟とは、アメリカ占領軍ＣＴＳ（民間運輸局）のシャグノンのことである。この「ドン・キホーテを地でいっているような人物」が、「鉄道技術研究所をつぶせ」とか、「赤字に困るなら定期券にパンチを入れるようにせよ」とか、無理難題を勝手きままにいってきた、と加賀山氏は書いている。そして、そのシャグノンが、七月二日の深夜（といっても、三日午前零時すぎであったようだ）、人員整理の実施時期がおそいと、ピストルを胸にぶらさげながら下山邸におしかけ、文句をいったといわれている。その点についても加賀山氏は、つぎのように書いている。

「これが後に誇大に伝わってピストルで総裁が脅迫されたとなってしまったが、下山氏はシャグノンが帰った後、私のところへ電話で『今シャグノンが帰った。酒を飲んでいるらしく、ピストルを胸にして、くどくど言っていたが、七月五日に整理をすることを了解したらしく、おとなしく帰ったから心配しないでほしい』といってきた」

だが、伊井氏のほうは、共産党員などよりは、そういう人物のほうこそ、なんらかの口実か、あるいは命令ということで、総裁を三越に誘い出すことができたはずだ、といっているのである。「可能性」ということだけから考えれば、たしかにそうかもしれない。しかし、現実性ということになると、果たしてどうか。問題は、そこなのである。

伊井氏のこの一文を読むと、伊井氏の激しい怒りがよくわかる。まず、最初の見出しが、「加賀山は代表的な反共売国官僚であった」である。それは、日本共産党中央委員の伊井氏としては、当然のことでもあったろう。しかし、加賀山氏の「盲点と背景」と、伊井氏のこの一文を読み較べてみると、加賀山氏の挑発に、まんまと伊井氏がのっけられてしまった、という感じがしないでもない。この書き方では、加賀山氏は少しも痛痒を感じないで、むしろ、「思うつぼにはまってきたわい」と、にんまりしたかもしれないのである。

第一、加賀山氏は、「共産党員が〝下山さんを三越にたくみにおびきだした可能性は十分ある〟」などとは書いていない。もちろん、まわりまわればそういうことになるのかもしれないが、加賀山氏の書き方は、正確にはつぎのようになっている。まず、下山氏が「非常な情報好きであった」といい、そしてその情報を「後で私達にひけらかして、『おれはこういうことまで知っているんだぜ』と得意になるようなところがあった。だから彼のこういう習癖を知っている犯人が『重大な情報があるから、一人で三越へ来てくれないか』と巧みにおびき出した可能性は充分ある」というのである。それを伊井氏のほうから「共産党員」としてくれるのだから、「反共売国官僚」の加賀山氏としては、こんなにありがたいことはなかったろう。

やはりここは、伊井氏に、ぐっと怒りを押えてもらいたかった。冷静に加賀山氏の文章を読みこんでもらいたかった。そうすれば、ながいあいだ国鉄に奉職した伊井氏のことである、田端をめぐる奇怪な話というのはおかしいぞ、と気づいたはずなのである。伊井氏が、それに気づかないほど、国鉄業務にたいする常識も能力ももちあわせていなかった、とは考えられないのである。また、伊井氏には、それに気づくべき、特別の事情もあったようなのである。

伊井氏は、「下山事件でわたくしはねらわれた」という見出しのところで、つぎのように書いている。「……アメリカ占領軍は突然私をよびだし、軍事裁判にかけ、二年の判決でうむをいわせず、その日のうちに私を投獄してしまった。これは、三鷹事件がおきてまもないころのできごとであった。私が投獄されてほどなく、私は、松川事件のおきたことを獄吏から耳うちで知らされた。ところが、それからいくらもたたないある日警視庁捜査課のふたりの刑事がわざわざ獄中の私に面会を求めてきて、かれらは下山のことであれこれと尋問した。それは明らかに私を下山事件のうずまきのなかに引入れようとするたくらみをもっていた」

また、『昭和経済史への証言』(安藤良雄編著、毎日新聞社発行)のなかでは、「この時に『伊井弥四郎が命令して下山さんを殺した』というデマが出ました。……私は下山事件の主犯に仕立てあげられていたのですが、検事は何の確証も挙げられなかったのです」、と語っている。もしこれが事実とすれば、いかに理不尽な話が、いとも簡単に作られるかという、個人的な体験ももちあわせていたことになる。したがって、この痛切な個人的体験と、常識的な判断力で、田端をめぐる謎めいた話を考えてみれば、そこに作為のにおいを嗅ぎつけることは容易であったはず、とおもわれるのである。もちろん、問題にされている人たちは、共産党員ではなかったかもしれない(浴場での話のなかなどには、共産党員の名前もみえるが)。しかし、三鷹事件では竹内景助氏という、非党員の自白が共産党員をまきこんでいるし、松川事件では、当時不良少年といわれていた赤間勝美君から、デッチ上げが始められている。そういう苦い経験を、日本共産党は、党としてもっていた。伊井氏が、それを知らぬはずもないし、またその党の中央委員としては、この苦い、しかも貴重な経験を、生かさなければならない立場にこそあったのである。
もう一度いおう。国鉄職員としての経歴と、個人的体験、それに三鷹、松川両事件で共産党が味わった苦い経験に照らし、日本共産党中央委員の伊井弥四郎氏が、冷徹に加賀山氏の文章を分析していたならば、もっとも根本的なところでその誤りに気づいていたはずである、と。やはりそれは、残念なことであった。

伊井氏の、「下山総裁を殺したのはだれか」につづいて、志賀義雄氏が「下山事件から十年」（昭和三四年七月六日、アカハタ）を発表した。そのなかで、つぎのようなところが興味をひく。

「『朝日新聞』で佐久間検事（現公安調査庁勤務）は、共産党ははじめ自殺だと主張していたのに、一九五四年から他殺だといいはじめたといっている。共産党が第一に主張したのは、下山事件（その他の事件も）共産党員は関係していないし、またそうした計画をたてたこともないということである。第二にちょう報機関がこれほど醜悪奇怪な陰謀をやることについて、十分な知識と経験を日本人はもたず、また共産党も急なできごとで事実をあきらかにすることもできなかった。こういう事情から、自殺説も生まれたのである。共産党はその後ただちに調査をはじめた。それは今日まで十年間、ときに中断したことはあっても、ひきつづき綿密にやってきた。共産党の調査が正確なものであることは、五番町事件（法務委員会の審議）や菅生事件であきらかにされた」

志賀氏のいう、一〇年間の綿密な調査の結果、なのだろう、アカハタは志賀氏の一文が発表されたすぐ翌日の七月七日から、「十年のなぞ・下山事件をさぐる」を十日間にわたって連載した。この連載もまた、簡単に見すごすことのできないものである。以下、若干の点について批判と検討を加えることにしよう。

まず、総体的にいえば、〃一〇年間の綿密な調査の結果〃とすると、お粗末きわまりない。大部分が、それまでに発刊された著作や週刊誌、新聞などからの抜き書きである。それらの問を、アカハタの推理で、読物ふうにつなぎあわせたにすぎない。例をあげておけば、つぎのようなところがある。

「線路の枕木からはじめに血こんのけずりとりにうごいたのがMPであったり、大男がつけたらしいロープ小屋の血こん。この犯罪のかげにははじめからアメリカ占領軍の影がチラチラしているのだが、なにもこれだけでアメリカがやったしわざだといっているわけではない。だが、それにもかかわらず当時の国鉄副総裁加賀山之雄氏（現参議院議員）は非常に気にしているようである。かれが雑誌『日本』七月号に書いた一文のなかで『この事件はアメリカか右翼が共産党弾圧の口実をつくるためにやったのだという者がいる』といい、つづけて『たしかにGHQのなかには共産系分子がいたようである』といっているのは興味がふかい。万一犯人がアメリカに関係があったということがばれた場合『GHQ内の共産系分子』になすりつけようという予防線のつもりかもしれない。なかなか用意周到なことである」

最初の部分は、矢田氏あたりの文章からとったものだろうが、たしかにMPかどうかはわからないにしても、現場上手の血痕では第一にアメリカ軍関係が動いたのは事実のようである。このことは「血痕問題」のところで考察しておいたが、そのアメリカ軍関係者の動いた目的は、アメリカ軍が関係があったからではなく、むしろ捜査本部内に高まっていた、自殺説をおさえようとしたところにあった、としか考えられないのである。だからこそ、鑑識課に情報としてつたえられ、東大と検察庁がからんで大騒ぎへと発展したのであった。

こう書くと、「大男がつけたらしいロープ小屋の血こん」、というのが問題だ、やはりアメリカ軍の影がある、という反論が出されるかもしれない。だが、実はこの「大男」というのが曲者なのである。第一、ここの「血痕」付着をいちばんはじめに報道した朝日新聞（昭和二四年七月二八日）は、つぎのようになっている。「ロープ工場内のトビラの血こんは高さ一メートル二五のところに幅一五センチの指のあとらしい反応を示しており身長一メートル六〇以上の男の手ではないかとも考えられる」。また、古畑氏も、昭和三三年末から『週刊東京』に連載した、「今だから話そう」では、やはりロープ小屋の血痕はこの朝日の記事どおりに書いている。ところが、矢田喜美雄氏が突然、どういう理由があってか、「下山事件・記者日記」で、「ロープ小屋の……板戸には六尺近い大男の血染めの手形を思わせるものがあった」（傍点筆者）と書くのである。どうやら「大男」は、ここから始まったらしい。古畑氏も、「今だから話そう」以後は、この「大男」説になっている。

なるほど、一メートル六〇以上の男というのだから、論理的には、六尺近い大男もふくまれることになるだろう。しかし、仮に一メートル六一の男とすると、当時でもそれはむしろ小さい部類にいれられていたはずである。もちろん、この「血痕」が大男のものにせよ小男のものにしろ、事件とは無関係なものと考えなければならないことは、血痕問題のところで詳述したとおりである。

この血痕の部分につづいて、アカハタは、加賀山氏の文章を切りはりして、つぎのような結論を引き出している。「万一犯人がアメリカに関係があったということがばれた場合『GHQ内の共産系分子』になすりつけようという予防線のつもりかもしれない。なかなか用意周到なことである」。これではまるで、売り言葉に買い言葉、加賀山氏の悪質なデマを、さかさにひっくりかえしてみせただけ、のようなものである。

新日本医師協会公開状を発表

さて、ここまでくれば、アカハタのこの連載、「下山事件をさぐる」が、他殺で、アメリカ軍による謀略説らしいことがわかるだろう。では、まずその他殺の根拠いかんということになるのだが、これはどうやら東大の法医学教室と衛生・裁判化学教室両鑑定の無条件肯定、ということのようである、

しかし、志賀氏も認めているとおり、事件直後の共産党内には自殺説があったようである。いや、あったようだというよりは、そのほうが強く、ほとんど支配的であったらしい。しかもそれは、「急なできごとで事実をあきらかにすることもできなかった」、といったようなことのためではなくて、やはりある程度当時の情勢を分析し、科学的にも検討を加えた結果であった、ようにもおもわれるのである。そうおもわれる根拠は、第一に、事件の年の八月三〇日と九月二〇日の、衆議院法務委員会における、林百郎、梨木作次郎両共産党議員の質問内容である。やはりそれ相当の法医学的勉強をして、自殺説に立った立場からの発言、としか考えられないのだ。

第二に、新日本医師協会の、「下山氏変死事件の法医学論争に関する公開状」である。新日本医師協会といえば、一部で共産党系などといわれるが、それは別としてもやはり協力的関係にあることは事実であろう。この協会が、その機関紙『新医協』(昭和二四年八月二〇日)に右の公開状を発表して、激しい古畑氏攻撃をしているのである。その一部を引用すると、つぎのようなところがある。

「更に同日の報告会(これは七月三〇日会議を意味する、筆者註)においては、二、三の新日本医師協会会員並びに民

主主義科学者協会会員の傍聴を拒否し、厳重に出席者を制限した報告会が行われ、古畑氏自ら議長となり、自殺説の八十島監察医その他反対意見を有する法医学者にはその発言時間を制限し、又は発言の便宜を与えることが極めて少なく、古畑氏の議事運行は極めて一方的な高圧的なものであった。かかる事は学会においては殆んどその例をみないものであり、見逃すことのできない問題であるといえよう。会終了後出席者の某氏が顔色を変えて一般新聞記者にその不当を訴えた事実よりみてもこの間の事情は明かである。更に古畑議長は会終了に当り、今後かかる論議を自由に行う事を禁止したき旨発言した。かくの如く一部ボス学者の不当な高圧的な態度は、自由な法医学会の学問的権威を自ら失墜せしめるものといわねばなるまい……」

こういう、感情的とおもわれる筆の運びはあるものの、その主張する法医学的内容はきわめて科学的であり、事態を正確にとらえたものであった。そのことは、ここでやはりはっきりさせておくべきことだろう。そのためには少々ながい引用もしておかなければならないことになる。

「公開状」は、二の「法医解剖学的見解」のところで、まず、古畑（桑島をふくむ）、小宮、中舘、その他の法医学者のそれぞれの見解を紹介したあとで、つぎのように述べている。

「以上四種の見解に対し、本協会は委員会を設けて検討し、次の如き結論を持つに至った。

イ、下山事件法医解剖所見から断定的結論を導くに当っては、次の三つの理由により慎重の上にも慎重でなければならない。

第一、屍体は寸断せられ、その上一夜雨に濡れて放置され、基礎所見そのものが相当荒れていること。

第二、轢断屍体の法医解剖は比較的例数が少く、経験的並びに原理的に完成された法医学体系が存在しているとは云いがたいこと。

第三、下山事件は戦後始めての政治的暗殺事件として世界に喧伝され、日本の国際的信用ならびに国内民主主義の発達の度合を示す事例となりうるものであり、軽率には判断を下すべき問題でないこと。

しかるに古畑氏の結論は必ずしも慎重とは云い難いものがある。たとえば新聞記者に死後轢断を発表した後に、日を改めて、線路の土砂に含まれる出血量を測定したが如きは明かに手続きの前後を誤ったものであり、軽率の誹をまぬかれない。

ロ、古畑氏は出血量に基き、生前の傷、死後の傷との二つに屍体外傷を二大別して報告し、生前の傷は轢断に相当時間、先行したものと考え、他殺を推定したが、この点については飛躍と誤りがあることを指摘するものである。即ち古畑氏の見解に立つとしても、生前の傷が他殺が成立する程度に死後の傷に先行しているか、或いは車にまきこまれた瞬間に死亡し、つづく数秒内に逐次轢断せられて所謂死後創が発生したか否かは、古畑氏は何らの断定の根拠を有していない筈である。従って小宮氏の死後轢断必ずしも他殺ならずとの反駁に比して、古畑氏の見解は確かに一方的と考えざるを得ない。

ハ、古畑氏等は瞬間死と之に続く数秒内の轢断の場合には所謂「死後創」の所見を呈さないと見做す見解に立つものの如くであって、七月三〇日の発表会においても激しく討論が行われた。中館氏はショックによる小動脈の収縮を仮定しているが、更に大きな原因が他にも存在している。法医学的出血とは血圧を伴う出血を一般に意味するが、下山氏の屍体は胸部付近に三ヵ所の重大な外傷があり、肺の一部は失われ、心臓は肩部の傷口から露出していた。かくの如く心臓に重大な外傷又は衝撃の与えられた場合には、血圧は瞬間的に零に近づき、通常の一部切断の屍体における如き血圧を有する出血は認められない。即ち心臓の急激な停止後は、単に動脈の弾性収縮による出血が少量認められるばかりである。従ってかくの如き複雑な寸断屍体においては、心臓衝撃が他部の切断に時間的に遅れない限り、血圧ある出血は認められないことを忘れてはならない。換言すれば、生体を寸断した轢死体の創傷は出血反応を伴うものとは限らないものと云えよう。従って古畑氏は自己の所見に忠実に立脚する場合にも、中館氏その他の出血なき外傷必ずしも意味ある死後轢断にあらずとの反駁をも拒否することは出来ない。

ニ、さらに古畑氏が生前の傷ならびに死後の傷の二つに外傷を分類したことも、その根拠において少からざる疑問を禁じ得ない。すなわち生前の傷といわれる皮下の広汎な出血は一般に如何なる原因によって惹起し得るかについて古畑氏らは科学的検討を行っていない。かかる広汎な微少出血のみ見られる症例を殴打暴行によって説明することはむしろ困難である。

さらに古畑氏らが死後の傷と断定した傷についても出血量は寸断屍体において各個の切断創が死後出来たものであるこ

とを証明することは出来ないものであることは前述したが、とくに下山氏屍体は一夜雨にさらされたことによって出血量の判定が困難になっている上に、次の如き可能性が無視出来ない。すなわち当日の如き条件において、創面又は現場に出血が十分に残存するためには、血液の凝固能力が保持せられていることが必要である。しかるに外傷による急激死において、少なからざる例に血液凝固能の急激な減少、もしくは死体凝固血の急速な自然溶解現象が起り得ることは、近時フィブリノリシン活性化現象として各国において注目されている事実であり、かかる場合には加えられた雨の影響と相俟って、傷面の出血の残存乃至現場土砂の血液含有量に著明な影響を与え、出血創も又死後創の如き様相を呈し得る可能性がある。古畑氏はかくの如き可能性を除外するための血液所見の精査を行って居らず、したがって古畑氏が死後創とみなす所見に対しても疑問を禁じ得ない。

本協会は以上の見解に基き、下山事件を他殺と断定することに反対し、自殺説を否定する意味での他殺説を非科学的と断ずるものである」

たしかに、当時は、轢死体についての法医学体系は一部に未成熟の点があったようである。しかしここには、その後の研究と実際的観察に堪え、立派に定説とみなされるに至った見解が、「公開状」として提出されていたのである。法医学の現在の到達点については、すでに「法医学論争」で詳しく紹介してあるので再説はしないが、そこに述べておいた赤石、有馬、松本など各氏の研究結果と、ここに引用した新日本医師協会の「結論」を、比較、検討してみてほしい。もちろん、赤石、有馬、松本などの各氏は、新日本医師協会とは無関係であるし、おそらくイデオロギー的にもまったく異なった立場の人たちとおもわれる。しかし、下山事件をめぐって起きた法医学論争に触発されたり、あるいはまったく別に、個人的体験から轢死体に興味をもち、それぞれの研究を発展させたのである。あたかも、それらの研究成果を予見した形で提出されていた、新日本医師協会の見解であってみれば、やはり客観的なデータにもとづき、科学的な検討の結果であったのだろう。

こう考えてみると、事件当時、共産党が自殺説の立場に立ったという背景には、それなりに客観的な、科学的根拠があってのこととおもわれるのである。けっして、いい加減なものではなかったはずなのである。しかも、その科学的根拠は、法医学会でつぎつぎと立証されていった。前記赤石、有馬、松本三氏などの研究は、昭和二九年、同三〇年の日本法医学会総会で発表され、同学会機関誌にも掲載されている。

古畑説への移行

ところが、日本共産党のほうは、いつのまにか、すぐれて予見的であった科学的見解に背をむけ、法医学会でも否定されてきた古畑説にのりかえてしまっていたのである。「十年のなぞ・下山事件をさぐる」では、どうやらその古畑説を無条件肯定のようである。

筆者はここで、古畑説と傍点をつけたが、それは下山氏の解剖執刀者で、鑑定受託人である桑島直樹氏の見解とも異なるという意味での、古畑説をいいたかったからである。桑島氏の解剖所見によれば、「生活反応」としての出血は、睾丸、陰茎などの外陰部のほか、両手足の先端部、眼瞼、心臓、右胸部、腎盂腔など諸所に皮下出血などの形で点在した（先の新日本医師協会の「公開状」も、科学的にこの桑島所見にもとづいて判断をしている）、とされている。ところが、古畑氏は、その生活反応を外陰部だけに限定してしまう。もちろん、他の部分の生活反応を、「死後轢断説」で説明することが困難だからであろう。しかし、判定の基礎となる解剖所見を変更したのでは、その「説」がいかにもっともらしく響くとも、もはや科学的なものではない。一種のごま化しである。アカハタがそのごま化し説を採用していることは、「古畑教授の鑑定」という見出しのところの③が、つぎのようになっていることから明らかなのである。「③ただ一ヵ所、『生活反応』があったところがある。それは睾丸だった。ここだけは内出血がひどく、生きているうちに相当に強烈な打撃をうけたことが証明された」。もっとも、古畑氏といえども、内出血を睾丸のみの一ヵ所とは限定していない。やはり陰茎部もふくめて、書いたり、発言したりしているようである。

連載第三回目になると、「不問にされた進駐軍列車の通過」というのが出てくる。例の一二〇一列車である。これも「列車問題」で解決ずみなので、再説はしないが、ともかくこの一二〇一列車に問題ありと書き出したのは、この連載「下山事件をさぐる」が、いちばん最初である。その点では記憶されていいだろう。

つづいて、第四回目に、「奇怪な捜査打ち切り・現場付近に落ちていた分解図」、として田端機関区の登場である。その、「落ちていた分解図」という見出しのところを引用してみよう。

「田端機関区にはあと二つほどおかしなことがあった。その一つは轢断現場に近い綾瀬駅構内に田端機関区の『分解図』が落ちていたことだ。『分解図』というのは何十本もある引込線のどの線にはどの列車が入り、それは何時何分に発車するというようなことが図表で記入してあるものだ。それはだれでもが持っているというものではないので、落し主の見当はすぐつくのである。警視庁ではその人物について捜査、取調べをしたが、その結果ははっきりしていない。つたえられるところでは『死んでもいわない』とつっぱねられてそれ以上はすすめないで終ったという。松川事件や三鷹事件での共産党員や労働者への警察、検察庁の取調べぶりを知るものにとっては、これもなっとくのいかない話である。つけ加えていうと、この落し主は水戸市出身で前回かいた井上日召の本拠があった磯浜町の出身である」

これはまさか、日本共産党十年の綿密な調査の結果ではあるまい。おそらくは、堂場氏の『下山事件の謎を解く』あたりから、借用してきたものであろう。すでに検討ずみのことなので、これも再説はしないが、それにしても悪質なデマに躍らされたものである。被害をこうむった人たちが、憤激するのも無理のないことであろう。

七回目になると、「だれ？　呼出しかけた人物・秘密の会合場所『成田家』」ということになる。成田家といえば、事件当時読売新聞が執心し、だいぶひどい記事が書かれたところである。アカハタの「下山事件をさぐる」は、なにやらそれらの記事に便乗したようなところがある。

さて、成田家の女主人森田のぶさんは、下山氏が失踪した七月五日の午前中、土地の問題で神奈川県平塚市に赴いていて不在だったようである。そこでアカハタは、つぎのように書く。「ところで、ここに一つの仮定をたてることができる。それは平塚市に行っていたというアリバイ（それは偶然かもしれないが自宅にいたことよりは実に確固たるアリバイである）はそのまま認めるとしても、前日、あるいは当日早朝あたりに、呼びだしだけはかけられるということである。こういう仮定はのぶさんにたいして酷であるかもしれない。しかし、ここで一つおぼえておいてほしいことは、この成田家は下山総裁と、かれが連絡をとっていた国鉄労組内のスパイとの会合場所の一つだったということだ」

こういういいがかりをつけられると、一般市民としては弁解のしようがない。いや、一般市民でなくとも、国鉄労働組合という立派な、大組織の一員であっても、有効に自身の立場を明らかにする方法が、なかなか見出せない。その例を田端機関区の久保木氏や柴田氏の例にみてきた。結局は泣き寝入りなのである。仮定や推定で、人をおとしいれるようなことを書くのは、正大ではない。右の引用部分は、また、つぎのようにつづいている。

「当時国鉄労組内には悪質分子がいた。かれらは吉田内閣の官房長官増田甲子七らとふかい結びつきをもち、その資金援助をうけながら労組分裂工作と反共活動に暗躍していたのである。『国鉄労組フラクにたいする共産党の指令』などというガリ版ずりのニセ指令をでっちあげたり、下山総裁に手渡したりしていた場所が成田家あたりであったらしい」

共産党のニセ指令を、でっちあげたり、手渡したりしていた場所が同一だとすると、下山総裁もそのでっちあげ犯人の一員ということになってしまいはしないか。その一枚を、下山氏は得意そうな顔をして、加賀山副総裁にでも見せたのかもしれない。いや、これは少しばかり与太である。第一、加賀山氏は、「私達は当時、組合対策のためいろいろの人々を組合にいれて組合の情報を入手していた。その一人で国鉄の労働関係をあつかう人からガリ版ずりの共産党の『指令』を見せられたことがある」と書いているからである。

この成田家については、森田のぶさんが総裁と親しかったということで、だいぶ嫌疑がかけられたようである。捜査一課も、二課も、また検察庁も執拗に捜査をくりかえした。出資者から財産、客筋、下山氏との交際範囲など、あらゆる点から調査と検討が加えられ、事件とはまったく無関係という結論にいたったようである。また、多くの新聞社も、独自の調査と取材を積み重ねた。その過程で、いろいろな推測記事が書かれている。そのために、成田家は、一時開店休業のような状態に追いこまれたようである。が、そうした新聞社の追及も、結局は具体的事実をしめすことなくおわっている。アカハタのいう、国鉄労組内の「スパイ」とか、「悪質な分子」というものの出入もなかったようである。もともと、下山氏は、こういう人たちとのつながりがあまりなかった人ではなかったのか。筆者は、むしろそのへんに下山氏の悲劇があったように考えられてならない。そのことはまた別に論ずることにして、アカハタのこの部分の終りのところを引用しておこう。

「これら成田家へ出入した連中をふくめて下山氏とのぶさんの関係を知るものには、下山氏呼出しの手だては容易に考えつくところであろう。それにはのぶさんが直接電話をかけたのではないにしても……。アメリカは謀略工作でこれに類似する手をしばしばもちいている」

もっとも、呼出し役は、この森田のぶさんに限定したわけではなく、これにつづいて、「労組内の悪質分子―スパイ―情報屋ども」と、「シャグノンを筆頭として下山総裁に絶対的な権威をもつアメリカ占領軍のだれか」の可能性もあるとされている。したがって、「犯人像」もまだはっきりと確定はしていないようである。それはまた、連載一番最後の「謀殺に三つの説」というところでも明らかなので、その部分を引用して終わりとしよう。

「なぜかれらは下山氏を謀殺したのであろうか？　これについても三つの説がある。まず『国鉄の首切りについての総裁の態度が煮えきらない、占領者にツベコベいうやつはバラして、ほかの日本の政府役人どもへ暗黙の見せしめにした』ということ。だが、これは根拠がうすい。なぜなら占領者どもが日本の売国官僚どもを脅かすには、こんなことをしなくともいい。その命令で首を切ること、一切公職から追放することができるのである。

第二には、下山総裁を生かしておいては謀殺者どもに都合の悪いことが存在したという仮定である。それはある特定の一人だけに都合が悪いのでなく、数人のグループにぐあいの悪い事件、そういう秘密を下山が知っていたというように考えるべきだろう。〝汚職事件〟が背後にあったと考えられないことはない。戦後、汚職事件はずいぶんあったが、アメリカ占領時代にアメリカ占領者と日本政府高官の結びついた、摘発されないままになっている汚職事件がいくつかあった。綿密な準備をととのえ下山総裁をおびきだして殺す。ときは国鉄の首切り反対闘争がもり上り、総裁は神経衰弱気味のときである。シャグノンあたりが日ごと夜ごとに無理をせまって衰弱をひどくし、自殺らしい客観的な条件をつくる。もちろん轢断現場付近にも替玉を出没させこの裏づけをやる。こういう仮定は十分に立つだろう。

第三には、共産党にたいする弾圧のための謀略説である。これも相当な根拠がある。事件発生前後の国内の情勢を見てみるとそれがわかる。しかし、それをのべていることはできないので当時の商業新聞記事を一、二紹介しよう」

ただし、当時の新聞記事は、「捜査と報道」のところで大分引用してあるので、ここでは割愛させていただこう。

『日本の黒い霧』――下山総裁謀殺論――の問題点

参謀第二部（G2）の犯行説

アカハタの連載が終わって約半年後、昭和三五年一月の『文芸春秋』に、松本清張氏が、「日本の黒い霧―下山総裁謀殺論―」を書いている。いわゆる「黒い霧」ものの一つだが、これに若干の補筆改訂をして、他の事件といっしょに単行本としたものが、三七年五月に、『日本の黒い霧』新訂版として文芸春秋社から発行されているので、以下の論はこの「新訂版」による。また、呼称も簡略化して、『謀殺論』とさせていただくことにしよう。

さて、アカハタが謀殺者像を一点に絞りきれなかったのに反して、松本氏は大胆に、それをアメリカ占領軍の参謀第二部と指摘してみせてくれる。このへんがまず、鬼才とよばれ、巨匠とたたえられる松本氏とアカハタ編集子の、重みと眼光の違いでもあろう。では、その参謀第二部、略称G2がこのような事件を考えた理由はなにか？――その点についての松本氏の解釈はつぎのようなところにあるようである。

「マッカーサーが日本に上陸して以来最初に手を着けたのは、日本に温存されているところの旧軍閥系統、右翼系統、右翼的財閥の潜勢力を徹底的に破壊することであった。そして、これらを一掃した後アメリカ的な統治の仕方を敷こうというのが狙いだった。これら国家主義を日本から一掃するために民主化という美しい名前で戦前の秩序体制を破壊し始めて、活動したのがGSである。

周知のように、GSの局長代理ケージスは絶大な権力を振って旧秩序を崩壊させ、共産党の勢力を利用しようとした。そのため、終戦まで非合法政党であり、幹部は地下にもぐらざるを得なかった日本共産党が、俄かに擡頭して、一九四九年には国会に三五名の共産党代議士を送るという進出振りとなった。この頃は共産党勢力の最全盛期であって、〝革命近し〟の声が叫ばれたのである」

「この思わぬ『成果』にGHQ自身が愕然となった。わが手で創ったものが意外な魔性に変ろうとしている。今のうちに何とかせねばならぬ。ここで、マッカーサーの政策は対社会主義国（ソ連・中国）との対決にはG2の線に一本化されねばならないと変るようになった。既に強大となった日本の急進労働運動もなんとかして喰止めなければならない。更に日本のあらゆる機関を一朝有事の態勢に持って行かねばならない。そのためには、自分の手で育成した日本の民主的空気を至急方向転換させる必要がある。それには、日本国民の前に赤を恐れるような衝動的な事件を誘発して見せる、或いは創造する必要があった。マッカーサーの支持を得たGHQの参謀部第二部はそう考えたであろう」（傍点筆者）

しかし、この「衝動的な事件」の「創造」は、ただ単に、日本国民向けのためだけであったとは、松本氏は考えていないようである。狙いはもう一つ、いわゆる〝進歩派〟集団のGS（民政局）にたいするまきかえしである。松本氏のそのへんの考えは、つぎのようなところに表れているとおもわれる。

「ところが、このGSの政策に対して猛烈に反撃したのがG2で、その先頭に立ったのが局長ウイロビー少将である。

下山事件の起る昭和二四年の初め頃から次第に劣勢にあったG2はGSに捲返しを行い、ケージスやダイクの追放を謀略によって図るようになった。このことをもっと詳しく述べたいが、ここには余裕はない。ただ、GHQの中にあるG2とGSとの主導権をめぐる激しい闘いが、下山事件の或る背景となっていると云いたい」

かくして下山事件となり、その結果はつぎのようなことになる。

「七月五日の下山事件を契機として、三鷹事件、横浜人民電車事件、平事件、松川事件などが相次いで起ってのち、G2がGSとの闘争に勝ち、GSの実力者ケージスが本国に送り返され、GHQがその全機能をあげて右旋回に一本化した事実を思い合せると、G2部長ウイロビーの考えが分ってくるのである」

これで、事件の主謀者と、その目的はわかったわけだが、しかし、よく考えてみるとまだ、ではそういう「衝動的な事件」の犠牲者に、下山氏がなぜ選ばれたのか、という点が不明である。そこで、シャグノンが登場する。

アメリカ占領軍の日本管理部門の一部局、CTS（民間運輸局）の鉄道関係担当官であったシャグノン少佐については、これまでとりあげた加賀山氏の一文や、アカハタの連載などでもふれられているところだが、松本氏のシャグノンにたいする位置づけと評価は、これらのものとも大分趣を異にするようである。その松本氏の独自の説をみておこう。

「シャグノンは確かに教養の低い男であった。しかし、この米国における地方の一鉄道会社の社員は、ＧＨＱに在ると絶対な権力を振った。もちろんシャグノンはＣＴＳの担当官にすぎないので、彼がそのような権力を持つのはふしぎだが、実は彼のバックにＧ２局長のウイロビー少将が控えていたのである。

シャグノンは初めＧＳのホイットニー側であったと考えられるフシがある。しかし、どういうわけか途中でＧ２の方に彼はついたのである。シャグノンがＧ２の味方であったということを考えると、下山事件も半分は判ってくるような気がする」

つづけて松本氏は、この「シャグノンには二つの任務があった」として、「一つはＧ２の意向に従っての対ソ戦時輸送の計画であり、一つは、国鉄労組における急進分子の追放であった」というのである。これでみると、シャグノンというのは、なかなか複雑で、重要な任務を担っていたということになる。「確かに教養の低い男」が、このような重要な任務を負うについてはいささか疑念を抱かないわけではないが、それはひとまず保留ということにして、前にすすもう。

ところで、先の問題点にもどって、なぜ下山氏が選ばれたか、ということだが、それは「オールマイティを信じているシャグノンや、その背後の巨大な一派を激怒させ」た、ことだと松本氏は考える。その松本氏の考え方を知るためには、少しばかり長くなるが、やはり氏の文章を引用させていただくことにする。

「ＣＴＳのシャグノンとしては、下山に何等のヒモが付いていないことが一番の適任者と思ったであろう。彼は、初代国鉄総裁が、日本側よりも、むしろＧＨＱの内部、殊にＧＳ側にコネを持っていてはならないと考えていた。というのは、国鉄総裁はあくまでもシャグノンの命令下に自由に動く人間でなければならないし、少くも、シャグノンの政策に喙を容れたり批判してはならなかった。ただ唯々諾々と命令を遵奉する人間が最適任者だと思っていた。すべての命令、すべての人事はシャグノンから出される。ＧＳにヒモのある総裁では、それが円滑にゆかないからである。シャグノンは、その意味で下山定則を総裁に据えた。だが、果して下山はシャグノンの気に入ったであろうか。

下山はシャグノンの考える意味での理想的人物ではなかったのである。

下山としては自分が暫定総裁であることも承知していたであろうし、GHQの狙う本命は、副総裁の加賀山であることも分っていたであろう。しかし、たとえ暫定総裁にしても悉くGHQの命令で動くことを彼は潔しとしなかった。例えば国鉄整理人員のリストにしても一方的なGHQのお仕着せだけでは満足出来なかったし、また氏に冷たい職員局の作成するリストを鵜呑みにすることも彼としては我慢がならなかったであろう。加賀山副総裁の勢力下にあった職員局は、何ら派閥をもたない現場出身の下山総裁に協力的ではなかった。そんなところで作ったリスト（GHQの意向を多分に盛ったもの）に従うのは、彼の自尊心が許さなかったに違いない。シャグノンにとっては意外にも、下山には反骨精神があったのである」

そこで下山総裁は、「独自案を作成しようとして」、「三越の地下鉄付近で或る人物と秘密会談する約束をしていた」。「この人物こそ下山に高度で、しかも確率の高い情報の提供者であったと思える。高度で、しかも確率が高いということは、当時にあっては、一方に国鉄労組の中にも情報ネットを持ち、一方GHQのG2またはレーバー・セクションの側にも情報関係を持っている人間と考えなければならない。そうでなければ下山ほどの人物がわざわざ独りで会いに行くことはないのである。いい加減な月ナミな情報屋だったら彼は一顧もしなかったであろう。尤も、下山は彼がG2側にクッションをもっている人間とは知らなかったと思う。ここに、下山の悲運が生じたのだ。そして、シャグノンは整理問題で下山が自分に抵抗しているのを腹に据えかねているところへ、このようなネットを密かに使っていると探知して激怒したのである。つまり衝撃的な事件が起きるなら、その主人公に下山は仕立てられる可能性があったといえよう」

ここでは、「可能性があった」ということだが、いちばん後のほうになると、それはつぎのようになっているのである。

「下山が殺されたのは、このように日本の『行き過ぎの進歩勢力』を後退させるための謀略であったが、この衝動的な事件の主人公に下山がわざわざ選ばれたのは、国鉄総裁としての彼が、あくまでも独自の立場で、GHQまたはシャグノン案に抵抗したからであろう。下山は、国鉄整理問題をあくまでも行政問題、または経済問題と解釈していたところに彼の錯誤があり、オールマイティを信じているシャグノンや、

その背後の巨大な一派を激怒させているとは、少しも知らなかったのである。その迂濶さに下山総裁の悲劇があった」（傍点筆者）

「謀略班の危惧はＧＳだった」

以上が下山事件をアメリカ占領軍関係者の謀略としてとらえ、事件の背景とその謀略の主体、目的、さらには下山氏が犠牲者として選ばれた理由までの、一貫した事件の大筋ということになろう。百万の読者を魅了する大作家だけあって、ストーリー展開のおもしろさは抜群である。だが、松本氏の功績はこれだけではない。いわゆる「替玉」の役割について、はっきりした解釈をつけてみせたことである。これまで、末広旅館や轢断現場付近で目撃された、下山氏に似た人物は替玉であろう、という説は事件直後からたびたびくりかえされてきた。しかし、いったいそれはいかなる意味をもった、なんのための替玉か、となると曖昧模糊として、はっきりしなかった。単に、目撃された人物が下山氏ではない、と主張するためだけの替玉説の感さえあった。そこに松本氏が、一つの筋道をつけたのである。その松本氏の解釈も引用させていただくことにしよう。

「この謀略には、自他殺両様のお膳立がしてあった。自殺のほうは例の『替玉』の用意である。では、なぜ『赤』の謀略とみせかけるような他殺工作だけにしなかったのか。このへんは次のような解釈が妥当と思われる。

大ざっぱに云って、当時の日本の治安関係機関は、Ｇ２が国警、ＧＳが自治警を握っていた。また、検察庁もＧＳが掌握していた。

米謀略機関の首脳が下山総裁の謀殺を考えたとき、事件発生後の捜査には、当然、ＧＳの勢力下にある東京警視庁が当ることを考え、また、東京検察庁がその指揮を取ることも考慮に入れていたと思う。さらに、警視庁の捜査機能が世界にも名だたる優秀さであることも考えの中に入っていたであろう。『共産党やアカの尖鋭分子が下山総裁を殺した』という線が、検察庁・警視庁の捜査で見破られた場合も予想の中にあった。かかる場合、Ｇ２と対立しているＧＳが、その謀略を非難してくるかもしれない。もちろん、それは日本国民の前には公表されることなく、マッカーサーや本国への報告というかたちになるであろう。それでなくともＧＳは、Ｇ２部長ウイロビーの汚職関係を調べているときだった。

だから謀略班の最大の危惧はＧＳだったのだ。従って、アカの仕事という下山総裁他殺の線が捜査の段階で破綻した場合の収拾策も、あらかじめ用意しておかなければならなかった。それが即ち下山総裁の自殺説の準備、ひいては替玉の伏線となったのだと思う。いわば謀略班は自殺、他殺の両様を演出していたわけだ。もし、Ｇ２が治安機関を一本の線で握っていたとすれば、下山の謀略工作はもっとすっきりと行われたに違いない」(傍点筆者)

最後のところの、「Ｇ２が治安機関を一本の線で握っていたとすれば」という治安機関とは、日本の治安機関で、松本氏の見解によれば、その「日本の治安関係機関は、Ｇ２が国警、ＧＳが自治警を握っていた。また、検察庁もＧＳが掌握していた」、というのである。

この松本氏の「替玉」説は、一見きわめて明快な感じがする。したがって、むしろその明快さにひっかかりを感ずる人もいたのだろう。松本氏は、つぎのように書いている。「私が以上のように書くと、替玉の件はあまりに辻褄が合い過ぎるという声がある(例えば評論家の平野謙など)。しかし、下山総裁と当時反《ソリ》の合わなかった加賀山副総裁さえ替玉説を唱えているのだ。私は以上の推定を間違いないと信じている」

平野謙氏が、どこでどういう発言をしたのか具体的内容を知りたいと考え、この稿を書くにあたって問い合わせたところ、平野氏の入院で教示を得ることができなかった。したがってこう書くのはいささか気がひけるのだが、松本氏の書くとおりだとすれば、平野氏の勘違いか、読み違いではなかろうか、というのが筆者の感想なのである。

というのは、こういうことなのである。「世界にも名だたる優秀さ」の警視庁の捜査員が、「替玉」の正体を見破ったときはどうするのか、ということである。松本氏によれば、警視庁は、「謀略班の最大の危惧はＧＳだった」という、その「ＧＳの勢力下にある」のだ。「替玉」の正体についての情報が、この警視庁から、謀略側Ｇ２と敵対するこのＧＳに入れば、むしろ破局はそこからひろがりそうである。そのときの有効な対策は、警視庁と検察庁がＧＳの勢力下にあるというのだから、Ｇ２側にはないはずである。したがって筆者は、一見明快であり、辻褄があっているようで、必ずしもそうではないのが、この「替玉」説ではないかと考えるのである。

もっとも松本氏は、Ｇ２は警視庁や検察庁の捜査も、自由にあやつることができた、と考えているような節もある。というのは、つぎのような書き方をしているからである。

「謀略側では、下山総裁を『自殺』に計画した。ところが、メトロポリタン・ポリス・ボード（警視庁のこと）の内では、自殺とは見ず、他殺と断定して、この線を追い始めた二課があった。謀略側としては、他殺とみるならそれでもよいが、ただ、その場合、これを共産党側の仕業と見せかけたかったのである。事実、そのように宣伝されていた。ところが、東京地検と警視庁二課の他殺の追及の線は、捜査が進むにつれて妙な方向に曲って来た。つまり、謀略側にとっては自分たちに甚だ気に入らない線になりはじめたのである。それは危険でさえあった。そこで他殺ならば日共側の謀略としたかった彼らは他殺捜査を中止させざるを得なかったのだ。東京地検ならびに警視庁二課の捜査の線が挫折したのは、この理由によるものと思われる」（傍点筆者）

「中止させざるを得なかった」というのは、中止させたということであろう。とすれば、やはり謀略側、つまりG2側なのだが、そのG2が、警視庁や検察庁の捜査を左右することができたということだろう。それならなにも、「替玉」などという手のこんだ工作をしなくともよいはずだろうし、さらにはまた、警視庁も検察庁もGSの勢力下にあったなどということも、「本当か」ということになりそうである。

この「替玉」説をとく松本氏の文章を追っていると、「謀略側では……『自殺』に計画した」、といってみたり、「自他殺両様のお膳立がしてあった」と書いてみたり、GSの支配下にあるはずの捜査機関を、そのGSと激しく争っているG2が勝手に動かせたり、というわけで、松本氏がいかにこの説の「辻褄」を合わせるのに汗だくになっているかという、なんとも滑稽な姿だけが浮かんでくるのである。もちろんこれは、筆者の思考能力の貧弱のなせるところで、松本氏としてはこの「替玉」説になみなみならぬ自信をもち、「下山になりすました替玉はどの機関から派遣された者か凡その推定はつくが、確かなことは云えない」と書いている。「とにかく彼は或る指示を受けて、下山が三越から消えた瞬間に彼になりすましていたのである。そして、替玉自身はその任務だけの単独命令をうけていたので、下山の実際の運命は知らなかったのであろう」、というわけである。

松本氏が、以上の説を展開するにあたって引用したり、根拠としたりしているのは、主として日本共産党中央委員会機関誌『前衛』の論文（大野達三「アメリカのスパイ・謀略機関とその活動について」）や、加賀山氏の「下山事件！ その盲点と背景」、あるいは斎藤昇氏の『随想十年』などである。これらの僅少な資料から、これだけの説、事件の筋道を推定し、それを「立証」してみせるのだから、やはりそれは鬼才と呼ばれるにふさわしかろう。

だが、この説、この筋書が事件そのもの、客観的事実だ、といわれると筆者には異議がある。すでに、「替玉」説についてはその異議を若干述べたが、これまでのところを改めて検討してみよう。

まず、G2とGSの間に対立があったということは、あまりにも有名な話で争いのない事実であろう。だが、その対立が、果たして松本氏が説くところを裏付けるようなものであったかどうか、については疑問がある。その詳細を今ここに述べる余裕はないので、若干の具体的事実をしるすにとどめるが、第一に松本氏は、「昭和二十四年の初め頃から……G2はGSに捲返しを行い、ケージスやダイクの追放を謀略によって図るようになった」と書いているのだが、ケージスが日本を離れたのは昭和二三年の一二月一日であったし、ダイクにいたっては、同二一年二月であった。もっとも、離日が即GHQよりの〝追放〟ということではなく、ケージスのばあいはマッカーサーの意を体して、アメリカ本国の財界、政界、政府関係機関への工作という任務をもった本国行きであった。労働組合の育成、古い指導者の追放、財閥解体、農地解放と戦後の占領軍の行った改革は、その成果に大きなみるべきものがあったにもかかわらず、アメリカ本国内での評価は必ずしも高いものではなかった。財界には日本の財閥会社とのつながりもあったし、政界にも冷戦構造の強化とともに、日本民主化のいきすぎを批判する声が強くなっていた。陸軍省も国務省も、事あるごとに総司令部の政策に口出しをするようになってきていた。だが、改革の理想にもえるマッカーサーは、あくまでもみずからの政策に自信をもち、ケージスを本国説得の使者として帰国させたようである。

しかし、アメリカ本国での政治的流れは、マッカーサーが期待をよせるものとはまったく異なっていた。大勢は一大佐の説得で覆えるようなものではなくなっていたのである。ケージスの約半年にわたる奔走もみるべき成果をあげえず、彼は失意のうちに民政局を去る決意をし、アメリカから退任の手続きをとって、二四年五月にそれが認められている。

一方、ダイクだが、彼の帰国（註—1）も、占領問題研究家の竹前栄治氏によれば、自然退任によるものだということだし、思想的にみてもウイロビーが事をかまえて追い出すほどのものではなく、ガンサーなどは、『マッカーサーの謎』で、どちらかというとホイットニーよりウイロビーのほうと仲がよかったような書き方をしている。いずれにせよ、G2のウイロビーが、昭和二四年の七月、謀略的事件を創造してまで追放を図らねばならぬ立場にダイクはいなかったわけである。

ついでに述べておけば、松本氏は、「七月五日の下山事件を契機として、三鷹事件、横浜人民電車事件、平事件、松川事件などが相次いで起って……」と書いているが、ここにも時間的経過の無視があるようである。人民電車事件は六月一〇日であったし、平事件はおなじく六月の三〇日であった。もちろん、一ヵ月たらずの違いではないか、といえるかもしれない。しかし、動きと変化の激しかったこの時期の一ヵ月は、他の時期の一、二年にも匹敵するものがあった。そこで事件の継起を逆にされたのでは、まったく意味が異なってさえしまうのである。

過大すぎるシャグノンの評価

さて、GSとG2の対立についで問題となるのは、シャグノンの位置づけである。松本氏は、「シャグノンは初めGSのホイットニー側であったと考えられるフシがある」と書いているが、いったいいかなる根拠があってのことなのだろう。しかも、そのシャグノンに「G2の意向に従っての対ソ戦時輸送の計画と、国鉄労組における急進分子の追放」という、二つの任務があったなどというにいたっては、お粗末という感じさえさせられてくる。第一、松本氏は、連合軍総司令部内に、参謀第一部から第四部まであったことを知らないのだろうか。第一部（G1）が人事、第二部（G2）情報、第三部（G3）作戦、第四部（G4）輸送・設営というのは、占領軍を論ずるばあいの常識なのである。おそらく、この常識的な基礎知識がないまま、わずかな資料を強引に、勝手な筋書に組みこんで、事を論ずるからこういうことになるのだろう。

もし、アメリカ占領軍が、「対ソ戦時輸送の計画」を立てるとするならば、それはG3の作戦計画にしたがってG4が立案するということになる。そして、その実施が必要となれば、その担当は横浜所在の第三鉄道輸送司令部（第八軍所属）であった。この司令部は札幌、仙台、東京、京都、九州の各地区に地区司令部（DTO）をもち、その下に鉄道輸送事務所、いわゆるRTOがあったのである。もちろん、この第三鉄道輸送司令部は平常時にも活動を継続していて、在日アメリカ軍の輸送はすべてここで計画され、その実施は鉄道渉外事務局を通じて、国鉄の各機関に連絡されている。

一方、シャグノンが所属した民間運輸局（CTS）は昭和二一年九月に創設されたが、それまでは経済科学局（ESS）が所管したところで、国鉄の基本的な政策決定や運営方針について勧告と指示を行う機関であり、第三鉄道輸送司令部とはまったく別系統の組織である。軍の指揮系統というものは、どこの国でも同じく絶対的なもので、別系統の指令や指示が入りこむことを厳重に排撃する。すべてが戦闘状態を基準にして律せられるのだから当然のことで、これがなければ混乱を起こすだけだろう。したがって、CTS所属のシャグノンが、「対ソ戦時輸送の計画」を立てるなどということは、どこから考えてもありえないことなのである。

さらに、「国鉄労組における急進分子の追放」というのも、シャグノンにとっては所管違いであったろう。労働問題は、経済科学局の労働課の担当であった。二・一ストライキ（昭和二二年）の禁止に際しては、同課のコーエン課長が矢面に立った。翌二三年、公務員より団体交渉からストライキまで、一切の争議権を奪う政策の決定については、民政局公務員課と経済科学局労働課のあいだで、激しい論争があった。この論争に破れた、時の労働課長キレンは、決定を不服として辞任し帰国した。すでにこのころから民政局も大きな右転回をしめし、九月には労働組合の傾斜闘争に、ホイットニー局長みずから警告を出している。もちろん、キレンの去ったあとの労働課もヘプラーを長としてこれに足並みをそろえ、電産争議、各単産の年末闘争などに、つぎつぎと中止勧告を出し、問題の人民電車事件に際しては課長代理のエーミスが即時中止の命令を出している。CTSのシャグノンは、いつのばあいにも局外者であったのである。

もちろん、「日本経済の自立をはかるため」の経済諸政策、問題となっている人員整理をふくめて、それらの立案・計画は経済科学局の所管であろう。そのうち定員などをふくめて公務員制度をどうするか、などは民政局（GS）の公務員課が担当していた。したがって、総裁をふくめて、国鉄側としては経済科学局や民政局とは、たえず連絡をとらないではいられない立場にあった。松本氏のいうように、「初代国鉄総裁が……GHQの内部、殊にGS側にコネを持ってはならない」、「あくまでもシャグノンの命令下に自由に動く……ただ唯々諾々と命令を遵奉する人間が最適任」で、「その意味で（シャグノンは）下山定則を総裁に据えた」というのはどう考えても実情にあわない。

事実、下山氏を初代国鉄総裁にしたのは、シャグノンではない。政府としては、初代総裁に財界などの大物を据えたい考えで、村上義一、小林中、小林一三の各氏につぎつぎと当たったが、誰もが引き受けるのを断った。公社総裁として民間会社の役員などの兼任はできず、安い総裁手当のほかに機密費さえないに等しい、そのうえ当面約一〇万名の首切りをしなければならないというのでは、誰だって辞退するのがあたりまえである。

やむをえず運輸次官であった下山氏の起用を決め、CTSのミラー局長にも了解をもとめた、というのが実際である。もちろんミラー局長にも異議をとなえる理由もなく、六月一日（すなわち下山事件より三五日前）下山定則氏は初代国鉄総裁に就任した。

この時点から、日本国有鉄道は新しい公共企業体制度のもとに出発することになるのだが、しかしそのお膳立はそれ以前に、鉄道総局長官であった加賀山之雄氏と、そのスタッフによってすっかりできあがっていた。下山初代総裁としては、その加賀山氏を副総裁として、すでに樹立されていたプランを実行に移すだけであったのである。もちろんそのプランのなかには人員整理の案もふくまれていた。六〇万を数える人員のなかから、約一〇万の整理をするのだから一ヵ月やそこらで準備ができるはずがない。事実、国鉄は新しい制度のもとに出発した六月一日、国電車掌の新交番制実施を業務命令で出している。この新交番制による乗務をすると、一割程度の剰員が出る。

この新制度に抗議し、人員整理に反対する闘争の一環として発展したのが、六月一〇日の、いわゆる〝人民電車事件〟である。「人民電車」と大書した電車が、赤旗をなびかせ、国鉄当局の妨害を排除しながら、東神奈川を出発して京浜・東北線を赤羽まで走り、また横浜まで引きかえしたのである。さっそく翌一一日朝、ESS労働課長代理エーミスは、下山総裁と国鉄労組代表をよびつけ、ストの即時停止を命じた。このことはすでに述べたところでもある。

だが、こうはいっても、人員整理のプランが、この段階で一切完璧に、すみずみまでできあがっていたなどというつもりはない。整理リストにしても、「捜査と報道」のところでふれたように、第一次発表の段階でも組合役員の一部に未決定の部分があったことは、当時の文書課長吾孫子豊氏の認めているところである。端的にいえば、中央闘争委員中の共産党員などである。これらのものが組合専従の役員である以上、ただ単に〝過激分子〟というだけで整理することは、不当労働行為になるのではないかという法律論が、事務段階にあって容易に結論がでなかった、というのが、吾孫子氏の国鉄労働組合への証言なのである。したがってこれらの役員は、第一次の整理リストになかった。この点を下山氏は増田官房長官や佐藤栄作氏につかれていたのだが、事務担当者の異論を総裁といえども押えきるわけにはいかなかったようである。

こうなると、「氏に冷たい職員局の作成するリストを鵜呑みにすることも彼としては我慢がならなかったであろう」という、松本氏の意見も、いささか別の意味合いをもってくる。松本氏説くところの文意によれば、職員局（事務担当）作成のリストは、GHQの意向を盛って急進分子を全部ふくむものでなければならないのだが、資料はむしろ逆の形となっているのである。今となっては下山氏に確かめるべくもないが、佐藤栄作氏の証言〈註—2〉などを読むと、下山氏は、共産党員であった鈴木副委員長などの整理を早めに断行するつもりであったようである。だがその案は若い課長連の反対にあった、と佐藤氏は語っているのだ。

さて、ここまでくれば、下山氏が、「独自案を作成しようとして」、「三越の地下鉄付近で或る人物と秘密会談する約束をしていた」、という松本氏推定の当否の判断も容易となろう。第一に、時期の問題である。七月一日、二日と組合側に会見し、整理案（人員、整理基準、退職手当など）を説明し、四日にその実施にふみきり第一次整理を発表しておいて、その翌五日に、整理の独自案を作成するため情報提供者に会いに行く、というのでは順序が逆ではないか。第二に、この時点で問題になっていたのは、右に述べた組合専従役員中の左翼分子をどうするか、ということだけであった。これは不当労働行為が成立するか、否か、という法律的判断の問題であって、いわゆる〝情報〟などではどうにもならない問題であったのである。

松本氏は、その情報提供者は、国鉄労組のなかや、G2または労働課のほうにも情報網をもった人物で、「確率の高い情報の提供者」としている。しかも、この情報提供者を使っていることを知ったシャグノンが激怒し、下山氏は衝撃的な事件の主人公にしたてられた、というのだから、いったいその情報の内容というものはどういうものだったのであろうか。ここにもまた、この物語のわからないところがある。まさかG2や労働課が、シャグノンの意図したという〝急進分子の追放〟に反対であったわけではあるまい。ただG2の意向を正確にさぐろうということであったなら、G2側の人間であるはずのシャグノンにとっては、歓迎すべきことであったのではなかろうか。

もっとも松本氏は、この情報提供者が「G2側にクッショ

ンをもっている人間とは」、下山氏は知らなかったとおもう、と書いている。すると、下山氏は労働組合側の情報を求めて、この情報提供者と会いに行ったということになるのだろうか。しかしそれならば、職員課や労働課などというものが接触をして、各種の情報を得ていたはずであるし、加賀山氏も、「私達は当時、組合対策のため、いろいろの人々を組合にいれて、組合の情報を入手していた」と書いている。下山氏がただ一人で出かけていって、どんなに「確率の高い」とおもわれる情報を取ってみたところで、加賀山氏以下の組織的情報収集に敵すべくもあるまい。また、それを知らぬほど下山氏も浅はかではなかったはずである。どう考えてみても、この松本氏の、七月五日情報提供者との会見説はよくわからないのである。

そこで最後に、シャグノンについて述べておこう。松本氏にはどうもこのシャグノンに対して、過当な評価があるようである。筆者は、このシャグノンと接触のあった加賀山之雄、兼松学、吾孫子豊、加藤閲男、西倉勇吉、田中源次などの諸氏から話を聞いたが、それらの人びとの話は松本氏の描くシャグノン像とはうまく重ならない。第三鉄道輸送司令部の要員であったことのある西倉氏の話によると、シャグノンははじめこの横浜の司令部にいたという。ここでの評価は高くなく、周囲からもあまり相手にされない人物であったらしい。職権を利用して、メイドなどにまで占領軍専用列車のパスをあたえたり、些細なことで日本人要員をどなりつけたりで、あつかいにくい部類に属したという。

CTSの創設とともに、シャグノンは第三鉄道輸送司令部からこの新しい機関に移ったが、西倉氏の観測では、シャグノンの希望ではなく、むしろはじき出された感があるという。CTSに移ったシャグノンは、ときどき労組の役員などもよびつけて文句をいった。加藤氏は委員長として呼び出しに応じたが、「民主主義のもとでは……」などと抗弁する

と、「民主主義というものは、アメリカのためにあるのだ」と、どなりかえされたという。話のわからない人間だとわかったので、以後はなるべくシャグノンを避けて局長のミラーなどに会うことにした、と加藤氏はその思い出を語ってくれた。国鉄渉外室の責任者であった兼松氏の話も、加藤氏の話に重なる。あまり相手になりたくないので、やはりミラー局長との交渉となり、そのほうが話がスムースにいったという。渉外室関係者はどうやらシャグノンを軽蔑しきっていたようなのだが、彼はそれに頓着することなく威張っていたらしい。最後は、女性関係かなにかが問題になって、シャグノンとしては不本意な帰国だったらしいという。兼松氏は、日本交通公社に移ってからたびたび渡米し、ミラー局長などとは今でも親交がつづいているが、シャグノンには一度会ったきりで、そのときは尾羽打ち枯らしたという感じで、なんとなく哀れであったということだった。

加賀山氏がこたえたのも、このシャグノンの無理難題であったらしい。通勤や通学パスに、一日一回しか使用できないようにパンチをいれろとか、時期早尚だというのに、早くリクライニング・シートつきの車両をつくれと、矢の催促をしてみたり、日本の国鉄を「マイ・レールロード(おれの鉄道だ)」と胸をそらせたり、要するに小物が一生懸命、大物ぶってみせるあのやり方そっくりだったという。そうしたことから、「彼はまるでドン・キホーテを地でいっているような人物だった」(「下山事件! その盲点と背景」)という評価につながるらしい。

これらの人びとの話から生まれるシャグノン像は、つぎのようなところとうまく重なるようである。

「〝シャグノン〟の名前は長年の間、日本では〝怪物《モンスター》〟であった。そうされていることも、彼は伝え聞いて知っていた。『何でも聞いてくれよ。知っていることなら、何でも答える』と彼はいう。シャグノン大佐の人間や業績に対する評価はまちまちだろう。が、現在の生活状態で観察する限りでは、元大佐のこの貧しい暮しぶりは、彼が『日本で人生を棒に振った』ことを物語っているのではあるまいか。

シャグノン大佐についての印象をさらにつけ加えると、たとえば、下山総裁の死が〝謀殺〟であったとしても、少なくとも大佐はその共謀の一味ではなかったろうと思う。一味ならば、前夜遅く総裁の自宅へ乗り込んだりして、要らぬ疑惑を受けるようなことはしなかったはずだ。彼は『陰謀家』というタイプからはほど遠い、粗雑な男である。当時の田中栄一警視総監も、『私は……シャグノンとは一面識もない。ただ当時、シャグノンというのはずいぶん強引な男だ、ということをしばしば聞いた。私の知っている限りではシャグノンには謀略などやる力も、才能もなかったようだ』(『週刊新潮』昭和三五年九月四日号)と書いている」

これは週刊新潮編集部記者が、昭和四三年八月から一〇カ月間の特別連載、「マッカーサーの日本」の取材のため、元占領軍関係者につぎつぎとインタビューしてまわり、その結果まとめた記事の一節である。参考までにいえば、この連載は同名の一冊本にまとめられ、新潮社から発刊されているが、そのなかの「下山事件、二つの証言」に、問題のシャグノンの話がある。ただし、大佐というのにはいささか疑問がある。だが大佐であれ、少佐にせよ、このシャグノンが一時期CTSに籍をおいたシャグノンであれば、ここに描かれた彼のイメージは、その実像とはなれるところがあったとしても、その距離はあまり遠くはないとおもわれるのである。

列車の死体運搬説の誤り

これまで述べてきたところは、事件の荒筋とはいっても松本氏の『謀殺論』の、いわば計画の段階、これからいよいよその計画に従った実行ということになる。しかし、それも誘拐、殺害、運搬、轢断と、この順序でいちいち詳細に述べることは煩瑣にすぎよう。そこでここでは、運搬のところを中心に検討することにする。もし、下山事件が、松本氏の説くように謀殺事件であるならば、いずれにせよ殺害した下山氏の死体を最後には誰かの手によって、轢断現場に運ばなければならないからである。

では、松本氏は、死体運搬手段をどのように考えるのだろうか——。下山事件特別捜査本部は、現場の地理的状況、当夜の現場付近通行者などの関係から、死体運搬は不可能と判定した。この判定を、松本氏も一応認めているらしい。だが、認めたうえで、つぎのように書いている。

「自動車通行可能道路から現場に来るまでに三十分を要するとし(このへんには故意か不注意か、資料のひどい読違いがあるようだ、筆者註)、死体運搬は不可能とするならば、汽車以外の運搬は絶対に不合理である。つまり汽車が現場を通行する時列車の上から現場の線路に死体を投げおろし、それを一旦隠して次の列車に轢断させる方法しかないのである」(傍点筆者)

そして、その「汽車」こそ一二〇一列車だ、というのである。これはアカハタの後追いだが、それはともかくいずれにしても、この一二〇一列車は、松本清張氏やアカハタの想定するような列車とはちがう。その点はすでに「列車問題」で検討ずみなので再説はしないが、ここでは別な角度から検討してみよう。

松本氏はここでもシャグノンを登場させて、つぎのように書いている。「この下り第一二〇一軍用列車を臨時に、例えば或る目的のために発車させても、彼の権能からいえば造作のない事であった。RTO（輸送司令部）は彼の管掌で、そのダイヤは進駐軍に握られていたのである」。シャグノンについてはすでに詳述したので、ここでふたたびとりあげるのは煩しい気持もするが、やはり少しはふれておくことにする。先にも述べたとおり、シャグノンはRTO（輸送司令部ではなく、鉄道輸送事務所である）の系統とは、まったく別系統の組織に属する人間で、たとえば彼が鉄道を利用して旅行しようとしても、その乗車券さえみずから発行することはできず、第三鉄道輸送司令部に所属する旅客鉄道輸送士官の手を経なければならなかった。また貨物の発送についても、同じく貨物輸送士官の指示をうけなければならない制度となっていたのである。

また「ダイヤは進駐軍に握られていた」というのも、まったく実情を知らない者のいい方だろう。第三鉄道輸送司令部規定第二項イ、はつぎのようになっている。「日本の鉄道当局は原則として日本全国の鉄道を直接に運営管理する。但し占領軍の軍事上の要請に応ずるに必要なりと認むる第三鉄道輸送司令官の監督指令に従い、及び之に協力する義務を有する」。これを見ると、なるほど占領軍の意のままに国鉄は動かされていた、と考えられるかもしれない。たしかに終戦直後の一時期、国鉄運営の実情を知らぬ各部隊が勝手な要求を出し、大混乱を招いたことがあったようである。接続は間違える、着駅は不明、軍需品を積んだ貨車が全国を漂流して、そのうちに積荷が蒸発してしまうなどということもままあったようだ。

これでは第一、アメリカ占領軍自体が困ったし、国鉄側も輸送費算定資料が得られない状態であった。そこで国鉄側の要求などもあって、第八軍は管理命令第二〇号で、つぎのような指示を出している。「すべての鉄道輸送は第三鉄道輸送司令官の指定した輸送将校を通じて取扱われる。部隊を使用して直接日本人鉄道関係者と如何なる交渉もしてはならない。軍団指揮官並びに英占領軍司令官は部隊及び軍用貨物の移動に関する要求を第三鉄道輸送司令部司令官の指名する者に提出した上これを履行すること」

さらにその後、占領軍と日本政府の間に調達関係の取決めがまとまり、国鉄もこの制度下における調達命令（ＰＤ）で動くことになった。もちろん、この調達命令は形式的には、一定の書式をもって第三鉄道輸送司令部から運輸省に提出されることになっていたが、実際の処理は鉄道渉外事務局があたっている。したがってこの鉄道渉外事務局は、占領軍輸送関係の中心で、ここには旅客、貨物、運転など実務をもった職員が兼務で集まり、軍の要求を関係部門に連絡、通常ダイヤで処理しうるものはどんどんこれに組みこみ、一方そうした通常のルートにのらないものについては関係担当者とともにその輸送計画をたてて、これを輸送司令部につたえるなどの調整作業を行っていた。

以上のような制度のもとでは、列車の設定やダイヤ作成は日本側にあった。この状態で、仮に松本氏が考えるように、国鉄の引込線のはいった北区の「厖大な地域を有した」「米軍施設」から、下山氏の死体を乗せた貨車を田端駅まで引き出し、そこから臨時列車を組んで現場まで運ぶためにいかなる経過をとるのか、それに必要な手続きを検討してみよう。まず、謀殺者のグループは、それが偽装であっても、一応ある部隊名か、所属機関名を使わなければならない。そのうえで積荷の内容と輸送先、到着月日などを明記して、第三鉄道輸送司令部所属の貨物輸送士官に申し込む。

申込みをうけた貨物輸送士官は、軍貨物の輸送と日本の鉄道事情に精通していて、その任務として迅速、確実とともに、また国鉄との費用精算も考えて、経済性も考慮しなければならないので、なるべくその貨物を通常ダイヤにのせようとする。しかし、謀略者集団は、巧みな口実をもうけて貨物輸送士官を説得し、臨時列車に同意させることに成功したとしよう。そこで貨物輸送士官は輸送命令書（これは先にも述べたように運輸省宛の調達命令）を書き、鉄道渉外事務局に連絡をする。連絡をうけた同事務所は要求内容を検討し、関係部門に必要事項をつたえていっしょにダイヤ作成を計画する。

ダイヤは、このばあい二本になる。というのは、田端から北区の米軍施設への仕業ダイヤは、関係者の話によると、当時は昼間の二本だけであったそうだから、夜間の臨時仕業ダイヤをいれなければならない。それに常磐線のほうと、計二本である。

この輸送命令が、相当の時間的余裕をもって出されたばあいは、比較的問題なく決まるかもしれない。だが、それにしても現場通過時刻までを指定する、などというところまではできない。国鉄側としては、荷物は着駅に、指定時刻までに間に合うよう運べばよいのだから、それに合わせて経済的な線をひく。ばあいによっては、謀略集団にとってはまったく不都合な、利用不可能なダイヤが作られることもあるだろう。いや、その可能性のほうが大きいはずである。

では、時間的余裕もなく、緊急に輸送要求が出されたばあいは、どうなるか。そのばあいには、ダイヤ作成の検討に際して、関係各機関区、車掌区などと連絡をとって、牽引機関車と、機関士、同助士、車掌などの手配が何時ごろまでにつくかが、確かめられなければならない。すべては、これにかかっている。ときによっては、一定の見込みで列車ダイヤは作ってしまい、各管理部の運転司令から列車通過駅にそのダイヤによる通過時刻を伝達しておいて、実際の列車のほうはダイヤとは無関係に、機関車や乗務員の手当てがつき次第発車、ということも考えられよう。

こう書いてくると、そんなことでは緊急の際に間に合わないではないか、と異議が出されるかもしれない。これはごもっともなことで、そのためにトラック輸送や航空機による運搬が発達したのである。鉄道というものが、緊急という点では、ある意味で時代おくれになっているところがあるのである。

さて、松本氏の列車運搬説には、このような数々の難問があるが、それらの難問をハードル競争よろしくつぎつぎと飛び越えて、首尾よく計画にあう臨時列車が運行されることになったとしても、最後にもう一つの難関が待っている。それは、どうして死体を貨車からおろすか、ということである。松本氏は、その貨車についてははっきりとは書いていないのだが、やはり状況からいって有蓋貨車ということにならざるをえないはずである。まさか、無蓋貨車というわけではあるまい。それならば、米軍施設から引き出して田端に運行するときも、田端で一本の列車に組成される作業中も、あるいは、出発線にまわされ仕立検査をうけたり、牽引機関車を接続する際にも、あまりにも人目につきすぎよう。さらにまた、名目上の運送物資と、実際の内容(すなわち死体)が違うという点をごま化すためにも、外から人目のはいらない有蓋貨車としか考えられないのである。

この有蓋貨車に、ある種の軍需物資が積まれたように装い、北区内のアメリカ軍施設を出発するときを考える。そこはたぶん赤羽駅の管轄になるところだとおもわれるが、その赤羽駅の貨物係が立ち会い、行先を明示した車票をつけるとともに、貨車の扉をロックし、金属製の封印をする。その封印された貨車を田端機関区の機関車が臨時の仕業ダイヤでひいて、田端駅に回送するということになる。

この際の封印は、記録によると占領初期には紙を使っていたようである。ところが、この紙の封印が破られて盗難が続発した。有蓋貨車には、各地に駐留している占領軍の食糧や、ＰＸ（軍人用物品販売所）用品が積まれていたことが多かったので、敗戦直後の食糧難時代には格好の襲撃目標とされたらしい。もっとも、日本人が襲うよりも、本当はアメリカ兵のほうが多かったらしいのだが、ＭＰやＣＩＤはとかく日本人の仕業としたがったようだ。そこで封印は、簡単に破られる紙から金属製のものにかえられたわけである。

もちろん、金属製になっても不心得者はいたわけで、占領軍関係の貨車の封印は、荷受、仕立検査、停車駅での見回りのチェックポイントとして重視され、もしそこに不審な点があれば、ただちに関係個所に連絡されることになっていた。これをおこたり、このあとの段階で封印破りなどが発見されると、いらぬ疑いをうけることになるので、そのチェックには相当神経を使ったということである。

この封印をされた貨車の扉を、現場でどうして開けるのか、という問題が、先にいった難関というわけである。これはもちろん、内側から開けるわけにはいかない。内側から開けられないのだから列車を徐行させて、死体を投げ降ろすなどということはできない。もっとも、この封印がされていない、空車の有蓋貨車でも、走行中に自然に扉が開閉しないようにロックされており、完全にロックされているか否かは仕立検査の際などのチェックポイントだから、実際は、この空車のばあいでも内側から扉を開けることは不可能なようになっている。まして、ロック部分に金属の封印がしてあるのだから、これはどうしても列車を止めて、外側から封印を破り、あの重い扉を二、三人がかりで開けなければならないことになるだろう。そうして死体を降ろし、また扉を閉めてロックすると、封印破りを見破られないよう巧みに原状にもどすという作業を、暗闇のなかでしなければならない。

人目の多かった現場

当時は周知のように、常磐線の貨物列車は蒸気機関車によって牽引されていた。この蒸気機関車というものは、止るときも、動き出すときも、わりと大きい、というよりはけたたましい音を出す。その蒸気機関車を止め、そのうえこれまたガラガラと周囲にひびく音をたてる、貨車の扉を開閉したのでは、あの現場土手下の人家に気づかれないはずはないとおもわれるのである。とくに当時は、夏時間制で、一一時前後とはいっても、ふだんの一〇時ごろのことである。夏のむし暑い時季のこと、誰か一人ぐらいは気づく者が出てもよいはずなのである。

しかし、松本氏は、貨車扉の開閉その他についてなんの心配もしていないようで、ただ「下山の死体を汽車から降ろすとしたら、その汽車はカーヴの所から、必ず徐行したに違いない」とだけ書いている。おそらくは、扉の構造、施錠や封印などということは気づきもしなかったのだろう。

ただし、音や人目については考えたようで、その点はつぎのようにのべられている。「もし、仮に一二〇一列車に死体を積み、五日の午後十一時十八分にそれを降ろす計画をたてるとき、絶対の条件がある。それは付近に一人の通行者もあってはならないし、一人の目撃者も佇んでいてはならないのである。このために犯人側は、その時刻の現場の状況を、七月五日以前、数日に亙《わた》って調査したことと思う。そして、午後十一時十八分頃には、東武線と国電（常磐線）の交叉した地点を逆に土手に沿って東武線を浅草寄りに歩いても（この粗難な書き方からみると松本氏は現場の地理的状況などよくわかっていないようである、筆者註）絶対に人に会うことがないと確かめたであろう。この確率は高かった。この付近は両方共人家の裏になっているし、土手の下には小道があるが、その両方とも人が出ていないこともはっきりした。つまり、エンジンの音の高く聞える自動車を使用しない限り誰にもそこでは何が行われたか気づかれない筈であった」

しかし、これもまた松本氏の一方的な、勝手な想定であろう。あの轢断現場付近は意外と通行者があり、そのうえ食用蛙取りなどもはいっていて、人目はけっこう多かったのである。このことは「捜査と報道」のところで詳述したので、ここでこれ以上は述べないが、一つつけ加えておくと、あの現場を〝ドロボー道〟と呼ぶ人さえあったほどである。というのは、千住大橋など通常使用の橋の袂では、当時食糧移動監視のため頻繁に検問が行われていたので、夜の仕事を商売とする紳士諸君はそれを避け、国鉄の荒川鉄橋を利用していたからである。現に事件当夜も、一一時ごろこの鉄橋を渡った窃盗犯が葛飾区内でドロボーをし、帰途もふたたびこの荒川鉄橋を利用しようと、綾瀬のほうから線路づたいに五反野踏切まできて、現場方面に人影を見つけて張りこみとおもいこみ、あわてて左折、小菅刑務所裏手からロープ小屋に入り、雨やどりをしている。また、五反野南町駐在巡査であった山中明治氏などの話によると、ときどき行われた検挙コンクールのばあいなど、この現場付近から荒川鉄橋のあたりが〝かりば〟で、このへんに出て待てば、必ず一組や二組の夜の紳士にありつけた、というのである。

こういう土地の状態である。「その時刻の現場の状況を、七月五日以前、数日に亙って調査した」とするならば、これもまたわからぬはずもなかったことだろう。その状況がつかめなかったような調査とすれば、それは杜撰といえよう。

もっともこの杜撰さは、この「謀殺論」のいたるところに存在し、それをいちいち取りあげていったのでは、いつ終わりとなるか予想もつかない。そこでそろそろこの『謀殺論』についての検討を、終了ということにしようとおもうが、ともかく松本氏は、死体の運搬は「いかなる方法を推定しても、この軍用列車以外に合理的な推測は考えられない」としているのだから、軍用列車がダメとなれば、根本的に松本氏の説は成立しないということになる。そこで「列車問題」のところでは、松本氏が考えた一二〇一列車が、松本氏が考えるように田端を出発する貨物列車ではなく、田端とはまったく無関係な旅客列車であったことを明らかにしたが、ここでは、仮に、一二〇一列車ではなくても、田端を出発点とする占領軍用臨時貨物列車を想定して、それをもって犯罪計画を考えてみても、それもまた実情に合わない、ということを明らかにした。したがって、『謀殺論』についての批判はこれで十分ということになろう。ただ、松本氏は、この謀殺論を部分的に改めたり、さらに発展させたりして、その後もその説の延長線上にあるものを発表しているので、以下それらのものについて若干の検討を加えておくことにする。

不合理な殺害理由

「下山総裁謀殺論」から約四年後、松本氏は『週刊朝日』(昭和三九年七月一〇日)に特別寄稿として、「『下山事件』追跡の手を止めるな!」(以下「止めるな!」と略称)を発表した。本文最初の見出しが、「秋谷鑑定・やっと公表されたが」、という点からみても、六月二五日の衆議院法務委員会に資料として提出された、桑島、秋谷両鑑定の結論部分といわれるものを見て、さらに「他殺説」に確信を深めて筆を取ったものとおもわれる。

もちろんここで、松本氏が「他殺説」に確信を深めたことは、ごく自然であり、また当然のことでもあったろう。発表された両鑑定の結論部分といわれるものに、疑義をさしはさむなどということは、事のなりゆきからみて、いくら鬼才といわれる松本氏にも、困難なことであったと考えられるからだ。

そこでここで問題にしたいのは、その他殺論の内容である。まず、この謀殺事件を計画したのは、「GⅡ機関とシャグノンのCTS機関との合作だと考えても的はずれな想像ではあるまい」と書いているところから、ここは『謀殺論』を踏襲したものと考えてよいだろう。ところが、下山総裁殺害の目的となると、いささかニュアンスが異なっている。この「止めるな！」では、国鉄整理の第二次発表後（第一次発表は七月四日）、国鉄労働組合がストライキをやりそうなので、それを止めるためであった、というのである。

まず、そのへんの論理を追ってみよう。ここでもやはり、シャグノンが登場する。そのシャグノンはG2の圧迫下にあり、国鉄の労働組合にストをやられるのが、いちばん怖かったのだという。ところが、第二次発表のあと、「労組は本当に無期限ストまでやりかねない」様子である。これにたいして、「シャグノンの眼には、下山氏はこの上ないグズ野郎に映ってきたに違いない。……この新総裁はさっぱり政治力がなく、優柔不断で、職員局への押えも利かなかった。……彼の不手際のために、労組は本当にストをやって汽車をとめてしまうかもしれないとシャグノンは判断した」、というわけである。

そこで考えられたのが、つぎのようなことだったというのである。「最も理想的なのは、国鉄労組の現下の闘争を低下させ、首切りをスムーズに行うことであった。労組の闘争を弱める方法はないか。民同派は力弱くして頼みにならない。ストを中止させ、労組の闘争を破壊する方法に何か妙案はないか。ここで思いつかれたのが、下山総裁が共産党か、その同調分子の国鉄組合員によって殺されるというアイデアだった――としても、それほど荒唐無稽な推測ではあるまい。結果は、その後の効果に見られる通りだ」

しかし、それにしてもストを止めるだけで総裁を殺すというには、いささか気がひけるところがあったのだろう。松本氏はまた、つぎのような弁明も書いている。

「それなら、シャグノンは下山氏を総裁の地位から罷免《ひめん》すればいいわけだ、と言う人がある。これは単純すぎる意見だ。第一に、整理発表が目前に迫っているのに、総裁を更迭することは不可能であった。第二に、後任総裁のなり手がなかった。

下山氏就任の時ですら候補者難だったのだ。その期に及んで誰が希望するだろう。第三に――この第三が最も大きな下山氏悲劇の原因だが、軍作戦のためシャグノンは何としてでもストを回避しなければならなかった。

ストは、あるいは二・一ストの場合のようにマッカーサー命令によって弾圧で回避できたかもしれない。

しかし、GHQはこの形をできるだけ避けねばならなかった。二年前とは情勢が違うのだ。ソ連、中国と直接対決の姿勢になっているとき、日本国内に反米闘争を起させてはならなかった。日本は作戦の基地なのである」

ところで、『謀殺論』にはもう一つ別の狙いがあった。「昭和二十四年の初め頃から次第に劣勢にあったG2はGSに捲返しを行い、ケージスやダイクの追放を謀略によって図るように」なり、「七月五日の下山事件を契機として……G2がGSとの闘争に勝ち……GHQがその全機能をあげて右旋回に一本化した」というところからわかるように、G2が占領軍内のヘゲモニー争いに利用するという目的がそれである。

だが、その狙いも、「止めるな!」ではとりやめになっているようである。理由はよくわからないが、松本氏の情勢認識が変わっていたようである。以下は、その松本氏の情勢認識の変化ぶりをうかがわせるところである。「CTSのシャグノンは民政局の側なのに、なぜ国鉄人員整理の問題ではGⅡの言う通りになったのだろうか。これについては、シャグノンが自己のスキャンダルをGⅡ機関に握られて、その命令に従わざるを得なくなったという説がある。だが、それでなくとも、GHQはすでにGⅡの線で一本化されつつあった。朝鮮戦争の前年ともなれば、GSは、GⅡに完敗していた」

GSがGⅡに完敗していたのかどうかは知らないが、ともかく昭和二三年ごろから、GSの右寄りが目立つようである。先にもふれたところだが、GSの公務員課がESSのレバーセクションを押えて、官公庁労働組合から争議権を奪う立法を推進したり、進歩的と称されるホイットニーGS局長みずから、各種の組合の闘争に容喙したり、ある意味ではG2にも劣らない活躍をしている。松本氏もそのへんのことにようやく気づかれたのかもしれない。それならばそれで、それはまた結構なことである。

だが、やはり納得できないのは、第二次整理発表後のストライキを止めるために、下山氏を殺す、という考え方である。それならばやはり、中止命令によって簡単に事が運べたのではないだろうか。なるほど、そうすることによって反米闘争を起させてはならない、という考慮があったということではあるが、しかしこの年（昭和二四年）の年表を見てみると、アメリカ占領軍の労働運動にたいする干渉は決して少なくはないのである。二月二三日、ヘプラー労働課長、第三回全国労働委員会連絡会議に警告。三月一日、同課長、電産にスト中止を勧告。三月一八日、同課長、電産が三条件を受諾せねば補給金を打ち切ると警告。三月二四日、エーミス労働教育班長、労働法規改正反対スト許さずと言明。五月一六日、ヘプラー労働課長、炭労争議の解決を勧告。六月三日、東京軍政部、東交ストは不穏当と警告。六月九日、第三鉄道輸送司令部、東海道・横須賀両線は絶対におくらすなと命令。そして同月一一日、国電ストにたいしてエーミス労働課長代理、即時中止を命令。ここでもう一度、仮に第二次整理後、国鉄労働組合がストに入ろうとしたとして、それに対して中止命令を出したところで、GHQが困るほどの「反米闘争」が起きたであろうか。当時の情勢のなかに身をおき、国鉄労働組合の整理反対闘争にも、大きな期待をよせて見守っていたことのある筆者ではあるが、その可能性はまったく考えられないのである。なにしろ、度重なる占領軍の干渉にもかかわらず、その占領下で〝革命〟の可能性が、考えられていた時代なのである。

情報屋Q氏の登場

下山総裁謀殺の狙いが、なんとなく矮小化された感じがする反面、「止めるな！」では、『謀殺論』より発展した点も見られる。その一つが、「ナゾの情報屋『Q氏』」を登場させて、下山氏の四日、五日の行動に一つの解釈をあたえてみせたところである。

七月四日の下山氏の行動が、いささか常軌を逸したものであったことは、すでに「捜査と報道」で詳述した。この日、第一次整理三万七〇〇〇人を発表、下山氏はテーブルをたたいて、「おれはここで最後まで頑張る！」と抵抗したが、結局は局長連に説得され、「政府方面への報告」という口実で国鉄本社から退避した。足取りは首相官邸、外務大臣官邸、人事院、日本橋橋詰薬局、そして三時ごろいったん国鉄本社に帰り、それからまた警視庁、法務府、首相官邸、新橋駅、レールウェイクラブ、東京駅公安室とわかっているが、それにしても行く先々の行動がおかしかった。それらのことは、自殺への心理過程を表現するものとして重視されているのだが、そこに松本氏は逆な立場から照明をあててみせてくれるのである。

ナゾの「Q氏」とは、下山氏への重要な情報提供者であった、と松本氏はいう。その「Q氏」の確度のきわめて高い情報を得て、下山氏は「お仕きせのCTS案や職員局案」の人員整理に抵抗しようと考えていたのに、その「Q氏」からの連絡が断たれてしまったというわけだ。そのところはつぎのようになっている。

「下山氏は確率の高い最も重要な情報を提供していた人間が突然連絡を断ったので、困惑すると共に心痛していたのだ。その男が、アメリカ機関に落ちて生命の危険にさらされていると考えると、いても立ってもいられない気持になったであろう。こう推定してみると、氏が四日に法務府、警視庁、鉄道公安室などを回って『常軌を逸した行動』を示したことが分るような気がする。これらはすべて公安や捜査に関係ある官庁である。

むろん、氏がこれらの官庁に現れたのは初めてではあるまいが、それまでは労組対策、またはスト対策であった。四日の訪問もその目的だったら、その話が出なければならないのに、どこも『別に用事もないのに来た』と言っている。『平常の態度ではなかった』という居合わせた人間の『白書』の証言が過剰な表現だとしても、多少は、いらいらしたところがあったであろう。

下山氏は消息を断った情報提供者の保護か捜査を依頼に来たのだが、はっきり言出せずに帰ったのではあるまいか。一つは占領軍機関だと日本の捜査権の及ばないところだし、一つは、まだ『彼』から連絡がきそうな希望も持ちつづけていたからだ、と思う」

しかしこれはあまりにも小説的すぎはしないだろうか。第一、下山氏はどうして、「その男が、アメリカ機関に落ちて生命の危険にさらされていると考え」られたのだろうか。『下山総裁の追憶』(下山定則記念事業会刊)などを読むと、下山氏は学生時代に夜店で『記憶術』なる一本を買い、それに魅せられてその術師のもとに通い、記憶術をマスターしたということであるから、あるいは透視術なども案外心得ていたのかもしれない。そうとでも考えなければ、筋は通らないのである。

第二に、松本氏のこの解釈だと、四日の下山総裁の頭のなかは、この「Q氏」の影を追いもとめることでいっぱいだった、としかいいようがない。そのために頼りにならない捜査機関や、公安関係を駆けめぐっていたということになろう。本筋の整理のほうでは、すでに三万七〇〇人が発表され、その人たちは職場を追われ、近く第二次の五万余も通告されようとしていた。だがそのことを本当に考えていたのかどうかが、疑わしくなるのだ。ただひたすら、「Q氏」だけに恋焦がれているふうなのである。

もちろん、松本氏は、その第二次整理のための、情報入手が目的だった、といいたいのだろう。だが、加賀山副総裁以下、事務系官僚で固められた態勢のなかで、単なる「情報」だけでもって、よく狂瀾を既倒に廻らすことができたであろうか――。それならそれで、それだけの重要な意味をもつ、決定的ともいえる「情報」の具体的な中身はなんであったのか。そこをはっきりさせることが、まず先決であろう。果たして、そういうものが考えられるのだろうか。

参考までにいえば、加賀山之雄、吾孫子豊、あるいは加藤源藏各氏など、下山氏の身近にあってこの人員整理に当たった人びとの話では、事務当局が中心となってまとめた整理案にたいして、下山総裁にとくに異論があったわけでも、また特別の注文が出されたわけでもなかったという。吾孫子氏などの話では、「当時の情況としては、一部を除いて、計画も実施もきわめてスムースに、順調に進行していたので、総裁が悲観したり、悩んだりする事態ではなかったはずだ。そういうところから、自殺説というのにもひっかかりがある」、ということで、自殺説にも抵抗があるが、さりとて、あの人員整理に異議があって、そのための「情報」を求めて歩き、あの不幸に遭遇したなどという説には、これまた自殺説以上の抵抗があり、到底考えられないことだという。「事態は、そうする必要も、またそうしてみたところでどうなるという状況でもなかったんですよ」

こうした事情は、国鉄労働組合側の記録や、団体交渉などの記録を見ても、よくうなずけることで、そこからも下山氏が人員整理の「職員局案」や「CTS案」に、特別の反対意見をもっていたという説は肯定できない。また、「CTS案」

などというものが、整理人員の名簿までをふくめて存在したということも考えられず（加賀山、吾孫子両氏も否定）、とくに、「職員局案」を上回る苛酷なものを下山氏に押しつけてきていた、などというのも事実に反しよう。さらにつけ加えれば、職員局内には、政府筋からの要求である国鉄労働組合役員中の共産党員の整理にさえ、法律的に疑義があるとして、なかなか整理案にふくめられないでいた状態であってみれば、こうした職員局案にも下山氏の意に染まぬものが多々あったとは考えられないのである。もっとも、そのために、下山氏が増田官房長官や、国鉄の大先輩佐藤栄作氏などと、職員局の間にたってやや困惑を感じていたふしはみられるが、それはまた、松本氏の説くところとは異質のものであろう。

『謀殺論』より発展したもう一つの点は、殺害現場である。松本氏はつぎのように書いている。

「『下山総裁謀殺論』を書いたとき、北区の占領軍施設がどこにあるか私ははっきり示さなかった。しかし今はその推定場所を具体的にしよう。現在の北区王子の赤羽台一丁目、二丁目、稲付庚塚町、同出井頭町、同西山町に亙って、当時、占領軍の兵器補給廠《しょう》と修理工場とがあった。これは旧日本軍

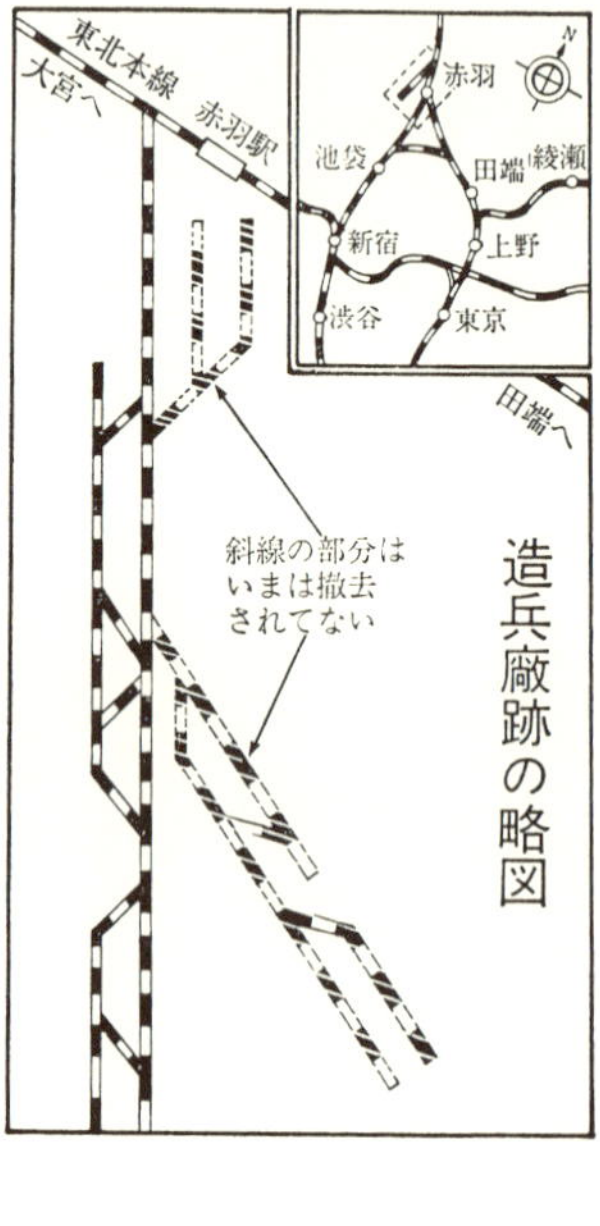

北区王子の赤羽台１丁目，２丁目，稲付庚塚町，同出井頭町，同西山町にわたってあった旧日本軍の造兵廠を，占領軍が接収して兵器補給廠と修理工場として使用した．松本氏はここを陰謀の場所として考えた．

の造兵廠をそのまま接収、改装したもので尨大な面積である。この中には、戦車工場、被服工場、タイヤ（ゴム）工場などがあった。そして、この工廠内には赤羽駅からの引込線がつけられていた。当時の引込線配置を復元すると、左の図の通りとなる」

しかし、この「兵器補給廠」説の裏付けとなるものの一つは、わざわざ引込線配置図を付しているところからもわかるように、一二〇一列車である。下山氏の死体をこの「兵器補給廠」から運び出し、現場付近で投下するには、一二〇一列車が田端を一つの起点とする占領軍用貨物列車であることが不可欠の条件なのである。だが、その条件が成立しえないことは、「列車問題」のところでも、また「下山総裁謀殺論」の際にも詳述した。もはや問題外であろう。

もう一つの、この説の裏付けは、下山総裁の衣服に付着していたといわれる「異状物質」なのだが、この点も「秋谷鑑定」検討の際詳述したように、これまで松本氏が考えているようなものではなかったことが明らかなのである。とくに松本氏は、この「止めるな！」では、「この染料（下山衣服に付着していた『異状物質』の一つとされているもの、筆者註）は、日本のものでなく、アメリカ製品だ」と断定しているが、そんな根拠はどこにもなく、むしろこれはデッチ上げの部類に属することだろう。

以上のように、「止めるな！」にしめされた松本説を積極的に裏付けるものは、現実にはなに一つとして存在しないようである。したがって筆者は、これもまた虚妄の説と考えざるをえないのである〈註―3〉。

「関口元捜査主任に反論する」

「『下山事件』追跡の手を止めるな！」から五年たって、松本氏は雑誌『現代』に、「再説・下山国鉄総裁謀殺論」（『現代』昭和四四年八月）を書いている。副題が「関口元捜査主任に反論する」であることからもわかるとおり、その直前、雑誌『新評』七月号に発表された、関口由三氏の「下山国鉄総裁〝自殺〟の証拠」にたいする批判が中心である。

かたや、下山事件第二現場（轢断現場）担当主任の警視庁元捜査官、一方は、推理小説界の鬼才であり巨匠である大御所、これはなかなかおもしろい顔合わせなのだが、しかし、関口氏のものが「二百三十枚といわれ」、松本氏のほうも七〇枚はあるだろうから、この両論をここにいちいち紹介する余裕はない。そこでここでは、松本氏の考え方と、その論法がいちばんよくわかるとおもわれるところを一、二検討することにとどめようとおもう。そこでまず、「死後轢断か生体轢断か」という、法医学論争にまつわる点から。

松本氏は、この「再説・謀殺論」で、捜査本部は「下山氏の死体を実際に見ていない」慶大の中舘教授の意見に従い、「死体を実際に解剖した」古畑、桑島鑑定を無視したといい、つづけてつぎのように書いている。

「今度の関口氏の文章では、その理由を『たしかに東大の学者先生は科学的に解剖をし科学的に判断を下されたのだと思う（傍点は原文）。だがどんなに科学的であっても、捜査の上では役立たないことがある』といっている。この関口氏がつけた傍点の意味はどういうことだろうか。思わせぶりな傍点を付けるからには、はっきりと読者にその意味を説明する義務があろう。関口氏は解剖所見が捜査に役立たないその例として、溺死体の場合をあげている。溺死体は飛込み自殺か第三者に突き落とされたかは、水に溺れるための窒息死であるから、それ以上には真因がわからないというのである。だが本人もいうとおり、これは『必ずしも適当な例ではない』のである。溺死体と、下山氏のような轢断死体とを同列にみて、関口氏は問題点のスリ替えを試みている」

なるほど、松本氏のように、このような要約の仕方では、たしかに「必ずしも適当な例ではない」ことになるかもしれない。だが、実際の関口氏の文章はつぎのようなものなのである。

「たしかに東大の学者先生は科学的に解剖をし、科学的に判断を下されたのだと思う。だがどんなに科学的であっても、捜査の上では役立たないことがある。必ずしも適当な例でないかもしれないが、一例をあげれば溺死体などの場合がそれに当る。この場合、第三者に突き落とされてのことならば殺人事件であるし、自分から飛びこんだのではただの自殺にすぎない。法医学者がいくら科学的に解剖しても、そこでわかるのは〝窒息死〟ということまでである。それ以上はわからないのである。それをはっきりさせるためには捜査が必要である。捜査の結果、もしその人がノイローゼにでもなって家出していた者であったならば、遺書などなくても、自然と自殺という結論が出てくる」

もちろん、これでも若干の補足は必要であろう。たとえば、この溺死体には、背中などに他為によるとしか考えられないような創傷（ただしそれは直接死因にはつながらず）などがないばあいで、解剖所見は〝窒息死〟のばあいのそれのみといったときであろう。たしかにこのばあいなら、自・他殺の判断は、捜査を待つ以外にないであろう。その意味では、法医学にも一定の限界があるようである。やはりここは、「問題点のスリ替え」だなどと、引例の適、不適をあげつらう前に、松本氏も謙虚に耳を傾けるべきではなかったろうか。

もっとも、松本氏からはすぐ反論が出る。そんなことはとっくにわかっている、問題の下山事件では、自・他殺の別がはっきりしているのだ、とこういうことになるようである。事実松本氏は、先の引用に引きつづき、すぐつぎのように書いている。

「関口氏は『検証、解剖が終って他殺への手掛りとなるものは出なかった』と言っているが、桑島博士の七月六日の解剖終了後の所見にははっきりと『死後轢かれたものと認む』と第二項に出ている。ところが関口氏はその第一項の『死因不明(窒息死でない出血死か?)』の文言をとらえ、『東大での解剖の結果は、その死因がはっきりしなかった。最初の頃は死因不明だったのである』と書き、第二項の死後轢断の部分は抹殺している。この『死因不明』とは窒息死(絞殺など)か出血死(刃ものなどによる傷)か分らないという意味で、轢断前のことである。関口氏は死因不明の字だけで他殺の線をぼかそうとしている。第二項『死後轢断』なら、すでに、他殺の推定所見が出ているではないか。

また、『捜査会議で金原係長から事件の概要と古畑博士の〝死後轢断〟と認めるが、しかし自、他殺不明という解剖結果の説明があった』と関口氏は書いている。冗談ではない。死後轢断なら明らかに他殺の意味である」

この書き方でまず問題なのは、関口氏が「第二項の死後轢断の部分は抹殺している」(傍点筆者)というところである。関口氏の文章をよく読めばわかるのだが、そこには解剖立会報告書が全文引用され、その最後の部分、「解剖終了後、桑島博士発表事項」のところに、はっきりとつぎの五項目が書かれている。「(1)死因不明(窒息死ではない出血死か?)。(2)死後轢かれたものと認む。(3)麻酔薬の有無不明。(4)飲酒は不明。(5)死後の時間不明なるも昨日の晩。(6)血液型A型」。こうしてみると、関口氏が第二項の死後轢断を抹殺している、という松本氏の書き方は当を得たものではあるまい。相手が書いているものまで「抹殺」することは、それが誰であれ決してほめられたことではないし、第一、公明正大さが疑われる。

さて、そこで問題なのは、「『……古畑博士の〝死後轢断〟と認めるが、しかし自・他殺不明という解剖結果の説明があった』と関口氏は書いている。冗談ではない。死後轢断なら明らかに他殺の意味である」、というところである。たしかにこれは、「冗談ではない」。だが、その「冗談ではない」ことが、まさに冗談ではなく事実であったのである。それが、事実であった、という証拠をあげよう。昭和二四年八月三〇日の衆議院法務委員会で、古畑氏はつぎのように述べている。「桑島博士は今日までまだ一度も、自殺であるとも他殺であるともだれにも申したことはないのであります。ただ死体を轢断せられておる、ひかれたときには死体であったということは漏らしておいでになります。……解剖いたしましてから後約五十日にわたって、依然として今日といえども研究を続けておるのでございまして、また今日といえども最後の断案は、はっきり桑島博士は下しておらない状態であるということを申し上げておきたいと存じます」。

また古畑氏は、事件から約一〇年たった昭和三四年五月一二日付日本経済新聞に、つぎのように書いている。「実は、私もはっきりと、下山さんは自殺ではない、他殺だ、と言いたかった。しかし、いわなかった。それにはまだ資料が不十分だったからである」。

素人考えでは、「死後轢断なら明らかに他殺」のはずだとおもわれるのだが、そこが簡単に「他殺」といいきれなかったところに、実は東大法医学教室の判断に大きな問題があったのである。また、だからこそ、法医学会に波紋をよび、激しい論争の展開となったのであった。このことについては、「法医学論争」で詳述したので再論はしないが、ともかく、松本氏の所論のように単純ではなかったことだけは事実である。

ところで、古畑氏が、「他殺」といいきれなかった理由は、なんといっても「死因」をはっきりできなかったところにある。解剖の結果、その死体の「死因」をはっきりできなかった、ということは法医学界では稀有のことに属するそうだが、「死因」不明だが、とにかく他殺だ、というのも珍しい。いや、珍しい以上に、これは捜査を担当する側にはまったくの困りものであろう。そこから、捜査への手掛りが得られないからである。その点を関口氏はつぎのように書いている。

「さて私はさきに〝死因〟が問題といった。それは死因によって捜査方針が決まってくるからである。〝出血死〟といっても、刃物による創傷からの出血死の場合は、その創傷の形状、大きさなどから刃物の種類を想定してその線にそって捜査は展開される。また銃創による場合、遠射、近射、あるいは銃撃の方向から弾丸の種類など手掛りになることも多い。こういう意味で〝死因〟は大事なのである」

べつに、「関口氏は死因不明の字だけで他殺の線をぼかそう」としていたわけではなさそうである。「死因不明」ということが、捜査する側にとってなにを意味するかを訴えているようである。もっとも、解剖直後には「死因不明」だったが、二、三日して桑島氏は、「ショック」死という判断を下したようである。しかし、この「ショック」死が、誰にも文句なく納得されるものでなかったことは、それより約一年後に、古畑氏が「出血死」をとなえだしたことからも明らかだし、第一松本氏自身も、「ショック」死説ではなく、「出血死」説をとられているところからはっきりしているであろう。自分自身が信ずることのできない説を、一方的に他に押しつけることもまた、あまりよいやり方だとはおもわれないのである。

この『再説・謀殺論』で目につくことは、松本氏に相手のいい分をよく聞く余裕のみえないことである。その例をもう一つあげておくと、油問題を論じたところだ。そこではつぎのように書いている。

『金井刑事が二日がかりで乾かした衣服からその五十日余も経ったあとで、東大へ持って行って牛乳ビン二、三本といわれるような油がどうして出たのだろうか、ということだ。現在悔まれてならないのは、当時すぐさま本部——鑑識科研——東大と往復移動した衣類の保管状況をチェックしてみなかったかということである。途中でつくことも考えられる』。

途中でつくことも考えられる、というのはどういうことだろうか。このお考えをはっきり承りたいものである。でないと、まるで東大で衣類に油をつけたような書きぶりに解釈されて、それこそ関口氏のデッチあげのようにおもわれてご損である。苦しまぎれに白を黒といいふくめる安易な詭弁とも解釈されるであろう」

お読みいただければおわかりのように、前半が関口氏の文章で、後半がそれに対する松本氏の批判である。ここで問題なのは、「牛乳ビン二、三本といわれるような油」なのである。関口氏が、この「牛乳ビン二、三本」という数字をどこからもってきたかは知らない。ただ一般には、とにかく下山衣服には多量の油がついていて、その量はリットル単位であるとか、絞ればポタリポタリとたれるほどであったとか、いろいろなことがいわれていたことは事実である。筆者の会った法医学者の村上次男氏も、二リットルとか三リットルの付着量と聞いていた、と語っていた。すると、関口氏が「牛乳ビン二、三本」と書くには、そういうように聞かされていたためかもしれない。

ところで、「牛乳ビン二、三本の油」というと、三六〇〜五四〇cc、比重約〇・九としてこれをグラム数にすれば三二四〜四八六グラム、やはり相当の量である。しかもこれだけの量が、破れたズボンと下着類だけについていた、といわれていたのだから、実際にそれら衣服を取り扱った人たちにとっては、不思議なことであったのだろう。事実筆者も、この量には疑いをもった。その疑いをもって調査、研究した結果は、すでに詳述したところであるので再論はしないが、ともかく現在、この関口氏の文章を読んでつくづくおもうのは、関口氏がこう考えるのも無理のないところであったろうということである。おそらく関口氏には、「苦しまぎれに白を黒といいふくめる安易な詭弁」を弄しているという意識は、まったくなかったことであろう。ただただ、不思議で、不思議でたまらなかった、というのが実感ではなかったろうか。

最後に、「捜査一課、二課の対立は事実だ」から「自殺説を強要するG2」というところを見ておこう。このところの冒頭で、まず松本氏はつぎのように書き始めている。

「私は『謀殺論』で『二課は一課のいう末広旅館を一笑に付した』と書いた。これを関口氏は引用して非常にエキサイトした文章で、『松本氏よ！ 君はいったいどこの国の〈二課〉の話を聞いたのだ！〈現場及びその付近を調べ、徹底的に目撃者を捜査した二課〉などというものは、日本のどこの警察にもないのだ。日本の警視庁捜査二課は現場検証にもいっていなければ、現場の捜査にもタッチしていないのである』と大見得を切っていらっしゃる。だが『謀殺論』では私がわざと捜査二課からの取材源を書かなかっただけである。当時の捜査二課の吉武係長は下山事件の捜査がまだ打切られないうちに上野署に転任となり、その後、丸ノ内警察署長となられた。私は丸ノ内署に吉武署長を訪ねて、同氏から、『謀殺論』に書いたような二課側の捜査内容を聞いたのである。私の文章を読めば、捜査二課のだれかに取材したことはカンのいい関口氏はわかりそうなものだが、ここぞとばかり突っ込んだのでは引っ込みがつくまい」（傍点筆者）

当時の捜査二課の性格については、「捜査と報道」で詳述しているのでここでは省略するが、その本質は公安関係にあった。したがって、下山総裁行方不明の段階では、その情報担当の第三係が出動したが、死体発見とともに、集団犯罪担当の第二係がこれに代わった。この第二係長であった吉武氏は、「この事件の背後には労組関係の動きがある、と判断して、独断で部下を出動させた。もちろん、あとで課長、部長に報告、承認を得た」、と語っている。もちろん出動範囲は、第一現場（三越周辺）から、第二現場（轢断現場）にもおよび、聞込捜査が行われている。しかし、七月七日、捜査本部が作られ、午後この捜査の主体となった捜査一課員が現場に入ると（それまでは各所轄署署員に、二課が加わって捜査が行われていた）、これと交替して二課二係は他殺の「情報」関係を担当することになった。

もし、関口氏が書いているところが、二課は現場に入ったことはまったくない、という意味ならそれは間違いであろう。第二現場でも若干の聞き込みが行われたことは、それを指揮したという浅野淳一警部補（当時）の話とともにすでに紹介した。また、その部分の捜査報告も引用した。

だが、関口氏のいうところが、「現場付近を徹底的に捜査し、目撃者を探した二課などというものはない」という意味ならば、それはまさにそのとおりで、関口氏が引っ込みがつかなくなるような事情にはないようである。筆者は、吉武氏とは氏が常務取締役をつとめる、双栄運輸造船株式会社で会った。そのときの話では、「末広旅館説を一笑に付した」などということも話題にはならなかった。結論的にいえば、「下山事件というのは、追っても、追っても犯罪のにおいがしなかった」、ということにつきていた。この吉武氏にはあとで、もう一度語ってもらうことがあるかもしれない。

つづいて、松本氏はつぎのように書く。

「当時のGHQでは下山事件の捜査でG2（作戦《ママ》第二部）は自殺説をとり、GS（民政局）は他殺説をとっていた。G2とGSの争いは日本占領史上有名な事実である。東京地検はその監督系統からGSの意志が強く働き他殺説で捜査二課を指揮していたのである。

捜査一課はG2の線で動いて、自殺の線で捜査を行なった。『白書』を読めば、ならべられた材料といい、その註釈が自殺説の説明ばかりになっているが、これがG2の態度だった。ではどのような形でG2は捜査本部にその意志のあるところを伝達していたのだろうか。『謀殺論』を書くとき私の一文でその一端がのぞけた。

関口氏は述べている。『毎日のように本部に顔を見せていた小田というCIC（米軍諜報部隊）の通訳の骨折りで、進駐軍から現場の航空写真の提供を受けるための協力を得て一期の捜査は終った』。つまりCICの小田という通訳が何かと捜査本部に顔を出していたというのだが、CICはGHQの下部謀略機関で悪名が高い。CICの通訳が文字通りの通訳でなく連絡係であったことはいうまでもない」（傍点筆者）

松本氏はここにいみじくも告白している。「『謀殺論』を書くとき私は具体的なことが分らなかった」と。もちろんここでは、G2が、その意図を捜査本部につたえる方法について述べているのだが、しかし、これは必ずしもこのばあいに限ったわけでもなさそうである。筆者は先に、下山氏が透視術でも心得ていなければわかりそうもないことを、簡単に察知する不思議さにふれたが、そこにもおそらく具体的証拠があったわけではあるまい。それにだいいち、右の引用のなかでも、「GS（民政局）は他殺説をとっていた」という点などは、松本氏が推定するだけで、実際のところはそれを明確にできる根拠はなにもないのである。要するに、具体的なことは具体的なことが分らなかったが、はしなくも今回の関口氏はわからないのだ。

さらにまた、「白書」が、「自殺説の説明ばかりになっているが、これがG2の態度だった」、というのも具体的説明を欠いた、飛躍した論理というものであろう。G2が、自殺の立場をとったということも、実はなに一つ具体的には証明されていない。すべては想定なのである。だからこそ、関口氏の文章に引用部分を発見して、欣喜雀躍し、つい本音が出たのだろう。

だが、これもまた松本氏の、一方的な、勝手な解釈なのである。しかし、それをいう前にもう少し、松本氏の論理がこのあとどう展開しているかを見ておいたほうがよいかもしれない。

「自殺説を強要するG2」にはいると、ここで今問題にしたG2とGSが、下山事件を中心になぜ対立したかを、「詳しいことは私の『謀殺論』を見ていただくとして、その概略を述べる」として、ほぼ『謀殺論』と同じように書いている。しかし、これはあくまで具体的証明を欠いた想定であり、『謀殺論』の検討の際もふれているので再説はやめ、それにつづくつぎの部分を引用しておこう。

「ところが、GSは下山氏の死因に疑問をもち、G2に疑惑をかけた。ＧＳはその組織の機能上、検察庁を監督していたから事件の独自の捜査を東京地検に命じた。地検は田中栄一警視総監にこれを要請、総監は捜査一課が下山事件捜査本部を設置しているのでＧＳの立場を考慮し、捜査二課に地検と連絡して捜査するように命じた。だから捜査二課は現場の初動捜査はやっていない。関口氏は二課は現場にきて、初動捜査をやっていないと書いているが、当り前である、コロシは一課の担当だ。下山事件に知能犯専門の二課が参加したのは少しあとである」（傍点筆者）

「ＧＳが検察庁を動かし捜査二課を動かしているのを知ったＧ２は、にわかに方針を変更、一課の自殺見込捜査を支持し、ＣＩＣに連絡させる。Ｇ２は自分のほうの下山氏に対する謀略が暴露するのをおそれたのである」

最初から二課は参画

まず、前段のほうの事実関係だが、関口氏に二課についての若干の記憶違いがあるようだが、事実は先にも述べたとおり吉武二係長が、部下をいちはやく動員している。しかし、その関口氏の誤りに相乗りで、松本氏まで事実をまげる必要はないはずである。「コロシは一課の担当だ。下山事件に知能犯専門の二課が参加したのは少しあとである」というのは、松本氏がこれまで主張してきた事実とも反する。『謀殺論』では、つぎのように書いているのだ。「二課では末広旅館を一笑に付した。なぜかというと、二課は事件当日、現場及びその付近を調べ、徹底的に目撃者を捜査したのであった。しかしその時は全く末広旅館などの線は出て来ず、後で一課によってこれが出て来たのはおかしな話だ、と云っている」。

だが、これでも、ＧＳがＧ２に疑惑をかけ、独自の捜査を地検に命じ、地検が警視総監に要請、総監は捜査二課に地検と連絡して捜査するよう命じ、そこではじめて二課が動き出した、といわれるのだろうか。もしこんなことを二課の人たちに聞いたら、それこそ「一笑に付されるだろう」。

参考のため、下山総裁行方不明の段階からの、捜査関係機関の動きを摘記しておこう。まず、国鉄より下山総裁行方不明の通報をうけると、警視庁は関口主任に特命で内偵を指示、管下各署に総裁乗用車の検索を電令、午後四時緊急捜査会議が招集された。会議出席者はつぎのとおりである。堀崎一課長、松本二課長、浦島三課長、石毛交通二課長、国警・砂田警視、管区・白波瀬捜査課長、金原一課一係長。

つづいて、六日午前一時、ふたたび緊急捜査会議。出席者、堀崎一課長、金原係長、布施、金沢両検事、小倉国警捜査課長。さらに、死体発見の報に、地検と連絡のうえ五時三〇分より現場検証となり、これにももちろん布施、金沢両検事が参加している。

これでみてもわかるとおり、二課も、検察庁も、総裁行方不明の段階から捜査に参画しているのである。べつに、GSからの命令があって、乗り出したわけでないことは明瞭であろう。それよりも本当のところ、松本氏のこれらの文章でまず第一にわからないのが、GSがどうして下山氏の死因に疑問をもったか、そしてさらに、なぜG2に疑惑をかけたか、ということとである。嫌疑をかけるべき具体的事実は、なにも出ていないのだ。

さて、後段だが、ここが関口氏の文章に、松本氏が雀躍したところと重なっている。要するにCICは、G2の「自殺でおさめる線」の連絡員であった、という松本氏の勝手な解釈である。

先の引用文でもわかるとおり、関口氏はCICの小田という通訳が捜査本部に顔を見せていたとは書いているが、自殺説を押しつけるためにきた、とはいっていない。そこがまず第一点。では、それらCIC関係者は、捜査本部でどういう態度であったのか。それを知るためには、関口氏が下山事件研究会に証言した記録があるので、それを引用したほうが手取り早い。なお、この証言は、『資料・下山事件』(みすず書房刊)に収録されている。

「問　そうしますと、毎日新聞などに下山総裁の目撃者といわれる人の名前や談話が出ていますが、そういうことは新聞が書く前に貴方たちは知っておった、そういう供述を聞いていたと考えていいわけでしょうか。

答　そのとおりです。私のメモの七日には他に山崎たけなども出ている。それからあの現場で子供を連れてえびがに捕りをしていて、午後六時ごろ下山総裁らしい人を見たという渡辺盛は、六日の朝交番に届けていますよ。その朝新聞を見て小さな十五になる妹が『昨日のおじさんだ』というのでよく見るとなるほど似ているので出勤の途中新橋交番に立寄って届けたといっています。だから主な目撃者というのは非常に早い時期に出てしまっているんですよ。ただ本部に報告するのを若干おくらせたということはある。

問　それはどういうわけでしょうか。

答　いやあの当時の情勢では、自殺ではまずいということがあったんじゃないでしょうかね。そりゃ私たちは幹部には、全部、内緒で耳に入れておきましたが、課長の堀崎さんあたりからは『君、そういうのはなるべくおそくしてくれ』といわれていました。

問　そうしますと、口頭では報告をしたが、正式なものはおくれて出したということでしょうか。

答　そうです。その当時捜査本部には二世のアメリカ軍人や地検の検事たちが常にきていて、報告があるといちいちどういうことかと聞かれたんですね。そうして、その報告が自殺の線がにおうものだと喜ばれなかった。おもしろくない顔をされた。自殺じゃまずいという空気だったんでしょうね。それで堀崎さんなどはそういう報告はなるべくあとにしろということだった、と思うんですよ。成島も山崎も八日には調べがついていたんですが、そういうことで報告としては一一日にしています。だからこのメモには赤字で『十一日すみ』と書きこまれています。この赤字はそういうことを意味するんです。

問　検事さんはどなたがきていたんですか。

答　布施、佐久間、金沢の三検事のうち誰か一人はきて報告をきいていました。

問　二世のアメリカ軍人というのはどういう人ですか。

答　CICだったでしょう。

問　CICだったのですね。

答　先日金原さんに問い合わせてもみましたが、捜査本部に出入りしていたのはCICだったということです。だが私はCIDもいたように思うんです。

問　そうしますと、捜査本部の幹部にはその都度、自殺であれ、他殺であれ、得た情報は話していたが、検事たちも入った正式の報告の際には、自殺につながるものは若干報告をおくらせたものがあった、というように理解していいでしょうか。

答　そういうことです」

この証言を、下山事件研究会会員である松本氏も、読んでいるはずである。いや、この『再説・謀殺論』でも、関口氏が、〝CICのほかに、CIDも捜査本部に出入りしていたと思う〟と述べている部分を引用しているのだから、読んでおられることは間違いあるまい。そこで、この証言をどう考えるかなのだが、これをどう読んでみたところで、そこからG2がCICを通して自殺の線を押しつける動き、と結論するのはむずかしかろう。CICとおもわれる人たちは、むしろ逆に、自殺の線につながる報告に不快な態度をしめしていた、というのだ。だからこそ、松本氏もその一部分のみを引用して、他のところを無視したのだろう。これが第二点。

つぎは血痕問題なのだが、これはすでに関連個所で明らかにしたように、この発端はCICやCIDと直接つながるG2の公安課（PSD）であったようである。もちろん、「轢断現場上手に血痕らしきものがある」という情報は、自殺の線に固まりつつあった捜査本部への牽制として、CIDを通じ鑑識課に流された、と考えるのが自然なのである。これもまた、G2関係が、他殺の線を維持するために、それなりの努力をしていたことを物語る証拠といえよう。

以上の点から考えてみて、「G2は、にわかに方針を変更、一課の自殺見込捜査を支持」（傍点筆者）、という松本氏の想定は、事実に反する。もちろん、一課が自殺の見込捜査をしたというのも松本氏一流の解釈だろうが、すでに「捜査と報道」で明らかにしたように、一課は七月七日午前の捜査会議で、他殺の〝見込〟をたて、そこではじめて下山事件特別捜査本部が作られ、他殺の捜査が開始されたのである。しかし、捜査開始とほとんど同時に、末広旅館をはじめ現場付近各所で、下山総裁らしい紳士を見た、といういわゆる目撃証言が相つぎ、いってみれば、他殺見込の捜査がくずれてきたのである。この経過は、「捜査と報道」で詳述したので、再論は避けよう。

ありえないG2の自殺支持

さて、ここまで書きすすめてきたところで、筆者はある知人から一通の封書をうけた。なかから出てきたのは、赤旗日曜版（一九七六年四月二五日）第三面のコピーであった。そこに、ロッキード問題調査のため渡米した共産党国会議員が、メリーランド州の国立記録文書センターで発見したという、下山事件関係の資料が紹介されている。そのなかでとくに興味をひかれたのは、「プリアム大佐よりウイロビー代将へ・一九四九年八月六日」というメモの第三項である。つぎに、その部分を引用しよう。

「私は、さらに、増田氏に（官房長官、筆者註）たいし、下山事件の捜査にあたって新聞記者が不必要な介入をおこなっており、私自身直接この事件に関心をもち、下山氏が殺されたと確信しているとのべた。さらに、『私』は、この事件でまだ明らかにされていないが、きわめて有望と見られる面を知っており、警視庁でもごく少数の信頼できるものだけが、この事実についてある程度知っていることをつげた。この事件にかんするいかなる論評も、捜査が他殺説にもとづいて継続中であるとのべることになるだろう〈註―4〉。『極秘』の賞金を出す可能性も説明した。増田氏は、この事件に私が直接関心をもっていることで元気づけられ、吉田氏もたいへんよろこぶだろうと確信した。かれは、政府も、事実によって否定されない限り、他殺説を支持すると言明した」

プリアム大佐というのは、G2公安課の課長であり、ウイロビー代将はいわずと知れる、G2のボスである。このメモの第二項は、「吉田氏は、軽微な盲腸炎で休んでいた。首相不在のため、私は、この問題を増田官房長官と話し合い……」、となっているところからみて、プリアム大佐が日本政府をたずねた直後、その報告書としてウイロビー部長に出されたものだろう。

ところで、筆者は先に、「捜査と報道」八月三日段階の情勢で、特別捜査本部の自殺発表の動きを押えたのは、日本政府筋であるというのと、アメリカ軍関係であるという、二つの説があると書いた。両説にそれぞれの根拠があって、そのいずれとも決めかねたが、この「プリアム・メモ」から判断するかぎりでは、どうやら両者一体となって、捜査本部を押えていた、という感じである。いずれにせよこの「メモ」からは、松本氏がいうように、G2が警視庁捜査本部に、自殺の線での事態収拾工作をしたり、あるいは他殺の捜査を好ましくないと判断していた、といった態度は少しもくみとれない。逆に、他殺としたいという強い願望と、そうした意図のみがつたわってくるのである。

その願望と意図をこめて、プリアム大佐は、「この事件でまだ明らかにされていないが、きわめて有望と見られる面を知っており……」、などと書いたのだろう。この「有望と見られる面」が、いかなるものかは筆者には知る由もないが、ただ、平正一氏所蔵の「取材メモ」のなかには、つぎのような趣旨のものがあった。「足立区五兵衛町鉄道機器足立工場を、新宿区のT秘密探偵社の二人が、GHQの依頼で調査中。調査項目は、工場長の経歴、人物、㊒関係である模様」。

一方、関口由三氏の「捜査手記」八月一日の項にも、つぎのような記載がある。「足立区五兵衛町、鉄道機器株式会社、㊒で六十人が居る、GHQが秘密探偵にて調べている」。ただし、この関口メモで見るかぎりでは、単なる情報として書きとめたようで、関口氏がこの方面の捜査を指示した形跡は見当らない。

平氏所蔵の「取材メモ」も、関口メモも、GHQというだけで、関係部署にまでふれていないので、T秘密探偵社に依頼したセクションがどこかは不明だが、常識的には情報担当のG2関係ということになろう。関口メモが八月一日であり、「プリアム・メモ」が八月六日であることも、この推定に一つの根拠をあたえていると考えられる。

これでもなおかつ、松本氏はG2が警視庁特別捜査本部に、自殺の線での事態収拾をおしつけた、というのだろうか。最後になったが、吉武氏の話をつけ加えておこう。「松本さんはね、GHQが、〝自殺にしろ〟といってきたのではないか、としつっこく聞いていましたよ。あとで、電話もかけてきたんじゃなかったかなア。そんなことない、といってきかないんですよ。自殺の線を押しつけるなら、他殺の捜査をしている僕のところへ、なにかいってこなければならない。そんなことありゃせんのですよ。それを松本さんのは見当違いの見込捜査でやってくるんだから、困っちゃうんですなア』。吉武氏もいささか苦笑まじりであった。

アスファルト様物質と浮遊粉塵

松本清張氏は、「再説・謀殺論」と時を同じくして、『週刊朝日』(昭和四四年九月一九日)に、「下山事件・幻の『謀略機関』をさぐる」を書いている。〈註―5〉「謀略機関」も〝幻〟となっては迫力を欠き、ここで検討するまでもないのだが、しかしこの「幻」で松本氏はおもしろい資料を出し、またこれまでの一二〇一列車説関係に若干の改変を試みているので、この二点についてだけ考察しておくことにしよう。

まず、おもしろい資料というのは、靴底の状態に関するものである。いささか長くて恐縮だが、やはり正確を期すためその部分を省略せずに引用させていただくことにする。

「下山氏の靴底の土が現場のものかどうかを検査するのは捜査の初歩だと思うのだが、白書にその記載はない。ただ、七月二十一日付の朝日新聞は『下山事件捜査本部では、下山氏のクツについた土と現場の土を二カ所で鑑定、比較検査していたが、二十日にいたり〝一致しない、両者は別の土である〟との結論を得た』として他殺説を有力にした、と報じているが、この新聞記事だけでは弱かろう。この靴底についた土については秋谷鑑定は、次のように詳しく云っている。

『鉄道線路には、レール、枕木、石炭灰、バラス（これには硅素が含有されている）、そして線路わきの歩道一面には鉄、真鍮、銅などの粉末が多量に存在している。これら鉄、銅などが線路とそのまわりにあるのは、レールの連結に銅線を使っているし、また架線も銅線である。だから、その現場を歩いた靴は、その底に当然のことに石灰（石炭の灰ガラ）、鉄、銅、硅素が必ず検出されるはずである。

したがって下山氏の靴が現場の線路を歩いていれば、靴底にはどんなに微量でも線路上にある前記の元素は必ず付着しなければならない。まして、アスファルト様物質が事件直後の検査時には、まだ固くならず、相当に柔かい粘着力をもっていたから、なおさらのこと元素は靴底に付着していなければならぬ。どんなに豪雨があっても、柔かくて、粘着力の強い物質は絶対に流れるものではない。

ところが下山氏の靴底には以上の元素が付着してないのである。一方、下山氏の上衣にはこの元素が付着している。上衣の物質が雨で流されてないのだから、靴底のそれも流されないはずなのに、靴底には元素が全く付着していない。

以上の結論は、下山氏がその靴をはいて当時アスファルト様物質を踏みつけた時以後は、轢断現場はもちろん、電車線路、鉄道線路上も歩かなかったという判定にならざるをえない。もっと注目すべき事実は、鉄、銅などが存在する場所をも、この靴は、ア様物質を踏みつけたときからあとは歩かなかったことである。

以下は鑑定人の勝手な推理ではあるが、下山氏は靴でアスファルト様物質を踏みつけた以後は、その靴をはいて普通の道路さえ歩かなかったし、また、第三者もこれをはいて歩かなかったといえる。なぜなら、硅素をはなれて人間は生活できない。硅素は赤土、黒土、砂、石などの成分であって、地球表面上硅素の存在しない場所はないからである。もっとも地球表面をはなれたゴミの無い空気中だけは別だが』

たしかに、下山氏の靴底の付着物を調べることはきわめて重要で、捜査上の常識ともいえよう。もちろん、その常識に従って、捜査本部はこの靴を鑑識課にまわして検査をさせている。その結果、靴底に緑の付着物を発見し、いろいろな検査の末、葉緑素という結論が出て、「下山白書」にも記載されている。このことはすでに、「秋谷鑑定」を検討した際、詳細に明らかにしたところである。読者には、靴の問題のところの参照をお願いしたい。

一方、靴底に付着していた土のほうだが、これも現場の土と比較し、各種の実験と検査が行われたようである。しかし、いかんせん付着量が少なく、いずれとも結論づけることはむずかしかったらしい。この関係についても、鑑識課の動きと、それをつたえる新聞報道をふくめて、「捜査と報道」で明らかにした。

　さてそこで、松本氏引用の「秋谷鑑定」なるものだが、まず第一に、「アスファルト様物質」についていうと、これは実際にこの付着物を見た人たちは、付着状態からみてだいぶ前についたものらしく、古いものという感じであったという。靴底の写真を拡大してみても、たしかにすりへって薄くなっている状態がよくわかる。また参考までにつけ加えておくと、矢田喜美雄氏の下山事件研究会への証言(『資料・下山事件』収録)には、つぎのような部分がある。「また靴の裏のアスファルトなどというのも、下山さんの息子さんの靴裏にもついていましたので、これに重要な意味をもたせることは危険だと思っております」。

　いずれにせよ、「アスファルト様物質が事件直後の検査時には、まだ固くならず、相当に柔かい粘着力をもっていた」という記録はなく、そう証言する人もいない。そして、この問題の下山氏の靴が、東大の秋谷教室に運ばれたのは、鑑識課や国警の科学捜査研究所などの検査がすんだあとの、八月の末のころのことであってみれば、秋谷氏が「事件直後の検査時」の状態についてふれるのは、いささかおかしなことでもあるのである。これがまず、この「秋谷鑑定」といわれるものについての疑問の第一点である。

　第二の、というよりは、これが決定的におかしく、おもしろい点なのだが、鉄も硅素も検出されなかった、というところである。もちろん、どんな検査方法をとったのかは知るよしもないが、しかし、鉄も硅素も検出されないということは、土も塵埃もまったく付着していなかったということを意味する。

　ためしに、二、三日掃除をしなかった机の上の埃を集めて、磁石をあててみるとわかるのだが、たくさんの黒い粉のようなものが吸いとられる。これは鉄をふくんでいる証拠である。また、この黒い粉のようなものを顕微鏡でのぞいてみると、土や砂塵の細片であることがわかる。もちろんそのなかには、鉄のほかに硅素、アルミニウム、カルシウムなど、砿石の主成分なるものがふくまれている。

　空気中に浮いている塵、浮遊粉塵といわれるもののなかにさえ、右のような元素は必ず発見されるのである。したがって、これらの元素が検出されなかったということは、土はおろか、目にも見えないような粉塵さえついていなかったということなのである。いったいこれはどういうことなのか。この「秋谷鑑定」がいうように、「アスファルト様物質を踏みつけた以後は、その靴をはいて普通の道路さえ歩かなかった」などということではなく、アスファルトを踏む前にさえ、この靴は使用されていず、製造されて以来ちりひとつつけられたことがない、ということになってしまうだろう。それこそ、「もっとも地球表面をはなれたゴミの無い空気中だけは別だが」ということである。

ところで、筆者は先に、下山氏の靴底付着の土と、現場のそれとの区別がつかなかったと書いたが、その原因は、当時の検査技術では定量的な分析が今ほど発達していなかったところにある。たとえば、微量の土では発光分析器にかけて、そのスペクトルを読み含有元素の種類を判断するのが、精一杯で、その元素がどのくらいの比率でふくまれているかという、定量的なところまではわからなかった。この方法で、たとえば、国鉄本社付近の歩道上の土と、下山総裁轢断現場近くの土を較べてみると、ほとんどかわりないスペクトルとなる。というのは、本社のすぐ目の前は山手線、京浜東北線など運交回数の多い高架路線だし、その下を都電が走り、さらに東京駅構内では人替用などに蒸気機関車も使用されることがあって、そこからの銅、鉄、石炭などの影響が、本社前歩道あたりにも及んでいたからである。したがって、これを完全に識別するには、どうしてもその量がどのくらいの比率かを知らなければならなかったのに、その方法が欠けていたということなのである。

化学的検査や分析は、その時代の技術水準によって大きく制限される。その限界を心得、わからないものは、やはりわからない、とするのが科学者の本当の立場だろう。それをわかったような顔をしたり、あるいは勝手な推定や願望を、いかにも科学的なよそおいをさせて発表したり、流したりするのは、厳に排撃されなければならない。筆者は、松本氏が、この「幻」で引用した「秋谷鑑定」なるものを見たとき、これは一種のジョークではないかと考えた。まさか、いくらなんでも秋谷氏がこんな鑑定文を書いてはいないだろうとおもったのである。それで、『文芸春秋』誌上に「秋谷鑑定」が発表されたとき、この点にも興味をもって注意したが、やはり秋谷氏も、ここまでは書いていないようである。いったい松本氏は、この「秋谷鑑定」をどこから手に入れられたのであろうか。

ありえぬ臨時田端停車

関口氏が「〝自殺〟の証拠」で、一二〇一列車が旅客列車であり、「横浜を出発後、東京駅と上野駅に停車しただけで、あとは土浦まで無停車であった。時刻厳守、安全確認、その他の制限が非常にうるさく……」と、この列車についての性格と運用を明らかにしたため、その反論らしいものがこの「幻」にある。以下は、その部分の引用である。

「占領軍一二〇一列車は、前から作製されたダイヤによれば、田端駅は停車しないから、私の推測は誤りであるという異論が最近一部に出ている。だが、GHQの運輸担官者シャグノン中佐が日本の鉄道は『マイ・ウエイ(おれの鉄道)だ』と豪語していたように、占領軍命令は絶対的であったから、臨時に田端駅停車はあったかもしれない。緊急のことが起れば、印刷されたダイヤ通りではなかったかも分らないのである。捜査一課はこの占領軍専用列車は、それが専用列車なるがゆえに『容疑なし』として捜査していない(白書)。また、日本の警察では徹底捜査はできなかったのである。私は必ずしも、この列車の推理に固執しないが、有力な死体運搬方法の推定がつくまでは、なおこの推測を持っておきたい。この列車についての私の推測を崩すことで、他殺説そのものを崩せると錯覚している者がいれば、見当違いである」

またまた、シャグノンの登場だが、もはや説明するまでもないことだろう。問題は、一二〇一列車が、臨時に田端に停車したか、どうかということだが、果たして松本氏は田端駅の位置をご存じなのだろうか。東京の地図を一見すればわかるように、田端は常磐線上にはない。駅のほうは、山手線と京浜・東北線である(東北本線のほうはこれとはまた別で、尾久駅のほうを通っている)。したがって、ここに上野から列車を引き込めば、常磐線にのせるには、機関車を逆につけかえ、貨物線を三河島のほうに引き揚げていかなければならないのだ。まして、この一二〇一列車に田端で貨車を連結するというのだから、話にもなにもならない。貨車と客車では制限速度がまるでちがう。ローカル線をノロノロ走る列車ならいざ知らず、当時としては最優速のこの一二〇一列車に、もし貨車を連結したとしたならば、それこそ国鉄始まって以来の珍事として、歴史に残るはずだろう。

だいたい松本氏は、事実関係について調査をしているのだろうか。この列車関係者の氏名は、『資料・下山事件』に収録された、いわゆる「下山白書」のなかに明記されているのだから、調査をしようとおもえば簡単なはずである。もちろん、田端機関区も地球の果てにあるわけではなく、松本氏の住む同じ東京都の空の下にある。国鉄当局としてもおそらく協力を惜しまないことだろう。

現実の、ある事件を論ずるばあい、なんといっても基礎となるのは事実の調査である。この調査なくして、書斎のなかでいくら推理をはたらかせても、それは決して真相の究明にはつながらない。推理をするならば、調査に調査を重ねて、可能な範囲の事実を確定し、そのあとのことである。松本氏は、「この列車についての私の推測を崩すことで、他殺説そのものを崩せると錯覚している者がいれば、見当違いである」などと、見得を切っているが、しかし考えてみれば「見当違い」をしているのは、松本氏自身ではなかろうか。

なお、列車関係について、このようにたびたび問題がくりかえされると、国鉄労働組合としても黙視するわけにはいかなくなったようである。当事者たちの要望もあって、同労組調査室が調査を始め、その結論が、『国労文化』(通巻二三六号、昭和四七年八月一日発行)に、「下山事件に関する三点の調査について」と題して、掲載されている。三点とは、「貨物列車の遅れについて」、『列車分解表』について」、「軍臨一二〇一列車について」、であるが、いずれも松本氏たちの説くところをことごとく否定し、事実を明らかにしている。今ここでは、この報告の最後の部分を引用しておこう。

「下山氏の死体が軍臨一二〇一列車によって運ばれたのではないかという説がある。例えば『週刊朝日』一九六九年九月一九日号にはこう書かれている。

『占領軍一二〇一列車は、前から作製されたダイヤによれば、田端駅は停車しないから、私の推測は誤りであるという異論が最近一部に出ている。だが、GHQの運輸担当官シャグノン中佐が日本の鉄道は〝マイ・ウエイ(おれの鉄道)だ〟と豪語していたように、占領軍命令は絶対的であったから、臨時に田端駅停車はあったかもしれない。緊急のことが起れば、印刷されたダイヤ通りではなかったかも分らないのである』(四四ページ)

これは下山総裁の死体を田端駅で積んだという推測につじつまを合わせるために書かれたのであるが、常磐線の列車を田端駅に停車させるのは、そのように簡単ではない。

上野駅発の常磐線の列車が田端駅構内に入ると、機関車を転車台に入れて一度向きをかえ、それからまた常磐線に引き出さなければならず、そのためには最低三〇分はかかる。

一九四九年七月五日の軍臨一二〇一列車が臨時に田端駅に入ったならば、それは異常なこととして、すべての人の目に明らかであり、『臨時に田端駅停車はあったかもしれない』というような推測の入る余地はない。そのような事実はない。

福田（国鉄労働組合調査室員、筆者註）は一九六九年一一月七日、水戸車掌区分会事務室で、下山氏の死体を運んだのではないかとされている当日の軍臨一二〇一列車の車掌大内泰弘氏に会い、その話を聞いた。大和田尚氏（元車掌区分会長で、轢断貨物列車八六九に便乗していた）と岩崎淳氏（轢断二時間前に現場を通過した貨物二六三の車掌）が同席した。『軍臨一二〇一列車は一分一秒の遅れも許されない占領軍の最優等列車で、この列車に死体を積んでおろすというようなことは考えられないし、また事実、定刻どおり運転された。自分としては何等の異状のあった記憶はない』

以上の調査によってわかることは、下山事件に関し、国鉄労働者に疑惑をもたせるように書かれたものは、調査をせずに書かれたものであり、国鉄労働者にそのような影の全くなかったことを調査の結果はわれわれに確信させた。それと同時に現場の人々が、以上あげたような無責任な記述に激しい怒りを持っていることをつけ加えて、この報告をおわる」

付記　国鉄労働組合は、昭和四六年一〇月二五日この調査報告を松本清張氏に提供、善処を要望したが、これにたいし松本氏は、全集を出すばあいに訂正をすると約束されたそうである。また、同じ申入れが、赤旗編集部にもなされたということである。

下山事件研究家の「研究」

「死体は総裁のものか」

大野達三という「下山事件研究家」がいる。この研究家が、昭和三五年一一月、共著で『謀略』という本を出し、その約半分の紙数を下山事件にあてている。以後、ときどきこの筆者の「下山事件」が目につくが、ここではこの『謀略』と、それから、雑誌『文化評論』（昭和三八年一二月号）に書いた、「下山事件の真実」（以下「真実」と略称）について、検討することにしよう。とはいっても、前者はほとんど松本氏の『謀殺論』そっくりなので（『謀殺論』には大野氏の『前衛』に書いた文章が引用されている）、すでに批判は尽きている。また、後者は、宮城音弥夫妻共著の『下山総裁怪死事件』（昭和三八年九月刊）についての反論で、その反論を批判・検討するというのも、あまりおもしろいことではない。

だが、「下山事件研究家」である大野氏の文章に、一言もふれないのでは礼を失するかもしれない。そこで、やはり、若干の点について検討を試みることにしたわけである。

ところで大野氏は、「真実」の冒頭をつぎのように書き出している。

「光文社のカッパ・ブックスから、ノンフィクション・ミステリー『下山総裁怪死事件』という本が発刊された。著者は有名な心理学者・東京工大教授の宮城音弥博士と夫人の宮城二三子博士である。私は、一心理学徒として、かねてから大先輩である宮城博士のユニークな研究を高く評価していたし、下山事件についても、十数年間その真相を追及してきたので、『迷宮事件に科学のメスをいれる』『松本清張氏に挑戦する』と銘をうった本書を、期待に胸をおどらせてよんだものである。ところが、読後の感想を一口にいえば、あ然としたの一言につきるのである。宮城氏のこの本は、今から一四年まえにさかのぼって、すでにその正否が評価しつくされている諸情報や資料を再びもちだし、自説に都合のよいようにつぎはぎをして、ならべたてたものにすぎないのである。たとえば、『自殺か』『他殺か』という問題は、すでに他殺であるという結論が出ている。下山事件の研究者にとってみれば、この問題を今さらむしかえすことは、『天動説か』『地動説か』という事点に、現代の科学を後退させて、まじめな顔で論争しているようなものである」（傍点筆者）

筆者も、宮城氏の本がずいぶんいい加減なものだとはおもう。宮城夫人は「あとがき」で、「主人は、一種の職人気質をもっておりまして、おろそかな仕事をひどくきらいます」、などと書いているが、これを聞いたら本当に腕のある職人は、怒り出すに違いないとおもわれるほど、粗雑でさえある。だが、だからといって、『自殺か』『他殺か』という問題は、すでに他殺であるという結論が出ている」などと、いささか高飛車な批判はいただけない。もしこの筆者のいうとおりならば、この翌年、「去る七月五日、いわゆる下山事件はついに公訴の時効が成立しました。国鉄総裁下山定則氏の死が、他殺であったにせよ自殺であったにせよ……」(傍点筆者)、で始まる趣意書を出して発足した、南原繁、団藤重光、桑原武夫、松本清張、木下順二氏などを会員とする、下山事件研究会は、なんと馬鹿なことをする会か、ということになる。

さらにはまた、関口由三氏にその説を批判された松本清張氏がたじたじとして、「推理は推理、真実の追求は別でなければならないと思ったからだ。その上で自殺の結論を得れば、それでいいのである。私が他殺を絶対なものと信じていれば、そんな研究会(前記下山事件研究会のこと、筆者註)の組織など不要である」(「幻の『謀略機関』をさぐる」)、と書いたことは、なんとおろかなことをいうのか、ということになる。

大野氏はここで、みずから「心理学徒」と、称している。心理学徒というのは、凡俗の筆者などが考え及ばないことを、考えるらしい。『謀略』のほうに、そのことを痛感させられたところがある。「死体は本当に下山総裁のものか」というところの一部である。

「私は、当時、国鉄労働組合と共同闘争をしていたある労働組合の役員をしていたのだが、下山総裁が怪死をとげたというニュースをきいた瞬間、これは政府当局の陰謀ではないかという直感をもった。同時に私は、もしこの事件が政府の陰謀であるなら、死体は下山総裁のものではあるまい、かえ玉を殺しておいて彼は身をかくし、この事件による大混乱を利用して首切りを強行するのではないかという気がした。そして労働組合の手で、この事件はしらべてみなければならないと考えた。労働組合の役員をしていた関係で私は新聞記者にしりあいが多かったし、とくに親しい人がいたので、七月五日又は六日に日本を飛行機でたった日本人の中に下山総裁らしい人がいなかったかどうかという調査をたのんだ。それは、もし死体がかえ玉であったのなら、生きている下山総裁は、アメリカに〝亡命〟するだろうと思ったからである。当時いっさいの航空管理はアメリカ軍がやっていたので、この調査はきわめて困難だったのだが、私が依頼した友人はいろいろに手をまわして熱心にしらべてくれた。そして調べえた限りでは、そうしたことはないようだという回答が、三日後にあった」

もっとも、下山総裁は生きている、と考えるもう一人に、宮川弘という人物がいる。元警察官、あらゆる事件の表裏に通じていると、出版社や新聞社に売りこんで歩いたがものにならず、出版社をつくってしまった。そして、つぎつぎと出した一冊に、『下山事件の真相』がある。この本の上巻を出したあたりで倒産となり、目下のところ行方不明らしいのだが、ともかくその上巻で、〝下山総裁は生きている〟という説を展開している。その最後のあたりで、達三という人物を登場させているのだ。

もちろん、それだからといって、大野達三氏と、この宮川弘なる人物との間に関係があるなどというのではない。それはまったく無関係であろう。ただ、右に引用した大野氏の文章を読みながら、筆者はふと、この宮川弘なる人物をおもい浮かべただけである。

さて、大野氏のこの文章をわざわざ引用したのは、なにもそこに凡俗の及ばざる考えがしめされているからばかりではない。大野氏が、国鉄労働組合とも関係の深いある労働組合の役員をしていたことがあり、しかも下山事件に、事件当時からなみなみならぬ関心をもっていた、ということを知ってもらいたかった、というのが本当の目的である。さらにまた、それにもかかわらず、当時の新聞で大騒ぎをされ、堂場肇氏がそれを粉飾し、加賀山氏には共産党攻撃に利用され、一種の伝説化されてきた、あの田端をめぐる怪説に、なぜ真実をえぐるメスを入れなかったのか、ということを問いたかったからでもある。下山総裁の生・死には、これほどまでに鋭敏な感覚をはたらかせる大野氏が、同じ労働者がいわれない攻撃に苦しんでいるとき、どうしてそこに目が向かなかったのだろうか。これはやはり、筆者にとっては重大な疑問なのである。

だが、これは大野氏を責めるのは、あるいは間違いかもしれない。筆者をふくめ、当時は全体として経験の不足があったということもいえよう。だが、それから、事実の調査にも十分の時間である一〇年という歳月がたち、その手段も方法も豊富となったとき、大野氏は自説の裏付けとして、この田端の伝説をそのまま利用しているのである。八六九貨物（轢断列車）のおくれを問題にし、分解図を問題にしているのである。

しかもそれだけではない。宮城氏が、田端をめぐる謀略というのは、おかしいのではないかと疑問を提出したのに、『真実』で真向から切りつけている。「宮城氏は、『田端駅機関庫』という、当時もっとも左翼勢力の強いところで、なぜ、アメリカの謀略機関が活躍する必要があったか」(二一七ページ)という疑問をなげかけている。こうした、とんでもない疑問を、堂々と本名で署名している本に書く神経は、どういうものだろうか。もし宮城氏が、本気でこんなことを思っているのなら、宮城氏がこの労作をかいた態度は、徹底的に不真面目であり、学者の態度とは思えない」

つづけてこのあと、『真実』は、宮城氏が〝謀略説〟に挑んでいるならば、「謀略やスパイ機関に関する古今東西の研究や、具体的事例を調査すべきであった」とお説教に及んでいる。

ここに筆者は、大野氏の本質をみるようにおもう。やはり、「学者」であり、「研究家」なのだろう。ただし、これはよくいえばの話で、一歩誤れば、現実を、文献上の事実とすりかえる詐欺的行為となりかねない。文献上にいくら似たような例があってみたところで、それは田端の現実とはなりえないのである。現実はまた別にある。

しかしそれにしても、自分が調査もしていないのは棚にあげて、「とんでもない疑問を、堂々と本名で署名している本に書く神経は、どういうものだろうか」、などと書ける大野氏の神経も、やはり相当なものだろう。

そこで、その平気で書いたらしい、誤ったところをもう少しお目にかけよう。『真実』の、「自動車運搬説」の最後のほうで、いわゆる〝血痕〟付着問題に関し、大野氏はつぎのように書いている。

「だが、自動車運搬説を決定的に否定するのは、宮城氏が図解いりでくわしくかいている下山総裁の血痕である。ただし、宮城氏は、十分承知のうえで、大きな嘘をかいている。『血痕は荒川放水路の堤防にある踏切から始まっている。これは自動車によるにせよ、列車によるにせよ、ここあたりから死体が運ばれたことを示している』(一六〇ページ)ところが血痕は踏切からはじまっているのではない。宮城氏自身が提示したこの図をみても(第一図)五二点におよぶ血痕は信号灯付近からはじまり、現場から反対の方向へむかい踏切をへてロープ小屋に下り、ロープ小屋の中をとおって、現場から七〇米千住よりの線路上にのぼり、現場へむかって死体がはこばれたことを示しているのだ」

たしかに、「真実」に大野氏が引用した宮城氏使用の図面は、故意か不注意か、図面の下部を少しばかり切りすぎたようで、そこにあった血痕マークが見えなくなっている。しかし、宮城氏の本に実際にあたってみると、踏切の荒川鉄橋寄りに血痕マークがあって、Aという印がついている。念のため、古畑氏の『今だから話そう』を見ると、これも同じく、踏切の荒川鉄橋寄りに、A型の血痕があったようになっている。また、実際にこの血痕を調べた中野繁氏も、「血痕は鉄橋の近くまであったようにおもう」といっている。そうしてみると、宮城氏が、「十分承知のうえで、大きな嘘をかいている」、とはいえない事情にある。

あるいはここで、血痕の形から進行方向を問題にしようとしているのかもしれないが、それこそナンセンスである。第一、血痕を実際に調べた人たちは、そこまでわかるような状態ではなかったといっているし、第二に、シグナル付近から踏切の鉄橋寄りまでは一〇〇メートル以上もあり、堤防の下を走っている道路を越える小さな鉄橋も渡らなければならなかったからである。踏切は荒川放水路の大鉄橋に接する堤防上の道路についていたのだ。したがってそこからまた、『真実』のいうように血のしたたる死体をロープ小屋に運ぶとすると、荒川放水路の堤防をおり、堤防下の大きな道路を横切り、人家の脇を通って裏道にはいらなければならないということになる。いったい、血のしたたる死体を運ぶのにこんな馬鹿げたまわり道をなぜしなければならないのか。要するに現場周辺の地理や地形などを実地に調べず、机の上だけで考えると、こういうことにおちいるのだろう。

もう一つ、引用しよう。例の一二〇一列車である。この列車に疑問をなげかけた宮城氏に、つぎのような批判をしている。

「私も運搬方法を考えるために、三回、当がい時刻に現場に立ってみた。そして私なりに、第一二〇一列車から『死体』がおとされたあと、常磐線を走る列車、電車と土手上をはしる東武線の電車との間隔をぬって、どう死体を現場まではこんだかという〝実験〟を行ってみた。そして、列車を利用したばあいの運搬方法は、占領軍列車一二〇一以外にありえないという結論に至ったのである。(前掲『謀略』七六ページ参照)一二〇一列車は、有蓋貨車をもっていた。そして、青森県三沢の米軍基地に七月七日午前三時すぎに到着し、青森県CIC・M大尉の部隊によって臨検され、米軍基地将校および日本人関係者の一切の介入を排除して、特別に処理された。宮城氏が、二九五列車の一つ一つの貨車について、くわしくしらべられているのに、一二〇一列車の貨車については、現場通過以後、煙のようになってしまっていることは、調査不十分と断定せざるをえない。五年もまえの他人の立論

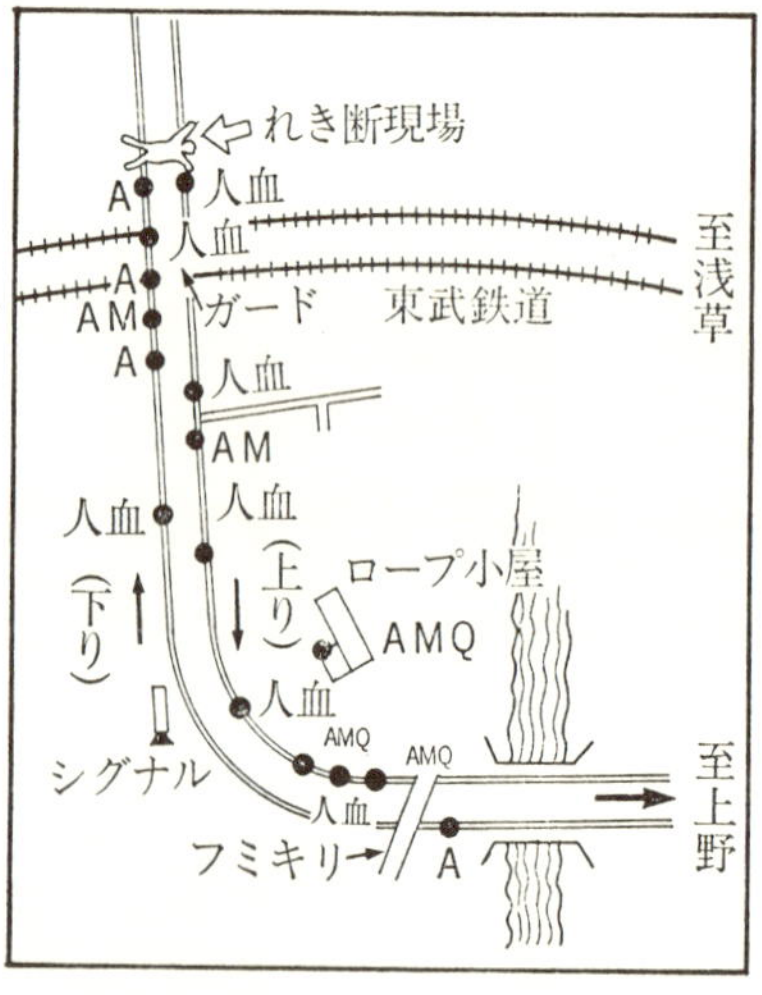

宮城氏の図（下）を引用して大野氏は死体運搬の経路を想像したが，それにしたがえば写真のような鉄橋も渡らなければならないし，死体をロープ小屋に運ぶには荒川の堤防をおり，堤防下の大きな道路を横切り人家のある所を通らなければならない。

を批判するばあいは、せめてこの程度の調査をしてからでないと、批判する資格はないだろうと私は考える」

しかし、一二〇一列車が有蓋貨車を連結していた事実もないし、三沢に七月七日午前三時すぎに到着した一二〇一列車もない。筆者は、この列車が、「青森県CIC・M大尉の部隊によって臨検され、米軍基地将校および日本人関係者の一切の介入を排除して、特別に処理された」か、否か、については調査をしなかったので、この点について「批判する資格はない」ものだが、しかし、資格のないことを前提としてあえていえば、これも誤りだろう。誤りだというのは論理的な結論である。到着するはずのない列車が、臨検されるはずはないからである。一二〇一列車は、軍臨とはいわれていたが、横浜と札幌を結んでいた定期運行の旅客列車であったのだ。

大野氏はこの他にも『謀略』で、「死後轢断およびPH曲線測定による死亡時間の判断が、その後の二、〇〇〇体をこえる解剖によって、その確度が実証されたことである」などと書いているのもその伝だろう。これは東大鑑定の正しさを保証するために書かれたところに出てくるのだが、しかしこの文章の意味はよくわからないところがある。たとえば、本当に「死後」轢断死体を二〇〇〇体解剖したのか、あるいはその二〇〇〇体についてpH法による死後時間の測定を行ったのか、などの点がはっきりしないのである。

だが、それにもかかわらず、これを創作とみなすのは、やはり二〇〇〇体という数字にある。もちろん、「死後轢断」の死体といえば、常識的にいって死体が轢かれたばあいなのだから、そう数があるわけがない。これはまったく稀なケースなのである。一〇年間に、日本で一、二度あるかないかというくらいのことなのだ。だから、下山事件後からこの『謀略』が書かれるまでの約一〇年間に、二〇〇〇体の「死後轢断」死体が、解剖されるはずがない。もっとも、これには反論があるかもしれない。実は、「生体轢断」、すなわち、自殺や事故死の死体を解剖して、その所見から逆に、「死後轢断」の際のあるべき所見を推定し、そこから東大鑑定の正しさを立証したのだ、と。

だが、そうなればそれで、その「生体轢断」死体の解剖数にも疑義がある。参考のため筆者は過去の東大における解剖体数を調べてみた。下山事件の昭和二四年から同三四年までの、一一年間の数をしめすと次ページのようになる。

もちろんこれは、法医学教室が行った各種の死因をふくむ

昭和年	解剖数
24	184
25	148
26	97
27	98
28	113
29	109
30	122
31	117
32	70
33	134
34	146
計	1338

東京大学医学部『百年史』より

死体の解剖例数で、それでも一三三八体と、二〇〇〇体をはるかに下まわる。このなかで、轢死体にたいする解剖例数がどのくらいあったかといえば、昭和二四年は別として、他の年にはほとんど皆無に近かったろうといわれている。いちばん解剖例数が多いといわれる、東大においてこうなのである。おそらく、全国の法医学教室の解剖例数中、「轢死体」関係を集めてみても、二〇〇〇体という数字とはほど遠いものであろう。ある法医学者は、「夢のような数ですよ」と笑っていた。

では、pH法による死後経過時間の測定が、二〇〇〇体について行われたのだろうか。これには、死亡時刻のはっきりしている死体が二〇〇〇体なければならない。死亡時間不明では、実験結果の正否の判定がつかないからだ。だが、そういう実験に適する死体は、なかなか教室に運ばれないのが実情である。これも法医学者には、夢のようなことであるらしい。とくに、この方法の追試をした船尾忠孝氏は、「そんなことができたら、そりゃ法医学会の大話題ですよ。必ず学会で報告されずにはいませんが、そんな報告、聞いたことありません」と、キツネにつままれたような表情であった。どうみても、これは事実ではない。もちろん、このpH法が実用的価値をもつものでないことは、「法医学論争」で検討したように、すでに明らかなところである。

最後に大野氏の法医学的事実の解釈についてふれておこう。下山事件は「すでに他殺であるという結論が出ている」と高飛車に宮城氏を批判したところは、先に述べた。だが、そんな結論が、どこで出ているのか、筆者は寡聞にしていまだそれをしらない。たしかに、この「真実」が書かれた時点で、東大法医学教室が、「死後轢断」という鑑定書を提出していたことはわかっていた。しかし、その結論に疑問がもたれ、法医学界の大論争に発展したことも事実である。もし、「研究家」が真の研究家であるならば、まずなによりも先に、この法医学論争を追ってみるべきであり、それが研究家としての責務でもあったろう。

もちろん、この「研究者」が、真面目に、これを追った形跡はない。追っていれば、「この法医学の論争は、東大以外の法医学者たちが解剖も行わずその立会いもせず、また鑑定書もよまないで発言していることで、学問上の意見の対置とはいいがたい種類のものである」(『謀略』)とは、書きえないことなのである。もし、学問的に論争にもならぬことであったり、あるいは「学問上の意見の対置とはいいがたい種類のもの」であったならば、なぜ法医学会の臨時の会議まで招集して論議する必要があったのだろう。すでに、「法医学論争」で明らかにしたように、下山事件と同じ月の七月三〇日に、東大で法医学会緊急評議会が開催され、激しい論議がかわされているのである。しかも、これを契機として、「轢死体」に関する問題が改めて照明をあてられ、その後関係機関、各大学の法医学教室などでの研究テーマともなって、立派な成果に結びついているのである。

こうした研究の発展は、夢にも考えなかったのかもしれない。しかし、こうした研究を無視し、「東大以外の法医学者たちが解剖も行わずその立会いもせず」などと非難しながら、氏みずからはその東大の解剖者、桑島直樹氏の解剖所見に背を向け「失血死」をとなえているのだから、いったいこれはどういうことだろうか。

その、「失血死」を説くところは、つぎのようになっている。「下山総裁は、この臨時編成の米軍列車(一二〇一列車、筆者註)ではこばれたのであろう。今のところこの列車以外に轢断現場まで死体を運搬した方法は考えられない。ワイシャツの腕まくりやボタンがちぎれとんでいたこと、および血をぬいたあとから血液がしたたりおちる時間のことの二つから考えて、私は、下山総裁が血をぬかれたのは、進行中の列車の貨車の中だったと考えている。そして、絶命をしたのは、この列車からおろされた直前か直後だと思っている」

よく知られるように、桑島氏の鑑定結論は、睾丸蹴りあげによるショック死、である。出血をきたすべき、生前の外傷がなかったことからの、判断である。そのことは、七月三〇日の法医学会緊急評議会でも詳細に述べられている。さらにその後、桑島氏は、下山事件研究会への証言でも、この「出血死」説を積極的に否定し、むしろ攻撃的でさえあった。

「解剖も行わずその立会いもせず」と、「東大以外の法医学者」を非難する大野氏が、この問題が討議された法医学会にも出席せずに、その東大の解剖所見まで無視できるのは、いったいいかなる権利にもとづいてなのか。

もっともそれにたいして大野氏は右腕のつけ根の部分を轢

断するよう、工作があったとする。「列車が死体をひいた時、山本機関士がもし目を皿のようにして現場をみつめていたか、または偶然その付近を通りすぎた通行人がいたら、鬼気せまる犯行を目撃したにちがいない。私は、犯人の一人は下山氏の死体の右手を、機関車の前照燈が現場をてらす一瞬を巧妙にさけながら、しっかり握っていたと考えている。たぶんその男は、手をできるだけのばしながら、土手のうえに身体を伏せていたであろう。死体の散乱状態や着衣のきれ具合、および死後うけた傷口を自分の眼でみたわけでないからあくまで想像にすぎないが、計画者たちはそうしたであろうと私は考えている。死体の右腕つけ根の部分をちょうど轢断されるように線路上によこたえてあっても、轢断列車のスピードや排気管その他機関車前部の形によっては、死体が最初の衝撃で回転したりうごいたりする可能性はじゅうぶんありうる。計画者たちは、その可能性を考えたはずだ」

これは要するに、帰するところは桑島氏の解剖所見が、事実を明らかにしえなかった、と主張することにある。しかしこれも、大野氏みずからも認めているとおり、「あくまでも想像にすぎない」し、当の桑島氏は先ほどふれたように、下山事件の研究会でスライド・フィルムを映写しながら、右腕の切断部に血を抜いた痕跡は、まったく認められなかったといい、大切なことは、肺臓にいくぶん血量が多かったことで、このことからも出血死説はなりたたない、と証言しているのである。

だが、そうした証言をまつまでもなく、大野氏のこうした発想自体がおかしいのである。第一、あの激しくゆれ動く有蓋貨車のなかで、なるべく傷跡を残さぬよう血液を抜きとれたと考えることもおかしいし、線路によこたえ、下山氏の死体の右腕を、「死体が最初の衝撃で回転したりうごいたりする」のを防止するため、しっかりと押えていた者があったなどと想定するにいたっては、まったくの噴飯ものでさえあるのだ。轢断列車の八六九貨物列車は、八分おくれをとりもどすためスピードをあげていたので、この機関車に乗務していた萩谷氏は、現場では毎時五〇キロをこえ六〇キロに近かったのではなかろうか、といっている。そうすると、秒速で一五メートルはあったということになろう。それだけの速度で走ってくる超重量物の衝撃に、仮に大野氏がいうようにして右腕をおさえていたならば、そのおさえていた人間は、やはり下山氏に匹敵するほどの大怪我をせずにはいられまい。おそらく、腕を引きぬかれないまでも、脱臼くらいはしたはずである。もちろん、二、三メートルはひきずられて、出血するような傷もできたことだろう。まかりまちがえば、そこで動けなくなるような危険性さえあるのである。

もしもこの際、機関車乗務員が轢断に気づき、列車を急停車させて引きかえしたなら、この犯人はたちどころに発見されかねない。それは当然、この事件を謀略事件とすれば、その事件の計画者が考えにいれなければならなかったはずのことであろう。が、それは、あまりにも大きな冒険なのではなかろうか。

『謀殺下山事件』の問題点

田端機関区の誤り

『文芸春秋』誌上に「秋谷鑑定」が発表された、同じ昭和四八年七月、『謀殺下山事件』(以下『謀殺』と略称)という本がでた。著者は、矢田喜美雄氏、元朝日新聞の敏腕記者としてうたわれ、下山事件については、「取材の立場を越えて捜査側の依頼をうけた鑑定書をかく側の一人になってしまった」ことでも、この道ではつとに名の知れた人である。筆者も二、三度顔をあわせ、いろいろ教示をうけたものだが、博学多識で感心させられていたので、ここに、この矢田氏の著作について批評の筆をとるのは、いささか気が重い。筆者にとっては、少しばかり荷がおもすぎるきらいがある。

さてそこで、まず私的感想から述べさせていただこう。筆者はこの本の出版を知ると同時に本屋に注文したが、それと

さて、結論をいそごう。大野氏は、『謀略』の最後を、つぎのようにしめくくっている。「全く偶然のことだが、この章をかきおえようとする今は午前○時二○分、下山氏の声が、真相を発表してくれといっている声が、遠くの方からきこえてくるように私には思えてならない」。筆者はもちろん、下山氏がいまなにをおもっているかを知るよしもない。だが、偽りや嘘の「事実」を創造してくれ、と願ってはいないだろうとは、考える。

時を同じくして「著者謹呈」本の寄贈をうけた。もちろん、封を切るのももどかしく、早速一読したものだったが、結果はまったくの期待はずれだった。というよりは少々おどろかされさえした、というのが本当のところだったろう。そこで、とにかく礼状を書かなければとおもいながら、その気になれず、一日、二日、とのばしながら、つい今日まで出しそびれてしまった次第である。

では、なぜ期待はずれであったのか――。それはこの著書が、もっと地道な、どちらかというと学術的なものになる、と考えていたからであった。

矢田氏が本を書いているということは、矢田氏自身から何度も聞いていた。「もう六〇〇枚になったよ」、と聞いたのはいつのころだったか。それから、一二〇〇枚になり、二〇〇〇枚近くなって、「とにかく、東大の法医学教室の解剖から鑑定結論までの全記録と、秋谷さんの教室の全実験データをすべてぶちこんで、学術的にも批判にたえる、決定的なものにするぜ。二〇〇〇枚を大分こえちゃうなア」と、豪快に笑ってみせたのはもう大分前、考えてみると昭和四四年ごろのことだった。それから筆者は、その矢田氏の本が出れば、東大鑑定の全貌がすみずみまであきらかになり、科学的検討の重要資料となると考え、一方では独自の調査や実験を重ねながら、その出版を心待ちに待っていたのである。

だが、その期待した本を読んでみると、学術的とも、調査のゆきとどいたものともおもえず、深く失望させられたものだった。

だが、ここで筆をとめるわけにはいかない。その『謀殺』の検討を始めよう。まず、最初のほうで田端機関区に関して、「この三人がはいった宿直室には、この夜半から早朝にかけて田端を出る八本の長距離貨物列車の乗務員と、保安要員のほか、首切りのゴタゴタで家に帰れなかった労組員や、どこの職場からきたのかわからない数名の男も泊まっていた」、と書いているが、この「どこの職場からきたのかわからない数名の男」というのは、誰をさすのか。果たして矢田氏は、こう書けるだけの調査をしているのだろうか。おそらく、否であろう。第一、矢田氏はまったく基本的なところから間違えている。「三人」と矢田氏がいうのは、八六九貨物(轢断列車)の機関士、同助手と、車掌の横田一彦氏なのだが、だいたい車掌が機関区の仮眠室にはいることはない。車掌は車掌で、車掌区当直助役に届け、車掌区のほうの仮眠室で休むのである。

第二に、「この夜半から早朝にかけて田端を出る八本の長距離貨物列車の乗務員」などといっているが、いったい八本とはどれとどの列車なのか。「下山白書」を見ればわかるように、この夜、田端を出発して常磐線に向かった貨物列車は、一〇時から翌日午前二時一五分までに七本ある。しかし、それ以降、貨物列車はなかったのか、というとそうではない。「白書」は、その必要がなかったから二時ごろまでの列車しか記載していないが、実は朝の旅客や通勤電車が動き始めるまでは貨物列車のかせぎどきで、一時間一、二本の割で下っているのである。もちろん、下りばかりでなく上り列車もまた、田端に入ってくる。

しかも、これは常磐線だけをみての話である。田端からはこのほかに、東北、信越、東海、房総の各方面への接続・交換があるため、大宮、新小岩、新鶴見、それにもちろん地元田端、のそれぞれの機関区所属乗務員が出入し、その人たちが仮眠室を利用していた。したがって延べにすると、おそらく一夜に一〇〇人をこえる各機関区乗務員が出入りし、この人たちにベッドを割りふったり、時間どおりに起したりするのは、馴れないとなかなか大変なことだったらしい。だからこそ、七月五日の、起こし忘れか、手違いか、といわれるトラブルが起きたのであろう。矢田氏もこう書く以上はもう少し調査をして事情をよく確かめ、「八六九貨車の田端出発の遅れは偶然のことかどうかは別として」などと、奥歯に物がはさまったようなことはいわず、もっとすっきりとさせてほしかった。

もう一つ、この八六九貨物列車について述べよう。矢田氏はこの列車について、またつぎのように書いている。「水戸で調べると排障器の曲りばかりではなく、機関車の底や貨車の車軸に多量の血痕がみつかった。こうして八六九列車は人身事故を起こしたことがはっきりし、列車は機関車もろとも運行中止で車庫入りとなった」(傍点筆者)。だが、これも間違いである。第一、この機関車は水戸機関区所属で、もともとここで仕業ダイヤは打ちきりとなっていた。水戸以後は、平機関区の機関車が受持ちであったのである。第二に、この列車が、水戸で運行中止になった事実はない。平機関区の機関車にひかれ、予定されたダイヤにしたがって水戸を出発している。そのことは、七月七日の毎日新聞につぎのような記事があることからもわかるだろう。

「〔平にて若月記者発〕下山国鉄総裁をひいたと思われる列車は五日午後十一時田端発尻内行貨物八六九列車(四十九両

連結）で、水戸駅着とともに鉄道公安官大野木氏が発見、同駅で機関車取替となり、貨車はそのまま予定通り進行した。大野木氏の手配により平駅で六日午前七時二十分同駅着とともに検車の結果血こんの付着している四台を切離したが、この四台の中の第一台目の第二ブレーキにどろでよごされた短いそでのメリヤスのアンダーシャツのちぎれが巻きつき、また三台目のブレーキに小さい肉塊、四台目にも同様ななまなましい肉片が付着していた」

もっとも、この記事でも、血痕が発見されたため、「機関車取替」となったようにもとれるようだが、事実は前記のとおりである。また、機関車を最初に検査し、血痕を発見したのは、水戸機関区の、その夜の当直検査係であった安友晟、軍司勅氏らであった。おそらく、公安官は、それらの連絡にあたったのだろう。

さらに、もう一つ、この八六九貨物列車がそのまま平まで運行されている事実をしめそう。「下山白書」には、つぎのような記載がある。「七月六日午前九時三十分より一時間平市署巡査部長梅田五月他二名により第八六九貨物列車検証の結果、無蓋貨車第一両目、(1)第二制動梁制動管二位側白メリヤス地布片一枚（アンダーシャツ様のもの）、(2)前車輪スプリング前上部付根より肉塊（約三瓦）。第三両目、制動軸中央部に巻付いていた肉塊（約百瓦）。第四両目、第二制動梁二位側より肉塊（二十瓦）発見領置す。更に車輪軸受けに各車輪を通して血痕の付着せるを数ヵ所認めた。各血液形鑑定の結果A型と判明す」

法医学論上の誤り

つづいて、『謀殺』の、死体解剖前後のところにもおかしな点がある。まず開始のところは、「解剖指揮古畑種基主任教授、執刀桑島直樹博士、記録係中野繁助手、立会人東京地検布施・金沢両検事、警視庁捜査一課関口警部補、同鑑識課員二名、東大薬学部裁判化学教室秋谷七郎主任教授、同塚元助教授らの見守るなかで執刀が始まった」（傍点筆者）となっている。ところが、約一ページ分ぐらいあとの、解剖終了時のところになると、「遺体は大理石の解剖台にのったまま、遺族に渡すための肢体の縫合はしばらく中止された。裁判化学の秋谷教授、塚元助教授が招かれたのは、そのときだった」（傍点筆者）、というのである。

実はこのへんが、おかしなところなのだがこれではなぜ最初から立会人として秋谷、塚元両氏の顔をならべたのかわからない。司法解剖の常識からいって、裁判化学教室の教室員が立ち会っていれば、薬物検査に必要なものは解剖途中でどんどん運び出される。それは、検査に一刻を争うときがあるからだ。また、この際は、そのためにこその立会人でもあったのである。

この解剖結果にもとづき、つぎは、警視庁の発表となる。そのところを矢田氏は、こう書いている。「警視庁は、東大法医による司法解剖の結果を記者クラブで次のように発表した。――総裁の死因は不明。ただし窒息死ではない。死後の轢断と認められた。胃は空で内容物は腸に移り、死亡は食後相当時間を経過している。死後の経過時間は不明だが五日夜と推定される。血液型はA型だった。――発表には記者の質問は許されなかったが、死体が轢かれたというのでは、死者が歩いて現場にこられないのだから、第三者が死体を運んできて轢かせたということになる」

発表内容といい、またそのときの状況といい、これもどうやら事実と大分ちがうようである。第一、「発表には記者の質問は許されなかった」などということは、まったくなかったようである。矢田氏は、こう書くことによって、裏になにか、発表をしぶる事情がかくされているらしい、と暗示したかったのかもしれない。が、やはりそれは事実ではない。第二に、発表のなかの「死後の経過時間は不明だが五日夜と推定される」、というようなこともなかったようである。これであると、轢断時刻が六日の午前零時一九分半ごろといわれるのだから、それ以前に死んだということになってたしかに他殺ということになる。

だが、捜査一課は、このときはまだ、他殺というはっきりした考えに立ってはいなかった。読売新聞によると、その発表の一項がつぎのようになっていることからも、それはうかがえる。「六、他殺の疑いはあるが断定はできない」(昭和二四年七月七日付)。なぜそうであったのかというと、これは何度も述べてきたことだが、やはり東大の解剖結論でも、「死因」がはっきりしなかったからである。また、古畑氏なども、この時点で、本当に他殺と考えていたのかどうかということになると、そこにも疑問がある。それは、七日付朝日新聞に、「速断は出来ぬ」と題した、つぎのような古畑氏の談話がみられることからも明らかであろう。

「他殺か自殺かの判定の重要ポイントは、死体に『生活反応』(レキ死や墜落などによって死んだ際に現れる多量の出血、内臓、筋肉その他に認められる炎症など)があるかないかだが、下山氏の死体にはそれがない、そこで、死体となってからレールに投げ込まれたという仮定もなり立つわけだ。しかし一面からいうと当夜が激しい雨であったため、血液をすべて洗い流したということも考えられる。十五、六年前私が金沢で扱ったケースは、今度の場合と全く同一で死体の生活反応皆無だった。そこで他殺として捜査に着手したが、二、三日後念のためレールの下の砂利石を掘りかえしたら、三尺近い下に多量の血がたまっていた。雨のため血が流されたのだ。その事件はそれで結局過失死と判定された。こういうことがあるのでなお一層の調査が必要である」

こうしてみると、解剖終了直後の状態は、矢田氏が考えるように、決定的に「他殺」、というようにすっきりとしたものでなかったことが明瞭である〈註—6〉。学術的にも批判にたえるものを目指した矢田氏にしては、やはり実情把握とその認識がお粗末ではなかろうか。もっとも、こうした実情についての認識力の不足をおもわせるところは、他にもいっぱいあって、たとえばつぎの、いわゆるpH法を報道したのは朝日だけだった、などというところもその典型的なものだろう。このところの矢田氏の文章は、つぎのようになっている。

「八日午後、私は薬学科裁判化学研究室にいた秋谷教授を訪ね、世界ではじめて試みられたPHイオン曲線測定法による推定『五日二十一時三十分』という実験結果と、その測定方法をくわしくきくことができて九日付朝日新聞紙面にこれを紹介したが、他社はまったくこれにふれなかった。

八日の秋谷教授のPHイオン測定による総裁死亡時間の推定値発表は朝日だけの特種になったが、各社がこのニュースを追わなかったのは、この日の事件取材が五反野現場に集中したためだった。というのは、七日までに現われた成島、長島、増田、山崎、辻の五人の目撃者のほかに、八日には主婦の古川フミさん（五一歳）がさらに登場、この六人全部が五日十七時三十分ころから十九時にかけて、事件現場を中心に行ったりきたりしている総裁らしい人物の姿をみていたのであった」（傍点筆者）

矢田氏は、どこの新聞を見てこういうのかわからないが、七月九日付新聞を見てみると、読売新聞も、たしかに朝日よりはすこし簡単だが、この問題を報じているし、毎日にいたっては囲みの記事で、矢田氏が書いたといわれるものよりはむしろ詳しいくらいに、これをつたえている。念のため、その毎日の記事の写真をしめしておこう。これでもやっぱり、「朝日だけの特種」なのだろうか。このへんの記事を、朝日、読売、毎日と読みくらべてみると、各方面に過不足ない目をくばり、見るべきものはちゃんと見ているという感じがするのは、どうやら毎日新聞だけであったようである。一説によると、その毎日の強力取材陣に対抗するため、朝日は東大に力をいれたといわれているが、矢田氏のこうした動きや書き方をみると、なるほどとうなずかされるところがあるのである。

小宮氏について

法医学関係の話がつづいたので、ついでに小宮喬介氏のことにふれておこう。矢田氏は、この小宮氏について、つぎのように書いている。「東大批判がジャーナリズムをにぎわせると、新手の批判者が名古屋から上京した。日本法医学会会長の前歴をもつ元名古屋大学法医学教授の小宮喬介博士だった。七月十三日ころには国警本部捜査課、同鑑識課に顔を出している。上京は警察関係知人の招きだといっているが、これについで毎日新聞を訪ね、戦前から知人関係にあった社会部下山事件担当デスクの平正一氏と会っていた。小宮博士の名が公然と登場するのは、この年の八月三十日の衆議院法務委員会で、小宮博士は下山事件の証人として東大法医の解

死亡 五日午後九時ごろ
内出血は生前に
乳酸反應の測定結果

矢田氏は推定死亡時間を朝日の特種であると書いたが，実際はこの写真のように毎日新聞も掲載していた．（7月9日付毎日新聞）

剖所見を手きびしく批判した。同博士は上京した七月中ごろから八月終わりまで長い上京期間に何をしていたかというと、覆面の法医学者として警視庁の下山事件捜査本部に出入し、総裁の死を『自殺』で葬り去らせる陰の力となったのである」

たしかに小宮氏は七月二十日ごろ名古屋から上京し、捜査本部を訪れ、すでに「捜査と報道」で明らかにしたように、二一日の深夜金原係長と、翌二二日の午前一〇時から午後二時まで、坂本刑事部長、堀崎一課長、塚本鑑識課長などと会っている。だが、この上京については、「警察関係知人の招き」という証拠は、どこにも見当らないようである。衆議院法務委員会の参考人として述べた小宮氏の、この点についての話はつぎのようになっている。「たまたま私はそのころ指紋を出すのに使う紫外線の発生機の製作のことがありまして機械屋に参るため上京したのであります」

また、小宮氏が、「七月中ごろから八月終わりまでの長い上京」をしていたことをしめす証拠も、記録も、筆者はなに一つ発見できなかった。あるいは、矢田氏はその証拠をもっているのかもしれないが、ただ強いて推察すれば、七月なかばに、東京にいて、また八月三〇日の法務委員会のとき東京にいたのだから、その間はぜんぶ東京滞在のはずだ、ときめてかかったのではなかろうか。

もちろん、小宮氏が捜査本部を訪問し、捜査本部も小宮氏の意見を聞いたことについては、双方になんの問題もないだろう。なにしろ、政府さえ多額の懸賞金を用意して、事件解決の情報をもとめようとしていたときだし、捜査本部も、東大のすっきりしない判定に困惑していた状態だったのだから、経験ある法医学者の意見を聞くのは当然で、むしろ聞かないほうがどうかしているくらいである。こう書くと、解剖をしたのは東大だのに、その東大を信用せず、どんな法医学者が信用できるのだ、と反論があるかもしれない。

たしかにごもっとも、といいたいところなのだが、しかし、実をいうと、矢田氏自身がその東大の、解剖結果の結論を信用されていないのである。というのは、矢田氏は、出血死説をとっておいでだからである。なんども書いて恐縮だが、解剖者の桑島氏の結論は、睾丸蹴りあげによるショック死であった。それを信じられないからこそ、矢田氏は出血死をとなえるのだろう。自分自身が信用できないものを、捜査本部にだけは信用しろというのは、やはりむりというものではなかろうか。

ところで、矢田氏は、この部分から大分あとのほうで、「小宮喬介氏の暗躍」などと題して、もう一度小宮氏のことを書いている。「小宮博士は昭和十年には日本法医学会会長をした人で、知名の一流法医学者だが、同博士が有名なのは戦前から長年かけてやっていた『血液凝固と死亡時間の研究』だった。この研究では『自殺、他殺を問わず、死後間もない流動性血液は凝固を起こす可能性がある』ことを指摘、博士が名古屋大学教授として在職時代はこのテーマの追跡研究のため同僚、弟子たちに呼びかけて、たくさんの研究論文を発表させていたのであった。『自他殺を問わず、死後間もない流動性血液は凝固を起こす可能性がある』と多年の研究ではいいながら、下山事件の証人としては『固まった血液がついていたとすると、生体が轢かれたとみるのが常識的である』と、主張に変節がみられるのである」

しかし、小宮氏は矢田氏が非難するように変節したのではないようである。衆議院法務委員会では、死者の血液の凝固についてもふれて、つぎのように述べているのである。

「いちばん気になるのは、機関車の血なのであります。警視庁の鑑識課へ出ましたときに、その血はどういう血であるかということを伺いましたところが、水戸のほうからの電話では、排障器にゼリー状の血痕がついておった。ゼリー状の血痕ということになりますと、凝血と見てよろしいことになると思います。先ほど古畑教授もいわれたとおり、人間の血が死んでから出ましても、当分の間は固まることはもちろんでございます。もちろん固まり方がごく悪くなっていくのであります。これは人によりまして、また死因によりまして、その固まり方の悪くなるのがいろいろ違っておりますが、少しの間は固まるのであります。しかし生きているものならばみんな完全に固まるのであります。ごく特殊の一部のものは別でありますが、ふつうのものならば固まるのであります。そうすると、固まった血がついているということになりますと、死骸と見るべきか、生きている者をひいたと見るべきか。もし死体のほうを見ないで、機関車のほうの結果から見ますならば、生きた者をひいたということになるのであります。死体ばかりを見て結論を下すのも間違いでありますし、また機関車のほうの結果ばかり見て結論を下すのも誤りであります。要するに、この二つが合わなければならない。真理は一つしかないのでありますから、この二つがどうかして合わなければならないということになると考えるのであります」（傍点筆者）

これを、矢田氏のように「変節」とみるか否かは、みる人の主観によるのかもしれない。がしかし、この衆議院法務委員会における参考人意見全体をじっくり読んでみると、小宮氏の話にはやはり耳を傾けさせるものがあるのである。だからこそ、古畑氏も小宮氏を教室に招き、桑島氏とともに長い時間をかけて、解剖結果についての話合いをしたのだろう。この点については、すでに「法医学論争」で詳述したので、ここで再論はしない。

なお、東大法医学教室と、秋谷教室の鑑定については、矢田氏も相当の紙数を費やして書いているが、これらについては、「法医学論争」と「秋谷鑑定」関係でくわしく検討ずみなので、ここではふれないことにしよう。ただ、わりと本題をはなれていてどうでもよいようなことなのだが、「二度目の大きな轢断」という見出しのもとに妙なところがあるので、その点だけは注意しておいたほうがよいようである。まず、その部分を引用しておこう。

「夜のルミナール反応(これはルミノール反応の間違いだろう、筆者註)は、第一轢断点から先の二四・七メートルにある進行方向右側レールに再び現われた。第一轢断点で右足首を失った死体は、この二四メートルの間、どのような状態におかれたかというと、機関車前部にある排障器と並ぶ位置にある排気管にぶら下っていたと考えられる。その証拠には『排気管にはトビの卵大血痕と、白髪もまざる十数本の毛髪があった』と茨城県警本部の鑑定報告がある。この報告ではまた『死体ははじめ下り線に首を右側レール外に出していたとみられるが背中に排障器が当たった瞬間、そのはずみで首が下り、反動でレールの中に引き入れられ宙釣りの格好になった』としている」

矢田氏としてはこのへんで、鑑定を委嘱されるほどの学識ぶりを誇示する必要でもあったのか、一生懸命智恵をしぼって書いたらしいのである。だが、その判断の正しさを裏付けようとして引用している、茨城県警本部の鑑定報告といわれるものの、後の部分のほうにはいささか疑問がある。

この鑑定は、「下山白書」にも収められているのだが、その「後の部分の方」はなく、「白書」に引用されている全文は一読してわかるとおり、轢断機関車D五一六五一に付着した血痕、肉片、毛髪などの付着位置と、その状況についての記録と考察である。もちろん、この鑑定者は機関車は見ているが、しかし、下山氏の死体も、またその解剖記録も見ていないはずなのである。問題は、そのように死体も、解剖記録も見ない状態で、この鑑定者が、「死体ははじめ下り線に首を右側レールに出していたとみられるが背中に排障器が当たった瞬間、そのはずみで首が下り、反動でレールの中に引き入れられ宙釣りの格好になった」などと、考えたり、推定したり、想像したりすることが、できるかどうか、ということである。まっとうな鑑識技官なら、それは絶対に不可能であろう。これは、理論的にそうなのだ。だが、理論的にばかりではなく、筆者はこの鑑定にあたった近江博氏を静岡に探しあて、矢田氏が引用する「後の部分」のような鑑定文は、実際上でも書かれていないことを確認した。したがって、本当に矢田氏が、ここに引用した「鑑定文」を見たとするなら、それはデッチ上げられたものであろう。もし、そんなものは見ずに書いたというならば、答はおのずから明らかではなかろうか。

さて、こうした点を調べていくと、まだまだある。だが、すべてがこういうところばかりかというとそういうわけでもない。筆者にもたいへん参考になったこともあった。たとえばつぎに引用させていただく、木暮栄寿氏の話などである。木暮氏は、矢田氏の書くところによれば、事件当時、国鉄労働組合民主化同盟系、独立青年同盟の幹部で、下山事件の捜査には児玉直三氏とともに協力した一人だという。

「東京地検の布施検事と捜査二課の浅野警部補に頼まれてやった仕事は三つあったが、いちばんスリリングな思い出となったのは、情報連絡者とみられた田端機関区の強硬左派S君の身辺調査だった。私たち二人はSが持ち歩いていたカバンから手帳を盗みとった。その手帳には情報連絡者の符号と電話番号があり、地検はこれを全部調べた。その結果、隅田川操車場から寺島にかけて数人の人物が浮かんだが、それらは全部事件とは無関係とわかった。おわりにはS自身を徹底的に洗ってみたが、この事件では共産党の組織はまったく動いていないことがわかり、Sのほかウワサにのぼった田端操車場内で起こったいろいろな怪事実も、全部彼ら左派の人間とは無関係とわかった」

ここにはしなくも、矢田氏の贔屓とする、捜査二課の性格があらわれていておもしろい。松本清張氏などによると、検察庁はGSの指示で、この事件をG2側の謀略という立場で追った、ということなのだが、その検察庁がなにを考えていたのかを知る手がかりもあたえてくれそうである。

もう一つおもしろかったのは、下山総裁の死体を運んだという、Sという人の話である。矢田氏の「特種」ものである。

「私に強盗の前科があることはあなたが調べたとおりだ。しかし昭和三十八年からは人さまのものに指一本ふれたことはない。妻をめとり子どもを育てるありふれた世間の親になったからだ。都営住宅の一戸を借りられたのには、おりおり顔をみせるお巡りさんの尽力があったからだ。いまは建設技術者で日本中をとび廻っている。

『時効』がきたのだから話してもいいだろうというけど、仲間のことを考えると、洗いざらい何でもというわけにはいかない。話の始めは盗品の荷運びだというのでやってみたら荷物は死体だったまでのことだ。先渡しされた五千円につい目がくらんで運び屋をやったものの、生温い死体をつかまされたときにはさすがにびっくりした。私はまっ暗やみの草道を歩き、土手の上に出てレールの間をガード下まできて『死体はおけ、仕事は終った。もう帰っていい』といわれ帰ったが、翌朝からラジオや新聞が大さわぎをはじめ、身のおきどころもなかった。

死体が下山総裁とわかると、仲間の一人がいる裏町のガードの小屋を訪ね、おれはどうしたらいいのか教えてくれと相談した。Fという男だが、こういうのだった。

『おれたちは総裁を殺したのではない。たんなる運び屋だよ。それにおれたちはだれの手で殺されたのかも知らん。仕事の残額一万円をもらわんことには大損だ。その分け前をもらったら東京を逃げ出そう』と。

私はこんな不安な思いをしたのははじめてだった。そのうちFから連絡があって、あるところで私とFはNから一万円宛を渡されたが、Nは私たちにそれぞれ二万円もらったという受領証をかかせた。Nはたぶん、私たち二人からそれぞれ五千円の上前をはねたのだろう」

Sさんの話は、この後まだまだ微に入り細をうがってつづくのだが、それは割愛しよう。だが、この話によると、シグナル付近などの血痕の説明がつかなくなる。矢田氏も、第四章を「長い血の道」として、約五〇ページを費やして血痕付着の状況を説いているのだが、その現場上手の「血痕」なるものと矛盾する（Sさんの話では、下山氏の死体は血痕付着場所を通らないことになる）のでは、せっかくの苦心が水の泡になるのではなかろうか。それに、この事件を計画的な「謀略事件」として考えると、金になるから盗品運びをやれと「強盗屋」を誘って、下山氏の死体を運ばせたというのも、やはり少々お粗末な気がして、いただけない。これもまた、主観の相違というべきか。

吉武氏の転勤と五井産業事件

最後に、捜査二課二係長であった吉武辰雄氏の転勤問題にふれておこう。この吉武氏が他殺捜査の中心であって、その捜査が東大裁判化学教室の下山油検査とあいまって、いよいよ本題にはいろうとしたとき、突然上野署次席として転勤させられてしまった。これはとりもなおさず、謀略側からの圧力で、捜査本部が自殺の線の事態収拾を強行したことの裏付けだ、というのが他殺を論ずる松本清張氏などの主張するところであった。矢田氏もその例にもれず、その点をつぎのように述べている。

「ところで、いくら東大と対抗しようとしても、証拠の品物が東京地検の命令で鑑定に廻されていたのでは致しかたもない。捜査一課は東大裁判化学がやっている進行中の検査に、待ったをかける権限はもっていなかった。そこへまた無気味な情報が捜査一課にはいった。何か事件解決の糸口でもつかんだような動きを東京地検と捜査二課で始めているようだった。これはえらいことだ、この時点で手を打たないと、下山総裁事件を自殺で葬り去る計画が土台から崩れ去ってしまうではないか。

事件の年もおしつまった十二月四日の深夜であった。警視庁坂本刑事部長が東京地検馬場次席検事宅を訪問した。坂本部長は田中警視総監の了解を得ての来訪だといいながら、捜査二課二係長の吉武辰雄警部を上野署次席に転任させることに決めたことを承知してほしいといった。転任の理由は、捜査二課二係長も長いことだし、それに彼は警視試験の合格者だからと、苦しいいいわけをした。馬場次席は『二課がやってきた他殺捜査はだれが引きつぐのか』と、ひとこといった。坂本部長は馬場次席の質問には答えず、田中総監とも相談のうえ『下山事件捜査本部』を年内に解散することにしたといって帰っていった」

では、実際のところはどうなのか。筆者も吉武氏に会った際、この点を聞いてみた。吉武氏は苦笑しながら、つぎのように語った。「そんなことありゃしませんですよ。第一、油を追ってみたって、犯罪のニオイはまったくしてこないんですからね。これは、あの血痕と同ですよ。だいたい転勤問題が出たのは、私が、坂本部長と松本課長を相手にケンカを始めたからです。これは、妙な事件がありましてね……それでケンカになっちゃったんです。だから、私の転勤に、下山事件はからんでいません。もうあの時期は、他殺の情報もあまりなくなっていて、松本（清張）氏のいうような事態じゃなかったんですから」

一方、転勤を命じたという坂本刑事部長のほうはどうか。

「吉武君の転勤というのは、下山事件とはまったく別だよ。まア、いろんなことがあってね。……そのいろんなことを話せというのだろうが、もう昔のことだから、今さらそんなことと話しても始まらん。ただ、吉武君というのは、おもいきったことをやる男だった。警察というところは、時にはああいう思いきったことをやる男が、必要なときもあるんだね」。では、吉武氏の転勤について、地検の了解をもとめにいったのだろうか。「その点、記憶がはっきりしない。もう古いことなので、大分忘れたことが多いが、しかし、行ったかもしれないね。ただ、それは下山事件関係じゃなくて、別の事件関係だよ。それを話すと、さっきのいいいいろんなことになっちゃうから止めとくがね。とにかく、二課というところは、当時公安とともに瀆職関係もやっていたから、検察庁とは密接なつながりがあったんだ。その関係で、吉武君の転勤を地検につたえたということはあるかもしれない、と、まアこういうわけだよ」

両当事者の話は、「妙な事件」とか、「いろんなことがあってね」とか、さっぱり要領を得ない。が、これは実は、当時大きな政治問題化した五井産業事件のことである。この事件については、松本清張氏も『現代官僚論』の第七部、「警察官僚論」でつぎのように書いている。

「昭和二十五年、厚生省の会計課事務官の収賄事件が捜査二課の手で摘発されたことがあった。贈賄者は味の素の常務鈴木恭治であるが、味の素が大広告主であったためか、有力新聞には記事が一行も出なかった。

伝えられるところによると、この鈴木を調べているうちに、その情報がすでに前日彼の耳に入り、事件の捜査に対する作戦が練られたことが分った。この奇怪な機密漏洩を知った捜査二課の宗像主任は、その機密漏洩の本元が自分の直接の上司である係長の吉武辰雄であることを知った。その吉武に働きかけたのは、当時の消防総監塩谷隆雄（昭和八年組）と、その友人の五井産業社長佐藤某の二人であることも判明した。

当時の捜査二課長松本彊（昭和十五年組）は、このスキャンダルを刑事部長の坂本知元に話し、吉武の転任を強く具申した。警視庁の首脳はことが世間に出ることを警戒して、さりげなく吉武を上野警察署に移した。ところが、佐藤を逮捕して調べてみると、佐藤の口から吉田内閣の閣僚級の人物数名と吉田茂の手元に総計二、三百万円の金がばら撒かれている事実が顕れてきた。事件は意外にも政治問題化するところまで発展してきたのだ。

二十五年の春、折から国会が開会中で、野党は政府攻撃の好機到来とばかり法務委員会で取上げ、関係の捜査官らを呼んで追及に当った。

そのころ、警官の非行を取締る目付係ともいうべき警視庁の監察官が極秘裡に宗像主任や松本課長、その他事件摘発関係者の身辺を洗っているという情報が飛んだ。吉武らの身辺を洗うのは当然の話だが、反対に佐藤の取調べをおこなっている当の捜査官を捜査するというのだから、話はまるきり逆だ。取調室に勤務している刑事連中は、ときどき監察官付の警部折田二雄のもとに呼ばれて逆に訊問されるという奇怪な現象が起った。宗像主任の友人、親戚などについて調べられたり、ノイローゼにかかる刑事も出る始末になった」（傍点筆者）

もっとも、この文章は、神戸正雄氏の『警視庁』のその部分を、松本氏が書き替えたものである。が、いずれにしても、この事件は国会でもたびたび取り上げられ、松本二課長らも証人として喚問されている。もちろん、新聞でも報道されているが、いつしか尻つぼみになり、結局うやむやになってしまったようだ。したがって、残念ながら五井産業事件の真相は不明と申し上げるほかはないのだが、その経過のなかで警視庁内は大分揺れうごいたようで、その揺れうごきと吉武氏の転勤とが、密接な関係にあったのはやはり事実と考えてよいようである。したがって、下山事件とは無関係だった、という吉武、坂本両当事者の話が本当だということになろう。

ただ最近、筆者はこの五井産業事件と下山事件との関連について、おもしろいものを発見した。斉藤茂男という共同通信社記者なる人物が、『噂』（四八年九月号）という雑誌に、「下山事件〝他殺派記者〟の追跡メモ」なる一文を書いているが、そのなかにつぎのようなところがある。

「そういう信念（油の線を追っていけば必ず犯行現場が割り出せるという、筆者註）に燃えて他殺捜査を押し進めていた二課の中核、吉武係長をめぐって、奇怪な策動が始ったのは、ちょうど東大側の分析作業がようやく『米ヌカ油』を浮かび上がらせた十一月から十二月にかけてのことだ。いまは退職してある会社の役員をしている吉武氏は、当時のことを苦々しく想い出していう。

『私には全く身に覚えのないことで、それはのちに明白になったことなのだが、ある会社の社長と私が特別な関係があって、そのためにその社長が関係する贈収賄事件を私が握りつぶしている——というデマが流されたんです。私はその人物を知ってはいたが、個人的に金銭の授受があるとかいうことは絶対になかった。下山事件の捜査中、その人から捜査費の援助を申し入れられたことがあるが、そういうことは筋を通して、しかるべき公明正大なやり方でして欲しいと断ったほどだ。ところが、あるイエローペーパーのような小さい新聞が、根も葉もないデマ記事を書いたのが発火点になった形で、警視庁上層部の私を見る眼がおかしくなった。それをあおるように大新聞の一紙が輪をかけたウソの記事で、私が怪しいという説を盛り上げた。で、結局私は十二月になって、下山事件の他殺捜査がいよいよヤマ場という時期に捜査二課から追い出されてしまった……』

吉武氏がいう汚職とは、五井産業事件のことである」(傍点筆者)

全体としては、松本、矢田説と同じなのだが、それは別として傍点部分がとくに興味を感じさせられたところなのである。というのは、矢田氏がかつて、東大秋谷教室の油実験費をこの五井産業の社長から出させた、と語ったことがあるからである。これは筆者一人が聞いた話ではなく、下山事件研究会の現地調査(昭和四〇年七月五日)の際、現場近くで懇談会をひらいたとき、いわば講師格として出席した矢田氏の話のなかでである。当時のメモを見ると、そのところはつぎのようになっている。

「その前の年の十二月、吉武が妙な事件で左遷されることになりまして……これは実は私は汚職しているんです。油を抽出するのにも、エーテルが六十本ぐらい要ったんですが、ゼニは朝日新聞でも出してくれませんですし、私が女房質に入れても、とてもそんな、一本一万以上もする、六十万円もの大金ですから……。そこで、私自身が五井産業のつかまったオッサンを運動の関係で知ってたんですが、そんなことで吉武は、悪いことやってかせいできた金だが、その金もらおうじゃないかといったので、それをもらってきたんです」

この話を聞いたときは、これは矢田氏一流のジョークだと考えたものである。「私は汚職しているんです」などといういい方にも、一座の注意を引きつけ、自分の話のなかに人の気持をひっぱりこんでしまう、テクニックが感じられもした。また、いくらなんでも、エーテル一本一万円というのは高すぎる。おそらく当時いくら高くても、せいぜい何十円という単位ではなかったろうか。

ところが、この話が妙に気にかかるときがあるので、塚元氏(当時秋谷教室の助教授)などに会った際それとなく聞いてみると、エーテルやアルコールの消費量がすごく、とても教室のものでまにあわなくて、その都合を矢田氏がやった、というのである。ただ、塚元氏は、その矢田氏の調達先はご存じないようで、「たぶん検事とでも話し合ったんじゃないですかね」ということだった。また、当時の筆頭助手で、秋谷教室のマネージャー格であったという原田博富氏も、教室使用の薬品はぜんぶ自分が手配していたが、下山事件鑑定のためのものは別で、矢田氏なんかが大分心配していたようだ、と話してくれた。

こうしてみると、先ほど引用した矢田氏の話は、ある点で事実をふくんでいるようでもある。だが、事実と、事実でない部分は霧のなかであった。そうしているうちに、『噂』の一文が目にとまったのである。そこで考えてみると、問題の五井産業の社長が、なにかの雑誌に「弁明」のようなものを発表していたのをおもいだした。いつか、それを読んだような気がしたのである。そこで、国会図書館で二日ほどかけて探したところ、昭和二五年六月号の『改造』に、五井産業社長・佐藤昇氏が、「渦中の告白」という一文を発表しているのをみつけることができたのである。これは、その前号に、岡田春夫氏が発表した、「われわれは糾弾する!」という弾劾文にたいする反論のような形になっている。その「渦中の告白」のなかに、つぎのような部分があったのである。

「更に岡田代議士は〝味の素事件〟に就いて私がモミ消しをしたと云われるが、何を根拠に云われるのか、築地の待合田中家で鈴木、吉武、塩谷、日野、各氏と私が会って打合せをしたと云われるが、私には全然記憶の無い事で味の素の鈴木常務とは交際を持ったことがない。かかるデマは必ず明るみに出る時があると思う。おそらく当時、私が下山事件につき後援会役員としての協力を求められて、吉武第二係長の部屋に度々出入した時、たまたま味の素事件が捜査されていたので一部の者が誤解したものと考えられる」(傍点筆者)

この文章からは、求められた「協力」の中身はわからない。強いて想像をすれば、それもできないことではないがここではやめることにしよう。だが、『噂』のなかの吉武氏は、「その人（五井産業社長、筆者注）から捜査費の援助を申し入れられたことがあるが、……断った」と語っている。矢田氏は、吉武氏が、「その金もらおうじゃないかといった」という。これはなかなか、おもしろい話ではある。そこで紹介に及んだ次第である。

註

1――〈517・下〉

デイビッド・コンデ氏は、『朝日ジャーナル』（51・5・7）の「日本を歪めた占領」中で、ダイクについて次のように書いている。これによると、ダイクはマッカーサーによって解任されたことになる。

「占領が本格化する以前の一九四六年三月には早くも、多くの人々の目から見て、占領の目的は日本の民主化から、日本がアジアでアメリカに役立つよう、この国を再び強化することに変わった。

そのころケン・B・ダイクCIE局長は米国への一時帰国を発表した。ダイクは石鹸の独占会社であるコルゲート・パルモリーブス社のセールス・マネジャーをつとめてきたPR畑の専門家で、日本の民主化を目的とするCIEの長としてはうってつけの人物だった。二週間後、帰国中のダイクは突然解任された。解任の原因はニューヨークの新聞に載ったインタビュー記事だった。ダイクはその中で『日本占領は長期にわたるだろう。民主主義定着のための教育過程は長い年月を要する。私が帰国したのはこの仕事の人材を補充するためだ』と語った。なによりも『占領は長期』ということばが暴君マッカーサーを怒らせ、ダイク解任を招いた。マッカーサーはこのとき四八年の大統領選出馬を決めており、米国帰還への布石として『日本占領の任務は終わった』という声明発表の手はずを整えていた（マッカーサーには王様ごっこをしている子どものようなところがあり、「ディレクティブ〈指令〉」を出しさえすれば、必ず実行されるものと信じきっていた）。日本の重要な変革を『GHQの大統領』としてツルの一声で行ってきたマッカーサーは、同じ魔術を米国に向けて試みようとした」。

2――〈521・上〉

「下山白書」には、佐藤栄作氏の証言としてつぎのようなところがある。「本年六月二十八日頃中闘の熱海会議があった直後、下山総裁が訪ねて来た。其際首切問題の話があり、七月七日頃やる予定だったが四日にやる事になった、鈴木副委員長他左翼分子は整理基準に基き首を切る予定だが、そうすれば組合側が騒ぐだろう、汽車が止る事があっても差しつかえない、と云ったので、日鋼事件の様な事もあるから注意しなければならない、又身辺の警戒もどうかと云うと下山は『関係方面に連絡員を出して警視庁にも出してあるから大丈夫です』と云っていた。『尚交渉はねばれるだけねばれ、早く打切っては負けだ』と云っておいた。其後国鉄の第一次整理者を見ると整理に入るべきものが残っていたので、下山があれだけ堅い決意をしていたのにどうして出来なかったのかと、さぐってみると、整理の時若い課長連中が反対した為だ」。なお、第一部「捜査と報道」の註―6参照のこと。

3――――〈537・下〉

この「『下山事件』追跡の手を止めるな!」の末尾に松本氏は、「私は、『下山事件研究会』といったものをつくって、真実の探求をやってみたいくらいである」と書いている。一方、南原繁、桑原武夫、団藤重光、松本清張、木下順二氏などを会員とする、下山事件研究会が発足したのが、この「止めるな!」の書かれた年の同じ七月(「下山事件研究会の発足にあたって」という、発会の趣意書の日付は一九六四年七月一七日となっている)。そうすると、すでにこの「研究会」の発足を承知したうえで、松本氏は前記のように書いたということになろう。それにしては、「……といったものをつくって、……やってみたいくらいである」などと、どういう考えで書かれたのかなんともすっきりしない。だが、それはともかく当時は「他殺論」になみなみならぬ自信をもっておられたことはよくわかる。

4――――〈549・上〉

週刊新潮編集部「マッカーサーの日本」中の「下山事件、二つの証言」には、G2公安課員ハリー・シュパック氏のつぎのような証言がある。「事件から一カ月ぐらいたって、私は〝自殺〟の線の報告書を出した。その結果、ウィロビー少将(注=GⅡの長、反共で有名)のオフィスから、プリアム課長を通して私に与えられた指示は、〝他殺として扱え〟ということであった。その指示は、文書で私に与えられた。そこで私は田中総監に会って、口頭で〝他殺として扱え〟といったら、田中は〝ノー〟と答えた。田中はサムライで、誇り高い男だった。〝イヤだ、同意できない〟とハッキリいった。田中は非常に困惑した表情でそういった。

そこで、私と田中は歩み寄りを考えた。それは、〝では、必ずしも他殺ということでなく、自殺、他殺両方の可能性を含む線を出そう。少なくとも、自殺とハッキリ言明はしない〟ということに落着いた。――GHQの目的は、そのように扱うことによって、共産党に圧力をかけることであった。この目的は、プリアムが私に言葉でそういったわけではない。しかし、当時のフンイキは、誰もが共産党の仕わざだと思っていたし、公安課の空気からいっても、プリアムの意図は明瞭《めいりょう》に読み取ることができた。冷血な殺人者、腹黒い暴力者としての共産党……、その印象を、人々の頭の中に残しておく必要があった。それは純然たる政治的宣伝《プロパガンダ》である。自殺ではなく、他殺のニオイを残して迷宮入りにすれば人々がいろいろと憶測する。その結果、共産党に圧力がかかる。そういう筋書であった。」

5――――〈550・下〉

松本氏は、この「幻」の頭のところで、「これは自他殺の先入感をもたず、虚心に関係者の話を聞く会をもち、また両方の情勢をも調査する趣旨のものだった。その結果第一回の報告書として今回出したのが下山事件研究会編『資料・下山事件』（みすず書房刊）で、これには自他殺両説を公平に載せてある。南原氏が記者会見の席上で、『下山事件研究会は客観的に事件の真実を追求するものであって、松本の下山事件推理とは別個のものである』という意味のことを発言されたのが、この研究会の性格を語っている」、と書いている。この記者会見というのは、おそらく昭和四四年七月四日、『資料・下山事件』の発刊に際しておこなわれたものだろう。

　ところで、その『資料・下山事件』によると、「下山事件研究会は四日、記者会見をし〝他殺説〟を発表した」となっている。その〝他殺説〟を裏付けるものとして、当日の記者会見をつたえる新聞記事から推察すると、東大鑑定を考えているようである。そして右資料集の「資料解説」のところには、秋谷鑑定について、「今日に至るまで、学問上の批判的意見はほとんどみられず、したがっていわゆる自・他殺『論争』の中にも入っていない」と記されている。要するに、「秋谷鑑定」はどこからも批判も異議も出されないほど科学的で、正しいものである、ということなのだろう。

　しかし、この「秋谷鑑定」は当時どこにも発表されておらず、わずかにその「結論部分」といわれる、ごく簡単なものが国会に資料として提出されただけであった。してみれば、鑑定対象物、鑑定資料、その試験方法、試験から得られたデータなど一切が、闇のなかにあったわけである。そういう状態では、学問的、科学的検討が加えられないことは当然で、それは火をみるよりもあきらかなことなのである。もしそれでも、批判がないから正しいのだ、というならそれはペテン師の論理である。また、「客観的に事件の真実を追求するもの」のいうべきことでもあるまい。松本氏の書くところ、南原氏の発言、『資料・下山事件』の記載内容、この三者のあいだに整合性が欠け、なんとなくすっきりしないのである。

6――〈572・上〉

　矢田氏は、『回想の南原繁』につぎのように書いている。「ところでこの鑑定（桑島氏の解剖結論、筆者註）については、外部の法医学者から『生体を轢いたもので、総裁は自殺したのだ』という反論が持ち出された。東大法医の取材担当者となった私は勿論ズブの素人であったが、学界の論争の渦中にあって考えたのは事件が殺人である科学的な、別の証拠をみつける以外、東大法医の立場を守るには方法はあるまいと思った」。ここにも矢田氏の、というよりは当時の法医学会の、東大の解剖所見についての価値判断がうかがえて興味深い。

目撃証人について

替玉論は可能か

「らしい人物」は替玉か

現場周辺で、下山総裁らしい人物を見た、という目撃証言をどのように判断するか――端的にいえば、その「らしい人物」は本当に総裁自身であったのか、それとも別の人物、すなわち「替玉」であったのか、という点についての推断は下山事件を考える一つのポイントでもある。もちろん、この事件の捜査を担当した警視庁特別捜査本部は、この「下山総裁らしい人物」、あるいは「下山総裁に似た紳士」を、実際の下山総裁と断定、そこから自殺という結論にいたったのだが、その経過についてはすでに「捜査と報道」で詳述したところである。

だが、他殺を主張する論者のほとんどは、この「らしい人物」を替玉、あるいはニセ下山総裁とみる。自殺を偽装するため、下山氏によく似た人物を、服装までほとんど同じにして、現場付近を徘徊させた、ということなのである。ただここで注意しなければならないことは、これらの論者の大部分は直接目撃証人にあたってその話を聞き、その話を詳細に検討したうえ、実際の下山総裁でなく、その人たちが見たのは「替玉」であった、と判断したものではないということである。いわば、他殺の立場からの論理的な結論といったところなのである。

もっともこのばあいでも、報道された証言や記録についての検討は、一応試みられてはいる。たとえば松本清張氏は、下山総裁に似た紳士が休憩したという末広旅館について、そこに煙草のすいがらがなかったのは、吸口から血液型を判定されて正体がバクロされるのをおそれた、謀略者側の周到な用意であった、と説いている。もし、「紳士」が本当に下山総裁であったならば、無類の煙草好きであったのだから、灰皿にすいがらが残されていないはずはない、という理屈である。

だが、第一に、灰皿にすいがらがなかったという確認はない。「紳士」が土地柄にはめずらしい立派な人物であったので、末広旅館の女主人は服装などには注意をはらって観察したが、帰ったあとの掃除はまったくふだんの手順で、いわば事務的に片づけてしまった。灰皿に、すいがらがあったのか、どうか、にまで注意はいきとどいていなかったのである。したがって、この点について記憶がないのだから、なんともいえない。そこから、灰皿に煙草のすいがらはなかった、という結論を引き出すのは、やはり一方的で、勝手な推理ということになろう。

第二に、もし、この紳士が、下山総裁をよそおうニセものであったとすれば、その偽装を自然に見せるため、むしろ煙草のすいがらを残すほうが理にかなうのではないだろうか。吸口から血液型がわかるという心配は、パイプをつかうことによって無用となる。本物の総裁所持品リストのなかには、パイプがはいっていて平素使用していたと認められているのだから、この考えは現実から遊離した勝手なものでなく、逆に実際に即したものといえよう。松本氏も、「推理は推理、真実の追求は別」といっておられるのは、あるいはこういう点にお気づきになってのことかもしれない。

だが、現実に、それら目撃証人にインタビューして直接話を聞き、そこから、「らしい人物」はニセものであった、と主張する人もいる。矢田喜美雄氏である。その著作「謀殺下山事件」によると、事件から約一五年を経て、矢田氏は成島正男、増田清枝、渡辺盛、辻一郎、三田喜代子氏らに会い、証言を聞いた、と書いている。その内容は、捜査本部の刑事たちがとった調書のそれとはちがうというのだ。しかし、筆者の考えでは、一五年余を経れば、その記憶が少しずつ変容してくるのは当然のことで、それがなければむしろおかしなくらいである。現に、矢田氏自身、現場に最初に行った日時が、それを書くたびに変化し、その際目撃した轢断現場の状況や、いっしょにいった人物まで一つ一つ変わっているのである。この点は、「秋谷鑑定」や「血痕問題」の検討に際して詳述したところなので再論はしない。一五年後の話が、一五年前の証言より正しいという保証はどこにもないのである。

筆者はこの事件の調査と研究について、三〇〇人をはるかにこえる人びとに会った。だが、これら「目撃証人」といわれる人たちから積極的に話を聞かなかったのは、この記憶変化についての考慮があったからである。しかも、これらの人たちの証言は、当時の新聞を見てもわかるとおり、各社の激しい取材攻撃で、何度もその信憑性を問われ、いわばそうした反対尋問のなかで生きぬいてきたものなのである。証人は、口をふさがれてもいず、また、社会からも隔離されていなかったのだ。これらの事情は、「捜査と報道」を読んでいただければ、自然と了解されることと考える。したがってそれらの証人から、新しい話を聞き出してみたところで、この事件の真相究明に資するところは、本筋においてなにもないはずである。そう考えたものである。

本筋のほうは、要するに、これらの証言は、当時の厳しいテストにたえて崩れなかったということである。「よく似た人」、「らしい人」が、現場周辺を歩きまわったことは、誰にも疑いえなかったのである。問題は、この誰もが信じなければならなかった証言が、下山総裁の死を他殺と考えると、非常な邪魔になるということであった。そこで出てきたのが、「替玉」論である。現場周辺を歩いた、下山総裁とよく似た——風貌、体格、服装など、すべての点で総裁とおもわれるような人は、実は、一見下山総裁とみまちがうが別人で、総裁のニセもの、替玉であった、という考え方である。

しかし、この論理、この「替玉」論は、よく考えれば目撃証言の正しさの容認を、内包しているのである。もっともらしい理屈をつけて、目撃証人を非難はするが、結局はその「目撃証言」を承認しなければ、「替玉」論は成立しない関係にある。よく似ていればこそ「替玉」であり、まったく似ていなければ「替玉」にはなりえないのだ。この点でもまた筆者は、改めて目撃証人に会う積極的な必要性を認めなかった。当時の記録と、報道などから十分判断はつくと考えたのである。

では、その判断であるが、今のべたように、「替玉」論が、「他殺説」からの論理的帰結である以上、その「他殺説」の科学的根拠が失われているのだから、したがって「替玉」論の前提条件を欠くことになり、まず第一に、この点から現場周辺で目撃された「総裁らしい人物」を「替玉」とみることは、当を得ないと考える。

第二に、これを「替玉」と考える論者は、その「替玉」の目的を自殺偽装にありと考える。しかし、「替玉」を使うほど苦心と努力を傾けながら、では一方、それらの論者が考える他殺の証拠――、衣服には多量の糠油と染料、靴は別な靴ズミで磨き、轢断点上手には血痕を残すなど、まるで他殺とみてもらわなければ困る、といった状態であったことは、合理性に欠ける。そもそも、殺しておいて、その死体を轢断させ、自殺を偽装させるという考え方そのものが、犯罪としてはきわめて幼稚であろう。水の中につき落して溺死させるなど、ほかにいくらでも適当な方法があったはずである。

第三に、現場の地理的条件、伊藤谷、中之橋、五反野南町など三つの駐在所に囲まれ、とくに中之橋駐在は轢断現場の目の前である。仮に、夕刻五時のラジオニュースで下山総裁の行方不明がつたえられた直後、土地柄には似合わない、おかしな紳士が付近を徘徊している、という情報がこれら駐在に寄せられたばあい、現場は注視の場所となるはずである。実際にはそういうことは起こらなかったが、だからといってその可能性があったことを否定することはできない。そのとき、死体は三つの駐在に囲まれた注目の場所に運びこまれることになるのである。その危険をあえておかす必要性が、果たしてあったのだろうか。筆者は、他殺と考えたばあい、轢断させる場所として、あの現場がもっとも不適であるということとともに、ここにも否定的な判断をする理由をみる。

捜査本部の考え

もちろん、捜査本部は、筆者などよりははるかに慎重であった。八月三日以後の段階にはいってさらに、考えられる範囲のすべてについて捜査し、検討し、「替玉論」は成立しない、と判断したようである。その捜査結果の一部を、関口由三氏（轢断現場捜査主任）が、『真実を追う』という著書に発表されているので、部分的に引用させていただくことにする。以下、「替え玉が果たしてできるか」、というところである。

「まず第一に考えねばならぬことは、替え玉をこしらえる方法手段である。それには、

A　あらかじめ酷似人相の者に、同様服装を着用させて

徘徊させる。

B　総裁を拉致監禁して、服装を剝ぎ、これを酷似人相の者に着せ徘徊させたのち、それをさらに死体に着せ替える。(目撃者は午後十一時三十分まであって、死体の着衣は失踪前と同じである)

この二つの方法よりないであろう。A、Bともに共通して考えられることは、(1)下山総裁に酷似した人相の者が必ず必要である。(2)着衣の入手方法は違っても、総裁のふだんの癖などを研究熟知している必要がある。

では総裁の癖とは、

1　靴を脱ぐとき紐をとき、履くときは腰を下ろして紐を結び、靴ベラは使わない。

2　すこし猫背である。

3　ポケットによく両手を入れる。

4　財布を洋服の右側内ポケットに入れる(普通の人は左に入れる者が多い)。

5　眼鏡の縁を手で押し上げる。

これらは目撃者が実際に見ていることで、家族、側近の者の言とも一致した下山総裁特有の癖である。またA項の場合だと、

1　総裁の当日の洋服、ネクタイ、ワイシャツ、靴下、靴を知っていて、そろえなければならない。

2　末広旅館で出した大型革財布も用意しなければならない。

3　髪の伸び具合い、眼鏡、顔色まで同じようにしなければならない。

これも事前に研究するには、家族、側近等からあらかじめ聞いておかねばできない事柄が多い。そこで私たちは、家族、同居の仲村量平氏夫妻、とくに秘書室関係の、運輸省秘書官付水沼善郎さん(四五)、国鉄秘書班長田口長命さん(四九)、秘書職員大塚辰治さん(二四)、木内完一さん(四一)、丑久保正滝さん(四〇)、蒲田ちかさん(三五)、蒲田千枝子さん(一六)、折原初子さん(二一)、運転手大西政雄さん、佐保田武雄さん(四〇)たちについて、ひそかに労組との関係や交際関係まで調べて、誰かに聞かれたり教えたことがあるかどうか、ずいぶん厳密に調べたが、疑うような者は一人もなかった。

ただ服装、所持品、癖などを知っている状況は次のとおりである。

1　大型財布を持っているのを知っているのは、奥さん、大

西運転手、秘書では大塚さん、鈴木さんの四人だけである。

2　当日のワイシャツ、靴下を知っているのは奥さんだけである。

3　当日着用の鼠色洋服は、奥さんと大西運転手は知っているが、六月初めから紺色洋服を交互に着用しているので、秘書の者も当日の服は知らない。

4　ネクタイも、濃緑、クリーム色、濃紺等四、五本を交代に使用していて、当日の金糸入りは、奥さん以外は知らない。

5　靴はチョコレート色で、外国製のものであることは全部知っているが、その靴は十一文であることは誰も知らない。(日本人としては大きいほうであるが、目撃者の見たのはみんなピッタリ合っていた)

6　靴下は当日どんなものを履いていたか誰も知らず、末広旅館の目撃者の言で、奥さんでさえ初めて思い出したほどである。

7　癖については、靴を履く癖を知っているのは、奥さん、仲村さん、大西さんの三人だけ。

8　猫背、眼鏡を押し上げる、ズボンのポケットに両手を入れる癖は、ほとんど家族、側近は知っていた。

9　髪の短かったのは、大西さんだけ知っている。

10　財布を上衣右側ポケットに入れる癖は誰も知らない」

要するに、下山総裁と酷似した人物に、あらかじめ当日着用の服装を用意して、偽装させるということは、その服装、所持品などの用意(これも実際には非常にむずかしい、というよりは不可能であろう)のほかに、下山氏が日常の行動になに気なくしめす癖を調査しなければならず、そのためにはその癖を知る人たちに多く接触して情報をもとめる必要があり、それはとても困難とおもわれるし、なによりも実際に捜査した結果、そうした事実は認められなかった、ということであろう。もちろん、Bの、下山総裁の衣服を剝ぎとり、これを利用するということであれば、服装の用意は不必要となるが、この癖の調査を欠くことはできない。

では、Bのばあいを考えるとして、実際にそのように衣服を剝ぎとり、それを利用できる条件・状況下にあったろうか。そうするための実行場所はどうしても三越内か、あるいはその周辺ということになろうが、それでもまず時間的な余裕がないし、またそうしたとおもわれる場所も発見されなかったということである。時間的に無理というのは、三越南口から九時三五分すぎに入り、少なくとも店内一階の目撃者に目撃されてぶらぶらし、地下鉄入口のほうにおりていったのが一〇時一五分ごろ、そして一〇時二、三〇分ごろにはまた地上に出ていて、三越角のライター屋に油を差してもらっているのを、どうしても認めざるをえないからである。それから目撃者は、地下鉄内、地下鉄浅草駅西口、東武線五反野駅、末広旅館とつづくのだが、その間に下山氏の衣服を剝ぎとり、「替玉」に着せかえるということは不可能と考えられる。不可能と考えられるばかりか、実際上はそうしたばあいに必ずできるはずの抵抗傷、あるいは衣服のほころびなども発見されていない。

さらに捜査本部は、それがもしも本当に「替玉」ならば、その行動中のどこかの時点で必ず別のグループと連絡をとるだろうし、また食事ということも考え、郵便局の電話、電報の利用者はもちろん、電話所有の一般家庭の全部、それから北千住方面までの食堂、菓子店などにまで聞き込み捜査を行い、結局それとおもわれる事実を発見しえなかったという。

最後に、このばあい問題になるのは、死体に衣服を着せなければならないということである。和服ならまだしも、洋服となるとそう簡単ではなく、しかも夜一一時半に目撃者があることから、現場近くでごくわずかな時間で着せかえをしなければならず、これも不可能、というのが実際に捜査に当たった人たちの結論であったようである。

以上のように、いずれの点から考えても、「替玉」論は実際的ではない、ということになる。

初老期うつ憂症

下山氏の行動

すでに精神状態について疑いが

七月五日午後、東武線五反野駅に姿をあらわし、その駅員に教えられるまま末広旅館の玄関に立ち、数時間の休憩ののち夕刻から轢断現場周辺を徘徊した紳士が、下山総裁その人となると、その行動のもととなった心理状態についての考察も、この事件を理解する一つの手がかりとなろう。そのためにはまず、四日の下山総裁をめぐる動きと、総裁自身の行動をもう一度考えてみるのが、有益とおもわれる。

すでに「捜査と報道」で明らかにしたとおり、この日国鉄は三万七〇〇〇人の第一次整理を通告、この通告に際して総裁が本社内にいることは、事態を面倒にする危険があるという理由で、下山氏は局長連から退避をもとめられている。これにたいして下山氏は激しく憤り、テーブルを叩きながら「徹夜しても総裁室にがんばる。死んでも職場を守るのだ」と、抵抗したが、結局は局長たちの意見におされて本社を出た。その後の、いささか常軌を逸した行動は、増田官房長官、田中警視総監、法務府の柳川官房長、芥川国鉄公安局長などの証言によって明らかにされているところである(下山総裁四日の言動については、「捜査と報道」七月一一日の項参照のこと)。

ここで問題となることは、なによりもまず、加賀山副総裁以下局長たちが、本社内から下山総裁の退避をもとめた真の理由である。その点を考えるため三日の下山氏の行動を見てみると、午後一時から六時半まで国鉄本社内、となっている。もちろんこの間に翌四日の、整理通告に関する措置がいろいろと打ち合わされたはずであるが、そのなかで総裁の行動について特別の議論はなく、したがって下山氏としてはおそらく本社内にとどまり、陣頭指揮というつもりであったのではないか、と推測されるのである。だからこそ、四日朝の退避要求に、「死んでも職場を守るのだ」と激越な調子でこたえたのだろう。とすると、この退避をもとめる決定は、三日、下山氏が本社を退出した午後六時半以降か四日早朝、加賀山副総裁や局長たちが話し合って決めたもの、と考えるのが自然となろう。

問題は、そのときの話合いの中身なのである。それを的確にしめす記録はないのだが、筆者の推察では、すでにその話合いのなかで、下山氏の精神状態についての疑いが、問題として提起されていたのではないか、とおもわれるのである。

そう考えられる根拠はつぎのようなところにある。これもすでに「捜査と報道」でふれたところであるが、七月五日夜から六日朝にかけての、国鉄本社局長会議室の空気である。ここが各地方への連絡センターとなっていて当夜は大混乱をしていたため、当局側に気づかれずにこの状況を目撃していた、国鉄労働組合本社支部の村木副委員長は、局長たちの話は「自殺」を示唆していたといっている。そこで村木氏は、六日朝はやばやと、「下山総裁は首切を苦にして自殺した」という趣旨の壁新聞を、本社玄関に貼り出すことになる。

五日夜から六日朝にかけて、総裁行方不明から死体発見という状況のなかで、局長会議室に集まった幹部たちが、このように自殺を示唆する話をしていたというからには、それ以前に、それを想像させるなにかを感じていたのだろう、ということが考えられるのである。総裁の言動のどこかに不安を誘うなにかが前々からあって、身近にいるものにはそれなりにひそかな注意をひいていたのだろう。もちろん、身近なものといえば、一番身近なのは下山夫人だが、その下山夫人も、総裁の行方が問題になりだした最初の段階で、内偵のため訪れた捜査官に、「自殺」を心配する話をしていたことは、ここでとくに注意しておく必要があろう。

こう考えてくると、四日朝、テーブルをたたいて、「死んでも職場を守るのだ」と抵抗した総裁に、あえて退避をもとめた局長たちの真意もわかってくるようである。組合側が馘首通告に抗議して押しかける、激しいやりとりになる、そのとき下山総裁がしめすであろう言動に、やはり局長たちは不安を感じていたといえそうである。

下山氏の、こうした状態に気づいていた人は組合側のほうにもあった。当時国鉄労働組合の中央委員で、七月二日の交渉に出席した菊地清氏（横浜高島機関区出身）は、その交渉の際の下山総裁の態度がおかしかった、といっている。それが気になって、交渉終了後いっしょに帰った副委員長の鈴木氏に、「今日の総裁は、どうも落ちつきのない態度だった。なんとなく不安だ」、と話したという。もっとも、この菊地氏は筆者が会ったときは、「他殺説」を考えていて、そのとき総裁は誰かにおびやかされていて、不安に襲われていたのではなかったか、という意見であったのだが、ともかく七月二日の段階で、いつもと違う下山氏の態度に気づいていたことは事実なのである。

国鉄関係者以外では、貸席登原の人たちがある。やはり七月二日、午後からの組合側との交渉を前にして、下山総裁は首相官邸に出向き、そこから永田町の貸席登原に立ち寄っている。時刻は午前一一時半ごろだという。「腹が空いたので、飯をたべさせてくれ」、というので早速用意して出すと、一口食べては外をみつめて考えこみ、「腹が空いた」というにしては食がすすまぬ様子なので、女中が「大変ですね」と声をかけたが、それもうわの空で、ただ「うん、うん」というだけだったという。

その同じ日の夕刻、組合との交渉を打ち切ってから、下山氏は増田官房長官のもとに交渉経過の報告に行ったが、官房長官が「熱海の会議でストライキ決議を指導した中闘は、第一次整理にふくまれているか」、と質問すると、「一部は入っています」、とこたえている。しかし、この答は事実に反して、それらの中闘委員は誰も整理にふくまれていなかった。二日後には確実にばれる嘘を、日ごろは几帳面で知られる下山総裁が、官房長官に向かっていっているのである。やはり正常な心理状態ではなかったのだろう。

さて、こうした事実を頭において、あらためて下山氏の四日の言動をながめてみると、まず局長たちから退避をもとめられて、いつになく憤激し、テーブルを叩いて「死んでも職場を守る」などといったのも、その裏に激しい心の動きを感じさせるようである。また、首相官邸から増田官房長官と同乗して吉田総理のところに向かい、そこで先客の帰るわずかの時間を待つあいだに、会議があるという口実で退出してしまい、官房長官を唖然とさせているのも、間違いなく心理的動揺、精神的不安定のあらわれであったろう。もちろん、早く帰って出席しなければならないと口実にした会議は、まったく架空のもので、そんな会議はどこにも予定されていなかったのである。

あるいは、この同じ四日の夕刻、東京駅内の国鉄公安局長室で、「お茶はいらない」と断りながら、局長ののみかけの茶碗をとりあげて飲みほしてみたり、さらにアイスクリームも他人のものをたべてしまったなどということも、もはやまったく正常な心理状態でなかったことを物語る。

こうして、その翌日、七月五日になる。この日の、記録によると、下山総裁には本社内における会議や、GHQ関係機関への整理状況報告などが予定されていたといわれる。だが、それらの予定が、果たして下山氏の脳裏でどの程度の重みをもっていたのか、それをうかがい知ることはむずかしい。先の「捜査と報道」で明らかにしたように、つね日ごろ、行動予定や仕事上の打合せなどを几帳面に書きこんでいた手帳は、「エーミスに叱られる・決裂のチャンスをつかめといわれた」という、乱れた文字を最後に、六月二八日以降まったく空白なのである。この手帳から判断するかぎり、すでにこの六月二八日の時点で、下山氏は積極的な意欲を失い、動揺する、不安定な精神状態にはいっていた、と考えられるのである。したがって、五日の、下山氏の意識のなかの行動予定は、手帳の空白のページとともに、まったく白紙であったのかもしれないのである。

その五日、まず上池上町の自宅を大西運転手の運転する総裁専用車で出た下山氏は、車が御成門前にさしかかったとき、「佐藤さん（後の首相佐藤栄作氏）のところに寄るんだった」といった。だが、「寄るんだった」といいながら、実際は、予定も、特別の用事もなかったようである。大手町停留所付近では、「今日は、一〇時までに役所に行けばいいから……」という。が、これにも、根拠はなにもない。三越、白木屋、神田駅……すべてはその日、そのときになってから浮かんだおもいつきであったろう。そして突然、行先を三菱銀行に指定し、車が国鉄本社前にさしかかると「もっと早く走れ」と、怒ったような調子になる。

このとき、下山氏の脳裏には、昨四日、本社より退避をもとめられた苦いおもいが、瞬間的に走ったのかもしれない。

あるいはまた、この日午前零時すこしすぎ、本社宿直員からの、「福島管理部が被整理者と応援外郭団体員など約一千名で包囲され、管理部長は軟禁されている」、という緊急連絡電話をおもいだしていたのだろうか。いずれにせよ、本社内の状況がまったく気にならなかったわけではなかったろう。「もっと早く走れ」といったのは、一瞬脳裏をかすめた、車を本社につけようかというおもいを、強いて振りはらうためであったのかもしれない。

だが、総裁専用車は国鉄本社前を素通りした。そして、三菱銀行で止まった。下山氏は貸金庫に降りていったが、金庫の鍵は総裁就任後、芳子夫人に渡してしまってある。下山氏は係から鍵を借りて金庫をあけた。しかし、目的は不明である。筆者には一つの推定があるが、それはあとにしよう。

三菱銀行を出ると三越に向かい、南口から店内にはいっている。下山氏のおもいのなかには、昨日からの退避のつづきという観念があったのかもしれない。一階売場を、意味もなくぶらぶらしている姿が目撃されている。そして、いったん地下鉄入口への階段を降り、また地上に出て、三越角の歩道でライター屋に油をささせている。そのとき、行先はまだきまっていなかったのだろう。

だが、つぎに浅草への地下鉄内で、乗客の一人、西村さんの足をふみつけたころには、ほぼ行きたい場所の選定はできていたのではなかろうか。若き学生時代、ボート部選手として力一杯オールをにぎった、隅田川であり、荒川放水路の見える所である。そこに青春の想い出があった。その想い出のなかで、生きる力の回復を望んでいたともおもえる。あるいは、そこの鉄路に沿って、あてどもなく歩きたい、と考えたのかもしれない。まだ、死の観念はさほど強くはなかったことだろう。陽は高かったのである。

末広旅館でも、いくぶん陽気なところも見せて、女主人と冗談もいいかわしている。死後、下山氏の上衣ポケットから出た薬包は、検査の結果睡眠薬と判定され（東大、鑑識課ともに同じ結論）、この末広旅館で水をもとめている〈註－1〉ことから、生への希望をつないだ休息を願っていた、と考えるのもあながち理由のないこととはいえないだろう。

だが、五時半にはもう眼をさましている（旅館にきたのは午後二時ごろ）。おそらく、十分な休息はとれなかったのだろう。ここから、ゆれ動く心は、生と死の葛藤を激しくし、往きつもどりつの、現場付近の徘徊となっていった。その表情に悲しみと、苦悩が、深くただよっているのを、目撃証人の話のなかにも読みとることができる。やがて、陽はおちて夕闇がせまり、夕闇は次第に昏く、黒く、下山氏をつつんでいったのである。

ところで、「他殺論」の立場から、「自殺説」にたいする批判としてよく聞かれることに、あれほど機関車を愛し、国鉄を愛した下山氏が、自殺の手段に鉄路を選ぶことはないはずだ、という論理がある。また、この論理は、なかなか説得力をもつようでもある。

たしかに、最初から固く死を決して、その場所を目指したとするならば、ある点でこの批判もうなずけないことではない。だが筆者は、下山氏は、強固な死の決意をもって、あの場所に足を運んだとは考えないのである。もっとも、最初から死を決して、その死地におもむく人にも、いぜんとして生への執着は残り、その執着を絶つための心の葛藤は、死の瞬間まで激しくつづくといわれている。しかし、下山氏のばあいは、むしろ生への希望をもとめて、休息と、ともすれば沈み、乱れがちな気持をしずめるための意味あいをつよくもつ「退避」であった、と考えられるのである。だからこそ、人目を避けず、救いの手の差しのべられるのを心の底で待ちのぞみながら、ながい徘徊となっていったのだろう、とおもわれるのである。

だが、その救いの手はついに現れなかった。その苦しみにたえきれなくなったとき、不幸は起こったのであろう。参考までに、下山氏の技術院時代の先輩で、同じ技術者として下山氏をよく知る、本多静雄氏の文章を引用しておきたい。

「下山君は決して栄職を追う人でない、それが簡単に総裁を引受けたのは、心から愛する鉄道のために、難局の引受手がないなら自分の命を捨ててもやってやろうという律気な気持が働いたと思う。就任してみると文字通りの難局である。しかも内外は下山君の支持者ばかりは居ない。あとで聞いた話だが、総裁就任から変死まで一ヵ月ばかりのあいだに目立つほど白髪がふえたという。元来必ずしも大胆豪放とは云いがたく、どちらかと云えば堅実で地道な仕事ぶりの下山君としては次第に疲労が重なり合っていったと思う。

過労、睡眠不足、睡眠薬の常用そのため神経衰弱が知らず知らずのうちに深まり、派手な仕事をする人に有りがちな、強い厭人的な憂うつにときどき襲われがちだったのだと思う。それが昂じて、自分にもはっきり意図なしに、蝙蝠が暗いところを求めるように仕事から離れて一人ふらふらとさまよい出て、鉄道の沿線をあてどなく歩き廻り、夜おそく、これまたふらふらと機関車に飛びついたのだと思う。したがって遺書もない。

それから問題をこんがらせたのは、当夜雨が夜半から夜明へかけて相当強くふったことである。そのため状況がすっかり乱され、科学的調査が困難で不正確になった。それに自殺の原因が私のいうような種類のものだとすると、他の人にはすぐには理解されにくいから、他殺説の出たのは無理はないと云わなければならない。

私の解釈は、自殺ではあるが、その原因は彼の周囲および社会にある。すなわち『他殺的自殺』である。またいわく『犯人なき殺人』であるという所以である。

もう一度云うと、それは下山君が過労の結果、厭人的になり、ふらふらとさ迷い出たとすれば、多年の習性と愛着から鉄道の駅や線路から離れることはできない。母親の代りに社会から叱られて居ると感じて居る大きな子供は、鉄道線路に沿って歩いて行く。そのとき、二つの線路の交叉点は二重に牽引力があるわけだ。そこで当然、足がとまる。下山君がそこに、無意識に縛られて動けなかったことは当然である。

私の頭のうちをもっと端的に云うと、『あっ、交叉点で死んでいる』――これが、二四年の七月六日の朝、私がラジオのニュースを聞いて直感したことである。それからあとの事実や報道は、私としては何から何まで、その解釈で見ると自殺説を裏付けるので、私はこれに何らの疑問も持たない」

〈註－2〉

初老期うつ憂症と下山氏

下田氏の意見書

ところで、こうした下山氏の心理状態と行動を、精神医学の立場からは、どう考えられるのだろうか。すでに「捜査と報道」で、米子大学学長であった下田光造氏が、「初老期うつ憂症」なる解釈をしめしたことをのべたが、ここでその説をやや詳しく追ってみたいとおもう。

事件当時、毎日新聞の下山事件担当デスクとして活躍していた平正一氏の『生体れき断』によると、『毎日新聞社・下山事件係』という宛名で、下田光造氏から一通の封書が届けられたことがあったという。受取り日は不明だが、なかの手紙には「七月三十日記」とあり、他に「甲意見」、「乙意見」という、捜査本部に提出したという意見書の写しが同封されていた、というのである。それらのものが全部、右の『生体れき断』に掲載されていてたいへん参考になるのだが、ここでは「甲意見」を略して、ほかの二つを引用させていただくことにする。まず手紙のほうには、意見書を書くにいたった動機がしめされている。

「七月六日の朝刊に報ぜられた下山総裁変死の記事中に、未亡人の簡単な談話を読んだとき、専門医四〇年の経験は、私をして『うつ（鬱）憂症――自殺』と直感せしめた。しかるに、その後の法医鑑定の結果は『死後れき断』と出た。私のは単なる直感であり、一方は科学的調査の結果であるから、無論後者を全幅的に信ずべきであるが、死亡時刻をはじめ、つぎつぎに発表される研究結果が、あまりに明快であるのに反比例して、それに対する私の信頼感はかえって減じて行くのであった。私どもの年令になると、科学の力が自然の前にいかに不完全なものであるかを、いやというほど体験しているからである。かえって、私はこの事件は恐らく迷宮入りとなり、莫大な労力と金が費されることになるであろうと想像して、暗い気持になったのである。

その後、私は医師国家試験委員会に出席のため、同月十二日に上京した。会議場の厚生省は警視庁のすぐ近くであり、都電は警視庁前下車である。この偶然は、私をしてフト警視庁に立ち寄ってみようと思いつかせた。これは全く老人の茶目という気持であった。

二階の捜査本部を訪れた私は、堀崎課長不在のため金原係長に面会して、あるいは多少参考になるかもしれないから、と前提して卑見を述べた。私の気のせいか、係長は喜ばれたようであった。『実は、まだ五里霧中です』といいながら、下山氏の懐中手帳、氏が事件前に記者団と会見した際の写真等を提示して、意見を求められた。それからは私の最初の直感を裏付けるように感じられた。金原氏の要望により、米子に帰学後、ややくわしい説明書を提出することを約し、心づかいの車に送られて帰宿した。説明書は幸便によって二〇日、金原氏に届けられた。同封の書はその全文である。

私はその後、私のよけいなおせっかいが幾分でも当局の参考になったか、あるいはかえって捜査の邪魔になったかについては何も知らない。また、私はこの事件が、結局複雑な経緯をもつ他殺ということになるか、あるいは市井にありふれた、いわゆる『神経衰弱の結果自殺』と決定して、泰山鳴動ネズミ一匹に終るかについては、何もいう資格をもたぬが、ただ乞い願うところは、担当各位が事の判定に当って、今日までの行きがかりや、面子にとらわれることなく、神の如き冷徹清浄な態度に終始されんことである」

そこで、その下田氏の意見書なのだが、「甲意見」のほうは、下山事件解決のためには、自殺の可能性の有無を心理学的に考察することが必要である、という下田氏の考えを詳細にのべたものであるが、これは先にのべたように省略することにしよう。もう一方の「乙意見」には、「初老期うつ憂症」について、明快な解釈があたえられているので、少々長いものではあるが、やはりここで引用しておきたいと思う。

乙　初老期うつ憂症の特徴

1　原因

本病は、元来体質異常を有する人が、精神過労を誘因として発病する。年齢は四〇代、五〇代に多い。

その体質異常に相当する「身体的特徴」には、一定の型はまだ発見されていない。肥満的体格を有する人が比較的多いが、絶対的ではない。また糖尿病や胃潰瘍を発する人もかなり多いが、これも絶対的ではない。しかるに、体質異常の「精神的特徴」すなわち、平素の「性格」ははなはだ特殊で、本病者のほとんど全部（九三・四パーセント）は、平素一定の型の性格者である。

これは、われわれが「執着性格」と名付けている性格で、その特徴は

一　義務、責任感が非常に強く、職務、業務に熱心。

二　まじめ、几帳面、やりだしたら徹底的にやらねば気がすまぬ型。

三　融通性がなく、むしろ、バカ正直の方に属し、ズボラとか、要領よくやるということができない。

このようによい性格であるから、若いときから確実な人物として周囲に信用され、初老期ころまでには相当の地位を占めている人が多い。模範青年、模範社員、模範軍人といわれる人にはこの性格者が多い。また、発明、発見等に適した性格である。

かような特殊性格者が、初老期ごろに特別な精神過労に遭遇して、「うつ憂症」を発するのである。この特殊性格をもたぬ多くの人は、過労しても単なる神経衰弱にかかるのみで、「うつ憂症」を発することはない。

2　症候

「初老期うつ憂症」には、五つの主な症候がある。すなわち

一　頑固な不眠

二　うつ憂苦悶——うつ憂の程度は種々であるが、通常は従来の明朗さと元気がなくなり、引っこみ思案となり、口数も少なく、人に会うのをきらい、何を見ても聞いてもおもしろくなく、過去は失敗の連続のような気がして、愚痴が多くなり、前途は暗黒絶望的に感ぜられ、したがって、自殺念慮を生ずる。

三　思考困難——思考力が減じ、記憶も悪くなる。ことに顕著なのは決断力の消失で、健康時には何でもなかったような簡単なことがらも決断し得ず、しゅんじゅんする。

四　知覚異常——身体各部に知覚の異常を感ずる。胸部圧迫感、動悸、手足のシビレ感や脱力感、冷感、肩こり、頭内重圧感など、人によって種々である。

五　性欲の減退ないし消失

その他食欲消失、便秘等に苦しむ人もあるが、必発症候ではない。

3　診断

本人は上記の症候を他に訴えぬのが通常で、医者を訪問する際にも、ただ不眠の治療を求めて来るのが多いから、「初老期うつ憂症」という病気の存在を知らない多くの医師は、これを単なる神経衰弱と診断して、対症療法を行なうのみで、自殺の危険を予知せぬ場合が多い。しかるに、「うつ憂症」を念頭において、上記の症候の有無をたずねると、患者はことごとくこれを肯定するから診断は容易である。同様に患者の周囲も、このごろ元気がないようだとか、気むずかしい顔をしているとか、にえきらぬとか感ずるだけのことが多いが、常に本人に接している家族に、上記の症候の有無を逐条たずねると、家族は大部分の症候が存在していたことに気づくはずである。ただし、本人が口外せぬ限り、自殺の危険までは気づかず、ただ神経衰弱くらいに考えているのが常である。

4　自殺

「初老期うつ憂症」においては、絶望感による自殺念慮は

主な症候であるにかかわらず、同時に決断力減退という症候があるため、自殺決行に至ることは比較的少ない。
自殺する場合は、普通人の計画的自殺とちがい、多くは発作的、突発的自殺であるため、遺書や、後事配慮等はないのが常である。

5 その他

イ 「うつ憂症」は、体質異常を原因とする疾患であるから、「初老期うつ憂症」患者の既往症に、若いとき不眠症にかかり、二〜三ヵ月で治ったという供述に接する場合がかなりある。しかし、かような前回発作なく、初老期に初めて発病するものも多い。

ロ 「初老期うつ憂症」の経過は、若年時のそれとはちがい、非常に長く、一年以上数年におよぶ。ときには不治である。ただし、特殊の治療を施せば、大多数は一ヵ月以内に全快する。

もちろん、初老期うつ憂症は精神医学のうえでは躁うつ病の範疇にふくまれ、現在では初老期というより壮年期うつ憂症、あるいは退行期うつ憂症といった名称が多く使われているという。だが本書では、事件当時そのままに、「初老期うつ憂症」を用いることにしたい。なお近年とくに多い、四、五〇歳代の管理職クラスの人たちの自殺は、大部分がこの「初老期うつ憂症」によるといわれている。

ところで、「この初老期うつ憂症」になりやすい人の精神的特徴として、下田氏が九州大学時代に発表した「執着性格」は、現在でも高い評価をうけ、とくにドイツの精神医学者テーレンバッハが、「メランコリー論」を提唱してからは、むしろ再評価をうけているといわれている。とはいっても、精神医学の進歩もめざましく、発病の誘因なども、下田氏が抽象的に精神的過労を説くところにたいして、到底精神的な過労になるとはおもえない、些細な出来事が誘発すると説く研究者もおり、またランゲのように具体的に、近親者の死、対人的不和、経営上の困難、転居などが、その誘因であるとする学者もいるようである。

だが、いずれにしても、右の引用で下田氏が「執着性格」と呼んでいる精神的特徴をもつ人が、この初老期うつ憂症になりやすいという点や、「症候」などは、基本的にほぼ認められているようである。したがって、下山氏の精神的状態を、この下田氏の理論で考えても大過はないものとおもわれるのである。

下山氏の性格

さてそこで、問題の下山総裁の性格であるが、捜査本部は、下山氏の友人、知人、仕事の関係でつながりのあった人人など、四十数名からその人となり、最近の心境、あるいは健康状態などを聞いているが、それらの人たちが一致して認めるところは、真面目さや責任感、あるいは仕事熱心であろう。このことはまた、『下山総裁の追憶』（下山定則氏記念事業会刊）における、多くの知人の発言とも一致するところで、この点についての異論はあまりないようである。その意味ではやはり、下田氏のいう「執着性格」の該当者とみられようし、事実、下山氏の日記の約一〇年分と、手帳を詳細に検討した町田欣一氏〈註-3〉（当時鑑識課技官）も、そこに几帳面で、執着的な性格を認めている。

この性格的なところに問題はないとすれば、つぎは症候であろう。まず、そこで第一にあげられている「頑固な不眠」であるが、これは鉄道病院のカルテと担当医の話をまとめたものが、つぎのような文章となって「下山白書」に記載されていることから、ある程度は推察することができるだろう。

「渋谷区千駄谷町五の九〇二東京鉄道病院（副院長医学博士関口六郎）下山総裁診断投薬関係、本年六月十五日スト問題で疲労を覚えると云う事でビタミンB_1C葡萄糖液20ccの注射をした。

同六月十九日（日）第二回目疲労感ありとの話しで前回同様の注射をした。別に睡眠剤が欲しいと云う事で、ブロバリン〇・五、十包、を処方し就床三十分前一包ずつ服用方注意す。

同六月二十二日（水）第三回軽度の胃部疼痛があると云うので胃薬一日分三包を処方すると、不眠時に使用するから睡眠薬が貰いたいとの求めに応じ、ブロバリン〇・五、五包を持帰られた。

同六月二十六日（日）之の際もビタミンB_1C注射、ブロバリン〇・五、十包を持参し帰った、病名は軽度の神経衰弱症と胃炎」（傍点筆者）

また、下山氏行方不明を告げる七月六日付新聞には、芳子夫人談として「この頃は疲れていて眠れないらしく睡眠薬をのんでいました」という話がつたえられている。さらにまた、下山氏の東鉄局長時代の秘書であった、唐鎌しげ子氏は、捜査本部の捜査員に、六月二十七日に下山邸を訪れたときの様子をつぎのように話している。

「下山総裁は以前と違いやつれて元気がないので『暫く会わないのでお忘れになったでしょう。白髪が増えましたね』と云うと、総裁は『苦労するので白髪も増えた』。尚、『おつかれでしょうねー』と云うと、『毎日あっちこっちからせめられるので困るよ。俺が整理された方がよい』と云っておられた。『夜おやすみになれますか』と云うと、傍から奥さんが『毎晩神経が尖って眠れないので薬を飲んで寝ます』と云っていた。それから総裁は出勤され、奥さんとの話に、『毎日顔を見ないうちは心配でならない』と云っていた。其後寮に帰って父に、『下山さんはおかしいよ。注意しなければならない』と云った。他殺とすれば其当時からなんかあったでしょうし、自殺とすれば当時から変っていた。下山さんは平素ハキハキして元気であったが、其の日は元気なく、別人の様であった。人と会うことを嫌っていた。仕事はこまかく時間は厳守する」

以上のような関係者の証言や談話から、下山氏が強度の不眠に悩まされていたことは、事実と考えて間違いないものとおもわれる。

第二の、「うつ憂苦悶」はどうか。下田氏によると、その「程度は種々である」というが、先にのべた貸席登原においてみせた態度もそう考えられようし、また唐鎌しげ子氏が下山邸でうけた感じも、そのうつ憂状態であった、とおもわれる。

また、「下山白書」には、東京鉄道局総務部長、石井栄一氏の証言がある。「下山総裁は熱海の中闘委員の決議に対しては重要視し其後の動向が判らないので苦にしていた。中闘があの決議をしたのだから五日や十日、列車が止るのではないかと漏した事がある。整理問題が進んで来るにつれて焦悴する様になって来た。下山総裁の性格は小さい事にも気にかけて其の事が何時迄も気にかかっている」。これも「うつ憂苦悶」と関連して考えられるだろう。

さらに、「人に会うのをきらう」という点では、四日、せっかく吉田首相に会いに行きながら、その寸前で架空の口実をもうけて退出したり、人事院に入りながら誰にも会わなかったり、四時ごろの首相官邸でも面接者不明などというところに、その徴候を認めることができよう。

第三の「思考困難」となると、その状態が顕著とおもえるのは、やはり七月二日夕刻の増田官房長官にたいする、整理予定者についての虚偽の報告などであろう。また、四日、架空の口実で、吉田首相に会うのを避けようとしたところなども、思考力の減退を感じさせる。思考力が正常であったならば、増田氏とともに、その吉田首相のところに向かう前になにか方法を考えて、自然さを装うこともできたとおもわれるのである。

四、五番目の、「知覚異常」や、「性欲の減退ないし消失」については、これを判断する資料も、記録もない。したがって、この点に関する検討は困難であり、不明とする以外はない。

しかし、下田氏が、診断の項でのべている、「本人は上記の症候を他に訴えぬのが通常」というところは、とくに注意さるべきであろう。下田氏はつづいてつぎのようにのべている。「医者を訪問する際にも、ただ不眠の治療を求めて来るのが多いから『初老期うつ憂症』という病気の存在を知らない多くの医師は、これを単なる神経衰弱と診断して、対症療法を行なうのみで、自殺の危険を予知せぬ場合が多い」

ここでもう一度、「頑固な不眠」のところで引用した、鉄道病院のカルテと担当医の証言をみていただきたい。病名は、「軽度の神経衰弱症と胃炎」となっている。あるいはここで、この担当医師に精神医学にたいする深い知識と関心があったなら、「うつ憂症」にたいする疑念をさぐりえていたかもしれない。だがそれは、専門医に非ざる者にたいする、過度の要求でもあったろう。「軽度の神経衰弱症」という診断が、精一杯のことであったかもしれない。

最後に問題になるのは、既往症や他の疾患との関係であろう。「神経衰弱」、あるいはうつ憂症とは密接な関係があるといわれる胃潰瘍に、下山氏がいくたびか悩まされた経験をもつことは、記録のうえではきわめて顕著な事実である。まず、「下山白書」には、昭和一〇年ごろのこととして、つぎのような記載がある。

「港区二本榎西町二番地、ロ羽医院長、ロ羽雄介、下山さんの奥さんの実家高木得三氏の家が付近にあって同家の子供さん達の診察もし親しくしていた。昭和十年頃で六、七月の午前七時頃下山氏の家人が来て朝起きないで変だから診て貰い度いとの事に往診すると下山氏はもうろうとして寝ていた。原因を聞くと家人は神経衰弱で眠れないのでカルモチンを少し飲み過ぎたとの話しであった、同人は自分も通い切れないから病院に入れて治療して貰えばよいでしょうと話して帰ったが慶応病院に入院され暫くして帰って来られた様であった。当時胃かいようもやっていて南胃腸病院か川島病院で治療されていた。当日家人は生命には別条ないでしょうかと心配していたが、自分が見た折の状況では幾分口も利け生命には異状ないと思った。自分が下山氏を診察したのは其時が初めてで其後はやっていない」

なお、この睡眠薬の飲みすぎというのは、医師によっては自殺志向と考える人もいるようである。

また、昭和一七年六月ごろ、千代田区内幸町の川島胃腸病院に、胃潰瘍で約一ヵ月入院。この昭和一七年というのは、下山氏の技術院参技官時代で、その同じ技術院に席をおいた笹森巽氏は、「(下山氏が)胃潰瘍を患って川島胃腸病院に入院して何遍か私は見舞に往きました。その彼は、私はどうも神経を非常に使うとこの胃潰瘍が起る癖があると言っていました」(『下山総裁の追憶』、傍点筆者)、といっている。

この胃の疾患は、下山氏の持病のようで、もう一度「下山白書」を引用すると、元鉄道病院長であった桜井久一氏の、つぎのような証言がある。「下山が東鉄局長就任当時、局長室に挨拶に行った折、自分は二、三年前ひどい出血をして日比谷の胃腸病院に入院した事がある、一度見てくれないかと云われたが私(桜井)はここでは具合は悪いでしょうからと話して帰った。すると同日午後下山は鉄道病院に見えたので診察すると、『胃はいたむが胃潰瘍ではない様に思った。其時処方箋を見せられたが普通二瓦乃至三瓦重曹を調合するのが八瓦であったので、胃腸病院の特別のものと思った』。『二、三回薬を取りによこされ暫く健康であったが其後五、六回自宅へ往診に行った事がある』」。

これらの証言などをみると、下山氏は始終胃の疾患に苦しめられていたことは明瞭で、一見豪放に見えながら、実際は神経が細かったという評があるのは、この胃に疾患をもつ者の特有の、神経質さを物語っているものといえよう。

さらに、精神疾患では、よく血族関係が問題になるのだが、下山氏の実妹、平野恵美子氏が、昭和四、五年ごろ、うつ憂症の治療のため東大病院物療科に入院したことがあるといわれ、この点に注目する精神科医もいる。その関係の証言を、「下山白書」から一つ引用しておくことにする。証言者は、当時千代田区内幸町幸ビルに開業していた、伊藤一医師である。伊藤氏は、昭和三年より同八年まで東大物療科に勤務していた。

「昭和四、五年頃下山総裁の実妹平野恵美子が東大物療科二階一号病室に入院したのは事実で、当時の病名は神経系統の病で入院期間は現在覚えていない。私は下山の実兄英種氏と学校は同期である関係で下山総裁も実妹平野恵美子も知っている。うつ憂症は血統を引くと云う学説はないが事実上は血統を引いている様に思う。気違いとうつ憂症との境は不明である」

初老期うつ憂症への誘因

事件当時、下山氏が初老期うつ憂症と考えられる状態にあったことは、以上みてきたところからほぼ間違いないとおもわれる。したがって、問題はここで、すべての点で解答があたえられたものと考えられるが、なお、この初老期うつ憂症の誘因についても、若干の考察を加えておくことにしよう。

下山氏は、戦時中の一時期、企画院や技術院に席をおいたほかは、大正一四年以来国鉄一筋に、その人生を送ってきた。とくに戦後は、終戦後すぐ名古屋鉄道局長となり、翌昭和二一年三月には、技術関係出身者としてはまず最高のポストと考えられていた東京鉄道局長に栄転、しかも二年後の二三年四月には運輸次官となっている。これもまた異例の昇進といえよう。

だが、この異例の昇進は、あとから考えれば必ずしも下山氏に幸いしたとはいいがたいところがあった。というのは、まずこの運輸次官就任のいきさつからして、特異なものであった。前任者の伊能繁次郎氏が、汚職容疑で急に退任に追いこまれたとき、その後任者として最短の距離にあったのは、当時鉄道総局長官であった加賀山之雄氏であった。だが、加賀山氏が連合軍総司令部民間運輸局関係者ににらまれており、あまりうけがよくなかったところに他に適当な人材もなく、結局二階級特進といった格好で、下山次官の実現となった。このへんが当時、下山氏がラッキーボーイといわれていた所以でもある。

ところが、当時の運輸省は、次官の下に鉄道総局長官と、海運総局長官とがいて、それぞれ実務を担当し、次官はまったくの閑職であったようである。事業報告なども、その総局長官どまりなのである。そこで、下山氏は、親しい人には「ひまだ、ひまだ」とこぼしていたらしい。その事情は、『下山総裁の追憶』の座談会などでもよくわかる。また筆者が、下山氏の東鉄局長時代の労働課長であった加藤源蔵氏から聞いたところでは、次官になった下山氏は暇をもてあましたように連日東京駅にきて、駅長になっていた加藤氏に、「仕事なんてロクにないし、第一、誰もおれのところに来てくれなくなった。国鉄のほうがどうなっているのか、なに一つわからない」と、ぼやいていたという。

こういう状態のなかで、下山氏は国鉄からの転身を考えたようで、先輩、知人などに就職先の依頼をしたり、あるいは自動車関係の事業を計画していたようである。もっともこれには、閑職に堪えられなくなって、という意味あいよりは、下山氏の経済事情にも大きな原因があったらしい。要するに、もう少し収入を増したいという願望があったわけである。

もちろん、当時、収入を増して経済状態を改善したいという願望は、誰しも抱いていたことであろうが、しかし、下山氏のばあいには特別な事情にあったようである。というのは、下山氏は芳子夫人の実家、高木家にとっては婿養子のような関係にあって、戦前戦中を通じて高木家の経済援助をうけ、薄給官吏の身でありながら、一時期は女中二人に子守一人がいるほどの豪奢な生活をいとなんでいた。ところが終戦の年、高木家が戦災にあい、つづいて夫人実父の得三氏が病没し、今度は逆に得三夫人を扶養していかねばならぬような立場となった。しかも、四人の子供は大学、高等学校、中学などに在学中で教育費だけでも相当な額にのぼり、これまでの生活が派手なものであっただけに、下山氏の窮乏感はひとしおのものがあったようである。しかも、下山氏が一面で非常なスタイリストであり、見え坊であったといわれているから（『下山総裁の追憶』における座談会など）、この経済状態の不如意は、気持のうえに大きな負担となっていたとおもわれる。

ところで先に筆者は、七月五日下山氏が三菱銀行に立ち寄り、貸金庫をあけたことについては、一つの推定があると書いたが、それはこの経済的苦悩と関連する。芳子夫人の捜査官にたいする証言によると、この時期の下山家は毎月一万円ほどの赤字（収入総額は一万五、六千円）であったという。下山氏は総裁就任後に貸金庫の鍵を夫人に渡し、その使用を一任してはみたものの、実際にはどの程度のものがあるのか、ふとそのことが気がかりになって、その金庫をのぞいてみる気になったのではないか、というのが先にいった筆者の推定なのである。ポイントは、その点に他の論者のよう特別大きな意味合いをもたせて考えないことである。結果として、下山氏がどのような感想をもったかは知るよしもないのだが、行為としてはただ金庫をあけて、その内を調べただけであったろう、と考えるのが、当時の下山氏の経済状態と、動揺する心理状態から自然であるとおもわれるのである。

さて、話を前にもどそう。下山氏の次官時代である。下山氏は国鉄関係を離れて、有利な民間企業への就職か、みずから事業を起こす計画を考えていた。一方、国鉄のほうは、昭和二四年六月一日から発足する、公共企業体としての日本国有鉄道の体制づくりのため、加賀山鉄道総局長官を先頭に、法制をはじめ、その機構と人的配置の立案などに、全力をあげて取り組んでいた。もちろん、定員法による人員整理案をふくめてである。両者の目指していた方向は、まるでちがっていたといえよう。

筆者が惜しむことは、もしこの時代に、下山氏も加賀山氏らとともに、この体制づくりに参画し、その作業に熱中していたならば、ということである。しかし、実情は先に述べたごとく、下山氏は外側からながめる立場にあった。いや、ながめることさえ十分にはかなわぬところに立っていた、というべきかもしれない。そしてまた突然、人選難という事情から、加賀山氏たちが全力をつくして準備してきた、新しい体制と、二割の人員削減実施の責任者として、初代総裁就任をもとめられ、下山氏自身が考えていた国鉄を離れるという方向とは、まったく逆の立場に立たされることになったのである。これもまた、東鉄局長から二階級特進して、次官という地位にあったからである。

もちろん、総裁を引きうけるにあたって、その立場の困難さは十分予想していたはずである。元鉄道大臣の村上義一氏が、「五月三十日頃、下山が訪ねてきて、四囲の状勢から総裁就任の決意をしました、私は犠牲になります、と云っていた。自分は、『その犠牲の中には命を棄てる事も含んでいるのだ』と話すと、下山は涙ぐんで自分の手を握った」（下山白書）、とのべていることなどから考えると、異常なほど固い決意もしていたようである。

だがしかし、実際に初代国鉄総裁として就任し、その責任の遂行にあたる段階になって、事態は下山氏が考えていた以上に複雑で困難であることが、肌身にしみてわかってきたことだろう。しかも、その困難な事態を切り開き、解決しうる鍵は、下山氏の手許にはなに一つとしてなかった。すでに次官時代から、国鉄という組織より切り離され、人とのつながりもたち切られていた下山氏は、副総裁となった加賀山氏が、がっちりと作りあげていた機構と体制に、自分の意向を組みこませていく手だては、なにも残されていなかったのである。それどころか、情熱をそそぎこむべき目標も、仕事も、事実上は皆無に等しかったことだろう。ただただ、責任のみが、大きくのしかかっていたにすぎない。しかも一〇万人のかつての部下の首切りを考えれば、気持のうえでは、暗い袋小路に追いこまれていくような心境であったはずである。

不幸なことに、下山氏の性格は、その心境を転換し、袋小路をつきぬけて、太く、大きく構えられるほど豪放なものではなかった。おそらくは加賀山体制からの疎外感のみが強く、これまでの人生が順調であっただけに、とりかえしのつかない大きな失敗をしたという気持にとらわれ、その気持が急速に成長していったのは想像にかたくないところなのである。それは下山氏にとっては絶望感に近かったかもしれない。あたえられた最大の責務である人員整理を前に、もはや退くことのできない立場に立たされ、下山氏の心は、結局は破局へと向かわざるをえなかったのだろう。よそ目にははなやかな総裁就任ではあったが、下山氏自身にとって、とりかえしのつかぬ不幸な転機であった。筆者は、このへんの事情に、うつ憂症への誘因をみるのである。

註

1 ―――〈598・下〉

昭和二四年七月一〇日、第二現場捜査主任の関口由三氏が作製した、末広旅館主長島フク氏の供述調書は、次のようになっている。

「一㈠私は長島勝三郎の妻であります。昭和二十一年一月八日から現住所で旅館を開業して、屋号は「末広旅館」と申します。家族は、主人勝三郎（四九）、専修大学生、次男正昭（二三）、高校生、三男正彦（一八）、中学生、四男正雄（一五）、小学生、五男正義（七つ）と私の六人であります。旅館は私名義でありますが営業のほうの実際の仕事は主人がしておりまして、東京都旅館組合西新井支部長をしております。

二　昭和二四年七月五日の昼間、私の家に下山国鉄総裁と思われる人が休まれた状況について申し上げます。

当日主人は気分が悪く寝ていましたので、正彦と私でいて、他の子供三人は留守でありました。五日の午後二時ごろでした。玄関にお客らしい声を正彦が聞いて、「お母さん、お客さまですよ」と申しますので、私が玄関に出てみますと、四年間も商売していますが、今までに見たこともないような上品で、人品のよい年齢五十歳前後、丈は私の主人が五尺六寸ありますから、それより高い五尺七寸ぐらいあり、色白で面長で、ふくらみのある顔形、普通の人より眉毛の間があいている感じで、ロイド様で色はおぼえていませんが、眼鏡をかけて、頭は白いように思った毛を七三にきれいに分け、上品でやさしい顔をしており、無帽で鼠色背広上下でチョッキはなく、白いワイシャツ、服の柄はおぼえておりませんが、ネクタイをして、チョコレート色でヒダのある進駐軍のような靴を履いていて、十七、八貫もあると思われる相当高貴の人と思われる男の人が、荷物もなく、ひとりで玄関に立っておりました。

そして「六時ごろまで休ませてくれませんか」と申しました。私は下の六畳の間に寝ている主人のところに行って、「いま、りっぱな方が見えて、六時ごろまで休ませてくれと申しておりますが、どうしましょう」と相談しますと、よいからというので玄関に引き返して「どうぞ」と申しますと、靴の紐を解いて上がりました。家ではいちばん静かで涼しい部屋である二階の四畳半へ案内しました。そして南側の窓をあけますと、その人は「涼しい部屋ですね」とお世辞を申しまして、窓に腰かけました。

「お水を一杯下さい」

と申しますので、「お茶も持って来ましょうか」というと、

「いや、お茶は戴いたから結構です」

と申しました。「宿帳をつけてもらうことになっておりますが」と申し上げると、

「それだけは勘弁して下さい」

というので、昼間でもあるし、そのままにして私は下に降り、コップに水を入れて持って上がり、こんどは家で一番上等の絹布の敷布団に錦紗の掛け布団を二階に運んで、それを敷きながら「おひとりで、めずらしいですね」と、いつもふだんの客は二人連れが多いので、つい口に出てしまいました。すると、

「お連れさんはどんな方が見えますか、年寄りも来ますか」

というので、「まいります。皆さんお連れしてまいりますから」と冗談話をしながら布団を敷き終わっておりますと、上着を脱ぎ始めましたので、私はもうお休みになると思い、「お休みなさい」といって、障子を閉めて下へ降り、いろいろお台所の用事をしていました。

午後五時半ごろ私が台所におりますと、手の鳴る音が聞こえましたので、二階のお客さん、お呼びと思いまして出て行きますと、その方はもうすっかり支度をして階下八畳の部屋にお立ちになっていまして、

「おいくらですか」

と申しますので、「二百円いただきます」と申し上げますと、黒革で百円札を折らないで入れられる二つ折りの上等な財布を上衣の右のポケットから出して、中から百円札で三百円出してくれました。「ありがとうございます」と受け取って、玄関にまいりました。上等な靴なのでわざわざ奥にしまっておいたのを持って、玄関に腰を下ろして靴を履いて紐を結びました。するとその方は玄関に腰を下ろして靴を履いて紐を結んで、「どうもありがとう」と申して出て行きました。

三　その翌六日の読売新聞と毎日新聞を私の家でとっているので見ると、国鉄総裁行方不明の記事が出ていました。その写真があまりにも昨日昼間私の家で休まれたお客によく似ているので、家の者

と話し合いました。

するとと六日の夕方、東武線ガード付近で人が轢かれた噂を聞いたり、ニュースでその人が下山さんであることを知りました。すると七日朝刊の毎日新聞に、東武ガード付近で五日午後六時ごろ、総裁に似た人を見たという新聞記事が出ていましたので、私の家で休んだ下山総裁に似た人は、時間の点で、私の家を出て東武のガードのほうへ行った点が符合するので、家の者とも話し合って七日午前十一時ごろ西新井警察へお届けした次第であります。すると七日午後三時ごろ警視庁の関口主任さんたちが来まして、私の話を聞いて四人ばかりの写真を私の前に出したので、私は下山さんの写真を抜き出して、「この人です」と申しました。

するとさらに午後五時ごろ関口さんと須藤さんという方が来て、私に二足の靴を出して見せました。私の家で休まれたお客はその中の一足で、今は汚れて片方は破れておりますが、チョコレート色でヒダのあるその中の一足に、色も、型も、重さも、紐の具合いもすっかり同じでありました。さらに黒革の二つ折りの財布を出して見せましたが、その財布も私の見たものとまったく同じと思います。私の見た二つの品が、下山総裁の物であれば私は写真や人相から推して、家で休息された人は下山総裁であると思います。

四　その人が私の家にこられたのは初めてであります。このへんではあんなりっぱな人はあまり見かけません。四年間商売をしていますが、このへんで昼間一人で来る客など、あの人が初めてであります。その人が寝ているとき、家のラジオは野球放送がかかっていました。二階は離れておりますから聴き取ることはできません。また近所のラジオも二階からは聞こえません。その人はなにか沈んでいるようで、たいていの人は冗談話でもすると笑うのですが、その人は笑いもせず、私が冗談を申したのに、ただ受け答えをしたようなふうでした。

そのとき、外で人が待っていたということもなく、まったくひとりで、その人のこられる前に誰も連絡もなく、突然来たのであります。他にお客はなく、その人一人でありました。七月十日朝日新聞の朝刊の横顔の大きな写真がいちばんよく似ております」

2――〈600・下〉

本田静雄著「シカン坊物語」の「下山事件」より。

なお、下山氏の知人である、ある初老期うつ憂症体験者の、下山事件にたいする考えが「日本医事新報」（昭和二七年八月九日号）に、昭和医大教授塩崎昇吉氏によって書かれている。

「私は最近、ある運輸関係の会社の社長で、初老期鬱病にかかり、自殺念慮の強かった患者を治療した。ところでこの患者は、故下山総裁と親しくしていて、殊にあの事件の直前頃にはかなり頻繁な交渉があったそうであるが、この人のいうのに『下山氏は、今にして思えばあの頃自分と同じ病気だった。自分の悪かった時と全く同じ様子で自殺の意をもらしていた。あの事件当時も自分は氏の自殺を信じていたが、今度の体験でいよいよその確信を深めた。自分は先生のお蔭で助かったが、下山氏も早くあの病気を治しておけば、あんな事件は起らなかったに違いない。ほんとに気の毒なことをした』とそこで私は『あの事件は法医学の権威によって死後轢断であることを確証されているのであるから、自殺の筈はない』というと『いや、あの時でも別な法医学者によると身体に轢断されたという所見があったそうだ。すべての事情を綜合して大局的に判断すれば、他殺の可能性は殆どない』という（以下略）」

3 ――〈605・上〉

町田欣一氏は、出身校の早稲田大学心理学教室の、戸川行男教授とともに検討を重ね、最終的には、下山氏の死はうつ病による自殺である、という判定を下している。

あとがき

昭和二四年といえば、この年が戦後の歴史のうえで大きな転換点であったといわれている。戦後の一時期、燎原の火の如く燃えたった民主化の勢いが、この年を境に大きく後退し、民主勢力に冬の時代をもたらしたものであった。

もちろん、その理由のすべてではないが、そこに到る一つの大きな役割を担わされたのが、この年を陰惨にいろどった下山・三鷹・松川の三つの事件であった。これらの事件が共産党員、あるいは国鉄や東芝の労働組合員の仕業と宣伝され、国民のあいだに民主的勢力にたいする暗いイメージと憎悪を植えつけたことは否めない。これら事件の容疑者の裁判の過程で、その無実が明らかになり、あの大宣伝が悪質なデマゴギーであったことが明瞭にされても、いったん植えつけられたイメージを払拭するのは容易ではなく、松川裁判だけでも完全に無罪が確定するまで一四年の歳月を要した。

裁判の結果、三鷹、松川の両事件については、当初の報道や宣伝と逆の結論がでた。しかし、容疑者がないまま大宣伝が行われ、しかも昭和二四年という年にもっとも大きな影を残した下山事件については、いまなお真相はあいまいなままに残され、進歩的勢力のあいだではアメリカ占領軍関係謀略機関の犯罪とみなされ、これに反して保守勢力は依然として左翼による謀殺説に強くこだわっている。だが、それはいずれにしても事件当時から現在にいたる風聞を、巧みに我田引水して、それぞれの説を裏づけようとしたものにすぎないようである。

もっとも、両者に一致点はあった。いずれも下山氏の死を他殺とみることにかわりはなく、その根拠を東大法医学教室と衛生・裁判化学教室の両鑑定に求めていることである。東大の結論に間違いはなしとするわが国の社会通念から考えれば、ある意味では当然のことでもあったろう。私もまた、それを信じさせられていた一人であった。しかも松川事件の容疑者とされ、一四年の裁判の体験から、左翼による謀殺とは到底考えられず、逆に民主勢力を抑圧する側の陰謀という見方にたっていた。

だからこそ、南原繁氏をはじめ一〇名の学者や作家が、下山事件研究会を作り、真相究明に乗り出したとき、仮にアメリカ謀略機関の仕業と考えた場合、身にせまるかも知れない危険を覚悟のうえで、その事務局を引き受けた。いま考えればそのことによって、日本の政治の暗い影の部分を照射しうるならば、それこそ本望であるという気負いたった気持にも動かされていたようである。

そこでまず始めたのが、列車関係の調査であった。他殺とすれば、どこかで下山氏を殺害し、最終的にはその死体を轢断現場に運びこまなければならない。だが、警視庁特別捜査本部の捜査では、現場の地理的状況、人家の位置や当夜の通行人などの関係から、それは不可能であるという結論であった。残されたのは、列車から現場付近に投げ降すという方法である。たまたま轢断一時間ほどまえ、現場を占領軍の軍用列車が通過していた。疑惑の目はこの列車に向けられていたのである。したがって、この列車関係を調査することは、事件解明の常道であったろう。

しかし、この関係の調査から判明したことは、そこに疑いをさしはさむ余地はまったくないということであった。疑惑の向けられていた列車の機関士にせよ、車掌にしろすべての乗務員は日本人労働者であり、国鉄労働組合に所属するものであった。むしろこれらの人びとは、この列車に向けられた疑惑をいわれなきものとして、憤りの気持を抱きながら、それを表す術もなく堪え忍んでいたものであった。この事実に直面したときの驚きと、やりきれない複雑な気持を、いまなんといって表現してよいのかわからない。だがいずれにしてもこの事実から、通説、あるいは社会通念とされているものも、一切をきびしく吟味検討しなければ、事件の全体像を明らかにすることは不可能であると気づかされたことは有意義であった。

下山事件関係の事実といわれるものを再検討し、調査と研究を徹底的にしてみようという考えの出発点は、以上のようにこの列車問題とこれに関連した田端機関区問題にあった。したがって本書を読まれる読者は、この関係の部分(「列車をめぐる謎」)から読み始められるのも一つの方法である。その方が、筆者の当初の問題意識と基本的立場を理解していただくのに好都合でもある。

ところで、この列車関係が終わったあとで直面したのが、東大関係の鑑定であった。これは確かに難物であった。だいたいが法医学の素養などとはまったく無縁である。医学関係書をあさっては、何人かの医学者の教示を受けた。裁判化学関係も同様で、文献でわからぬことは専門家の意見を聞き、簡単な実験は何度も試みてみた。

だが、いますべてを検討し終わって考えてみると、問題なのは学問的素養なのではなくて一番重要な問題点は鑑定そのもののなかにあったと思われる。常識的な智識で、これらの鑑定文に冷静に詳細な検討を加えれば、多くの矛盾と撞着、非科学的な論理に気づくはずのものである。むしろそれに気づかず読みすごすことこそ、偏見と先入観念にわざわいされたものといえよう。それらの問題点の重要なものについてはできるだけ詳細な検討を加えたつもりである。その検討の記録としての性格をもつものが、法医学論争と秋谷鑑定関係である（「事実の論証」の法医学論争から血痕の問題まで）。したがって、列車問題関係から始められた読者は、つぎにこの部分を読んでいただければ好都合である。そこで、他殺の根拠とされている科学的鑑定なるものが、如何なる内容のものであるか御理解いただけると思う。

冷静に、客観的に事件当初の動きをながめてみると、他殺を裏づけるという鑑定が出てきた背景にはいくつかの問題点があった。ここで一つだけその点を指摘しておくと、下山氏の轢断死体が発見された直後の現場検証で、東京都監察医務院の医師八十島信之助氏（現札幌医大教授）の検案結果は、轢死（自殺、または事故死）という判定であったということである。これが七月六日早朝における、もっとも科学的結論であった。

ところが、この結論は、はやくもその日の午前一〇時殖田法務総裁によって無視された。殖田氏は国会で、あたかも共産党の暴力による他殺を思わせる発言をしている。正午には増田官房長官が、自殺ではないという趣旨の談話を発表している。そうして、午後一時過ぎから東大法医学教室の解剖が始まった。夕刻でた結論が、「死後轢断」しかし死因は不明という、なんとも理解のしがたいものであった。

警視庁捜査一課が、この理解しがたい解剖結論に迷い、第一課刑事を集めて会議を開き、それら刑事の意見を聴取して特別捜査本部を設けたのは、七日の午後になってからであった。もちろん他殺事件としてである。しかし、その捜査の結果は、自殺を思わせる証言や状況のみで、他殺の痕跡も手がかりも皆無であったという。そこから捜査陣内に自殺という意見が擡頭し、新聞も自殺・他殺の両説にわかれて報道合戦となった。こうした経過を、当時の新聞や捜査資料をなるべく詳細に引用して追ったのが、「捜査と報道」である。

ここで声を大きくして叫んでおきたいことは、新聞報道というものが、ある場合に如何に事実と遠くかけ離れたものになるかということである。しかも、その事実とかけはなれた報道が強い影響力をもつとき、防ぎようも避けようもない被害となって現れるということである。当時のこうした報道に、何千、何万の労働者が涙をのんだかわからない。

最後に「各説批判」である。もちろん、他殺説に対するものなのだが、その論者が如何に熱意と意欲に燃えようとも、事実の厳密な検討を怠った結論に同調するわけにはいかない。たとえその所論が民主的、進歩的なものであっても、客観的事実を離れることは、事実を曖昧にし、問題の隠蔽につながってくる。現にそのことによって罪なき人びとが、いわれなく傷つけられてさえいる。この点からも、黙って見すごすわけにはいかなかった。

この事件の調査と研究に取り組んでから一二年の歳月が流れた。証言を求めて歩いたところは北海道から九州まで、ほぼ日本全域におよび、三〇〇人を越える人びとの話を聞くことができた。集った資料も山をなした。本書も部厚なものとなって、読者に努力を強いることになったが、それでも貴重な証言や資料の多くがまだ残されてしまっている。読者と、これら資料提供者にただただ寛恕を乞うのみである。

最後に、紆余曲折を重ねた本書の完成まで、温い配慮を惜しまれなかった鈴木均氏と、出版を快く引き受けられた時事通信社の岡田舜平氏、ならびに杉浦幸俊氏に心から感謝したい。また、一二年間の調査・研究費を捻出してくれた妻三宅菊子にもおなじく感謝の意をのべておきたい。彼女の献身的努力なくしては、この書の完成もなかったことだろう。

著　者